राजपाल

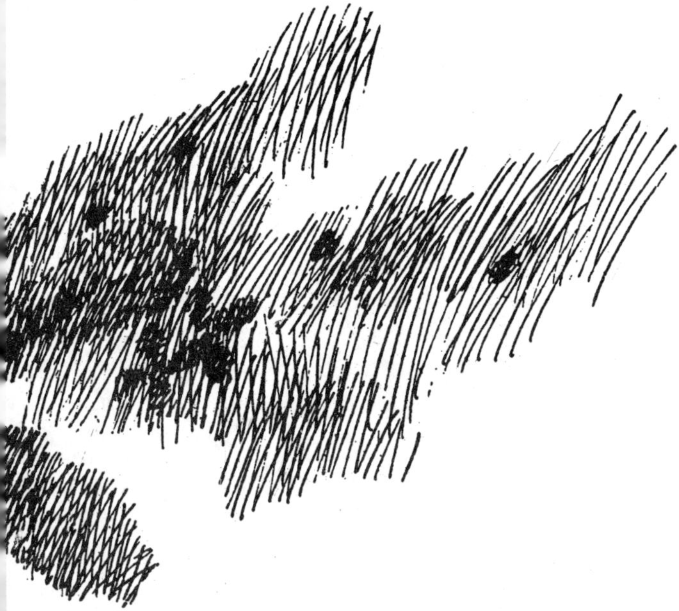

विष्णु सखाराम खाण्डेकर

ययाति

एक लाख रुपये के ज्ञानपीठ पुरस्कार
और साहित्य अकादेमी पुरस्कार से सम्मानित

रूपान्तर

मोरेश्वर तपस्वी

₹ 565

ISBN : 9788170285595

YAYAATI (Novel) by Vishnu Sakharam Khandekar

मुद्रक : जी.एस. ऑफसेट, दिल्ली

राजपाल एण्ड सन्ज़

1590, मदरसा रोड, कश्मीरी गेट, दिल्ली-110006

फोन : 011-23869812, 23865483, 23867791

website : www.rajpalpublishing.com

e-mail : sales@rajpalpublishing.com

www.facebook.com/rajpalandsons

भूमिका

आज से सत्तावन वर्ष पूर्व सन् 1919 में मेरा लेखन-कार्य प्रारंभ हुआ। तब मैं इस क्षेत्र में अपना स्थान बना चुके साहित्यिकों के पदचिह्नों पर चल रहा था। मेरे पूर्ववर्तियों ने काव्य, विनोद, समीक्षा और नाटक लिखने में प्रसिद्धि प्राप्त की थी। मैं भी साहित्य की इन्हीं विधाओं में अपनी कलम की शक्ति आज़मा रहा था। तब जान नहीं पाया था कि अनुसरण आत्महत्या का ही दूसरा नाम है। कारण यह था कि लेखक की हैसियत से आत्मानुभूति व्यक्त करने के लिए आवश्यक आंतरिक जागृति मुझमें तब तक सुप्तावस्था में ही थी। फलस्वरूप लगभग छह वर्ष तक मैं कविता, समीक्षा और विनोदी लेखन के तीन क्षेत्रों में ही हाथ-पाँव मारता रहा। उसके बाद के दो-एक वर्षों में मेरा एक नाटक भी रंगमंच पर आ गया।

वह तो मेरे साहित्यिक गुरु श्रीपाद कृष्ण कोल्हटकर की अप्रत्याशित कृपा थी जो मैं अपने भीतर के लेखक को खोज पाया। 1919 में एक अपूर्व धुन में मैंने एक कहानी लिख रखी थी। यह समझकर कि कहानी-लेखन अपना क्षेत्र नहीं, मैंने उस कहानी को कहीं पर भी प्रकाशन के लिए नहीं भेजा था। 1923 में एक मासिक पत्रिका के वर्षारंभ अंक के लिए मेरे पास कुछ भी साहित्य तैयार न था। मैंने डरते-डरते वही कहानी उस संपादक के पास भेज दी। संपादक को वह पसंद भी आ गई। किन्तु फिर भी मुझमें आत्मविश्वास नहीं जागा। संयोग से मेरे साहित्यिक गुरु ने कहीं उस कहानी को पढ़ लिया। उन्होंने उस कहानी के बारे में इतना अच्छा अभिमत दिया कि अपने भीतर के लेखक की मुझे एकदम नई पहचान हो गई।

1925 में पाठकों ने मुझे कहानीकार के रूप में स्वीकार कर लिया और कविता, समीक्षा, नाटक और विनोदी लेखन से मुझे जो सफलता नहीं मिली थी, वह सफलता आगामी पाँच वर्षों ने मुझे दे दी। मैं कहानीकार न हुआ होता, तो उपन्यास लेखन को पहाड़ों में सुंदर गुफा-शिल्प तराशने जैसा विकट कार्य जानकर कभी उसकी राह नहीं जाता।

कहानी और उपन्यास किन्हीं दृष्टियों से अभिव्यक्ति के भिन्न माध्यम अवश्य हैं, किन्तु फिर भी उनमें एक आन्तरिक नाता है। हर कहानीकार उपन्यासकार नहीं बनता। किन्तु अभिव्यक्ति के अन्य माध्यमों की अपेक्षा उसे उपन्यास लिखना अधिक आसान प्रतीत होता है। नदी में तैरनेवाले को समुद्र में तैरना आसान लगता है न, वैसे ही!

मेरा पहला उपन्यास सन् 1930 में प्रकाशित हुआ। उसके बाद प्रति वर्ष एक

के हिसाब से आगामी बारह वर्षों में 1942 तक मेरे बारह उपन्यास प्रकाशित हो गए। किन्तु सबकी कथावस्तु सामाजिक थी। वैसे तो समाज के सुख-दुखों की—सुखों से अधिक दुखों की—अभिव्यक्ति ही मेरे संपूर्ण साहित्य-सृजन की मूल प्रेरणा रही है। यही कारण है कि इन उपन्यासों में आसपास के जीवन की अनेक सामाजिक और राष्ट्रीय समस्याओं को मैं स्पर्श कर सका। उन दिनों राजनीतिक स्वतंत्रता और सामाजिक परिवर्तन के दो ध्येय क्षितिज पर प्रकाशमान थे। अतः मेरे इन उपन्यासों का उनके चिन्तन से घनिष्ठ संबंध था। साथ ही इन उपन्यासों का संबंध स्त्री-पुरुष-आकर्षण का स्वरूप अमीर और गरीब के बीच फैली भयानक खाई, गाँधीवाद और समाजवाद के समाज-मन पर हो रहे संस्कार आदि के चिन्तन के साथ भी था। उस समय कोई भविष्यवाणी करता कि आगे चलकर 'ययाति' जैसी पौराणिक कथा मैं किसी निराले ही ढंग से प्रस्तुत करने वाला हूँ तो उसपर मैं तनिक भी विश्वास नहीं करता।

इसका अर्थ यह कदापि नहीं कि पौराणिक कथाओं के प्रति मुझे अरुचि या अप्रीति थी। बल्कि समसामयिक लेखकों की अपेक्षा पुराण-कथाओं में मेरा आकर्षण अधिक था। गाँधीजी के नमक-सत्याग्रह आन्दोलन का स्वरूप मैंने 'सागरा, अगस्ति आला' (सागर, देखो अगस्त आया) जैसी रूपक-कथा में चित्रित किया था। मेरे पहले बारह उपन्यासों में से 'कांचन मृग' और क्रौंचवध' आंशिक रूप से सामाजिक हैं पर उनके शीर्षक पौराणिक कथाओं के प्रतीकों के रूप में ही दिए गए हैं। मेरी रचनाओं में और बातों में पौराणिक संदर्भ इतने हुआ करते थे कि नव-साहित्य से संबंधित पाठकों को लगता कि अवश्य मैं किसी खानदानी पुरोहित के घर में ही पैदा हुआ हूँ।

मैंने कभी नहीं माना कि पुराण कथाएं बड़े-बूढ़ों द्वारा छोरा-छोरियों को सुनाने की चीज़ हैं। लोककथा की भाँति पुराणकथा भी समाजपुरुष के रक्त में बीसियों पीढ़ियों से घुलती आई है। वीणा के तारों से जब तक वादक कलाकार की उंगलियों का स्पर्श नहीं होता तब तक उनकी मधुर झंकार जिस तरह मुखरित नहीं होती, उसी तरह पुराण कथाओं में भी समाजपुरुष के पीढ़ियों के अनुभव छिपे होते हैं। 1930 से लेकर 1942 तक के बारह वर्षों में आसपास का जीवन इतने संघर्षों और नित्य नूतन अनुभूतियों से भरा पड़ा था कि अपनी पसंद की किसी पुराण कथा की ओर मुड़ने का विचार मेरे मन में कभी नहीं आया। किन्तु इतनी बूझ मुझमें अवश्य थी कि अदभुत रम्यता के बाह्य कवच के भीतर पुराण कथाओं में जो सत्य छिपा होता है वह जीवन के सनातन सुख-दुखों का परिचायक होता है।

1942 तक सारा भारतीय समाज एक ही धुन में मदहोश होकर स्वप्नों की जिस दुनिया में विचरता था, उस दुनिया में धीरे-धीरे दरारें पड़ने लगी थीं। सन् 1947 में राजनीतिक स्वतंत्रता मिली अवश्य, किन्तु उससे पहले ही विश्वयुद्ध के कारण उत्पन्न परिस्थिति ने सामाजिक जीवन में कालेबाज़ार के विष-बीज बो दिए थे और वे अब अंकुरित भी होने लगे थे। यह सच है कि स्वराज्य आने के कारण साधारण आदमी का मन इस आशा से पुलकित हो गया था कि अब धीरे-धीरे उसके सारे

सपने पूरे हो जाएंगे। किन्तु उसी ज़माने में साथ-साथ इसके आसार भी धीरे-धीरे प्रकट होने लगे थे कि भारतीय संस्कृति में जिन नैतिक मूल्यों का अधिष्ठान है उन मूल्यों की ओर समाज पीठ फेर रहा है।

सत्ता से लेकर संपदा तक सर्वत्र यही स्थिति साफ दिखाई देने लगी थी कि जिसकी लाठी उसी की भैंस। जिसके लिए सम्भव था वही व्यक्ति भोगवाद का शिकार बनता जा रहा था। जिन अधिकांश लोगों के लिए सम्भव नहीं था, उनकी वासनाएं ये दृश्य देखकर उद्दीपित होने लगी थीं।

यद्यपि सामाजिक जीवन में आ रहे इस परिवर्तन में भौतिक दृष्टि से अनेक स्वागतार्ह बातें थीं फिर भी समाजजीवन की रीढ़ रहे नैतिक मूल्य पैरों तले रौंदे जाने लगे थे। भ्रष्टाचार, कालाबाज़ार, रिश्वतखोरी के बोलबाले के साथ ही पारिवारिक जीवन को स्थिरता प्रदान करने वाले अनेक बंधन भी शिथिल होते जा रहे थे। अत्यधिक मद्यपान से लेकर अनिर्बन्ध व्यभिचार तक ऐसी-ऐसी बातें धीरे-धीरे बढ़ती जा रही थीं जिन्हें सामाजिक दृष्टि से पहले पाप माना जाता था। समाज-चेतना भुलाने लगी थी कि खाओ, पियो मज़ा करो के अलावा भी जीवन को गतिमान रखने वाले अनेक उद्देश्य हैं। नैतिक मूल्यों पर चलने वालों की दुर्गति और उन्हें ठुकराकर चलने वालों की मनमानी होती देखकर युवा पीढ़ी का पारंपरिक मूल्यों में विश्वास ढहता जा रहा था। एक तरफ यह अनुभव हो रहा था और दूसरी तरफ 'अश्रु' जैसे सामाजिक उपन्यास द्वारा मैं इस भयानक परिवर्तन की झलक दिखाने का प्रयास कर रहा था।

हर बीतते वर्ष के साथ सामाजिक जीवन की स्वस्थता की दृष्टि से अत्यन्त अनुचित दुर्गुण समाजपुरुष के रक्त में अधिकाधिक घुलते जा रहे थे। भावुक मन के लिए यह देखते रहना कि समाज में पाँच-दस प्रतिशत अमीर लोग मनमानी मौज उड़ा रहे हैं और अस्सी-पच्चासी प्रतिशत गरीब लोग मँहगाई में झुलसने से बचने के लिए दयनीय छटपटाहट कर रहे है, कठिन हो चला था। पारंपरिक भारतीय समाज के परलोक, परमात्मा आदि कल्पनाओं में पूर्ण श्रद्धा रखकर ही अनेक नैतिक बंधन स्वीकार किए थे। श्रद्धा से हो अथवा भय से, इन सभी बंधनों का पालन उसने यथाशक्ति किया था। किन्तु परलोक या परमात्मा के बारे में परंपरा से चली आई श्रद्धा विज्ञान के चौंधिया देने वाले प्रकाश में विचरने वाले तथा बीसवीं सदी के मध्य खड़े समाज का नियमन करने में असमर्थ होती जा रही थी। पुराने मूल्य सत्त्वशून्य लगने लगे थे। नये मूल्य खोजने की कोशिश समाज-मन नहीं कर रहा था। स्वतंत्रता के पूर्व के ज़माने में त्याग, सेवा, समर्पण की भावना आदि मूल्यों का अपना बहुत महत्त्व था। देशभक्ति के मूल्य को भी नया अर्थ प्राप्त हो गया था। वह बहुत प्रभावशाली भी था। किन्तु राजनीतिक स्वतंत्रता प्राप्त हुए अभी दस वर्ष भी नहीं हुए थे कि यह स्थिति पलट गई। पुराने मूल्य दुर्बल थे। नये मूल्य केवल शाब्दिक थे। फलस्वरूप समाज में एक रिक्तता आ गई। उस रिक्तता में सामाजिक चेतना चमगादड़ के समान फड़फड़ाने लगी। हाथभट्ठी से लेकर गर्ल-फ्रेंड तक अनेक-अनेक शब्द दैनिक जीवन में बड़े ठाठ के साथ प्रयोग होने लगे।

मन को बेचैन कर डालने वाले जीवन के इस परिवर्तन को किस तरह चित्रित करूँ इसके बारे में मेरा चिंतन आरंभ हो गया। तभी पुराण कथा का 'ययाति' मेरे सामने खड़ा हो गया।

'ययाति' की कहानी मुझे बचपन से ही ज्ञात थी। किन्तु उसका डरावना पहलू मुझे इस ज़माने में जितना अनुभव हुआ, उतना पहले कभी नहीं हुआ था। मैंने सोचा, ययाति की उस कहानी का दायरा यह बताने के लिए कि प्रवाह-पतित साधारण आदमी प्राकृतिक भोग-लालसा के कारण किस तरह फिसलता ही चला जाता है बहुत उपकारक होगा। जैसे ही यह बात मुझे जँच गई कि बाह्यतः पौराणिक प्रतीत होने वाले किन्तु वास्तव में भोगवाद का शिकार होकर जीवन को तहस-नहस करते जा रहे समाज-जीवन का चित्रण ऐसे उपन्यास के माध्यम से प्रभावकारी ढंग से किया जा सकता है मैंने अपनी कल्पना को आगे काम करने के लिए छूट दे दी।

लेखक को चाहिए कि कहानी या उपन्यास की कथावस्तु की खोज न करे। कथावस्तु को ही अपनी ओर भागती हुई आने दे। किसी उद्देश्य से खोजे गए विषय को लेकर कहानी या उपन्यास लिखना यद्यपि साहित्यसृजन की क्षमता तथा परिश्रमी प्रकृति का द्योतक है फिर भी मन को छू लेने वाला आशय ऐसे उपन्यासों में अधिकतर व्यक्त नहीं हो पाता है। मैं तो कहानी या उपन्यास का कोई बीज मिलने पर उसे अपने मन में रख लेता हूँ। नन्हा बालक जिस तरह बीच-बीच में अपने खिलौनों के साथ थोड़ा-बहुत खेल लेता है उसी तरह उस बीज के साथ थोड़ा-बहुत खेल लेता हूँ। मेरी कल्पना में वह अंकुरित हो जाए और भावना का जल सींचकर उसमें कोंपल निकल आए तभी मैं उसे अपने काम का मानता हूँ। पाँच-दस कथा-बीजों में से एकाध ही इस तरह काम आता है। बाकी बीज अपने स्थान पर ऐसे ही सूख जाते हैं। कुछ दिन बाद मुझे उनकी याद तक नहीं रहती।

किन्तु कभी-कभी इस तरह मन में अंकुरित बीज लेखक की जानकारी के बिना ही बढ़ने लगता है केवल वर्षा के पानी से बढ़ने वाली जंगल की वृक्षलताओं के जैसा! कथा-बीज जब इस तरह अपने-आप बढ़ने लगता है तो उस नन्हें-से फूल-पौधे पर बिना किसी की जानकारी के पहली कली खिलने लगती है। उस कली की सुगंध आने लगते ही मैं बेचैन हो जाता हूँ। फिर मन पर वह कहानी या उपन्यास ही पूरी तरह छा जाता है।

'ययाति' भी इसी तरह लिखा गया है। लेखन प्रारम्भ करने से पूर्व जब मन में प्रस्फुरित कथावस्तु का चिंतन पूरा हो जाता है तो उसमें से सजीव व्यक्ति रेखाएं निकलने लगती हैं। कभी-कभी ऐसे-ऐसे अनेक भावभीने अथवा नाट्यपूर्ण प्रसंग आँखों के सामने मूर्त होने लगते हैं जिनकी कल्पना भी न की होगी। लिखे जा रहे उपन्यास की विभिन्न व्यक्ति-रेखाओं के चरित्र-चित्रण को जीवन के अनुभवों का अधिष्ठान मिल जाता है और वे अधिक सजीव हो उठती हैं।

कहानी या उपन्यास जब इस तरह मन में सजीव होने लगता है तो फिर लिखने के लिए बैठना अपरिहार्य बन जाता है यह सारा किस क्रम या सिलसिले से होता है, सुसंगत ढंग से बताना बहुत ही मुश्किल है। यह सब कुछ इस तरह होता है

जैसे माता के उदर में गर्भ बढ़ता जाए, प्रतिमास नया आकार लेता जाए और अन्त में नौ मास पूरे हो जाने के बाद एक नये बालक के रूप में इस संसार में जन्म लेकर प्रकट हो जाए। नींव के पत्थर कभी दिखाई नहीं देते। इसी तरह उपन्यास या कहानी में भी लेखक का पूर्वचिंतन दिखाई नहीं देता। किन्तु दिखाई न देने वाली नींव का उसपर खड़े भवन को आधार होता है उसी तरह कहानी या उपन्यास को भी लेखक के पूर्वचिंतन का बड़ा सहारा होता है। लेकिन एक बार कहानी प्रारम्भ हुई कि उसके पात्र लेखक के हाथ की कठपुतली बनकर नहीं रहते। वह स्वच्छंदता से स्वयं ही बढ़ते जाते हैं। 'ययाति' में भी ययाति, देवयानी, शर्मिष्ठा और कच—चारों प्रमुख व्यक्ति-रेखाएं इसी तरह विकसित हो गई हैं।

अभी मैंने संकल्पित उपन्यास को माता के गर्भ में बढ़ने वाले शिशु की उपमा दी तो है किन्तु मानव-जीवन में प्रसूति के लिए नौ मास पर्याप्त हो जाते हैं जबकि वही समय इस तरह के उपन्यास लेखन के लिए बहुत अल्प या बहुत प्रदीर्घ भी हो जाता है। 'उल्का' उपन्यास मैंने तीन सप्ताह में पूरा किया था। 'ययाति' को लिखना प्रारम्भ करने के बाद उसके पूरा होने में छह-सात वर्ष बीत गए। दो बार 'ययाति' के सृजन में बाधा पड़ी और दो-दो वर्ष तक लिखना बंद रहा। फिर भी इस उपन्यास ने मेरा पीछा नहीं छोड़ा। प्रत्यक्ष जीवन में कई व्यावहारिक बातें साहित्य-सृजन के लिए आवश्यक भाववृत्ति (mood) को बिगाड़ देती हैं। बालक तितली पकड़ने जाता है, उसे लगता है अब तितली हाथ में आ ही गई समझो, किन्तु तभी तितली फड़फड़ाती हुई फुर्र से उड़ जाती है—कुछ ऐसा ही उपन्यास लेखन में व्यवधान पड़ने पर हो जाता है। पहले भी अनेक बार मैंने इस बात को अनुभव किया था। किन्तु ययाति की कथा जिस परिस्थिति में मन में प्रस्फुरित हुई थी वह फिर भी चारों ओर ज्यों की त्यों बनी होने के कारण उपन्यास सृजन के प्रारम्भ में रही भाववृत्ति, बीच में दो बार बड़े-बड़े अन्तराल पड़ने के बावजूद, मैं फिर से ला सका।

महाभारत में ययाति की कहानी में कच कहीं नहीं आता। संजीवनी विद्या प्राप्त करने के बाद वह देवलोक चला जाता है और फिर उस कहानी में कभी वापस नहीं आता। किन्तु मेरे उपन्यास की कथावस्तु में कच का महत्त्वपूर्ण स्थान है। यती, ययाति और कच की व्यक्ति-रेखाएं मेरे मन में जैसे-जैसे खिलती गईं वैसे-वैसे उपन्यास का ताना-बाना सुदृढ़ होता गया।

मेरे उपन्यास का ययाति महाभारत का ययाति नहीं है। देवयानी और शर्मिष्ठा भी महाभारत की कहानी से काफी भिन्न हैं। मैं स्वीकार करता हूँ कि किन्हीं प्रमुख पौराणिक या ऐतिहासिक व्यक्ति-रेखाओं में इस तरह मनमाने परिवर्तन करने का ललित साहित्य के लेखक को अधिकार नहीं है। किन्तु ययाति की कहानी महाभारत का एक उपाख्यान है। शकुंतला के आख्यान की तरह ही ययाति का आख्यान इस ग्रंथ में आया है। शकुन्तला की मूल कथा में कालिदास ने अपनी नाट्य-कृति का सौन्दर्य बढ़ाने के लिए जानबूझ कर अनेक परिवर्तन किए हैं। किन्तु कथावस्तु की जानकारी न रखने वाले पाठक को वे कतई अखरते नहीं। इसका कारण यह है कि मूल कथा का आधार

लेकर कालिदास ने एक पूर्णतः नयी और अत्यंन्त सुन्दर नाट्यकृति की रचना की है।

लेखक के नाते मैं अपनी सभी मर्यादाओं को भली भाँति जानता हूँ। इस शारदा के मंदिर में कालिदास उच्चासन पर विराजमान हैं। इस मंदिर में भीड़ कर रहे भक्तगणों में एक कोने में खड़े होने का भी मुझे स्थान प्राप्त होगा, इसमें किसी ने संदेह व्यक्त किया तो वह उचित ही होगा। कालिदास की रचनाओं का उल्लेख मैंने केवल इसलिए किया, ताकि पौराणिक उपाख्यानों में कितने परिवर्तन करने का अधिकार लेखक को हो सकता है यह बात स्पष्ट हो जाए।

किसी ललित रचना का अंतिम स्वरूप लेखक के आंतरिक तथा साहित्यिक व्यक्तित्व पर निर्भर करता है। उसकी सभी रुचि-अरुचियाँ उसकी रचना में प्रतिबिंबित हो जाया करती हैं। उपन्यास में यद्यपि कथावस्तु का स्थान मध्यवर्ती और महत्त्वपूर्ण होता है। उस कहानी को काव्यात्मकता, मनोविश्लेषण और जीवन के किसी सत्य पहलू का साथ मिल जाने पर उसमें ठोसपन आ जाता है। ययाति में यही प्रयास किया गया है। वह कहाँ तक सफल रहा यह तो पाठक ही तय कर सकते हैं।

यह उपन्यास संयम का पक्षधर है। भारतीय संस्कृति ने सुखी जीवन के आधार के रूप में संयम के सूत्र पर ही हमेशा बल दिया है। यह समाज जब भी अर्थहीन वैराग्य की ओर अवास्तविकता से झुका है, भौतिक समृद्धि की ओर इस संस्कृति ने अनजाने पीठ फेर ली है। विगत तीन सदियों में विज्ञान के सहारे पली याँत्रिक संस्कृति संसार के जीवन की स्वामिनी बनती जा रही है। इंस संस्कृति का शिकार बना इन्सान भोगवाद को ही जीवन का मध्यवर्ती सूत्र मानकर जीने की कोशिश कर रहा है। किन्तु भारतीय संस्कृति में बताया गया चरम वैराग्य जिस तरह मानव को सुखी नहीं कर सकता, उसी तरह यांत्रिक संस्कृति में बखाना गया अनिर्बन्ध भोगवाद भी आजकल के मानव को सुखी नहीं कर सकेगा।

मनुष्य के लिए जैसे शरीर है, वैसे ही आत्मा भी है। दैनिक जीवन में जब इन दोनों की न्यूनतम भूख मिट सकेगी, तभी जीवन में संतुलन बना रह सकेगा। हज़ार हाथों से भौतिक समृद्धि उछालते, बिखेरते आने वाले यंत्रयुग में इस संतुलन को बनाए रखना हो तो व्यक्ति को अपने सुख की भाँति परिवार और समाज के सुख की ओर भी ध्यान देना पड़ेगा। केवल उनके लिए ही नहीं, बल्कि राष्ट्र और मानवता के लिए भी उसे कुछ त्याग करने के लिए तैयार रहना पड़ेगा। परिवार, समाज, राष्ट्र, मानवता और विश्व के केंद्र में स्थित परमशक्ति के साथ अपनी प्रतिबद्धता को जो जानता है और मानता है वही भोगवाद के युग में भी जीवन का संतुलन बनाए रख सकेगा। 'ययाति' का सन्देश यही है। व्यक्ति और समाज के जीवन में यह संतुलन रहा तभी जनतंत्र और समाजवाद के आधुनिक जीवन-मूल्य खिल पाएंगे, अन्यथा वह असम्भव है।

कोल्हापुर **—वि. स. खाण्डेकर**

15 अगस्त, 1976

ययाति

स्वयं ही ठीक तरह से नहीं जानता, क्यों मैं अपनी आपबीती सुना रहा हूँ। क्या इसलिए कि मैं एक राजा हूँ? लेकिन क्या वास्तव में मैं एक राजा हूँ? नहीं, मैं एक राजा था!

राजा-रानी की कहानियाँ लोग बड़े चाव से सुनते हैं। उनकी प्रणय-कथाओं में आम दुनिया बड़ा ही रस लिया करती है। जाने-माने शायर उन कथाओं पर शे'रो-शायरी और कविताएं भी रच डालते हैं।

मेरी कहानी भी एक प्रणय-कथा—नहीं, नहीं! पता नहीं वह किस किस्म की कहानी है! जानता हूँ कवि-मानस को मोह लेने लायक उसमें कुछ भी नहीं है। लेकिन आज मैं यह कहानी इसलिए नहीं सुना रहा कि यह एक राजा की कथा है। इस कहानी की जड़ में न तो किसी तरह का अभिमान है, न अहंकार और न ही है किसी बात का प्रदर्शन। ये तो राज-वस्त्र की धज्जियाँ हैं, कोई इसका प्रदर्शन भला किसलिए करेगा?

राजवंश में जन्मा, इसलिए मैं राजा बना, राजा की हैसियत से जिया। इसमें मेरा न तो गुण है, न दोष। हस्तिनापुर के महाराजा नहुष के पुत्र के रूप में परमात्मा ने मुझे जन्म दिया। पिता के बाद राजगद्दी पर सीधा जा बैठा, इसमें भी कोई बड़प्पन है? राजप्रासाद के शिखर पर जा बैठे कौए को भी लोग बड़े कौतूहल से देखा करते हैं!

राजपुत्र न होकर मैं यदि कोई ऋषिकुमार हुआ होता, तो किस तरह का जीवन बन गया होता मेरा? शरद की नृत्य-मग्न चाँदनी रात-सा या शिशिर की अंधेरी रात-सा? क्या पता! किसी आश्रम में पैदा होता, तो क्या अधिक सुखी बन जाता? नहीं! इस प्रश्न का उत्तर खोजते-खोजते मैं हार चुका हूँ। रह-रहकर एक ही विचार मन में आता है कि शायद तब मेरी जीवन-कहानी बिल्कुल ही मामूली-सी हो गई होती, किसी वल्कल जैसी। विविध रंगों के ताने-बाने से बुने राजवस्त्र का रूप उसे कभी प्राप्त नहीं होता। जो भी हो, आज भी इस राज-वस्त्र की सभी छटाएं मेरे मन को भाती नहीं हैं।

तब भी, क्यों मैं आज अपनी जीवन-कहानी सुनाने बैठा हूँ? कौन-सी बात मुझे इसकी प्रेरणा दे रही है? ज़ख्म खोलकर दिखाने से मन का दुख हल्का हो जाता

है। कोई पास बैठकर हाल पूछे तो मरीज़ को महज़ अच्छा लगता है। ममता के आँसुओं में अभागे मन का दावानल बुझाने की शक्ति होती है। मेरे मन को कहीं उन्हीं आँसुओं की चाह तो नहीं?

जो भी हो, सच तो यह है कि इस कहानी से मेरा जी भर आया है, सावन-भादों के बादलों से भरे आकाश-सा! दिन देखा न रात, बस इसी कहानी पर सोचता रहता हूँ। मन ही मन सोचता हूँ, शायद मेरी इस कहानी को सुनकर किसी को ज़िन्दगी की राह में मुँह बाए पड़े गढ़े और खाइयाँ दिखाई दें और वह समय पर चेत जाएगा। यह कल्पना मन को बड़ा सुख पहुँचाती है, लेकिन मात्र पल-दो पल के लिए! तुरन्त ही मन कोसता है कि यह अपने-आपको धोखा देना है। गुरुपत्नी पर मोहित होकर अपना मुँह हमेशा के लिए काला किए बैठे चन्द्रमा की कहानी को कौन नहीं जानता? क्या दुनिया जानती नहीं कि अहल्या के सौन्दर्य से उल्लू बने इन्द्र को हज़ारों घावों का प्रसाद मिला था? दुनिया गलती करती है, गलतियों के बारे में सुनती है, लेकिन सबक कभी सीखती नहीं! हर आदमी ज़िन्दगी के अन्तिम मोड़ पर कुछ सयाना अवश्य हो जाया करता है, लेकिन यह समझदारी दूसरों की ठोकरों से नहीं, बल्कि उसके अपने ज़ख्मों से आया करती है। यह सब जब सोचता हूँ, तो लगता है आखिर किसलिए सुनाई जाए यह अजीबो-गरीब कहानी? लताओं पर कई फूल खिलते हैं। उनमें से कुछ देवी-देवताओं की मूर्तियों की शोभा बढ़ाते हैं। उन्हें भक्तों के नमस्कार प्राप्त हो जाया करते हैं। कुछ फूल सुरबालाओं की केशभूषा का शृंगार बढ़ाते हैं। महलों की शय्याओं पर होने वाला विविध विलास वे अपनी नन्ही-नन्ही आंखों से देखा करते हैं। कुछ फूल किसी पागल के हाथ लग जाते हैं। देखते ही देखते वह उन्हें मसलकर फेंक देता है। इस दुनिया में पैदा होने वाले इन्सानों का भी यही हाल होता है। कुछ को बहुत लम्बी उम्र मिलती है, कुछ असमय ही मर जाते हैं। कुछ वैभव की चरम चोटी पर चढ़ जाते हैं, तो कुछ असीम गरीबी की खाई में गिर जाया करते हैं। कोई दुष्ट होता है कोई सुष्ट! कोई बदसूरत कोई खूबसूरत! लेकिन अन्त में ये सारे फूल धूल में मिल जाया करते हैं। उनमें यही एक समानता होती है। इनमें से किसी फूल को अपनी कहानी सुनाते किसने देखा है? फिर आदमी ही अपने जीवन को इतना महत्त्व क्यों देता जा रहा है?

ज़िन्दगी क्या है? पीछे घना झंखाड़, आगे गहरा जंगल! अज्ञात के अंधेरे में तो वह और भी डरावनी लगती है। कभी भूला-बिसरा किन्हीं झिलमिल सितारों का टिमटिमाता धूसर प्रकाश इस जंगल की पगडंडियों तक आ जाता है। इन्ही पगडण्डियों से होने वाली आदमी की यात्रा को हम लोग जीवन या ज़िन्दगी का नाम दे देते हैं।

मेरी इस यात्रा में कहने लायक कुछ थोड़ा-बहुत हुआ है। हो सकता है कि यह मेरा कोरा भ्रम हो! लेकिन वाकई में मुझे वैसा लगता है। बाल ययाति, किशोर ययाति, युवा ययाति और प्रौढ़ ययाति सारे एक ही थे, लेकिन आज का ययाति उन

सबसे कुछ भिन्न हो गया है। वह उन्हीं सबके शरीर में रहता तो है, लेकिन उन सारी चीज़ों को अब देखने लगा है जो उन्हें कभी दिखाई नहीं दी थीं। सबको वे चीज़ें दिखाई दे सकें—धुँधली-धुंधली-सी ही सही—इसीलिए अपनी कहानी, अपनी आपबीती सुनाने का मोह उसे हो रहा है।

बचपन की स्मृतियाँ मयूर-पंख को भाँति कितनी नाजुक, कितनी लुभावनी और फिर भी कितनी बहुरंगी होती हैं! मैं देख रहा हूँ, मेरी पहली स्मृति बता रही है कि अग्नि और फूल एक-दूसरे को गले लगाए बैठे हैं जुडवाँ भाइयों की तरह!

शुरू से ही मुझे फूलों से बहुत प्यार रहा है। मैं नन्हा-सा था तभी से कहते है कि राजप्रासाद से दिखाई देने वाले खिले हुए उद्यान की तरफ मैं घंटों देखते हुए बैठा रहता। रात होते ही मैं फूट-फूटकर रोने लगता था। मुझे थपकी दे-देकर सुलाने वाली दासी को मैं बहुत तंग किया करता था। कभी चिकोटी काटता, कभी लातें झाड़ता, कभी काट खाता था। उद्यान के सारे फूल तोड़कर ले आओ और मेरे पलंग पर बिछा दो, तभी मैं सोऊंगा—एक बार मैंने एक दासी को आदेश दिया था। उसने हँसते-हँसते यह बात दूसरी को, दूसरी ने तीसरी को बताई थी और इस तरह कुछ कौतूहल, कुछ सराहना की भावना से यही बात बातों ही बातों में सभी दासियों तथा सेवकों तक पहुँच गई थी। सभी इसकी चर्चा कर रहे थे।

माँ ने भी शायद मेरी इस बात को सराहा था। पिताजी के सम्मुख मुझे खड़ा कर उसने कहा, ''अजी, सुना आपने, अवश्य ही हमारा यह लाड़ला कोई बड़ा कवि बनने वाला है।''

तुच्छता से हँसकर पिताजी बोले, ''क्या कहा, कवि? भई कवि बनकर क्या मिलने वाला है ययू को? कवि का काम तो दुनिया की सुन्दरता का वर्णन करना-मात्र है! लेकिन उन सभी सुन्दर वस्तुओं का जी भर उपभोग केवल सूरमा ही कर सकते हैं। मैं चाहता हूँ कि हमारा ययू एक शूरवीर, सूरमा बने। एक, दो नहीं सौ अश्वमेध वह करे। हमारे पूर्वजों में महाराजा पुरुरवा ने उर्वशी जैसी अप्सरा को प्रेमिका बना लिया था। स्वयं मैंने भी देवताओं को पछाड़ा है। इंद्रासन पर विराजमान होने का आनन्द लिया है। ययू को इसी परम्परा को आगे चलाना होगा।''

पिताजी की ये सारी बातें मैंने सुन तो लीं, लेकिन समझ में कितनी आईं, पता नहीं! आगे चलकर बड़ा हो जाने पर भी मेरे पराक्रम की सराहना करते समय माँ पिताजी के इन उद्‌गारों का बार-बार उल्लेख किया करती थीं, इसलिए वे सारी बातें मुझे कण्ठस्थ हो गई थीं।

अग्नि की याद भी कुछ ऐसी ही है। माँ उसे भी बार-बार सुनाया करती थी। धनुर्विद्या की शिक्षा मैंने पूरी कर ली, तब पिताजी ने साल-भर के लिए मुझे एक आश्रम में रखने का निर्णय किया, जब आश्रम जाने को निकला तब मैं कोई दुधमुंहा बच्चा नहीं था, लेकिन माँ का प्यार अंधा होता है। सोलह वर्ष का ययू अब साल-भर लिए हमें छोड़ कहीं दूर जाकर रहेगा, इस कल्पना से वह किसी अबोध बच्ची क. समान बार-बार आँखें पोंछ रही थीं। अपना काँपता हुआ हाथ कितनी ही बार

तो उसने मेरे चेहरे पर घुमाकर उसे सहलाया था। बरसते नयनों से उसने मेरे माथे को चूमा और गद्गद स्वर में बोली, "बेटा ययू, मुझे तेरी बड़ी चिंता है बेटा! तू तो एकदम पागल ही है। बचपन में अग्निशाला में उठती ज्वालाओं को देखकर तू आनन्द में नाचने लगता था। एक बार उन ज्वालाओं से कुछ चिंगारियाँ उड़ रही थीं। उन्हें देखकर तू तालियाँ बजा-बजाकर चिल्लाया था, "फूल फूल!' उस समय मैंने तुझे रोका न होता, तो शायद अवश्य ही तू उन फूलों को तोड़ने के लिए झपट पड़ता।" सिसकी दबाकर माँ ने आगे कहा, "बच्चा चाहे जितना बड़ा हो, माँ की नज़रों में वह बालक ही रहता है। आश्रम में अपना ख्याल रखकर रहना! वहाँ की नदियों में शायद मगरमच्छ और घड़ियाल होंगे, वन में जंगली जानवर दिखाई देंगे, कहीं पर भी व्यर्थ ही जान जोखिम में मत डालना।"

यह स्मृति तो काफी पहले की रही लेकिन उससे पहले की कुछ बिसराई-सी और कुछ सुनी-सुनाई-सी कई स्मृतियाँ मेरे अन्तराल में पड़ी हैं। लेकिन उन्हें फिर याद करने में, उनका रस लेने में अब मुझे कोई रुचि नहीं है जैसे वे स्मृतियाँ घनघोर घटाओं में से हौले से झाँकने वाली चाँदनी हों। फिर भी उन दिनों की एक याद मन में एकदम पक्की बैठ गई है, ज़ख्म की निशानी-सी। उस याद का अर्थ अभी परसों तक भी मेरी समझ में नहीं आ रहा था, लेकिन अब—जीवन के प्रारंभ में अर्थहीन लगने वाली बातें ही जीवन के अन्तिम चरणों में बहुत ही गहरा अर्थ रखने वाली प्रतीत होने लगती हैं।

मेरी माँ की एक प्रिय दासी थी—कलिका। मैं भी उसे बहुत चाहता था। कभी-कभी वह मेरे सपनों में भी आया करती थी। क्यों, यह तो मैं लाख कोशिशें करने पर भी समझ नहीं पाया था। उस समय मेरी आयु मुश्किल से छह वर्ष की होगी। खेल ही खेल में कलिका ने मुझे पकड़ लिया और कसकर सीने में भींच लिया। उसके बाहुपाश से मुक्त होने के लिए मैं छटपटाता रहा। लेकिन तभी उसने अपनी पकड़ और भी सख्त कर दी। मन में आया, इसे ज़ोर से काट खाऊं और 'कैसी रही!' कहकर तालियाँ पीटता भाग निकलूँ। तभी मेरे माथे को अपनी छाती पर भींचते हुए उसने कहा, "बड़े नटखट होते जा रहे हैं युवराज आजकल! बचपन में दूध पिलाने के लिए तो आपको कलिका की आवश्यकता हुआ करती थी! तब कैसे चुपचाप पड़े रहते थे जनाब मेरी गोद में! और अब..."

चकित होकर मैंने पूछा, "क्या मैं तुम्हारा दूध पीता था?"

हँसते-हँसते कलिका ने गरदन हिला दी। पास ही उसकी लड़की अलका खड़ी थी। होगी मेरी ही उम्र की। उसकी ओर निर्देश करती हुई कलिका बोली, "अपनी कोख से जन्मी इस बच्ची को मैंने बाहर का दूध पिलाया और आपको...सब कुछ भुला दिया आपने?"

मेरी बेचैनी और भी बढ़ गई। पूछा, "नन्हे-मुन्ने माँ का दूध पीते हैं?"

"जी!"

"तो तुम क्या मेरी माँ हो?"

वह डर गई। भयभीत-सी नज़र सब ओर दौड़ाते हुए उसने सहमे स्वर में कहा, "ऐसी वाहियात बातें नहीं किया करते, युवराज!"

धुंधुआते यज्ञकुण्ड-सा मेरा बालमन भीतर ही भीतर सुलगने लगा। बाहर केवल धुआँ ही निकल रहा था—मैं हस्तिनापुर का राजपुत्र था, युवराज था। फिर शैशव में मुझे एक क्षुद्र दासी का दूध क्यों पिलाया गया? जब कलिका का ही दूध मैंने पिया है तो क्यों न मैं उसे अपनी माँ कहकर पुकारूँ?

इस विचार के साथ ही मेरे बालमन पर आया बोझ कुछ हल्का हुआ। कलिका से लिपटकर मैंने कहा, "आज से मैं तुम्हें माँ कहूँगा?

मेरे मुँह पर तुरन्त हाथ रखकर वह बोली, "युवराज! महारानी जी आपकी माँ हैं। भला मैं उनकी बराबरी कैसे कर सकती हूँ? आखिर, मैं तो उनके चरणों की धूल हूँ!"

मैंने खिसियाकर पूछा, "फिर माँ ने मुझे अपना दूध क्यों नहीं पिलाया?"

कलिका कुछ नहीं बोली।

अपने-आप में खोते हुए मैं चीखा, "उसने अपना दूध मुझे क्यों नहीं पिलाया?"

खरगोश जैसी डरी-सहमी नज़र से इर्द-गिर्द देख लेने के बाद मेरे कान में बुदबुदाई, "कहते हैं कि छाती का दूध बच्चे को पिलाने पर स्त्री का सौन्दर्य मुर्झा जाता है!"

कलिका के उन उद्‌गारों का अर्थ उस समय मेरी समझ में ठीक से आया नहीं। लेकिन एक बात अवश्य ही मेरे कलेजे में गहरी चुभ गई कि किसी ऐसी बात से मुझे वंचित कर दिया गया है जिसपर कि मेरा अधिकार था। एक बहुत बड़ा सुख मुझसे छीन लिया गया था और वह भी साक्षात् जन्म देने वाली माँ ने छीना था! किसलिए? अपना सौन्दर्य बनाए रखने के लिए! क्या माँ भी इतनी स्वार्थी हो सकती है? नहीं, नहीं! माँ को मुझसे कोई प्यार नहीं है। उसे प्यारा है अपना सौन्दर्य!

जान-बूझकर माँ से मैं उस दिन पहली बार नाराज़ हुआ। दिन-भर मैंने उससे कोई बात तक नहीं की। रात में मेरे पलंग के पास आकर उसने कितनी बार दुलारा, "बेटे, मेरे राजा, ययू—!" फिर मेरे माथे पर आहिस्ता-आहिस्ता हाथ भी फेरा। हरसिंगार के फूलों की कोमलता उस स्पर्श में थी। मैं कुछ पिघला भी, किन्तु बोला नहीं। आँखें भी नहीं खोलीं। खिसियाया मन कहता था, "काश! ऋषि-मुनियों की वह शाप देने की शक्ति आज मुझमें होती! माँ को तुरन्त अचेतन शिला बना देता।"

शब्द की अपेक्षा स्पर्श कभी-कभी बहुत कुछ कह जाता है। किन्तु दिल को हिलाने की क्षमता उसमें नहीं होती। वह काम केवल आँसू ही कर पाते हैं। मेरे गालों पर गरम आँसू चूने लगे। तत्काल मैंने आँखें खोलीं। माँ को रोते हुए मैंने पहले कभी नहीं देखा था। मेरा बालमन सकपकाया। उसके गले में अपनी बाँहे डालकर गाल से गाल रगड़ते हुए मैंने पूछा, "क्यों रोती हो माँ? क्या हुआ तुम्हें?"

तब भी वह कुछ बोली नहीं। मुझे हृदय से भींच कर मेरे बालों को सहलाती

और आँसू बहाती वह पलंग पर मौन बैठी रही। ''तुम्हें मेरे सिर की सौगंध, माँ!'' आखिर हारकर मैंने कहा। काँपते हाथों से उसने मेरा चेहरा ऊपर उठाया। भीगी आँखों से एक टक मुझे निहारते-निहारते वह गद्गद हो उठी। ''अपना दुख तुझे कैसे बताऊँ बेटे?''

''क्या पिताजी तुमसे नाराज़ हुए?''

''नहीं तो।''

''क्या पिताजी की तबीयत खराब है?''

''नहीं, नहीं!''

''तो क्या आपका प्यारा मोर महल से कहीं उड़ गया?''

''उस मोर की इतनी चिन्ता नहीं है मुझे!''

''तो फिर?''

''पता नहीं, मेरा दूसरा मोर कब कहाँ उड़ जाए...''

''दूसरा मोर? कहाँ है वह?''

''यह रहा...'' कहते हुए उसने मुझे बहुत कसकर अपनी छाती से लगा लिया, एकदम भींच ही डाला। फूलों की खूशबू सूंघते समय मैं भी ऐसा ही किया करता था। कितनी भी सूंघ लूँ, जी भरता ही नहीं था। लगता था, इस फूल को कुचल-मसल डालूं और उसके भीतर की सारी की सारी खुशबू अपनी ओर खींच लूँ। माँ इस समय ठीक वही कर रही थी। मैं उसका फूल बन गया था।

उसके ज़बरदस्त आलिंगन से मेरे रोम-रोम में दर्द होने लगा। लेकिन मन को अपार सुख मिल रहा था। उसकी आँखों का पानी अपनी तर्जनी से पोंछते हुए मैंने कहा, ''नहीं माँ, मैं तुम्हें छोड़कर कहीं नहीं जाऊँगा, कभी नहीं जाऊँगा!''

लेकिन समझ में नहीं आ रहा था कि आखिर माँ को यह डर क्यों लग रहा है! मैं बार-बार उसे कुरेदता रहा। आखिर उसने कहा, ''आज दिन-भर से तू मुझसे रूठा है! बोला तक नहीं है। संध्या समय तेरा हाथ पकड़कर मैंने कहा था, 'चलो बाग में चलें।' लेकिन तूने मेरा हाथ ढकेल दिया और तेवर चढ़ाकर मेरी ओर देखा! अभी यहाँ पर भी, मुझे मालूम है, तू जाग रहा था। लेकिन मेरी दुलार-भरी पुकारों का तूने कोई उत्तर तक नहीं दिया। इस तरह क्यों नाराज़ हो बेटे? ययू! माँ-बाप का दुख बच्चे कभी समझ नहीं पाते! लेकिन बेटा, मैं भीख माँगती हूँ तुमसे, कम से कम तुम उसकी तरह न करना!''

''उसकी तरह? किसकी तरह? कौन है वह?''

बचपन में राक्षस की कहानी सुनते समय मैं उत्सुकता से पूछा करता था—''फिर क्या हुआ?''—उसी उत्सुकता से मैंने माँ से प्रश्न किया, ''वह कौन?''

महल में मेरे और माँ के सिवा कोई नहीं था। शायद द्वार के बाहर दासी सोई थी। कोने में रखे सोने के दीवट की ज्योति भी ऊंघनै लगी थी।

फिर भी माँ क्यों चारों ओर कातर दृष्टि से देख रही है, मेरी समझ में नहीं आया। वह धीरे से उठी। किवाड़ बंद करके लौट आई। फिर मेरा मस्तक गोद में

लेकर उसे थपथपाती कोमल लेकिन काँपते स्वर में बोली, ''ययू, 'यह बात तेरे काफी बड़े हो जाने के बाद मैं तुझे बतलाने वाली थी। लेकिन, आज तुम मुझसे रूठ गए, कल शायद नाराज़ हो जाओगे और परसों आपे से बाहर होकर कहीं चल दोगे, वह चला गया है वैसे! इसलिए...''

''वह? वह कौन?''

''तेरा बड़ा भाई।''

''क्या मेरा भाई है?''

''है, बेटे!''

''बड़ा भाई है?''

''हाँ!''

''कहाँ है वह?''

''भगवान ही जाने! जहाँ भी रहे, सुखी रहे, यही तो मैं भगवान से हर रोज़ माँगती हूँ।''

मैं एकदम छोटा था, तब मैं अलका जैसे अनेक बच्चों के साथ राजमहल में खेला करता था। कुछ बड़ा हुआ, तो अमात्य, सेनापति, राजकवि, कोषपाल, अश्वपाल आदि के बच्चों के साथ खेलने लगा। लेकिन मुझे इस बात पर रह-रहकर निराशा-सी होती थी कि राजप्रासाद में मेरे बराबर का कोई नहीं है। दास-दासियों के बच्चे मंचक पर बैठने में हिचकते थे। उद्यान-वाटिकाओं में फूलों के पौधों को रौंदते-कुचलते तितलियों का पीछा करने का हौसला भी उनमें नहीं हुआ करता था। काश, बड़ा भाई भी आज यहाँ होता। तब इन सभी खेलों का आनन्द दूना हो जाता। इसी विचार में मैं खो गया।

बचपन कितना भोला, सीधा-सादा, सरल, निर्मल और एक ही लीक पर चलने वाला होता है! बड़े भाई की उम्र क्या होगी यह तो माँ से पूछना मैं भूल ही गया। वह यदि यहाँ होता, तो पिताजी के पश्चात राजसिंहासन पर वही विराजमान होता, सारा जीवन मुझे एक मामूली राजपुत्र के नाते ही बिताना पड़ता, ऐसा मत्सर-भरा विचार मेरे मन में भी नहीं आया। मुझे तो बस वह बड़ा भाई चाहिए था, खेलने के लिए और लड़ने-झगड़ने के लिए भी! वह कहाँ है? क्या करता है? माँ से मिलने क्यों नहीं आता? अनेक प्रश्न मन को डसने लगे, जैसे मधुमक्खियाँ अपने छत्ते से निकलकर भिनभिना उठी हों। डरते-डरते मैंने माँ से पूछा, ''उसका नाम क्या है माँ?''

''यति!''

''उसे गए कितने दिन हो गए?''

''तेरे जन्म से साल-डेढ़ साल पहले ही वह चला गया। बिल्कुल अकेला चल दिया!''

माँ का स्वर अतीव आहत हो गया था। लेकिन बात मेरे ध्यान में नहीं आई। 'बिल्कुल अकेला चल दिया! बहुत ही बहादुर और निडर होगा यति।' यही भाव माँ के उस वाक्य से मेरे मन में उठा।

"क्या वह बिना तुम्हें बताए ही चल दिया?" मैंने माँ से पूछा। उसने केवल गर्दन हिलाकर उत्तर दिया। उस दिन की विकल याद से माँ व्याकुल हो उठी, मानो किसी ने उनके कलेजे में चुभी फाँस को हिला दिया हो। लेकिन मेरा मन तो उस साहसी यति पर मंडरा रहा था, जो माँ को बिना बताए ही राजप्रासाद से बिल्कुल अकेला चल दिया था। मैंने माँ से फिर पूछा, "किस समय चल दिया वह?"

"आधी रात को! बीहड़ जंगल में! खासी डेढ़ प्रहर रात बीतते तक मैं जाग रही थी। उसे समझा रही थी। फिर न जाने कब आँख झपकी। पौ फटने से पहले आँख खुली। देखा, यति अपनी शय्या पर नहीं था! घने अंधेरे में सेवकों ने बहुत खोजबीन की, पर वह कहीं नहीं मिला!"

'इसे कहते हैं भाई!' मन ही मन मैंने सोचा। तुरन्त ही कथा-कीर्तनों में चमत्कारों का वर्णन आते मन में जाग उठने वाली उत्सुकता ने मुझे आ घेरा। मैंने माँ से पूछा, "यति को लेकर तुम कहाँ गई थीं, माँ?"

"एक महात्मा के दर्शन करने। विवाह हुए अनेक वर्ष बीत जाने पर भी मेरे कोई सन्तान नहीं हो रही थी। इसलिए हम दोनों उस महात्मा के आश्रम में जाकर रहे थे। उनके आशीवार्द से ही मेरे यति हुआ। प्रतिवर्ष उसके जन्मदिन पर मैं उसे उन महात्मा के दर्शन कराने ले जाया करती थी। जिस दिन वह चला गया, उस दिन मैं वहीं से लौट रही थी। मुझे पता चल गया था कि यति बेचैन है। उसने वहीं रहने की ज़िद की थी। इसलिए मैंने गुस्सा किया था। खूब डाँटा-फटकारा था। बछड़े को नकेल डालकर बैलगाड़ी के पीछे बाँधकर ले जाया जाता है न? ठीक उसी तरह मैं उसे लगभग घसीटकर आश्रम से वापस ले आई थी। उसके रूठने-बौखलाने की ओर मैंने कोई ध्यान नहीं दिया। वह क्या चाहता था..."

"क्या चाहता था वह?"

टप-टप आँसू बहाती हुई माँ बोली, "वह तो मैं अभी तक ठीक से नहीं समझ पाई हूँ। धरम-करम ओर देवी-देवताओं की ध्यान-धारणा का उसे बड़ा शौक था। प्रतिदिन सुबह दासियाँ पूरे खिले ताज़ा और कई तरह के खुशबूदार फूल उसके सामने आकर रखा करती थीं। लेकिन ऐसा कभी नहीं देखा गया कि उनमें से यति ने कुछ उठा लिए हैं और उन्हें जी भरकर सूँघा है। देर-अबेर कभी वह दो-चार फूल उठा लेता और चुपके से किसी पत्थर के भगवान पर चढ़ा देता। उसके खेल भी बड़े अजीब ही थे। समाधि-मुद्रा में आँखें मूंद कर बैठने या कभी किसी चीज़ की दाढ़ी-मूंछें बनाकर नकली ऋषि बन बैठने में उसे बड़ा आनन्द आता था! राज-धर्म तो उसके रक्त में था ही नहीं, यद्यपि उसके माता-पिता दोनों राज परिवार के थे। कभी राजसभा में गया तो वहाँ भी खरगोश आँखों से वह डरा-सहमा-सा चारों और टुकुर-टुकुर देखते हुए बैठा रहता। लेकिन राजप्रासाद में पधारे किसी तपस्वी, संन्यासी से उसकी तुरन्त दोस्ती हो जाती थी। हमने उसकी बहुत खोज की, काफी ढूँढा। लेकिन आकाश से टूटा हुआ तारा फिर भला किसी के हाथ लगा है? मेरा यति भी वैसे ही..."

मेरे जन्म से पहले का अपना यह दुखड़ा माँ यथासम्भव शान्ति के साथ मेरे

सामने रो रही थी। लेकिन अन्तिम क्षण उसके धीरज का बाँध टूट गया। ''मेरा यति भी वैसे ही...'' कहते ही शायद उसकी आँखों के सामने उस दिन की, उस घने अंधेरे अरण्य की वह सुबह फिर आ खड़ी हुई होगी। कहते-कहते वह हकलाई, रुकी, काँपने लगी, जैसे करुण राग निःसृत करती हुई सितार के तार अचानक टूट गए हों! पल-भर उसने खोई-खोई नज़र से मुझे देखा। मैं डर गया। तुरन्त ही उसने एक लम्बी आह भरी और मुझे गले से लगाकर वह फूट-फूटकर रो पड़ी। समझ में नहीं आ रहा था, कैसे उसे सान्त्वना दूँ।

''माँ, माँ'' कहता हुआ मैं उससे अधिक लिपटता जा रहा था और स्पर्श से अपनी भावना व्यक्त कर रहा था। दिल का उफान कुछ शान्त हो जाने के बाद वह बोली, ''यति पहली बार मुझसे रूठा तब तुम्हारी ही उम्र का था, ययू! उसके रूठने की ओर मैंने कोई ध्यान नहीं दिया था। लेकिन, बेटे, आज तुझे भी रूठा हुआ देखकर मेरे दिल का वह पुराना घाव फिर हरा हो गया और उसमें से जैसे ज़ोर से खून बहने लगा है। आज मैं तुम्हारे पास केवल मन की भयभीत अवस्था के कारण वह सारा राज़ खोल बैठी हूँ जिसे राज़ ही रखने का हम दोनों ने निश्चय किया था और कम से कम बचपन में तुम्हारे से भी उसे छिपाए रखने की हमारी कोशिश थी। कहीं ऐसा न हो तुम भी यति के समान ही एक दिन चल दो ययू, बच्चे माँ की आँखों के तारे होते हैं, बेटा!''

सिसकता हुआ मैं बोला, ''नहीं माँ! यति जैसा मैं तुम्हें छोड़कर नहीं जाऊँगा। ऐसा कभी कुछ नहीं करूँगा जिससे तुम्हें दुःख पहुँचे!''

''वचन दो बेटे!''

अपना हाथ उसके हाथ पर रखकर मैंने कहा, ''वचन देता हूँ माँ, मैं कभी किसी सूरत में संन्यासी नहीं बनूँगा!''

आज भी वह रात आँखों के सामने स्पष्ट है, पाषाण से बनाई गई किसी शिल्प-मूर्ति-सी। बरसों बीत गए, लेकिन उसकी स्मृति ज्यों की त्यों बनी है। कुम्हलाना तो दूर, अभी उस मूर्ति की एक रेखा तक धुंधली नहीं हो पाई है।

यह तो नहीं बता सकता कि उस रात मेरी और माँ की जो बातचीत हुई उसमें मेरे मन की कितनी और कौन-कौन सी छटाएं उभरी थीं। लेकिन एक बात पक्की है कि उस एक ही रात में मैं देखते ही देखते बड़ा हो गया। सपनों के संसार से सच्चाई की दुनिया में आ गया। उस रात दुख से मेरा पहला परिचय हुआ। जिस माँ के स्पर्श में स्वर्गसुख की कल्पना की थी, उसे मैंने आठ-आठ आँसू रोते देखा था। अनजाने में ही मुझे उन सभी बातों से घृणा होने लगी जो माँ को दुख पहुँचा गई थीं।

उस रात मैं चैन से सो न सका। बीच ही में चौंक उठता था। मुझे सपने दिखाई देने लगे थे। एक सपना तो आज तक मुझे अच्छी तरह याद है। आज उस

पर हँसी भी आती है। उस सपने में मैं सारी दुनिया का राजा बना था। चाबुक फटकारता शहर-शहर घूम रहा था। तपस्वी, संन्यासी, साधू, बाबा जो भी राह में मिला, उसकी पीठ पर कोड़े पर कीड़े बरसाता हुआ मैं झूमता चला जा रहा था। कोड़ों के घावों से खून की फुहारें उड़ने पर तालियाँ पीटता था।

जी हाँ, उस रात मैं अचानक बड़ा हो गया। उस रात के दो अंधेरे प्रहरों में मुझे मालूम हो गया कि जीवन की सच्चाई क्या है। मेरा एक बड़ा भाई था और वह संन्यासी बनने के लिए भाग गया था। सभी ने यह बात मुझसे छिपा रखी थी। लेकिन क्यों? क्या कारण था इस सच्चाई को छिपाने का? क्या सभी लोग एक-दूसरे के साथ इसी तरह आँख-मिचौली खेला करते हैं?

यह भान होने तक तो मेरी दुनिया में फूल, हवा या पानी के सिवा कुछ नहीं था। सुबह मैं सोकर उठता था, जैसे प्रातः फूल खिलते हैं। कभी आँधी या तूफान आ गया, तब भी मुझे कभी डर नहीं लगा। मेरी तो महज़ धारणा थी कि शायद पानी के समान हवा पर बीच-बीच में तहलका मचा देने की सनक सवार हो जाती है। कलकल बहता झरना देखकर लगता कि मेरी तरह वह भी शायद कोई गीत गुनगुनाता चल रहा है। देव-दानवों और यक्ष-गंधर्वों की कहानियाँ मुझे बहुत भाती थीं, लेकिन उनमें वर्णित संसार मेरा अपना हमेशा का संसार नहीं था। स्वप्न और तितलियाँ, फूल और सितारे, बादलों को देखकर नाचने वाले मोर, नाचते मोरों को देखकर गाने वाले बादल, खिलते फूल-सी हँसने वाली सुबह और कुम्हलाते फूलों-सी संध्या, बसंत-बहार के पेड़-पौधों और वर्षा ऋतु के इन्द्रधनुष के रंग, टप-टप-टप करते हवा से बातें करने वाले घोड़े और देवालयों में बजने वाली खनखनाती घंटियाँ, नदी किनारे फैली मुलायम रेत और पलंग पर रखा मुलायम तकिया, सबने मिलकर मेरे मन में एक जुड़ी हुई दुनिया बनाई थी। उस रात तक मेरी नज़र में प्रकृति और पुरुष दोनों एक रूप ही थे।

कितने सुखद थे उस स्वप्निल संसार के अनुभव! कितने मीठे, कितने मधुर! एक बार मैंने आकाश में सफेद बादलों के नन्हें-नन्हें ढेर देखे तो मुझे लगा कि हमारे उद्यान में जो खरगोश है उन्हींके प्रतिबिंब आकाश के आइने में बिखरे हैं। एक बार धूपकाले में बहुत गर्मी पड़ी थी। रोम-रोम पसीने से तर था। तभी मुझे खेलने के लिए जाने की इच्छा हुई। सेवकों की आँख बचाकर मैं राजप्रासाद से बाहर निकल पड़ा। लेकिन थोड़ी ही देर में धूप में घूमते-घूमते मैं थक गया। पास में ही एक सुन्दर वृक्ष अपना पर्णभार तानकर खड़ा था। उसकी छाया में मन की सारी थकान दूर हो गई। माँ के आँचल में हँसते-हँसते सो जाने का आभास होने लगा। चलते समय केवल नज़र के उस पेड़ से विदा होने को जी नहीं मानता था। मैंने उसकी एक शाखा को कसकर बाहुओं में समेट लिया।

उस रात तक यही थी मेरी दुनिया। वह एक अद्भुत और रमणीय स्वप्न था। किसी पर भी गुस्सा आ जाए, तो बंदर जैसी फुर्ती से किसी पेड़ पर चढ़ गए और

लगे पुकारने भगवान को! अपनी पुकार सुनते ही भगवान नीचे उतर आएगा और उस अपराधी आदमी को ज़रूर दण्ड देगा, यह थी उस दुनिया की अटूट श्रद्धा!

लेकिन कितना ही मधुर, कितना भी अदभुत हो, था तो वह एक कली का सिमटा हुआ नन्हा-सा संसार ही! उसने भँवरे का गुंजन नहीं सुना था। सूरज की किरणों के सुनहरे स्पर्श से वह कभी पुलकित नहीं हुआ था। विशाल आकाश पर उस कली ने कभी नज़र तक नहीं डाली थी। देवताओं की मनमोहिनी मूर्तियाँ और कमनीय कामिनियों के केश-शृंगार उस कली ने सपने में भी नहीं देखे थे!

लेकिन कली कब तक कली रह सकती है! आज या कल उसे खिलना ही पड़ता है, बड़ा होना ही पड़ता है।

उस रात से मैं भी खिलने लगा, बड़ा होने लगा। उस रात मेरे मन में विचार जड़ जमाने लगा कि हो न हो, किसी दिन यति को अवश्य खोज निकालूँगा, उसे माँ से मिलाने ले आऊँगा, कहूँगा, "तुम मेरे बड़े भाई हो। यह सारा राज्य तुम्हारा है। बचपन का 'चिज्जी' बाँटकर खाने का आनन्द क्यों न हम अब भी उठाएं?"

उस विचार ने ही मेरे बचपन को समाप्त कर दिया हो, सो बात नहीं। मैं छह वर्ष का हो गया था। राजपुत्र होने के नाते अनेक विद्याओं और कलाओं में पारंगत होना मेरे लिए ज़रूरी हो चला था। पिताजी ने मेरे लिए अनेक गुरुजनों का प्रबंध कर रखा था। शुरू-शुरू में तो उन्हें मैं अपना शत्रु समझता था। मुझे मल्ल-विद्या सिखाने वाले गुरुजी तो राक्षस ही लगते थे। उनके दैत्याकार शरीर से ही उनका मल्ल-विद्या सिखाने का अधिकार सिद्ध हो जाता था। लेकिन पौ फटते ही उठने और फिर अखाड़े की लाल मिट्टी छानने से मैं ऊब जाता था। पहले कुछ दिन तो सारे शरीर में इतना दर्द होता रहा था कि कहते भी नहीं बनता। मैंने माँ से शिकायत की। तो जिसे आगे चलकर राजा बनना है उसे यह सब करना ही होता है कहकर उसने मुझे समझाने की कोशिश की। तब से मैं यह मन्त्र-सा जाप करने लगा था—'मुझे राजा बनना है।' प्रारम्भ में मल्ल-युद्ध में मैं अक्सर हार ही जाता था। यह विद्या मुझे कभी प्राप्त नहीं होगी, ऐसा सोचकर मैं हताश हो जाता था। लेकिन मेरे गुरुजी मुझे ढाढ़स और धीरज बंधाते। कहते, "मैं तुम्हारी उम्र का था तब बस मक्खन का लौंदा ही था। लेकिन अब मेरी यह बाहु देखो। इसके आगे लोहे की मोटी छड़ भी शायद मुलायम ही लगेगी।'

उन सात-आठ वर्षों में न जाने कितने ही गुरुजनों ने, मित्रों ने और ग्रंथों ने मेरे तन-मन को आकार दिया।

मैंने चौदहवें वर्ष में पदार्पण किया, तब की बात है। दर्पण के सामने खड़ा होकर मैं अपने सुन्दर, सुदृढ़ और गठीले शरीर को अतृप्त आँखों से देख रहा था। मन करता था, उस प्रतिबिंब की पुष्ट बाँह पकड़कर ज़ोर-ज़ोर से हिला दूँ। उसका सिरहाना बनाकर आराम से सो जाऊँ। मुझे वह चित्र याद आ गया, जिसमें वृत्रासुर का वध कर अपने प्रासाद में लौटा इंद्र इंद्राणी की बाँह पर मस्तक रख सो गया है।

इस तरह की कल्पनाएं भी मदिरा के समान ही नशीली होती हैं। पता नहीं,

उसी नशे में डूबा मैं कब तक उस दर्पण के सामने खड़ा रहा! सहसा चौंककर मुड़के देखा। कोई बोल रहा था। माँ के ही शब्द थे वे। कह रही थी, "तो पुरुष भी घण्टों दर्पण के सामने खड़े होकर अपने-आपको निहारने लगे हैं! मैं तो समझती थी कि केवल नारी को अपने रूप पर गर्व होता है। अजी, ययू अब बड़ा हो गया है! यह सब देखेगा, तो क्या सोचेगा वह!"

मैं मुड़कर न देखता, तो शायद माँ कहती ही गई होती! मेरी मुद्रा देखते ही 'ओ माँ!' कहकर वह लजा गई, फिर अपने से ही हँसी। पास आकर मेरी पीठ पर हाथ फेरती हुई बोली, "ययू, देखते-देखते कितना बड़ा हो गया रे! कहीं मेरी ही नज़र न लग जाए बेटा तुझे! तू मेरी तरफ पीठ किए खड़ा था। मुझे लगा कि शायद महाराज ही दर्पण के सामने..."

वह बीच ही में रुक गई। उसकी आँखें भर आईं। भीगी नज़र से मेरी ओर देखते हुए बोली, "चलो, मेरी एक चिन्ता दूर हो गई!"

"कैसी चिन्ता?"

"कई साल हो गए, उस सम्बन्ध में तुमसे मैंने कुछ भी नहीं कहा है लेकिन भीतर ही भीतर मेरा कलेजा धँसा जा रहा था!"

"माँ, तुम हस्तिनापुर की महारानी हो। किसी दरिद्री ऋषि या अभागे दस्यु की पत्नी नहीं। तुम्हें किस बात की चिन्ता है?"

"लेकिन मैं माँ भी तो हूँ, ययू!"

"नहीं कौन कहता है? लेकिन तुम मेरी माँ हो!" मैंने कहा। 'मेरी' शब्द पर बल देते समय मेरी नज़र फिर से अपने सुदृढ़ तथा सुंदर प्रतिबिंब पर मुड़ी। दर्पण में उस प्रतिबिंब को देख माँ भी हँसी। कुछ देर बाद गंभीर होकर बोली, "सो तो है ही! लेकिन जिसके एक कलश में रखा अमृत व़िष बन गया हो, उसे अपने दूसरे कलश की चिन्ता तो होगी ही!"

ज़ाहिर है माँ यति के बारे में कह रही थी। अपने दिल की इस चुभन को उसने मुझे सुनाया, तब मैं बहुत छोटा था और उसके निवारण के लिए कुछ भी कर सकने की स्थिति में नहीं था। लेकिन अब मैं बड़ा हो गया था। मल्लविद्या, धनुर्विद्या, अश्वारोहण, युद्धकला आदि सभी में मैं निपुणता प्राप्त कर चुका था। अब यति की खोज में सारा आर्यावर्त छान मारना मेरे लिए कतई कठिन नहीं था। मैंने माँ से कहा, "माँ, तुम पिताजी से अनुमति दिला दो, मैं सारी धरती उलट-पुलट कर यति को खोज लाता हूँ और उसे तुम्हारा दर्शन करने ले आता हूँ।"

उसके होंठ कुछ फड़के, लेकिन पलकें भीग आईं। अपने-आपको संवारते हुए बोली, "अरे पागल, भला तू यति को कैसे खोज पाएगा? वह यदि आज अचानक मेरे सम्मुख भी आ खड़ा हो गया तो मैं भी उसे पहचान नहीं पाऊँगी। तुमने तो उसे कभी देखा भी नहीं है। पता नहीं वह कहाँ होगा, किस हालत में होगा, कैसे ज़िन्दगी काट रहा होगा, किस नाम से रहता होगा, इस दुनिया में होगा भी या..."

बोलते-बोलते उसका गला भर आया। शब्द मुँह में ही जमने लगे। यति ने

उसके दिल को गहरी ठेस पहुँचाई थी। ऐसी चोट देकर चला गया था, जिसे किसी-को भी—शायद पिताजी को भी, बताने की उसपर पाबन्दी-सी लग गई थी। माँ की हालत तो ऐसी थी जैसे कोई बेकाबू घोड़े पर से धड़ाम से नीचे फेंक दिया गया हो, चोट ऊपर से दिखाई नहीं देती हो, अंग-प्रत्यंग दर्द से फटा जा रहा हो और फिर भी कराहने तक की मनाही हो। सात साल तक मैं कितने ही गुरुजनों से शिक्षा लेता रहा, कई बार शिकार खेलने गया, नाना महोत्सवों में युवराज के नाते शान से घूमा, लेकिन एक स्थान पर भी किसी ने यति के नाम का उल्लेख तक कभी नहीं किया। मैं तो लगभग भुला ही बैठा था कि मेरा एक बड़ा भाई है और ब्रह्मर्षि बनने की धुन में वह बचपन में कहीं चला गया है।

लेकिन माँ ने उस सारी स्मृति को ताज़ा कर दिया। मुझपर आँखें गड़ाए माँ ने कहा, "ययू, तुम जल्दी बड़े हो गए हो, शरीर भी तुम्हारा सुडौल और हृष्ट पुष्ट हो गया है, कला और विद्या आदि में भी तुम निपुण हो गए हो, अब तुम्हारा विवाह करा देने में कोई हर्ज नहीं है। तुम्हारा विवाह हुआ कि मेरी बचीखुची चिन्ता भी दूर हो जाएगी। मैं आज ही 'महाराज' से यह बात छेड़ती हूँ।"

पिताजी का दस्तूर-सा था कि यति के बारे में किसी से न कोई बात कहते; न किसी की सुनते। लेकिन अन्य मामलों में वह माता जी की मुट्ठी में थे।

उनकी कोई बात वे टालते नहीं थे। किसी इच्छा को अस्वीकार नहीं करते थे। एक बार मेरे एक गुरुजी ने पिताजी को सुझाव दिया था कि कुछ दिन के लिए मुझे किसी आश्रम में रखें। "आप ठीक ही कहते हैं। पेड़ को सही विकास के लिए वर्षा की तरह धूप मिलनी भी आवश्यक ही है।" पिताजी ने गुरुजी को उत्तर दिया था। ये बातें मेरे सामने ही हुई थीं। मैं चकरा गया था। जिस दिन से मालूम हुआ कि यति ने माँ को कितना दुख पहुँचाया है, आश्रम-जीवन के प्रति मेरे मन में अनजाने ही एक घृणा पैदा हो गई थी। लम्बी दाढ़ी-मूंछवाले वे जटाधारी बदसूरत ऋषि, उनके वे भद्दे वल्कल, डरावने भभूत के पट्टे और जंगली आदमियों जैसा रहन-सहन! जब से होश संभाला है तब से हर वर्ष ऋषि-जीवन के बारे में मेरी उकताहट बढ़ती ही गई थी। मेरी समझ में नहीं आ रहा था कि ऐसे ऋषियों की तपस्याओं से प्रसन्न होकर महादेव जी क्यों इनके वश में हो जाते हैं और क्यों इन्हें किसी को वरदान या शाप देने की शक्ति दे देते हैं! मेरे लिए यह तो एक पहेली बन गई थी। मेरे गुरुजनों में से प्रत्येक ने सौन्दर्य और सामर्थ्य की पूजा करने की सीख दी थी। लेकिन आश्रम-जीवन में ये दोनों पूजा-स्थान कहीं नहीं थे। अपने-आपको दण्ड देना वहाँ पाँचवाँ वेद था। कंद-मूल ही मिष्ठान्न थे। मंत्रघोष वहाँ की दहाड़ मानी जाती थी। साग-सब्ज़ी काटना ही मानो मृगया थी। कुटीर ही वहाँ महल था और स्त्रियाँ भी ऐसी कि हमारी दासियाँ उनके सामने अप्सराएँ लगें!

ये सब बातें याद आईं और अब तो शायद ऐसे ही किसी आश्रम में जाना पड़ेगा, इस कल्पना से मैं उस दिन बहुत ही बेचैन हो उठा!

दूसरे दिन पिताजी इन गुरुजी से और बातचीत करने लगे, तो किवाड़ की

ओट में खड़े होकर मैंने उनकी सारी बातें सुन लीं। पहले तो डर के मारे कलेजा बैठा जा रहा था। आखिर पिताजी ने गुरुजी से इतना ही कहा, ''मेरी राय में तो ययू का आश्रम जाकर रहना अच्छा ही रहेगा, लेकिन महारानीजी की वैसी इच्छा नहीं है।''

उस दिन माँ ने मुझे एक संकट से उबारा था, लेकिन आज वही माँ मुझे दूसरे संकट में ढकेल रही थी। मेरी शादी कराने चली थी। विवाह सभी करते हैं। एक न एक दिन मुझे भी वह करना ही पड़ेगा। कोई सुन्दर राजकन्या मेरी रानी बन कर आएगी। इन दिनों ये विचार मेरे भी मन में उठते थे। लेकिन वे केवल विचार-तरंग थे, उत्तुंग लहरों का रूप उन्होंने नहीं लिया था। वे लहरें तो कुछ अजीब ही थीं!

दिन-भर दिल और दिमाग को काम में लगाए रखने पर भी रात में पलंग की मुलायम शय्या पर मुझे आराम से नींद नहीं आती थी। अचानक बीच ही में मैं जाग उठता। पराक्रम, अश्वमेध, देव-दानव युद्ध आदि के सपने मेरी तंद्रिल आँखों के सामने झूम उठते। मेरे परदादा पुरुरवा महापराक्रमी पुरुष थे। उर्वशी का अपहरण करने वाले राक्षस को परास्त कर उन्होंने उसे अपनी पत्नी बनाया था। उनके इस पराक्रम पर रचे गए काव्य को मैंने बचपन में ही कण्ठस्थ कर लिया था। यज्ञ कुण्ड को प्रज्ज्वलित करने के लिए उनके द्वारा गंधर्वलोक से लाए गए तीन अग्नि देवताओं का मंदिर आज भी हस्तिनापुर का गौरव माना जाता है। मेरे पिता महाराज नहुष भी अपने दादाजी की तरह ही शूरवीर थे। छोटी उम्र में ही उन्होंने दस्युओं का संहार कर ऋषियों को अभयदान दिया था। कहते हैं, आगे चलकर उन्होंने देवताओं को भी परास्त कर इंद्र पद तक जीत लिया था। इन दोनों की भाँति कुछ अद्‌भुत और अपूर्व बात कर गुज़रने की इच्छा मेरे मन में भी समा गई थी और यह माँ है जो मेरा विवाह कराने चली है।

विवाह के मामले में उसकी यह जल्दबाज़ी मुझे कतई स्वीकार नहीं थी। हँसते-हँसते मैंने कहा, ''माँ, मैं बताऊँ, आपको मेरा विवाह रचाने की इतनी जल्दी क्यों पड़ी है?''

''बहू को देखने के लिए अधीर हो गई हूँ मैं!''

''नहीं! तुम्हें यह डर है कि कहीं यति के समान मैं भी गायब हो जाऊँगा! इसलिए मुझे जकड़कर बाँधने के लिए तुम्हें और दो हाथ चाहिए। लेकिन माँ, सच कहूँ तो पत्नी की मुख-शक्ति से माँ की नख-शक्ति कहीं ज़्यादा होती है।''

''चल, बड़ा मनबूझा है तू!''

''लेकिन तुम्हें लगने वाला यह डर एकदम झूठा है माँ!''

''नहीं बेटे! वह उतना ही सच है जितनी यह मेरी परछाईं!''

''मैं पराक्रमी वीर बनने वाला हूँ, संन्यासी नहीं!''

''लेकिन...''

''लेकिन-वेकिन कुछ नहीं।''

''तेरे जन्म के समय एक बड़े ज्योतिषी ने तेरा जातक बताया था...''

बड़ी उत्सुकता से मैंने पूछा, "मेरे हाथों कितने राक्षस मारे जाने का हिसाब उसने लगाया था? करोड़...अरब...खरब...?

"चल हट, पगला कहीं का!"

"उसने यह तो लिख छोड़ा है कि नहीं कि मैं कितने अश्वमेध करने वाला हूँ?"

सिर हिलाकर माँ ने 'ना' कहा। तब निराश होकर मैंने कहा, "फिर उस कठजोशी ने आखिर मेरा जातक क्या बताया था?"

माँ के चेहरे से लगा कि उसे मेरा इस तरह बात करना भाया नहीं है। कुछ देर स्तब्ध रहकर वह बोली, "ययू, उस ज्योतिषी ने कहा था कि यह बालक बड़ा भाग्यशाली है। यह राजा होगा। सब प्रकार के सुख प्राप्त होने पर भी यह सुखी नहीं होगा।"

उस ज्योतिषी द्वारा बताया गया वह सनकभरा जातक सुनकर मैं अट्टहास कर उठा! शायद उस बुद्धू की समझ में अपनी बात का अर्थ भी नहीं आया होगा। सब प्रकार के सुख प्राप्त होने के बाद भी सुखी न हो सकने वाला या तो खुद पागल होगा या उसे ऐसी बात बतानेवाला पागल होगा। आखिर मैंने माँ से कहा, "माँ, आगे चलकर, तुम कहो तो, एक नहीं मैं सैकड़ों ब्याह कर लूँगा, लेकिन इस समय मुझे प्रणय की नहीं, पराक्रम की प्यास लगी है। रंगमहलों में गुलछर्रे उड़ाते पड़े रहने को मेरा जी नहीं चाहता। मुझे तो रणभूमि में जौहर दिखाने का चाव छूट रहा है। सुना है देव-दानवों में फिर युद्ध शुरू होने जा रहा है। मुझे उस युद्ध में लड़ने दो। नहीं तो पिताजी से कहो कि वे अश्वमेध करें। अश्वमेध के अश्व को लिए मैं समूचे आर्यावर्त में घूमूंगा। सैंकड़ों वीरों पर विजय पाकर लौटूंगा। उसके बाद ही अपने विवाह की सोच सकता हूँ।"

एक वीर पुरुष के नाते दुनिया-भर में अपनी साख जमाने की दुर्दम इच्छा से मतवाला होकर मैं मचल रहा हूँ। यह बात माँ के ध्यान में शायद आ गई थी। उसने पिताजी के सामने मेरे विवाह की बात नहीं उठाई।

विद्यार्जन की अवधि में मैं कितना बदल गया, स्वयं मुझे भी कल्पना नहीं थी। आसपास के भू-भाग का परिणाम होकर नदी का स्वरूप बदल जाता है, ठीक उसी प्रकार मेरा मन भी तेज़ी के साथ बदलता गया था। धनुर्विद्या का पहला पाठ सीखते समय दृष्टि और चित्त को एकग्र करने में जो अलौकिक आनन्द है, उसे मैंने पहले-पहल अनुभव किया था। बचपन में महल की खिड़की खोलते ही सामने दिखाई देने वाले नाना रंगों के फूलों को देखकर मेरा तन पुलकित हो जाता था। लेकिन तीर का निशाना साधते समय इसके ठीक उल्टा मैंने अनुभव किया। लगा कि आसपास की सारी दुनिया ही तेज़ी के साथ छंटने लगी है, जैसे कोहरा पल-भर में छंट जाता हैं। सारा अस्तित्व मानो मिट गया है। बैंगनी पहाड़ियाँ, हरे पेड़, नीला आकाश, किसी का कोई अस्तित्व ही नहीं बचा है। मेरी दुनिया में तो बस एक ही चीज़ बची है। वह काला बिन्दु जिस पर मुझे अपना तीर मारना है। वह काला बिन्दु ही मेरी एक मात्र दुनिया बन गया है।

इस नई अनुभूति से भी मैं रोमाँचित हो उठा। निर्जीव वस्तु पर अचूक तीर चलाने में मैं बहुत जल्दी निपुण हो गया। अब सजीव प्राणियों का शिकार करने की बारी आई। इतने वर्ष बीत गए, लेकिन मेरे पहले अचूक निशाने की याद आते ही मन थर्रा उठता है। एक ऊँचे पेड़ पर आराम से बैठी वह एक मादा पक्षी थी। पक्षी? नहीं, एक ध्यानमग्ना योगिनी थी वह! नीले आकाश की पृष्ठभूमि पर वह एक मनोहर चित्र के समान लगती थी। पलक मारते ही यह चित्र सजीव होकर वहाँ से उड़ जाने वाला था। सूरज ढल रहा था। शायद किसी घोंसले में नन्हें नन्हें बच्चे जिनके पर भी न उगे होंगे, उसकी राह देखते होंगे। लेकिन मुझे या मेरे गुरु को उसके परिवार से या सुख-दुःख से कोई लेना-देना नहीं था। मैं धनुर्विद्या में निपुण बनना चाहता था और मेरे गुरुजी मुझे वह विद्या पढ़ाकर अपनी जीविका चलाना चाहते थे। उस नन्हे मासूम जीव पर तीर चलाते समय असीम वेदना से मेरा जी भर आया था। प्रकृति के साथ आज तक रहा मेरा निकट का नाता उस क्षण टूट गया। तब तक शायद हृदय के किसी कोने में मैं एक कवि था। उस क्षण वह कवि मर गया।

मैं शूरवीर बना अवश्य, किन्तु आसानी से नहीं। मेरे अन्दर बैठे कवि की हत्या कर उसकी समाधि पर इस सूरमा ने अपना सिंहासन खड़ा किया था। मेरी उस अचूक निशानेबाज़ी की उस रात भूरि-भूरि सराहना की गई। राजमहल में स्वयं माँ ने उस पक्षी का माँस पकाया। उसने वह बहुत ही स्वादिष्ट बनाकर पिताजी को और मुझे परोसा, स्वयं भी खाया। पिताजी ने हर कौर के साथ मेरी प्रशंसा के पुल बाँधते हुए बड़े चाव से वह माँस खाया। लेकिन मेरे तो एक-एक कौर गले उतारे न उतरता था। रात को दो-चार बार मैं नींद से चौंककर जाग उठा। एक बार आभास हुआ कि मेरे तीर से मर्माहत वह पक्षी छटपटाता क्रंदन कर रहा है। फिर जागा तो उसके बच्चों की चहचहाहट सुनी। कई वर्ष पहले गायब हुए अपने बेटे की याद में अपनी माँ अब भी तड़पती-अकुलाती है, लेकिन वही माँ पंछियों की एक माँ की मृत्यु को हँसते-हँसते देख सकती है। उस निरीह प्राणी के शरीर को क्षत-विक्षत कर देने वाले अपने पुत्र को सराहती है, इस गूँगी माँ का माँस चाव-ताव से लपक-लपककर खाती है, वह भूल जाती है कि इसी माँस का कण-कण अंतिम क्षण तक अपने बच्चों के लिए छटपटाता था। जीवन के अन्दर पाए जाने वाले इस विचित्र विरोध से मैं चकरा गया।

दूसरे दिन शाम को मंदिर हो आने के बाद वृद्ध अमात्य राजमहल में आए। मैंने अपना सन्देह उनके सामने रखा। वे हँसे और बोले, "युवराज, अभी आप बहुत छोटे है लेकिन दुनियादारी का चक्कर देखते-देखते मेरे बाल पक गए हैं। इस बूढ़े की अनुभवी बात हमेशा ध्यान में रखिए—यह दुनिया आदमी के मन की दया पर नहीं, बल्कि उसकी कलाई की ताकत पर चला करती है। आदमी केवल प्रेम पर जीवित नहीं रह सकता। वह दूसरों का पराभव करके ही जिया करता है। आदमी की इस दुनिया में चल रही सारी दौड़-धूप केवल भोग के लिए होती है। त्याग की बातें मंदिर, पुराण और कीर्तन में ही ठीक लगती हैं, लेकिन जीवन कोई मंदिर नहीं, वह एक समरभूमि है।"

उसके बाद अमात्य ने कई वैदिक कहानियाँ मुझे सुनाईं, पशु-पक्षियों की मज़ेदार बातें भी बताईं। सबका सार एक ही था–दुनिया शक्ति से चलती है, प्रतियोगिता में जिया करती है और उपभोग के लिए दौड़धूप किया करती है।

उस दिन से मैं शक्ति का उपासक बन गया। मानने लगा कि क्रूरता और शूरता जुड़वाँ बहिनें हैं।

बचपन में मैं राजमहल में मृग-शावकों के साथ खेला करता था। वही मेरे सहचर थे। अब मैं वन के हर मृग का शत्रु बन गया। हिरनों की चपलता का बचपन में मैं कायल था। अब उनकी उसी चपलता पर मुझे क्रोध आने लगा। माँ के महल के द्वार पर मैंने उछल-फाँद करते हिरन का टेढ़ा-मेढ़ा चित्र जब पाँच साल का था, तब बनाया था। अब उसी चित्र को मैं हिरनों के रक्त से रंगने लगा। एक बार माँ की बहुत ही प्रिय एक हिरनी की पीठ में कोई घाव हो गया था। उस घाव पर मक्खी बैठ जाती तो हिरनी बड़ी बेचैन हो तड़प उठती थी। पिताजी के पास मयूरपंख का एक पंखा था। उस पंखे से हिरनी को हवा करता मैं घण्टों बैठा रहा करता था। अब तो हिरनों के अंगों के साथ मेरा सबंध तभी आता था और उतना ही आता था, जब मेरे द्वारा मारे गए हिरनों की खाल उधेड़ कर, पकाकर सेवक मुझे दिखाने के लिए ले आते। बड़े अभिमान के साथ मैं उन पर धीरे-धीरे हाथ फेरता। उनके मुलायम स्पर्श से मुझे गुदगुदी होती। तीर से मर्माहत हिरन की छटपटाहट, प्राण पखेरू उड़ते समय जमती जानेवाली उसकी आँखों में बुझती तड़पन, उसके ज़ख्मों से फूटता रक्त का फव्वारा, किसी बात का अब स्मरण नहीं होता। मैं वे मृगचर्म गुरुजनों, स्वजनों और मित्रों को उपहार के तौर पर भेंट देता और वे सारे मेरे मृगया-कौशल की सराहना किया करते।

मेरी इस शूरता की परीक्षा का समय अनायास ही आ गया।

कभी नारदजी, तो कभी कोई अन्य ऋषि पिताजी के पास आकर उन्हें देव-दानवों में निरंतर बढ़ते कलह के समाचार सुनाया करते थे। यह कलह अभी युद्ध में परिणत नहीं हुआ था। लेकिन दोनों पक्षों में छुटपुट मुठभेड़ें होने लगी थीं। ऐसी ही किसी मुठभेड़ में देवताओं की ओर से शामिल होने, राक्षसों को पूरी तरह पराभूत करने और हमारा भावी राजा कितना पराक्रमशाली है यह सारी प्रजा को दिखा देने को मेरा जी बहुत करता था। लेकिन पिताजी राक्षस-पक्ष के समान देवताओं के पक्ष से भी उतनी ही घृणा करते थे। वे हमेशा कहा करते थे, "वृषपर्वा उस इंद्र को बंदी बनाकर उससे अपने राजमहल में झाड़ लगवा ले तब भी मैं तुम्हें इंद्र की सहायता के लिए नहीं भेजूँगा।" लेकिन पिताजी इंद्र से और देवता-पक्ष से इतने नाराज़ क्यों हैं, यह मुझे कोई नहीं बताता था।

इस बारे में वृद्ध अमात्य को मैंने कई बार कुरेदकर देखा। लेकिन हर बार वे एक ही उत्तर देते थे, "दुनिया की सभी बातें उचित समय पर आदमी को मालूम हो जाया करती हैं। पेड़ों में पत्तों के साथ ही फूल और फूलों के साथ ही फल नहीं लगा करते।" ऐसे समय मन करता कि युद्ध करने की अपनी आँतरिक इच्छा कोई

अन्य साहस करके पूरी कर ली जाए। चलो निकल चलें सीधे हिमालय की तलहटी तक, नाना प्रकार के पशुओं का शिकार करते-करते पूर्वी आर्यावर्त के घने अरण्यों में स्वच्छंदता से खूब सैर करें, सुना है वहाँ मदमाते हाथी स्वैरता से घूमा-फिरा करते हैं। अभी तक मैंने हाथी का शिकार नहीं किया है। तो वहाँ एक, दो, तीन, चाहे जितने हाथियों का शिकार करें। उनके सुन्दर लम्बे-लम्बे हाथीदाँत लेकर हस्तिनापुर वापस लौट आएं और माँ के सामने उन्हें रख कर कहें,...

लेकिन माँ तो मुझे अभी तक दुधमुँहा समझती थी। पिताजी उसकी मुट्ठी में थे। इसलिए मेरे ये सारे प्यारे-प्यारे सपने धरे के धरे रह जाते थे, जमीन में गड़ी रखी सुवर्ण मुद्राओं जैसे! होते हुए भी वे न के बराबर ही थे।

राजप्रासाद में मेरा शरीर और राजपुत्र के जीवन पर पड़ने वाली मर्यादाओं में मेरा मन मानो बंदी बनाए गए थे! इस घुटन से कैसे छुटकारा मिले, यही विचार मन को रात-दिन सता रहा था कि अकस्मात एक सुनहरा अवसर अपने पैरों चलकर मेरे सामने आ गया।

नगरदेवता का वार्षिक उत्सव पास आया था। इस उत्सव के लिए दूर-दूर के नगरों और देहातों से हज़ारों लोग आया करते थे। उस समय हस्तिनापुर एक विशाल जनसागर बन जाता था, कथा-कीर्तन, पुराण-प्रवचन, भजन-पूजन, नृत्य संगीत, स्त्री-पुरुषों के विविध खेल, तरह-तरह के स्वाँग और नाटक आदि की ऐसी धूम मचती थी कि उत्सव के दस दिन दस पल के समान कब बीते पता ही नहीं चलता था।

इस वर्ष के उत्सव में सेनापति ने एक नये खेल का समावेश किया। खेल उत्सव के अन्तिम दिन होने थे। नये खेल का आयोजन साहसी सैनिकों के साहस को प्रोत्साहन देने के लिए ही शायद किया गया था। खेल ऐसा था—एक वेगवान घोड़े को मद्य पिलाकर विशाल गोलाकार मैदान में खुलकर दौड़ाया जाएगा। उस पर न तो कोई ज़ीन होगी, न काठी, न लगाम होगी, न रकाब। मद्य के नशे में मदहोश होकर जब वह घोड़ा चौकड़ी भरकर भागना शूरू कर दे तब खिलाड़ी को चाहिए कि किसी भी स्थान पर उसे पकड़कर उसपर सवार हो जाए और मैदान के पाँच चक्कर लगाकर बिना घोड़े को रोके ही उसपर से उतर भी जाए। प्रत्येक खिलाड़ी के लिए नया घोड़ा लाए जाने की भी शर्त रखी गई थी।

यह खेल मुझे बेहद पसंद था। लेकिन वह सामान्य सैनिकों के लिए था। युवराज का उस खेल में हिस्सा लेना किसी को भी भाने वाली बात नहीं थी। यह उन्मादक और जोशीला खेल चल रहा था तब मैं अतृप्त मन से और नयनों में अतीव उत्सुकता लिए माँ और पिताजी के पास बैठा था। चार घोड़े आए और पाँचवां चक्कर पूरा होने से पहले ही अपने पर सवार वीरों को गेंद के समान फेंक कर चले गए। पाँचवाँ घोड़ा मैदान में आने लगा तब मैंने देखा जैसे एक विशाल और सुडौल दैत्य ही चला आ रहा है। उसकी आँखें अंगारे बरसा रही थीं। नथुने फैले हुए थे। उसकी चाल लुभावनी लेकिन फिर भी मतवाली थी। उसे देखते ही समूचा जनसागर कौतूहल से ठाठें मारने लगा। हर नज़र में डर, आश्चर्य और उत्सुकता का मिश्रण नाच रहा था।

छह सेवक उस घोड़े को बाँधकर मैदान में ला रहे थे। फिर भी वह काबू में नहीं आ रहा था और ज़ोर-ज़ोर से हिनहिनाता था, टापें पटक-पटककर खुरों से मिट्टी उछालता था। बीच ही में बड़े आवेश के साथ गर्दन उठाता था ओर मानो यह कह रहा था, 'मैं तुम लोगों की इच्छा के अनुसार नहीं चलूँगा।' गरदन को झटका देते ही उसका अयाल बिखर जाता था। तब तो शाप देने के लिए उद्यत किसी क्रूद्ध ऋषि की बिखरी जटाओं के समान वह अजीब लगता। उसे देखते-देखते मेरे मन में अपूर्व उन्माद भर आया। भुजाएं फड़कने लगीं। मैं ज़ोर-ज़ोर से ज़मीन पर पाँव पटकने लगा। रोम-रोम किसी फव्वारे से ऊँची उठने वाली जलधाराओं के समान उछलने लगा।

मैंने माँ की ओर देखा। साक्षात भय ही उसकी आँखों में मूर्तिमान होकर थर्रा रहा था।

माँ ने पिताजी से कहा, "इस घोड़े को वापस ले जाने के लिए कहिए। यह बहुत ही भयंकर दिखाई दे रहा है। कहीं कोई दुर्घटना हो गई, तो उत्सव के अंतिम दिन बेकार ही असगुन हो जाएगा।"

पिताजी हँसकर बोले, "महारानी, पुरुष पराक्रम के लिए ही पैदा होते हैं।"

पिताजी की उस हँसी से और उनके उस वाक्य से मुझे बहुत हर्ष हुआ। आँखें मूंदकर मैं उस वाक्य को अपने हृदय पर अंकित करने लगा। किन्तु अचानक ही जनसमूह से एक भयावनी चीख उठी और मेरी तंद्रा टूट गई। लोगों की वह चीख मैदान की गोलाई नापती हुई एक सिरे से दूसरे सिरे तक निकल गई। मैंने आँखें खोलकर देखा, उस घोड़े पर चढ़ने में एक सैनिक असफल हो गया था। उसे दूर फेंककर घोड़ा बेतहाशा भागा जा रहा था। दूसरा-तीसरा-चौथा, अनेक सैनिक आए और धूल चाटते रह गए। घोड़ा किसी से बाज़ नहीं आ रहा था। सभी दर्शक साँस रोके डर गए थे। अब क्या होगा? इसी विचार से सारे दर्शक प्राण आँखों में लाकर देख रहे थे। मेरे कानों में कोई घन गंभीरता से कह रहा था, 'उठो, उठो! पुरुष पराक्रम के लिए ही पैदा होते है। उठो ययाति, उठो, तुम हस्तिनापुर के भावी राजा हो। वास्तव में भय को ही राजा से डरना चाहिए! वर्ना कल लोग कहने लगेंगे कि हस्तिनापुर में क्षात्रधर्म नहीं रहा। एक घोड़े ने उस नगर को जीत लिया। देव-दानवों तक यह बदनामी फैलेगी। तुम महापराक्रमी पुरुरवा के प्रपौत्र हो, शूरवीर नहुष के पुत्र हो...'

मैं तपाक से खड़ा हो गया, दो कदम आगे बढ़ा। तभी किसी कोमल बाहुपाश ने मुझे समेट लिया। मैंने मुड़कर देखा, वह माँ थी।

माँ? नहीं, नहीं! शायद मेरी पूर्व-जन्म की बैरिन ही मुझे रोक रही थी। मेरी सबसे बड़ी आकांक्षा से मुझे दूर रख रही थी। वह मेरी माँ थी तो ज़रूर लेकिन उसकी ममता अंधी थी। उसका मन पंगु था।

वन में विचरते हुए कोई यात्री जिस तरह राह में आने वाली लताओं और टहनियों को दोनों हाथों से झट से दूर कर देता है, उसकी तरह मैंने उसके हाथ हटा दिए। पल-भर में मैं मैदान में कूद पड़ा। चारों और आदमी ही आदमी दिखाई

दे रहे थे। नहीं, वे आदमी नहीं थे। वे तो पाषाण की मूर्तियाँ थीं। दूसरे ही क्षण वे मूर्तियाँ मेरी आँखों से ओझल हो गईं।

मेरे सामने बस केवल वह मतवाला होकर चौकड़ी भरता हुआ घोड़ा ही था। विजयी मुद्रा से एक बार उसने मुझे देख लिया। नहुष महाराज के राज्य में पराक्रम को वह चुनौती दे रहा था। प्रतिक्षण उसके और मेरे बीच अंतर कम होने लगा। मैं मन ही मन कह रहा था, 'यह घोड़ा नहीं है, खरगोश है। उसकी गर्दन पर वे सफेद रोएं...'

यह शब्द कानों में गूँज ही रहे थे कि किसी ने बहुत ज़ोर से चिल्लाकर कहा, ''अरे पागल, कहाँ जा रहे हो तुम? मौत की गहरी खाई है!''

मैंने भी उतने ही ज़ोर से उत्तर दिया ''नहीं, यह मौत की खाई नहीं, यह कीर्ति-शिखर है। यह ऊँचा पर्वत है, जिस पर मैं चढ़ने जा रहा हूँ। देखिए, देखते जाइए। यह लो, मैं इस शिखर पर पहुँच गया हूँ।''

बीच के क्षणों में क्या हुआ, पता ही नहीं चला। अच्छी तरह होश में आने पर पाया कि मैंने उस घोड़े पर जमकर सवारी कस ली है और वह धूल उड़ाता, हवा से बातें करता भागता जा रहा है। मैं एक प्रचण्ड आँधी पर सवार हो गया था। मेरे हाथों ने और पैरों ने बिजली को जकड़ डाला था।

पहला चक्कर पूरा हुआ, दूसरा शुरू हुआ, प्रचण्ड दर्शक समुदाय में सराहना और आनंद की लहरें उमड़ने लगीं।

उस समय मन में क्या-क्या विचार आ रहे थे, मैं स्वयं भी नहीं बता सकता। मैं जोश में बेहोश हो गया था, या समाधिस्थ-सा बन गया था, कह नहीं सकता। पता नहीं, कोई अतींद्रिय शक्ति मेरा समर्थन कर रही थी या शरीर का प्रत्येक रोम अपनी सारी शक्ति संजोकर उस घोड़े पर कसी मेरी पकड़ ज़रा भी ढीली नहीं होने दे रहा था।

वह तेजस्वी घोड़ा और उस पर आरूढ़ युवा ययाति, दोनों अपनी मस्ती में मदहोश थे। दोनों केवल चलते-फिरते पुतले थे। एक घोड़े का दूसरा आदमी का। मानों एक पुतले पर दूसरा पुतला सवार है! दोनों बुत विलक्षण वेग से दौड़े जा रहे थे। दोनों बुत एक दूसरे से ऐसे चिपके थे, जैसे पूर्व-जन्म के पाप-पुण्य हों।

दूसरा, तीसरा, चौथा, और चार चक्कर पूरे हो गए।

पाँचवाँ और अन्तिम चक्कर प्रारम्भ हो गया। मैंने वह पराक्रम कर दिखाया था जो न कभी किसी ने देखा या सुना हो। किशोरावस्था में मन में संजोया मेरा सुनहरा सपना आज साकार हो गया था। स्वाति की बूँद सीपी में पड़कर मोती बन गई थी। मैं फूला न समाता था।

लगता था, वह गगन! वह नीला आकाश! वह आसमान मुझसे अब बस केवल चार हाथ की दूरी पर ही तो है। बस इसी घोड़े की पीठ पर खड़े होकर उस आकाश को पकड़कर मुट्ठी में बंद कर लूँ, जिसके पीछे ईश्वर को छिपा हुआ बताते हैं।

ये सब स्वच्छन्द उड़ रहे मन में उठ रही चंचल तरंगे थीं। घोड़ा झाग उगलने

लगा था। उसकी गति कुछ धीमी हो चली थी। इसका अनुभव मुझे भी हो रहा था। और वही मन मुझे निरंतर सचेत कर रहा था—सावधान, होशियार!

पाँचवाँ चक्कर अब समाप्त होने को था। जहाँ माँ और पिताजी बैठे थे उस स्थान से आगे निकल जाने पर वह चक्कर पूरा होने वाला था। मैं उस स्थान के पास से जाने लगा। थोड़े समय पहले मुझे रोकने वाली माँ अब कितनी उल्लसित हो गई होंगी, यह देखने की इच्छा हुई। उस मोह का संवरण मुझसे करते नहीं बना। उस स्थान से घोड़ा अभी आगे निकला ही था कि मैंने मुड़कर पीछे देखा।

मोह के उसी क्षण घोड़े पर अब तक कसी मेरी पकड़ शायद कुछ ढीली हो रही और क्या हो रहा है इसका चेत आने से पहले ही उस गुस्सेबाज़ जानवर ने मुझे हवा में उड़ा दिया। लगा कि उस एक ही कृति में उस गूंगे जानवर ने अपना सारा प्रतिशोध ले लिया है। हवा में ही मुझे तरह-तरह की कर्कश और करुण आवाज़ें सुनाई दीं। लेकिन केवल क्षण-भर के लिए ही! दूसरे ही क्षण आभास हुआ कि किसी अंधसागर के गहरे पानी में मैं डूबता चला जा रहा हूँ!

उस भयानक काले अंधमहासागर से बाहर निकला तब मुझे प्रकाश की एक मद्धिम किरण ही दिखाई दे रही थी। कहाँ हूँ समझ में नहीं आ रहा था! क्या नागलोक की किसी गुफा में पहुँच गया हूँ? फिर प्रकाश की यह किरण कैसी? कहीं कोने में ठाठ के साथ फन फैलाए नाग के मस्तक की यह मणि तो नहीं?

तब लगने लगा कि शायद मैं अपने महल में पलंग पर लेटा हुआ हूँ। नींद से आँखें बोझिल हैं। लेकिन उठा नहीं जा रहा है, न उठने को मन ही करता है। पिताजी के महल से प्रभातियाँ नहीं सुनाई दे रही थीं। शायद अभी बाहर पौ नहीं फटी थी। आज उत्सव का अन्तिम दिन था। आज देखना था कि सबसे अधिक मदहोश घोड़े पर कौन सवारी...

अचानक मेरी सारी स्मृति जाग उठी। उसके साथ ही सिर और अंग-प्रत्यंग दर्द के मारे फटने-सा लगा। हवा में उड़ते जाने वाले पतझड़ के सूखे पत्ते के समान उस दिन मैं घोड़े पर से फेंका गया था। लेकिन कहाँ जाकर गिरा? कहीं उस दुर्घटना में मैं अपंग तो नहीं बन गया? दायाँ हाथ उठाकर मैंने अपने माथे पर रखा। वहाँ ठण्डे पानी की पट्टी रखी हुई थी। शायद मुझे ज्वर चढ़ा था। लेकिन मेरे पास तो कोई भी नहीं था, फिर यह पट्टी इतनी ठण्डी कैसे रही? पूरी शक्ति लगाकर मैंने पुकारा—"माँ..."

चूड़ियों की खनक सुनाई दी। शायद माँ ही मेरे पास आ रही है। मैं आँखें फाड़कर देखने लगा। नहीं, वह माँ नहीं थी। फिर कौन थी? क्या उस दुर्घटना में मेरे प्राणांतक चोटें आई थीं? मैं इस समय कहाँ हूँ? अपने महल में या मौत के द्वार पर? कुछ समझ में नहीं आ रहा था। मेरे सिरहाने की ओर खड़ी उस आकृति की ओर अनिमिष दृष्टि से देखता रहा। क्या मौत इतना सुन्दर रूप धारण कर आया करती है? फिर दुनिया मौत से इतना डरती क्यों है?

तभी सुनाई दिया, "युवराज?"

वह अलका की आवाज़ थी। मैंने पूछा, "क्या उत्सव समाप्त हो गया?"

"कभी का!"

"कै दिन हो गए?"

"आठ!"

"आठ?"

"जी।"

उसकी आवाज़ काँप रही थी। आठ दिन सूरज हर सुबह उगा था और हर साँझ में डूबा था, लेकिन मुझे कोई होश नहीं। इन आठ दिनों में मैं कहाँ था? किस दुनिया में था? क्या कर रहा था? मैं उलझन में पड़ा। मेरी मान्यता थी कि मेरे शरीर में उस शरीर से भिन्न एक 'मैं' रहता है। लेकिन उस 'मैं' को पिछले आठ दिनों के एक क्षण की भी याद नहीं थी।

मैंने अलका से पूछा, "माँ कहाँ है?"

महारानी जी अपने महल में हैं। उस दिन से उन्होंने खाना-पीना छोड़ रखा है। कल बड़ी मुश्किल से आपको देखने आई थीं। देखते-देखते ही बेहोश हो गईं और गिर गई। राजवैद्य ने उन्हें उठने की मनाही कर दी है।"

"तुम्हारी माँ कहाँ है?"

"वह महारानी की सेवा में है। राजवैद्य ने आठ दिन बिना झपकी लिए बिताए हैं। अभी थोड़ी देर पहले वे आपकी नाड़ी देख रहे थे और एकदम छोटे बच्चे जैसे वे नाचने लगे। मुझसे कह रहे थे, 'अलका, मुझे डर था कि कहीं मेरी विद्या इन सफेद बालों की लाज रखेगी या नहीं। उसी डर के मारे आठ दिन मैं सोया नहीं। लेकिन अब युवराज के लिए कोई खतरा नहीं रहा। शायद आज ही मध्य रात्रि के लगभग उन्हें होश आ जाएगा। बहुत ही विलंब हुआ, तो पौ फटने से पहले तो वे निश्चय ही होश में आएंगे। तब तुम्हें जागती रहना होगा। उनके सिर पर हमेशा एकदम ठण्डी-ठण्डी पट्टी रहेगी ऐसी..."

बोलते-बोलते उसे सहसा कुछ याद आया। वह तुरन्त वहाँ से हटी और कुछ लेकर फिर पलंग के पास मेरे सिरहाने की ओर आ खड़ी हो गई।

अब पहले की अपेक्षा मुझे साफ दिखाई देने लगा था। क्या वाकई मेरे सिरहाने की ओर अलका खड़ी है? नहीं! उस दिन की दुर्घटना में शायद मैं मर चुका था! स्वर्ग में पहुँच गया था और वहीं एक अप्सरा मेरे सिरहाने की ओर खड़ी थी।

अपनी इस कल्पना पर मुझे हँसी आ गई । अलका ने पूछा, "क्यों हँस रहे हैं आप?"

"हँसने के लिए भी क्या कभी किसी कारण की आवश्यकता होती है?"

"मुझे तो ऐसा ही लगता है!"

"तो फिर बताओ, फूल क्यों हँसते हैं?"

यह सवाल वह अपने-आपसे पूछने लगी, 'फूल क्यों हँसते हैं?' मानो वहाँ दो अलका खड़ी थीं और उनमें से एक दूसरी से सवाल कर रही थी। वह दूसरी अलका

कुछ चकरा गई। उसे पसोपेश में पड़ी देखकर पहली अलका हँसी। फिर तुरन्त वह शरमा गई। अलका की वह शर्मीली मूर्ति और भी मोहक दिखने लगी।

क्या सागर की नाईं सौन्दर्य में भी ज्वार आता है। पता नहीं? अलका क्षण-क्षण अधिक सुन्दर दिखने लगी थी।

मैंने हँसते-हँसते कहा, "मैं बताऊँ?"

"हाँ, बताइए!"

"स्त्रियाँ शरमाती हैं, इसलिए फूल उनपर हँसते हैं!"

"रहने भी दीजिए!"

उसकी यह अदा मेरे मन को बहुत भाई। मैं भूल गया कि मैं बीमार हूँ, बिस्तर पर पड़ा हूँ। विगत आठ दिन मुझे होश नहीं था। बस अपलक उसको देखता रहा।

वह चौंकी, तुरन्त बुदबुदाई, "मैं भी क्या पागल हूँ! पट्टी पर डालने के लिए दवा तो ले आई लेकिन खाली बातें ही करती बैठ गई। हाँ, जी, आँखें मूँद लीजिए!"

"भला क्यों?"

"यह दवा बहुत ज़हरीली है। राजवैद्य ने मुझे बार-बार आगाह किया कि इसका ज़रा-सा छींटा तक आँख में न जाने पावे।"

"लेकिन मेरी आँखें बंद होने से इन्कार जो कर रही हैं।"

"क्यों?"

क्यों? अब इस अलका को यह सब कैसे बताया का सकता है कि उसे अपलक देखते ही रहने को मेरा मन करता है। क्या यह बात उसे अच्छी लगेगी? वह केवल एक दासी की लड़की नहीं है। उसकी माँ ने अपनी छाती का दूध मुझे पिलाया है। मुझे अपनी गोद में दुलारकर बड़ा किया है। पिताजी भी कलिका को मानते हैं। माँ तो उसके साथ किसी आत्मीय के जैसा व्यवहार करती है। हमेशा कहती है कि ययू की चिन्ता तो मुझसे कहीं अधिक कलिका को ही है। ऐसी कलिका की लड़की के साथ...

"देखिए, अब आपने आँखें नहीं मूंदीं न तो मैं आपसे कुट्टी कर लूँगी, समझे?"

अलका के इन मीठे-मीठे शब्दों के कारण मेरा बीता बचपन वापस लौट आया, मानो समुद्र में जा गिरा नदी का पानी उससे अलग हो गया हो।

मैंने चुपचाप आँखें मूंद लीं। अलका माथे की पट्टी पर दवा की एक-एक बूँद छोड़ने लगी। कभी-कभी मूंदी आँखें खुली आँखों की अपेक्षा शायद ज़्यादा देख लेती हैं! मेरे साथ कुट्टी करने वाली बचपन की अलका से लेकर आज मेरे सिरहाने की ओर मेरी पट्टी पर दवा छिड़कती खड़ी अलका तक उसके कितने ही रूप मेरी मूंदी आँखों के सामने से गुज़रते रहे। कली तो वही थी, लेकिन खिलते-खिलते हर बार नया मनोहारी रूप धारण करती थी। अलका की हर मूर्ति में निराली ही मोहकता थी।

अलका अपनी माँ के साथ राजमहल में ही रहा करती थी। इसलिए उसके इन सभी बदलते रूपों को मैंने देखा था। लेकिन आज तक उसके बारे में कभी ऐसे

भाव मन में नहीं जागे थे, जैसे आज जागे हैं। ऐसा क्यों हुआ? मैं सोचने लगा। छह वर्ष की आयु तक अलका मेरी सहेली थी। लेकिन आगे चलकर धीरे-धीरे हम बिछुड़ गए। मैं एक राजपुत्र था और राजमहल, नगर, राजसभा, उत्सव आदि में बड़ी शान से घूमता था। वह थी दासी-कन्या। वह पीछे रह जाने लगी। राजप्रासाद में अपनी माँ का छोटे-मोटे कामों में हाथ बँटाने लगी। आगे चलकर मुझे एक राजा बनना था, विश्वविजयी वीर बनना था। वह दासी बनने वाली थी। हमेशा किसी न किसी की सेवा में लगी रहने वाली थी। अतः हम दोनों एक दूसरे से दूर हो गए।

किसी स्वर्गीय खुशबू ने मुझे एकदम मदहोश बना दिया। मेरी आँखें मुंदी ही थीं। दायाँ हाथ धीरे-धीरे ऊपर उठाकर मैंने देखा, अलका झुककर बहुत ही सावधानी के साथ बूँद-बूँद दवा पट्टी पर टपकाती जा रही थी। उसके बालों की एक लट मेरे गाल पर अनजाने में ही झूल रही थी। उस लट का मेरे हाथ को स्पर्श हुआ। उस कोमल स्पर्श से मेरा सारा शरीर पुलकित हो उठा। इस कल्पना से कि मैं आँखें खोलूँगा तो अलका दूर हट जाएगी, पलकें बन्द रखते हुए मैंने हँसते-हँसते पूछा,'' अलका, मेरी नाक बहुत नाराज़ है!''

''किससे?''

''आँखों से।''

''किसकी?'

''अपनी।''

''वह किसलिए?''

''इसलिए कि उसे पता नहीं चल रहा कि इतनी बढ़िया खुशबू कहाँ से आ रही है?''

''मैं उस नाक से पूछना चाहती हूँ कुछ!''

''तो पूछ लो न?''

''क्या ईश्वर में उसकी आस्था है?''

''मेरी नाक कोई नास्तिक नहीं है!''

''मंदिर में भगवान की मूर्ति तो पाषाण की बनी होती है, यह बात आपकी नाक को स्वीकार है या नहीं?'

''है।''

''फिर उस भगवान की मूर्ति के सामने यह अपने-आपको क्यों रगड़ती है? क्या उस मूर्ति में उसे भगवान दिखाई देता है?''

''न भी दिखाई दिया, तब भी वह वहाँ होता ही है।''

''उस नाक को यह जो सुन्दर सुगन्ध आ रही है न, उसका भी वही हाल हैं।''

अलका के बात करने के उस ढंग से मेरा काफी मनोरंजन हुआ। मानो हम दोनों पुनः बचपन में लौटकर शब्दों का खेल खेलने लगे थे। लेकिन इस तरह से केवल शब्दों का खिलवाड़ करते बैठने की अपेक्षा तो उस समय सुगन्ध का आकण्ठ आस्वाद लेने की प्रबल इच्छा मेरे मन में जाग उठी थी।

मैंने अलका के पूछा, "किसकी सुगंध है यह?"

"जूही के फूलों की, बचपन में आपको ये फूल बहुत प्रिय थे।

अलका ने ठीक ही कहा था। लेकिन बीच के दिनों धनुष की टंकारों औ. घोड़ों की टापों में जवाकुसुम के इन फूलों की प्यारी-प्यारी चहक-महक जाने कहाँ खो गई थी।

मैंने कहा, "अलका, इन फूलों को मेरी नाक के पास ले आओ। मैं इनसे क्षमा माँगना चाहता हूँ।"

"ठहरिए, मैं गजरा ही निकाल देती हूँ!"

"गजरा?"

"जी हाँ, वेणी में ही तो गूंथा है!"

"तो फिर उसे वही रहने दो।"

"क्यों?"

"तुमने यदि उन फूलों को अपने बालों से अलग कर दिया, तो वे मुझसे नाराज़ हो जाएंगें।"

"बड़े वो हैं, आप!"

"उन्हें वहीं लगे-लगे सूंघने दो मुझे।"

अलका बोली "नहीं।"

मैंने कहा, "तुमने यदि अपनी वेणी मुझे सूंघने नहीं दी, तो मैं शोर मचा दूँगा। फिर सब जाग जाएंगें..."

शायद पट्टी पर डालने के लिए दी गई बूंदें खत्म हो चुकी थीं। अपना माँसल हाथ झट से मेरे होठों पर रखकर वह बोली, "नहीं, नहीं जी! शोर-वोर आप बिल्कुल नही मचाएंगे। आठ दिन हो गए, राजप्रासाद में किसी की जान में जान नहीं थीं। राजवैद्य ने जब विश्वास दिलाया कि अब आपको निश्चय ही आराम आता जा रहा है तब आज जाकर कहीं सब लोग सो पाए हैं। राजवैद्य भी पास ही के महल में सोए हैं। आप चिल्लाए तो ये सब लोग भागे-भागे यहाँ चले आएंगे! माँ तो मुझे नोच खाएगी और झल्लाकर पूछेगी, "सेवा तक ठीक से करते नहीं बनती मुई से! फिर तो वह मुझे सूली पर चढ़ाकर ही रहेगी।"

"सूली पर चढ़ने की अपेक्षा तो वेणी सूँघते देना कहीं अच्छा है न? अच्छा देखो, भले काम में देरी नहीं किया करते। बड़े-बूढ़ों ने ही कह रखा है। हाँ, तो मैं पाँच तक गिनती गिनता हूँ, उससे पहले ही...एक...दो...तीन...चा...चा..."

अवश्य ही नन्दनवन के सभी फूलों ने जूही के उन फूलों को अपनी सारी खुशबू दे रखी होगी।

अलका के बालों में गूंथे गए उस गजरे को सूंघते-सूंघते मुझपर एक नशा-सा छा गया। उन फूलों के साथ ही उसके बालों की लटों का मेरे गालों को होनेवाला स्पर्श बहुत ही सुखद था, अत्यन्त उन्मादक था।

यह अनुभव करते ही अलका मुझसे दूर हटने की कोशिश में है, मैं सुध-बुध

खो बैठा। उस सुगंध से अब भी मेरा मन तृप्त नहीं हुआ था। रोम-रोम में उसकी चाह बढ़ गई थी।

मैंने आँखें खोलीं। वह दूर हटने लगी। तुरन्त ही मैंने फूलों का वह गजरा उसके बालों से खींच लिया। दोनों हाथों से उन फूलों को मसलकर चूर-चूरकर उन्हें फिर अपनी नाक के पास ले गया।

''ऐसा भी क्या, युवराज!'' अलका का स्वर कांप उठा।

''अभी मेरा दिल भरा नहीं, अलका! और...और सुगन्ध चाहिए मुझे!''

इससे पहले कि क्या कर रहा हूँ, समझ में आता, मैंने अपनी बाँहें उसके गले में डाल दीं। अगले ही क्षण उसके होंठ मेरे होंठों पर टिके। बहुत ही मधुर अमृत भरा था उन अधरों में। चिलचिलाती धूप में किसी रेगिस्तान से गुज़रने वाले पथिक की तरह मेरे होंठ सूख गए थे। तन-मन प्यासा हो उठा था। वह अमृत मैं पीता गया, पीता ही गया। 'और...और...और भी...' यह एक दबी बुद्बुद होंठों से निकल रही थी। बस इतना ही होश बाकी बचा था कि मैं सुख के कुण्ड में तैर रहा हूँ, लेकिन उस कुण्ड का पानी पर्याप्त गहरा नहीं है।

''यह क्या हो रहा है युवराज?'' उस कुण्ड से किसी ने प्रश्न किया।

किसने प्रश्न किया था वह? क्या कोई मत्स्यकन्या थी? मैं आँखें फाड़कर देखने लगा। वह अलका ही थी। मेरी शय्या से दूर हटकर वह खड़ी थी। लेकिन मेरे होंठों की प्यास अभी बुझी नहीं थी। मन अभी तृप्त हुआ नहीं था। शरीर का प्रत्येक कण-कण मानो सुलग उठा था। मैंने अभी जो अमृत प्राशन किया था, वही मुझे हलाहल-सा जला रहा था। उस दाह को शान्त करने के लिए मुझे और अधिक अमृत चाहिए था।

अलका को पकड़ने के लिए मैं लड़खड़ाता हुआ उठने लगा। मेरे दायें पैर में भयंकर टीस उठी। तीर से मर्माहत पंछी की तरह छटपटाता एक आर्त चीख मारकर मैं शय्या पर धड़ाम से लुढ़क पड़ा।

उस जानलेवा बीमारी से अच्छी तरह स्वस्थ होने में कोई तीन-चार महीने लग गए। लेकिन उस रात मेरी उस आर्त चीख के कारण सारा राजप्रासाद हर्ष से खिल उठा। यह मालूम होते ही कि मैं होश में आ गया हूँ, मौत के मुंह से लौट आया हूँ, सबकी जान में जान आ गई। बूढ़े राजवैद्य तो भागे-भागे ही मेरे महल में आए और एक नन्ही बालिका के समान गदगद होकर आँसू बहाने लगे।

आठ दिन तक मैं मुर्दे जैसा पड़ा रहा। शायद माँ को सन्देह था कि पता नहीं मैं उस अजीब मूर्च्छा से जागता भी हूँ या नहीं! नगर के सभी देवताओं को मेरे लिए वे मनौती मना चुकी थीं, मैं अभी चलने-फिरने भी नहीं लगा था कि उसने जाकर बड़ी धूमधाम के साथ उन सभी मानताओं को समारोहपूर्वक पूरा कर लिया था।

मेरा ज्वर शीघ्र ही टूट गया। पैर की हड्डी में चोट आई थी। उसने अवश्य ही काफी तंग किया। लेकिन राजवैद्य पूर्वी आर्यावर्त से किसी हड्डी जोड़ने वाले को लिवा लाए थे। यह व्यक्ति था तो ठेठ जंगली, लेकिन अपनी कला में माहिर था।

उसे लिवा लाने में काफी मेहनत करनी पड़ी थी। उस आदमी ने हड्डी को ठीक तरह से जोड़ दिया। पैर में किसी तरह का कोई नुक्स नहीं रहा। लेकिन ये तीन-चार महीने मैं अजीब घुटन अनुभव करता रहा और काफी परेशान रहा। महल की खिड़की में से आकाश में उड़ने वाले पक्षियों को देखकर अपने पंगुपन पर मैं खिसिया उठता। लगता कि बस इन्हीं पक्षियों की तरह खिड़की में से अपने आपको बाहर फेंक दूँ फिर जो होना है होता रहे। घोड़े का हिनहिनाना सुनता तो भुजाएं फड़कने लगतीं, जांघें फूलने लगतीं। अपनी प्रंगुता पर आया गुस्सा किस पर उतारा जाए, इसी विचार से मैं भीतर ही भीतर कसमसाता रहता और अपने शरीर को ताकते बैठा रहता। पिछले दस वर्ष जिस शरीर की सुन्दरता और सामर्थ्य बढ़ाने के लिए मैंने दिन्न-रात प्रयास किया वही शरीर आज मुझसे इस तरह बेवफा हो गया! नहीं! आदमी अपने शरीर से प्यार करता है। उस प्यार का कोई अन्त नहीं होता। लेकिन यह कमबख्त शरीर है कि आदमी से उतना प्यार करता ही नहीं। मौका पाकर बैरी ही हो जाता है।

बिस्तर में पड़े-पड़े मैंने काफी कोशिशें कीं कि खोज निकालूँ यह शरीर किसका बैरी बन जाता है। और क्यों? लेकिन एक भी कोशिश सफल नहीं रही। मैं हमेशा सोचता था कि इस शरीर से भिन्न कोई अलग ययाति मुझमें है। लेकिन कैसे उसे पहचानूँ? सोच-सोचकर मैं हार जाता। मुझे भली भांति मालूम था कि मन, बुद्धि, अन्तःकरण शरीर के अवयव तो हैं नहीं। उनका अपना स्वतन्त्र अस्तित्व है। लेकिन मेरा शरीर जब बैरी बन गया, तब ये सारे क्या कर रहे थे। आठ दिन की मूर्च्छा! उसमें दवाइयाँ तो क्या राजवैद्य मुझे ज़हर भी दे देते तो उसे भी दवा मानकर मैं चुपचाप पी जाता! उस मूर्च्छा में मेरा यह मन कहाँ था? बुद्धि कहाँ चली गई थी? मेरे अन्तःकरण को क्या हो गया था? अंधकार! जहाँ-तहाँ केवल अंधकार! !

खिसिया कर अपने हाथ-पाँवों को देखता रहा, तब होंठ बुदबुदाते, "तुम तो बस पागल हो! अरे, इस शरीर ने क्या हमेशा तुमसे शत्रुता ही की है? उस रात अलका के अधरों का अमृतपान किसने कराया तुम्हें? हम ही ने न?"

वह रात तो जीवन का मधुर, अमर सपना बन गई है। उस स्वप्न की स्मृति मात्र से पैर की सारी वेदनाओं को, थोड़े समय की इस पंगुता को, बल्कि अन्य सभी दुखों को, मैं भुला देता था। बाहर कितनी ही धूप हो, उस रात की याद के साथ वह अस्त हो जाती। फिर हाथ में आरती का थाल लिए खड़ी किसी रमणी की तरह वह रात आँखों के सामने आ जाती। जूही के फूलों की वह मदमाती सुगन्ध, अलका के बालों का वह कोमल स्पर्श उसके अधरों का वह मधुर अमृत—सबकी मधुर स्मृतियों से रोम-रोम विभोर हो जाता था।

बीमारी के उन तीन-चार महीनों में मुझे सबसे अधिक सुख इसी स्मृति ने दिया। समय-असमय में उसी स्मृति से खेलते रहने में दंग रहने लगा। लेकिन उस सुख का फिर आस्वाद लेने की इच्छा होने पर भी वैसा मौका मुझे नहीं मिला। अलका अनेक बार मेरी सेवा के लिए आती थी, लेकिन दिन में। रात में वह फिर कभी

नहीं आई। रात को अदल-बदलकर अनेक दासियाँ मेरी शुश्रूषा करती थीं। उनमें कुछ युवतियाँ भी थीं, लेकिन मैं तो सिर्फ अलका को ही चाहता था। जूही के फूलों का गजरा डालकर, 'मै आपसे कुट्टी कर लूँगी!' कहते-कहते पट्टी पर दवा डालने वाली, 'यह क्या हो रहा है, युवराज?' कुछ क्रोध से और कुछ आनन्द से कहने वाली मेरी बचपन की सहेली अलका को ही मैं चाह रहा था। वह दिन में मेरे आसपास घूमा करती, तब बरसों से भूखे-प्यासे की अधीरता से मैं उसकी प्रत्येक हलचल जी भरकर आँखों में समा लेता था। अन्य किसी दासी के प्रति ऐसा आकर्षण मुझे नहीं था।

अलका की इस मधुर स्मृति के साथ ही उन दिनों एक भव्य स्वप्न भी मन को बड़ा सुख देता रहा। हड्डी जोड़ने के लिए लाया गया वह जंगल का आदमी काफी अनुभवी था। समूचा आर्यावर्त उसका घूम-घूमकर देखा हुआ था। तरह-तरह की गुफाएं, अरण्य, नगर, समुद्र, पहाड़, मंदिर, लोग आदि का वर्णन वह बहुत ही रसभीना किया करता था। उसकी बातें सुनकर मन ही मन मैंने एक सुन्दर सपना सजाया। अश्वमेध का घोड़ा लेकर मैं निकला हूँ वे सारी रम्य और भीषण बातें अपनी आँखों देखता जा रहा हूँ, सतरंगी सौन्दर्य का आस्वाद ले रहा हूँ और नये-नये प्रदेशों को पदाकांत कर रहा हूँ यह था वह स्वप्न। उस स्वप्न का अन्तिम दृश्य होता था, दिगदिगन्त पर विजय पाकर मैं हस्तिनापुर लौटता और मेरा वीरोचित स्वागत करने के लिए आरती उतारने वाली दासियों में सबसे आगे अलका पंचारती लिए खड़ी है।

मैं पूरी तरह से स्वस्थ हो गया तब मैंने अपने वृद्ध अमात्य और अन्य गुरुजनों को अपना यह स्वप्न सुनाया। उन्हें वह पसंद आया। माँ के बार-बार मना करने पर भी पिताजी ने नगर-देवताओं के एक उत्सव में अश्वमेध की घोषणा कर दी।

वे दिन मुझे अब भी याद आते हैं। पराक्रमी पुरुषों के बुतों के समान वे आज भी आँखों के सामने आते हैं। उन रातों की यादें आज भी मन को खिला देती हैं, अपने प्रत्येक पदविन्यास में उन्माद लिए चलनेवाली विलासिनियों की तरह।

लगभग डेढ़ साल मैं अश्वमेध के घोड़े के साथ घूमता रहा। कदम-कदम पर इस प्राचीन और पवित्र भूमि का सौन्दर्य देखता गया। पंचमहाभूतों के ताल पर गाए जाने वाले उसके असंख्य मधुर गीत कानों से दिल में उतारता गया। उसका नित्य नूतन नृत्य आँखों में समाता रहा। अश्वमेध का घोड़ा पूरब, पश्चिम, उत्तर और दक्षिण दिशाओं के क्रम से जाने वाला था प्रत्येक भाग में भूमि क्या ही सुंदर थी। हर ऋतु में वह नये वस्त्र धारण करती थी। नाना तरह के आभूषणों से अपने-आपको सजाती थी। कभी तो आभास होता कि यह लोकमाता सजीव होकर मेरे सामने आ खड़ी हुई है। ये नदियाँ उसकी दुग्ध-धाराएं है। पर्वत उसके स्तन हैं और उन स्तनों से बहने वाली धाराओं से वह अपने लाखों बच्चों का पोषण कर रही है। इस कल्पना से रोम-रोम पुलकित हो उठता था।

कभी-कभी किसी रात में माँ की याद आती थी। फिर उसको दिए वचन की स्मृति भी जाग जाती थी। 'नहीं, मैं क़िसी हालत में सन्यासी नहीं बनूँगा', मैंने माँ को वचन दिया था। उसका प्रत्येक शब्द मैंने सच कर दिखाया था। दुनिया से मुख मोड़ लेने की अपेक्षा उसके सम्मुख खड़ा होकर उसका सामना करने के लिए मैं निकल पड़ा था। दुनिया को त्याग कर मैं जंगल में भाग जाने वाला नहीं, बल्कि दुनिया को जीतकर उसे अपनी अंकित करने वाला था।

हमारे घोड़े का विरोध बहुत ही थोड़े राज्यों में हुआ। पिताजी ने अपने पराक्रम से सारे आर्यावर्त में अपनी धाक जमा रखी थी। प्रत्यक्ष, इंद्र का भी पराभव करने वाले महाराज नहुष का अश्वमेध-घोड़ा भला कौन रोकता? अविचार से जिस किसी ने उसे रोकने की हिम्मत दिखाई उसे मैंने अपने पराक्रम से दिखा दिया कि ययाति भी अपने पिता नहुष से किसी तरह कम नहीं है।

इन सभी छोटे-मोटे संघर्षों में मुझे बड़ा आनंद आता था। आखेट में तो मैं निपुण था ही। शायद ही कोई पशु हो जिसका शिकार आसानी से मैंने नहीं किया था। लेकिन आमने-सामने दमखम से आ डटे, अपने जैसे ही शस्त्रास्त्रों से लैस मानवी शत्रुओं पर विजय पाने में एकदम निराला ही आनंद होता है। ऐसे समय शूरवीरों के बाजुओं में सच्चा जोश उमड़ आता है। शिकार की सफलता की अपेक्षा युद्ध में प्राप्त विजय का आनंद अधिक उन्मादक होता है। मैं उसी उन्माद के लिए मचल रहा था। उस उन्माद की मधुरता का आस्वाद मैं कर चुका था, इसलिए तो उस दिन नगर-देवता के उत्सव में मैंने जान जोखिम में डाली थी। लेकिन ले-देकर वह तो एक पशु पर प्राप्त विजय थी।

अश्वमेध-घोड़े के साथ किए इस प्रवास में जब बड़े-बड़े राजा-महाराजा हथियार डालकर मेरे चरण चूमने लगे, मूंछों पर ताव देनेवाले धुरंधर घमण्डी जब दांतों में तिनका लिए अपनी हार मानने लगे तब तो मुझे लगा कि मैं आनंद के उत्तुंग शिखर पर चढ़ गया हूँ। बचपन में हरसिंगार के वृक्ष को हिला-हिलाकर सर्वत्र उसके नीचे बिछ जानेवाले उसके फूलों को देखने में मुझे बड़ा आनंद आता था। उसी प्रकार अब आकाश-वृक्ष को हिला-हिलाकर नक्षत्रों के छिड़काव से सारी पृथ्वी को विभूषित कर देने का विचार मन में आने लगा। लेकिन तभी लगने लगा कि मैं भी क्या पागल हूँ। आधी रात में टिमटिम करते इन नक्षत्रों को अपलक देखते रहने में जो आनंद है वह आकाश के इन झाड़-फानूसों को फोड़कर उनके भीतर जल रही दीप-ज्योतियाँ बुझा डालने में कहाँ?

इस प्रवास में कई बार ऐसा होता कि मुझे नींद ही नहीं आती थी। यह नहीं कि मैं माँ की याद आने या अन्य किसी कारण से बेचैन होता था। किसी अनामिक हूक से मेरी नींद उड़ जाती थी। शरीर थका-माँदा होता था । लेकिन रथ का फुर्तीला घोड़ा जिस तरह अपने ढीले पड़े साथी की ओर कोई ध्यान न देकर चौकड़ियाँ भरने लगता है। उसी तरह मेरा मन थके शरीर का कोई लिहाज़ न कर स्वच्छंदता से भ्रमण किया करता था। वह तो सीधे जन्म, मृत्यु, प्रणय, धर्म, ईश्वर, आदि गहन प्रश्नों

के चक्रव्यूह में घुस पड़ता था। वहाँ से बाहर निकलते-निकलते नाक में दम आ जाता था। लगता था मृत्यु का सत्य रूप जानने की इच्छा रखनेवाले नचिकेता की कहानी झूठी है। मेरी देह के रोम-रोम से आवाज़ निकलती थी—'मुझे जीना है!' मन परिहास करता, तो फिर क्यों भागे चले जा रहे हो इस अश्वमेध के घोड़े के साथ? कहीं न कहीं इस घोड़े को रोका जाएगा, घमासान युद्ध होगा, शायद उस युद्ध में तुम वीरगति को प्राप्त हो जाओगे। जिसे जीना है, वइ ऐसे स्थान पर कदम ही क्यों रखे, जहाँ विकराल मृत्यु मुँह बाए मंडरा रही है?'

अन्तर्मन में जारी इस झगड़े को रोक पाना मेरे लिए असम्भव हो जाता था। तब सेज के फूल भी चुभने लगते। मैं उठकर बाहर आ जाता। तारों की ओर देखता। गुदगुदी करती भागनेवाली बयार से बातें करता। बीच ही में पास की अमराई के वृक्ष कुछ फुसफुसाते। मैं यह सब सुनते बैठता। समीप ही किसी जलाशय से चक्रवाक के जोड़े का क्रंदन सुनाई देता। वह करुण संगीत मेरे दिल में गहरा पैठ जाता। कभी अकस्मात् कोई तारा टूटकर गिर जाता जैसे जलती हुई लकड़ी से कोई चिंगारी निकली हो। आहिस्ता-आहिस्ता मेरे चारों और शान्ति का साम्राज्य फैल जाता। मेरे निवास के पास ही सेना का बड़ा पड़ाव पड़ा होता था। फिर भी मध्यरात्रि के दो प्रहर बाद इतनी शांति फैल जाती थी कि घोड़े भी हिनहिनाना भूल जाते थे। पेड़ों पर पंछियों की चहक तो कभी की बन्द हो गई होती थी। अब नीड़ों में नींद में होने वाली कुलबुलाहट भी बंद हो जाती। प्राणी मात्र की इस शान्ति को देखकर सहज मेरे मुँह से प्रार्थना के शब्द निकलने लगते। बहुत ही धीमी आवाज़ में मैं उन मंत्रों को कहता। अंत में हाथ जोड़कर आकाश और आसपास फैली धरती की ओर प्रसन्न चित्त से देखता और तृप्त मन से कहता,'ॐ शांतिः शांतिः शांतिः!' फिर नींद अपनी महीन रेशमी चादर मुझे ओढ़ाती और लोरी गाने लगती।

दिन में मिलने वाला पराक्रम का उन्माद और रात में मिलनेवाली यह शांति, दोनों मुझे समान रूप से प्रिय थे। लेकिन किसी तरह समझ में नहीं आ रहा था, कैसे इन दोनों का मेल बैठाया जाए। अश्वमेध के घोड़े के पीछे-पीछे मैं जा रहा था। काल-वृक्ष का एक-एक पत्ता झड़ चला था। इस भ्रमण में शांति और उन्माद के कितने विभिन्न रूप मैंने देखे।

नृत्य में विभोर नर्तकी का आंचल ढुलककर उसकी रूप-संपदा की झलक देखने को मिल जाया करती है। कई बार ठीक उसी तरह लगनेवाली शुद्ध चतुर्थी की चांदनी का मैंने आकण्ठ पान किया। एक बार अत्यंत घने जंगल में हमारा पड़ाव पड़ा था। अंधेरा घना होता जा रहा था। चहुं ओर किरकिराते झींगुर थे और गुर्राने वाले जंगली जानवर। मध्यरात्रि बीत जाने पर भी मुझे नींद नहीं आ रही थी। ऊबकर मैं बाहर खुले में आ गया और लगा जैसे किसी यक्षलोक में आ गया हूँ। मैं चकित रह गया। मेरे सामने वाले ऊँचे, घने वृक्षों की जाली में से छन कर हँसती हुई चाँदनी नीचे उतर रही थी।

उस चाँदनी के समान ही वह दावानल भी अभी तक मुझे याद है। मानो सारे जंगल में आग लग चुकी थी। लेकिन उस दृश्य में केवल भयानकता ही नहीं थी भव्यता भी थी। लगा, जैसे सृष्टि-देवता का प्रचण्ड यज्ञ-कुण्ड भभक उठा है। ऐसे ही एक यज्ञ-कुण्ड में पार्वती अपने पति के प्रेम की खातिर कूद पड़ी थी। वह सती हो गई। उस दावानल को देखते समय मुझे प्रेम की वह अमर कहानी याद आई। मन में विचार आया काश! मेरी भी कोई प्रेयसी होती। उसकी चीखें सुनकर मैं इन अग्नि-ज्वालाओं में घुस पड़ता और उसे सकुशल बाहर निकाल लाता। उसके प्रति मेरे इस असीम प्यार को देखकर देवता मुझ पर फूल बरसाते। कोई प्रतिभाशाली कवि दूर देश से मेरा दर्शन करने आता और कहता, "युवराज ययाति, आज जीवन धन्य हो गया। इस दुनिया में पैदा होने के बाद जो देखना था, आज देख लिया। महाकाव्य की रचना के लिए मुझे विषय मिल गया।"

शांति ओर उन्माद के इतने विविध रूप इस दौर में मैंने देखे, कहाँ तक बताऊँ। धरती के शरीर पर रोओं के समान लगनेवाली हरियाली और अपनी दण्डयुक्त शाखाओं से आकाश को थमाने के लिए खड़े गर्वीले देवदार के वृक्ष! आशीर्वाद देने के लिए पुरोहित द्वारा प्रोक्षण किए गए गंगाजल के समान लगने वाली रिमझिम वर्षा की फुहारें और महाप्रलय की पर्वताकार लहरों की याद दिलानेवाली धुआंधार वर्षा की हाथीसूंड-सी प्रचण्ड जलधाराएं! छिंगुलिया पर पल-भर को टिक जाए, तो किसी हीरे की अँगूठी-सी लगनेवाली सुन्दर नन्ही तितली और घोड़े के समेत सवार को निगलकर अपने-आपको किसी वृक्ष से लपेटता हुआ दोनों का कचूमर निकाल देने वाला भयंकर अजगर! मंदिरों के उत्तुंग गोपुर ओर गणिकाओं की सुन्दर हवेलियाँ! अठारह-बीस फुट ऊंची शूरवीरों की मूर्तियाँ और पर्वतीय गुफाओं में खुदी हुई कमनीय, रमणीय आकृतियां!

ऐसे ही एक बार मैं एक रति की मूर्ति देखने गया था। साथ आए सारे सैनिक बाहर खड़े थे। मूर्ति बहुत ही सुन्दर थी। शंकर द्वारा मदन को भस्म किए जाने के बाद शोक करती बैठी रति की वह मूर्त्ति थी। उसकी तरफ मैं कितनी ही देर तक अपलक घूरता रहा। उसका आंचल ढल गया था। सिर के केश खुलकर बिखरकर पीठ पर झूल रहे थे। देखते-देखते मैं भूल गया कि वह एक निर्जीव पाषाण-मूर्ति है। और इससे पहले कि मेरी समझ में आता कि मैं क्या कर रहा हूँ, मैं आगे बढ़ा और बड़े ही आवेग से उस मूर्ति के मुख को चूम लिया। ठण्डे पाषाण के स्पर्श से यदि मैं होश में न आया होता, तो निश्चय ही उस मूर्ति के लाख-लाख चुंबन लेने पर भी मेरा मन तृप्त न होता।

पाषाण के स्पर्श से मैं सकपका गया, दूर हटा। सोचने लगा, कहीं मैं पाप तो नहीं कर बैठा? परेशान मन को स्वयं ही समझाया—छोड़ो भी, रति न तो कोई सती थी, न ही कोई देवता। उसकी मूर्ति का चुंबन लेने में भला क्या पाप?

अश्वमेध का घोड़ा घूमते-घूमते अब पूर्वी आर्यावर्त मे आ गया था। घने जंगलों की भूमि थी वह। बीच-बीच में ही थोड़ी आबादी थी। कहीं किसी जगह एकाध बड़ा

नगर था। सर्वत्र आदिवासी लोगों के छोटे-छोटे राज्य थे। अतएव युद्ध करने का मौका अधिकतर कहीं आया ही नहीं। लेकिन जीवन के इस सिलसिले से मन एकदम ऊब गया था।

सुना था इस इलाके में हाथी बहुत हैं। तो अब मैंने नया आखेट खेलने का तय किया, ताकि मन कहीं तो उलझे। बड़े-बड़े जंगली हाथी रात में जंगल के जलाशयों में पानी पीने के लिए आते थे। मन मे सोचा, चलो किसी हाथी की अकेले ही मृगया कर लें। एक मध्यरात्रि में बिना किसी को साथ लिए मैं अकेला ही घने जंगल में काफी गहरे अन्दर घुस गया। मैं एक जलाशय के पास ही ऊँचे वृक्ष पर चढ़ गया। क्या ही रोमहर्षक अनुभव था वह! घने अन्धेरे का सागर चारों और फैला था। हाथ को हाथ नहीं सूझता था। मानो सारा जंगल तेज़ बुखार में कराह रहा था। तरह-तरह की अजीब आवाज़ें सुनाई दे रही थीं। सन्निपात में चिल्ला उठने वाले रोगी की तरह बीच में कहीं से शेर की दहाड़ सुनाई दे रही थी।

ऐसे वातावरण में हाथी का शिकार करने में ब्रह्मानंद था। पंचप्राण कानों में लाकर मैं सुन रहा था, आहट ले रहा था! कई लोगों से सुना था कि हाथी जब पानी पीने लगता है, 'डुब-डुब' आवाज़ करता है. मेरे कान उसी आवाज़ को सुनने के लिए आतुर हो गए थे। धीरे-धीरे बाकी सारी आवाज़ें सुनाई देना बंद हो गया था। इतना मैं एकाग्र हो गया था। बीतता पल घण्टों लम्बा लगने लगा था।

तभी दूर कहीं से कुछ अस्पष्ट-सी एक आवाज़ सुनाई दी—डुब्-डुब-डुब-बुड-बुड-बुड। मेरे तन-बदन में बिजली दौड़ गई। लाख कोशिश करने पर भी दूर की कोई बात दिखाई देना असम्भव था। केवल शब्दवेध ही सम्भव था। शब्दवेध से विद्ध होते ही हाथी चिंघाड़ उठेगा। फिर उसी आवाज़ की दिशा में सन्-सन्-सन् करते तीर बरसाता जाऊँगा। यही मेरी योजना थी।

'डुब्-डुब्-डुब्-बुड्-बुड्-बुड्'...मैंने तीर छोड़ा। उसके ठीक निशाने पर जा लगने की आवाज़ के साथ ही एक कर्कश मानवी स्वर भी सुनाई दिया!

"किस पापी ने यह तीर मारा है? ज़रा सामने तो आओ, वरना..."

मैं पसीने से तर हो गया। तीर किसी हाथी के नहीं, बल्कि किसी क्रोधी मुनि के जा लगा था। अब वह अवश्य ही शाप देगा। काँपती आवाज़ में वृक्ष पर से ही चिल्लाया, "क्षमा करें, मुनि महाराज! मुझसे घोर अपराध हो गया है!"

गिलहरी से भी अधिक फुर्ती से मैं वृक्ष पर से नीचे उतर आया। अंधेरे में ही मैं उस आवाज़ की दिशा में लपका। जलाशय के किनारे झाड़-झडूले कुछ विरल हो गए थे। धूसर चांदनी में मैंने पाया, कोई वहाँ खड़ा है। लगा, शायद कोई भूत-प्रेत है। लपककर मैं सामने गया और उसके चेहरे पर दृष्टि तक न डालते हुए उसके पाँव छूने लगा।

वह तुरन्त पीछे हट गया। मुझे सुनाई दिया, "पापी का स्पर्श तक मुझे वर्जित हैं।"

"मैं पापी नहीं हूँ, महाराज! आखेट की धुन में मैं यहाँ चला आया। हाथी पानी पी रहा है, सोचकर ही मैंने तीर छोड़ा। मैं क्षत्रिय हूँ। आखेट मेरा धर्म है।"

"अब धर्म और अधर्म की बातें क्या तुम मुझे बताओगे? मैं एक व्रतस्थ योगी हूँ। आजन्म ब्रह्मचारी हूँ। क्या यह सच नहीं कि स्त्री के अधर-स्पर्श से तेरे होंठ अपवित्र हो गए हैं? इस दृष्टि से यदि तुम पवित्र हो, तभी मेरे चरणों को छू सकोगे।"

झूठ बोलने का साहस मैं कर नहीं पाया। उस रात भावना के ज्वार के साथ लिया अलका का चुंबन आँखों के सामने नाच गया। अवश्य ही यह योगी त्रिकालदर्शी होगा। झूठ कह भी दिया, तो यह तुरन्त जान जाएगा और शाप देकर मुझे भस्म कर डालेगा। यह सोचकर मैं चुपचाप सिर झुकाए खड़ा रहा।

अत्यंत कोठर स्वर में योगी ने कहा, "लम्पट कहीं का!"

क्या मैं वाकई में लम्पट था? स्त्री के स्पर्श में क्या इतना पाप होता है? तब तो दुनिया के सभी लोग क्या पापी नहीं हैं? मन में उल्टे-सीधे सवाल उठ रहे थे। समझ में नहीं आ रहा था, क्या बोलूँ क्या न बोलूँ! क्या करूँ क्या न करूँ?

योगी ने फिर कहा, "तेरे जैसे एक तुच्छ जीव के साथ बातें करने के लिए मेरे पास समय नहीं है। मध्यरात्रि के बाद प्रहर-दो प्रहर सभी नित्यकर्मों से निवृत होकर मैं ध्यान लगाकर बैठा करता हूँ!"

आगे बढ़कर उसने अपने कमण्डलु में पानी भर लिया और मुड़कर जाने लगा। मैंने घुटने टेककर हाथ जोड़ते हुए कहा, "महाराज, आपका आशीर्वाद चाहिए।"

"चाहे जिसे आशीर्वाद देने के लिए मैं कोई भोला शंकर नहीं हूँ! तुम्हारा पूरा परिचय मालूम किए बिना भला मैं तुम्हें कैसे आशीर्वाद दे सकता हूँ?"

"मैं एक राजपुत्र हूँ।"

"तब तो तुम आशीर्वाद के पात्र नहीं हो।"

"आखिर क्यों?" मैंने कुछ डरते-सहमते प्रश्न किया।

"इसलिए कि तुम शरीर के गुलाम हो। जितना वैभव अधिक, उतना ही आत्मा का पतन भी अधिक होता है। तुम्हारे जैसा राजपुत्र हमेशा मालपुवा खा-कर रसना का दास हो जाता है। सुंदर वस्त्र और आभूषण धारण कर वह देह का दास बन जाता है। हर क्षण स्पर्शसुख और दृष्टिसुख के वह अधीन हो जाता है। सुंगधित फूलों और सुंगधित तेलों का जी भर उपभोग करने के कारण वह घ्राणेंद्रिय का गुलाम हो जाता है। वह प्रजा पर राज्य तो करता है लेकिन उसकी इद्रियाँ उसके मन पर शासन चलाती हैं। स्त्री-सुख में सभी इंद्रिय-सुखों का संगम हुआ करता है। इसलिए हम योगी लोग उस शरीर-सुख को वर्जित मानते हैं। जाओ, राजपुत्र, जाओ! हमारा आशीर्वाद चाहते हो, तो सभी सांसारिक बातों का त्याग कर हमारे पास आना। फिर..."

"लेकिन महाराज, किसी भी हालत में संन्यासी न बनने का वचन दिया है मैंने!"

"किसे?"

"अपनी माँ को!"

शायद उस योगी के मन में जिज्ञासा उठी। उसने उत्सुकता से पूछा, "ऐसा वचन क्यों दिया तुमने?"

"मेरा बड़ा भाई बचपन में ही विरक्त होकर कहीं भाग गया। मेरी माँ उस दुख को अब तक भुला नहीं पाई है।"

"क्या कहा? तुम्हारा बड़ा भाई?"

"जी महाराज! हो सकता है, शायद वह आपसे कहीं मिला भी होगा। वह कहाँ रहता है, यह यदि मुझे मालूम हो गया, तो मैं हस्तिनापुर जाकर माँ को ले आऊँगा..."

"हस्तिनापुर से? तो क्या तुम हस्तिनापुर के राजपुत्र हो?"

"जी महाराज!"

"तुम्हारा नाम?"

"ययाति।"

"तुम्हारे बड़े भाई का नाम?"

"यति।"

"यति?" कुछ भर्राई-सी आवाज़ में योगी के मुख से वह शब्द सुन मुझे कुछ अटपटा लगा, मानो आसपास के पहाड़ों से टकराकर मैं अपने ही शब्द की प्रति ध्वनि सुन रहा था!

अब उस योगी की आकृति मुझे पहले से ज़्यादा स्पष्ट दिखाई देने लगी थी। उसने अपना बायाँ हाथ आगे बढ़ाया। शायद मेरे कंधे पर रखना चाह रहा हो। मुझे लगा, उसका हाथ कुछ काँप रहा है। नहीं! मध्यरात्रि बीत चुकी थी। जंगल में ठण्डी पुरवैया चलने लगी थी। शरीर को काट खाती उस हवा के कारण ही शायद उसका हाथ काँपा था!

"मेरे पीछे-पीछे आओ"—उसने जैसे आदेश दिया और वह चलने लगा। कुछ कदम चलकर उसने मुड़कर देखा। मैं अपने स्थान से हिला नहीं था। तनिक नरमाई से वह बोला, "ययाति, तुम्हारा बड़ा भाई तुम्हें आज्ञा देता है, चलो मेरे पीछे-पीछे चले आओ।"

यति की गुफा बहुत दूर नहीं थी। लेकिन वहाँ पहुँचते तक जंगल में उठ रही तरह-तरह की आवाज़ें सुनकर भाग निकले खरगोश की भांति मेरा दिल काँप रहा था। कहीं इसने मुझे गुफा में ही बन्द कर डाला तो? मैं कितना ही पराक्रमी होऊँ, लेकिन इन हठ-योगियों को नाना प्रकार की सिद्धियाँ प्राप्त हुई होती हैं। कहीं गुस्से में आकर उसने मुझे किसी जानवर में बदल डाला, तो? अश्वमेध धरा का धरा रह जाएगा। मेरे साथ आए सैनिकों को यह पता तक नहीं चलेगा कि युवराज को कौन उड़ा ले गया है पाताल के नाग या आकाश के यक्ष-गंधर्व! वे सिर लटकाए हस्तिनापुर लौट जाएंगे लोहे के पाँवों से। पिताजी सिर पीट लेंगे। ययु के गायब होने का समाचार सुनते ही माँ बेहोश होकर गिर जाएँगी।

आशा के समान भय के कारण भी दिमाग में पता नहीं कहाँ-कहाँ की कल्पनाएं आने लगती हैं। जीवन में पहली बार यति मुझसे मिला था। वास्तव में इस अचानक भेंट के कारण मन को एकदम खिल जाना चाहिए था। लेकिन उसकी बातों से मेरा

मन ठिठुर-सा गया था। सोच में पड़ा था कि गुफा में जाने के बाद उससे बातें करूँ भी, तो क्या?

शीघ्र ही हम यति के निवास-स्थान के पास पहुँच गए। वह एक ऊबड़-खाबड़ टेढ़ी-मेढ़ी गुफा थी। कंटीली झाड़ी उसके प्रवेश-द्वार को भी ढँक रही थी। यति ने एक हाथ से जब कुछ झंखाड़ को हटाया, तब जाकर कहीं पता चला कि वहाँ एक गुफा है। मैं शरीर सिकोड़ता हुआ उसके पीछे-पीछे भीतर पहुँचा, लेकिन तब भी झंखाड़ो की दो-चार खरोंचें बदन पर उभर आई थीं। भीतर पाँव रखा ही था कि शेर की गुर्राहट सुनाई दी! मेरा हाथ तुरन्त तरकश-तीर की ओर उठा। यति ने पीछे मुड़कर हँसते हुए कहा, "आँ हाँ! यहाँ इसका कोई काम नहीं। तेरी गंध पाकर वह गुर्राया है। वर्ना तो दिन-भर खरगोश-सा पड़ा रहता है। मैं जहाँ भी जाता हूँ, वहाँ के खूंख्वार जानवर मेरे मित्र बन जाते हैं। आदमी से तो वे ही अधिक पवित्र होते हैं"

जाते-जाते यति ने शेर का माथा थपथपाया। वह किसी बिल्ली के बच्चे जैसा यति के साथ खेलने लगा।

अब हम लोग गुफा के एकदम भीतरी भाग में पहुँच गए थे। वहाँ एक अजीब किस्म की रोशनी फैली थी। मैंने चारों ओर नज़र दौड़ाई। कोने-कोने में जुगनुओं के जत्थे जगमगा रहे थे। हर कोने में एक-एक नाग कुंडली मारे आराम से बैठा था। प्रत्येक के माथे की मणि चमक रही थी। दाईं ओर निर्देश करते हुए यति ने बताया, "यह है मेरी शय्या।"

मैंने झुककर देखा। यति ने एक छोटी-सी चट्टान को सिरहाना बन लिया था! गुफा के द्वार पर लगे झंखाड़ से कुछ टहनियाँ काटकर कंटीला बिस्तर बनाया था। इस कल्पना-मात्र से कि यति हमेशा इसी बिस्तर पर सोता है, मैं सिहर उठा! वह मेरा बड़ा भाई था। आज यदि वह हस्तिनापुर में होता, तो सारे राज-विलास हाथ जोड़े उसके सामने खड़े होते! उन सबको त्याग कर यति ने यह जीवन क्यों पसंद किया? इसमें उसे क्या सुख मिलता होगा? आखिर यति क्या प्राप्त करने जा रहा है? वह किस बात की खोज में लगा है?

यति ने अपनी कंटीली शय्या के पास ही पड़ी एक मृगछाला उठाई और मेरे लिए उसे ऊँची-नीची जगह पर बिछाते हुए बोला, "बैठो!"

वह स्वयं उसी कंटीली शय्या पर बैठा। धनुष और तरकश निकालकर बाजू में एक और रखकर मैं उस मृगछाला पर जैसे-तैसे जमा। लेकिन यति तो अपने आसन पर ऐसे आराम से बैठा था, मानो सिंहासन पर ही विराजमान है और एक मैं था, जो कांटों की सेज पर पड़े व्यक्ति की भांति छटपटा रहा था। अब यति को मैं स्पष्ट देख पा रहा था। सिर पर काली स्याह जटाएं और नीचे उतनी ही काली दाढ़ी बढ़ी हुई थी। बीच में चेहरा अवश्य ही नन्हे बालक-सा लग रहा था। लेकिन यह बालक आम बालकों की तरह नहीं था। यह तो असमय ही बूढ़ा बन बैठा बालक था। उसकी टिमटिमाती आँखें अंधेरे में किसी कोटर से झांकने वाले उल्लू की आँखों जैसी लगती थीं। शरीर उसका केवल कंकाल रह गया था और रंग पतझड़ की पत्तियों जैसा फीका

पीला। त्वचा पर झुर्रियाँ भी पड़ गई थी। बीच ही में मैंने उसे ज़रा गौर से देखा। शायद उसकी कृशता के कारण उसकी नाक किसी पक्षी की चोंच की तरह निकली-निकली-सी लग रही थीं। कतई नहीं लग रहा था कि कभी यह आदमी तरुण रहा होगा।...युद्ध से मिलने वाला आनन्द तो दूर रहा, इसे घोड़े पर सवारी करने का मामूली आनन्द भी शायद नसीब नहीं हुआ होगा। फिर अलका जैसी किसी युवती का अधरपान-सुख...

यह विचार मन में आते ही मैं चौंका। यति की इस गुफा से और उसके इस सूखे कंकाल से ज़ाहिर था कि उसने कितनी उग्र तपस्या की है। हो सकता है दूसरे का मन बूझने की सिद्धि भी उसे प्राप्त हो गई हो।

उस गुफा ने और यति द्वारा प्रकट दर्शन ने मेरी भावनाएं मानो सुन्न निष्प्राण कर दी थीं। यदि ऐसा न हुआ, तो क्या जीवन में पहली बार मिले भाई को देखते ही मैं गले नहीं लगा लेता? उसे देखते ही फफक-फफककर रो नहीं पड़ता? ज़िद्द करके उसे हस्तिनापुर खींच नहीं ले जाता और माँ के चरणों में नत-मस्तक नहीं करा देता? लेकिन इसमें से एक भी बात कर पाना संभव नहीं है, यह जानकर ही मैं गूंगे बुत-सा उसके सामने बैठा रहा।

आखिर कुछ बातें भी तो हों, यह सोचकर मैंने कहा, ''तुम्हें देखकर माँ बहुत खुश होंगी।''

''इस दुनिया में सबसे बड़ी खुशी एक ही है—ब्रह्मानंद! शरीर-सुख अन्त में दुख का ही कारण बन जाता है। चाहे वह सुख स्पर्श का हो या दृष्टि का हो! शरीर ही मनुष्य का सबसे बड़ा शत्रु है। उस पर विजय पाने के लिए लगातार यत्न करते रहना ही इस दुनिया में मनुष्य का प्रमुख कर्तव्य है। ये देखो फल। मैं हमेशा इन्हीं का सेवन करता हूँ।''

उसके द्वारा बढ़ाए गए फलों में से एक मैंने उठा लिया। प्रसाद मानकर उसका एक कौर मैं चबाने लगा। तुरन्त सारी जीभ कड़वी हो गई। शायद वह कड़वापन मेरे चेहरे पर भी प्रकट हो गया। यह देखकर यति ने कहा, ''मनुष्य की जीभ का क्या, उसे हमेशा मधुर और मीठे फल ही चाहिए। वैसे फल हम उसे खिलाते रहे, तो मीठे फलों के प्रति हमारी आसक्ति हो जाती है। आसक्ति मनुष्य को शरीर पूजक बना देती है। शरीर के पुजारियों की आत्मा चेतना-विहीन हो जाती है। आत्मा को जाग्रत रखने की शक्ति केवल विरक्ति में ही है। उसी विरक्ति के लिए मैं इन्हीं कड़वे फलों का सेवन करता हूं।''

उसने एक फल उठाया और दांतों तले कचकचाकर खा गया। कड़वेपन के कारण मेरे मुँह में अभी वह छोटा-सा टुकड़ा धरा का धरा ही रखा था। गुफा के बाहर जाना असम्भव होता तो मैं कभी का उसे थूक आया होता।

यति और मैं सगे भाई थे। लेकिन हम दोनों के बीच एक भयंकर गहरी खाई फैल गई थी। वह कितनी गहरी है, अब मैं पूरी तरह जान पाया था।

फल खा चुकने के बाद यति ने कहा, ''प्रत्येक इंद्रिय पर मनुष्य को इसी तरह

विजय प्राप्त करनी चाहिए। जब से इस मार्ग को स्वीकार किया है, मैं इसी के लिए प्रयत्नशील हूँ। लेकिन अभी मुझे अपने पर भरोसा नहीं हो पाया है। हरी दूब में सांप भी दबे-छिपे रहते हैं। विरक्ति की ओट में उसी प्रकार आसक्ति भी...''

बचपन में माँ को छोड़कर एक रात वह क्यों भाग निकला, मेरे लिए एक पहेली ही थी। कुछ ढाढ़स बाँधकर मैंने पूछा, ''बिल्कुल बचपन में ही तुमने यह मार्ग क्यों स्वीकार किया?''

''जिस ऋषि की कृपा से मेरा जन्म हुआ, उन्हीं के आश्रम में यह विरक्ति भी पैदा हो गई। माँ मुझे उनका दर्शन कराने ले गई थी। रात में माँ मुझे लेकर पर्णकुटी में गहरी नींद सो रही थी। लेकिन मुझे अजीब सपने आने लगे। मैं तुरन्त उठकर बाहर आ गया। दबे पाँव पास की एक कुटिया में गया। आश्रम के ब्रह्मचारी आपस में बातें कर रहे थे, इस नहुष राजा के पुत्र कभी सुखी नहीं होंगे।''

मैं भय से काँप उठा। शरीर के रोंगटे खड़े हो गए। यति के समान मैं भी तो नहुष महाराज का ही पुत्र था! क्या उन शिष्यों की वह भविष्यवाणी सत्य होगी? और होगी, तो?

अनजाने ही मेरे मुँह से निकल गया, ''नहुष राजा की संतान सुखी नहीं होगी?''

''हां,'' आज तक वे शब्द मेरे कानों में गूंज रहे हैं।

''ऐसा क्यों?''

''शाप है।''

''किसका?''

''ऋषि का।''

''पिताजी ने ऐसा क्या पाप किया था जो उन्हें ऋषि ने शाप दिया?''

''वह कहानी तो मैं भी ठीक तरह से नहीं जानता। लेकिन अब तुम चले जाओ। मेरा ध्यान लगाने का समय हो गया। किन्तु एक बात याद रहे उस रात उन शिष्यों की बातों ने मुझे सावधान कर दिया। मैंने तय कर लिया कि दुखी राज-पुत्र होने की अपेक्षा सुखी संन्यासी बनूँगा। घूमता-भटकता मैं हिमालय चला गया। वहाँ मुझे एक हठयोगी गुरु मिले।''

मैंने बीच ही में टोककर पूछा, ''यति, अपने छोटे भाई को एक भिक्षा दोगे?''

''तुम क्या चाहते हो?''

''मैं हस्तिनापुर जाकर माँ को ले आता हूँ। तुम एक बार उससे मिल लो।''

सिर हिलाते यति ने उत्तर दिया, ''यह सम्भव नहीं है।''

''क्यों?''

''मेरी तपस्या अभी पूरी नहीं हुई है। भगवान अभी मेरी मुट्ठी में आया नहीं है। तुम उसे ले भी आए, तब भी मुझसे भेंट नहीं होगी। मैं एक ही स्थान पर ज़्यादा दिन कभी नहीं रहता। आसक्ति ही आत्मा का सबसे बड़ा शत्रु है। किसी भी स्थान के प्रति ज़रा-सा भी आकर्षण लगने लगते ही मैं उस स्थान को छोड़ देता हूँ।''

''फिर तुम्हारी माँ से भेंट कब होगी?''

"क्या पता! शायद हो जाएगी, शायद कभी नहीं होगी!"

"और हम दोनों की भेंट?"

"आज के समान ही कभी संयोग से होगी। तब सभी सिद्धियों को मैंने अपने वश में किया होगा। चलो उठो, बाहर जाओ। मेरी ध्यान-धारणा का समय हो चला है। आओ, मैं तुम्हें गुफा के बाहर तक छोड़ आता हूँ और..."

गुफा के प्रवेश-स्थान को घेरे फली कंटीली लताओं को हाथों से अलग करते हुए हम दोनों भाई बाहर आ गए। अब उससे विदा लेना अपरिहार्य ही था। मैंने गद्गद होकर कहा, "यति, मैं चलता हूँ। मुझे भुला मत देना।"

जब से गुफा में आया, उसने मुझे ठीक से छुआ तक नहीं था। लेकिन इस आखिरी क्षण शायद उसका कठोर निश्चय टूट गया। अपना दायाँ हाथ मेरे कंधे पर रखता हुआ वह बोला, "ययाति, आज या कल तुम राजा बनोगे, सम्राट् बनोगे, सौ-सौ अश्वमेध करोगे। लेकिन एक बात हमेशा याद रखना--मन को जीतना जग को जीतने जैसा आसान नहीं..."

अश्वमेध का दिग्विजयी घोड़ा साथ लेकर मैंने हस्तिनापुर में प्रवेश किया। राजधानी ने मेरा शानदार स्वागत किया। सारी नगरी नई दुल्हन-सी सजी थी, एक रमणी के समान नृत्य-गायन में मस्त थी, किसी प्रमदा जैसी भाव-भंगिमा से फूलों की झड़ी लगा रही थी।

लेकिन इस अपूर्व धूमधाम से किए स्वागत से भी मेरा मन उतना प्रसन्न नहीं हुआ जितना कि होना चाहिए था। पहनाए गए सुन्दर और सुगन्धित फूलों के हार में ठीक अपना चहेता फूल ही नदारद हो, ऐसा उस स्वागत में मुझे बार-बार अनुभव हो रहा था। नगर के महाद्वार पर मेरी पंचारती उतारने के लिए खड़ी दासियों में अलका कहीं भी दिखाई नहीं दी। बाद के अनेक समारोहों में भी वह कहीं नज़र नहीं आई। मेरी आँखें निरन्तर उसे ही खोजती रहीं, लेकिन आँखों की प्यास अनबुझी ही रह गई।

माँ को कितना आनन्द हुआ है, उसके चलने-फिरने में, देखने-दिखाने में प्रति पल प्रकट हो रहा था। मानो उसका यौवन लौट आया था। लेकिन उसकी ममता-भरी दृष्टि से बह निकले वात्सल्य में नहाकर भी मेरे दिल का कोई कोना सूखा ही रहा था।

आखिर सहज ढंग से याद आने का बहाना बनाते हुए मैंने माँ से पूछा, "अलका कहीं दिखाई नहीं दी, माँ?"

"वह अपनी मौसी के घर गई है!"

"कहाँ रहती है उसकी मौसी?"

"बहुत दूर, हिमालय की तलहटी में। वहाँ से आगे राक्षसों का राज्य शुरू होता है।"

उस रात मैं बार-बार यति और अलका के बारे में ही सोचता रहा।

मैं तो अपने महल में पलंग पर आराम के साथ लेटा हूँ। लेकिन इसी समय यति हाथ में कमण्डलु लिए वन में किसी जलाशय पर जा रहा होगा। उसके मन में न कोई भय है, न किसी के लिए प्यार! क्या इस दुनिया में सुख-प्राप्ति का सच्चा मार्ग वही एक है? फिर मेरा मन क्यों नहीं उस मार्ग की ओर बढ़ता है? रह-रहकर अलका की याद मेरे मन में क्यों उठती है? उस रति-मूर्ति के समान उस रात वाली अलका की मूर्ति को मेरे मन पर किसने अंकित कर दिया है? अब हर समय वह क्या करती होगी? चैन से सो गई होगी या मेरी याद में बेचैन तड़प रही होगी? क्या स्वप्न में वह यहाँ हस्तिनापुर आती होगी? यहाँ आने पर मेरे महल के फेरे मारती होगी?

मैं अश्वमेध के समारोहों में आहिस्ता-आहिस्ता इन बातों को भुलाता गया।

अश्वमेध अभी समाप्त हुआ ही था कि उस महर्षि के शिष्य, जिनके आशीष से माँ ने यति प्राप्त किया था, पिताजी के लिए उनका कोई सन्देश लेकर आ पहुँचे।

हमारे परिवार में एक अलिखित प्रथा-सी थी कि उन महर्षि का नाम तक कोई अपने मुँह से न निकाले। अब यह पता नहीं कि इस प्रथा के पीछे नितांत भक्ति थी या चरम क्रोध!

लेकिन यह आपबीती सुनाते समय अपने मन को निरंन्तर सीख दे रहा हूँ कि कोई बात छिपाई नहीं जानी चाहिए। उस महर्षि का नाम था अंगिरस।

देव-दानवों के बीच महायुद्ध प्रारंभ होने के आसार दिखाई देने लगे थे। उस युद्ध को रोकने के लिए महर्षि अंगिरस ने शान्ति-यज्ञ करने का संकल्प किया था। इस यज्ञ में मुख्य ऋत्विक् उनका प्रिय शिष्य कच बनने वाला था। कच देवताओं के गुरु बृहस्पति का सुपुत्र था। इसलिए नितान्त सम्भव था कि राक्षसों की ओर से इस यज्ञ में बाधा डाली जाएगी। इस विघ्न से यज्ञ की रक्षा करने के लिए अंगिरस जी ने पिताजी से उनका दिग्विजयी पुत्र माँगा था।

यह तो अश्वमेध से भी बड़ा सम्मान था। मेरी आकांक्षाएं उस शक्ति-यज्ञ की परिक्रमाएं करने लगीं। यति से मुलाकात मेरे जीवन का एक भयंकर सपना था। अलका का चुम्बन जीवन का एक सुन्दर सपना था। लेकिन दोनों आखिर थे तो सपने ही। शान्ति-यज्ञ कोई सपना नहीं था। उस यज्ञ की रक्षा करते समय मेरी वीरता और पराक्रम प्रकट होने वाले थे। राक्षसों को चुटकियों में पराभूत करनेवाला यह कौन नया सूरमा है, यह जानने के लिए इन्द्र मुझे बुला भेजेगा। फिर मैं स्वर्ग जाऊँगा वहाँ अलका से हज़ार गुना सुन्दर अप्सराएं मेरे को रिझाने का प्रयास करेंगी। लेकिन उनकी चंचल चितवनों और मोहक प्रणय कलियों की ओर कतई कोई ध्यान न देते हुए मैं इन्द्र से कहूँगा, ''देवेन्द्र, देव दानव युद्ध में मैं हमेशा आपका साथ दूँगा। लेकिन मेरे लिए आपको भी एक बात करनी होगी। मेरे पिताजी को शाप मिला है कि नहुष की सन्तान कभी सुखी नहीं रहेंगी। उन्हें उस शाप से मुक्त करनेवाला उपाय आपको मुझे बताना होगा।''

मेरे जाने में माँ ने रुकावटें डालने की काफी कोशिशें की। आँखों में पानी लिए उसने कई बार मुझे समझाना चाहा कि "पुत्र कितना भी बड़ा क्यों न हो जाए, माँ को तो वह हमेशा बच्चा ही लगा करता है।" उसकी इस दुर्बलता पर मुझे दया आने लगी। राक्षसों की हार और अपने पराक्रम के सपने मैं देख रहा था। मैंने उससे कहा, "तुम्हारी यह बात कहाँ तक सच है, स्वयं बूढ़ा होने के बाद ही समझ पाऊंगा। लेकिन माँ, बुढ़ापे में यदि मैं कुछ बचपना करने लगूँ, तो मुझे क्षमा करोगी न?" रुंधे स्वर में माँ बोली, "तुझे बूढ़ा हुआ देख सकूँ यही भगवान से मेरी प्रार्थना है।" पता नहीं, इन शब्दों की जड़ में जमे माँ के दुख को कोई समझ भी पाता था या नहीं! लेकिन मुझे तो अवश्य लगा कि हो न हो, उस भीषण रात को जब यति भाग गया था, माँ आज भी भूले नहीं भुला पा रही है। किसी डरावनी राक्षसी के समान उसका डर आज भी उसे दबाए हुए है!

मेरे अंगरक्षक आराम से पीछे-पीछे आ रहे थे। उनकी धीमी गति के कारण अंगिरस ऋषि के आश्रम को जाते-जाते मेरा घोड़ा ऊब गया। अपने मालिक के समान उसका भी मन नटखट था शायद। हवा से बातें करने में उसे बड़ा आंनद आता था। कुछ ही समय में मैं आश्रम के पास आ गया।

शाम ढल चुकी थी। सामने वाली झाड़ी से काले धुंए की लकीरें बल खाती हुई नीले आकाश की ओर उठ रही थीं। लगता था, किसी नर्तकी का ताल व पद-विन्यास ही है। नीड़ों में लौटते पंछी मधुर स्वर में चहक रहे थे। पश्चिम आकाश में मानो कोई सुन्दर यज्ञ-कुण्ड भभक उठा था। उन ज्वालाओं में मेघों की आहुतियाँ चढ़ाई जा रही थीं और सारे पंछी-गण ऋत्विक बनकर मंत्रोच्चारण कर रहे थे।

नाना प्रकार के पक्षी अपने-अपने घोंसले को लौट रहे थे। राजप्रासाद में भी रंगों की इतनी विविधता मैंने कभी देखी नहीं थी । मैंने घोड़ा रोक लिया। उन तरल और गाते हुए रंगों को देखकर मन मुग्ध हो गया। एक पंचरगी पक्षी उड़ते-उड़ते मेरे सामने से जाने लगा। उसके रंगों से मन इतना मोहित हो गया कि लगा तीर मारकर इसे नीचे गिरा दूँ और इसके अति सुन्दर डैने अपने पास सुरक्षित रख लूँ। इसी प्रबल इच्छा से मैंने धनुष पर तीर चढ़ाया। तभी कठोर वाणी गूँज उठी—"रुक जाओ।"

वह अनुरोध नहीं, आदेश था। चौंककर मैंने मुड़कर देखा। उस पक्षी के रंग-बिरंगे रूप को देखते रहने की धुन में मैं इतना खो गया कि आसपास ध्यान ही नहीं गया था। बाईं ओर एक वृक्ष की शाखा पर बैठा कोई ऋषिकुमार संध्या की शोभा देख रहा था। मेरी ही उम्र का होगा। उसके उस आदेश पर मुझे काफी क्रोध आ गया। लेकिन अनजाने में ही मेरा हाथ नीचे आ गया था । उसकी अपेक्षा मुझे अपने-आप पर ज़्यादा क्रोध हो आया। वह तुरन्त वृक्ष से कूदकर मेरे पास आकर बोला, "यह महर्षि अंगिरस का आश्रम है!"

कुछ अकड़कर मैंने उत्तर दिया, "हाँ, हाँ, मालूम है!"

"इस आश्रम के परिसर में तुम इस पक्षी को मारने जा रहे थे। वह अधर्म होता!"

"मैं क्षत्रिय हूँ। हिंसा मेरा धर्म है।"

"हिंसा धर्म तब बनती है, जब वह आत्मरक्षार्थ या दुर्जनों का विनाश करने के लिए की गई हो। इस बेचारे गूँगे प्राणी ने तुम्हें कौन-सा कष्ट दिया था? उसने तुम्हारा क्या बिगाड़ा था? कौन-सा कुकर्म किया था?"

"उस पंछी के रंगों पर मैं बहुत ही मोहित हो गया।"

"बड़े रसिक जान पड़ते हो! लेकिन यह न भूलो कि जिसने तुम्हें यह रसिकता दी है, उसी ने इस पंछी को जान भी दी है।"

"ऐसी नीरस बकवास किसी मंदिर में ही भाती है," मैंने खिसियाकर कहा।

ऋषिकुमार हँसते-हँसते बोला, "तुम एक मन्दिर में ही तो खड़े हो! वह देखो, पश्चिम में इस मन्दिर का अक्षयदीप अब मंद-मंद होता जा रहा है। ज़रा ऊपर की ओर देखो। अब सायं-आरती के लिए एक के बाद एक अनगिनत दीप जल उठेंगे।"

वेशभूषा से वह ऋषिकुमार लग रहा था, लेकिन उसकी वह बकवास ऋषि को नहीं, किसी कवि को शोभा देने वाली थी। परिहास में मैंने कहा, "कविराज, क्या आप घोड़े पर सवारी करना जानते हैं?"

"नहीं।"

"तो आप मृगया में क्या सुख है, कल्पना ही नहीं कर सकते।"

"किन्तु मैं भी शिकार करता हूँ।"

"किसका? दर्भों का?" मेरे स्वर में परिहास कूट-कूटकर भरा था।

"अपने शत्रुओं का।" उसने अत्यन्त शांतभाव से उत्तर दिया।

"वल्कल परिधान धारण करने वाले और पर्णकुटी में रहने वाले ऋषिकुमार के भी कोई शत्रु होते हैं?"

"एक ही नहीं, अनेक!"

"लेकिन शत्रुओं का मुकाबला करने के लिए तुम्हारे पास शस्त्र कहाँ है?"

"सूर्य और इन्द्र से भी अधिक तेजस्वी घोड़ा मेरे पास..."

"लेकिन अभी तो तुम कह रहे थे कि तुम्हें घोड़े पर बैठना नहीं आता...?"

"तुम्हारे घोड़े पर नहीं, लेकिन अपने घोड़े पर मैं हमेशा सवार रहता हूँ। बड़ा ही सुन्दर और चंचल है मेरा घोड़ा और भागता भी इतना तेज़ है कि कुछ पूछो मत। पलक झपकते ही पृथ्वी से स्वर्ग में जा पहुँचता है। वह ऐसे स्थान पर भी पहुँच जाता है, जहाँ प्रकाश की किरण तक नहीं जा सकती। अश्वमेध के कई घोड़ों को उस पर निछावर किया जा सकता है। उसके बल पर आदमी नर से नारायण और देवता देव से महादेव बन जाया करते हैं।"

शायद उसकी बातें तिलमिला देनेवाली थीं। लेकिन उनका अर्थ मेरी समझ में नहीं आ रहा था।

गुस्से में अपने घोड़े को मैंने एड़ लगाई और उस उद्धत ऋषिकुमार से पूछा, "कहाँ है तुम्हारा घोड़ा?"

"वह मैं तुम्हें दिखा नहीं सकता। किन्तु आठों पहर वह मेरे पास रहता है। मेरी सेवा में हमेशा एकचित्त होकर लगा रहता है, सजग रहता है।"

"अरे भाई, तुम्हारे घोड़े का कोई नाम-वाम तो होगा न?"

"अवश्य है।"

"फिर बताते क्यों नहीं? क्या है उसका नाम?"

"आत्मा।"

माँ ने मुझे बार-बार जता भेजा था कि मैं आश्रम में अत्यन्त विनम्र भाव से प्रवेश करूँ। इसलिए मैं सेला आदि राजवस्त्र और अलंकार उतारकर पहले ही अंगरक्षकों के हवाले कर आया था। मामूली सैनिक-सा लगने के कारण ही उस ऋषिकुमार ने शायद मुझे पहचाना नहीं था।

मैंने भी उसे कभी देखा नहीं था। फिर उसे पहचानता कैसे? सभी ऋषि और पहाड़ दूर से एक-से ही लगते है। जटाजूट, यज्ञोपवीत, वल्कल, विभूति आदि वस्तुएं सभी ऋषियों में एक-सी ही तो होती हैं।

किन्तु उस रात प्रार्थना के समय महर्षि अंगिरस ने जब हम दोनों का परस्पर परिचय कराया तो मैं सिटपिटा गया। वह ऋषिकुमार कच था। देव-गुरु बृहस्पति का पुत्र। शान्ति-यज्ञ का एक प्रमुख ऋत्विक। मेरे सामने वह उम्र में भी छोटा ही लगता था। बहुत हुआ तो शायद ही मुझसे एक-दो वर्ष बड़ा होगा। मैं हैरान था, कैसे इतनी कम उम्र वाले कच को अंगिरस जैसे निःस्पृह महर्षि ने अपने यज्ञ का प्रमुख पद बहाल किया। सच ही तो है, प्रेम अन्धा होता है। चाहे वह प्रेम एक माँ का अपने पुत्र से हो, या एक महर्षि का अपने शिष्य से।

अंगिरस जी द्वारा मेरा परिचय पाते ही कच भी चकित रह गया। अभी शाम को ही तो हम दोनों में छोटी-सी नोंक-झोंक हो गई थी। शायद उसी को याद करता हुआ कच हँसते-हँसते आगे आया और अभिवादन करते हुए बोला, "युवराज, पता नही, शाम को शायद मैं आपसे कुछ भला-बुरा कह गया। गुरुजी की यह सीख कि सत्य बोलो, किन्तु सुनने वाले को प्रिय लगे ऐसा बोलो, अभी मैं ठीक तरह से आत्मसात नहीं कर पाया हूँ। मेरे कहने का बुरा मत मानिए। मन का घोड़ा कब और किस विभीषिका से सहम कर बेकाबू हो जाएगा, कोई भरोसा नहीं। मुझे क्षमा कीजिए।"

मैंने भी उसे प्रति-अभिवादन किया। "आप भी मुझे क्षमा कर दें"—शब्द मुँह में उठे तो, लेकिन किसी तरह बाहर नहीं निकल पाए। हस्तिनापुर का युवराज एक ऋषिकुमार से क्षमा-याचना करे? भला यह कैसे हो सकता था।

अपने-आपसे ही कुछ बुदबुदाता हुआ कच अग्निशाला से बाहर आया। मैं भी

उसके पीछे ही था। कच के शब्द मुझे सुनाई दे रहे थे—*"आत्मा वा अरे मन्तव्यः श्रोतव्यः आत्मा वा अरे निदिध्यासितव्यः।"*

हम दोनों को अलग-अलग पर्णकुटियों में ठहराया गया था। आश्रम के बिल्कुल दूसरे सिरे पर थीं वे। गहरी हरी वृक्ष-वाटिकाओं में वे दोनों कुटियाँ ऐसे लग रही थीं, मानो दो नन्ही-मुन्नी बहनें एक-दूसरी से लिपटकर एक ही कम्बल में सो गई हैं।

मेरी ओर देखकर हँसते-हँसते कच ने कहा, "युवराज, अब तो हम पड़ोसी हो गए।"

"कचदेव, याद है न? कहते हैं, पड़ोसी से बढ़कर कोई शत्रु नहीं होता।" मैंने फब्ती कसते हुए कहा।

"प्रत्येक लोकप्रिय कहावत केवल अर्धसत्य ही होती है।" उसने भी हँसकर उत्तर दिया। पर्णकुटी की शय्या पर मैं लेट तो गया, लेकिन नींद आने का नाम नहीं ले रही थी। यति की उस कांटों-भरी सेज से तो यह शय्या लाख दर्जे अच्छी थी। किन्तु एकदम मुलायम परों की आरामदेह शय्या पर सोने के आदी बने मेरे शरीर में वह चुभने लगी। कोने में किसी तेल का दीया मन्द-मन्द जल रहा था। शायद इंगुदी के तेल का हो। या कोई और तेल डाला गया हो। युवराज ययाति ने इंगुदी शब्द सुना तो था, लेकिन उसका तेल निकालने की विधि की उसने कोई कल्पना तक नहीं की थी। इस कल्पना से कि इसी रसहीन, रूखे और दरिद्र वातावरण में शान्ति-यज्ञ के समापन तक मुझे रहना होगा, मेरे रोंगटे खड़े हो गए। पास की पर्णकुटी से मंद मधुर स्वर में किसी गुंजन की आवाज़ सुनाई दे रही थी। कलकल करते बहने वाले गंगा-प्रवाह के समान वह ध्वनि बहुत ही मीठी और सुखद लगती थी। आँखें मूंदकर मैं सुनने लगा। शायद कच अपने नित्यक्रम के अनुसार सोने से पूर्व पाठ पढ़ रहा था। शब्द ठीक से सुनाई नहीं दे रहे थे। लेकिन धूप में तपकर आए यात्री को वर्षा की फुहार जितनी सुखद लगती है, उतना ही सुख उन्हें सुनकर मुझे मिल रहा था। धीरे-धीरे निद्रा ने मुझे अपने आंचल में ले लिया। मैं सपना देख रहा था—अलका गुनगुना रही थी, "आत्मा वा अरे मन्तव्यः श्रोतव्यः निदिध्या-सितव्यः!—हे मानव, आत्मा के स्वरूप का चिंतन करो, आत्मा की पुकार सुनो। आत्मज्ञान को ही अपना लक्ष्य बनाओ! उसी की धुन में मस्त हो जाओ।" "अच्छा, तुम तो अब बस गार्गी, मैत्रेयी बन गई हो?" कहता हुआ मैं आगे बढ़ा और उसके कन्धे पर हाथ रखा। वह अदृश्य हो गई।

जपमाला में जैसे एक-एक रुद्राक्ष पीछे खिसकता जाता है, उसी तरह से एक-एक दिन बीतता चला गया। शरीर शिकायत करता रहा। लेकिन हर बार शरीर की किचर-पिचर किसी न किसी आनन्द में डूबकर रह जाने लगी, मंत्र-घोष में झींगुरों की झींगझींग खो जाती है, वैसे ही! हो सकता है। इसका कारण शान्ति-यज्ञ के लिए किए जा रहे काम थे, या महर्षि अंगिरस द्वारा मेरी प्रशंसा में यह कहते रहना था कि "तुम यहाँ आए हो यह बात राक्षसों को मालूम हो गई है। तभी यज्ञ में विघ्न

डालने की हिम्मत वे नहीं कर पा रहे हैं।'' या इसका कारण यह भी हो सकता है कि आश्रम में आदमी हवा के समान स्वच्छन्द और हिरन के समान बेफिकर हो जाता है। या कि कच जैसा तेजस्वी, सुविचारी और काफी लिखा-पढ़ा मित्र मुझे मिला था इसलिए भी शरीर की किचर-पिचर मुझे सुनाई नहीं दे रही थी। क्योंकि वह शान्ति-यज्ञ का प्रमुख ऋत्विक था, कच सुबह से शाम तक केवल पानी पीकर ही रहता था। यज्ञ का मुख्य रक्षक होने के नाते मुझे भी इसी तरह व्रतस्थ रहना चाहिए था। लेकिन महर्षि अंगिरस ने मेरे अंगरक्षकों में से छह को चुना था। वे छह और सातवाँ मैं, बारी-बारी से एक दिन सूर्योदय से लेकर सूर्यास्त तक केवल पानी पी कर रहते थे। सप्ताह में जब मेरी बारी आती, तो वह दिन मेरे लिए बड़ा दुश्वार हो जाता था। पेट में जब-तब चूहे दण्ड पेलने लगते और मैं बहुत ही बेचैन हो जाता था। यह नहीं, कि मृगया में या अश्वमेध के घोड़े के साथ होने वाले भ्रमण में मुझे भोजन बिल्कुल ठीक समय पर मिलता ही था। लेकिन उस समय मन ऐसे उन्माद से भरा रहता था कि उसे खाने-पीने की सुधि कहाँ रहती थी। भूख से बिलख उठता, तो मन में विचार आते कि काश, मेरे व्रत के दिन ही राक्षस यज्ञ पर आक्रमण कर दें! तब तो उनसे युद्ध करने में सारा दिन आसानी से कट जाएगा ओर उसी धुन में पेट में पड़ रही यह आग भुलाई जा सकेगी। लेकिन वैसा कभी हुआ नहीं। इस प्रकार व्रत रखने के दिन कच को देखकर मुझे बड़ा आश्चर्य होता! यहाँ तो सप्ताह में एक दिन व्रत रखना टेढ़ी खीर लगता है और एक यह कच है कि प्रतिदिन इसी व्रत का पालन बड़े ही सन्तोष के साथ किए जा रहा है! इतना मनोबल कहाँ से प्राप्त किया है इसने? सोच-सोचकर मैं हार जाता, लेकिन इस प्रश्न का कोई उत्तर मैं नहीं पाता था। फिर मैं स्वयं ही अपने-आपको समझाता—''मेरा जीवन एक शूरवीर पुरुष का जीवन है। वीर के पराक्रम का मुख्य आधार उसका शरीर ही है। बचपन से ही इस शरीर को पुष्ट और सन्तुष्ट रखने की शिक्षा मैंने पाई है। यही कारण है कि मैं क्षुधा पर विजय नहीं पा सकता। कच की दूसरी बात है। ऋषि की भुजाएं सूखी लकड़ी जैसी हों, तो भी काम चल सकता है। लेकिन वीर की पराक्रमी भुजाएं तो एकदम फौलाद की होनी चाहिए। यह बात सच है कि कच के समान मैं भूख पर विजय नहीं पा सकता किन्तु उसमें क्या हेठी है? यायावर के साथ कच क्या समूचे आर्यावर्त में घूम सकता है? उसका शरीर तपस्या के तेज से दमक रहा है। यौवन के कारण सुन्दरता से चमक रहा है। लेकिन जीते जी वह कभी धनुष पर प्रत्यंचा नहीं चढ़ा पाएगा।''

यह नहीं कि कच का यह निरालापन केवल व्रत रखने के दिन ही मुझे याद आता। यह बार-बार किसी न किसी रूप में प्रकट हो ही जाता था। कभी वह आँखों में समा जाता, कभी आँखें चौंधिया देता।

यज्ञ का मुख्य भाग निर्विघ्न सम्पन्न होते ही महर्षि अंगिरस ने आश्रम में तीन दिन तक उत्सव मनाया। उसमें कच ने छोटे बच्चे के-से उत्साह से भाग लिया। संगीत में भी उसकी अच्छी गति थी। तैरते समय तो वह ऐसे लगता, जैसे पूर्वजन्म में मत्स्य

रहा होगा। उत्सव में जब एक गीत गाया जा रहा था, एक नन्हा बच्चा ज़ोर-ज़ोर से रोने लगा। उसकी माँ भी उसे चुप कराने में असमर्थ रहीं। कच ने उस बच्चे को उसकी माँ की गोद से उठा लिया। पास ही एक पेड़ से जामुनों की मानो झड़ी-सी लग गई थी। नीचे जामुन ही जामुन फैल गए थे। कच ने दो-एक जामुन उठाकर अपने मुँह में डाल लिए। तुरन्त ही अपनी जामुनी रंग में रंगी जीभ बाहर निकालकर उसने उस बच्चे को दिखाई। बच्चा रोते-रोते खिलखिलाकर हँसने लगा। सो तो अच्छा हुआ, कि मैंने अपनी आँखों देखा था कि बन्दर जैसी अपनी जीभ बाहर निकालने वाला कच ओर शान्ति-यज्ञ के सारे मंत्रपाठ-अस्खलित वाणी में कहने वाला पंडित कच दोनों एक ही थे। वर्ना मैं भी विश्वास नहीं कर पाता कि एक ही व्यक्ति के दो इतने भिन्न रूप हो सकते हैं!

दो रूप? नहीं! कच तो बहुरूपिया था। उसका हर नया रूप देखकर मैं चकरा जाता था। रात में जब वह फलाहार लेने लगता, तो मैं भी उसके साथ बातें करने बैठता था। एक बार एक बहुत सुन्दर और अत्यन्त मीठे फल में उसने इल्ली पड़ी पाई। उसका हँसमुख चेहरा एकदम गंभीर बन गया। अपनी हिरन जैसी विशाल और शेर जैसी निडर आँखों से मुझे देखकर उसने कहा, ''युवराज, जीवन भी इसी तरह का है। सुन्दर है मधुर भी है किन्तु पता नहीं कब और कहाँ से उसमें कीड़ा लग जाता है।'' इतना कहकर वह रुका नहीं। वह चिंतामग्न हो गया। फिर किसी श्लोक का चरण उसने कहा, ''इस संसार में मीठे फलों को ही कीड़ा लगने का खतरा अधिक रहता है।'' यह था उस चरण का भावार्थ। उस पंक्ति को कह चुकने के बाद वह रुका और ज़ोर से हँसते हुए बोला, ''युवराज, श्लोक का एक चरण तो मैंने जैसे-तैसे रच ही डाला। किन्तु दूसरा चरण नहीं जम पा रहा है। मैं कहना चाहता हूँ, कि उन सबको, जिन्हें वृत्ति की उत्कटता मिली है और जिनमें कुछ विशेष योग्यता होती है, इन मीठे फलों से सबक सीखना चाहिए। अपने-आपकी सुरक्षा करनी चाहिए। लेकिन यह भाव छन्द में बंधकर हृदय से उमड़-घुमड़कर बाहर नहीं आ पा रहे हैं।''

उस रात मैं ज़ान गया कि कच कवि है। बीच-बीच में जब कोई बात मन को चुभ जाती, तो वह ऐसे आधे-अधूरे श्लोक रच डालता था। काश, उन अधूरे श्लोकों को मैं लिखकर रख पाता! लेकिन किसी चीज़ का मूल्य उसके खो जाने के बाद ही मालूम होता है। कितने ही दिन मैं और कच साथ-साथ रहे। लेकिन उन दिनों कच द्वारा उच्चारित किसी श्लोक का एक चरण भी आज कण्ठस्थ नहीं है। एक चरण के तीन शब्द ही आज याद है, ''जगद्द्रुमस्य हे पर्ण...''

उसके मुँह से वह श्लोक अपने-आप निकला, वह प्रसंग आज भी मेरी आँखों के सामने है। चाँदनी रात थी। हम दोनों आंगन में चहलकदमी कर रहे थे। हवा एकदम बंद थी। किसी भी पेड़ का एक पत्ता तक हिल नहीं रहा था। अचानक कहीं से हवा को झोंका आया। उस झोंके से आंगन के एक सिरे पर लगे केशर के पौधे का एक पत्ता झड़कर गिरा। केवल एक ही पत्ता झरा, लेकिन सीधा कच की जटाओं पर आ गिरा। नीचे गिरकर पैरों तले रौंदा जाने से उसे बचाने के लिए कच ने काफी

कोशिश की। किन्तु पत्ता उसके हाथ नहीं आया। फिर उसने ज़मीन पर से उसे उठा लिया। मंत्रबद्ध-सा बड़ी देर तक उसकी ओर देखता रहा। तभी "जगद्द्रुमस्य हे पर्ण..." से प्रारम्भ होने वाला श्लोक उसके मुँह से निकला। श्लोक के आगे के शब्द आज मुझे याद नहीं हैं लेकिन उसके भावार्थ को मैं कभी भुला नहीं सकता। आज भी उसका भावार्थ मेरे मन में गहरा अंकित है। "हे कोंपल, अपनी इस अकाल मृत्यु पर शोक करने का क्या कारण है? तुमने इस वृक्ष का सौन्दर्य बढ़ाया है। जहाँ तक हो सका मुझ जैसे अनेक लोगों को नन्ही-सी छांव तुमने दी है। तुम्हारा जीवन सार्थक हो गया है। स्वर्ग में तुम्हारा स्थान पक्का हो गया है..."

एक दिन एक नन्ही-मुन्नी प्यारी-प्यारी ऋषिकन्या हमारा हाथ पकड़कर हमें अपने आंगन में खीचंकर ले गई। उसके द्वारा लगाई गई लता में पहला फूल आया था। वह हमें दिखाना चाहती थी। उसकी सराहना कर हम लोग आगे जाने वाले थे। किन्तु वह लड़की किसी उलझन में उलझी-सी लगी। जिनका स्वागत-सत्कार उसे करना था, वे अतिथि दो थे, जबकि फूल एक ही था। उसकी समझ में शायद नहीं आ रहा था कि फूल किसे दिया जाए। उसकी परेशानी को भांपते हुए कच ने कहा, "बेटी, यह फूल तुम इन युवराज को दे दो!" मैंने तुरन्त उससे कहा, "नहीं-नहीं यह तो इन्हें ही देना है, महान ऋषि हैं ये!"

वह बच्ची उस अधखिली कली को तोड़ने ही वाली थी कि कच ने धीरे से उसका हाथ अपने हाथ में ले लिया और बोला, "बेटी, तुम्हारी यह सुन्दर भेंट मुझे पहुंच चुकी है। लेकिन इसे लता पर ही रहने दो। वहीं उसे खिलने दो। प्रतिदिन प्रातः यहाँ आकर मैं तुम्हारे इस फूल से बातें करूँगा। अब हो खुश हो न?"

कच के इन शब्दों से लड़की को परम सन्तोष मिला। लेकिन मैं बेचैन हो उठा। उसी रात बातें करते-करते मैंने इसी विषय को छेड़ा। मैंने कहा, "कच, हर कली कल-परसों तक पूरी खिल जाएगी। दो-चार दिन वह फूल लता पर हँसता रहेगा, झूमता रहेगा, फिर मुरझाएगा, अपने-आप झड़ जाएगा। यह सब देखते रहने में क्या सुख धरा है? फूल क्या केवल दूर से देखने-मात्र के लिए होते हैं? सच्चा आनंद तो उन्हें तोड़ लेने में, सूंघने में, उन्हें हार में पिराने में, बालों में गूंथने में और सेज पर बिछा देने में है।"

कच हँसकर बोला, "वह आनन्द अवश्य है, लेकिन पल-भर का है, केवल उपभोग का है।!"

"क्या उपभोग पाप है?"

"नहीं, धर्म का उल्लंघन न करने वाले उपभोग में कोई पाप नहीं। लेकिन इस संसार में उपभोग से भी श्रेष्ठ एक और आनन्द है।"

"कौन-सा?"

"त्याग का!'

मुझे यति का स्मरण हो आया। बचपन में ही वह संसार को त्याग कर चला गया था। उस रात जंगली हाथी का किया शिकार, यति की वह अजीब गुफा, उस गुफा में बिछी यति की वह काँटों भरी शय्या, सबकी स्मृति जाग उठी और मैंने कच से प्रश्न किया, ''इस संसार में क्या संन्यास ही सुख का एकमेव मार्ग है?''

वह हँसा। कुछ देर चुप बैठा रहा। मैंने फिर पूछा, ''कल राजा बनने के बजाय मैं यदि संन्यासी बन जाता हूँ, तो क्या वह बात उचित होगी?''

अब कच की मुद्रा गंभीर बन गई। आवेश के साथ वह बोला, ''कदापि नहीं। युवराज, राजा होकर प्रजा का पालन करना और प्रजा के सुख के लिए सेवारत रहना ही तुम्हारा राजधर्म है। यह राजधर्म संन्यास-धर्म से कम श्रेष्ठ नहीं है।''

मैंने कहा, ''क्या सिंहासन पर बैठकर संन्यासी के समान आचरण करना संभव है?'' कच के माथे पर सूक्ष्म बल उभर आया। उसने आराम से कहा, ''युवराज, घर-गृहस्थी चलाना ही मनुष्य का सहज स्वभाव है। स्पष्ट है कि उसके जीवन में सब प्रकार के उपभोगों का स्थान है। भगवान यदि यही चाहता होता कि मनुष्य उपभोग न करे, तो वह उसे शरीर ही नहीं देता। लेकिन इसका मतलब यह कदापि नहीं कि केवल उपभोग ही जीवन है। भगवान ने शरीर के साथ मनुष्य को आत्मा भी दी है। शरीर की प्रत्येक वासना को इस आत्मा के बन्धन में रखना ज़रूरी है, इसलिए मनुष्य की आत्मा हमेशा जाग्रत रहनी चाहिए! नशे में धुत् सारथी के हाथों से लगाम छूट जाती है, घोड़े बेकाबू होकर मनमानी दिशा में भाग खड़े होते हैं, रथ गहरी खाई में गिरकर चकनाचूर हो जाता है और उसमें बैठा धनुर्धर व्यर्थ प्राणों से हाथ धो बैठता है।''

कहते-कहते वह रुका। सिर उठाकर उसने एक बार तारों-भरे आकाश पर दृष्टि डाली। फिर बोला, ''युवराज, मुझे क्षमा करें। इस तरह की कोई बात चल पड़ी न, तो मैं सुधबुध खो बैठता हूँ। मैं तो जीवन-मार्ग का एक राही हूँ। इस मार्ग में पड़ने वाले पहाड़ों और खाइयों, जंगलों-झंखाड़ों, नदी-नालों आदि से अभी मैं गुज़रा नहीं हूँ। अभी मैंने जो कुछ कहा वह निरा किताबी ज्ञान है। उसमें व्यावहारिक अनुभव की कमी है। लेकिन बृहस्पति जैसे पिता, अंगिरस जैसे गुरु के सान्निध्य में मैं जो कुछ सीख पाया हूँ, जो थोड़ा-बहुत चिन्तन मैंने किया है, उस सबका सार यही है। वह सुन्दर फूल देखकर मैं हर्षाया। उस बच्ची को दिए हुए वचन को मैं निभाऊँगा। उस फूल को देखने से आँखों को जो सुख मिलेगा वह मैं प्रतिदिन लूँगा। वह जब पूरा खिल जाएगा, तब उस लता के पास जाकर मैं उसको सूंघूगा। लेकिन मैं उसे तोडूँगा कभी नहीं। आज केवल सुगंध की तृष्णा में एक फूल तोड़ लिया, तो कल उसी सुख के लिए कई फूल तोड़ने को मन करेगा। फिर दूसरे के फूलों का अपहरण करने की लालसा भी मन में प्रबल हो उठेगी। अपहरण जैसा कोई अधर्म नहीं है।''

मुझे लगा वह बस ऐसे ही बोलता चला जाए और मैं उसकी बातें सुनता रहूँ। लेकिन उसकी वाणी की मधुरता के कारण ही मुझे ऐसा लगता था। वैसे उसकी सारी बातें तोता-रटंत-सी प्रतीत होती थीं। किसी पोथी-पुराण की बकवास लगती थीं। उसे रोकते हुए मैंने पूछा, ''क्या एक शंका उपस्थित कर सकता हूँ?''

"अवश्य कीजिए। लेकिन एक बात ध्यान में रहे कि आपके जैसा मैं भी एक अनुभवहीन युवक हूँ। जीवन का रहस्य हमेशा गुफा में छिपा होता है। हम लोगों ने अब जाकर कहीं उस गुफा में केवल प्रवेश ही पाया है। भीतर के अन्धेरे में हम कुछ भी नहीं देख पा रहे है। हममें से प्रत्येक को वह रहस्य स्वयं ही खोज निकालना पड़ेगा।"

"यह सब रहने दो। मेरी शंका बस इतनी ही है—चार दिन बाद वह फूल अपने-आप मुर्झा जाएगा। फिर आज ही उसे तोड़ लेने, सूंघ लेने, यही नहीं मसल भी डालने में क्या हर्ज है? इसमें किसी का क्या बिगड़ने वाला है? किसी को क्या हानि होने वाली है? ऐसा करने से क्या कम से कम क्षण-भर के लिए मैं उस सुगंध के उन्माद में जी नहीं सकूंगा?"

कच मेरे इस प्रश्न का सीधा-सा उत्तर नहीं दे पाया। लेकिन अपनी हार भी उसे स्वीकार नहीं हो सकी। उसने कहा, "हाल ही में मैंने सुना है कि दैत्यों के गुरु शुक्राचार्य ने बड़ी उग्र तपस्या कर संजीवनी विद्या प्राप्त कर ली है। उस विद्या के बल पर मृतकों को फिर से जिलाया जा सकता है। यदि मैं उस विद्या को प्राप्त कर सका, तो निश्चय ही मुर्झा जाने वाले फूलों को फिर से प्रफुल्लित करने के लिए उसका उपयोग करूँगा।"

कच छोटे बालक जैसी बातें कर रहा था। ऐसी बातें उसने केवल इसी समय की हों, यह भी नहीं, और भी कई बार वह इसी तरह बोला करता था। उसकी बातें मुझे तनिक भी जँचती नहीं थीं। देव-दानवों में छोटी-छोटी लड़ाइयाँ कई वर्षों से होती आ रही थीं। शुक्राचार्य द्वारा संजीवनी विद्या प्राप्त कर लेने के कारण अब उन छोटे-मोटे संघर्षों और लड़ाइयों का रूपान्तर घमासान युद्ध में होना अटल था। संसार को इस भीषण आपत्ति से बचाने के लिए अंगिरसजी ने इस शांति-यज्ञ का आयोजन किया था। उधर इंद्रादि देवता युद्ध की तैयारियों में लगे थे और उसी समय देवगुरु का यह पुत्र इधर शांति-यज्ञ की पुरोहिताई करने यहाँ आया था। वह हमेशा कहा करता, "देव विलासिता के अन्धे उपासक हैं। दैत्य शक्ति की अंधी उपासना करते हैं। ये दोनों उपासक जगत् को सुखी बनाने में असमर्थ हैं। ये युद्ध भी कर लें, तब भी उस युद्ध से कुछ भी निष्पन्न नहीं होगा।"

बड़े ही अजीब थे उसके विचार। मैं उसके इतने पास रहा, हमारी इतनी घनिष्ठता हो गई, लेकिन उसके मन की थाह मैं कभी पा न सका। कभी तो वह यति से सौ गुना समझदार लगता, कभी पागल से भी गया-बीता। उसकी कई कल्पनाएं एक दम स्वप्नवत् प्रतीत होती थीं।

लेकिन एक बात निःसन्देह सच थी। अब शीघ्र ही हम दोनों बिछुड़ने वाले थे। इस विचार से एक अजीब धड़कन मैं अनुभव करने लगा था। किन्तु प्रत्यक्ष में बिछोह अनपेक्षित ढंग से आ गया। उत्सव की तीसरी रात हस्तिनापुर से अमात्य का सन्देश लेकर एक दूत आ पहुँचा। पिताजी अचानक बहुत रुग्ण होकर मृत्युशय्या पर पड़े थे। मुझे तत्काल लौट जाना ज़रूरी था। समझ में नहीं आया कि क्या करूँ।

अतः महर्षि अंगिरस के पास गया। उन्होंने अतीव ममता से मेरी पीठ पर हाथ फेरते हुए कहा, "युवराज, तुरन्त लौट जाओ। यहाँ की कोई चिन्ता अब मत करना। यज्ञ का मुख्य भाग तो तुमने सम्पन्न करा ही दिया है। धर्मसेवा की भांति पितृसेवा भी तुम्हारा कर्तव्य है।"

मैंने भक्तिभाव से अंगिरस जी को प्रणाम किया। वात्सल्य-भरी दृष्टि से मुझे देखते हुए उन्होंने कहा, "युवराज, मैं तुम्हें 'सुखी रहो' ऐसा आशीर्वाद नहीं दे रहा हूँ। मानवी मन और जीवन का ताना-बाना विलक्षण ढंग से बुना गया है। इसीलिए कई बार सुख की खोज एक मृगमरीचिका की खोज-मात्र हो जाती है। इतनी तपस्या करने के बाद भी मैं अभी तक यह पहेली सुलझा नहीं पाया हूँ कि सुख दुख की छाया है या दुख की परछाईं। तुम भी इसे बूझने के झंझट में न पड़ना। तुम्हें राज्य करना है। धर्म, अर्थ, और काम ही तुम्हारे मुख्य पुरुषार्थ हैं। लेकिन अर्थ और काम बहुत ही पैने तीर हैं। विनय ही रूपवती स्त्री की शोभा है। उसी प्रकार अर्थ और काम भी धर्म के साथ रहें तभी सुंदर लगते हैं और धर्म भी आखिर क्या है? जिस तरह के व्यवहार की आशा मैं इस दुनिया से करता हूँ, उसी तरह का व्यवहार उसके साथ करने की श्रद्धा का ही नाम धर्मबुद्धि है। इस धर्मबुद्धि का प्रकाश जीवन में तुम्हें हमेशा मिलता रहे, यही मेरी कामना है।"

माँ अपने बच्चे को जिस तरह सहज ममता से उपदेश किया करती है, ठीक वही भावना महर्षि अंगिरस के प्रत्येक शब्द से प्रकट हो रही थी। वे शब्द मेरे कानों में घुसते तो थे, लेकिन मन की गहराई में नहीं उतर पाते थे। पिताजी की गम्भीर बीमारी का समाचार सुनते ही मन उचट-सा गया था। अनेक अवांछनीय कल्पनाएं मन में कुहराम मचा रही थीं। कातर वेला में बाँस के जंगल से कराहती बयार की आवाज़ सुनकर सहमे हुए बच्चे जैसी ही मेरे मन की स्थिति हो गई थी। उस बयार की बेढंगी आवाज़ में नाग की फुफकार सुनाई देने पर जैसी मनःस्थिति हो सकती है, वैसी ही अवस्था अब यति द्वारा बताए गए शाप का स्मरण होने पर मेरे मन की हो गई। पिताजी को क्या शाप मिला है? कहीं उसी शाप के कारण तो वे आज मृत्युशय्या पर नहीं पड़े? उस शाप के निवारण का क्या उपाय है?

मुझसे रहा नहीं गया। डरते-सहमते मैंने अंगिरस जी से पूछा, "मैं आपसे पूछना चाहता हूँ, क्या पिताजी को कभी किसी ने कोई अभिशाप दिया है?"

उनके चेहरे पर अवसाद फैल गया। कुछ क्षण स्तब्ध रहने के बाद भारी स्वर में उन्होंने उत्तर दिया, "हां!"

वे फिर रुके। अब उनका चेहरा पहले जैसा प्रसन्न दिखाई देने लगा। कहने लगे, "युवराज, उस शाप से इतना डरने की क्या आवश्यकता है? सच पूछो तो, इस संसार में आने वाला हर व्यक्ति शापित ही होता है!"

"हर व्यक्ति?" मेरा स्वर कातर हो गया था। उस कातरता से मैं स्वयं ही डर गया।

उन्होंने हँसते-हँसते कहा, "मैं, कच, तुम्हारा पिता—हम सब अपनी-अपनी जगह

एक तरह से शापित ही हैं। किसी के मार्ग में पूर्वजन्म के कर्म रोड़ा बन जाते हैं, किसी को माता-पिता दोनों के दोषों को भुगतना पड़ता है, कोई अपने ही स्वभाव के कारण दुखी होता है, तो किसी को परिस्थिति की शृंखलाओं में बंधकर जीवन का पथ तय करना पड़ता है।''

''तो क्या जीवन भी एक अभिशाप ही है?''

''नहीं, नहीं! जीवन तो एक वरदान है, दिव्य वरदान! वह परमात्मा की असीम कृपा का प्रसाद है। जीवन को एक अभिशप्त वरदान ही समझो!''

''तो क्या केवल इस अभिशप्त जीवन को अनुभव करने के लिए ही मनुष्य इस संसार में आता है?''

''नहीं!'' अंगिरस जी ने गंभीरता से कहा। लेकिन तुरन्त ही वे मुस्कराए। उनकी वह मुस्काराहट शरद की चाँदनी-सी लगी मुझे।

''तो मानव जीवन का उद्देश्य क्या है?''

''इस अभिशाप से मुक्ति पाने का प्रयत्न करना। ययाति, अन्य प्राणियों में शारीरिक सुख-दुःखों के परे की बातों को अनुभव करने की शक्ति नहीं होती। वह केवल मनुष्य को ही प्राप्त ईश्वरीय देन है। इसी अनुभूति के बल पर मनुष्य पशु-कोटि से ऊपर उठ पाया है, संस्कृति के दुर्गम पर्वत पर आरोहण करता चला आ रहा है। आज नहीं तो कल, वह उस पर्वत की चोटी पर पहुँच जाएगा। तब इन सभी अभिशापों से उसका जीवन मुक्त हो जाएगा। एक बात कभी न भुलाना—शरीर-सुख मानव जीवन का मुख्य निकष नहीं है। आत्मा का सन्तोष ही वह निकष है!''

कुछ रुककर वे फिर कहने लगे, ''मैं भी क्या पागल हूँ! बिना अवसर ही तुम्हें ब्रह्मज्ञान पढ़ाने लगा। ठीक ही तो कहा है कि क्षत्रिय का तीर-तरकश और ब्राह्मण की जिह्वा सदैव सिद्ध रहते हैं। तुम बिल्कुल निश्चिन्त होकर हस्तिनापुर जाओ। तुम्हारे पिता के स्वास्थ्य के लिए मैं निरन्तर प्रार्थना करता रहूँगा। जाओ, तुम्हारी यात्रा में कोई विघ्न न आवे। शिवास्ते पन्थानः सन्तु!''

हस्तिनापुर पहुँचने तक कच ओर अंगिरस जी के दार्शनिक विचारों का साया मेरे पर छाया हुआ था। उस साये में सांझ की धूसरता थी और उस समय की रमणीयता भी। लेकिन नगर में कदम रखते ही वह सुंदर साया एक दम कहीं खो गया और उसकी जगह सारी राजधानी पर छाई चिन्ता की काली छाया ने ले ली। यों राजमार्गों पर सदैव हँसते-खेलते झूमनेवालों की चहल-पहल रहा करती थी। किन्तु आज उन्हीं राजमार्गों पर लोग चुपचाप अपने भारी कदमों को मानो घसीटे चल रहे थे। इस आशंका से कि कहीं पिताजी का अन्तिम दर्शन भी संभवतः मेरे भाग्य में नहीं है, मेरा मन क्षण-क्षण, प्रतिपल थर्रा रहा था। युद्ध में हारे राजपुत्र के समान मैंने राजप्रासाद में प्रवेश किया—एकदम मौन—सिर झुकाए हुए! पिताजी के शरीर में थोड़ी चेतना थी, किन्तु उन्होंने मुझे पहचाना नहीं। चिलचिलाती धूप में तपे रेगिस्तान की भांति उनका शरीर गरम था। निर्जन मरुभूमि में आधी रात सांय-सांय करते रहने वाली हवा के समान वे अनाप-शनाप बोलते रहे थे। उन्हें सन्निपात हो गया था। माँ, राजवैद्य, वृद्ध अमात्य, दास-दासियां, सबकी मुद्राओं पर भय और दुख का साया छा गया था।

मैं पलंग पर पिताजी के सिरहाने की ओर बैठ गया। पिताजी, पिताजी...' कहकर कई बार मैंने पुकारा। वो कुछ बुदबुदाए, लेकिन मेरी एक भी पुकार का उत्तर उन्होंने नहीं दिया। मानो वे हमारे इस संसार में ही नहीं थे।

उठकर मैं उनके पैरों की ओर बैठ गया। धीरे-धीरे मैं उनके चरणों पर हाथ फेरने लगा। किन्तु मेरे स्पर्श को भी वे पहचान नहीं पाए। मेरी आँखें भर आईं। पिताजी के चरणों पर मैं अपने आँसुओं का अभिषेक करने लगा।

अमात्य उठकर मेरे पास आ गए। अपना कृश हाथ मेरे कन्धे पर रखकर बड़ी ममता से वे मुझे महल के बाहर ले गए। फिर रुंधे गले से कहने लगे, "युवराज, अभी आप छोटे हैं। इसलिए दुनिया की परिपाटी से आप परिचित नहीं हैं। यह मृत्युलोक है। मानव का जीवन जैसा कल्पवृक्ष है, वैसा ही विषवृक्ष भी है। आपसे महाराज की यातनाएं देखी नहीं जाएंगी। नगर से दो कोस की दूरी पर अपना अशोक वन है। बहुत ही सुंदर विश्राम-वाटिका है वह! जब भी कोई ऋषि महात्मा अतिथि बनकर आते हैं, उनका सारा प्रबन्ध वहीं करने की परिपाटी चली आ रही है हमारे यहाँ। वैसे तो वह स्थान हिमालय की किसी गुफा से कम शान्त नहीं। वहाँ पूरा एकान्त है। यहाँ से अशोक वन जाने के लिए एक सुरंग भी बनी है। वह मार्ग बहुत ही निकट का है। आप जाकर उस शांत विश्राम-वाटिका में रहें। दिन में दो बार महाराज का दर्शन करने आया करें। कुछ विशेष बात हुई, तो आप इस सुरंगवाले रास्ते से अतिशीध्र यहाँ पहुँच सकेंगे। महारानी जी से परामर्श करने के बाद ही यह योजना मैंने तैयार की है। अश्वमेध और शांति यज्ञ में आपको जो कड़ा परिश्रम करना पड़ा, उससे आप अवश्य ही थक गए होंगे। अशोक वन में विश्राम करने से आपकी सारी थकान दूर हो जाएगी।"

आखेट और युद्ध भूमि में किसी से मैं डरा नहीं था, न ही मैदान छोड़कर पीछे हटा था। किन्तु समूचे राजप्रासाद पर मंडरा रही मृत्यु की छाया से मैं बहुत डर गया, चुपचाप अशोक वन में रहने के लिए चला गया।

लेकिन मृत्यु भी एक भयानक रीछ है। आप चाहे कितनी ही ऊँची टहनी पर जा बैठें, फिर भी वह आपका पीछा नहीं छोड़ता। कहीं भी लुककर बैठ जाइए, वह भरकम, घिनौनी, बदसूरत, काली जान आपकी गंध पा ही जाती है। उसकी गुदगुदी से प्राण सूखने लग जाते हैं।

अशोक वन में अमात्य ने मेरे लिए सभी सुख-साधन जुटा दिए थे। लेकिन मेरा मन एक में भी नहीं रमता था। दास-दासियां और अन्य सेवक इने-गिने ही थे। लेकिन उनमें से हर एक मेरी आज्ञा सर-आँखों पर लिए खड़ा रहता था। समझ में नहीं आता था कि प्रत्येक से क्या काम लिया जाए। दासियों में एक नई थी। उसका नाम मुकुलिका था। वह बहुत ही चतुर और सुन्दर थी। होगी यही कोई पच्चीस की। मेरे मन को शांति मिले इस हेतु वह यथासम्भव सभी सेवकों को दूर खड़ा कर स्वयं ही चुपचाप मेरी सेवा में लगी रहती थी। रसोई द्वारा बनाए गए पकवान थाली में वैसे ही छोड़कर मैं उठने लगता, तो पंखा झलते-झलते वह रुक जाती। मैं मुड़कर

देखता, तो उसके चेहरे पर लज्जा ओर आँखों में करुणा का भाव जाग जाता। मानो आँखों से ही वह कहना चाह रही हो, 'ऐसा भी क्या युवराज? आपने यदि कुछ भी नहीं खाया, तो बेचारा शरीर क्या करेगा?'

दिन-रात मेरी एक ही कोशिश रहती थी कि किसी तरह मौत की छाया अपने मन पर न पड़ने दूँ। लेकिन जैसे ही पिताजी के दर्शन करने के लिए प्रासाद में पैर रखता, बीच की अवधि में किया हुआ मेरा सारा चिन्तन विफल हो जाता था। इस समझ के साथ, कि मृत्यु आठों पहर अश्वमेध करने वाला एक विजयी सम्राट है और उसका विरोध कर सकने वाला संसार में कोई नहीं है, मेरा मन दुबला पड़कर अकुलाने लगता था। आज पलंग पर असहाय पड़े पिताजी की जो अवस्था है वही कल मेरी भी होने वाली है, ऐता दृश्य आँखों के सामने आ जाता और मन में बार-बार बचकाना विचार आता कि चलो कहीं भाग चलें, किसी ऐसी गुफा को खोज निकालें, जहाँ मृत्यु की बर्फीली लम्बी-लम्बी भुजाएं पहुँच ही न पाएँ और उसमें छिप जाएं!

पिताजी की इस बीमारी में ऐसे-ऐसे अनुभव करने को मिले जिनसे मृत्यु की भीषणता और भी भयावनी लगने लगी।

कभी सन्निपात का वेग हल्का पड़ जाता और पिताजी घड़ी-भर के लिए होश में आ जाते थे। माँ को तो वे बराबर पहचान लेते। वह एक ऐसा ही प्रसंग था! पिताजी को शायद मालूम नहीं था कि मैं उनके सिरहाने बैठा हूँ। उन्होंने माँ को इशारा किया । वह थोड़ा आगे खिसककर झुक गई। बड़े ही कष्ट से उन्होंने अपना दायाँ हाथ उठाया और माँ के चिबुक को स्पर्श करते हुए अत्यन्त क्षीण स्वर में बोले, "यह सारा सौन्दर्य, सारा वैभव यहीं छोड़कर मुझे शायद अब जाना पड़ेगा।"

माँ पशोपेश में पड़ गई। समझ नहीं पा रही थी, कैसे महाराज को बताया जाए कि इस समय मैं भी महल में हूँ। पिताजी छोटे बच्चों के समान फफक-फफक-कर रोते-रोते कहने लगे, "इस अमृत का तो अब भी प्यासा हूँ मैं, लेकिन..."

माँ ने संकेत से मुझे बाहर चले जाने को कहा। लेकिन पिताजी का वह आर्त आक्रोश मेरे कानों और मन में भी गूँजता रहा। बहुत ही अटपटा लगा मुझे। वह एक ऐसे वीर का रुदन था, जिसके पराक्रम की पताका स्वर्ग तक में गौरव से लहरा रही थी। वे हस्तिनापुर के दिग्विजयी सम्राट के आँसू थे। उन आँसुओं का अर्थ अपनी समझ में नहीं आया। लेकिन यह सोचकर कि हो न हो, इन आँसुओं के पीछे अवश्य जीवन का ही कोई गहरा मर्म छिपा है, मैं सिटपिटा गया।

लेकिन उस समय मेरे हृदय को वेदना पहुँचाने वाला अनुभव और ही था। रात-भर जागती रहने के कारण थकी हुई माँ को मैंने सोने के लिए उसके महल में भिजवा दिया था। मैं पिताजी के पास बैठा रहा। बहुत देर तक वे अचेत पड़े रहे थे। राजवैद्य घड़ी-घड़ी आकर उन्हें कोई अवलेह चटा जाते थे। दिन ढल चुका था। खिड़की से दिखाई देने वाली बाहर की दुनिया धीरे-धीरे धुंधली और उदास होने लगी थी। तभी पिताजी ने आँखें खोलीं। शायद उन्होंने मुझे पहचान लिया था। मेरा हाथ मज़बूती से पकड़कर डरे हुए मेमने की तरह वह चिल्ला उठे, "ययु, ययु! मुझे

मज़बूती से पकड़ रखो। मुझे अभी जाना है। मुझे...नहीं, मैं नहीं जाऊँगा—ययु, वे देखो...देखो, वे यमदूत हैं! और तुम इतने पराक्रमी हो...फिर...फिर ये सबके सब यहाँ तक कैसे आ पाए हैं! तुमने इन्हें क्यों आने दिया?''

उनका हाथ काँपने लगा। वे फिर चीखे, ''तुम सब लोग कृतघ्न हो। अपनी आयु का एक-एक दिन भी आप लोगों ने मुझे तो मैं...ययु, ययु! मुझे बलपूर्वक थाम लो...''

चीखते-चिल्लाते वे फिर अचेत हो गए। लेकिन उनके उस हाथ ने मुझे वह सब कुछ बता दिया, जो वे अपने मुँह से बोलकर नहीं कह पाए थे। कितनी शक्तिशाली मज़बूत पकड़ थी उस हाथ की! मर्माहत होकर प्राणों के लिए भागते जाने वाले हिरन का सारा डर उसमें समाया हुआ था। थोड़ी देर बाद मैं बहुत ही उदास मन से अशोक वन लौट गया। बार-बार आँखों के सामने वही कुछ देर पहले वाला दृश्य आता था। कभी पिताजी के स्थान में मुझे ययाति दिखाई देता था—अशक्त, बूढ़ा, मृत्यु को सामने खड़ी देखकर घिग्घी बाँधे हुए पागल जैसा इधर-उधर भाग रहा ययाति!

जीवन का अन्त यदि मृत्यु ही है, तो आखिर मनुष्य जन्म लेता ही क्यों है?

कच और अंगिरस के उदात्त दर्शन को मैंने याद किया। लेकिन असमंजस में पड़े मन को उससे भी सन्तोष नहीं मिला। टिमटिमाते जुगनुओं ने भी कहीं अमावस के अंधेरे को प्रकाशमान किया है!

अशोक वन के मंदिर में अपने बिस्तर पर मैं रिक्त मन से लेट गया। बाहर घना अंधेरा फैला था। मेरे मन में भी उतना ही घना अंधेरा छा गया था! मुकुलिका धीरे से आई और उसने सोने का दीप जलाया। सारे महल में प्रकाश जगमगा उठा। मुकुलिका मेरी ओर पीठ किए दीवट जलाने झुकी थी। उस प्रकाश में उसकी आकृति बहुत ही मनमोहक लगी। मैंने मुड़कर देखा। दीवार पर उसकी परछाई पड़ी थी। कितनी बड़ी और कितनी अजीब थी वह!

वह मेरे पलंग की ओर धीरे-धीरे आने लगी। उसका पदविन्यास किसी नर्तकी के समान हो रहा था। मेरी आँखें खुलीं देखकर उसने पूछा, ''क्या महाराज का जी अच्छा नहीं है?'' उसका स्वर अत्यन्त कोमल था।

''कुछ समझ में नहीं आ रहा, मुकुलिके! पिताजी की दशा देखकर तो...''

''सुना है, अब चिन्ता की कोई बात नहीं है! आज ही राज-ज्योतिषी बता रहे थे कि महाराज के सभी अशुभ ग्रह शीघ्र ही...''

''मुझे थोड़ी मदिरा लाकर दो। ग्रह, बीमारी, मृत्यु...सबको मैं भुलाना चाहता हूँ।

वह स्तब्ध खड़ी रही। झल्लाकर मैं चिल्लाया, ''मुझे मदिरा चाहिए!''

गर्दन झुकाकर वह बोली, ''महारानी जी का आदेश है, युवराज, यहाँ कोई मद्य-मदिरा न रखी जाए!''

वास्तव में उसके इस उत्तर से मुझे क्रोध आना चाहिए था। लेकिन पृथ्वी पर दृष्टि गड़ाए खड़ी मुकुलिका उस समय मुझे इतनी मोहक लगी कि मैं अपना सारा

क्रोध भूल गया! अनिमिष नेत्रों में उसे समाने लगा मैं। सोचा, काश, मैं चित्रकार या शिल्पकार होता!

स्त्री क्या स्वभाव से ही अन्तर्ज्ञानी होती है? या अपनी सुन्दरता और सामर्थ्य का भान उसे सदैव रहता है?

मुकुलिका की दृष्टि पृथ्वी पर गड़ी थी। फिर भी पता नहीं कैसे उसे मालूम हो गया कि मैं उसकी ओर एकटक देख रहा हूँ और मेरी प्यासी-प्यासी आँखें उसके रूप को पीती जा रही हैं! सहसा उसने पलकें उठाकर देखा तो ऐसे लगा, मानो बिल्कुल स्वच्छ नीले आकाश में अचानक बिजली कौंध गई हो। उसकी वह मधुर मुस्कान, हँसते समय गालों पर सहज पड़नेवाला वह हल्का-सा गढ़ा, उसका मादक सौंदर्य—सब कुछ सुनहरे प्रकाश में कौंध गया।

फिर देखा, तो मुकुलिका ने पलकें फिर से झुका ली थीं। वह मेरे पलंग के बिल्कुल पास खड़ी थी। मैंने कोई मद्य नहीं लिया था। फिर भी मदिरा की मस्ती कण-कण में फैल उठी थी। दूसरे ही क्षण "ययु, मुझे मजबूती से पकड़ लो, मुझे जीना है!" कोई मेरे कानों में चीखता सुनाई दिया। वे शब्द कानों में लगातार गूँजने लगे। उन शब्दों की अनगिनत प्रतिध्वनियाँ बड़े हथौड़े का रूप लेकर मानो मेरे मस्तिष्क पर दनादन आघात करने लगीं। मैंने माँ का बचपन में ही वचन दे रखा था कि युद्ध और मृगया के अलावा अन्य किसी व्यवहार में मदिरा का स्पर्श नहीं करूँगा। अब तक वह वचन मैंने निभाया भी था। लेकिन इन घनों के आघातों से बचने का, मन की व्यथा को भुलाने का दूसरा कोई उपाय ध्यान में नहीं आ रहा था। मैंने मुकुलिका से पूछा, "यहाँ मदिरा न रखने का आदेश क्या सचमुच माँ ने दिया है?"

"जी, युवराज!"

"क्यों? मैं यहाँ नशे में धुत् पड़ा रहूँगा इस भय से?"

"यह बात नहीं, युवराज!"

"तो फिर क्या बात है?"

"यह स्थान एकदम एकान्त में है। नगर से दूर भी है। अतिथि के नाते सारे ऋषि-मुनि यहीं निवास करते हैं। ऐसी कोई वस्तु यहाँ नहीं होनी चाहिए जो उन्हें अपवित्र लगती हो..."

पिताजी का वह आर्त आक्रोश फिर कानों में गूँजने लगा। उनकी वह खोई-खोई-सी नज़र, प्रत्येक शब्द से प्रकट होने वाला मृत्यु का डर...

मेरा बदन थरथर काँपने लगा। अपने अकेलेपन से मैं डरने लगा। मुझे किसी सहारे की आवश्यकता थी।

तुरन्त करवट बदलकर मैंने मुकुलिका का हाथ पकड़ लिया।

वह रात।

बार-बार मन में आता है कि उस रात के बारे में मौन रहूँ। कुछ भी न बताऊँ!

प्रचण्ड बाढ़ में प्रवाह के विरुद्ध तैरने में पुरुषार्थ होता है। उस प्रवाह के साथ बह जाने में भला कौन-सा पराक्रम धरा है? उस बह जाने का वर्णन करने में भी क्या आनन्द हो सकता है?

उस रात जो कुछ हुआ, हो सकता है, वह स्वाभाविक होगा! शायद हर रात दुनिया में वही होता होगा, हुआ होगा, होने वाला होगा! लेकिन कुछ बातें ऐसी भी होती हैं, जो होने को तो बिल्कुल स्वाभाविक होती हैं, लेकिन उनके बारे में बोलते समय जीभ झिझकती है, मन झेंपता है, शरम लगती है। यों ही नहीं, मंदिर में भी युवती अपनी कंचुकी की गाँठ बीच-बीच में टटोलकर देख लिया करती कि कहीं वह ढीली तो नहीं हो गई।

लेकिन मैं तो अपनी कहानी बिना कुछ भी छिपाए ज्यों की त्यों बताने वाला हूँ। अपना हृदय खोलकर दिखाने वाला हूँ। दिल खोलते समय उसके किसी कोने को अंधेरे में रखना एक अपराध होगा। लज्जा सौन्दर्य का आभूषण है, सत्य का नहीं। सत्य तो नंग-धड़ंग होता है, नवजात शिशु जैसा! और उसे वैसा होना ही पड़ता है।!

उस रात मुकुलिका के बाहुपाश में मैं...नहीं!

मेरे बाहुपाश में मुकुलिका...नहीं...नहीं!

साक्षात मदन भी नहीं बता पाता, उस रात कौन किसके बाहुपाश में था!

मुकुलिका का हाथ मैंने अपने हाथ में लिया और पल-भर में मेरा इस दुनिया से रहा-सहा संबंध ही टूट गया! मैं युवराज नहीं रहा! वह दासी नहीं रही! हम थे केवल दो प्रेमी जीव। दो पखेरू...दो तारे...

हम महल में नहीं थे, हस्तिनापुर में नहीं थे, पृथ्वी पर भी नहीं थे! अनंत आकाश में, नक्षत्र मण्डल के भी परे, हम उस स्थान पर पहुँच गए थे जहाँ दुख, रोग, मृत्यु आदि शब्दों की आवाज़ तक नहीं सुनाई देती। वह एक न्यारी ही दुनिया थी। जितनी सुन्दर उतनी धूसर भी! जितनी मोहक उतनी दाहक भी! वह केवल हम दोनों की दुनिया थी। क्या वह एक मधुर मदहोशी थी? एक विलक्षण पागलपन था या सुंदर समाधि थी?

क्या पता!

मेरे और मुकुलिका के अधरों का मिलन होते ही मन से मृत्यु का भय गायब हो गया।

उस रात मुकुलिका के कितने चुम्बन मैंने लिए और कितने चुम्बन उसने मुझे दिए...

भला, आकाश के नक्षत्रों की भी कोई गिनती कर सकता है?

स्त्री-सौन्दर्य का वर्णन मैंने काव्यों में पढ़ा था। उसके प्रति धुंधला-सा आकर्षण मेरे मन में बरसों से जागने लगा था। उस आकर्षण में क्या आनन्द हो सकता है, इसकी कुछ-कुछ कल्पना भी मैं करने लगा था। लेकिन वह आनन्द चंद्रमा को हाथ में पकड़ लेने वाले बच्चे का आनन्द था। उस रात मैंने पहली बार अनुभव किया

कि सुंदर युवती का सहवास कितना नशीला होता है, उसके रोम-रोम से क्षण-क्षण प्रतिपल स्वर्गीय सुख की कैसी-कैसी फुहारें उठती हैं, उछलती हैं। इस अनुभव की मस्ती में चूर हो गया था मैं!

उस मदहोशी से मुझे पक्षियों की चहचहाहट ने जगाया। आँखें खोल कर मैंने सामने की खिड़की से बाहर देखा। प्राची के महाद्वार से सूर्य का रथ तेज़ी के साथ बाहर निकल रहा था। उसके पहियों से उठी सुनहरी धूल मन को मोह लेती थी।

मैं पलंग पर उठकर बैठ गया। इसी शय्या पर कल रात मैं कितनी व्याकुल मनःस्थिति में आकर लेट गया था! लेकिन वही शय्या, वही महल, वही दीवारें वही पलंग, खिड़कियों से झाँकने वाली वही लताएं... एक ही रात में मानों पुनर्जन्म के बाद एकदम बदली-बदली-सी लगने लगी थीं। अब हर चीज़ मेरे अंग प्रत्यंग में ठाठें मार रहे आनन्द को बढ़ा रही थी। वृक्ष अब ज़्यादा हरे हो गए थे। पंछियों का गायन अधिक मधुर हो चला था। महल की दीवारें, संसार का अत्यंत अद्भुत रहस्य देखने के आनन्द में एक-दूसरी की ओर आँखें मिचकाकर देख रही थीं।

यह देखने के लिए कि मैं जाग गया हूँ या नहीं, मुकुलिका द्वार धकेलकर भीतर आई। पास आकर उसने पूछा, "रात में नींद तो अच्छी आई न?"

मैंने सोचा था, मेरे सामने आते ही वह तनिक शरमाएगी, मेरी नज़र से नज़र मिलाते समय पल-भर के लिए पशोपेश में पड़ जाएगी। लेकिन वह तो इतनी शांति के साथ सारे व्यवहार करने लगी, मानो रात में कुछ हुआ ही नहीं था! जो कुछ हुआ था, मात्र एक सपना था। जाग जाने के बाद सपने किस काम के!

मुकुलिका कितनी कुशल अभिनेत्री थी! रात में उसने प्रेयसी की भूमिका अदा की थी! लेकिन अब उतनी ही कुशलता से दासी की भूमिका निभा रही थी।

समझ में नहीं आ रहा था, उसके प्रश्न का क्या उत्तर दूँ? वह हौले से मुस्कराई। चितवन को बहुत ही मधुर भंगिमा में नचाकर उसने मेरी ओर देखा। मुँह-हाथ धोने का सामान लाने के लिए वह जाने लगी। उसके पृष्ठ भाग को देखकर रात की स्मृतियाँ फिर जाग उठीं। अनजाने में मेरे मुँह से निकल गया—"मुकुलिका!"

वह रुकी। तनिक बल खाते हुए पीछे मुड़कर उसने देखा। फिर वह फुर्ती से लौट आई। पलंग के पास आकर पूछा, "युवराज ने आवाज़ दी मुझे?"

मैंने उसे आवाज़ दी तो थी, लेकिन किसलिए? मैं स्वयं ही नहीं जानता था। मैं स्तब्ध रह गया।

तुरन्त हाथ जोड़कर अत्यंत विनीत भाव से उसने कहा, "क्या मुझसे कोई भूल हो गई?"

"भूल तुमसे नहीं, मुझसे हुई है। तुम्हारे भीतर आते ही मुझे चाहिए तो यह था कि तुम्हें इस तरह खींचकर अपने पास बिठा लेता। लेकिन उसके बजाय तुम्हें दासी का काम करने में जुटाना..."

चाहता था कुछ ऐसा ही कहूँ। लेकिन बात मन ही में रही। मैं बोला कुछ भी नहीं।

मेरा इस तरह चुप रहना उसके लिए एक पहेली बन गया। तनिक कातरता से बोली, ''महाराज नाराज़ हो गए हैं दासी से?''

''नहीं तो!'' बस यही एक शब्द मेरे मुँह से निकल पाया। आगे कहने वाला ही था 'पगली कहीं की!' लेकिन तभी मुकुलिका की मातहत एक दासी जल्दी से भीतर आई।

मेरा कलेजा धक-से रह गया। जागने के बाद से एक बार भी मुझे पिताजी की याद भी नहीं आई थी! आदमी भी कितना आत्म-लम्पट होता है! अपनी कृतघ्नता पर मुझे खेद होने लगा!

वह दासी अमात्य द्वारा भेजा गया एक पत्र लेकर आई थी सो देकर चली गई।

वह पत्र कच का था! एक ऋषिकुमार उसे लेकर मध्यरात्रि में हस्तिनापुर पधारे थे!

''युवराज, आपके पीछे-पीछे मुझे भी आश्रम छोड़कर जाना पड़ रहा है। हम सभी ने मिलकर शांति यज्ञ तो सम्पन्न किया। किन्तु उस यज्ञ के पवित्र कुण्ड की अग्नि का विधिपूर्वक विसर्जन होने से पहले ही देव-दानव युद्ध का दावानल भड़क उठा है! दैत्यों के गुरु शुक्राचार्य द्वारा संजीवनी विद्या प्राप्त किए जाने की बात तो हम लोग यहाँ रहते थे तभी सुन चुके थे! उस विद्या के बल पर समरभूमि में मारे जाने वाले राक्षस सैनिकों को वे बार-बार जीवित कर लेते हैं। अब अपनी हार को अटल जानकर देवता निराश हो गए हैं। अब क्या किया जाए, किसी की समझ में नहीं आ रहा है।

''युद्ध को मैंने हमेशा निंदनीय और निषिद्ध माना है, चाहे वह दो व्यक्तियों में हो, दो जातियों में हो या दो शक्तियों में। आदिशक्ति द्वारा रचा गया यह संसार कितना सुन्दर और समृद्ध है। क्या प्रत्येक व्यक्ति यहाँ सुख से जी नहीं सकता? मुझ जैसे बावले का तो यही स्वप्न रहा है! पता नहीं वह कभी सच होने वाला भी है या नहीं! आज तो यह सोचना एक ख्याली पुलाव ही है।

''स्पष्ट है, इस युद्ध में देवता-पक्ष हारने वाला है। अपनी शक्ति की हार खुली आँखों देखना कितना कठिन है! मैंने सोचा, इस हार को टालना अपना कर्तव्य है।' सारी रात पर्णकुटी के आँगन में इधर से उधर टहलता रहा हूँ। आकाश में तारे झिलमिला रहे थे। लेकिन मेरा मन अन्धेरे से भर गया था। मन की इस बेचैनी में, क्या बताऊँ, तुम्हारी कितनी याद आई! आखिर मुँह अन्धेरे एक कल्पना सूझी...नहीं! मन में प्रस्फुरित हुई! कवि को काव्य किस तरह सूझता है, मैंने अनुभव किया।

''देवता-पक्ष को संजीवनी विद्या प्राप्त हो जाए तभी उसकी हार टल सकती हे। किन्तु तीनों लोकों में वह विद्या अकेले शुक्राचार्य को ही अवगत है! किसी को शिष्य बनकर उनकी सेवा में जाना चाहिए और वह विद्या हस्तगत कर लेनी चाहिए। देवताओं में से कोई ऐसा साहस करेगा, ऐसा नहीं लगता। इसलिए वृषपर्वा के राज्य में जाकर इस विद्या के लिए शुक्राचार्य का शिष्य बनने का मैंने निश्चय किया है'

वहाँ क्या होगा, कैसे बता सकता हूँ? शायद मेरा उद्देश्य पूरा हो जाएगा। शायद अपने ध्येय की पूर्ति के लिए मुझे अपने प्राणों से हाथ भी धोना पड़ सकता है!

"महर्षि अंगिरस जी ने—क्या मैंने आपसे बताया था कि वे हमारे ही कुल के हैं?—मेरे इस विचार को आशीर्वाद दिया है। आशीष देते समय उन्होंने सहजता से कहा—जन्म से तुम ब्राह्मण हो। अध्ययन-अध्यापन, पठन-पाठन, यज्ञ-याग तुम्हारा धर्म है। विद्या प्राप्त करने तुम जा तो रहे हो, लेकिन तुम्हारा यह साहस किसी ब्राह्मण से अधिक क्षत्रिय को ही शोभा देने वाला है। मैंने कहा—युवराज ययाति यहाँ होते तो उन्हें साथ लेकर ही मैं राक्षसों के राज्य में जाता, वीरता का काम उन्हें सौंप देता और विद्या-प्राप्त करने का दायित्व अपने पर ले लेता।

'अंगिरस जी के सामने मैंने कहा तो नहीं, लेकिन उनके उन उद्‌गारों से मेरे मन में एक नया विचार आ गया। प्रत्येक वर्ण यदि अन्य वर्णों के गुणों को आत्मसात् कर लेता है, तो क्या हानि हो सकती है? अनेक नदियों का जल मिला कर ही तो हम अपने आराध्य-देवता का अभिषेक किया करते हैं।

"युवराज, शांति-यज्ञ के निमित्त हम निकट आए। समान आयु के होने के कारण हममें मित्रता बढ़ी। आपकी स्नेहमयी स्मृति मेरे मन में सदा जागती रहेगी। संजीवनी विद्या प्राप्त कर यदि मैं सकुशल लौट आया तो कहीं न कहीं आपसे भेंट अवश्य होगी।

"कुछ ग्रहों की युति जल्दी हो जाया करती है, कुछ की काफी देर बाद। आज नहीं कह सकता, हम दोनों फिर कब मिलेंगे। लेकिन मिलेंगे अवश्य और उस समय धर्म का—दुनिया में जो-जो मंगल है उसका— समर्थन करने वाले पुण्यश्लोक राजा के नाते अपने मित्र को मैं कसकर गले लगा सकूँगा। आज तो मैं इसी सुख-स्वप्न में मस्त हूँ।

"और क्या लिखूं? हृदय की भावना व्यक्त करते समय वेद भी अधूरे पड़ जाते है! आचार्यजी ने आपको अनेक आशीष भेजे हैं। भगवान उमाशंकर से प्रार्थना है कि महाराज नहुष शीघ्र ही पूर्ण स्वास्थ्य लाभ करें।

"अरे हाँ! एक बात लिखना तो भूल ही गया! अपनी वह नन्ही-मुन्नी बालिका—वही जो असमंजस में पड़ गई कि एक फूल दोनों को कैसे दे—यह जानकर कि मैं आश्रम छोड़कर जा रहा हूँ, फूट-फूटकर रो रही है! उसकी लता पर अब फूल ही फूल खिले हैं, लता फूलों से जैसे लद गई है। बालिका परेशान है कि अब कौन उनकी सराहना करेगा। मैंने उससे कह दिया है कि युवराज ययाति फिर से शीघ्र ही तेरे आश्रम आएंगे। केवल तुम्हारे इन फूलों को देखने के लिए ही नहीं, बल्कि उन्हें सूंघने के लिए भी!"

कच का पत्र पढ़कर मेरी अवस्था बहुत ही विचित्र हो गई। किसी चोर की भाँति मैं चुपचाप पलंग पर बैठ गया। मन विषाद से भर गया। कच अपने पक्ष के लिए प्राण न्यौछावर करने के लिए कटिबद्ध हो गया था! और मैं? पिताजी आखिरी साँसें गिन रहे हैं, मुझे इसका होश तक रात में नहीं रहा। सुख की खोज करते-करते...

सुन्दर खुशबूदार फूल क्या केवल दूर से देखने के लिए ही होते हैं? उन्हें सूंघ लेने में कौन-सा पाप हो जाता है? मुकुलिका मुझे सुन्दर लगी, और मैंने...

मैंने क्या पाप किया है! कल रात क्या मैं कोई पाप-कर्म कर बैठा?

पाप की कल्पना से मन छटपटाने लगा। मधु का आस्वाद लेते-लेते छत्ते से मधुमक्खियाँ मानो भिनभिनाती निकल पड़ें और सारे शरीर पर ज़ोर-ज़ोर से डंक मारती जाएं...

पलंग से उठते-उठते मैंने मुकुलिका से कहा, ''रथ तैयार करने के लिए कह दो।''

''क्या ऐसे ही चले जाएंगे आप?''

''हाँ।''

''कहाँ?''

''नगर जाऊँगा...पिताजी का दर्शन करने, माँ के चरणों की धूल माथे पर लगाने।''

''थोड़ा जलपान...''

''बीच में अपना मुँह मत मारो! दासी से उपदेश सुनने की आदत नहीं है हमें! ओर देखो, शाम मैं यहाँ वापस नहीं आ रहा हूँ। प्रासाद में ही रहूँगा!'

''लेकिन...''

''लेकिन क्या?''

''अमात्य ने आज्ञा दे रखी है, हम सभी सेवकों को कि युवराज दिनरात अशोक वन में ही रहेंगे और सभी सजग रहें कि उन्हें पूरा विश्राम मिले और हर तरह से उनका मन प्रसन्न रहे...''

''ठीक है। मैंने सुन ली वह!''

''तो शाम को विश्राम के लिए...''

''मैं नहीं आऊँगा!''

पिताजी के स्वास्थ्य में रत्तीभर भी सुधार नहीं हुआ था। दिन में वे सकते में पड़े रहते थे। शाम को वात ज़ोर पकड़ता, तो बड़बड़ाने लगते थे। कभी संगत, प्रायःअसंगत! महल में जाकर मैंने उनके चरण छुए और उदास मन से माँ के महल की ओर मुड़ा।

माँ अपने महल में लाकर रखे गए सोने के देवालय के सामने हाथ जोड़े बैठी थी। इन चन्द दिनों में वह कितनी दुबली हो गई थी। उसकी करुण मूर्ति मुझसे देखी नहीं जाती थी!

मैं उसके पास जा बैठा। उसने मेरी पीठ पर ममता से हाथ फेरा। उस स्पर्श में दुनिया-भर का वात्सल्य समाया हुआ था।

देवालय में रखी मूर्ति और दुखी माँ के दर्शन करने से मेरी आकुलता बढ़ ही गई। अनजाने में ही रात की स्मृतियाँ जाग उठीं। वह पाप था? यदि था तो

भगवान के सामने, माँ के सामने उसे खुले मन से स्वीकार कर लेना ही क्या उससे मुक्ति पाने का उपाय नहीं?

माँ की तरफ पलकें उठाकर देखने का साहस मुझमें नहीं था।

मेरा चेहरा अपनी ओर घुमाने का प्रयत्न करते हुए उसने पूछा, ''कोई बात ज़रूर तुम मुझसे छिपा रहे हो!''

मैं सकपकाया, चौंका। माँ को क्या बताऊँ? कैसे बताऊँ?

अब भी मैं उसकी ओर मुँह नहीं फेर रहा था। वह बोली, ''मेरा ख्याल है, अशोक वन में भी तुम रात-भर तड़पते रहे होंगे, उनकी और मेरी चिन्ता में! बहुत ही भावुक स्वभाव के हो तुम! हर बात जी को लगा लेते हो। अरे बावले! चिन्ता ने किसे छोड़ा है? भगवान शंकर जब हलाहल पी गए तब माँ गौरी भी सिसक-सिसककर रोई थीं। कल ही कथा में सुना है मैंने।''

''लेकिन माँ...''

''लेकिन-वेकिन कुछ नहीं। छोटे ही यदि चिन्ता में सूखकर काँटा बनने लगें, तो मुझे बताओ, बड़ों की आवश्यकता ही क्या है? पागल जैसा आचरण मत करो। कोशिश करके देखो, मन संगीत, काव्य, नृत्य आदि में रमता है या नहीं!''

तभी अमात्य भीतर आए। माँ ने उनसे कहा, ''अमात्य, उस अशोक वन के प्रबन्ध में कुछ...''

अमात्य ने माँ को बीच ही में रोककर कहा, ''देवी जी, वहाँ का सारा प्रबंध मैंने इस तरह किया है कि किसी बात की कोई कमी न रहे। मुकुलिका नामक एक दासी है। वैसे है तो वह नई लेकिन बहुत चतुर है। युवराज की सभी सुख-सुविधाओं का दायित्व उसी के ज़िम्मे...''

मैं फिर चौंका, सिटपिटा गया। कल रात जो कुछ हुआ, वह अपरिहार्य रहा हो या न हो, पाप रहा हो या न हो, क्या वह अमात्य की सहमति से ही हुआ था? वर्ना मुकुलिका जैसी एक दासी इतना साहस कैसे कर पाती? तो क्या यह सारा मामला क्षम्य है?

माँ अमात्य से कह रही थीं, ''आपका वहाँ का प्रबन्ध काफी बढ़िया रहा होगा। लेकिन ययु का मन रमे तब न?'' हँसकर वह आगे बोली, ''अब आपको क्या फिर से बताना होगा, हमारे घर के लोग कैसे है? वे इंद्रलोक में भी सुखी होने वाले नहीं! मेरा ख्याल है, दिन में ययु यदि काव्य, संगीत जैसे विषयों में समय बिता सका, तो उसका मन जल्दी स्थिर हो जाएगा।''

''राजकवि का दूसरा पुत्र माधव है न? बड़ा ही रसिक और बातूनी है। दिन-भर युवराज की सेवा में रहने के लिए उसी को बुला भेजता हूँ।''

हँसने की कोशिश करते हुए मैंने कहा, ''माधव से कह दीजिए कि पहले वह मुझे किसी पण्डित के पास ले चले। जन्म और मृत्यु के बारे में कई रहस्यमय प्रश्नों से मेरा मन बौरा गया है।''

माधव मुझे एक बहुत ही विद्वान पण्डित के घर ले गया। उनके बारे में कई किंवदन्तियाँ प्रचलित थीं मार्ग में चलते-चलते माधव एक-एक कर मुझे सुनाने लगाः

"पूर्णिमा और अमावस्या को ही वे घर के लोगों के साथ भोजन करने बैठते। बाकी दिन उनकी परोसी हुई थाली उनके अध्ययन-कक्ष में ही भेज दी जाती! उन्हें तो इसकी सुधि नहीं रहती थी कि थाली बुधवार की है या बृहस्पतिवार की! हिमालय की पहाड़ियों के समान उनके कमरे में पोथियों के ढेर लगे रहते थे। उन ऊँचे-ऊँचे ढेरों में से बचने वाली खुली जगह पर ये महाशय पालथी मार कर ऐसे बैठते थे, जैसे पहाड़ियों की गुफाओं में रहने वाले कोई ऋषि, महात्मा हों।

"एक आषाढ़ की अमावस को ठीक आधी रात में कोई चोर उनके आँगन में आया। उस समय पंडित जी किसी श्लोक के एक शब्द के प्रक्षिप्त होने के सन्देह से उसकी व्युत्पत्ति ढूंढ निकालने के लिए कमरे-भर में छितरी पोथियाँ खोज रहे थे। हाथ में दीया लेकर मध्यरात्रि में घूम रही, दाढ़ी बढ़ी हुई, बहुत ही कृश पंडित जी की आकृति देखकर चोर को लगा कि अवश्य ही वह कोई भूत-पिशाच है। वह डर गया और उल्टे पाँव भाग गया!

"पंडित जी राजसभा में किसी विशेष समारोह के लिए ही जाते थे। वहाँ नृत्य-गायन शुरू हुआ कि सिर लटकाए कोई श्लोक बुदबुदाते बैठे रहते थे। मिलने के लिए आने वाले व्यक्ति से कब क्या सवाल कर बैठेंगे कोई ठिकाना नहीं होता था। एक बार एक जटाजूट वाला यति परमात्मा के स्वरूप के बारे में उनसे कोई चर्चा करने के लिए आया। बहस काफी रोचक होने लगी। बीच ही में पंडित जी ने उस यति से पूछा, "आप दाढ़ी-सिर कब मुड़ाएंगें?—सिर मुड़ाने का परमेश्वर के साथ क्या संबंध है, बेचारा समझ नहीं सका। वह पंडित जी की ओर एकटक देखता रह गया। रेंकेते हुए पंडित जी ने कहा—"यति महाराज, घने जंगल में पृथ्वी तक पहुँचने में सूरज की किरणों को बड़ी मुश्किल उठानी पड़ती है। वही आपका भी हाल है। जटाजूट के इस जंगल से कोई भी बात आपके दिमाग में घुसती ही नहीं। बीच ही में उलझकर कहीं रह जाती है।"

"पंडित जी के घर आए पश्चिम आर्यावर्त के एक शास्त्रीजी ने उनसे पूछा—'आपके कितने बच्चे हैं?'—उन्होंने तपाक से उत्तर दिया—'मुझे नहीं पता, मेरी धर्मपत्नी से पूछिएगा! ऐसी बातों में बर्बाद करने के लिए मेरे पास समय नहीं है! लेकिन हर बच्चे के नामकरण के समय, बच्चे का क्या नाम रखा जाए, इस प्रश्न को लेकर पंडित और पंडितानी जी में जमकर ठना करती थी। बेचारी पंडितानी की इसी एक मामले में पति के सामने एक भी नहीं चलती थी। पंडित जी की पुत्रियों के नाम थे माया, मुक्ति, प्रकृति, तितिक्षा! एक पुत्र का नाम उन्होंने यम रखा। पत्नी ने हाथ जोड़ते हुए कहा—'ऐसा भयंकर नाम न रखिए।' लेकिन पंडित जी भला कहाँ माननेवाले थे। उन्होंने यह कहकर कि यह तो यम-नियम में से आया यम है—पंडितानी को चुप करा दिया। बच्चा पाँच-छह वर्ष का होकर बाहर के बच्चों साथ खेलने लगा। प्रत्येक लड़का उसे उलाहना देकर चिढ़ाता—'क्यों बे यम, तेरा भैंसा कहाँ है?'—आखिर

हारकर बेचारा यम रुआँसा हो गया और उसने अपने पिताजी के पैर पकड़कर अनुरोध किया कि जैसे भी हो उसका नाम बदल दें।''

माधव को रसीली वाणी की देन मिली थी। उसने ये सारे किस्से इतने चटपटे बनाकर सुनाए कि हँसी को रोकना असंभव हो गया। विद्वान लोग विक्षिप्त हुआ करते हैं। बुद्धि की अलौकिकता के साथ ही उनकी वृत्ति-प्रवृत्तियाँ भी लोक-विलक्षण होती हैं। इसलिए उनके किस्से सुनाते समय हर कोई अपनी ओर से मिर्च मसाला लगाकर कहने की होड़-सी लगाता है। मैं जानता था कि पंडित जी के बारे में फैलाई गई ये किवदन्तियाँ भी इसी तरह प्रचलित हो गई होंगी।

पता नहीं, माधव द्वारा बताए गए इन किस्सों में सच्चाई कितनी थी, लेकिन उसकी रसभीनी बातों में मेरा मन अवश्य ही रम गया! मन पर छाई बदली छंट गई!

पंडितजी ने अपने अध्ययन-कक्ष में ही मेरा स्वागत किया। वहाँ पड़े पोथियों के ढेर और उनके पन्ने को बिल्कुल आँखों के पास ले जाकर पढ़ने वाले पंडितजी की कृश मूर्ति को देखकर मुझे बरबस यति की गुफा और यति की याद हो आई। पंडितजी से बातें प्रारम्भ होते ही मैं समझ गया कि यह कमरा ही उनकी असली दुनिया है। किसी दुर्लभ पोथी का एक पन्ना निकालकर मुझे दिखाते समय वे एक दम ब्रह्मानन्द अनुभव करते थे। उनके पाँडित्य के सामने हर कोई नतमस्तक हो जाता। मैंने एकदम नये प्रश्न उठाए थे। लेकिन उनका उत्तर देते समय भी उन्होंने कितने ही श्लोक मुखाग्र पढ़कर सुनाए और अपने मत का समर्थन करने के लिए न जाने कितने आधार प्रस्तुत किए।

लेकिन उनके पाँडित्य में मेरे उन प्रश्नों का, जिनके कारण मैं बेचैन हो उठा था, जँचने लायक उत्तर देने की सामर्थ्य नहीं थी। यह बताने पर कि मैं मृत्यु की कल्पना से बेहद बेचैन हो उठा हूँ, वे हँसकर बोले, ''मृत्यु से कौन बच सका है, युवराज? वस्त्र पुराना हो जाने पर हम लोग उसे उतार फेंकते है न? बस आत्मा भी शरीर को वैसे ही त्याग देती है।''

मैंने उन्हें बीच में ही टोका, ''सभी लोग बूढ़े होने के बाद मरते होते, तो आपकी बात से मेरी शंका का समाधान हो जाता। लेकिन क्या जीवन का नियम वैसा ही है जैसा कि आप बता रहे हैं? नित्य ही हम देखते है नन्हें बालक और युवा लोग भी मृत्यु के शिकार हो जाते हैं—इसका कारण क्या है?''

माधव ने बीच ही में कहा, ''मेरी भाभी की ही बात लीजिए न! कितनी स्वस्थ, हँसमुख और अच्छे स्वभाव वाली थीं वह! लेकिन केवल बीस वर्ष की उम्र में तीन माह की बच्ची को पीछे छोड़कर वह चली गई। इसमें भगवान के यहाँ का कौन-सा न्याय रहा? और पुराना होकर जीर्ण हो चुका वस्त्र भी कहाँ था?''

पंडितजी ने तनिक आँखें तरेरकर माधव को घूरा। फिर मेरी ओर मुड़कर वे कहने लगे, ''युवराज, आप एक बात को ध्यान में रखें! तब आपकी शंका का समाधान हो जाएगा।''

"कौन-सी बात?"

"कि यह सब माया है।"

"मतलब?"

"इस संसार में केवल एक ही बात सत्य है।"

"कौन-सी?"

"ब्रह्म! इस विश्व की मूल शक्ति! बाकी सब मिथ्या है। यह माधव, यह पंडित, ये युवराज—ये सब मात्र आभास हैं। ये पोथियाँ, ये घर, यह मृत्यु का डर, ये सब मिथ्या है।"

मेरे मन में समाया मृत्यु का डर झूठा है? तब तो जीने में मुझे आने वाला आनंद भी झूठा ही होगा! कल रात मुकुलिका के आलिंगन में मैंने जो आनंद लूटा वह भी झूठा और आज सुबह मन में आई यह कल्पना कि वह पाप था और उसका चुभन भी झूठ! देव मिथ्या, दानव मिथ्या! तो क्यों महात्मा अंगिरस ने देव-दानवों का युद्ध रोकने के लिए शांति यज्ञ का इतना झंझट किया? संजीवनी विद्या प्राप्त करने के लिए कच क्यों इतना साहस करने के लिए उद्यत हुआ? आँखों से दिखाई देने वाला यह चराचर संसार और मन के द्वारा अनुभव किए जाने वाले सभी सुख-दुख यदि केवल माया ही हैं, क्षणिक आभास मात्र हैं, तो महाराज नहुष की सकते में पड़ी देह देखकर क्यों मेरा मन व्याकुल हो जाता है? शरीर नाशवान होगा, लेकिन वह मिथ्या नहीं है । उत्कट सुख-दुखों की अनुभूति समय के साथ धुंधली हो जाती होगी, लेकिन वह असत्य कैसी? वह असत्य नहीं है। भूख असत्य नहीं है और उसका दुख भी असत्य नहीं! पंच पकवान असत्य नहीं और उनसे मिलने वाला सुख भी असत्य नहीं।

पंडितजी ने अनेक पोथियों से श्लोक निकाल-निकालकर मुझे सुनाए उनकी सुंदर व्याख्या की, लेकिन उस प्रचण्ड बाढ़ में भी मैं सूखा ही रहा! पाप, पुण्य, प्रेम, वासना...मन को बेचैन करने वाले न जाने कितने ही प्रश्न लेकर मैं उनके पास आया था। लेकिन वे सारे प्रश्न पूछ लेने में भी क्या धरा था?

माधव ने बहुत ही आग्रह किया। उसका म ! रखने के लिए मैंने तय किया कि दोपहर का भोजन उसके साथ उसके घर पर करूँ और दो-चार घड़ी वहीं गपगप कर फिर राजप्रासाद लौट जाऊँ।

माधव के बड़े भाई शेरो-शायरी का शौक रखते थे। बचपन में उनका नाम कई बार मैंने सुना था। चलते-चलते मैंने यों ही उनके बारे में पूछा कि आजकल वह कहाँ पर हैं। माधव ने बताया कि पत्नी के देहान्त के बाद उनका मन उचट-सा गया है और आजकल वह तीर्थ यात्रा करते घूम रहे हैं। यह सुनकर मेरे मन में तनिक भी सन्देह नहीं रहा कि पंडितजी द्वारा अभी-अभी बताया गया सारा दर्शन मनुष्य की सच्ची अनुभूतियों से लाखों कोस दूर है।

घर जाते समय रास्ते में माधव ने मुझे वह किस्सा सुनाया कि कैसे उसका बड़ा भाई सुप्रसिद्ध कवि हो गया।

राजधानी में काव्य-प्रतियोगिता का आयोजन किया गया था। उसमें भाग लेने के लिए दूर-दूर से अनेक प्रान्तों के कवि-गण पधारे थे। उनकी तुलना में माधव का भाई अप्रसिद्ध ही था। 'चन्द्रमा पर लगा कलंक' शीर्षक से अपनी उत्स्फूर्त काव्य रचना सुनाने का सिलसिला आरम्भ हुआ। माधव के भाई ने उसमें शुरू में तो कोई भाग नहीं लिया। कवि-गण कविता सुनाने लगे। किसी ने चंद्रमा पर दिखाई देने वाले दाग को कमलिनी पर बैठा भँवरा बताया, तो किसी ने हिमालय की शुभ्र चोटियों पर खड़ा काला पाषाण! अन्त में पंचनद से आए एक कवि ने चन्द्रमा को सुन्दर युवती का स्तन बताया और उसपर लगे काले दाग को उस स्तन का नुकीला अग्र काला बिंदु। इस शृंगारिक और मनचली कवि कल्पना से श्रोतागण मोहित हो गए और उसकी महक में बहक भी गए। सबको लगा कि पुरस्कार इसी कवि को मिलेगा। रसराज शृंगार की वह विजय थी।

तभी परीक्षकों ने सूचना भेजी कि अब भी कोई प्रतियोगिता में भाग लेना चाहे तो ले सकता है।

माधव का भाई उठा। उसने बहुत ही सुंदर शब्दों में कल्पना रखी कि चंद्रमा पर दिखाई देने वाला दाग तो प्रकृति-माता से अपने प्यारे बच्चे के गाल पर लगाया दिठौना है ताकि उसे किसी की नज़र न लग पाए! उसकी कविता श्रोताओं को बहुत पसन्द आई। पुरस्कार उसे ही मिला। वह शृंगार पर वात्सल्य की विजय थी।

घर के द्वार पर ही माधव की अनाथ भतीजी उसकी बाट जोहती खड़ी थी। लड़की क्या थी, बस एक सुडौल चित्र ही था! हवा में उड़ रही लटें, हीरों जैसी आँखें, नन्हे-नन्हे नाज़ुक होंठ कोमल चिबुक, खड़े होने में रुआब—किसी फूल पर क्षण-भर के लिए बैठ गई सुंदर तितली-सी लग रही थी वह! माधव को आता देखते ही वह तितली फुर्र से उड़कर रथ के पास आ गई। माधव के गले में अपनी नन्ही-नन्ही बाँहे डालकर ढिठाई के साथ मेरी ओर देखती हुई वह पूछने लगी, "ये कौन हैं, काका?"

"तारका, पहले उन्हें प्रणाम करो!"

"पलनाम कलने के लिए, क्या ये भगवान हैं?"

"ये युवराज हैं, बेटा!"

"ये युवलाज क्या होता है?"

अब माधव के लिए यह आवश्यक हो गया कि उसकी समझ में आनेवाला युवराज शब्द का अर्थ उसे बताए। कुछ सोचकर उसने कहा, "यह रथ, ये घोड़े, यह सब कुछ इन्हीं का है। इसलिए इन्हें युवराज कहते है।"

मेरी ओर टुकुर-टुकुर देखती हुई अपने नन्हे हाथ जोड़कर तारका बोली, "नमत्ते युवलाज!"

काश, मैं चित्रकार होता! उसकी सुडौल शानदार मूर्ति ओर अबोध मधुर मुद्रा बस चित्रांकित करने लायक ही तो थे!

"नमस्ते।" रथ से उतरते हुए मैंने कहा और उसे गोद में उठा लिया। मेरे बाद माँ के कोई सन्तान नहीं हुई थीं। इसीलिए छोटे भाई या बहन को खिलाने की

मेरी इच्छा शायद अतृप्त ही रह गई थी। आज उसे पूरा करने का अवसर प्राप्त हुआ था।

घर में जाते-जाते माधव लगातार, बार-बार तारका को इशारा कर रहा था कि मेरी गोद से नीचे उतर जाए। लेकिन उसका उस ओर ध्यान ही नहीं था। वह मुझसे पूछने लगी, ''युवलाज, आप मुझे घोला देंगे?''

''वह किसलिए भला?''

''मैं न, उस पल बैठ कल दूल-दूल जानेवाली हूँ!''

''कहाँ?''

''घूमने!''

''घूमने जाने के लिए घोड़े की क्या आवश्यकता? किसी पखेरू पर बैठकर जाना चाहिए! चिड़िया पर या कौए पर...!''

हम बैठक में आ गए, तब भी वह मुझसे चिपकी हुई ही रही, किसी पेड़ में लगे सुंदर फल जैसी!

मैं बैठ गया तब मेरे आभूषणों से खेलती हुई बोली, ''आपके घोले पल बैथ कल मैं भगवान के घल जाऊंगी।''

''भला वह किसलिए?''

''मेली माँ जो गई है वहाँ। कित्ते दिन हो गए, अभी वह वापस आती ही नहीं है!''

मैंने माधव की ओर देखा। वह पशोपेश में पड़ा था, लेकिन तारका को किस तरह रोका जाए, समझ नहीं रहा था।

तारका मेरी गोद पर सिर रगड़ते हुए बोली, ''आज मैं आपके घोले को जाने नहीं दूंगी!''

''क्यों?''

''सादी जो है आज!''

''किसकी? तुम्हारी?''

''अं हं! मेली गुलिया की!''

''कब है?''

''पलसों!''

''दूल्हा कहाँ का है?''

''दूल्हा?'' कहते हुए उसने दोनों हाथ हिलाकर 'कहीं नहीं' का संकेत किया। उसकी यह नकारात्मक भंगिमा बहुत ही मोहक थी। ऐसे लगा, जैसे कोई लुभावना पंछी बूंदें झाड़ने के लिए अपने नन्हे-नन्हे डैने सिहार रहा हो।

तारका की गुड़िया की शादी परसों होना निश्चय हो गया था और मज़े की बात यह थी कि अभी दूल्हा ही निश्चित नहीं हुआ था! उसका मज़ाक उड़ाने के लिए मैंने कहा, ''अपना घोड़ा तो तुम्हारी गुड़िया की शादी के लिए दे देता हूँ मैं, लेकिन दूल्हा कहाँ से लाओगी तुम?''

"आप सच कहते हैं! भला दूला कहाँ से लाया जाए?" कहकर अपनी हथेली पर चिबुक रखकर वह सोच में पड़ गई।

माधव भीतर भोजन का प्रबंध करने गया था। इसलिए तारका दिल खोल कर मुझसे बातें कर रही थी, हँस रही थी, खेल रही थी। उसकी वह सोच में डूबी नन्हीं मूर्ति क्या ही मनोहर लगती थी! मन कर रहा था कि उसे उठा लूँ और बार-बार चूम लूं। किन्तु उस बाल-समाधि को भंग करना संभव नहीं हुआ।

कुछ देर बाद सिर उठाकर उसने बड़ी गंभीरता से प्रश्न किया, "ओ, युवलाज! आप बनोगे दूला मेरी गुलिया का?"

उसी समय माधव लौट आया। उसने तारका का वह अद्‌भुत प्रश्न सुन लिया था। कोई और समय होता तो ऐसा ऊटपटाँग प्रश्न करने के लिए उसने उस अबोध बालिका की शायद अच्छी पिटाई की होती। किन्तु मेरे सामने वह ऐसा कर नहीं पायेगा, वह चुपचाप हाथ मलता रह गया। हस्तिनापुर का युवराज और इस तारका की गुड़िया का दूल्हा! भई वाह! नन्हें बच्चों की कल्पनाएं भी क्या उड़ान भरा करती हैं! मैं इस विवाह का चित्र अपनी आँखों के सामने लाने लगा। एक तरफ बित्ते-भर की गुड़िया खड़ी है, बीच में माधव ने फटी-पुरानी धोती का अन्तरपट पकड़ा हुआ है। और दूसरी तरफ खड़ा है अच्छा मोटा-तगड़ा, ऊंचा-पूरा ययाति।

तारका की अठखेलियों में भोजन की वेला तक का समय कैसे बीत गया, पता ही नहीं चला। भोजन से निवृत्त होते ही मैने सारथी से कहा, "हम यहीं पर विश्राम करने जा रहे हैं। धूप ढलने के बाद तुम फिर से रथ ले आना! आज रात हम राजमहल में ही रहेंगे।"

तीसरे पहर माधव अपने भाई की कविताएं पढ़ने के लिए मुझे दे गया। जो भी पन्ना अनायास सामने आ गया, मैं पढ़ने लगा।

उस पन्ने में 'सागर-दर्शन' था। सागर के ज्वार से उठनेवाली उत्तुंग लहरों की तुलना हज़ार घोड़ों वाले रथ में सवार होकर पृथ्वी पर विजय पाने के लिए निकले वरुण के साथ करने की उस पृष्ठ पर अंकित कल्पना मेरे मन को बहुत ही अच्छी लगी। विशेषतः फेनिल लहरों की तेज़ दौड़ने के कारण अयाल बिखरे घोड़े से जो उपमा दी गई थी वह तो कवि की सूक्ष्म निरीक्षण-शक्ति की परिचायक लगी।

समुद्र पर रची गई कविता का एक चरण था—

"ऐ, उन्मत्त सागर, व्यर्थ में गरजना छोड़ दे। इस क्षण भाग्य तेरे अनुकूल है। इसीलिए भूमि का एक-एक भाग पदाक्रान्त करता हुआ तू आगे बढ़ता जा रहा है। लेकिन कुछ समय ठहर गया, तो उसी भाग्य के प्रताप का तुझे पता चल जाएगा। वह मर्यादा की जो भी लीक खींच देगा, उसको लाँघकर तू एक कदम भी नहीं जा पाएगा! यही नहीं, यदि भाग्य का पासा पलट गया तो चुपचाप तुझे भूमि का पदाक्रांत किया हुआ एक-एक भाग त्याग कर पराजित होकर सिर झुकाए उलटे कदम लौटना पड़ेगा। ऐश्वर्य पाने पर सत्पुरुष उन्मत्त नहीं हुआ करते और विपदाओं में वे साहस भी नहीं हारते, क्योंकि वे जानते है कि भाग्य की गति बड़ी विचित्र होती है!"

भाग्य की गति की इतनी काव्यपूर्ण व्याख्या करते समय माधव के भाई ने अपनी पत्नी की मृत्यु ओर फलस्वरूप जीवन में आनेवाले परिवर्तन की क्या तनिक भी कल्पना की होगी? इस समय वह कहाँ पर होगा? क्या किसी सराय में? या गंगा के किनारे किसी मन्दिर में? वह क्या कर रहा होगा? उसके मन में क्या-क्या विचार उठते होंगे? साँझ की छायाओं को देखते ही क्या उसे तारका की याद सताती नहीं होगी? घर-घर में दीप जलाए जा रहे है, पुरुष अपने-अपने परिश्रम के काम समाप्त कर घर वापस आ रहे है, नारियाँ हँसते-हँसते उनका स्वागत कर रही हैं। मिलन की वेला समीप आने की कल्पना मात्र से उन सभी नर-नारियों के मन पुलकित हो रहे है, यह सब देखकर उसे क्या लगता होगा?

राजप्रासाद से निकलने के बाद से मुझे मुकुलिका की याद नहीं आई थी। अब उसकी कमनीय आकृति एकदम आँखों के सामने आकर खड़ी हो गई। उसे मिटा डालने के लिए मैं उस काव्य का एक और पन्ना पढ़ने लगा। लिखा थाः

''कैलाश पर्वत कितना ऊँचा है! उसके शिखर हमेशा आकाश को चूमते रहते हैं। कैलाश पर सर्दी भी कितनी भंयकर! जिधर देखो उधर बर्फ की परतें ही परतें जमी हुईं! मानो भोले शंकर द्वारा रमाई गई भभूत ही हवा से बिखर-कर जहाँ-तहाँ पड़ी है! लेकिन इस तरह का यह स्थान पार्वती-परमेश्वर ने अपने निवास के लिए आखिर क्यों चुना होगा? शंकर तो ठहरे निर्धन और दिगंबर भी। ऊपर से यह स्थान भी कुछ ऐसा कि खाने के लिए कंद-मूल और पहनने के लिए वल्कल मिलना भी मुश्किल।

''फिर उन्होंने अपनी गृहस्थी के लिए किसी अन्य स्थान का चयन क्यों नहीं किया, बताऊँ?

''उमा और महेश प्रणय-पूर्ति के लिए यथार्थ में एकान्त चाहते थे। वे एक ऐसे एकान्त स्थल की खोज में थे, जहाँ कोई नहीं आएगा, शंकरजी उमा के साथ जीभर कर द्यूत-क्रीड़ा खेल सकेंगे, उस द्यूत में हार जाने के बाद सारी बिसात को ही क्रोध में उठाकर वे फेंक सकेंगे, उमा जब यह कहकर रूठ जाएगी कि बस बस, आपकी तो आदत ही ऐसी है, ज़रा कुछ मन के विरुद्ध हुआ नहीं कि बैठ गए आपे से बाहर होकर—तो उसे बाहुपाश में जकड़कर उसको मना लेंगे। इसलिए उन्होंने कैलाश का चयन किया।

''आपको मेरी यह बात जँचती नहीं तो जाकर भगवान विष्णु से पूछिए। वे भी आखिर सागर-तल में जाकर शेषनाग की सेज फैलाकर क्यों लेटे हैं? इसलिए न कि उनके एकान्तसुख को कोई भंग न कर सके?...''

वह काव्य पढ़ना समाप्त करते ही मुकुलिका की मूर्ति मेरी आँखों के सामने पहले से भी अधिक मोहक रूप धरकर खड़ी हो गई। मन अशोक वन की ओर खिंचा जाने लगा। लगा कि प्रातः उस पर व्यंर्थ ही गुस्सा किया था। जो कुछ हुआ उसमें उसकी गलती क्या थी? वह स्वयं मेरे पास थोड़े ही...?

नहीं! मुकुलिका के बारे में ही हमेशा इस तरह सोचते रहना ठीक नहीं। कल

रात जो कुछ हुआ, वह पाप हो, न हो। लेकिन आज फिर से वही नहीं होने देना चाहिए। अब से फिर कभी भी नहीं होने देना चाहिए।

मैं फिर काव्य पढ़ने लगा–

''स्त्री जैसी विलक्षण देवी क्या त्रिभुवन में कोई और मिलेगी? उसके आलिंगन का सुख पाने वालों ने संसार में हमेशा महान पराक्रम किए हैं। बड़े-बड़े वीरों और कवियों की जीवनियों को देखिए, यह बात स्पष्ट हो जाएगी। इसके विपरीत स्त्री के बाहुपाश को तोड़ जाने वालों का जीवन पराक्रमशून्य रहता आया है। ऐसे तड़ी-तापसियों और साधु-संन्यासियों की भला इस दुनिया में कब कमी रही है?''

उसके आगे का काव्य पढ़ने पर तो मैं बहुत ही बेचैन हो गया–

''हे रमणी, तेरी सहेलियों और आप्तजनों को लगता है कि तेरा प्रियतम बहुत दिनों बाद घर लौट आया है और इसीलिए उसे देखते ही तू शरमा गई और तेरे गालों पर लालिमा छा गई है। लेकिन ये अरसिक लोग असल बात को क्या जानें? वास्तव में विगत कितने ही दिनों से तू अपने प्रियतम के आगमन की प्रतीक्षा कर रही थी। उसकी राह पर आँखें बिछाए बैठी थी। सारी-सारी रात अपलक जागती बैठा करती थी। तुम। हवा के झोंके से दरवाज़ा बज उठता तो प्रियतम के ही आने की कल्पना कर तुम दौड़कर जाती और दरवाज़ा खोलकर देखतीं। फिर निराश होकर बिस्तर पर लेट जाती थीं।

''मूसलाधार वर्षा होने लगती तो तुम्हारे मन में यही प्रश्न उठता था कि वे कहाँ होंगे? इस समय यदि वे राह में होंगे तो इस वर्षा में तो पूरे भीग गए होंगे। यह मुसीबत यदि उनके यहाँ रहते में आई होती, तो मैं तुरन्त उनसे कसकर लिपट कर उन्हें अपनी गरमाहट दे देती। लेकिन वे तो इस समय मुझसे सैंकड़ों कोस दूर हैं। यह सहायता मैं वहां तक कैसे पहुंचा सकती हूँ?

''हे रमणी, इसी तरह तूने कई रातें जागकर काटी हैं। इसीलिए तुम्हारी आँखें लाल हो गई हैं। आज प्रीतम से नज़रें मिलते ही आँखों ही आँखों की वह लाली आनंदाश्रुओं के रूप में बहकर तुम्हारे गालों पर उतर आई है। तुम्हारे इर्द-गिर्द के लोग अरसिक हैं, पागल हैं। इसीलिए वे सोच रहे हैं कि प्रीतम को देखते ही तुम शरमाकर लाल हो गई हो। भला इतना शरमाने के लिए तुम नई-नवेली दुल्हन थोड़े ही हो?''

इसके आगे ही एक 'रजनी-स्तोत्र' लिखा था। अब तक के काव्यों को पढ़ लेने के बाद उसे पढ़े बिना मुझसे नहीं रहा गया :

''सभी ऋषि-मुनि प्रातः सूर्य को अर्ध्यदान करते हैं। प्रार्थना करते हैं कि हमारी बुद्धि को भी वह आलोकित करे।

''हे रजनी, तुझे कोई अर्ध्यदान नहीं करता। तेरी कोई प्रार्थना नहीं करता। इसलिए तुम घुलती-घुटती जा रही हो। पागल हो तुम! सूर्य की अपेक्षा तुम्हारे ही भक्तों की संख्या ज़्यादा है। हर घर में झांककर देखो। तुम देखोगी कि तुम्हारे आगमन से युवक-युवतियों के हृदय-कमल खिल उठे हैं। हर पल उन्हें युग समान प्रतीत हो

रहा है। तुम स्वयं शीतल हो, लेकिन उनके रोम-रोम को तपा रही हो। ठीक है कि तुम्हें देखकर फूल खिला नहीं करते, लेकिन प्रेमीजनों का अंग-प्रत्यंग तो तुम्हारे आगमन से ही पुलकित होता है, आकाश में तारों की बहार खिल उठती है। भला इन बातों में तुम्हारा सानी कौन हो सकता है?

"सूर्य कर्तव्य का सन्देश देता है। तुम प्रीति का गीत गाती हो। सूर्य मनुष्य की बुद्धि को आलोकित करता है, तुम उसके हृदय में चाँदनी बरसाती हो।

"हे रजनी, तुम जगन्माता हो। तुम न होतीं तो—आठों पहर सूर्य ही पृथ्वी पर प्रकाशमान रहता, तो मनुष्य की सभी कोमल भावनाएं दग्ध हो गई होतीं। उसे मुक्ति पाने के लिए आत्महत्या के सिवा कोई मार्ग दिखाई न देता।"

माधव से विदा लेकर मैं रथ में जा बैठा, तब इन कविताओं का मुझपर एक नशा-सा छा गया था। शरीर का कण-कण प्यासा हो उठा था। बयार पर सवार होकर आनेवाली मंद सुगंध के समान रात की स्मृतियाँ मन को बेचैन कर रही थीं।

सारथी राजप्रासाद की ओर रथ को मोड़ने लगा। तभी मैं ज़ोर से चिल्लाया, "रथ रोको सारथी!"

रथ को रोककर उसने पूछा, "क्या बात है महाराज?"

"कहाँ लिए जा रहे हो?"

"राजप्रासाद।"

"किसने कहा तुम्हें उधर चलने को?"

"आप ही ने महाराज, दोपहर में!"

अब जाकर कहीं मुझे दोपहर वाले अपने संकल्प की याद आई। बेचारे सारथी की कोई गलती नहीं थी। मैंने नरम स्वर में कहा, "रथ अशोक वन ही ले चलो। आज सिर में बड़ा दर्द है।"

अशोक वन के महल में कदम रखते ही मैंने उसे कल जैसा ही सुसज्जित और सुशोभित पाया। मैं जाते समय मुकुलिका से कह गया कि "आज मैं यहाँ नहीं आऊँगा।" इसके बावजूद उसने यह सारी साजसज्जा कर रखी थी, इस पर मुझे आश्चर्य हुआ।

मेरे पीछे-पीछे ही वह भी महल में आई। उसके हाथों में मदिरा की एक सुंदर सुराही थी। बनावटी गंभीरता से मैंने पूछा, "महारानीजी की आज्ञा है न, कि यहाँ मदिरा न रखी जाए?"

उसने हँसकर कहा, "मैं आपकी दासी हूँ। आपकी इच्छा..."

कहते-कहते उसने एक चषक में मदिरा ढालकर मुझे दे दी।

चुसकी लेते-लेते मैंने मुकुलिका से पूछा, "मैंने सुबह तुमसे कह दिया था कि मैं यहाँ नहीं आऊंगा। इसके बावजूद..."

"नहीं! नहीं!"

"क्या मतलब?"

"आप तो यही कहकर गए थे कि मैं शाम को आने वाला हूँ!"

"क्या बक रही हो?"

"सच बताऊं?" छिगुनिया को यूं ही दांतों तले दबाकर उसने कहा, "नारियों का ध्यान पुरुषों की बातों की ओर नहीं, उनकी आँखों की ओर हुआ करता है!"

सूरज उगता था, डूबता था। सूर्योदय के बाद मैं नगर में आता, माँ और पिताजी की चरणधूलि मस्तक पर धारण करता, फिर आराम से माधव के यहाँ जाता। उसके सहवास में काव्य, नृत्य और संगीत का आस्वाद लेते हुए अपने आपको भुला देता और सूरज डूबने के बाद अशोक वन लौट आता। यही मेरा नित्यक्रम-सा बन गया था। कभी-कभी तो लगता कि यह जीवनक्रम एक अबोध शिशु का है। वह जागता है, दूध पीता है, हाथ-पांव हिला-हिलाकर खेलता है और थोड़ी देर बाद फिर से सो जाता है। दिन में अठारह-बीस घण्टे उसके सोने में ही बीत जाते हैं। इसलिए शायद चिन्ता, दुःख, मृत्यु आदि की गहरी काली परछाइयाँ उसके मन को छू तक नहीं पातीं। कभी लगता, नहीं! यह निरी आत्मवंचना है। मोह का प्रथम क्षण पाप की पहली सीढ़ी होता है। वह सीढ़ी मैं उतर आया हूँ। यह सीढ़ी बड़ी ही मोहक और रत्न-जड़ित है! लेकिन कितनी भी सुंदर हो, तब भी वह अधःपतन की सीढ़ी है! यह सीढ़ी मुझे कहाँ ले जाएगी? भीषण गर्त में? भयानक खाई में? सप्त पाताल में?

कभी-कभी मन के भीतर चल रहा यह द्वंद्व बहुत ही भयानक रूप ले लेता। मन की अवस्था तो उस छोटे-से बालक जैसी हो जाती, जो दो प्रमत्त हाथियों की भिड़न्त देख रहा है, दोनों हाथी लाल-लाल रक्त में नहा चुके हैं, खून से लथपथ एक हाथी का नुकीला दांत दूसरे के शरीर में भाले जैसा घुस गया है, आहत हाथी ने भी प्रत्याघात के लिए अत्यंत क्रोध और जोश से अपनी सूंड़ हवा में किसी गदा के समान उठाई है—और यह सब दूर से देखते-देखते भीतर ही भीतर घबराकर बेहोश होकर गिर पड़ा है!

लेकिन ऐसा क्षण शायद ही कभी आता।

एक दिन शाम को एक कलात्मक शृंगार-नृत्य देखकर मैं ओर माधव लौटे। माधव को उसके घर छोड़कर मैंने सारथी को रथ अशोक वन ले जाने की आज्ञा दी। तभी प्रासाद से एक दूत अमात्य का सन्देश लेकर आया। पिताजी अब अच्छी तरह होश में आ गए थे और 'ययु कहाँ है?' की लगातार रट लगाए हुए थे।

तीर के वेग से मैं राजप्रासाद पहुँचकर पिताजी के महल में गया। उनका चेहरा बहुत ही निस्तेज पड़ चुका था—ग्रहण लगे सूर्य के जैसा! मैं चकरा उठा।

मुझे अपने पास बिठाने के लिए पिताजी ने अपना दायाँ हाथ ऊपर उठाने की चेष्टा की। किन्तु इसमें उन्हें बहुत ही कष्ट होता दिखाई दिया। मैं रुआंसा हो गया। मेरे बचपन की बीमारियों में इसी हाथ ने मुझे धीरज बंधाया था, बचपन के छोटे-छोटे पराक्रमों के लिए इसी हाथ ने मुझे प्रोत्साहन दिया था। वह हाथ मेरा कृपा-छत्र था। वही हाथ अब...

मेरी पलकें अनजाने में भीग आईं। पिताजी ने इशारा कर मेरे अलावा सबसे उस कक्ष के बाहर चले जाने को कहा। दासियाँ चली गईं, अमात्य गए, राजवैद्य भी गए। चार-पांच क्षण माँ हिचकिचाती रहीं, किन्तु पिताजी मुझ अकेले से ही शायद कुछ कहना चाहते हैं, यह जानकर वह भी कुछ अनिच्छा से बाहर चली गई। बाहर जाते ही उसने द्वार भी बंद कर दिया।

पिताजी के सिरहाने अनेक मात्राएं, चूर्ण, भस्म और अवलेह आदि दवाइयाँ रखी थीं। उन्हीं में मदिरा की एक छोटी सुराही भी थी। बड़े ही कष्ट से उन्होंने उस सुराही की ओर उंगली दिखाते हुए मुझसे कहा, ''मुझे थोड़ी मदिरा दो।''

मैंने देखा था, राजवैद्य बीच-बीच में पिताजी को घूंट-दो घूंट मद्य दे दिया करते हैं। इसीलिए मैंने चषक में बहुत ही थोड़ा मद्य ढाला ओर उनके होंठों तक ले गया।

चषक की ओर घूर-घूरकर देखते हुए उन्होंने कहा, ''पूरा प्याला भरकर दो मुझे...''

''लेकिन पिताजी...आपका परहेज़...''

वे विषण्णता से हँसे। ''तुमसे काफी बात करनी है मुझे। और उसके लिए शक्ति भी चाहिए...काफी...पूरा प्याला...पूरा भर कर दो। यूं ही तीर्थ की तरह...''

मैंने चषक भर उनके होंठों से लगा दिया। चुसकियाँ लेते-लेते वे सारा मद्य पी गए। फिर कुछ देर आँखें मूंदकर पड़े रहे। उन्होंने आँखें खोलीं तब उनका चेहरा काफी उल्लसित दिखाई दिया।

मेरा हाथ अपने हाथ में लेकर पिताजी ने कहा, ''ययु, अब भी जीने की बहुत चाह मन में है। अपनी ज़िन्दगी मुझे दे देने वाला कोई मिलता है, तो मैं उसे अपना सारा राज्य तक दे डालूँगा। लेकिन...''

एक लम्बी आह भरकर वे मेरी ओर अत्यंत करुण दृष्टि से देखने लगे। पुरुष सिंह के नाम से पिताजी का त्रिभुवन में यश फैला हुआ था। किन्तु अबकी बार उनकी वह दृष्टि मर्माहत हिरन की दृष्टि थी, भयभीत खरगोश की दृष्टि थी। धीरे-धीरे वे आगे कहने लगे, ''ययु, एक अत्यंत समृद्ध राज्य मैं तुम्हारें हाथों में सौंपकर जा रहा हूँ यदि जीवन भर तुम ऐश और आराम करते रहे, तब भी यह राज्य सुचारू ढंग से चलता रहेगा। मैं सिंहासन पर आरूढ़ हुआ, तब भी दस्युओं का उपद्रव बहुत था। जनता अनेक सुख-सुविधाओं से वंचित थी। राज्य-व्यवस्था भी...लेकिन छोड़ो इन बातों को। एक अत्यंत समृद्ध राज्य तुम्हें विरासत में देकर मैं...''

''पिताजी आप के कर्तृत्व और पराक्रम को मैं भली भांति जानता हूँ। यह तो मेरा अहोभाग्य है कि मैं आप जैसे पिता का पुत्र हूँ...''

''और दुर्भाग्य भी...!'' पिताजी ने मुझे बीच ही में टोककर कहा।

मैं सिहर उठा। क्या कहूँ, समझ में नहीं आता था।

क्या उनके इस उद्गार का संबंध उन्हें मिले उस शाप से होगा? या अब भी यति के बिछोह का दुःख उनके मन में चुभ रहा है?

पिताजी एक-एक शब्द आहिस्ता-आहिस्ता कहने लगे, "ययु, तुमने बचपन से अनेक बार सुना होगा कि तुम्हारे पिता ने इंद्र को भी परास्त किया था, वह स्वर्ग का राजा भी बना था। लेकिन वह कहानी कि जिससे मुझे वह इंद्रपद छोड़ना पड़ा..."

"किसीने वह मुझे नहीं बताई, पिताजी!"

भीषण हास्य करते हुए पिताजी बोले, "राजाओं के दुर्गुणों की चर्चा उनकी मृत्यु के बाद लोग करने लगते है। हाँ तो भला मैं तुमसे क्या कह रहा था। हाँ, आया याद। इंद्रपद की प्राप्ति के कारण मेरी वृत्ति-प्रवृत्तियाँ बदल गईं। मैं घमण्ड में चूर हो गया। मेरे जैसा पराक्रमी वीर तीनों लोकों में नहीं, यह जान कर मैं मदोन्मत्त हो उठा। ययु, एक बात को कभी न भुलाना। पराक्रम पर गर्व करना एक बात है और उसके घमण्ड में उन्मत्त हो जाना दूसरी! मेरा उन्माद इस हद तक पहुँच गया कि मैं इंद्राणी की ओर भोग-विलास की दासी के नाते देखने लगा... इंद्राणी मेरी बात को एक शर्त पर स्वीकार करने को तैयार हुई। शर्त यह थी कि मैं उसके रंगमहल में एक ऐसी-अनोखी पालकी में जाऊँ जो मेरे पराक्रम की शान बढ़ाए। इंद्राणी ने यह सुझाव भी दिया कि हमारे मिलन के लिए ऋषियों द्वारा ढोई गई पालकी त्रिभुवन में अलौकिक सवारी हो सकती है। उन्माद ने मुझे पहले ही अंधा बना दिया था, ऊपर से कामुकता का भूत भी मुझपर बुरी तरह सवार हो गया था...बड़े-बड़े ऋषि-महर्षियों को बुलाकर मैंने स्वर्ग के रत्नों से जड़ित अपनी पालकी उनके कंधों पर रखवा दी। ऋषि पालकी ढोकर मुझे ले जाने लगे। किन्तु मैं इतना कामातुर हो गया था कि ऋषियों की गति मुझे मंथर लगने लगी। मैं तो ऐसे मचल रहा था कि कब इंद्राणी के रंगमहल पहुँचूं और कब उसके सौन्दर्य का जी भर कर उपभोग करूँ। इसलिए मुझे ऋषियों की इस मंथर गति पर गुस्सा आ गया। पालकी जल्दी-जल्दी चले इस हेतु उसके वाहक ऋषियों में से एक के मस्तक पर मैंने सर्प! कहकर ज़ोर से लात मारी! वह—अगस्त्य ऋषि थे। उन्होंने तत्काल शाप दिया...और..."

आखिरी शब्द कहते-कहते पिताजी बुरी तरह हाँफने लगे। उनका उच्चारण बहुत ही अस्पष्ट...बहुत ही कंपित था!

उनसे ज़्यादा बोला नहीं गया। उन्होंने फिर से मदिरा के प्याले की ओर उंगली दिखाई। अभी तुरन्त ही उन्हें मद्य देना निश्चय ही बड़ी बदपरहेज़ी होगी ऐसा सोचकर मैं चुपचाप बैठा रहा। लेकिन उनके चेहरे पर उभर आई व्याधि की वेदना मुझसे देखी नहीं गई। चषक आधा-अधूरा भरकर मैंने उनके होंठों से लगा दिया।

उतने मद्य से ही उन्हें फिर से कुछ ताज़गी आ गई। कुछ कहने के लिए उनके होंठ फिर हिलते-से लगे। अतः मैंने कहा, "अब आप आराम कीजिए पिताजी...हम लोग बाकी बातें कल कर लेंगे।"

"कल?" उन्होंने यह एक ही शब्द कहा तो, लेकिन उसमें दुनिया-भर का सारा कारुण्य समाया था।

क्षण-भर के लिए वे कुछ अन्तर्मुख हो गए। फिर शांत, भाव से बोले, "वह शाप था—'यह नहुष और इसके पुत्र कभी सुखी नहीं होंगे!'—माँ-बाप की भली-बुरी

सभी बातें विरासत में बच्चों को मिला करती हैं। प्रकृति का यह नियम ही है। लेकिन...बार-बार मुझे लगता रहा है कि उस शाप की बला जन्म से ही तेरे पीछे नहीं लगनी चाहिए थी। ययु, तुम्हारा पिता अपराधी है। उसे क्षमा कर दो बेटे! एक ही बात हमेशा याद रखना--जीवन की मर्यादाओं को कभी भुलाना नहीं चाहिए। मैंने उन्हें भुला दिया और...''

हताश मुद्रा में पिताजी ने आँखें मूंद लीं। स्पष्ट था कि इतना बोलने के कारण ही उनपर काफी तनाव आ गया था। अब उन्हें पूरे विश्राम की आवश्यकता थी। किन्तु वे अपने-आप ही कुछ बुदबुदा रहे थे। मैं झुककर गौर से सुनने लगा। मैंने सुना—शाप, यति, मृत्यु...' मुझसे रहा नहीं गया। मेरे मुँह से शब्द निकल गए, ''पिताजी, यति ज़िन्दा है!''

आंधी के वेग से जैसे घर के किवाड़ तड़ाक-से खुल पड़ें कुछ इसी तरह पिताजी ने आँखें खोल दीं और बहुत ही भर्राए स्वर में पूछा, ''कहाँ?''

''पूर्वी आर्यावर्त में...''

''सबूत क्या है?''

''वह मुझसे मिला था।''

''कब?''

''अश्वमेध के समय।''

पिताजी सुनकर थरथर काँपने लगे।

''और इतने दिन तक तुमने यह बात मुझसे छिपाए रखी? स्वार्थी, नीच, दुष्ट—मैं उसे वापस लिवा लाता और मेरे बाद वही राजा बनता, इसी भय से तूने उसको...''

आगे का शब्द उनके मुँह से निकाले नहीं निकला। लेकिन वे मेरी ओर इतनी अजीब दृष्टि गड़ाकर देखने लगे कि अनजाने ही मैं चिल्लाया, ''माँ...।''

माँ, अमात्य, राजवैद्य, दासियां...सभी भीतर आ गए। राजवैद्य ने जैसे-तैसे कोई अवलेह पिताजी को चटाया।

शायद थोड़ी देर बाद उन्हें कुछ अच्छा लगने लगा। उन्होंने धीरे से अमात्य से कहा, ''अमात्य, अब मेरा कोई भरोसा नहीं है। इंद्र को पराजित करने के बाद प्रसारित की गई हमारी सुवर्ण-मुद्रा लेते आइए। एक बार आँखें भर मैं उसे देखना चाहता हूँ। उसे देखते-देखते मरना चाहता हूँ। मनुष्य को विजय के उन्माद में मृत्यु आनी चाहिए!''

पिताजी के इन वाक्यों से माँ के तो होश-हवास उड़-से गए। वह आँखें पोंछने लगी। मेरी समझ में नहीं आ रहा था, कैसे उसे सान्त्वना दूँ।

अमात्य वह सुवर्ण-मुद्रा ले आए।

''लाइए, वह मेरे हाथ में दीजिए।'' पिताजी ने कहा। हाथ में लेने के बाद काफी कष्ट होने के बावजूद उन्होंने उसे उलट-पुलटकर देखा और बोले, ''इसपर मेरे पराक्रम की निशानी कहाँ है? धनुष-बाण—मेरा धनुष—मेरा बाण...''

अमात्य उस मुद्रा का एक कोण पिताजी को दिखाते हुए बोले, "इस तरफ आपके धनुष-बाण का चित्र है, महाराज!"

"कहाँ-कहाँ? यह सुवर्णमुद्रा वह नहीं है। मुझे धोखा दे रहे हैं आप लोग!"

"नहीं महाराज! इसी ओर वह चित्र अंकित है!"

"तो मुझे वह क्यों नहीं दिखाई देता? दूसरी ओर से दिखाइए मुझे!"

अमात्य ने फिर दूसरी ओर से मुद्रा पिताजी को दिखाई। पिताजी एकाग्र दृष्टि से देखने लगे। बीच ही में उन्होंने मुझे पुकारा, "ययु..."

मैं आगे बढ़ा। वे मुझसे कहने लगे, "इस सुवर्णमुद्रा पर क्या कोई अक्षर है?"

"है, पिताजी!"

"भला पढ़कर सुनाओ तो!"

"जयतु जयतु नहुष"

"अरे तो फिर मुझे ही वे अक्षर दिखाई क्यों नहीं देते? शायद उन्होंने भी मेरे विरुद्ध षडयंत्र रचा है!"

पिताजी ने मुझसे उस मुद्रा को दो-तीन बार उलटने-पुलटने को कहा। मैंने वैसा ही किया। हर बार एक तरफ धनुष-बाण का चिह्न और दूसरी तरफ 'जयतु जयतु नहुषः' अक्षर मुझे स्पष्ट दिखाई दिए। लेकिन पिताजी उन्हें देख ही नहीं पा रहे थे।

उनकी आँखों से आँसू बह निकले। गदगद स्वर में बोले, "नहीं...मुझे कुछ भी दिखाई नहीं दे रहा है! जयतु जयतु नहुष! झूठ है! झूठ है। यह सब! आज उस नहुष की हार हो रही है! मृत्यु उसे पराजित कर रही है! मृत्यु! मुझे कुछ भी दिखाई नहीं दे रहा है! मुझे...मुझे...!"

बोलते-बोलते वे अचेत हो गए। माँ अपनी सिसकियों को दबाने की कोशिश कर रही थीं, लेकिन आाखिर उनका विस्फोट होकर ही रहा! राजवैद्य एक दासी की सहायता से पिताजी को कोई दवा चटाने लगे।

मृत्यु ने दबे पाँव महल में प्रवेश कर लिया था। किसी को भी वह दिखाई नहीं दे रही थी। लेकिन उसकी घुटन पैदा करने वाली काली गहरी छाया सभी के चेहरों पर उतर आई थी।

मुझसे वहाँ और खड़ा नहीं रहा गया। दोनों हाथों से मुंह ढांककर मैं महल के बाहर आ गया। रोने को जी कर रहा था, लेकिन रुलाई फूट नहीं रही थी।

थोड़ी देर बाद अमात्य और राजवैद्य बाहर आए। मेरे कंधे पर हाथ रखकर राजवैद्य ने कहा, "युवराज, अभी दी हुई मात्रा के कारण महाराज को आराम पड़ा है। इस क्षण तो चिन्ता का कोई कारण नहीं है लेकिन कह नहीं कह सकता किस समय क्या हो जाए! अब तो सारा भार ईश्वर पर ही है । आप अशोक वन जाकर विश्राम कीजिए। महाराज के स्वास्थ्य में थोड़ा भी परिवर्तन हुआ तो अमात्य तत्काल आपको सूचना देंगे।"

अमात्य ने भी गर्दन हिलाकर राजवैद्य की बात का समर्थन किया।

वहाँ रहकर भी आखिर मैं क्या करता? किसी निर्जीव बुत की तरह चुपचाप माँ का दुःख देखता रहा। पिताजी की वेदनाओं को एक पत्थर की तरह निर्विकार भाव से बैठे देखता।

राजपथ पर मेरा रथ दौड़ रहा था। जिधर देखो, लोगों के जत्थे घूम रहे थे। कोई हँस रहे थे, कोई खेल रहे थे। कोई गीत गुनगुना रहा था, कोई चाँदनी में टहल रहा था। उनके सुख को देखकर मैं और भी दुःखी हो गया।

अशोक वन के महल में कदम रखा तो देखा मुकुलिका सजधज कर द्वार में ही स्वागत के लिए खड़ी है। उससे एक भी बात किए बिना ही मैं भीतर चला गया। मेरी पोशाक उतारने के लिए वह आगे बढ़ी। मैंने हाथ के इशारे से ही उसे मना कर दिया। वह चौंकी और नज़र फेरकर खड़ी हो गई।

मुझे झल्लाहट हो रही थी कि यह दो कौड़ी की दासी आखिर अपने-आपको क्या समझती है? रंभा, उर्वशी या तिलोत्तमा? उधर महाराज मृत्युशय्या पर पड़े हैं, और इधर यह साज-शृंगार कर मुझ पर डोरे डालना चाह रही है! अवश्य ही इसने हिसाब किया होगा कि आज नहीं तो कल युवराज सिंहासन पर बैठेगा, राजा बनेगा। उसके साथ अपना इस तरह का नाज़ुक रिश्ता रखा तो अवश्य ही वह अपनी मुट्ठी में रहेगा। इसीलिए यह अपना जाल बिछा रही है। यदि ऐसा नहीं है तो क्यों यह हर दिन नया साज-शृंगार कर नई-नवेली दुलहन की तरह मुझे मोह लेने की चेष्टा में लगी रहती है? यहाँ का सारा कारोबार उसने कितनी कुशलता से अपने हाथों में रखा है! इस कान की बात उस कान तक भी यह जाने नहीं देती। इस सबका आखिर दूसरा उद्देश्य हो ही क्या सकता है? मेरे साथ जोड़ी हुई उसकी घनिष्ठता...मेरे जैसे दुनियादारी के अनुभव से अछूते युवक के साथ उसके द्वारा खेला जा रहा प्रेम का यह नाटक...पाप की कल्पना तक से अपरिचित एक युवक को अधःपतन के मार्ग पर चलाने के लिए जारी उसकी यह सारी दौड़धूप...छटपटाहट...

डरते-डरते मुकुलिका ने पूछा, "भोजन कब कीजिएगा?"

"मुझे आज भोजन नहीं करना है।"

"क्यों?"

"मेरी मर्ज़ी!"

"लेकिन आज तो मैंने खास तौर से..."

"मैं तेरे सारे नाटक को अच्छी तरह समझता हूँ! कल सुबह होते ही चुपचाप यहाँ से महल चली जाओ! मैं तेरा मुँह भी देखना नहीं चाहता! तू...तू चल निकल बाहर! और ध्यान में रख, जब तक मैं न बुलाऊं इस महल में पाँव नहीं धरना है तुझे, समझी...?"

मैं खिसिया गया था...नाराज़ हो गया था...अपने-आपसे...दुनिया से...मृत्यु से... मुकुलिका से! मुझे स्वयं को ही पता नहीं चल रहा था। कि मैं क्या बोले जा रहा हूँ!

मुकुलिका डरी-सहमी बाहर निकल गई। उसकी भयभीत मुद्रा देखकर मुझे बरबस ही अच्छा लगा। राज-वस्त्र उतारे बिना ही मैं पलंग पर लेट गया।

एकदम मुझे पिताजी की याद हो आई। वह स्वर्णमुद्रा...उसपर अंकित विजय चिह्नों को देख पाने के लिए उनकी वह छटपटाहट...अभी थोड़ी देर पहले उनकी दृष्टि समाप्त हो गई थी...अब...शायद उनकी हाथ-पाँव हिला सकने की शक्ति भी जाती रही होगी! इंद्र तक के छक्के छुड़ा देने वाले वीर पुरुष के नाते पिताजी सारी दुनिया में प्रख्यात थे, लेकिन आज उन्हीं के लिए अपना हाथ तक हिला पाना असंभव हो गया है! और कुछ क्षण बाद शायद उनका सारा शरीर निर्जीव काठ का बनकर रह जाएगा!

मृत्यु का अनाम भय फिर से मन पर छाने लगा था। किसी डरे हुए बच्चे की भांति मैंने आँखें बंद कर ली थीं। धीरे-धीरे नींद के साम्राज्य में मैंने प्रवेश किया।

मैं कितनी देर सोया था, पता नहीं! एक भीषण सपना देखने के कारण मैं जाग उठा। उस सपने में पिताजी के स्थान पर ययाति मृत्युशय्या पर पड़ा था। उसकी आँखों को कुछ भी दिखाई नहीं दे रहा था। हाथ-पाँव ठण्डे पड़ते जा रहे थे। उसकी वाणी मौन हो गई थी, वह हँस नहीं पा रहा था, रो भी नहीं सकता था।

पागल की तरह मैं अपने शरीर को--उसके प्रत्येक अवयव को देखने लगा। देह नहीं तो मधुर संगीत नहीं, देह नहीं तो सुंदर चंद्रोदय नहीं। देह नहीं तो स्वादिष्ट व्यंजन-पकवान नहीं, देह नहीं तो खुशबूदार फूल नहीं, देह नहीं तो प्यारभरा स्पर्श नहीं! जन्म से ही मैंने जिन-जिन सुखों का उपभोग किया था, जिन उन्मादों को अनुभव किया था उन सबका मेरी देह के साथ घनिष्ट सम्बन्ध था। अपने आपको 'मैं' कहनेवाला ययाति इस देह से भिन्न कोई वस्तु है या नहीं, मैं समझ नहीं पा रहा था। देह भिन्न, आत्मा भिन्न, यह सीख तो मैं बचपन से ही पाता रहा था, लेकिन किसी अग्निज्वाला के समान बार-बार मेरे सामने यही एक प्रश्न नाच रहा था...ययाति की देह के बिना क्या ययाति की आत्मा दुनिया के किसी सुख का उपभोग कर सकती है?

लगने लगा, मुकुलिका पर अभी व्यर्थ ही मैंने गुस्सा दिखाया। राजप्रासाद की चारदीवारें ही उसके जैसी दासी के लिए चारों दिशाएं होती हैं। उस बेचारी को भला बाहर की दुनिया से क्या लेना-देना? मुझे मोहित कर या झांसा देकर आखिर उसे क्या मिलनेवाला है? वह तो केवल एक ही भावना से मेरे साथ पेश आई कि युवराज उसके स्वामी हैं और उसके सुख में किसी प्रकार की कोई कमी न रहने पावे। इसके बावजूद...

मैंने उसे पुकारा, "मुकुलिके..."

पता नहीं, वह बाहर दरवाज़े से कान लगाए बैठी थी या नहीं। तुरंत उसने हौले से दरवाज़ा धकेला उतने ही हौले से उसे भीतर से बंद किया और एक-एक कदम रखती हुई वह आगे बढ़ती चली आई।

पलंग के पास आते ही सिर झुकाकर वह खड़ी रही।

मैंने कहा, "इस तरह क्यों खड़ी हो? क्या इसलिए कि मैंने अभी यह कहा था कि मैं तुम्हारा मुँह भी देखना नहीं चाहता!"

वह मुस्कराई, लेकिन उसने सिर नहीं उठाया।

मैंने फिर से कहा, "इतना-सा मज़ाक भी तुम समझ नहीं सकतीं? अब सिर ऊपर नहीं उठाया तो घोड़े को जैसे लगाम डालते हैं, वैसे लगाम ले आऊँगा मैं कल से तुम्हारा मुँह अपनी ओर फेरने के लिए..."

अब वह सिर उठाकर मधुर मुस्कान भरती हुई मेरी ओर देखने लगी। शायद तब से बाहर खड़ी-खड़ी वह रो रही होगी। इसीलिए बारिश हो जाने के बाद और अधिक सुंदर लगने वाली प्रकृति के समान वह मोहक दिखाई दे रही थी।

मैं उठकर उसके कन्धे पर हाथ रखने ही वाला था कि शब्द सुनाई दिया, "युवराज..."

"तुमने पुकारा मुझे?" मैंने उससे पूछा। उसने सिर हिलाकर नहीं कहा। लेकिन शायद वह पुकार उसने भी सुनी थी। वह पलंग से झट से दूर हो गई। बौराई नज़र से दरवाजे की ओर देखने लगी।

"युवराज..." फिर से वही पुकार सुनाई दी।

पलंग के ठीक सामने वाली दीवार से ही कोई पुकार रहा था। आश्रम से आने के बाद अमात्य द्वारा कही गई बात का स्मरण हो आया। राजमहल से अशोक वन तक आने के लिए एक सुरंग-मार्ग था। शायद उस सुरंग-मार्ग से ही कोई आया था! दीवार के पास जाकर मैंने उसे अच्छी तरह से देखा। ठीक बीच में दीवार पोली थी। वहाँ आसानी से दिखाई न देने वाली एक कल थी। उसे दबाते ही बीच का लगभग एक पुरुष ऊँचाई का हिस्सा तुरन्त हट गया। सुरंग की ऊपर वाली सीढ़ी पर अमात्य का सेवक मंदार खड़ा था। काँपती आवाज़ में उसने कहा, "जल्दी कीजिए युवराज, महाराज अंतिम सांस..."

मुकुलिका की ओर मुड़कर देखे बिना ही मैं सुरंग की सीढ़ी पर उतर गया। वह गुप्त द्वार बंद कर लिया और मंदार के पीछे-पीछे किसी कठपुतली की तरह चलने लगा।

दुनिया की दृष्टि में ययाति राजा हो गया था, एक ऐश्वर्यशाली राज्य का स्वामी बन गया था। किन्तु वास्तव में ययाति अनाथ हो गया था, निराधार बन गया था।

कभी-कभी पिताजी की याद में मैं अत्यंत व्याकुल हो उठता। तब राजगुरु मुझे समझाने का प्रयत्न करते, "महाराज, नहुष महाराज की आत्मा अब मुक्त हो गई है। वह अन्तरिक्ष में भ्रमण करती चली जा रही है। पहले तो पूषण उसे उसके नये स्थान तक जाने वाला मार्ग दिखाएगा, फिर सविता भी उसके साथ हो लेगा वह आत्मा एक विशाल प्रवाह को पार कर जाएगी। तब यमराज के प्रहरी के रूप में खड़े फैली नाक, चार-चार आँखों तथा शरीर पर छींटों वाले दो श्वानों के पास से जो कि सरमा के पुत्र हैं, गुज़रती हुई वह आत्मा आत्माओं के निवासस्थान की ओर बढ़ेगी। यह एक अपूर्व अनोखा स्थान है। वहाँ की रोशनी कभी क्षीण नहीं होती।

वहाँ के जलस्रोत कभी नहीं सूखते। वहाँ केवल सुख और आनंद का ही साम्राज्य रहता है। इसलिए आप सारी चिन्ताएं छोड़ दें। महाराज की आत्मा सभी वासनाओं का त्याग क़रती हुई शीघ्र ही आत्मानन्द-सागर में निमग्न हो जाएगी। अतः किसी प्रकार से कोई दुख न करें।"

बेचारे राजगुरु! मेरे मन को समझाने का दूसरा उपाय था ही कहाँ उनके पास? इसी आशय की ऋग्वेद की अनेक ऋचाओं को धड़ल्ले के साथ वे मुझे मुखाग्र सुनाते। घण्टों उनका अर्थ समझाते। मैं उनकी बातें चुपचाप सुन लेता। किन्तु मन मसोसकर कहता, कहाँ रहती है यह मनुष्य की आत्मा? वह कैसी होती है? क्या करती है? देह से भिन्न बातें उसमें क्या होती हैं? राजगुरु मुझे अब समझा रहे हैं कि पिताजी की आत्मा अब आत्मानन्द में निमग्न होने वाली है। फिर उनके दाह-संस्कार के समय चिता जलाते हुए पुरोहितों ने, 'हे अग्निदेवता, इस मृतक को, जो हम तुझे स्वधा के रूप में अब अर्पण कर चुके हैं, पितरों के लिए फिर से उत्पन्न कीजिए। यह पुनः जीव धारण कर शरीर को प्राप्त करे, उसे पुनः शरीर प्राप्त हो...' इस तरह की जो प्रार्थना की थी, उसका अर्थ क्या होता है?

उस प्रार्थना में निहित कल्पना के साथ यूं ही मन उलझता-सुलझता रहता। हमेशा वही धुन सवार रहती। पिताजी फिर से कौन-सा शरीर धारण कर आएंगे? क्या मैं उन्हें उनके उस पुनर्जन्म में पहचान सकूँगा? क्या वे मुझे पहचान पाएंगे? हमारी भेंट मित्र के रूप में होंगी या शत्रु के नाते? पिताजी मेरे शुत्र बनेंगे? नहीं! मैं पिताजी का बैरी बन जाऊँगा? असम्भव! असम्भव!

ययाति का पुत्र बनकर जन्म लेने में उन्हें आनंद होगा! क्या ऐसा हो सकेगा? उस जन्म में क्या माँ उन्हें पहचान जाएंगी? नहीं! पुनर्जन्म मात्र एक कवि-कल्पना भी तो हो सकती है!

इस विचार से मैं बेचैन हो उठता। कई प्रहर पलंग पर लेटा पड़ा रहता। पड़े-पड़े ऊब जाता तो बाहर के उद्यान को देखता रहता। फिर बचपन की स्मृतियाँ ताज़ी हो जातीं। उन दिनों मेरे लिए बगीचे के फूल ही मानो साथी-बच्चे थे! उनके साथ खेलने, हँसने-हँसाने, और खेल-खेल में खिल जाने में बड़ा आनंद अनुभव होता था। उस आनंद के लिए मैं हमेशा लालायित रहता। अब फूल मेरे लिए मात्र फूल रह गए हैं। रंग और गंध का नश्वर सौन्दर्य लेकर आई इस विराट विश्व की एक तुच्छ वस्तु! एक निर्जीव चीज़! अब उनकी ओर कितना भी जीभर कर देखा तब भी वे मुझे किसी स्वप्नलोक में नहीं ले जाते थे।

तब अपने बड़े हो जाने पर मैं झल्ला उठता! लगता, व्यर्थ ही यह यौवन आया। क्यों आया? मैं राजा क्यों बन गया? कहाँ खो गया वह ययाति, जिसे उद्यान-वाटिकाओं में खिले फूलों और यज्ञ-कुंड की धधकती चिंगारियों का एक सा ही आकर्षण था? वह एकदम निःशंक निर्भय, अबोध बचपन कहाँ गायब हो गया?

आज मैं हरगिज़ चिंगारियों को पकड़ लेने के लिए दौड़ूँगा नहीं! आज मुझे होश आ गया है कि अग्नि दाहक होती है। आज किसी भी कली को मैं अपना

राज़ खोलकर नहीं बतलाऊंगा। मुझे ज्ञान हो गया है कि वह कल खिलेगी और परसों मुरझाने वाली है...

तो ज्ञान आखिर क्या है? मानव को मिला वरदान या अभिशाप? यौवन हर प्राणी को मिलनेवाला वरदान है या अभिशाप? यौवन बुढ़ापे की पहली सीढ़ी है तो मृत्यु अन्तिम! नहीं, नहीं! जीव मात्र को भरमा कर बुढ़ापे की ओर ले जाने वाला भी कोई यौवन है! कौन मानेगा उसे वरदान? वह तो एक भंयकर अभिशाप है।

किसी भी कारण अभिशाप शब्द इस तरह मन में उठा कि मुझे बरबस पिता जी द्वारा अन्त समय बताई गई वह कहानी याद आ जाती। आभास होने लगता कि कोई अन्तरिक्ष में अग्नि-ज्वालाओं से लगातार उसी शाप-वाणी को लिखे जा रहा है—'यह नहुष और उसकी सन्तान कभी सुखी नहीं होगे।'

वह अभिशाप आधा-अधूरा सच हो गया। पिताजी सुखी नहीं हुए। उनकी वह अन्तिम छटपटाहट जीने की अभिलाषा, वह अतृप्तता—अपनी अपूर्व विजय का स्मारक तक वे देख नहीं सके।

पिताजी ने उन्मत होकर अगस्त्य ऋषि को लात मारी थी। उन्होंने पिताजी को शाप दिया, सो ठीक ही किया। लेकिन हम पुत्रों ने उनका क्या अपराध किया था? उस समय मैं तो पैदा भी नहीं हुआ था। इसपर भी किसी भूत के समान क्या यह अभिशाप जीवन-भरा मेरा पीछा नहीं छोड़ेगा?

कभी-कभी जी करता कि अभी सीधा उठकर अगस्त्य ऋषि के पास जाऊं—वे कैलाश की चोटी पर तपस्या के लिए गए हों, तो वहाँ उनके सामने जाकर खड़ा हो जाऊँ—और पूछूं, "हम निरीह बच्चों को आपने यह शाप क्यों दिया? यह कहाँ का न्याय है कि माँ-बाप के पाप का दण्ड उनके बच्चों को दिया जाए? क्या देवताओं के यहाँ कोई न्याय होता ही नहीं?"

मैंने यति का जीवन-क्रम देखा था। कहीं इसी शाप के कारण ही तो वह बचपन में घर से भाग निकलने की गलती नहीं कर बैठा होगा? क्या मैं अभी उसी तरह—वह मुकुलिका—नहीं! वह एक बुरा सपना था।

पिताजी की मृत्यु के कारण मैं राजा बना हूँ। अभिषेक समारोह की तिथि पक्की करने के बारे में माँ अमात्य के साथ लगातार विचार-विनिमय कर रही है। अब तक वह शुभ मुहूर्त नहीं मिला है जैसा कि माँ चाहती है!

क्या सिंहासन पर आरूढ़ होने पर भी मैं सुखी नहीं हो पाऊँगा? यह कैसे संभव है? पता नही भाग्य में भगवान ने क्या लिख रखा है?

इस तरह के विचारों से मन अजीब तरह से सुन्न पड़ गया था। लगता था किसी से कोई बात न करूँ, खाना-पीना छोड़ दूँ, बस केवल चुपचाप पड़ा रहूँ। बात माँ के ध्यान में आ चुकी थी। एक दिन उसने मुझसे कहा, "ययु, तेरी तबियत तो ठीक है न? कल अशोक वन की तुम्हारी वह दासी मुकुलिका आई थी। तुम्हारी आँख झपकी देखकर वह बिना मिले ही चली गई। बहुत ही प्यारी और समझदार है वह! सोचती हूँ कि उसे उधर के बजाय इधर लाकर रखा जाए। क्या ख्याल है तुम्हारा?

कहती थी, कहती थी, 'महाराज बड़े अबोल हैं। खुद कभी नहीं बताएंगे कि यह चाहिए, वह चाहिए! उनकी आँखों में उनकी इच्छा देखनी पड़ती है और फिर उसे पूरा करना पड़ता है!' कैसा हो यदि आज अभी उसे यहाँ बुला भेजूं तुम्हारी सेवा में?''

''वह मुकुलिका एक पागल और तुम सात पागल हो माँ! सच कहता हूँ, इधर कुछ दिनों से मन किसी बात में लगता नहीं है। जी करता है, यह सारा वैभव छोड़कर कहीं...''

माँ को मानो सांप सूँघ गया। मेरा हाथ मज़बूती से थामती हुई बोलीं, ''ययु, याद है, तुमने बचपन में मुझे एक वचन दिया था?''

शरारती भाव से मैंने कहा, ''बचपन में तो मैं हर रोज़ तुम्हें एक वचन दिया करता था। इसलिए मन में वचनों की इतनी भीड़ जमा हो गई है कि एक भी वचन अब याद नहीं आ रहा है!''

''ऐसे नटखट हो तुम पहले से ही! बाज़ी अपने पर उलटने लगी, कि...''

क्षण-भर के लिए मन में विचार आया, यति का सारा हाल माँ को सुना दूँ ओर उससे कहूँ, 'उसके पास जाओ माँ, उसे अपनी माया-ममता में बाँधकर वापस ले जाओ। वह बड़ा भाई है। उसे राजा बनने दो। मेरा मन उचट-सा गया है। मुझे राज्य नहीं चाहिए...कुछ भी नहीं चाहिए...!''

ओफ! उस दिन अनजाने में ही मेरे मुंह से पिताजी के सामने यति का नाम निकल गया। लाभ तो कुछ हुआ नहीं, पिताजी की परेशानियाँ अवश्य बढ़ गईं। माँ को भी केवल इतना सुनकर कि यति कहीं पर ज़िन्दा है, कौन-सा सुख मिलेगा? वे उसे खोजने निकलीं, तब भी आंसुओं को देखकर यति थोड़े ही वापस आने वाला है? सिंह ओर बाघ जैसे जंगली पशुओं को आदमियों के साथ हिला लेना आसान है, लेकिन यति जैसे हठयोगी...सच, यति के जीवन का अन्त क्या होगा? इसी मार्ग से चलकर क्या वह ईश्वरीय साक्षात्कार के शिखर पर पहुँच जाएगा? यदि ऐसा हो जाता है, तो सारी दुनिया उसकी सराहना करेगी, एक महान तपस्वी के नाते वह संसार-भर में ख्याति प्राप्त कर लेगा। लेकिन उस शिखर की ओर एक-एक कदम बढ़ते वैराग्य का हिम-पर्वत चढ़ते समय उसका पैर कहीं फिसल गया, तो? उस पर्वत को ढांपने वाली बर्फ कहीं एकदम पिघलने लगी और वह उसे अपने भीतर समा ले, तो?

मुझे चुप देखकर माँ बोली, ''काफी दिन प्रतीक्षा की मैंने कि आज नहीं तो कल तुम्हारा चित्त ठिकाने पर आ जाएगा। लेकिन शुरू से देख रही हूँ, तुम बहुत हठीले हो। भला तुम भी आखिर कर ही क्या सकते हो! तुम्हारा खानदान ही ऐसा है! और अब तो क्या, बालहठ के साथ राजहठ भी जुड़ गया है! लेकिन तुम यदि राजहठ पर उतर आए हो तो याद रखो मैं भी राजमाता का अधिकार चलाना खूब जानती हूँ। मैं बताऊँ, तुम क्यों इस तरह उदास हो गए हो?''

कुछ भी हो, आखिर था तो वह माँ का हृदय! बेटे के पैर में मामूली-सा काँटा

चुभ जाने पर भी आँखों से सावन बरसाने वाला! किसी अचेतन शिला के समान मेरे मन को एक जड़ता प्राप्त हो गई थी। स्वयं मेरी ही समझ में नहीं आ रहा था, आखिर ऐसा क्यों हो गया है। स्वाभाविक ही था कि माँ मेरे विचित्र व्यवहार से असमंजस में पड़ जातीं।

बात बदलने के लिए मैंने कहा, ''माँ तुम बहुत ममतामयी हो यह तो मैं जानता था, लेकिन तुम अन्तर्ज्ञानी भी हो यह तो...''

''यह बुढ़ापे में प्राप्त होने वाला अन्तर्ज्ञान है बेटा...!''

''मतलब?''

हँसती हुई बोली, ''अरे पगले, कभी मैं भी तेरी उम्र की थी न?''

''तो फिर?''

''तो क्यों भूलते हो कि मुझे आज भी कुछ तो अवश्य ही याद होगा कि उन दिनों मुझे कैसा लगता था, मैं क्या-क्या सोचा करती थी?''

''देखो, माँ! मैं हूँ पुरुष! तुम महिलाओं की पहेलियाँ बूझने की यह भाषा मेरी समझ में कतई नहीं आती! सीधे बतला दो न, तुम्हारे मन में क्या है!''

''बस यही कि विवाह हो जाने पर तेरा मन ठिकाने पर आ जाएगा...

''क्या यह खोज तुम्हारी आपबीती पर आधारित है?''

''अरे, तो इसमें आश्चर्य की क्या बात है? मेरा विवाह हुआ तब मैं तुमसे भी छोटी थी। माँ को छोड़कर ससुराल आते समय मुझे तो भगवान याद आ गए थे। लगा था कि ससुराल मं एक दिन भी सुख से नहीं बीत पाएगा।''

''फिर? आगे क्या हुआ!''

''होना क्या था! वही जो घर-घर में होता आया है, हर लड़की के साथ होता रहा है! देखते ही देखते मैं अपनी घर-गृहस्थी में रम गई। माँ को बिलकुल भूल गई। इसलिए कहती हूँ, इस अभिषेक समारोह को जल्दी से निपटा दें और फिर तुम अपनी पंसद की किसी राजकन्या के साथ...''

समारोह की तिथि पक्की करने के लिए माँ हँसते-हँसते चली गई।

चाहिए तो यह था कि उसके उस आखिरी वाक्य से मेरे मन में मधुर कल्पनाओं का सागर ठाठें मारने लगता। मैं हस्तिनापुर का राजा बना था। अत्यंत सुन्दर और अप्सराओं को भी लज्जित करने वाली राजकन्या से ही विवाह करने की मैं ज़िद करता तो ज़ाहिर था कि वह अवश्य ही पूरी कर दी जाती। जीवनयात्रा में मेरी सहचारिणी बनने वाली वह त्रिलोकसुंदरी कहाँ होगी? इस समय क्या कर रही होगी? हमारे जीवन-प्रवाह क्या किसी काव्यमय तरीके से अकल्पित ढंग से एक होने वाले हैं या राजवंश की परिपाटी के अनुसार स्वयंवर के राजमान्य तरीके से मैं प्रीति के प्रांत में प्रवेश करनेवाला हूँ? ऐसे और इसी तरह के अनेक यौवनसुलभ और कल्पना-रम्य प्रश्नों से मन को गुदगुदी होनी चाहिए थी!

लेकिन मैं सोचता रहा माँ के बारे में! पिताजी की बीमारी में आखिरी दिनों में मुझसे उसकी हालत देखी नहीं जाती थी। उसकी आँखों में घिरे दुख की घटाओं

की ओर देखने की हिम्मत नहीं होती थी! बलिवेदी के पास लाकर खड़े किए गूँगे पशु की तरह उसकी मुद्रा दिखाई देती थी। इस कल्पना मात्र से ही कि पिताजी की मृत्यु के बाद उसका हौसला पस्त हो जाएगा और उनके पीछे-पीछे वह भी मुझे अनाथ छोड़ चल बसेंगी, मैं बहुत ही बेचैन हो उठता था।

लेकिन प्रत्यक्ष में जो कुछ हुआ वह मेरी कल्पना से एकदम भिन्न था। पहले कुछ दिनों में वह दुख में चूर थी—लेकिन कितनी शीघ्रता से वह संभल गई और राजमाता के नाते घर का और बाहर का सारा कारोबार उसने अपने हाथों में ले लिया! हर बात में वह बहुत उत्साह से ध्यान देने लगी। उसके चेहरे पर बुढ़ापे का साया पड़ा था। लेकिन उसे देखकर ढलती सांझ की परछाइयों की याद नहीं आती थी। उसकी हलचल में फुर्ती आ गई थी। लगने लगा था, जीवन-रस की मधुरिमा का आस्वाद वह नये सिरे से ले रही है।

मेरी उदासीनता के सामने उसकी उत्साह-भरी मूर्ति का चित्र और भी अच्छा उभर आता था। कम से कम मुझे तो लगता कि घुमड़कर आई काली घटाओं में बिजली कौंध उठती है!

कैसी विधि-विडम्बना थी! उभरती जवानी के ज्वर पर खड़ा ययाति बूढ़े के समान नीरस और निष्क्रिय हो गया था, और बुढ़ापे की अन्तिम सीढ़ियाँ नापती उसकी माँ नवयुवती के समान हर बात में मन लगाकर रस ले रही थी, नित्य नये सपनों में और संकल्पों में खोई जा रही थी!

मेरी यह कल्पना कि उसका सारा सुख पिताजी पर निर्भर करता है, कितनी निराधार थी!

सच तो यही है कि इस संसार में हर कोई केवल अपने लिए ही जिया करता है। मनुष्य सुख के लिए अपने निकट के लोगों का सहारा ठीक उसी तरह खोजते हैं जैसे वृक्षलताओं की जड़ें पास की आर्द्रता की ओर मुड़ जाती हैं। इसी झुकाव को दुनिया कभी प्रेम कहती है कभी प्रीति, तो कभी मैत्री। लेकिन वास्तव में वह होता है आत्मप्रेम ही। एक तरफ की आर्द्रता नष्ट होते ही पेड़-पौधे सूख नहीं जाते हैं उनकी जड़ें किसी और आर्द्रता की खोज में दूसरी ओर मुड़ जाती हैं—वह आर्द्रता नज़दीक हो या दूर—और उसे खोजकर वे फिर से लहलहाने लगते है।

शायद माँ के अन्दर अब पाया जाने वाला नया उत्साह इसी तरह निर्मित हुआ था। अभी परसों-तरसों तक उसकी शान एक महारानी की शान थी, लेकिन इतने ऐश्वर्य में भी वह स्वतंत्र कहाँ थी? क्या उसका बड़प्पन केवल इसी बात पर निर्भर नहीं करता था कि अपनी सुन्दरता के बल पर वह अपने पति को बस में किए थी? पिताजी जब इंद्राणी पर मोहित हो गए, तब माँ ने कितनी यातनाएं सही होंगी? भीतर ही भीतर कितनी घुटन उसने अनुभव की होगी! मन ही मन कितना रोई होंगी। रात-रात जागकर उसने शय्या के तकियों को आसुओं से तर कर दिया होगा। वह भी तब जबकि उन आंसुओं को पोंछने वाले प्रेमी हाथ कोई नहीं थे।

बचपन में माँ के नाते उसने मुझे अपनी छाती का दूध नहीं पिलाया था, इसकी

जड़ में भी शायद एक महान पुरुष की पत्नी बनी स्त्री का यही दुःख होगा। वात्सल्य की अपेक्षा सुन्दरता की चिन्ता उसके लिए परम आवश्यक थी। पति ही उसका सर्वस्व था। फिर भी पति पर उसका अधिकार नहीं चलता था, लेकिन उसके बिना उसे कोई चारा भी नहीं था।

आज वह डर नहीं रहा था। वह चिन्ता नहीं बची थी। आज वह राजमाता हो गई थी। पुत्र पर माता के अधिकार का भान उसकी बोल-चाल में कदम-कदम पर प्रकट होता था।

मेरे मन में माँ के बारे में इस तरह के विचार आ रहे थे, तभी नित्य की भाँति माधव मिलने आया। लेकिन आज वह अकेला नहीं था। उसके साथ तारका आई थी। उस नटखट को देखते ही मेरा मन प्रसन्न हो उठा। उसे पास बुलाकर मैंने पूछा, ''क्यों तारका जी, आपकी गुड़िया को आखिर दूल्हा मिला या नहीं?''

उसने गर्दन हिलाकर 'हाँ' कहा। लेकिन मेरी ओर कतई न देखते और मुझ से एक शब्द भी न बोलते हुए वह राजप्रासाद का निरीक्षण करने लगी।

''दूल्हा अच्छा तो है न?''

उसने फिर गर्दन हिलाकर ही जवाब दिया, ''नहीं।'' बोली कतई नहीं! उसके इस मौन व्रत का कारण क्या है मेरी समझ में नहीं आया। मैंने हँसते-हँसते प्रश्न किया, ''अच्छा नहीं है के क्या माने हुए? गुड्डे जैसा गुड्डा तो है न वह?''

नाक सिकोड़ती हुई तारका बोली, ''दूला नकता है।''

''तो उसमें कौन बड़ी बात हुई? हाथी ने पाँव रखा होगा उसकी नाक पर! दुनिया में नकटे पति काफी होते हैं...और नकटी पत्नियाँ भी होती हैं!

''औल तुतला कल भी बोलता है वह!''

गुड्डा तुतलाकर बोलता है? यह चमत्कार मेरी समझ में नहीं आया! मैंने माधव की ओर देखकर पूछा, ''यह तो मैंने सुना था कि बड़े ज्ञानी पंडितों के घर के पशु-पक्षी भी वेदान्त पर चर्चा किया करते हैं। लेकिन यह मामला उनसे भी अपूर्व लगता है!''

''उसका तुतलाकर बोलना इसने स्वप्न में सुना, बताती है!'' माधव ने कहा।

मैं दिल खोलकर हँसा। तारका फिर भी चुप ही थी। माधव ने मुझसे कहा, ''आज यह जानबूझ कर महाराज के पास आई है!''

''सो भला क्यों? उस नकटे दूल्हे की नाक ऊँची कराने के लिए? तो फिर चलो राजवैद्य को बुला लेते हैं, और पूछते हैं उनसे। या किसी बढ़ई को बुला भेजते हैं! है न, तारका?''

''ऊं हूँ'' अब जाकर कहीं उसका मौन टूटा।

''तो आखिर चाहती क्या हो तुम?''

गर्दन झुकाए ही उसने एक बार मेरी ओर देखने की चेष्टा करते हुए कहा, ''अब तुम महालाज हो गए हो न?''

''हाँ।''

''अब तुम शेल पल बैठोगे?''

"शेर पर?"

"जी हाँ, शेल पल! काका कहते थे!"

अब जाकर कहीं उसके कहने का मतलब मेरे ध्यान में आया। मैंने हँसते-हँसते कहा, "राजा को तो सिंहासन पर बैठना ही पड़ता है। नहीं तो उसे राजा कौन कहेगा?"

"वह शेल कात खाता है?"

मैंने गंभीर होकर उत्तर दिया, "अहं। वह बूढ़ा होता है। उसके लगभग सभी दांत उखाड़ दिए होते हैं।"

"वह मुझे भी नहीं कातेगा?"

"नहीं!"

"तो तुम मुझे अपनी लानी बनाओगे?"

तो यह बात थी। तारका मेरी रानी बनने के लिए पधारी थी। स्वयंवर का यह अदभुत और अपूर्व मामला देखकर मन ही मन हँसी से पेट में बल पड़ने लगे थे। लेकिन इस हेतु कि तारका का बालमन विरस न हो जाए, मैंने बनावटी गंभीरता धारण की और माधव को भी इशारा किया कि वह भी हँसे।

"रानी बनकर तुम क्या करोगी?" मैंने तारका से पूछा।

बहुत ही प्यारी हरकतों में हाथों को नाचते हुए वह बोली, "मैं लानी बन गई न तो दादी मुझे सवेले-सवेले बिस्तल से नहीं उथाएगी। मैं लानी बन गई न, तो मुझे धेल साले गहने मिलेगें, गुलिया के लिए! मैं लानी हो गई न तो..."

रानी बनने के अनेक लाभ उसने काफी सोचकर ढूंढ निकाले थे। इतना ही नहीं वह उन्हें अच्छी तरह से रटकर भी आई थी। वे सारे लाभ उसने अपनी मीठी प्यारी तोतली बोली में मुझे गिना दिए। लेकिन मेरा ध्यान उसकी बातों पर नहीं था ऐसे नन्हे-नन्हे सपने देखने वाले उसके बालपन से मुझे ईर्ष्या हो रही थी।

रानी होने के सारे लाभ जब वह गिना चुकी, तो मैंने उससे कहा,"अभी तुम बहुत छोटी हो। जब बड़ी हो जाओगी न, तब मैं तुम्हें अपनी रानी बनाऊँगा, समझीं?"

बहुत-सी मिठाई देकर मैंने तारका को विदा किया।

शाम को महर्षि अंगिरस के आश्रम से उनका पत्र लेकर दो शिष्य पधारे। उसे पढ़कर मैं तारका की मासूम दुनिया से एकदम एक निराली ही दुनिया में पहुँच गया। भगवान अंगिरस ने लिखा था:

"नहुष महाराज के देहावसान के कुछ दिन बाद यह पत्र मैं तुम्हें लिख रहा हूँ। इस बीच, मैं आश्रम में नहीं था, इसीलिए पत्र लिखने में विलंब हो गया है।

"तुम्हारे जाने के कुछ ही दिन बाद कच संजीवनी विद्या प्राप्त करने हेतु वृषपर्वा के राज्य में चला गया। हमारा शांतियज्ञ निर्विघ्न सम्पन्न हो गया था। लेकिन स्पष्ट हो चुका था कि देव-दानवों में युद्ध रोकने में हमारे उस पुण्यकार्य का कोई प्रभाव नहीं पड़ पाया। आँखों के सामने कोई अमंगल बात होती हो, तो हाथ पर हाथ धरे बैठे रहने में कोई पुरुषार्थ नहीं। इसलिए शिव-तीर्थ जाकर एकान्त में पुरश्चरण करने का संकल्प कर मैंने आश्रम छोड़ा। अपना संकल्प पूरा कर आश्रम लौटते समय मार्ग

में ही नहुष महाराज के देहासवान का समाचार मिला। आज आश्रम लौट आते ही तुम्हें लिख रहा हूँ। ययाति, मृत्यु जीवनमात्र को जितनी अप्रिय है, उतनी ही वह अपरिहार्य भी है। जन्म की तरह वह भी सृष्टिचक्र का नाट्यपूर्ण और भेद-भरा भाग है। बसंत में डाल-डाल पर चुपके से झांकने वाली सिंदूरी कोंपले जिस तरह आदिशक्ति की लीला हैं, उसी तरह शिशिर के पतझड़ में झड़कर गिरने वाले जीर्ण पीले पत्ते भी उसी की क्रीड़ा है। इसी दृष्टि से हमें मृत्यु की ओर देखना चाहिए। उदय-अस्त, ग्रीष्म-वर्षा, प्रकाश-अंधेरा, दिन-रात, स्त्री-पुरुष, सुख-दुख शरीर और आत्मा, जन्म और मृत्यु ये सभी अभिन्न जोड़ियाँ हैं। जीवन का वह द्वंद्वात्मक व्यक्त रूप है। इन्हीं ताने-बाने से आदिशक्ति विश्व के विलास और विकास के वस्त्र बुनती रहती है।

"महाराज नहुष अतीव पराक्रमी थे। उस पराक्रम से तुम्हें निरंतर प्रेरणा मिले। प्रजा तो राजा के लिए एक कामधेनु ही हुआ करती है। उसकी सेवा तुमसे सदैव होती रहे। तुम पर ऐसे अर्थ-काम की कृपा बनी रहे। जिसका धर्म से कोई विरोध नहीं। आदिशक्ति के चरणों में मेरी सदैव यही प्रार्थना रहेगी।

"पत्र यहीं पूरा करने वाला था। किन्तु दुर्भाग्य से अनुभव कर रहा हूँ कि अमंगल समाचार कभी अकेला नहीं आता।

"राक्षस-राज्य की सीमा से पधारा एक ऋषिकुमार कह रहा है कि कच ने उस राज्य में प्रवेश पा लिया। शुक्राचार्य ने उसे अपना शिष्य बनने का अवसर भी दिया। अब कच को यह आशाा हो चली कि भक्तिभाव और अखण्ड सेवा से वह अपने गुरु को अवश्य प्रसन्न कर लेगा और आज नहीं तो कल संजीवनी विद्या प्राप्त करके रहेगा। राक्षसों का ख्याल था कि इसी संजीवनी की सहायता से वे देवताओं को धूल चटा कर स्वर्ग में प्रवेश कर लेंगे।

"इसीलिए वे कच से द्वेष करने लगे। प्रतिदिन की भांति कच जब गुरुजी की गाएं चराने के लिए ले गया, तो राक्षसों ने उसकी अत्यंत क्रूरता से हत्या कर दी। उसकी बोटी-बोटी काटकर उन्होंने भेड़ियों के सामने डाल दी।

"इस ऋषिकुमार को बड़ी मुश्किल से इतना ही समाचार मिल सका है। राक्षसों के राज्य में प्रवेश पाना और फिर वहाँ से सकुशल निकल पाना बहुत ही टेढ़ी खीर हो गया है। सीमा-प्रांत में अनेक ऋषिकुमार प्राणों की बाज़ी लगाकर यह कार्य कर रहे हैं।

"लेकिन अब उनके लिए करने को वहाँ काम ही क्या धरा है! कच का इस तरह अन्त हो जाने के बाद—ययाति, ऊपर की चार-पांच पंक्तियों के शब्द बहुत ही अस्पष्ट हो गए हैं। उन पंक्तियों पर अनजाने में ही मेरे आँसू गिरे हैं। इन आँसुओं को रोकने का मैंने बहुत प्रयास किया। लेकिन ऋषि, संन्यासी, और विरक्त हो जाने पर भी आखिर मैं एक मनुष्य हूँ!

"कच के सद्गुणों को याद कर मेरा मन व्याकुल हो उठा है। इस संसार में जन्म लेने वाले सभी लोग कुछ अमंगल और कुछ मंगल प्रवृत्तियाँ लेकर ही आते हैं। लेकिन कुछ लोगों में—शायद बहुत ही थोड़े लोगों में—मंगल प्रवृत्तियाँ बहुत ही

उत्कटता के साथ प्रकट होती हैं। पर्वत का शिखर जिस तरह आकाश को चूमने के लिए बढ़ता है उसी तरह उनके मन हुआ करते हैं। उन्हें उदात्तता के प्रति चरम आकर्षण होता है। कच के स्वभाव में यही विशेषता थी। जो मेरी दृष्टि में बहुत ही अनमोल है।

"मैं तो आशा लगाए बैठा था कि देव-दानवों का युद्ध रोकने का महान कार्य उसके हाथों सम्पन्न होगा। लेकिन—

"आशा करना मानव के बस की बात है, उसका सफल होना...

"अभी ऊपर मैंने तुम्हें लिखा है कि जन्म और मृत्यु एक अभिन्न जोड़ी है। और अब स्वयं ही कच की मृत्यु पर शोक कर रहा हूँ! इस पर तुम मन ही मन मुझपर हँस रहे होंगे। शायद तुम्हारे मन में यह सन्देह भी जागा होगा कि कहीं दुनिया की ये दार्शनिक बातें केवल दूसरों से कहने के लिए तो नहीं होतीं? लेकिन मुझ जैसे बूढ़े की बात को याद रखना—इस द्वंद्वपूर्ण जीवन में दार्शनिक सिद्धांत ही मानव का अन्तिम सहारा है।

"राजमाता का दुख मैं समझ सकता हूँ। आदिशक्ति से मेरी प्रार्थना है कि तुम्हारे सत्कर्मों से वे अपना दुख शीघ्र ही भुला पाएँ।

"तुम राजा बन गए हो। पत्र लिखने के लिए बैठते समय मन में अवश्य ही विचार आया कि तुम्हें 'आप' कहकर संबोधित करूँ। किन्तु 'आप' की अपेक्षा 'तुम' मन के प्रेम को अधिक अच्छी तरह से प्रकट करता है, है न?"

अंगिरस जी के पत्र का एक ही भाग मेरे मन को छू गया। और वह था कच की मृत्यु पर उनकी आँखों से बह चले आँसू और उन आँसूओं से अस्पष्ट बने पत्र के वे कुछ शब्द! बाकी तो बस सारा दर्शन ही था, निरा रूखा दर्शन।

लेकिन क्या आदमी केवल दर्शन पर जीता है? नहीं! वह आशा पर जीता है। सपनों पर जीता है, प्रीति पर जीता है, ऐश्वर्य और पराक्रम पर जीता है। लेकिन केवल दर्शन के सिद्धांतों पर क्या वह जी सकता है? या कहीं ऐसा तो नहीं कि इन ऋषि-मुनियों को हर बात में दर्शन-शास्त्र घुसेड़ने का बड़ा शौक होता है!

जो भी हो, उस पत्र में कच की वीरता का जो वर्णन आया था, उस पर मैं मोहित हो गया। लगा, राजा हो, तो ऐसा! सेनापति हो तो ऐसा! कच को बृहस्पति के घर पैदा कर ब्रह्मा ने शायद बड़ी भारी भूल की है! निहत्था होकर भी वह कितना निडर था! वध किए जाते समय उसकी मुद्रा बिजली के समान कौंधी होगी! गले में पड़ी रुद्राक्ष की माला के साथ खेलते हुए उसने उन दुष्ट दैत्यों से कहा होगा, 'तुम मेरी देह की बोटी-बोटी काट सकते हो! लेकिन मेरी आत्मा के टुकड़े कर न सकोगे! वह अमर है!'

उसके समान कोई साहस करने के बजाय मैं यहाँ निष्क्रिय जीवन बिताता राजमहल में पड़ा था। मुझे अपने पर ही क्रोध हो आया। लगा, इस समय राज्य में कहीं पर भी दस्युओं का विद्रोह होना चाहिए था। फिर अपने-आप मेरे पराक्रम को चुनौती मिल जाती। हवनकुंड की राख को हटा देने से जिस प्रकार अग्नि ज्वाला

फिर से भभक उठती है उसी प्रकार इस निष्क्रिय बन बैठे ययाति का एक उत्साही ययाति बन जाता। मनुष्य का युयुत्सु मन लोहे के हथियार जैसा है। उससे हमेशा काम लेना पड़ता है, अन्यथा उसपर ज़ंग चढ़ जाता है।

किन्तु पिताजी की मृत्यु के बाद भी राज्य में कहीं पर कोई विद्रोह नहीं हुआ था। राज्य का रथ सुचारू रूप से चलता जा रहा था और एक मैं था रत्न जटित पिंजरे में बंदी बना पक्षी!

कच वैनतेय के समान अंतराल में ऊँची उड़ानें भरता हुआ नील गगन में मंडराता निकल गया था। मुझे भी लग रहा था कि मैं भी कहीं इसी प्रकार चला जाऊं, किसी असीम साहस का परिचय दे दूँ। इसी विचार में सारी रात मैंने जाग कर बिता दी। सुबह-सुबह मैंने एक स्वप्न देखा। उस स्वप्न में यति मुझसे कह रहा था, ''नीच, स्वार्थी, दुष्ट कहीं का! राज्य पर तेरा क्या अधिकार है? तुम जानते थे कि मैं ज़िन्दा हूँ। लेकिन यह बात तुमने माँ से जानबूझ कर छिपा रखी! चल, उठ जा उस सिंहासन पर से, वर्ना अभी इसी समय शाप देकर मैं तुझे भस्म कर डालूंगा!''

यह सुनते ही मैं जाग उठा। सीधा माँ के पास गया और अश्वमेध के समय यति से हुई मुलाकात और आज देखा हुआ वह स्वप्न उसे सुना दिया।

पहले तो वह कुछ असमंजस में पड़ी। मेरी आँखों में गहरी नज़र डालते हुए उसने पूछा, ''ययु, यह सब तुम सच तो कह रहे हो न?''

''पिताजी की सौगंध खाकर कहता हूँ, माँ...''

उपालंभ के स्वर में उसने कहा, ''और कोई या किसी की भी सौगंध खाओ! तुम्हारे पिता पराक्रमी थे, उन्होंने इंद्र तक हो हराया था, लेकिन मेरे सम्मुख खाई एक भी सौगंध का उन्होंने पालन नहीं किया! मेरा वह दुख...''

पिताजी के बारे में ऐसे उपालंभ से बोलते मैं माँ को पहली बार सुन रहा था। वे दोनों एक-दूसरे से बहुत प्यार किया करते थे, यही मेरी धारणा थी। लेकिन वह एक नाटक था। उस नाटक में माँ ने हँसमुख रहते हुए पत्नी की भूमिका अतीव कुशलता से निभाई। इस बात की अनुभूति मैं पहली बार कर रहा था। उस अनुभूति से मन को गहरी ठेस लगी।

दुलार से मेरी पीठ सहलाते हुए माँ ने कहा, ''बेटा, तुम पुरुष हो! जाके पाँव न फटी बिवाई, सो क्या जाने पीर पराई! नारी के दुख को तुम कभी समझ ही न सकोगे। कोई व्यक्ति चाहे कितना ही प्रिय क्यों न हो, जीवन-भर उसकी थाली का बैंगन बनकर रहना...''वह तनिक रुकी, फिर सिसकी निगलकर बोली, ''मैं महारानी नहीं थी ययु, महादासी थी! उनके इशारों पर मैं जीवन-भर नाचती रही! लेकिन मैं अब उस प्रकार नाचने वाली नहीं। पति की अपेक्षा पुत्र पर स्त्री का अधिक अधिकार होता है। पुत्र उसके जिगर का टुकड़ा होता है।''

उसने जो कहा, हो सकता है वह सत्य था, एक बहुत ही कठोर सत्य! इसीलिए मुझसे वह सुना नहीं गया। उसको सांत्वना देने के लिए मैंने कहा, ''माँ, मैं कभी ऐसा कोई काम नहीं करूँगा जिससे तुम्हें दुख पहुँचे।''

कहते-कहते आवेग से उठकर मैंने उसके चरणों पर हाथ रखा। मेरे उस स्पर्श से और वाक्य से वह कुछ आश्वस्त हुई। दोनों हाथों से पकड़कर उसने मुझे उठाया और भीगी आँखों से मेरा चेहरा सहलाया।

काफी आनाकानी के बाद माँ ने मेरा यह प्रस्ताव मान लिया कि मैं पूर्व आर्यावर्त में जाकर यति को खोज निकालूं। उसे यह भी जंचा कि मेरा जाना गोपनीय रखा जाए और मेरे साथ उतने ही इने-गिने लोग रहें, जो अत्यन्त आवश्यक हैं। लेकिन उसने एक शर्त रखी कि यदि यति नहीं मिला और उसका पक्का पता न चला, तो मुझे सीधे वापस हस्तिनापुर लौट आना होगा। मैंने शर्त मान ली। वह स्वयं भी मेरे साथ जाना चाहती थी। लेकिन एक तो इतनी लम्बी यात्रा का कष्ट उससे सहन नहीं हो पाता और दूसरे राजधानी में युवराज और राजमाता दोनों का न रहना ठीक नहीं था।

अभिषेक के बजाय माँ अब मेरे प्रवास की तैयारियाँ करने लगी। उतने ही उत्साह के साथ! मंदार अमात्य का अत्यंत विश्सनीय सेवक था। उसे मेरे अंगरक्षक की हैसियत से भेजने का निर्णय उसने किया। मार्ग में मुझे किसी भी प्रकार से कोई कष्ट न हो इस हेतु विभिन्न कामों के लिए सेवकों के साथ दो-एक दासियों को भेजना भी उसने तय कर दिया। उसने मुझसे कहा, "वह मुकुलिका बहुत ही चतुर है। उसे तुम्हारे साथ भिजवा दूँ, तो कैसा रहे!"

मैं क्षण-भर दुविधा में पड़ा रहा। फिर पक्के इरादे से बोला, "उससे तो कलिका अधिक अच्छी रहेगी। वह अधिक अनुभवी भी तो है। मुझ पर बड़ी ममता भी है उसकी!"

"लेकिन कलिका यहाँ है कहाँ?"

काफी दिनों से मैंने कलिका को देखा नहीं था, लेकिन यह तो ध्यान में ही नहीं आया कि वह राजमहल में नहीं हैं। मैंने पूछा, "कहाँ गई है वह?"

"दूर हिमालय की गोद में किसी देहात में।"

"वहाँ क्या करने गई है?"

"यह भी कोई सवाल है? अरे बाबा, अपनी लड़की की घर-गृहस्थी देखने गई है!"

"यानी? अलका की शादी कब हो गई?"

"काफी दिन हो गए! तुम शांति-यज्ञ के लिए गए थे न? तभी!"

"मुझे मालूम भी नहीं हुआ?"

"उसमें तुम्हें खबर करने की बात ही क्या थी? दासी की लड़की का ब्याह और गुड़िया का ब्याह हमारे लिए दोनों एक-से ही हैं!"

मैं चुप रहा।

माँ अपने भावी संकल्पों की धुन में कहने लगीं, "तुम्हारे लौटते तक मैं इधर दो सुन्दर राज कन्याओं को खोज रखती हूँ।"

मैंने हँसते हुए पूछा, "यानी? मेरे एक साथ दो विवाह कराने जा रही हो क्या?"

"यह बात नहीं बेटा! एक तेरी पत्नी होगी ओर दूसरी...दूसरी..." कहें या न कहें की उधेड़बुन में बच्चे के समान वह उलझ गई। अन्त में धीरज बाँधकर बोली, "यति आ गया तो उसकी भी तो शादी करानी पड़ेगी न?"

मेरी समझ में नहीं आ रहा था कि मेरी रानी बनने के लिए आई तारका में और यति की शादी कराने निकली माँ नें क्या अन्तर है? क्या मातृत्व बालमन के समान होता है? मैं माँ की और देखता रहा। देखते-देखते मन में विचार आया एक मनुष्य का स्वभाव दूसरे की समझ में कभी पूरी तरह से आता भी है? अब यही देखो न, यह मेरी माँ है! किन्तु उसका स्वभाव—नहीं! आकाश का छोर शायद भले ही मिल जाए, लेकिन मनुष्य के स्वभाव का...?

मैं जिस राह में जाने वाला था, अंगिरस का आश्रम उससे थोड़ी दूरी पर था। फिर भी मैं उनके दर्शन करने गया। बहुत आनन्द से मेरा स्वागत करते हुए उन्होंने कहा, "ययाति, तुम्हारा आगमन बहुत ही शुभ लगता है। तुम्हारे यहाँ पहुँचने से दो घड़ी पहले ही एक शुभ समाचार मिला है। राक्षसों ने कच की बोटी बोटी काट कर भेड़ियों के सामने डाल दी थी। यह बात सच है। किन्त शुक्राचार्य ने शिष्यप्रेम के कारण कच को फिर से जीवित कर दिया। देवता-पक्ष को संजीवनी प्राप्त होने का लाभ मिलने लगा।"

यह समाचार सुनकर मैं बहुत ही प्रसन्न हुआ। मैं अपना हर्ष प्रकट ही कर पाया था कि एक ऋषिकुमार जल्दी-जल्दी भीतर आया। उसके पैर धूल से भरे थे। चेहरा पसीने से तर हो गया था। मुद्रा म्लान दिखाई दे रही थी। वह प्रवास के कारण म्लान दीख रही थी, या...

वह बहुत ही दुख से कहने लगा, 'राक्षसराज्य में बड़ा समारोह धूमधाम से मनाया जा रहा है, गुरुदेव! मदिरा से उन्हें बड़ी सहायता मिली, इसलिए वे मदिरोत्सव मना रहे हैं..."

मैंने बीच ही में पूछा, "मदिरा ने कौन-सा बड़ा उपकार किया है राक्षस का?"

वह कहने लगा, "राक्षसों ने यह तरकीब निकाली कि शुक्राचार्य कच को फिर से जीवित न कर पाएं।"

"कैसी तरकीब?" अंगिरस ने प्रश्न किया।

"कच को मारकर उसे जलाया और उसकी राख मदिरा में घोलकर शुक्राचार्य को पिला दी। यानी कच अब शुक्राचार्य के पेट में हैं। शुक्राचार्य बड़े ही मदिरा-भक्त हैं। राक्षसों का षड्यंत्र आसानी से सफल हो गया। अब कच के फिर से जी उठने की..."

उस ऋषिकुमार का गला भर आया। उससे और बोला नहीं जा रहा था।

क्षण-भर में सारे आश्रम पर उदासी छा गई।

अंगिरस जी से विदा लेकर मैं निकला तब भी वह उदासी मन पर छाई हुई

थी। परंतु आगे चलकर प्रवास में मिले अनेक रम्य और भव्य दृश्यों को देख कर वह अवसाद धीरे-धीरे हटने लगा। उत्तुंग पर्वत, गहरी खाइयाँ, विशाल इन्द्र धनुष्य, नन्ही-नन्ही तितलियां, ताड़-तमाल के ऊंचे-ऊंचे वृक्ष, छोटे-छोटे तुर्रे हिलाते लवा पक्षी, सबका सौदर्य मुझे आकृष्ट करने लगा। नाना नगर, देहात, कस्बे, गांव, भारी-भरकम और सुडौल देह के स्त्री-पुरुष, उनकी कमनीय आकृतियाँ, नाना प्रकार के वेश-परिवेश, आभूषण-अलंकार तरह-तरह के गीत नृत्य, उत्सव और मेले आदि देखते-सुनते मेरा प्रवास चल रहा था। इन सबकी झलक मात्र से मेरी मानसिक बधिरता हट रही थी, छंट रही थी। मानसिक बधिरता पर यह सब एक अच्छी दवा का काम कर गया। लगने लगा, बहुत अच्छा हुआ जो यति को खोज निकालने के लिए ही सही मैं राजप्रासाद की कारा से बाहर तो निकला। इस विशाल विश्व में एक कच, एक यति या एक ययाति की भला क्या हस्ती है! सृष्टि की विविध और विशाल पृष्ठभूमि में मानव कितना क्षुद्र जीव लगता हे! क्या धरा है उसके सुख में ओर दुख में। सागर की लहरों पर बहते जाने वाले तिनके सुख-दुख की भी भला कोई चिन्ता करते हैं?

हम लोग कोशिश कर रहे थे कि जितनी जल्दी हो सके पूर्व आर्यावर्त पहुँच जाएं। लेकिन इस जल्दबाज़ी में भी सभी सेवक इस बात का ध्यान रखते थे कि मुझे कोई कष्ट न हो। मंदार को ज़्यादा बोलना पसंद नहीं था लेकिन तब भी वह प्रातः मेरे जाग जाने से लेकर सोने तक—कभी तो मेरे सो जाने के बाद भी—इस बात के लिए बहुत जागरूक और सजग रहता था कि मेरी सुख सुविधाओं में किसी भी प्रकार से कोई कसर न रहने पाए। कभी एकाध बार मैं मध्य रात्रि में जाग जाता और छत की ओर देखता पड़ा रहता। ऐसे समय भी मैंने देखा था कि मंदार अचानक मेरे निवास-स्थान में झांककर चला जाता है।

लेकिन इतने दूर के इस प्रवास पर मैं जिस उद्देश्य से निकला था वह सफल होना भाग्य को मंजूर नहीं था। यति अपनी गुफा का त्याग कर कभी का कहीं निकल गया था। उसकी गुफा के पास-पड़ोस वाले काफी देहातों में मैं हो आया। कई लोगों से बात की। बड़े-बूढ़ों से कुरेद-कुरेदकर प्रश्न किए। इससे बस इतना ही मालूम हुआ कि पहले किसी को अपनी गुफा के पास भी फटकने न देनेवाला यति इधर कुछ दिनों से कभी-कभी बस्तियों में आने लगा था। लोग उसके लिए एक प्रयोगशाला बन गए थे। बस्तियों में आकर वह तरह-तरह के चमत्कार कर दिखाता था। पानी और आग पर चलना उसके लिए ज़मीन पर चलने जैसा आसान हो गया था। कइयों ने उसे अन्तराल में भी चलते देखा था। पूर्व आर्यावर्त प्राचीन काल से ही जादू-टोना के लिए प्रसिद्ध इलाका रहा था। लेकिन अब तो वहाँ के बड़े-बड़े जादूगर भी यति का लोहा मानने लगे थे। फिर भी इतनी सिद्धि पर यति को संतोष नहीं था। स्त्री को देखते ही उसपर झक सवार होती थी। वह किसी गांव में जाता तो स्त्रियाँ अपने-अपने दरवाज़े बंद कर भीतर बैठी रहती थीं। दुनिया की सभी नारियों को पुरुषों में बदल डालने की एक विलक्षण महत्त्वाकांक्षा यति को सताए जा रही थी। उस अभूतपूर्व सिद्धि को प्राप्त करने के लिए वह दिन रात एक कर रहा था। उसके

लिए नाना प्रकार की उग्र तपस्या की थी, कई व्रत किए थे, किन्तु वह सिद्धि उसे प्राप्त नहीं हुई। इसी असंतुष्ट मनःस्थिति में उसने भी सुना कि शुक्राचार्य संजीवनी विद्या द्वारा मृतकों को फिर से जीवित करते हैं। अपनी अभीष्ट-सिद्धि के लिए इसी प्रकार के गुरु की आवश्यकता को जानकर यति कुछ महीने पहले ही राक्षस राज्य में चला गया था।

यह सारी जानकारी सुनी-सुनाई और उस गुफा के इर्द-गिर्द जो थोड़ी विरल बस्ती थी उसके देहातियों से मिली थी। उसमें सत्य कितना था, मिर्च-मसाला कितना था, कोई नहीं जानता था। लेकिन एक बात पक्की थी कि यति उस गुफा को त्याग कर हमेशा के लिए कहीं चला गया है। हो सकता है, शायद वह शुक्राचार्य के पास ही गया हो!

उसकी खोज करना हवा में गांठ बाँधने की तरह की कठिन था। फिर यति यदि यहाँ नहीं मिला तो मैं खाली हाथ ही सही, हस्तिनापुनर लौट आने का वचन माँ को दे आया था। मंदार नियमित रूप से मेरे कुशल-क्षेम का समाचार हस्तिनापुर भेजता था। तब भी जब तक मैं सकुशल वापस लौटकर माँ के सामने उपस्थित नहीं हो जाता, वह मेरी ही चिन्ता में डूबी रहेगी, इसमें कोई सन्देह नहीं था और मैं यह अच्छी तरह से जानता भी था।

हम लोग लौटे। बीच-बीच में नज़दीक के रास्ते से प्रवास करने लगे। तेज़ी के साथ तीन-चार दिन चलते रहे। पाँचवें दिन हम ऐसे रमणीय स्थान पर पहुँचे, जो राजमार्ग से हटकर कुछ भीतर की ओर था।

पहाड़, खाई, नदी, जंगल सबका वहाँ बड़ा ही सुन्दर संगम हुआ था। इनमें से प्रत्येक उस स्थान की रमणीयता को बढ़ा रहा था। पहाड़ कोई खास ऊँचा नहीं था। नदी में बीच में एक दह था। उसे छोड़ दिया जाए तो शेष प्रवाह महज़ एक झरना-मात्र था। इसी प्रकार बीच का हिस्सा छोड़कर शेष सारा जंगल किसी उद्यान के समान लगता था। मैंने इस स्थान को जब पहली बार देखा, तो मन में विचार आया कि, हो न हो, ब्रह्मा ने यह स्थान सृष्टि की बालक्रीड़ा के लिए बनाया होगा। कोस-दो कोस के अन्दर कोई बस्ती नहीं थी। लेकिन ऐसे निर्जन स्थान में फैले सन्नाटे का जो अनामिक भय लगा रहता है, वह इस स्थान में बिल्कुल महसूस नहीं होता था। लगता था, चहकते पंछी आपस में बातें कर रहे हैं। कलकल करतो-बहती नदी किसी मुग्ध बालिका के समान अपनी ही धुन में गाती-नाचती चली जा रही है। खाई मानो एक प्रशान्त शयन-कक्ष है। पहाड़ यज्ञ-वेदी है। मन पर भव्यता का भार नहीं, रुद्रता का कोई भय नहीं, ऐसा स्थान था वह। वहाँ था केवल सौम्य, रम्य, सौंदर्य और अनंत-अपार आनंद!

मैं जानता था, माँ मेरी राह में आँखें बिछाए बैठी होगी और मुझे हस्तिनापुर जितनी जल्दी हो सके पहुँचना चाहिए। लेकिन इस सौम्य, रम्य स्थान ने मुझे जैसे मंत्रबद्ध कर दिया। घण्टों मैं जी भर कर देखता रहा, किन्तु तृप्ति न मिली। मेरी अवस्था तो ऐसी हो गई थी जैसे आँख तो खुल गई, किन्तु नींद पूरी न होने के

कारण बिस्तर पर ही पड़ा हूँ और उठने को जी नहीं कर रहा है। उस स्थान से विदा होने को मन नहीं करता था। आगे का प्रवास रोककर मैं वहीं रुक गया। प्रतिदिन सायं-प्रातः दह से कुछ ही दूरी पर एक वृक्ष पर चढ़कर मैं यह सारा सौंदर्य देखते बैठा करता था। बीच ही में कभी यति की याद हो आती थी। उसने तो ऐसे कई रमणीय स्थान देखे होंगे। फिर क्यों नहीं उसके मन में आया कि इसी सौंदर्य को आँखों में भर कर जिया जाए? क्यों उसने मंत्र-तंत्र और हठ योग का बीहड़ मार्ग पसंद किया होगा? और अब तो शुक्राचार्य की सेवा कर समस्त संसार को पुरुषमय बनाने की विद्या प्राप्त करने के लिए वह गया है! स्त्री से—उसके सौंदर्य से इतनी घृणा वह क्यों कर रहा है? कितनी पागल-सी है उसकी आकांक्षा! वह यदि इस सुन्दर स्थान को देख लेता, तो निश्चय ही इसे मरुभूमि में बदलने पर उतर आता। तो मानव जीवन का लक्ष्य आखिर है क्या? जो सहज स्वाभाविक है, प्राकृतिक है, सुन्दर है, उससे प्यार करना, उसकी पूजा करना, जीवन खिल उठे, उसका ऐसा उपभोग करना या...

दो दिन बीत गए, तीसरा भी बीता, लेकिन उस स्थान से विदा होने को जी नहीं चाहता था। मंदार यह समझ नहीं पा रहा था। कि मैं कहाँ जाता हूँ, क्या करता हूँ, और क्यों यह स्थान छोड़ने को मेरा जी नहीं कर रहा है। दो-तीन बार वह लुके-छिपे मेरे पीछे-पीछे आया। लेकिन जैसे ही मुझे उसकी आहट मिली, वह लौट गया। इस स्थान के प्रति मेरे मन में जो आकर्षण पैदा हो गया था, मंदार को वह समझाकर बताना मेरे बस की बात नहीं थी।

मुझे लगता, पता नहीं फिर कब मैं इस रमणीय स्थान पर आता हूँ। आता भी हूँ या नहीं! शायद कभी नहीं आ पाऊँगा! जीवन-आलेख की रेखा अजीब वक्र होती है। उसकी गति मनमानी होती है। क्या भरोसा कि वह मुझे फिर कभी इस स्थान पर आने देगी? इस दुनिया में सुख का मज़ा लूटने का समय एक ही होता है—जब वह मिलता रहता है!

इसी विचार से मैं लगातार अपना प्रस्थान स्थगित करता जा रहा था। आने वाले प्रत्येक दिन के साथ मंदार के माथे पर एक-एक बल बढ़ता जा रहा था।' अन्त में पाँचवें दिन उसने मुझसे कह ही डाला, "कल मुँह अँधेरे हमें यहाँ से चलना ही चाहिए।"

उसने 'ही' पर ज़ोर दिया था, मुझे कतई नहीं भाया। मैं हस्तिनापुर का राजा था। मंदार मेरा एक तुच्छ सेवक था। फिर भी वहाँ और रहने का कोई युक्तियुक्त कारण मैं उसे बता नहीं पा रहा था। आखिर शाम को बहुत ही अनमना होकर मैं उस स्थान से विदा लेने के लिए गया। किसी प्रिय व्यक्ति के चिर वियोग की कल्पना से मन व्याकुल हो उठता है न? वैसी ही मेरे मन की दशा हो गई थी। मनुष्य के चिर वियोग के दुख में, दुख बाँट लेने के लिए कोई आगे आ सकता है, अपने आँसुओं से और स्पर्श से दुख व्यक्त कर सकता है। लेकिन वह बात यहाँ कहाँ?

सांझ की लम्बी-लम्बी परछाइयाँ पहाड़ की चोटियों पर, वृक्ष-लताओं की

पर्णशाखाओं पर और दह के प्रशान्त जलाशय पर धीरे-धीरे छाने लगी थीं। वह दृश्य देखता मैं उसी वृक्ष पर हमेशा की भांति बैठा था। अब कुछ ही देर बाद यहां से चलना पड़ेगा, यही सोचकर मन बहुत ही बेचैन था। तभी नदी के परले किनारे पर एक हिरनी शान से खड़ी दिखाई दी। शायद पानी पीने आई थी, किन्तु पानी को स्पर्श किए बिना वैसी ही खड़ी रह गई थी। मानो कोई शिल्पी उसकी मूर्ति बना रहा था और उसकी कला के सौंदर्य में थोड़ी भी कसर न रहे इसी हेतु वह निश्चल खड़ी हो गई थी! अनायास ही मेरा दाहिना हाथ कन्धे पर पहुँचा तीर-करकश की याद शायद उसे आ गई थी। मेरे अन्दर बैठा शिकारी जाग गया था। लेकिन केवल क्षण-भर के लिए। तुरन्त ही यह विचार कि 'मृगया में पाप है' मन को छू गया। यह विचार एक क्षत्रिय को शोभा देने वाला नहीं था। लेकिन उस हिरनी की ओर देखते रहने के बाद मन में वह आया अवश्य।

हिरनी वैसे ही खड़ी थी। मैंने मुड़कर नदी के इस किनारे पर नज़र डाली। मैं चकित रह गया। वहाँ एक भी हिरनी—नहीं! शायद कोई युवती खड़ी थी। उसकी पीठ मेरी तरफ थी। ऐसे बीहड़ स्थान पर भला वह क्यों आई होगी?

उसने ऊपर आकाश की ओर देखा! हाथ जोड़े और दूसरे ही क्षण दह में अपने-आपको फेंक दिया!

उस युवती को बचाने के लिए मैंने दह में छलांग लगा दी, तब मेरा मन केवल करुणा से भर गया था! किन्तु उसे बाहर निकालकर होश में लाने के लिए मैंने उसका सिर अपनी गोद में रख लिया, और करुणा के स्थान पर मेरा मन भय, आश्चर्य और आनंद से भर गया।

वह अलका थी!

अलका के नाक-मुंह में बहुत पानी नहीं भरा था। शीघ्र ही उसने आँखें खोलीं, किन्तु मेरी ओर दृष्टि जाते ही मंद-मंद मुस्कराकर उसने पलकें फिर मूंद लीं। बहुत ही क्षीण स्वर में उसने कहा, "माँ, युवराज कब पधारे?" ज़ाहिर था कि स्थल और काल का चेत उसे अभी नहीं आया था।

"अलका, अब मैं युवराज नहीं हूँ, महाराज हो गया हूँ!" मैंने हँसकर कहा।

उसने फिर पलकें खोलीं और मुझ पर दृष्टि गड़ाती हुई बोली, "सच है, भूल मेरी है, महाराज!" कहते-कहते वह इतनी मधुर हँसी कि कई वर्ष पूर्व रात-बेरात मेरे सिरहाने के पास खड़ी मुग्ध अलका मेरी आँखों के सामने खड़ी हो गई। उस रात के उस प्रथम चुम्बन की मधुरिमा मेरे रोम-रोम में सरसराती चली गई। वह मेरी ओर अपलक ऐसे देख रही थी, जैसे एक शिशु दीये की ओर टकटकी लगाए देखता रहता है। शायद अब भी उसे संभ्रम था कि वह जो कुछ देख रही है वह सपना है या हकीकत उस संभ्रम के कारण उसका चेहरा और भी मोहक दिखाई दे रहा था। उसका चुम्बन लेने का ज़बरदस्त मोह मन में जाग गया। उसके होंठों पर अपने होंठ रखने के लिए मैंने गर्दन तनिक झुकाई। शायद बात उसके ध्यान में आ गई! सिहरती हुई बोली, "अं हं!"

उसका स्वर कुछ भर्राया-सा था। किन्तु उसके पीछे उसका निग्रह बहुत पक्का था। मैंने चुपचाप अपनी गर्दन सीधी कर ली। भीगी पलकों से चंद क्षण मेरी ओर देखती रहने के बाद मेरा हाथ मज़बूती से पकड़कर उसने कहा, "अब मैं परायी हूँ, महाराज!"

उसका हाथ काँप रहा था। चेहरे पर भय छा गया। मेरे लाख मना करने पर भी उसने रुकते, हकलाते अपनी कहानी बताना प्रारम्भ किया। पूरे भीग चुके वस्त्र, पानी चुआते केश, किसी बात का उसे होश नहीं था!

मौसी ने उसकी शादी तय करा दी। माँ को आनन्द हुआ। विवाह हो गया। पति एक काश्तकार था। अच्छा सुन्दर, सशक्त और धनवान। किन्तु वह जुआरी था। जुए की धुन भी इतनी ज़बरदस्त कि अन्य कोई काम-वाम उसे सुहाता ही नहीं था। घर, खेत, पत्नी, माँ, किसी की सुध उसे रहती न थी। उसका एक जानी दोस्त था। वह जादू-टोना किया करता था।

एक दिन किसी मेले में जाने के लिए पति अलका को साथ लेकर घर से निकला। वह मित्र भी साथ हो लिया था। मेले के जुए में पति सब हार गया। अलका को लेकर वहाँ से भाग निकला। मित्र भी साथ था ही। पति हमेशा हवाई किले बाँधता रहता कि इस मित्र की सहायता से आज नहीं तो कल अवश्य ही कर्ण पिशाची उसके बस में हो जाएगी और फिर जुए में वह बहुत धन कमा लेगा! उसका मित्र तो न रात देखता, न दिन, बस हमेशा मंतर-जंतर में ही लगा रहता था! आदमी को गधे में बदल देने के जादू की खोज वह कर रहा था। वह यह भी कहता फिरता था कि आदमी को कुत्ता या बकरा बनाने की शक्ति उसे प्राप्त हो चुकी है!

उन दोनों के साथ घूमती-फिरती अलका अपने घर से बहुत दूर आ गई थी। उसकी समझ में नहीं आ रहा था, क्या करे। वह पति से उपदेशयुक्त बातें कहने जाती तो वह उसी पर गुर्राने लगता और अपने मित्र से कहता, "इसे तुम कुतिया या बकरी बना डालो, फिर यह इस तरह भुनभुनाया नहीं करेगी, चुपचाप हमारे पीछे-पीछे आती जाएगी।" वह मित्र आग जलाता, उस पर सरसों के दाने छिड़कता और पता नहीं कुछ मंत्र बुदबुदाने लगता। अलका के प्राण सूखने लगते। वह दोनों के हाथ-पांव जोड़ती और नाक रगड़कर स्वीकार कर लेती कि अब से आगे वह इस तरह कुछ भी नहीं बोलेगी। फिर जादू-टोना वाले उस मित्र का बुदबुदाना रुकता।

किन्तु उसके दुर्भाग्य को इतने पर ही संतोष नहीं था। चार-पाँच दिन हुए उसका पति जुए मे उसी को दांव पर लगा बैठा और हार भी गया! जीतने वाला ललचाई नज़र से उसे देखने लगा। किसी बहाने वह वहाँ से खिसक गई और अन्धेरे में जिधर राह मिली, भाग निकली। लुकती-छिपती चलती रहती, किसी ने कुछ खाने को दे दिया तो खा लेती, जहाँ मिल गया वहीं पानी पी लेती, इस तरह उसने ये दिन काटे थे। अन्त में हारकर इस दुख से मुक्ति पाने के लिए उसने आत्महत्या का निश्चय किया था।

यह कहानी कहते-कहते उसे बहुत कष्ट हुआ! उसकी कहानी सुनकर मुझे

लगा, भाग्य एक क्रूर बिलाव है। मारने से पहले मनुष्य के साथ एक चूहे की भाँति निर्मम खिलवाड़ करने में ही उसे बड़ा आनन्द आता होगा।

सूरज ढल रहा था, किन्तु ऐसा कुछ कहना आवश्यक था जिससे अलका के मन में आशा का उदय हो। उसकी लटों में वत्सलता-भरी करुणा से हाथ फेरते हुए मैंने कहा, ''तुम बिल्कुल मत डरना। तुम मेरी...''

मेरी गोद में रखा अपना मस्तक तुरन्त उठाती वह झल्लाकर बोली, ''नहीं मैं आपकी नहीं! मैं...मैं...किसी दूसरे की हूँ!''

उसका माथा थपथपाकर मैंने कहा, ''पगली कहीं की! तुम मेरी बहन हो! याद है न? मैंने तुम्हारी माँ का दूध पिया है!''

धीरज दिलाने वाले शब्द में, अपनेपन के एक स्पर्श में कितनी शक्ति होती है!

अलका हँस पड़ी। मानो बुझती ज्योति को नेह मिल गया था!

सांझ तेज़ी से धरती पर उतरती जा रही थी। इस निर्जन स्थान में अब अधिक देर रहना उचित नहीं था। मैंने धीरे-धीरे अलका को उठाकर बिठा दिया। फिर हाथ पकड़कर उसे खड़ा किया। दह से दूर नदी की धारा में उसे ले गया। नदी का निर्मल जल उसने पेट भर पिया। अब उसे काफी ताजगी अनुभव होने लगी थी।

वह पानी पी रही थी तब मेरा ध्यान उसके बालों की ओर गया। डूबते सूरज की किरणों में उसके चार-पांच बाल चमक उठे। अलका को मैं छुटपन से देखता आया था। लेकिन उसके बालों में एक सुंदर सुनहरी छटा है इसकी मुझे तनिक भी कल्पना नहीं थी। आज पहली बार वह छटा देखकर मैंने हँसते हुए कहा, ''तुम्हारे बाल-सुनहरे हैं?''

''जी, हैं कुछ-कुछ!''

''होने ही चाहिए!''

''वह क्यों?''

''बड़ों की सारी बातें बड़ी ही होती हैं!''

वह दिल की तह से हँसी और मुझ पर नज़र गड़ाती बोली, ''मैं बहुत बड़ी हूँ! बहुत-बहुत बड़ी हूँ! जानते है आप, मैं कौन हूँ?''

''नहीं तो!''

''हस्तिनापुर के महाराज ययाति की बहन!''

उस रात मैं शय्या पर पड़ा, तब सुनहरे बालों वाली अलका नदी के शुभ्र साफ प्रवाह में खड़ी होकर मुझे कह रही थी, ''जानते हैं आप, मैं कौन हूँ? हस्तिनापुर के महाराज ययाति की बहन!'' उसकी उस मूर्ति को आँखों में भरते-भरते, उसकी मीठी हँसी जी भरकर सुनते-सुनते ही मैं सो गया।

मध्य रात्रि में आभास हुआ कि कोई मेरे पैरों को छू रहा है। चौंककर मैं जाग पड़ा। दीप की रोशनी मंद पड़ गई थी। फिर भी मैंने पहचान लिया कि मेरे पैरों के पास खड़ी आकृति अलका की है। मैं तुरन्त उठा और उसके पास जाकर पूछा, ''क्या बात है अलका? क्या हुआ?''

वह बोल न सकी। बस केवल थरथर काँपती रही! मैंने उसका हाथ अपने हाथ में ले लिया। वह पसीने से तर हो गया था मैंने उसे उसकी शय्या पर बिठाया। उसकी पीठ सहलाते हुए उसे धीरज बंधाया। तभी आभास हुआ कि द्वार के पास किसी की परछाई पड़ी है। मुड़कर देखा, वहाँ कोई न था।

जब से अलका बिस्तर पर पड़ी थी, उसको क्षण-भर के लिए भी नींद नहीं आ पाई थी। वह जादू-टोने से बहुत डरती थी। आज एक सपने में वह बकरी बना दी गई थी तो दूसरे में कुतिया। तीसरे सपने में उसने देखा था कि उसका पति उसे पहाड़ी की चोटी पर से नीचे धकेल दे रहा है। वह चीखकर जाग पड़ी थी। लेकिन उसके पास ही सोई दोनों दासियाँ खर्राटे भर रही थीं! वह बहुत ही डर गई। आखिर हिम्मत कर वह मेरे पास आई थी।

मैं उसकी बातें सुन रहा था कि तभी किसी कीड़े ने आकर दीया बुझा दिया। बोलते-बोलते वह रुक गई तब जाकर कहीं यह बात मेरे ध्यान में आई। तभी बाहर कोई आहट सुनाई दी। शायद वह पहरेदार था।

अलका को समझा-बुझाकर मैंने उसके स्थान पर वापस भेज दिया। लेकिन एक बात मेरे ध्यान में आए बिना न रही कि जुआरी पति और उसका वह जादू-टोना करने वाला मित्र, दोनों से अलका बहुत ही ज़्यादा आतंकित है। मैंने कितना भी धीरज बंधाया, समझाया-बुझाया, तब्र भी उसका भयभीत मन एकदम सामान्य नहीं बना।

मेरा ख्याल था कि दूसरी रात वह मेरे कक्ष में नहीं आएगी। लेकिन पूर्व रात के समान ही वह थरथर काँपती हुई मेरे पास आई। रात उसकी बैरन बन गई थी। उसके मन पर सवार सारे-भूत-पिशाच अंधेरे में बाहर निकलकर उसे सता रहे थे।

अगली रात अलका फिर आई। लेकिन अब की बार उसकी शिकायत कुछ निराली ही थी! उसने भूत देखा था। भूत की शक्ल-सूरत मंदार जैसी थी! यह सोचकर कि वह सोई हुई है, उस भूत ने उसका चुंबन लेने की चेष्टा की। उसके थोड़ी हलचल करते ही भूत भाग गया था।

तीसरे दिन मैंने दासियों को आज्ञा दी कि अलका का बिस्तर मेरे ही कक्ष में लगवाएं। मेरे शयन-कक्ष का द्वार हमेशा खुला रहता था। पहरेदार बीच-बीच में आकर यह देख जाता था, मैं सुख से सोया हूँ या नहीं। अलका यदि मेरे शयन-कक्ष में सोई तो किसी का क्या बिगड़ता? सन्देह की गुंजाइश की कहाँ थी?

मेरे प्रति प्रगाढ़ विश्वास होने के कारण या हर बीतते दिन के साथ मन में समाया भय लगातार कम होता जा रहा था इस कारण, अलका आराम से सोने लगी थी। यह नहीं कि उसका चीखकर जाग उठना बिल्कुल ही बंद हो गया था। लेकिन एकाध बार ही वह 'महाराज!' कहकर चीख उठती और मैं तुरन्त उसे 'क्या बात है अलका?'' पूछता, तो उसका मन कुछ शांत हो जाता था। शेष सारे प्रवास में चार-पांच बार ही वह इस तरह चीखी-चिल्लाई थी! वह थर-थर काँपने लगती तो मैं उसे लाकर अपनी शय्या पर बिठाता, उसकी पीठ सहलाता और उसका मन शान्त

हो जाने पर उसे फिर उसकी शय्या पर भेज देता था।

उन सारे प्रसंगों को मैं ठीक तरह याद करके देख रहा हूँ, लेकिन मुझे नहीं लगता कि किसी भी अवसर पर—अलका रात्रि के अलावा मेरी शय्या पर आकर बैठी थी, तब भी—मेरे मन में उसके शरीर-सुख की अभिलाषा जागी थी। उसके सौन्दर्य की अपेक्षा तो उसका मेरे प्रति जो अथाह विश्वास था वह ही मुझे सौगुना अधिक आकर्षक लगने लगा था। उसके चुम्बन-सुख की अपेक्षा मेरी गोद में सिर रखकर वह निश्चिन्तता अनुभव करती थी इसका आनंद मुझे अधिक और निराला ही उत्साह देता था।

प्रवास के वे दिन कितनी जल्दी बीत गए! किन्तु उनकी स्मृतियाँ आज भी मेरे मन में बराबर बनी हुई हैं। दिन-भर अलका मेरे इर्द-गिर्द ही रहती थी। कभी गीत गुनगुनाती, कभी मनमानी केश-रचना करती, कभी मेरी चीज़ों पर से धूल का एक-एक कण साफ करती, कभी वनफूलों का नन्हा-सा गजरा गूंथती, कभी किसी नगर में मुकाम करने पर मुझे भाने वाले अन्न-पकवान बनाती, मैं भोजन करने बैठता तो पास बैठकर पंखा झलती, तो कभी किसी पदार्थ को आग्रह कर-करके मुझे परोसती। तब मैं उससे कहता, ''लगता है अब हस्तिनापुर जाने पर मैं अवश्य ही अजीर्ण से बीमार पड़ने वाला हूँ। अब की बार जब राजवैद्य मुझे काढ़े पिलाने आएंगे, तो मैं उनसे कह दूँगा कि ये सभी काढ़े अलका को ज़बदस्ती पिलाइए। उसी की वजह से मुझे यह अजीर्ण हुआ है!'

पता नहीं विधाता ने नारी को बनाते समय क्या-क्या चीज़ें मिलाई थीं। लेकिन बात सच है कि उस प्रवास में अलका का अस्तित्व मुझे बहुत ही सुखदाई लगा। प्रतीत होता था जैसे कोई नाद-मधुर, भावरम्य काव्य ही मेरे चहुँओर समाया हुआ है! उस काव्य में श्रृंगाररस का नाम तक नहीं था। किन्तु हास्य, वत्सल, और करुण रसों का उसमें मनोहर संगम अवश्य था।

कई बार मंदार उसकी और गुस्से से देखा करता था। शायद उसे यह पसंद नहीं था कि अलका के एक दासी की लड़की होने के बावजूद मैं उसके साथ बराबरी के नाते से पेश आता हूँ। लेकिन उस पागल को क्या पता कि दुनिया की दृष्टि में ययाति भले ही राजा हो, अलका की दृष्टि में वह केवल एक भाई था। उसे क्या पता कि दुनिया की दृष्टि में अलका भले ही एक दासी की लड़की हो, ययाति की दृष्टि में वह केवल एक बहन थी!

निरीह आनंद, निरपेक्ष प्रेम और निर्मल हास-परिहास के वे दिन बातों ही बातों में बीत गए। हस्तिनापुर केवल दस कोस रहा था। तब मंदार ने मुझसे कहा,''महाराज, मैं पहले नगर पहुँचता हूँ। वर्ना, राजमाता जी इसलिए नाराज़ हो जाएंगी कि आपके स्वागत की तैयारी करने के लिए उन्हें समय नहीं मिला!''

मैंने उसे जाने ही अनुमति दे दी। लेकिर बार-बार मन में आता कि माँ की आँखों में वात्सल्य के और अलका की आँखों में ममता के आरती के दीप जब निरंतर जल रहे हैं, तो ययाति का अलग से स्वागत करने की क्या आवश्यकता है?

हम लोग हस्तिनापुर पहुँचे तब काफी रात हो चुकी थी। मैंने माँ को यह बताकर कि अलका कहाँ और कैसे मिली, उसे माँ के हवाले कर दिया।

उस रात भोजन कर चुकने के तुरन्त बाद मैं सो गया। मैंने सोचा था कि माँ प्रातः यति की बात चलाएगी, किन्तु वह कुछ भी बोली नहीं। शायद मुझे अकेला खाली हाथ लौटा देखकर उसे बहुत दुख हुआ होगा! मुझे लगने लगा कि बेकार ही मैंने माँ के मन में यति के बारे में आशा जगाई। आशा टूट जाने जैसा भयंकर दुख इस दुनिया में और कोई नहीं!

वह सारा दिन बहुत व्यस्तता में बीता। अमात्य और अन्य अधिकारी आए तो उन्होंने अभिषेक की बातें चला दीं। माधव तारका को लेकर आया। तारका को मिठाई दिलवाने के लिए मैंने अलका को पुकारा। लेकिन मिठाई लेकर उसके बजाय कोई दूसरी दासी आई। दिन-भर मैं काम में लगा रहा। फिर भी किसी न किसी बहाने तीन-चार बार मैंने अलका को याद किया। किन्तु एक बार भी न तो वह मेरे सामने आई, न ही मुझे क़हीं दिखाई दी।

रात्रि के भोजन के समय मैंने माँ से पूछा,''अलका कहीं दिखाई नहीं देती?''

माँ ने निर्विकार भाव से, जैसे मेरा प्रश्न उसने सुना ही न हो, कहा,''ययु, अब तुम हस्तिनापुर के राजा बन गए हो। राजाओं की नज़र राज-कन्याओं पर जानी चाहिए, दासियों पर नहीं!''

माँ ने यह इतने निर्विकार भाव से कहा कि मैं समझ नहीं पाया कि वह मेरा मज़ाक कर रही है या उलाहना दे रही है। मैं चुप रहा। किन्तु उसके इस वाक्य के कारण थाली में परोसे गए रसीले पदार्थ मुझे रुचिहीन लगने लगे। मैं बिना खाए ही उठ गया।

माँ ने इशारा करके मुझे अपने महल में बुला लिया। मैं चुपचाप उसके पीछे चला गया। उसने तुरंत दरवाज़ा बंद कर लिया। फिर अपने पलंग के पास रखे एक शेरनी के सुंदर पुतले की और देखती वह बोली, ''अलका इस समय अपनी ज़िन्दगी की अन्तिम घड़ियाँ गिन रही है!''

मैं समझ नहीं पाया कि मैं जाग रहा हूँ या कोई स्वप्न देख रहा हूँ! बहुत कष्ट से मेरे मुंह से निकला, 'मतलब?''

''इस संसार में जन्म का मार्ग एक ही है, किन्तु मृत्यु की बात वैसी नहीं। मृत्यु अनेक मार्गों से आती है! कहीं से भी आती है!''

''किन्तु उसकी ऐसी अवस्था के बारे तुमने मुझे कुछ बताया क्यों नहीं? मैं राजवैद्य को...''

''इस मामले में राजवैद्य का कोई काम नहीं! यह राजवंश की प्रतिष्ठा का प्रश्न है। राजमाता का प्रश्न है। तुमने प्रवास में जो रंगरेलियां...'' एक दम मेरी और मुड़कर माँ ने कहा। उसकी आँखों में अंगारे सुलग उठे थे। क्षण-भर रुककर उसने कहा,''तुम्हें जो भंयकर रोग हो गया है, उसका इलाज करने के लिए!'

''मुझे कौन-सी बीमारी हो गई है?''

"कौन-सी? उस मुकुलिका को मैंने अशोक-वन से निकाल दिया है। उसे चेतावनी दी है, फिर से नगर में कदम रखेगी तो जान से हाथ धोना पड़ेगा! वह आज यहाँ होती तो तुम्हारी बीमारी के सारे आसार..."

मैंने सिर झुका लिया। मुकुलिका के साथ मैंने ज़्यादती की थी। मैं स्वयं इस बात को जान गया था। कुछ दिन तक वह बात मन को चुभती भी रही थी। लेकिन अशोक वन में हुई भली-बुरी बातें माँ से किसने कही होंगी? क्या उसने स्वयं आकर बताया होगा? नहीं! वह भला ऐसा क्यों बताएगी? शरीर-सुख के बदले में युवराज की कृपा चाहने वाली वह एक दासी मात्र थी! वह किसलिए यह राज़...

माँ कहने लगी,"इधर तुम्हारे पिता मृत्यु-शय्या पर पड़े थे और उधर तुम उस तुच्छ दासी को अपने पलंग पर लेकर..."

उस दिन अमात्य ने सुरंग-मार्ग से मंदार को भेजा था। वह आया तब मुकुलिका मेरे पलंग के पास खड़ी थी। उसे महल के बाहर भेज देने के बाद सुरंग का द्वार खोलने का भान मुझे न रहा था!

मेरा सिर भन्ना उठा। मंदार क्या इतना कमीना है? माँ से यह सब कुछ कहकर उसने क्या पाया होगा?

अशोक वन में जो कुछ हो गया था, सारा का सारा माँ से कह दिया जाए, कुछ भी न छिपाते हुए बता दिया जाए, ऐसा मन में आया तो किन्तु लज्जा के मारे मैं कुछ बोल न सका। फिर माँ ने भी तो मुकुलिका को काफी आड़े हाथों लिया होगा! तब इस पाप की सारी ज़िम्मेदारी उसने मुझ पर डाली होगी! अब मैंने कितनी भी हार्दिकता से सफाई दी, तब भी माँ की मनःस्थिति ऐसी है कि उसे मेरी बात कतई सच नहीं लगेगी।

मन ही मन जलता हुआ मैं स्तब्ध रह गया। किन्तु माँ ने शायद समझा कि मेरा इस तरह चुप रहना पाप करने की बात को स्वीकार करना है। अपनी वाणी के आरे से मेरे मन की लकड़ी को चर्रचर्र चीरती हुई उपालंभ-भरे स्वर में वह बोली,"इसमें तुम्हारा कोई दोष नहीं है। दोष है मेरे भाग्य का! तुम्हारे घराने के रक्त में ही यह बात है! सुंदर स्त्री को देखने की देर है कि..."

समझ नहीं पाया कि माँ इंद्राणी पर पिताजी के मोहित होने की बात की ओर संकेत कर रही है या उन्हें मिले शाप की। किन्तु उसका एक-एक शब्द चमड़ी उधेड़ देने वाले कोड़े की तरह कड़कता हुआ मेरे अन्तःकरण की धज्जियाँ उड़ाता गया।

वह बोलती ही जा रही थी,"जो रक्त में होता है, वह हर अवसर पर उफनता हुआ ऊपर आता ही है। पत्नी के नाते मैंने काफी दुख झेले हैं! अब माँ के नाते तो वैसे दुःख नहीं सहने पड़ेंगे, ऐसी आशा संजोए मैं बैठी थी! किन्तु..."

किसी दुर्ग का फौलादी सिंहद्वार सहसा बंद हो जाए, वैसे ही माँ भी एकदम चुप हो गई। उसने मुझे इशारा किया। मैं उसके पीछे-पीछे चलने लगा। वह महल की पूरब वाली दीवार के पास गई। शायद वहाँ वैसी ही सुरंग थी जैसी महल से अशोक वन जाने के लिए थी। माँ के पीछे-पीछे मैं भी उस सुरंग में उतरने लगा।

लेकिन मुझमें इतनी हिम्मत नहीं थी कि उससे पूछता, हम कहाँ जा रहे हैं!

सुरंग बहुत लम्बी नहीं थी। उसके दूसरे सिरे पर एक तहखाना था। तहखाने के द्वार पर एक डरावनी सूरत वाला भारी-भरकम पहरेदार पहरा दे रहा था। उसने हम दोनों को प्रणाम किया।

माँ मेरी ओर मुड़कर बोली,"भीतर जाओ। लेकिन ख्याल रहे, तुम्हें वहाँ केवल घड़ी-दो घड़ी ही रहने दिया जाएगा! कहते हैं, मरने से पूर्व व्यक्त की गई मरने वाले की इच्छा पूरी करनी चाहिए। इसीलिए अलका पर मैंने यह दया दिखाई है! वर्ना..." कुछ रुककर वह फिर बोली, "युवराज..."

युवराज? माँ ने मुझे ययु के बजाय युवराज कहा था!

"देखिए, युवराज, कल आप महाराज बनने जा रहे हैं। ध्यान रहे, रोना राजाओं को शोभा नहीं देता। यह भी मत भूलना कि राजा लोग कभी कोई गलती नहीं किया करते। और यह भी कि चाहने पर राजा को प्रतिदिन अप्सरा जैसी नई सुंदर स्त्री मिल सकती है..."

इतना कहकर माँ मुंह फेरकर खड़ी हो गई। पहरेदार ने धीरे से द्वार खोल दिया। मन सुन्न पड़ गया था। उसी मनःस्थिति में मैंने भीतर कदम रखा। उस संकरे-से कमरे के एक कोने में एक दीपक मंद-मंद टिमटिमा रहा था। उसके क्षीण प्रकाश में क्षण-भर तो मुझे ठीक तरह से कुछ दिखाई नहीं दिया। फिर कमरे के बीचोंबीच घुटनों में गर्दन डाले बैठी अलका दिखाई दी। भारी कदमों से मैं उसकी पास गया। शायद मेरी आहट भी उसे सुनाई नहीं दी थी! मैंने बहुत पास जाकर उसके कन्धे पर हाथ रखा, तब जाकर कहीं उसने सिर उठाया। वह मेरी ओर काफी देर तक केवल देखती ही रही। उसका चेहरा स्याह पड़ चुका था। आँखें पथराई-सी होने लगी थीं। बार-बार मेरी ओर देखते हुए उसने पूछा, "कौन है?"

उसको सुनाई नहीं देता था, दिखाई नहीं देता था...मेरा कलेजा धक्-से रह गया। उसके दोनों कन्धों को जोर-ज़ोर से हिलाते हुए मैं चीखा, "अलका!"

उसने मेरी आवाज़ शायद पहचान ली। उसके सूखे होंठों पर हलकी-सी मुसकान खेल गई। उसने भारी किन्तु मधुर स्वर में पूछा, "कौन? महाराज?"

उसके पास ही कुछ दूरी पर एक खाली प्याला लुढ़का पड़ा था! उसकी ओर ही कष्ट से उंगली दिखाकर उसने कहा, "उससे पूछिए। उस...उस प्याले में...प्रेम था...उस...उसे...मैं...पी गई! ..."

उससे आगे बोला नहीं गया। उसकी आँखों से यकायक आँसू बहने लगे! मेरा कन्धा भीगकर तर हो गया। फिर बहुत ही तड़पकर उसने कहा, "वो...वो... मंदार...उस...उसने...उसको...मैं..."

उसकी जीभ लड़खड़ाने लगी। मैं पागल-सा उसे लगातार सहलाता जा रहा था। उसके बदन पर हाथ फेरता जा रहा था। वह कष्ट से टेढ़ी-मेढ़ी अंगड़ाइयाँ लेने लगी। उसका बदन उलटा-सीधा अकड़ने-ऐंठने लगा। उस विष की शायद उसे असह्य वेदनाएं हो रही थीं! शरीर ठण्डा पड़ता जा रहा था! मेरे कन्धे पर रखा उसका सिर

प्रतिक्षण अधिक भारी होने लगा। साँसें भी रुकने लगीं। समझ में नहीं आ रहा था, क्या करूँ।

अब उसे हिचकियाँ आने लगीं। एक बार उसने बहुत ही क्षीण स्वर में कहा, "म...मु...मुझे...भूलना नहीं...म...मेरा...ए...एक...स...सुनहरा...ब...बाल...याद...में...ओइ... माँ!..."

मैंने धीरे से उसका एक सुनहरा बाल तोड़ लिया। अब अलका चन्द क्षणों की मेहमान थी। मेरे कारण ही उसकी मौत आई थी! मृत्यु के अज्ञात प्रदेश की कभी न समाप्त होने वाली यात्रा पर अलका...मेरी...अलका...मेरी अभागिनी अलका... निकली थी। क्या मुझे उस यात्रा के लिए, सदैव सम्बल के रूप में उसके काम आ सकने वाली कोई निशानी उसको नहीं देनी चाहिए?

मृत्यु के द्वार पर आकर राजा भी भिखारी बन जाता है। मैं उसे कुछ भी...नहीं दे सकता था!

अनजाने मेरा माथा झुक गया। अलका के होंठों पर मैंने अपने होंठ रख दिए। शायद अभी उसे थोड़ा होश था। मुँह फेर लेने की कोशिश करते हुए उसने कहा, "नहीं! नहीं! विष...विष...!"

लेकिन मुँह फेरने की भी शक्ति अब उसमें नहीं रही थी। मैं पागल-सा उसके चुंबन लेने लगा।

उस रात लिया अलका का पहला चुम्बन...इस रात अलका का यह अन्तिम चुम्बन! ओफ! जीवन भी कितना भयंकर नाटक है! मुँह फेर लेने की कोशिश में अलका का सिर मेरे कंधे पर से फिसला और वह धड़ाम से नीचे गिर पड़ी!

मैंने उसे हिलाकर देखा! पंछी पिंजरे से उड़ गया था।

उसका निष्प्राण शरीर मेरे सामने पड़ा था! उसकी आत्मा...मन कह रहा था, कहाँ है वह आत्मा?

बाहर से माँ ने आवाज़ दी, "युवराज..."

मैं अपने महल में लौटा तो अमात्य मेरी प्रतीक्षा कर रहे थे। वे जान बूझ कर ही ऐसे समय आए थे। उन्होंने कहा, "बहुत ही आनंद का समाचार आया है!"

इस दुनिया में आनंद भी क्या कहीं हो सकता है? मैं स्तब्ध रहा।

अमात्य कहने लगे, "देव-दानवों का युद्ध समाप्त हो गया है! कच ने संजीवनी विद्या प्राप्त कर ली। फलस्वरूप देवता-पक्ष के मृत सैनिक फिर से जीवित होने लगे। इसीलिए दानवों ने ही अपनी ओर से युद्ध समाप्ति की घोषणा की। बहुत ही अच्छा हुआ। इस युद्ध में दानव जीत जाते तो निश्चय ही वे हमारे राज्य पर भी आक्रमण करते।"

कच को संजीवनी प्राप्त हो गई थी! देव-दानवों का युद्ध समाप्त हो गया था! मेरी दृष्टि में ये सारी बातें अत्यंत तुच्छ थीं। मेरा मन निरतंर आक्रोश से पीड़ित हो रहा था—अलका कहाँ है? मेरी अलका कहाँ है? प्रेम के भूखे इस भाई की इकलौती बहन कहाँ है?

देवयानी

बाहर वसंत की शीतल बयार महक रही है। लेकिन मैं तो यहाँ डर की मारी पसीने से तर बैठी हूँ। विशाल शुभ्र कमल की तरह चौदहवीं की चाँदनी खिली है। लेकिन भीतर मेरा मन कुम्हलाए हुए हरसिंगार की तरह स्याह पड़ गया है। बाहर कोयल की उन्मादक कुहू-कुहू कानों में रस घोल रही है। किंतु मेरे अन्तः-करण में भग्न वीणा की बेसुरी झंकार उठ रही है।

क्या 'मन में वही सपना में' वाली कहावत सही होगी? नहीं!

कितना भयानक सपना देखा मैंने! जागी तो झंझा में थरथर काँपती लता के समान मुझे कँपकँपी-सी हो रही थी। सिर से पाँव तक मैं पसीने से लथपथ हो गई थी—ओस में नहाई लता जैसी!

क्या कच पर मुझे क्रोध आया होगा? होगा क्यों? है ही! मुझे उस पर बहुत अधिक क्रोध है! यह ठीक है कि जब वह मेरे प्यार को ठुकराकर जाने लगा, तो मैंने उसे शाप दे दिया कि 'तुम जो विद्या लेकर जा रहे हो, वह तुम्हें कदापि फलेगी नहीं!' लेकिन इसका मतलब क्या यह है कि मैं उस सपने में दिखी वैसे...

देवयानी दानव-गुरु की कन्या है, लेकिन स्वयं कोई दानव नहीं।

लगभग घंटा बीत चुका है, लेकिन अब भी उस स्वप्न का स्मरण आते ही रोंगटे खड़े हो जाते हैं!

कच के चले जाने के बाद कई दिनों तक आँसू बहाती रही। कुछ खाने तक को जी नहीं करता था। मैं पिताजी से बार-बार कह रही थी, "संजीवनी गई तो जाने दीजिए। फिर से तपस्या करने बैठिए। भगवान शिवजी से नया वर प्राप्त कीजिए और उस निर्दयी, छली और कृतघ्न कच को मेरे सामने लाकर खड़ा कीजिए!"

मैं कच को ऐसा दंड देना चाहती थी, जो उसे जीवन भर याद रहे, आज भी चाहती हूँ! मेरे प्यार को ठुकराकर, मेरे दिल को पैरों तले कुचलकर वह चला गया! जाते-जाते मुझे शाप भी दे गया, 'कोई भी ऋषिकुमार तेरा पाणिग्रहण नहीं करेगा!' बेहया कहीं का! मैं उसे अच्छा-खासा मज़ा चखाना चाहती हूँ! प्रतिशोध लेना चाहती हूँ! लेकिन प्रतिशोध क्या उस स्वप्न के अनुसार लूंगी मैं? नहीं री मैया! ओफ, उस स्वप्न की याद आते ही अब भी रोम-रोम सिहर उठता है!

वह भीषण स्वप्न! इस समय भी वह ज्यों का त्यों आँखाँ के सामने खड़ा

है! राजसभा में लोहे की ज़ंजीरों में जकड़ा कच खड़ा था। आँखों में जकड़ती बिजलियाँ लिए वह चारों ओर देख रहा था। महाराज वृषपर्वा ने मुझसे कहा, ''गुरु-कन्या देवयानी! हमारे उद्धार के लिए गुरुदेव तपस्या करने बैठे हैं। यह नई तपस्या आरंभ करते समय उन्होंने मुझे आज्ञा दी है–'राजा, देवयानी मेरा छठा प्राण है। उसे हमेशा प्रसन्न रखो! हम जानते हैं कच ने तुम्हें बहुत दुःख पहुँचाया है। इसीलिए बहुत शौर्य के साथ हमने देवलोक से कच को बंदी बनाकर यहाँ तुम्हारे सामने उपस्थित किया है। अब वह तुम्हारा बंदी है। बोली, तुम इसे क्या दंड देना चाहती हो? तुम्हारी आज्ञा हमारे लिए सर-आँखों पर है!''

सच्ची प्रेयसी अपने प्रीतम को–उसने बेवफाई की हो तब भी–आखिर क्या दंड दे सकती है? यही न कि उसे हमेशा-हमेशा के लिए अपने बाहुपाश में रखना पड़ेगा? लेकिन इतना दंड भी मैंने उसे नहीं दिया! मेरा दंड तो इससे भी मामूली था! मैंने उस बेहया से यही मिन्नत की, ''बस एक बार, केवल एक बार मेरा चुंबन ले लो!'' यह भी कह दिया कि चुंबन लेते ही तुम मुक्त कर दिए जाओगे।

लेकिन मृत्यु-द्वार पर खड़ा होने पर भी उसकी उन्मत्तता रत्ती-भर कम न हुई। उसने मुझसे कहा, ''देवयानी, राक्षसों ने मुझे मार डाला, जला दिया और मेरी अस्थियों की भस्म मद्य में घोलकर शुक्राचार्य को पिला दी। फलस्वरूप मैं उनके हृदय के ठीक मर्मस्थल तक पहुँच गया। दुनिया में सभी को अज्ञात संजीवनी मंत्र को मैंने वहीं आत्मसात् किया। किंतु उसी कारण मैं तुम्हारा भाई भी हो गया हूँ। जिस पेट से तुम पैदा हुई उसी पेट से मैं भी...''

मैं झल्ला उठी। मैंने उससे कहा, ''देवयानी को तुमने शायद भोली-भाली बावली लड़की समझा है। बच्चे माँ के पेट से पैदा होते हैं। बाप के पेट से नहीं, यह बात समझने के लिए किसी विशेष बुद्धिमानी की आवश्यकता नहीं हुआ करती है! मैं तुम्हारी बहन नहीं हूँ, न ही तुम मेरे भाई हो। मैं तुम्हारी प्रेयसी हूँ। मैं तुमसे और कुछ भी नहीं माँगती। बस केवल एक बार मेरा चुम्बन ले लो। चुम्बन लेते ही तुम्हें तुरन्त मुक्त करने की आज्ञा दे रही हूँ।''

लेकिन वह भी कितना मतवाला, कितना ज़िद्दी, कितना दुराग्रही है! मेरी-यह मामूली माँग भी उसने स्वीकार नहीं की! महाराज वृषपर्वा ने पूछा, ''गुरु-कन्या, अब बताओ इसे क्या दण्ड दिया जाए?''

यह कच मद्य में घुलकर पिताजी के पेट में चला गया। संजीवनी पाकर ही सही, उसे फिर से जिलाने के लिए मैंने ही पिताजी से काफी अनुनय किया था। आज उसी कच को दंड दूँ? क्या माँ अपने बालक को कठोर दंड दे सकती है? फिर प्रेयसी भी तो...।

लेकिन कच को कठोरतम दंड देना ज़रूरी था। मेरा इस तरह अपमान करते समय वह ज़रा भी तो नहीं हिचकिचाया था! अंतःकरण के थाल में प्रीत का दीप जलाकर मैं उसकी आरती उतार रही थी और एक यह है कि मतवालेपन से आरती का वह थाल मेरे हाथ से छीनकर छितरा देने में भी नहीं अघाता?

मैंने महाराज वृषपर्वा से कहा, "कच का सिर उतार दो! उसका मस्तक काटकर एक थाल में रखकर राजसभा में लिवा लाओ। आज मैं सबको बता देना चाहती हूँ कि देवयानी नृत्यकला में कितनी निपुण है!"

सेवक उसका खून से लथपथ कटा मस्तक थाल में रखकर ले आए। उस थाल को राजसभा में बीच में रखकर मैं नाचने लगी। प्रीति कभी खिलते पुष्पों के समान हँसती है, तो कभी लपलपाती ज्वालाओं के समान प्रतीत होती है। कभी वह चाँदनी-सी फैलती है तो कभी बिजली बनकर कौंधती है। वह कभी हिरनी बनती है, तो कभी ज़हरीली नागिन! कभी वह प्राण न्यौछावर करती है, कभी प्राण ले लेती है। ये सारी भावनाएं मैं अपने नृत्य में प्रकट करती गई।

पता नहीं इस तरह मैं कब तक नाचती रही! मुझ पर उस नृत्य का नशा-सा हावी हो गया था। थाल में रखे कच के उस मस्तक के अलावा मुझे अन्य कुछ भी दिखाई नहीं दे रहा था! उसके मस्तक से खून टपक रहा था और मुझे लगता था जैसे मंगल कुमकुम-तिलक किए यह मेरे प्रीतम का माथा है! मैं अभिसारिका बन उससे मिलने चली हूँ। मैं भूल गई कि वह माथा एक निष्प्राण मस्तक है। नाचते-नाचते ही घुटनों के बल पर बैठकर मैंने उसका चुंबन लेते हुए कहा, "कचदेव! आप चुंबन देने के लिए तैयार न थे। कितु आखिर मैंने चुंबन ले ही लिया न?"

और उसी क्षण मेरी नींद टूटी थी। स्वप्न में ही सही, कच के धड़ कटे सिर का चुंबन मैंने ले लिया था!

नहीं-नहीं! स्वप्न का यह अंन्तिम हिस्सा शायद सच नहीं था! बचपन में किसी असुर की ऐसी कहानी मैंने सुनी थी। शायद वही...।

मैं कच से अब भी प्यार करती हूँ। फिर भला मैं उसके साथ इसी तरह क्रूरता से क्यों पेश आती?

सपने आते कहाँ से हैं? मानवी मन से ही न?

अच्छा! अब आया समझ में! स्वप्न एक अजीब बुनाई की रेशमी माला है। मेरे मन में यह स्वप्न किस तरह...।

कच हमेशा कहा करता था कि विद्यार्थी को व्रतस्थ रहना चाहिए। वन में जाकर वह वहाँ से मेरे लिए मुझे बहुत पसंद आने वाल फूल अवश्य ले आता था। किन्तु एक बार भी कभी उसने उन्हें मेरे बालों में नहीं गूंथा। मेरा स्पर्श उसे अत्यधिक सुखद लगता था। गलती से भी उसे स्पर्श करते ही क्षण-भर के लिए उसकी मुद्रा अत्यंत प्रसन्न हो जाती थी! लेकिन वह हरदम यही कोशिश करता कि जहाँ तक हो सके मेरा स्पर्श उसे नहीं हो पाए।

मुझसे दूर-दूर ही रहने की उसकी चेष्टा, उस पर मुझे आता क्रोध और अनुराग, कल होने वाला उत्सव, इन्हीं सभी बातों ने मिलकर मेरे मन में उस स्वप्न की रेशमी माला बुनी थी।

लेकिन क्या मेरा पागल मन अब भी वास्तव में उससे प्यार करता है? और मेरा विवेकी मन उससे घृणा? प्रेम और घृणा! आग और पानी!

पता नहीं कब मेरे दो मनों की यह उधेड़बुन समाप्त होने वाली है। सच, दो मनों का यह संघर्ष क्या समाप्त नहीं होगा? स्त्री का मन भी कितना पागल, कितना कोमल, कितना अन्धा होता है! यहाँ से जाने के बाद कच ने एक शब्द से भी किसी से मेरा हाल नहीं पूछा है। मेरे प्यार के बल पर उसने पिताजी से संजीवनी प्राप्त कर ली। संजीवनी लेकर वह देवलोक में चला गया। वहाँ उसकी जय-जयकारों से वायुमंडल गूंज उठा। वह एक महान ऋषि और महा पराक्रमी वीर बन गया! देवताओं पर आया प्राण-संकट उसी के कारण टल गया।

अब तो इंद्र उसे मनचाही अप्सरा देने लगा होगा! फिर क्यों वह देवयानी को याद करने लगा! पुरुष इसी तरह बेवफा होते हैं! छली! कठोर! पाषाण-हृदयी! जाल समेत उड़ निकलने वाले पंछियों के समान वे भागकर दूर-दूर चले जाते हैं और स्त्रियाँ आँखों से दूर होते जा रहे उन्हीं प्रीति-पाशों में अपने अंतः-करणों को उलझाकर रोती बैठती रहती है।

फूल की पंखुड़ियाँ झड़कर गिर जाती हैं। पीछे बचते हैं केवल कांटे! प्रीति की रीत भी क्या ऐसी ही होती है? उन फूलों की उड़ चुक सुगंध की याद में स्त्री घुलती-घुटती काँटा बनकर रह जाती है। उन्हीं कांटों को पागल-पूजा करती बैठती है। वे काँटे चुभकर खून निकल आया कि...।

नहीं, मैं अन्य नारियों के समान रोती-घुटती नहीं बैठूंगी। मैं आम नारियों से भिन्न हूँ, असामान्य हूँ। भगवान ने मुझे सौंदर्य दिया है। पिताजी ने मुझे बुद्धि दी है। पिताजी की पहली सारी तपस्या पर पानी फिर गया। वे फिर से उसी ज़िद से नई तपस्या करने बैठ रहे हैं। फिर से वही विद्या प्राप्त करने जा रहे हैं। मैं उन्हीं पिता की लड़की हूँ। दुनिया की थोड़ी भी परवाह न करने वाले शुक्राचार्य की पुत्री हूँ। मैं कच को भुला दूँगी!

नहीं! उसके प्रति अपने मन में रहे प्रेम को मैं भूला दूँगी। वह मुझे शाप देकर चला गया है। सच्चा प्रेम भी क्या शाप दे सकता है? क्या खूब! कह रहा था, "कोई भी ऋषिकुमार तुम्हारा पाणिग्रहण नहीं करेगा!" न सही! यहाँ किसे पड़ी है कि एक ऋषिकुमार के गले में वरमाला डालकर जंगल की झोंपड़ी में जीवन बिताए? पागल कच! मेरे इतने समीप आकर भी मेरे मन को समझ न सका! अरे केवल फूलों का शृंगार करने के लिए थोड़े ही आदिशक्ति ने मुझे इतना रूप दिया है? शार्मिष्ठा जैसी सुन्दर राजकन्या भी रात-दिन क्यों मुझसे जलती रहती है? कल वसंतोत्सव आरंभ होने जा रहा है। आज तो उसे नींद भी न आई होगी! इस उत्सव में कौन-से वस्त्र परिधान किए जाएं, क्या-क्या आभूषण पहने जाएं, ताकि मेरा रूप देवयानी से भी अधिक निखर उठे, इसी सोच में वह जाग रही होगी! जागती और सोचती रही तो रहे मेरी बला से! कल उत्सव का प्रथम दिन है। इसलिए राजकन्या और उसकी सखियाँ प्रातः ही वन-विहार के लिए जाएंगी। वहाँ जलक्रीड़ा भी करेंगी। पिताजी

का मन रखने के लिए मैं भी जाऊँगी। कच मेरे लिए स्वर्गलोक से जो सुंदर वस्त्र ले आया था, उसे ही मैं पहनूँगी। तब सारी लड़कियाँ मेरी ओर ही देखती रह जाएँगी। इसी उत्सव के लिए तो मैंने उस वस्त्र को सावधानीपूर्वक सुरक्षित रखा है। शर्मिष्ठा तक को उसकी कोई कल्पना नहीं होगी। उस महावस्त्र में जब वह देवयानी को देखेगी, तो...

लेकिन वह वस्त्र कच का दिया हुआ है। वह जब हमारे यहाँ रहने आया तब उपहार के रूप में वह उसने दिया था। तब, स्वार्थ के लिए सही, वह मुझसे प्यार करता था! लेकिन मैं सचमुच उस पर मोहित थी। उस समय मैं वह वस्त्र पहन लेती, तो बात शोभा भी देती। किन्तु अब जबकि परस्पर प्रेम समाप्त हो गया है, प्रेमियों ने एक-दूसरे को शाप दे दिया है, उसे परिधान करना क्या ठीक होगा? नहीं! अब मैं उसे परिधान करती हूँ तो जलकर राख हुई प्रीति की स्मृतियाँ मेरे मन में फिर जाग उठेंगी! मेरे प्रिय पुष्पों को तोड़ लाने के लिए जान जोखिम में डालकर भी कच ऊँची कगारों पर चढ़ जाया करता था...मेरा वर्षा-नृत्य देख कर वह किसी नाग-सा झूम उठता था...मेरी नींद न टूटे इस हेतु भोर में ही उद्यान के बिलकुल सिरे वाले किसी कोने में जाकर बहुत ही धीमे स्वर में मंत्रपाठ करता था...शायद एकाध बार ही किन्तु बहुत ही मनभावनी हरकत से मुझसे कहता था, "तुम तो स्वर्ग की अप्सरा से भी अधिक सुंदर लगती हो!" इस पर जब मैं कहती, "चलो हटो, बड़ी चाटुकारिता करते हो", तो हँसकर कहता था, "पता है, जो सुंदर होता है न, उसी की प्रशंसा दुनिया किया करती है!"... ये सारी स्मृतियाँ फिर जागेंगी!

नहीं, अब उन स्मृतियों को याद करने से कोई लाभ नहीं! एक-एक स्मृति आग की जलती हुई लपट है... दिल को बुरी तरह झुलसाने वाली लपट...।

मैंने निश्चय किया है कच के प्रेम को भुला देने का! फिर कैसे उसके दिए हुए वस्त्र को अब पहन सकती हूँ? माना कि वह बहुत सुंदर है, इंद्राणी को भी इतना सुंदर वस्त्र नहीं मिला होगा! लेकिन अब मैं उसे क्यों पहनूँ? अब तो यही उचित है कि वस्त्र कितना भी सुंदर क्यों न हो, चीर-चीर कर उसकी धज्जियाँ कर दूँ! उसका पोतना बनाकर उससे आंगन पोत लूं! उस बेवफा के लिए यही दण्ड उचित होगा!

मैं धीरे से उठी ओर जल-क्रीड़ा के लिए निकाले वस्त्रों में से उस लाल वस्त्र को लेकर आंगन में आ गई। उसे सर्रर से फाड़ने के लिए दोनों हाथों से मैंने उसे ऊपर उठाया।

किन्तु वह वस्त्र मुझसे फाड़ा नहीं गया। शायद कोई पुरुष होता तो उसे अवश्य ही फाड़ देता। कच होता तो उसने निश्चय ही इसकी धज्जियाँ उड़ा दी होतीं। लेकिन मैं आखिर स्त्री जो थी। सौंदर्य की पूजा स्त्री का मर्म होता है। वह किसी भी सुंदर वस्तु का नाश नहीं कर सकती।

मुझे लगा, शायद चंद्रमा भी उस वस्त्र को देखकर उस पर मोहित होकर आकाश में ही रुक गया है और अब वह हर्ष के साथ हँसने वाला है! और फिर कल की पूर्णिमा आज ही आनेवाली है!

जल-क्रीड़ा के बाद कल जब मैं यह वस्त्र पहन लूँगी, तो मेरा रूप-यौवन ऐसा निखर उठेगा...इतना निखर उठेगा...शर्मिष्ठा को बहुत घमंड हो गया है कि उसका पिता एक राजा है! जब भी देखो...जैसे भी हो कल के उत्सव में तो उसकी नाक नीचे करनी ही होगी...।

और जैसे शर्मिष्ठा की वैसे ही उस कच की भी। उसका दिया हुआ यह वस्त्र मैं नहीं फाड़ूँगी। लेकिन उसकी स्मृतियाँ जगाने वाली अन्य बातें...।

मेरी नज़र उद्यान के कोने में स्थित उस लता-कुंज की ओर गई। वह कच का बहुत ही प्रिय स्थान था। उसे उखाड़कर फेंक दिया जाए!

लेकिन वह कुंज पिताजी को भी प्रिय है। कल प्रातः यदि उन्होंने उसके बारे में पूछा तो? तो कुछ न कुछ कारण बता दूँगी। यही कि गोशाला में बंधी वह कपिला गाय इन दिनों बहुत ही बेकाबू होती जा रही है। बड़ा उधम मचाती है। रस्सी तोड़कर भाग निकलती है, उछल-कूद मचाती है, कूदती-फांदती रहती है। सींग तानकर मारने दौड़ती है! वही रात को रस्सी तोड़कर भाग निकली होगी और इस कुंज को उसी ने बर्बाद किया होगा! ऐसा ही कुछ बता दूँगी...!

मैं उस लता-कुंज की ओर बढ़ी ही थी कि पीछे से किसी ने पुकारा, ''देवी...''

वह पुकार सुनकर मुझे बहुत अच्छा लगा। आखिर पिताजी की आदत बदल तो गई। वरना जब देखो, मुझे 'देव' कहकर ही पुकार लिया करते थे, न अपना देखते न पराया! जैसे मैं उनका पुत्र हूँ! कच के सामने जब वे मुझे इस तरह पुकारते तो मैं लाज के मारे गड़ जाती थी। मैंने कई बार उन्हें बताया, काफी नाराज़ भी हुई...तो अब जाकर कहीं वे मुझे 'देवी' कहकर पुकारने लगे हैं। अब वे इसमें कोई भूल नहीं करते। इन बुज़ुर्गों की बात भी बड़ी अजीब ही हुआ करती है। ''अब से आगे आप कभी भी मुझे 'देव' कहकर नहीं पुकारेंगे,'' मैंने ज़िद की! तो पिताजी बोले, ''ठीक है। देव कह देने मात्र से तुम कोई देव तो बनोगी नहीं, देवी ही रहोगी। उनसे क्या कहती...अपना सिर? उनके जैसे तपस्वी को भला यह कहाँ से मालूम होता कि तरुणी का मन कुम्हड़-बतिया जैसा होता है और सीधी-सादी बात से भी वह सकुचा जाता है! ये लोग तो आठों पहर किसी निराली ही दुनिया में मस्त रहते हैं!''

पिताजी की उस पुकार को सुनते ही मैं रुक गई। मुड़कर देखा। वे धीरे-धरे आगे आए। पास आकर मेरा चिबुक उठाकर मेरी आँखों की गहराई नापने वाली नज़र डालते हुए उन्होंने पूछा, ''बेटी, अभी तक जाग रही हो?''

''नींद ही नहीं आ रही पिताजी! इसलिए सोचा, थोड़ा बगीचे में...'' उस वस्त्र को पिताजी से कैसे छिपाया जाए इसी चिन्ता में जो मन में आया मैंने बोल दिया।

मेरी पीठ सहलाते हुए वे बोले,''जानता हूँ, बेटी, तुम्हारा दुख मैं जानता हूँ। दिल टूट जाने जैसा दुख...''

कच की बात मेरे लिए ज़हर जैसी लगने लगी थी। बात को बदलने के लिए मैंने बीच में कहा, ''पिताजी, क्या मेरी आहट से आप जाग गए?''

उन्होंने गर्दन हिलाकर 'ना' कहा। फिर एक सिसकी निगलकर बोले, "बेटी, पराभव का दुख मेरे मन में चुभता रहता है! मन में निश्चय जागता है कि फिर एक बार नये सिरे से घोर तपस्या करूँ और ऐसी नई विद्या प्राप्त करूँ जो दुनिया ने न कभी देखी होगी न सुनी होगी!"

"तो फिर कीजिए न प्रारंभ? संजीवनी के लिए आपने तपस्या की तब मैं छोटी थी। यह नहीं जानती थी कि मेरे पिताजी इस संसार के कैसे महापुरुष है। अब की बार आप तपस्या के लिए बैठेंगे तब मैं स्वयं आपकी सेवा करूंगी, आपका कष्ट कम हो ऐसा...।"

उन्होंने हँसकर कहा, "वह असम्भव है!"

उनकी इस बात पर मुझे उन पर बड़ा क्रोध हो आया! मैं बहुत ही छोटी थी तब मेरी माँ चल बसीं। तब से पिताजी ने ही मुझे पाल-पोसकर बड़ा किया! लेकिन इसका अर्थ यह तो नहीं कि देवयानी को वे हमेशा एक तितली, तपस्या में किसी काम न आने वाली, सुख की आदी और अपनी सेवा करने में असमर्थ मान लें। मेरे बारे में ऐसी गलत धारणा कर लेने का उन्हें क्या अधिकार था?

मैं डर रही थी कि कहीं ऐसा न हो कि पिताजी का ध्यान मेरे हाथ में सुरक्षित उस वस्त्र पर पड़ जाए और दिन-रात दिल को जलाने वाली सारी स्मृतियों की आग उनके मन में और भी ज़ोर से भभक उठे। किन्तु वे तो अपने ही विचारों में खो गए थे।

चारों ओर फैली दूधिया चाँदनी की ओर देखते हुए वे बोले, "देव..."

"अं हं, देवी..."

"भई, मैं तो भूल ही गया था!" हँसते-हँसते उन्होंने कहा, "मदिरा का उन्माद मुझे तपस्या के उन्माद के समान ही प्रिय था। किन्तु समय आने पर मैंने एक क्षण में मदिरा त्याग दी। किन्तु तुम्हारे बचपन से जिह्वा को जो आदत पड़ गई है न, वह तुम्हारा नाम...।" वे कहते-कहते रुक गए। फिर बड़ी ही अकुलाहट से कहने लगे, "यह शुक्राचार्य संजीवनी का स्वामी था, तब सारी दुनिया, ये तीनों लोक उसके नाम से भी आतंकित थे। किन्तु आज वही शुक्राचार्य दुनिया के हज़ारों जोगड़ों में से एक वैरागीमात्र बन बैठा है। नहीं बेटी! मुझसे यह सब सहा नहीं जाता! नाखून और दांत चले जाने के बाद शेर किसलिए ज़िन्दा रहे?"

संजीवनी का हरण कर उस निर्दयी ने पिताजी के कलेजे पर कितना भयंकर आघात किया था! इतने दिन बीत जाने पर भी उस घाव से अभी खून रिस ही रहा था।

पिताजी को धीरज बंधाने के लिए मैंने कहा, "पिताजी, दुबारा तपस्या कर आप अवश्य ही दूसरी उसी प्रकार की विद्या प्राप्त कर लेंगे!"

"करूँगा...अवश्य करूँगा। एक क्या दशों विद्याएं प्राप्त कर लूँगा। किन्तु उनकी प्राप्ति के लिए अत्यंत उग्र तपस्या करनी पड़ेगी। तपस्या करते समय साधक के मन को सभी चिन्ताओं से मुक्त होना पड़ता है। मेरी पिछली तपस्या के समय तुम छोटी

थीं। अब तुम ब्याहने योग्य हो गई हो। तपस्या के सफल होने में पता नहीं कितने वर्ष लग जाएंगे! भगवान शिवजी बड़े ही मनमौजी देवता हैं!''

''किन्तु पिताजी...''

मुझे पूरी बात करने का अवसर दिए बिना उन्होंने कहा, ''यही कहने जा रही हो न कि मेरी शादी की चिन्ता आप छोड़ दीजिए? बेटी, माँ-बाप का मन जानने के लिए माँ-बाप ही होना पड़ता है! तुम घुटनों के बल रेंग भी नहीं सकती थीं तब से मैं ही तुम्हारी माँ और मैं ही तुम्हारा पिता हूँ। तुम्हारी अठखेलियों से मुझे ज्ञान और मदिरा दोनों का आनंद मिला है। इन दो आनंदों के परे की किसी दुनिया से मेरा कतई परिचय नहीं है। मेरे पास संजीवनी थी, तब तो कोई भी ऋषि, देवता, राजा मेरा दामाद बनने के लिए चुटकियों में तैयार हो जाता! किन्तु दानवों को जिताने के उन्माद में उस बात की ओर मेरा ध्यान नहीं गया। किन्तु आज...बेटी, तपस्वियों का राजा...तुम्हारा पिता एक कंगाल भिखारी बन गया है! मेरी बेटी को स्वीकार कीजिए!' कहकर दूसरों के सामने गिड़गिड़ाने, उनके पाँव पड़ने की नौबत मुझ पर आने वाली है!''

मुझे पिताजी पर विलक्षण क्रोध हो आया! उनके पास संजीवनी थी, वह जाती रही! चली गई, तो चली जाए! देवयानी का निखरता रूप तो नहीं गया है न? अपने सौन्दर्य के बल पर वह...

माँ-बाप को अपनी संतान से बहुत ममता होती है! किन्तु वह ममता अंधी होती है। संतान के गुण-दोषों को वह ठीक से देख नहीं सकती। गुण तो दिखाई देते ही नहीं, वर्ना क्या पिताजी के ध्यान में न आता कि देवयानी के सौन्दर्य पर मोहित होकर तीनों लोकों का कोई भी पुरुष उसके चरण चूमने लग जाएगा?

किन्तु यह बात पिताजी को कैसे समझाई जाए? कौन समझाए?

मैं उन्हें उनकी कुटिया में ले गई। किसी नन्हें बालक के समान उन्हें उनकी शय्या पर सुलाया। बड़ी देर तक उनके चरण दबाती बैठी रही।

मेरी बाईं आँख फड़कने लगी। कहते हैं यह बड़ा ही शुभ होता है। मन ही मन मैंने अपनी आँख से पूछा—''क्यों भई, बात क्या है? कल ऐसी क्या विशेष घटना होने जा रही है मेरे जीवन में?''

आँख भला क्या उत्तर देती? बस फड़कती रही।

हम सारी सखियाँ वन में उस विशाल जलाशय के पास पहुँचीं। अन्य सखियाँ अपने वस्त्र उतारकर दासी के पास रखती हुई स्नान के लिए पानी में उतर गईं। मेरे और शर्मिष्ठा के वस्त्रों को संभालने के लिए एक और दासी आगे बढ़ी। वह बहुत ही भोंडी थी! मैंने शर्मिष्ठा से पूछा, ''इसे किस संग्रहालय से ले आई हो?''

उसने हँसते-हँसते उत्तर दिया, ''जिस विधाता ने तुम्हें और मुझे इस संग्रहालय में पैदा किया, उसी ने इसे भी यहाँ भेजा है...''

मुझे उसका यह उत्तर कतई पसन्द नहीं था। चाहती तो वह 'मुझे' कह सकती थी। किन्तु अपने साथ उस भोंडी की पंक्ति में मुझे क्यों घसीटा! सिवा ईर्ष्या के यह और कुछ भी नहीं है।

"शर्मिष्ठा के और मेरे वस्त्रों को अलग-अलग रखना!" उस भोंडी दासी को चेतावनी देकर मैं पानी में उतर पड़ी। मेरे बाद दासी से कुछ कहकर शर्मिष्ठा भी आ गई।

जलाशय में मानो नीला आकाश क्रीड़ा के लिए उतर आया था। वनश्री उस पर चंवर डुला रही थी। अन्य सखियाँ कुछ दूर जाकर एक दूसरी पर पानी उछालती खेल रही थीं। लेकिन गहरे पानी में उतरने की उनमें से एक की भी हिम्मत नहीं थी। मैंने शर्मिष्ठा से हँसकर कहा, "जल-क्रीड़ा का अर्थ यह नहीं कि कलश के पानी से मार्जन कर लें। आओ, हम तैरते-तैरते कुछ दूर निकल जाएं। फिर इन डरपोक लड़कियों का भी कुछ हौसला बढ़ जाएगा। वह देखो उस कमल के साथ हँस का वह जोड़ा खेल रहा है न? वो दो नन्हे-से सफेद बादलों का-सा जोड़ा लग रहे हैं! चलो वहाँ तक जाकर वापस किनारे तक आएंगी। देखें, कौन वहाँ जाकर पहले वापस किनारे पर लौट आती है। रही शर्त!"

शर्मिष्ठा केवल हँस दी। हम दोनों तैरने लगीं। उसे काफी पीछे छोड़ने के लिए मैं तेज़ी से हाथ मारती आगे निकल गई। मछली जैसी तैरती हुई काफी आगे निकल जाने के बाद मैंने मुड़कर पीछे देखा। शर्मिष्ठा आराम से पानी चीरती हुई चली आ रही थी—किसी कछुए के समान। अब उसकी काफी खासी फज़ीहत करने का अवसर मिलेगा, इसी खुशी में मैं मन ही मन लट्टू हो रही थी। तैराकी की यह होड़ वह निश्चित हारने वाली है। हारकर जब वह किनारे आ जाएगी, तो मेरा परिधान किया हुआ वह लाल वस्त्र देखकर और भी जल उठेगी!

तैरती हुई मैं उस कमल के पास पहुँच गई थी। शर्मिष्ठा अभी पीछे ही थी। किन्तु यकायक थकान-सी अनुभव होने लगी। लगा, व्यर्थ ही इतनी जल्दबाज़ी की। कुछ देर सुस्ताने के लिए मैं रुकी। मुड़कर देखा तो शर्मिष्ठा बिलकुल पास आ रही थी। मैं तुरन्त मुड़ी और वापस किनारे पर पहुँचने के लिए सारी शक्ति लगा कर हाथ चलाने लगी। जाते-जाते थोड़ा मज़ाक करने के लिए मैंने कमल के पास जा रही शमिष्ठा के मुँह पर काफी पानी उछाला।

मैं तैरती जा रही थी। किन्तु जिस वेग से आई थी, उतने वेग से लौट नहीं पा रही थी। सारे शरीर में थकान भरती जा रही थी। जाते समय तो जलाशय का पानी हँसते बालक-सा लगता था। आते समय वही पानी बौखलाकर उठा-पटक में लगे बालक-सा लग रहा था। उस पर बड़ी-बड़ी लहरें हिलोरे ले रही थीं। चंद घड़ियों में ऐसा परिवर्तन क्यों, मेरी समझ में नहीं आ रहा था। मैंने ध्यान से सामने देखा। जंगल में बड़ी ज़ोर की हवाएं चल रही थीं। लगता था वृक्ष-लताओं को कोई ज़ोर-ज़ोर से झकझोक रहा है। धूल-भरी आंधी उठने लगी थी। आकाश धूलि-धूसरित हो रहा था।

मैं घबरा गई। तभी शर्मिष्ठा पीछे से आकर जल्दी-जल्दी पानी चीरती हुई मुझसे आगे निकल गई। मैंने उसे पुकारा। किन्तु उसने कोई उत्तर नहीं दिया।

शर्मिष्ठा मुझसे पहले किनारे पहुँच गई थी। मैं मर गई हूँ या ज़िन्दा हूँ, उसे कोई परवाह नहीं थी। पांच-सात सखियाँ उसके चारों ओर जमा हो गईं। उनसे बातें करती-करती वह दासी के पास पहुंच गई ओर एक वृक्ष की ओट में गायब हो गई।

किनारे पर कदम रखते ही मैं सिर लटकाए चलने लगी। उन्हीं सखियों ने मुझे घेर लिया और पूछा, "क्यों, शर्मिष्ठा ने शर्त जीत ली न?" वे सब मुझे चिढ़ाने लगीं। उनमें से दो को दूर हटाकर मैं उस दासी के पास गई। उसने मेरे वस्त्र सामने रखे। मुझे गुस्सा आ गया। वे मेरे वस्त्र नहीं थे। कच का दिया हुआ वह सुंदर वस्त्र जो मैं आज पहनने वाली थी, उसे दासी ने शर्मिष्ठा को दे दिया था! "बेवकूफ कहीं की!" कहते हुए मैंने ज़ोर से उसके मुँह पर एक तमाचा मार दिया और वहाँ पहुँच गई जहाँ शर्मिष्ठा वस्त्र बदल रही थी। मेरा वह सुंदर वस्त्र—जो वसंतोत्सव में पहनने के लिए मैंने इतने जतन से सुरक्षित रखा था—वह पहन चुकी थी! मैं आपे से बाहर हो गई। उस वस्त्र का सिरा पकड़कर मैं ज़ोर लगाकर उसे खींचने लगी।

शर्मिष्ठा क्रोध से मेरी ओर देखती हुई, "यह कहाँ का तरीका है देवयानी! शर्त हारने का गुस्सा मुझ पर क्यों उतारे जा रही हो? लंगड़ी सो लंगड़ी..."

मैंने भी तपाक से उत्तर दिया, "मैं लंगड़ी हूँ या लूली, यह तो बाद में देखा जाएगा । पहले अपने अंधेपन का इलाज करो। किसका वस्त्र पहन लिया है तूने?"

"मेरा!"

"आँखें फूटी हैं शायद? यह वस्त्र मेरा है!"

"युद्ध समाप्त होने के बाद इंद्राणी ने यह मेरी माँ को उपहार में भेजा था। कल रात ही उसने मुझसे कहा था कि मेरे लिए यह निकालकर रख रही है!"

"तेरी माँ को इंद्राणी की ओर से उपहार आते होंगे या किसी चुड़ैल की ओर से, मुझे कोई मतलब नहीं। इधर तो बड़ी-बड़ी डींगें हांकती है और उधर दूसरे का वस्त्र...चल, चुपचाप मेरा वस्त्र मुझे लौटा दे..."

"मैं नहीं दूंगी! तुम क्या कर लोगी?"

वस्त्र खींचते हुए मैंने कहा, "क्या कर लूंगी? जानती हो मैं कौन हूँ?"

"हाँ, हाँ, अच्छी तरह से जानती हूँ! महाराज वृषपर्वा के दानों पर पल रहे एक भिक्षुक की बेटी हो तुम!"

शर्मिष्ठा ने पिताजी को भिक्षुक कहकर उनका भयंकर अपमान किया था। क्या करूँ, क्या न करूँ, कैसे उसका बदला चुका दूँ इसी सोच में मैं बेचैन हो उठी। किन्तु अत्यंत क्रोध के कारण मेरे मुँह से शब्द ही नहीं निकल पा रहे थे।

मुझे मौन देखकर वह और अधिक बौखला उठी। कहने लगी, "भिखमंगी! करती रह गुस्सा, झटकती जा अपना सिर, पटक हाथ-पाँव इतने से भी जी नहीं भरे तो धरती पर उलट-पुलट होती जा, नहीं तो जीवन-भर मुझसे जलती बैठ। तेरे क्रोध-लोभ की यहाँ किसे परवाह है? आखिर मैं एक राजकन्या हूँ, राजकन्या! तू

मेरे पिता के एक आश्रित की लड़की है। वह तो मेरे पिता की सज्जनता है, जो तेरे बाप को 'गुरुदेव' कहते हैं। राजसभा में मेरे पिता सिंहासन पर बैठते हैं जब कि तेरा बाप मृगछाले पर! इस अन्तर को फिर कभी न भुलाना, समझी?''

जी तो कर रहा था कि उसके बाल पकड़कर उसे घसीटते-घसीटते ले जाऊं और जंगल के किसी पुराने कुएं में ढकेल दूँ। किन्तु क्रोध के कारण मेरे हाथ-पाँव काँपने लगे थे। लगने लगा, शायद मैं बेहोश होकर...

हम दोनों में झगड़ा शुरू हुआ देखकर सखियाँ पास आ गई थीं। मेरी कँपकपी बंधी देखकर वे मेरी खिल्ली उड़ाकर हँसने लगीं। मैं आग-बबूला हो उठी। उनके साथ-साथ शर्मिष्ठा भी ठहाका मार कर हँसने लगी। मेरे मन में अपमान का दावानल सुलग उठा। सोचा, अभी इसी अवस्था में भागकर नगर में जाऊँ? पिताजी को सारा किस्सा सुना दूँ ओर कह दूँ उनसे कि अब इस नगर में पानी तक नहीं पिऊंगी...

मैं दौड़ पड़ी। पीछे से शर्मिष्ठा आवाज़ लगाती रही, ''देवयानी! रुको देवयानी!... देवयानी अरी सुनो तो!''

नीच, दुष्ट, उन्मत्त!

मैंने पीछे मुड़कर भी नहीं देखा। घायल हिरनी की तरह जिधर राह मिली, मैं जंगल में भागने लगी।

शर्मिष्ठा भी मेरे पीछे दौड़ने लगी। शायद उसकी सारी सखियाँ भी पीछे-पीछे चली आ रही थीं। उनके पैरों की आहट मुझे सुनाई दे रही थी, किन्तु मैंने एक बार भी मुड़कर नहीं देखा। मैंने मन ही मन निश्चय कर लिया था कि यह उद्दण्ड और घमण्डी शर्मिष्ठा मेरे सामने नाक रगड़े तब भी उसे क्षमा नहीं करूँगी। अपना यह निश्चय मैं बार-बार मन ही मन रट रही थी।

किन्तु थोड़े ही क्षणों में मेरा वेग मंद पड़ गया। मैं जान गई कि अब शर्मिष्ठा मुझे पकड़ लेगी। कुछ समय पूर्व तैरने में उसने मेरा पराभव किया था! अब दौड़ने में भी! नहीं! प्राण चले जाएं तब भी मैं उसके हाथ नहीं आऊंगी। लेकिन कैसे, सूझ नहीं रहा था।

मैंने मुड़कर देखा। मुझमें और शर्मिष्ठा में अब बहुत ही थोड़ा अन्तर रह गया था। दौड़ती रहने से अब कोई लाभ न था मैंने इधर-उधर देखा। पास ही एक काफी चौड़े मुँह वाला और घास-लताओं से ढँका हुआ एक कुआँ दिखाई दिया। उसमें पता नहीं पानी कितना था! मैं उसके किनारे पर जा खड़ी हुई। शर्मिष्ठा मेरे पास आई। गिड़गिड़ाती अनुनय करने लगी। मेरा हाथ पकड़ने लगी। मैंने हाथ झटकाकर कहा, ''तुम राजकन्या हो, मैं एक भिक्षुक की बेटी हूँ। मुझे तो तेरे द्वार पर भीख माँगने आना चाहिए था, है न? फिर अब क्यों...?''

उसने कहा, ''देवयानी, मैं...मैं...''

मैं हिरनी बनकर भागी थीं, अब शेरनी बन गई। आवेग ओर जोश से मुड़कर मैंने अपना वह वस्त्र जो उसने पहन लिया था, ज़ोर से खींच लिया और कहा, ''मेरा

वस्त्र पहनकर मेरा ही अपमान करती हो? मेरे पिताजी के बूते पर जीकर उन्हें भिक्षुक कहती हो? चल, उतार...उतार दे यह मेरा वस्त्र! मेरा है यह! दे दे मुझे...उतार..."

"अरी...लेकिन..." ऐसा ही वह कुछ बुदबुदा रही थी। शायद डर रही थी कि कहीं वस्त्र कमर से छूटकर गिर न जाए!

मैं वस्त्र को खींचकर ज़ोर से चिल्लाई, "उतार...उतार दे इसे! उतारती है या नहीं?"

अगले दस-पांच क्षणों में मैं क्या-क्या बोलती रही, क्या-क्या करती रही, शर्मिष्ठा ने क्या कहा, क्या किया, मुझे याद भी नहीं है। एकदम ओई...माँ...' की चीख मुझे सुनाई दी। क्या वह चीख शर्मिष्ठा की थी? क्या मैंने उसे उस कुएं में धकेल दिया था? नहीं! वह तो मेरी अपनी चीख थी! उस चंडालिनी ने मुझे कुएं में धकेल दिया था!

बीच में कितना समय गुज़र गया, नहीं जानती! मैं घास-लताओं से ढके उस कुएं में गिरी हूँ...नहीं! शर्मिष्ठा ने मुझे कुएं में धकेल दिया है, इस बात का चेत आया तब मैं पानी में खड़ी थी। कुआँ काफी गहरा था। किन्तु उसमें पानी कमर तक ही था। घने जंगल में एक बीहड़ स्थान पर था वह कुआं! लताओं ने उसे आधे से अधिक ढक रखा था। इसलिए भीतर ठीक से दिखाई भी नहीं देता था। हो सकता है इस वीरान कुएं में नाना तरह के ज़हरीले सांप हों। मन में यह कल्पना आते ही मेरे रोंगटे खड़े हो गए। तभी किसी के कुएं में कूद पड़ने की आवाज़ आई! अब तो मेरे काटो तो खून नहीं! आखिर जान मुट्ठी में किए मैंने उस तरफ देखा जिधर से वह आवाज़ आई थी। ध्यान से देखा, वह एक मेंढकी थी!

मैं ज़ोर से चिल्लाई, "अरे कोई मुझे बाहर निकालो!" एक बार, दो बार, तीन बार मैं चिल्लाई! कुछ रुककर फिर चिल्लाई, "देवयानी कुएं में गिर गई है! शुक्राचार्य की कन्या देवयानी कुएं में गिरी है!" बड़ी आशा से मैंने ऊपर देखा। किसी ने भी ऊपर से नहीं झांका। कोई उस कुएं के पास से गुज़रा तक नहीं। मुझे कुएं में धकेलकर शर्मिष्ठा अपनी सहेलियों के साथ नगर चली गई थी शायद! वह बहुत ही निर्लज्ज है। किन्तु अन्य लड़कियों को क्या नहीं चाहिए था कि वे थोड़ी मनुष्यता दिखातीं हैं? अपनी एक सखी कुएं में गिरी है... वह ज़िन्दा है या नहीं...यह बिना देखे ही सबकी सब चली गईं!

मेरा मन जल रहा था। कुएं से शायद कभी किसी ने पानी निकाला ही न था। वह बहुत ही ठण्डा था। उसमें खड़ी होने के कारण मुझे जाड़ा लगने लगा। मैं काँपने लगी। मन में एक ओर तो प्रतिशोध की आग जल रही थी और दूसरी ओर भय का घना अंधेरा छा गया।

मैं बार-बार चिल्लाई। लेकिन उस बीहड़ जंगल में कैसे कोई मेरी गुहार सुन पाता! अब तो लगने लगा कि मैं इसी तरह इस पानी में ठिठुरती रहूँगी, थोड़ी देर बाद बेहोश हो जाऊँगी और फिर इसी पानी में डूबकर मर जाऊँगी। इस कल्पना मात्र से मैं छोटी बच्ची की तरह फूट-फूटकर रोने लगी।

बीच ही में सुनाई दिया, "भीतर कौन है?"

वही दुष्ट, बेहया शर्मिष्ठा शायद बड़ी कृपालु बनकर आई थी! मैंने तुरन्त रोना बंद कर दिया, किन्तु उस प्रश्न का कोई उत्तर नहीं दिया।

कुएं के कगार पर खड़े होकर, उसके मुँह पर घिर आई बेलों के झंखाड़ को दोनों हाथों से हटाते हुए कोई भीतर झांककर पूछ रहा था, "भीतर कौन है?"

वह आवाज़ मर्दानी थी। पिताजी की? नहीं! महाराज वृषपर्वा की? अं हं! आवाज़ तो निश्चय ही किसी पुरुष की थी। किन्तु सर्वथा अपरिचित थी। मैंने भीतर से ही प्रश्न किया, "कौन पूछ रहा है?"

"ययाति!"

मैं कोई सपना तो नहीं देख रही थी? अत्यंत उत्सुकता से मैंने पूछा, "हस्तिनापुर के महाराज ययाति?"

"जी हाँ! हस्तिनापुर का राजा ययाति हूँ मैं। शिकार खेलते-खेलते बहुत दूर निकल आए हम इस बीहड़ जंगल में। प्यास बहुत लगी थी, सो पास ही रथ रोककर हम पानी की खोज में निकल पड़े। मेरा सारथी दूसरी ओर गया है। दूर से लगा कि शायद यहाँ कुआँ है। इसलिए इधर आ गए। अच्छा छोड़ो इन बातों को, आप कौन हैं?"

"आप नहीं, तुम कहिए!"

"क्या मतलब?"

"वह तो मैं बाद में बता दूँगी! पहले महाराज मुझे कुएं से बाहर तो निकालें! जाड़े के मारे मैं बुरी तरह से ठिठुरती जा रही हूँ! किन्तु...किन्तु...आप भला इस कुएं में कैसे उतर पाएंगे?"

ऊपर से ठहाका मारने की आवाज़ सुनाई दी और उसके पीछे-पीछे ही मीठे शब्द आए, "ययाति बचपन से ही धनुर्विद्या सीख चुका है! उसके चमत्कार भी!"

वेदमंत्र का-सा कुछ उच्चारण ऊपर से सुनाई दिया। उसके पीछे-पीछे ही आभास हुआ कि पानी में कुछ आ गिरा है। जल्दी-जल्दी तरंगे उठनी लगीं। दूसरे ही क्षण लगा कि मैं एक कमल के अन्दर खड़ी हूँ। यह तो धनुर्विद्या का संजीवनी विद्या जैसी ही चमत्कार था! ऊपर आते-आते मैंने देखा कि बाणों का कमल जैसा एक पलना-सा बना दिया गया है और उसमें खड़ी होकर मैं ऊपर आ रही हूँ!

वह तीर-कमल कुएं के मुँह तक आकर रुक गया। सामने खड़े महाराज ययाति की ओर मैंने ध्यान से देखा। कच के अलावा इतना सुन्दर पुरुष मैंने पहले कभी देखा नहीं था! उसके रोबदार शरीर के कारण राजवस्त्रों की शोभा बढ़ी थी। मुझे लगा कि पुरुष के गले में रुद्राक्ष की माला की अपेक्षा रत्नमाला ही अधिक सुहाती है।

यह ध्यान में आते ही कि महाराजा ययाति मेरी ओर एकटक देख रहे हैं, मैं शरमा गई। गर्दन झुकाकर धरती की ओर देखने लगी। मेरा गीला वस्त्र बदन से एकदम चिपक-सा गया था जो अनजाने ही मेरे सौंदर्य को और भी निखार रहा था। शर्मिष्ठा ने कुएं में धकेलकर मुझ पर कितना बड़ा उपकार किया था! मैं सद्यः

स्नाता न होती, तो क्या इतने पराक्रमी और ऐश्वर्य-संपन्न राजा से आँखें चार होते ही उसकी नज़रों में यों समा जाती...

मैं गरदन झुकाए नीचे ही देखती खड़ी थी। महाराज ने हँसते-हँसते पूछा, "क्या इस अप्सरा का नाम हम जान सकते हैं?"

"अप्सरा नहीं हूँ मैं!"

"यानी! इस धरती पर भी इतनी सुन्दर स्त्री..."

मेरे सौंदर्य ने महाराज का मन जीत लिया था। इस सौंदर्य के पलड़े में थोड़ा और भार डालने की आवश्यकता थी। कुछ सिर उठाकर मैंने महाराज पर एक तिरछी चितवन डाली और फिर नीचे देखती हुई बोली, "मैं शुक्राचार्य की कन्या देवयानी हूँ!"

"शुक्राचार्य की? दैत्य-गुरु शुक्राचार्य की कन्या हो?"

"जी।"

"मैं आज आपके..."

"उं हूँ। तुम्हारे..."

महाराज ने हँसते हुए कहा, "मैं आज शुक्राचार्य जी के थोड़े काम तो आया! शिकार का सारा कष्ट सफल हो गया!"

"किन्तु मैं आप को थोड़ा कष्ट और देने वाली हूँ!"

"बहुत आनंद होगा। कहिए?"

"मैं इस कुएं से बाहर कैसे आऊँ?"

"मतलब?"

"मुझे डर लग रहा है। बाहर आते-आते मैं गलती से फिर कुएं में गिर गई तो?"

"मैं तुम्हें फिर ऊपर ले आऊंगा!"

"तो मैं फिर गिर पड़ूँगी!"

"मैं तुम्हें फिर निकाल लूँगा!"

हम दोनों हँसने लगे। हँसते-हँसते मैंने धीरे से गर्दन उठाकर देखा भीगे वस्त्रों के कारण अधिक ही निखरी मेरी आकृति पर उनकी आँखें गड़ी थीं।

मैंने धीरे से अपना दायाँ हाथ आगे बढ़ाया। महाराज ने भी अपने दायें हाथ से उसे पकड़ा। मैं बाहर कुएं के कगार पर आ गई। वे मेरा हाथ छोड़ने लगे। पैर के नाखून से मिट्टी कुरेदते हुए मैंने कहा, "इस तरह आप हाथ छुड़ा नहीं सकते अब! आप ने मेरा पाणिग्रहण किया है!"

वे चौंक गए, "यह कैसे संभव है? तुम ब्राह्मण कन्या हो, मैं क्षत्रिय-कुमार हूँ इस तरह का विवाह..."

"इस तरह के अनेक विवाह इससे पहले भी हुए हैं महाराज! लोपामुद्रा का उदाहरण..."

"नहीं!"

मैंने हंसकर कहा, "भाग्य को यही मंज़ूर है महाराज, कि मैं आपकी रानी बनूँ।

वर्ना आज आप इस जंगल में क्यों आते? बिल्कुल इसी कुएं के पास क्यों आते? पूर्वजन्म के संबधों के बिना ऐसी बातें क्या कभी होती हैं?''

''किन्तु सुन्दरी...''

''किन्तु-परन्तु कुछ नहीं! महाराज, आप का दर्शन हुआ उसी क्षण अपना हृदय मैं आप के चरणों में अर्पण कर चुकी हूँ। आप उसे स्वीकार कीजिए या ठुकरा दीजिए! आप ने मुझे अपनाया नहीं, तो मैं हिमालय की किसी गुफा में जा बैठूंगी और आप के नाम की माला जपते हुए शेष जीवन बिता दूँगी! स्वप्न में भी जिसने पराये पुरुष का स्पर्श नहीं किया हो, ऐसी मेरे जैसी कुंआरी लड़की क्षण-भर के लिए भी अपना हाथ किसी के हाथ में भला क्यों देगी?''

''किन्तु देवयानी, तुम्हारे पिता त्रिभुवन में पूज्य महान ऋषि हैं। उन्हें यह बात पसंद न हो, तो...''

''उसकी चिन्ता आप...'' कहते-कहते पहली बातें याद कर मैं रुक गई और बोली, ''मैं भी क्या पागल हूँ! यह तो भूल ही गई कि आप को प्यास लगी है! पास ही में कहीं अच्छा पीने लायक जल हो...''

मेरी ओर लुभावनी नज़र से देखते हुए उन्होंने कहा, ''तुम्हारी तरफ देखते देखते भूख-प्यास...सब कुछ भुला बैठा हूँ मैं! निकला तो था मैं किसी सुन्दर हिरनी का शिकार करने! लेकिन हो गई बात उल्टी ही! उसी ने मेरा शिकार कर लिया!''

मैं हँसी और शरमा गई। नीचे देखती हुई मैं मन ही मन बोली, 'पिताजी जैसे लोगों को केवल तपस्या ही करनी चाहिए! उन्हें कहाँ मालूम कि दुनिया किस कील पर घूमती है? कल रात ही पिताजी मेरे विवाह की चिन्ता कर रहे थे! अब जब मैं देवयानी के नाते नहीं, हस्तिनापुर की महारानी के नाते उनके चरण छूने जाऊंगी, तो उनकी मुद्रा कैसी दर्शनीय होगी!

'काश! वह छलिया कच भी आज यहाँ होता? मैंने उससे आज यह जो प्रतिशोध ले लिया है, उसे देखकर कैसा जल-भुनकर रह जाता! वाकई, प्रतिशोध भी कितना सुन्दर हो सकता है!'

महाराज कह रहे थे, कि रथ में बैठकर चलें और यह सारा मामला पिताजी को सुना दें। किन्तु मैं वहाँ कदम तक रखना नहीं चाहती थी, जहाँ शर्मिष्ठा राज कन्या के नाते अब भी शान बघारती घूम रही है! उसने मेरा अक्षम्य अपमान किया था। महर्षि को भिक्षुक कहकर पिताजी का भी असहनीय अपमान किया था। मैं बहुत चाहती थी कि उसे बता दूँ, मैं भिक्षुक की लड़की नहीं, हस्तिनापुर की महारानी हूँ! किन्तु उतने मात्र से उससे प्रतिशोध पूरा नहीं होगा! उसका अपराध कहीं बड़ा था। जैसा अपराध वैसा ही दंड! मैंने निश्चय कर लिया, शर्मिष्ठा को ऐसा दण्ड, जिसे वह जीवन-भर याद रखे, दिए बिना नगर में कदम नहीं रखूँगी। महाराज के सारथी के हाथ सन्देशा देकर पिताजी को ही यहाँ क्यों न बुला लिया जाए...

किन्तु सारथी से वह सन्देशा कहने की आवश्यकता ही न पड़ी। ठीक उसी समय धूल उड़ाता एक रथ जल्दी-जल्दी वहाँ आ पहुँचा। हमसे थोड़ी ही दूरी पर वह रुका। रथ से पिताजी और महाराज वृषपर्वा उतरे। बहुत दिनों बाद मिली माँ से लिपटने के लिए बच्चा जिस फुर्ती से दौड़ता है न, उसी फुर्ती से पिताजी आगे बढ़े। मुझे सीने से लगाकर मेरा माथा सहलाने लगे। अभिमान और आनन्द से मैंने आँखें मूंद लीं। तभी लगा कि मेरा एक गाल शायद गीला हो गया है। मैंने धीरे से पलकें उठाकर देखा, पिताजी की आँखें छलकने लगी थीं। अपनी लाडली बेटी को सुरक्षित पाकर तपस्वी शुक्राचार्य मान खो बैठे थे और आनन्द के आँसू बहा रहे थे। ययाति महाराज यह दृश्य भाव विभोर होकर देख रहे थे। मैंने अपने-आप को कितना धन्य समझा उस समय!

काफी कष्ट से अपनी सिसकी रोककर पिताजी ने कहा, "देव..."

ऊपर देखते हुए आँखें कुछ तरेरकर मैंने कहा, "अं हं, देवी..."

पिताजी ने क्षीण मुस्कराहट से कहा, "अच्छा, अच्छा, देवी..."

उनसे दूर होते हुए मैंने कहा, "देवी अब आपकी नहीं रही, पिताजी!"

"मतलब?"

मैंने महाराज ययाति की ओर लजीला ओर अर्थपूर्ण कटाक्ष फेंका ओर तुरन्त सिर झुकाकर खड़ी रही।

महाराज ययाति ने आगे बढ़कर पिताजी का अभिवादन किया। महाराज ने और मैंने मिलकर पिताजी को सारा हाल सुनाया कि वे कौन हैं, ठीक समय पर यहाँ कैसे आए और उनके आने से ही मेरे प्राणों की रक्षा किस तरह हो पाई! सुनकर पिताजी को परम हर्ष हुआ। हम दोनों को हार्दिक आशीर्वाद देते हुए वृषपर्वा की ओर मुड़कर उन्होंने उनसे कहा, "कभी-कभी भाग्य भी संकट का रूप लेकर आता है। आज का यह मंगल अवसर भी उसी तरह का है। राजा, इसके विवाह-समारोह की तैयारियाँ करो। सारे नगर को सजाओ। दानवों के लिए चरम आनंद का दिन है यह! इसे ससुराल विदा किया कि यह शुक्राचार्य फिर नई तपस्या के लिए मुक्त हो जाएगा। लगता है बीच में रूठ गया भाग्य फिर प्रसन्न हो रहा है। चलिए, ययाति महाराज, इसी रथ में बैठकर हमारे नगर में पधारिए। देवी, तुम आगे चलो!"

मैं टस से मस न हुई। एक शब्द भी मुँह से नहीं निकला।

वृषपर्वा आगे आकर मुझसे कहने लगे, "बीती बात बिसार कर..."

मैंने झल्लाकर कहा, "घाव करने वाले के लिए उसे बिसारना आसान हो सकता है, किन्तु जिसके माथे पर घाव हो जाता है, वह उसे कदापि बिसार नहीं सकता! प्राणान्तक वेदनाओं से वह तड़पता रहता है। आप की बेटी ने आज मुझे कुएं में धकेलकर मेरी जान लेने की कोशिश की। इस बात को भी मैं शायद सह लेती। किन्तु पिताजी के बारे में उसने जो अनाप-शनाप बकवास की है,दिल को ठेस पहुँचाने वाली जो बातें की हैं..."

पिताजी ने कड़कते हुए पूछा, "क्या कहा शर्मिष्ठा ने?"

मैंने कहा, "पिताजी, वह सब मैं आपको किस मुँह से सुना सकती हूँ? उसने उपहास-भरा उलाहना देकर मुझसे कहा, 'तेरा बाप एक भिक्षुक मात्र है, जबकि मैं एक राजकन्या हूँ। तेरा बाप मेरे पिताजी की राजसभा में एक भाट, एक याचक और एक चापलूस के नाते खड़ा होता है। मेरे पिताजी के सामने हाथ जोड़कर वह दक्षिणा..."

वृषपर्वा आगे आकर अत्यंत नम्र भाव से बोले, "गुरुकन्ये, शर्मिष्ठा भी अभी तुम्हारी तरह ही छोटी है। एक वस्त्र को लेकर तुम दोनों में झगड़ा कैसे आरम्भ हो गया, वह सारा हाल उसने भी मुझे बताया है। छोटों को लिहाज़ नहीं हुआ करता, भान नहीं रहता, और बात से बात बढ़ जाती है..."

"उसने मुझे कुएं में धकेल दिया, इसमें भी क्या उसका कोई अपराध नहीं...'

"ऐसा किसने कहा है? किन्तु क्रोध अंधा हुआ करता है! शर्मिष्ठा के अपराध के लिए मैं हाथ जोड़कर तुमसे क्षमा-याचना करता हूँ!"

"क्षमा-याचना तो मेरे पिताजी जैसे भिक्षुक को करनी चाहिए, आप जैसे राजा को नहीं! पिताजी को ज़रूरत होगी, तो वे नगर में वापस जा सकते हैं। लेकिन जहाँ उनका और मेरा इतना घोर अपमान किया गया, वहाँ मैं तो अब कदम रखने से रही!" तुरन्त महाराज ययाति की ओर मुड़कर मैंने कहा, "चलिए महाराज, अब यहाँ पल-भर भी रुकने का कोई मतलब नहीं। बचपन से मैंने सुन रखा था कि मायके से विदा होते समय लड़कियों के आंसू थामे नहीं थमते। किन्तु मुझे मायका छोड़ते समय बड़ी खुशी हो रही है। जहाँ मेरे प्राण लेने की कोशिश की गई, तपस्वी के नाते त्रिभुवन में विख्यात मेरे पिताजी को भिक्षुक कहकर जहाँ ऐश्वर्य के नशे में चूर एक छोकरी ने अपमानित किया, वहाँ पानी तक पीने के लिए रुकने को भी मैं कतई तैयार नहीं!"

"और, राजा, मैं भी!" अब तक स्तब्ध रहे पिताजी भी उबल पड़े, "तपस्या करने वाले के लिए इस हिमालय में हज़ारों गुफाएं पड़ी हैं। उसे तुम्हारे इस राज्य की ही आवश्यकता हो, सो बात नहीं! जिसके बल पर तुम दानव लोग आज तक जीते रहे और जिसकी तपस्या के बल पर फिर अपना सिर उठा सकने की आस तुम लोगों ने संजोई है, उसी का अपमान करते समय और उसकी बेटी के प्राण लेने का प्रयत्न करते समय..."

वृषपर्वा ने बीच में ही उन्हें रोककर कहा, "देवयानी को कुछ गलत-फहमी..."

पिताजी ने गरजकर कहा, "यह लो मैं चला। न्याय-अन्याय का निर्णय करने के लिए मेरे पास समय नहीं है!"

वृषपर्वा ने घुटने टेककर पिताजी के पाँव पकड़ते हुए कहा, "गुरुदेव ने ही हमसे इस तरह मुँह फेर लिया, तो हमें समुद्र में डूब मरने के अलावा चारा ही क्या रह जाएगा? शर्मिष्ठा ने भयंकर अपराध किया है। गुरुदेव उसे जो चाहें दण्ड दें! चूं तक न करते हुए मैं उस दण्ड का पालन करवाऊँगा। अभी इसी क्षण मैं उसे यहाँ बुलवा लेता हूँ। आप के और गुरुकन्या के सामने सौ बार हाथ जुड़वाता हूँ।

दोनों से क्षमा माँगने के लिए कहता हूँ। यह दण्ड पर्याप्त नहीं है, तो उसे इसी क्षण दानवों के राज्य से निकाल बाहर करता हूँ!''

''उसने देवयानी का अक्षम्य अपराध किया है। यह उसे जो भी दण्ड देती है वह तत्काल भोगने के लिए शर्मिष्ठा तैयार हो जाए, तभी मैं वापस नगर आऊँगा!''

वृषपर्वा मेरी ओर मुड़कर बोले, ''गुरुकन्या, तुम दोगी वही दण्ड...''

मैंने उन्हें बीच में रोककर कहा, ''महाराज, वचन वही दिया जाए जिसका पालन किया जा सके। मैंने दण्ड सुना दिया और आप उसे अमान्य कर गए तो?''

''जो भी हो, तुम आखिर शर्मिष्ठा की सहेली हो। बचपन से तुम दोनों साथ-साथ बढ़ी हुई हो। यह कैसे सम्भव है कि तुम उसे कोई ऊटपटांग सज़ा दोगी? मैं गुरुदेव के चरणों की सौगन्ध उठाकर तुम्हें वचन देता हूँ कि शर्मिष्ठा को तुम जो भी दण्ड दोगी, वह मैं आनद के साथ...''

शर्मिष्ठा के वे उद्दण्ड शब्द—'मैं राजकन्या हूँ, तुम एक भिक्षुक की बेटी हो' अब तक मेरे कानों में गूँज रहे थे। मन कह रहा था उस घमण्डी लड़की को अच्छी-खासी सज़ा मिलनी चाहिए। राजकन्या होने की मस्ती चढ़ी है न उस पर...? अपने ऐश्वर्य के मद में वह गरीबों का उपहास करती है न? ठीक है! उसकी सारी मस्ती, उसका वह सारा मद, क्षण-भर में नष्ट कर सकने वाली ही सज़ा उसे...

मेरे मुँह से निकल गया, ''शर्मिष्ठा को मेरी दासी बनना होगा!''

''क्या कहा? दासी?'' एकदम काले स्याह पड़े वृषपर्वा महाराज के मुँह से अत्यंत कष्ट से बस यही शब्द निकल पाए!

मैं जीत गई थी। मैंने ऊँची आवाज़ में कहा, ''हां, शर्मिष्ठा को मेरी दासी बनना होगा। हस्तिनापुर की इस महारानी की दासी बनना पड़ेगा! जीवन-भर दासी बनकर मेरी सेवा करती रहने के लिए उसे अभी इसी समय मेरे साथ ही हस्तिनापुर चलना पड़ेगा!''

शर्मिष्ठा

दो घंटे बजे। दो घटिकाओं में से एक बीत गई! अब केवल एक घटिका शेष है। इसी एक घटिका में—इतने कम समय में—मुझे जीवन का निर्णय लेना है! देवयानी की दासी बनूँ, या...

पिताजी का यह पत्र सामने पड़ा है। अपनी लाडली बेटी को लिखा उनका यह पहला पत्र है! आज तक उनकी शमा उन्हें छोड़कर कहीं दूर गई ही नहीं! फिर भला उसे पत्र लिखने का अवसर उन्हें मिलता कैसे? वह अवसर आज मिला। लेकिन कितने विचित्र ढंग से मिला। उस तरफ वाले महल में पिताजी और इस तरफ वाले महल में शर्मिष्ठा! हम दोनों इतने समीप थे फिर भी मुझे उन्हें यह पत्र भेजने के लिए विवश होना पड़ा है! लगता है, यह प्रसंग पूर्वजन्म के बैरी की तरह वैमनस्य पूरा करने आया है!

आज, वसंतोत्सव के पहले दिन...

आज का अरुणोदय बचपन की भांति खिड़की में से मुझ पर गुलाल उछालता ही तो आया था। शय्या पर पड़े-पड़े मैं उसे जी भर कर देख रही थी। तभी मन ही मन में शरमा गई! लगा कि वह अरुण विवाह के पवित्र हवन की ज्वाला है। फिर रात को सोने के लिए जाते समय माँ ने जो ठिठोली की थी उसका स्मरण हो आया। मुझे प्यार से सहलाते हुए माँ ने कहा था, 'शमा, चलो यह अच्छा ही हुआ कि यह युद्ध समाप्त हो गया! अब आर्यावर्त का कोई अच्छा-सा राजा ढूँढकर...सुना है हस्तिनापुर के राजा ययाति बहुत शूर और गुणवान हैं! बचपन में ही अश्वमेध का घोड़ा लेकर वे दिग्विजय के लिए गए थे। कहते है, देखने में भी वह बहुत सुंदर है, मेरे इस नाजुक फूल के लिए एकदम अनुकूल!'' उसकी ये बातें सुनकर 'हटिए माँ, ऐसा भी क्या! कहकर मैंने सिर पर चदरिया ओढ़ तो ली, किंतु सारी रात मधुर-मधुर स्वप्नों के हिंडोलो पर मैं झूलती-झूमती रही थी। उनमें से एक हिंडोला तो मुझे सीधे हस्तिनापुर ही ले गया था—महाराज ययाति की पटरानी बनाकर!

अरुणोदय के समय मैं जाग गई तब भी इसी स्वप्न का नशा-सा मुझ पर छाया हुआ था।

किंतु जीवन भी कितना भीषण है! परस्पर कितना विरोधपूर्ण! स्वप्न की अपेक्षा सत्य कितना कठोर होता है! आज प्रातः प्राची में उदित सूर्य अभी पश्चिम की ओर

झुका भी नहीं, कि मुझे हस्तिनापुर जाना पड़ रहा है। उसी महाराज ययाति के राजमहल में—कितु उनकी पटरानी बनकर नहीं, बल्कि उनकी महारानी की दासी बनकर!

सुबह जल-क्रीड़ा के समय मेरे मुंह से ऐसी-ऐसी बातें निकल गईं जो नहीं निकलनी चाहिए थीं। देवयानी के दिल को ठेस पहुँचाने वाली काफी बातें मैंने कही थीं! लेकिन मैं भी क्या करूँ? मन, जीभ, सभी कुछ उस समय बेकाबू हो गया था! मैं बचपन से ही देख रही हूँ, देवयानी ने मुझे अपमानित करने का एक भी अवसर हाथ से जाने नहीं दिया है! वह मेरे जैसी राजकन्या न होकर एक ऋषि कन्या बनी इसमें मेरा तो कोई अपराध नहीं। किन्तु जब और जहाँ भी देखो कदम-कदम पर वह हमेशा यही सिद्ध करने की ज़िद करती रही है कि देवयानी शर्मिष्ठा से श्रेष्ठ है।

हम दोनों तीन-चार वर्ष की थीं। दासियाँ हमें नौका-विहार के लिए ले गई थीं। देवयानी झुक-झुककर पानी में झांकने लगी। फिर तालियाँ पीटती हुई मुझसे कहने लगी, ''अली छमा, देख तो, ये कौन छोटी-सी सुंदल ललकी मुझे अपने साथ खेलने के लिए बुला लही है!'' मैंने भी झुककर पानी में झांका। मुझे भी मेरे जैसी ही एक लड़की हँसकर बुला रही थी। मैंने कहा, ''देखो, मुझे भी एक खूबसूरत लड़की बुला रही है!'' देवयानी ने नाक सिकोड़कर कहा, ''अं हं! तेली ललकी घतिया है, मेली बढिया है!''

हम दोनों आठ-दस वर्ष की हो गईं। वसंतोत्सव में खेले जाने वाले एक प्रहसन में गुरुजी ने हम दोनों को भूमिकाएं दीं। प्रहसन में उन्होंने मुझे वन-रानी बनाया था, उसे फूल-रानी। देवयानी देखने में सुंदर थी, नाचती भी अच्छी थी, इसलिए उसे फूलों की रानी बनाया गया था। प्रहसन में उसको तीन नृत्य करने थे। एक कली-नृत्य फिर अधखिले फूल का नृत्य और अन्त में पूर्ण विकसित पुष्प का नृत्य। वन-रानी के लिए कोई नृत्य नहीं था। वैसे भी नृत्यकला में मेरी कोई गति नहीं थी। किन्तु फूलों की रानी का वनों की रानी की अपेक्षा प्रहसन में सम्मान शायद कुछ कम था। इसलिए देवयानी ने वन-रानी बनने की ज़िद की थी। आखिर गुरुजी को प्रहसन में उस वन-रानी के लिए भी नृत्यों की व्यवस्था करनी पड़ी। फूलरानी के लिए निर्धारित नृत्य करने लायक नृत्य मुझे आता ही नहीं था। परिणाम यह हुआ कि प्रहसन का सारा मज़ा किरकिरा हो गया।

हम पंद्रह-सोलह की हो गई। उस वर्ष वसंतोत्सव में बड़े-बड़े लोगों की लड़कियों के लिए कई प्रतियोगिताएं रखी थीं। नृत्य, गीत, काव्य आदि कई प्रतियोगिताओं का आयोजन था, नृत्य, गान, सौंदर्य की सभी प्रतियोगिताओं में देवयानी ने प्रथम पुरस्कार जीत लिए! किन्तु काव्य-गायन में मेरी कविता सबसे अच्छी घोषित की गई। इस पर देवयानी तुरन्त ही रूठ गई, नाराज़ हो गई और सिर धुनती हुई सभा से उठकर जाने लगी। उसका कहना था, मैं शुक्राचार्य की कन्या हूँ। मेरे पिता त्रिभुवन में विख्यात कवि हैं। मेरी ही कविता सबसे अच्छी है। लेकिन क्योंकि शर्मिष्ठा एक राजकन्या है, ये परीक्षक उसकी कविता श्रेष्ठ बताकर अन्याय कर रहे हैं! आखिर

परीक्षकों ने हारकर उस पुरस्कार को हम दोनों में समान रूप में बाँट दिया, तब जाकर कहीं वह शांत हुई। उस समय मुझे प्रथम पुरस्कार मिला केवल चित्रकला प्रतियोगिता में और वह भी इसलिए कि देवयानी को चित्र बनाना आता ही नहीं था।

उसके पिता संजीवनी के लिए तपस्या करने बैठे थे! संजीवनी की सहायता से दानव देवताओं पर विजय पाने जा रहे थे! इसलिए मेरे पिताजी की नीति हमेशा यही रहती थी कि जो भी हो देवयानी को नाराज़ न किया जाए। मुझे भी उनकी इस नीति पर ही चलना पड़ा।

दो-चार नहीं, उसकी अहंकारी मनोवृत्ति की अनेक घटनाएं मेरे मन पर गहरी अंकित थीं–भीतर ही धुंधुवा रही थीं। सुबह मेरा पहना हुआ वस्त्र वह उतारने लगी तब वे सारी स्मृतियाँ विस्फोट के साथ फट पड़ीं! लेकिन यह सब मैं किसे सुनाऊं? किसे और कैसे समझाऊं?

मेरे मुंह से चार अपशब्द अवश्य निकल गए! किन्तु वे आज मेरे समूचे जीवन का ध्वंस करने जा रहे हैं। इस एक गलती के लिए राजकन्या को दासी बनने की सज़ा दी जा रही है!

मैं दासी बन जाऊं? शर्मिष्ठा दासी बन जाए! दिन-रात अपनी ही पूजा में खोई रहने वाली उस सुंदर पाषाण-मूर्ति की मैं दासी बन जाऊं? नहीं! यह संभव नहीं!

नहीं! मेरे मुंह से केवल अपशब्द ही नहीं निकले। माँ कह रही थी, यह वस्त्र देवयानी का ही है। कच ने उसे उपहार के रूप में दिया था। मुझे उसे पहनना नहीं चाहिए था। अब भी मैं उसे ही पहने हुए हूँ! लेकिन जिस कच ने अपनी जान जोखिम में डालकर देव-दानवों का युद्ध बंद कराया, उसी के द्वारा दिए गए उपहार को लेकर इतना भयंकर झगड़ा क्यों हो? क्यों नहीं माँ ने रात को ही मुझे अपने वस्त्र ठीक तरह से दिखाकर रखे? मुझे कैसे पता हो कि यह वस्त्र मेरा नहीं है? धत्! मैं राजकन्या बनी यही गलती है! इसी कारण सब बातों को दासियों पर ही छोड़ देने की आदत मुझे पड़ गई। उसी का यह फल–देवयानी का यह दुराग्रह है कि शर्मिष्ठा को जीवन-भर उसकी दासी बनकर रहना होगा!

कहा जा रहा है कि मैंने उसे कुएं में धकेल दिया! वह जंगल में सिरफिरी बन कर भागती जा रही थी! मुझे डर लगा कि कहीं यह ज़िद्दी और गुस्सेबाज़ लड़की क्रोध में ऐसा कुछ कर गुज़रेगी जिससे इसे जान से हाथ धोना पड़ेगा। इसीलिए उसे पकड़कर काबू में करने के लिए मैं उसके पीछे-पीछे भागी थी, उसकी जान लेने के लिए नहीं! मैं थोड़े ही घसीटकर उसे उस कुएं की कगार पर ले गई थी। वह तो पहले ही वहाँ जा खड़ी हो गई थी! हम दोनों की छीना-झपटी में उसका संतुलन खो गया और वह कुएं में जा गिरी! मुझे तो अब भी यही लग रहा है! या कहीं ऐसा तो नहीं, कि आज तक मेरे मन में उसके प्रति जो क्रोध लगातार जमा होता गया उसी का एक दम विस्फोट हुआ और मैंने ही उसे उन्मत होकर कुएं में धकेल दिया? क्रोध का शिकार बन जाने पर मनुष्य बहुत ही क्रूर बन जाता है, पशु हो जाता है!

क्या सचमुच मैं अपना आपा खो बैठी थी? मुझे कुछ भी याद नहीं आ रहा। कच कहा करता था कि भले-बुरे, सत्य-असत्य, पाप-पुण्य के साक्षी इस दुनिया में केवल दो ही होते हैं—अपनी आत्मा और सर्वसाक्षी परमात्मा। आज प्रातः मेरी आत्मा क्रोध के मारे अंधी हो गई थी! और परमात्मा? माना कि वह सर्वसाक्षी है! किन्तु बेगुनाह का गवाह बनने के लिए क्या वह कभी दौड़कर आता है?

कम से कम हर बार तो वह नहीं आता! उसके आने की थोड़ी भी संभावना होती, तो पिताजी ने मुझसे यह जो भयंकर प्रश्न किया है, उसका उत्तर मैं उसी से पूछती। देवयानी ने जीवन-भर मुझे अपनी दासी बनाने की शर्त रखी है, मैं उसे स्वीकार करूँ या न करूँ?

पिताजी ने पत्र में लिखा है:

''बेटी, पिताजी के नाते मुझसे पूछो, तो मैं तुझे दासी बनाने की बात को कभी स्वीकार न करूँगा।

''किन्तु मनुष्य को इस संसार में अनेक नाते निभाने होते हैं। मैं केवल तुम्हारा पिता नहीं हूँ। दानवों का राजा भी हूँ। कच ने संजीवनी का हरण कर लिया इसीलिए हमारा संपूर्ण पराभव हो गया है।

''इस प्रतिकूल परिस्थिति से उभरकर दानव फिर सिर उठाकर खड़े होना चाहते हैं। शुक्राचार्य को अपना गुरु बनाए रखना हमारे लिए परमावश्यक है। उन्हें देवयानी से बहुत प्यार है। उसके द्वारा रखी गई शर्त पूरी न हुई, तो वे नगर में कदम नहीं रखेंगे। उनके बिना हमारा सारा राज्य धूल में मिलते देर नहीं लगेगी। अनंत आकाश में स्वच्छंदता से संचार-विहार करने की इच्छा रखने वाले दानवों को तुच्छ जीव-जंतुओं की तरह ज़मीन पर ही रेंगते रहना पड़ेगा।

''शमा, तुम दासी बन गई, तो तुम्हारा सारा जीवन मिट्टी में मिल जाएगा। मेरी लाड़ली शमा...शमा दूसरे की दासी बनेगी? नहीं, बेटी! एक दासी के रूप में तुम्हारी मूर्ति आँखों के सामने नहीं! तुम्हें एक दासी के रूप में देखने के बजाय... वह कल्पना भी असह्य है! उससे तो अच्छा है कि अपनी आँखें फोड़ लूँ!

''शमा, तुमने देवयानी की शर्त को अस्वीकार कर दिया, तो भी मैं तुमसे नाराज़ नहीं होऊँगा! भगवान करे, ऐसी उलझन में शत्रु भी न फँसे! किन्तु बेटी तुम्हारे इस अभागे पिता को आज इसी उलझन का सामना करना पड़ रहा है। कोई भी राह न सूझी, तो घर ही घर में तुम्हें यह पत्र लिखा है। चाहिए तो यह था कि मैं तुमसे मिलकर स्वयं सारी बात बताता। किन्तु कैसे बता पाता? किस मुँह से बताता? बताने आ भी जाता तो मुँह से एक शब्द भी शायद न निकल पाता! कर्तव्य प्रेम के हाथों हार जाता!''

''शमा, मेरी लाड़ली बच्ची! बेटी, भगवान शंकर तुम्हें ऐसी बुद्धि दें, जिससे तुम अपने-आपको सदा सुखी रख सकने वाला निर्णय कर सको!''

"बेला आ गई..." ये शब्द विवाह मंडप में बचपन से सुनती आई हूँ। किन्तु उन शब्दों में जो काव्य समाया है उसे अभी-अभी मैं समझने लगी थी। 'दो प्रणयी जीवों के मंगल-मिलन की बेला अब बिलकुल आ ही गई।' की सूचना देनेवाले वे मनभावने दो शब्द...इन दिनों उन दो शब्दों से मुझे गुदगुदी-सी होने लगी थी।

किन्तु इस क्षण तो वे दो शब्द बहुत ही अमंगल लगे। मैं नहीं चाहती थी कि कोई आकर कहे कि 'बेला आ गई!' बार-बार मन में आता कि काश! इस समय कोई काल पुरुष का गला घोंट देता! वह बेला कभी न आती! बेला पूरी होते ही माँ द्वार खोलकर भीतर आएंगी। आँखें पोंछती मेरे पास खड़ी हो जाएंगी! पिताजी को एक निश्चित उत्तर की मुझसे अपेक्षा होगी!

भगवान! क्या उत्तर दूँ मैं? आनंद के साथ दासी हो जाऊँ? उस दुष्ट देवयानी की दासी बन जाऊँ? यह कैसे संभव है? आज तक मैं दूसरों से अपने पैर धुलवाती रही। अब क्या दूसरों के पैर धोती रहूँ? हीरे-जड़े माणिक-मोतियों के आभूषण उतारकर एक भिखारिन-सी रहने लगूँ? दिन-रात सेवकों को आज्ञा देने वाली मैं राजकन्या हूँ, अब क्या दूसरों की आज्ञा सिर-आँखों पर धर लूँ? उनकी डांट-डपट खाऊँ? मालकिन जो भी दे दे, उसी अन्न-वस्त्र पर चूं तक न करते हुए जीवन बिताती रहूँ? प्रणय, प्रीति, पति-सुख, वात्सल्य सबके आनन्द से वंचित रह जाऊँ?

नहीं! मैं पिताजी से कह दूँगी—देवयानी की दासी बनने की अपेक्षा मैं जोगन बन जाऊँगी! देवयानी मुझसे प्रतिशोध लेना चाहती है न? ठीक है। उसे यहाँ बुलवा लीजिए। वह आ जाए तब आप अपने हाथ में खड्ग लेकर एक ही बार में शर्मिष्ठा का सिर धड़ से अलग कर दीजिए! लेकिन ध्यान रहे मेरा कटा हुआ मस्तक भी उसके चरणों पर नहीं गिरेगा। प्राण जाएं, तब भी मैं दासी नहीं बनूँगी! स्वप्न में भी देवयानी की दासी नहीं बनूँगी!

मैं एक दम चौंक गई। कोई आवाज़...

बेला आ जाने का संकेत! घंटा फिर बज चुका था। मैंने डरते-डरते द्वार की ओर देखा। वह नहीं खुला, न माँ भीतर आई। मुझे अच्छा लगा!

गर्दन लटकाए मैं विचारों में खो गई थी!

विचार...विचार...विचार...कलेजे पर घन चल रहे थे। मस्तक की धज्जियाँ उड़ रही थीं।

और यह सब क्यों? इसलिए कि मैं गलती से उसका वस्त्र पहन चुकी थी।

कच द्वारा उपहार में देवयानी को दिया गया वह रेशमी वस्त्र! वह मैंने गलती से...पिताजी की सौगंध, गलती से...पहन लिया था।

क्या इस विलक्षण संयोग में भी भाग्य का कोई संकेत निहित है? संजीवनी के लिए कच यहाँ आया था। था तो वह हमारा शत्रु। किन्तु उसकी विद्या उसकी श्रद्धा, आस्था, उसका त्याग, उसका स्वभाव...यह सब देख लेने के कारण मैं मन ही मन उसे पूजने लगी थी। अनेक बार मन में आता कि काश मेरा भी ऐसा बड़ा भाई होता! तो मैं कितनी अच्छी हो गई होती!

देवयानी ने कभी मुझे कच से खुलकर बातें नहीं करने दीं, न मनोनुकूल आचरण ही करने दिया! पता नहीं क्यों वह मुझसे इतना जल रही थी! किन्तु कच की तरफ केवल देखने मात्र से भी मेरा मन प्रसन्न हो जाता था। मेरी ओर देखकर उसने मंद मुस्करा भी दिया तब भी मन बाग-बाग हो उठता था। सहज संभाषण में वह कुछ ऐसी बातें करता कि बाद में कितने ही दिन मैं उसी पर सोचती बैठी रहती थी।

राक्षसों ने तीन बार घोर यंत्रणाएं देकर उसकी हत्या की। किन्तु हर बार जीवित होने पर उसने हँसते हुए मुझसे कहा था, "कोई चीज़ दूर से जितनी डरावनी लगती है न, उतनी भयंकर वह वास्तव में होती नहीं है। मृत्यु की बात भी ऐसी ही है। राजकन्ये, यह मैं अपने अनुभव की बात बता रहा हूँ।" इतना कहकर वह कितना दिल खोलकर हँसता था!

क्या है उसके इन उद्गारों का अर्थ? क्या कच भविष्य जानता था? दासी बनना और क्या है? मृत्यु ही...मनुष्य के अभिमान की मृत्यु! उसके बड़प्पन की मृत्यु!

राजवंश में पैदा होने के कारण दासी बनना मुझे बड़ा ही भयंकर लग रहा है। किसी दासी की कोख से पैदा हुई होती तो क्या मैं आनन्द से दासी-जीवन न बिताती? उसी में सुख न मानती? संसार की हर लड़की राजकन्या के नाते थोड़े ही जन्म लेती है!

और गुण-दोष क्या जाति पर निर्भर होते हैं? कच ब्राह्मण! देवयानी भी ब्राह्मण किन्तु उसके स्वभाव में कच का एक भी गुण क्या आ पाया है? नहीं। इस संसार में जन्म या जाति पर कुछ निर्भर नहीं करता! एक राजकन्या दुष्ट हो सकती है, एक दासी सज्जन हो सकती है!

ब्राह्मण कच ने संजीवनी पाने के लिए दानव-नगरी में आते समय कितनी वीरता का परिचय दिया! अपने साहस से उसने सभी क्षत्रियों को लज्जित कर दिया। दानवों ने उसे बार-बार मार डाला। किन्तु वह डरा नहीं, सहमा नहीं, भागा नहीं। संजीवनी प्राप्त होने तक वह यहीं निडरतापूर्वक रहा।

यह वस्त्र—सोचती हूँ, अनजाने कच ने मुझे ही उपहार में दिया है! उसके इस उपहार को जीवन-भर संभाल कर रखना होगा! कच की स्मृति ही मुझे इस संकट से...

संकटों ने आज तक किसे छोड़ा है? वैसे देखा जाए तो संकट सदा सज्जनों के हिस्से में ही अधिक आते हैं। कच कितना सज्जन था, कितना स्नेहशील, कितना निःस्वार्थी और बुद्धिमान था! फिर भी क्या उसे कम दुख झेलने पड़े? किन्तु देवयानी द्वारा शाप दिए जाने के बाद मुझ से विदा लेने के लिए कच आया तो कितना हँसमुख था! प्रेम-भंग का दुख उसे था! प्रेयसी द्वारा शाप दिए जाने का भी दुःख उसे था! फिर भी उसके चेहरे पर किसी दुःख की धुंधली छाया तक नहीं थी!

मुझसे ही नहीं रहा गया! मैंने उससे कहा, "विवाह करके आप दोनों देवलोक जाने के लिए निकले होते न तो मैं आपको अत्यंत हर्ष से विदा करती। किन्तु..."

उसने शांत चित्त से कहा, "राजकन्ये, जीवन हमेशा अधूरा ही होता है। उसके अधूरेपन में ही उसका आकर्षण समाया हुआ है!"

एक दार्शनिक सिद्धांत के नाते शायद उसकी यह बात सच होगी! किन्तु मैंने अनेक काव्यों में पढ़ा था, प्रेम-भंग का दुःख कितना दारुण होता है! उन काव्यों को पढ़ते-पढ़ते मैं घंटों रोई थी। मैंने कहा, "अन्त में प्रेम-भंग होने से तो कहीं अच्छा है कि किसी से प्रेम ही न हो, है न?"

उसने हँसते हुए कहा, "नहीं! प्रेम मनुष्य को अपने से परे देखने की शक्ति देता है। प्रेम किसी से भी हो गया हो, मनुष्य से अथवा वस्तु से; किन्तु वह प्रेम सच्चा होना चाहिए। अन्तःकरण की तह से उठता हुआ आना चाहिए! वह स्वार्थी, लोभी या धोखेबाज़ नहीं होना चाहिए। राजकन्ये, सच्चा प्रेम हमेशा निःस्वार्थी होता है, निरपेक्ष होता है। फिर वह फूल से किया गया हो या किसी जीव से। प्रकृति की सुन्दरता से हो या माता-पिता से। प्रीतम या प्रेयसी से किया हो अथवा वंश, जाति या राष्ट्र से! निःस्वार्थ, निरपेक्ष, निरहंकार प्रेम ही मनुष्य की आत्मा के विकास की पहली सीढ़ी होती है। इस तरह का प्रेम केवल मनुष्य ही कर सकता है!"

उस समय तो उसकी ये बातें ठीक तरह से मेरी समझ में नहीं आई थीं। किन्तु इन बातों को उसने जिस आत्मीयता से किया था, वह मुझे इतनी अच्छी लगीं कि मैंने तुरन्त उसका एक-एक शब्द लिख रखा। फिर न जाने कितनी बार उन शब्दों को मैंने पढ़ा था! उनका अर्थ अब जाकर कहीं मेरे ध्यान में आने लगा है।

उस दिन कच जाने की जल्दी में था। किन्तु उस जल्दी में भी उसने मुझसे कहा, "शर्मिष्ठा, मेरा और देवयानी का प्रेम सफल न रहा, इसका तुम दुःख न करना। मुझे प्रेम न मिला न सही, किन्तु प्रेम क्या होता है इसे मैंने अनुभव तो किया ही है। उसकी स्मृति मैं जीवन-भर संजोकर रखूँगा। देवयानी तुम्हारी सहेली है। वह ज़िद्दी है, गुस्सेबाज़ है, अहंकारी भी है! उसके इन सभी दोषों को मैं अच्छी तरह से जानता हूँ! मैंने उसके सौन्दर्य पर मोहित होकर उससे केवल अन्धा प्रेम कभी नहीं किया। प्रिय व्यक्ति को उसके दोषों के साथ स्वीकार करने की शक्ति सच्चे प्रेम में होती है...होनी चाहिए! देवयानी से मैंने ऐसा ही प्रेम करने का प्रयास किया। किन्तु अपने लाखों के लिए मुझे देवयानी का दिल तोड़ना पड़ा । मैं भी क्या करता? प्रेम जीवन की एक उच्च भावना है। किन्तु कर्तव्य उससे भी श्रेष्ठ भावना है! कर्तव्य कठोर ही होता है। उसे कठोर बनना ही पड़ता है। किन्तु कर्तव्य ही धर्म का मुख्य आधार है। कभी देर-सवेर देवयानी तुमसे दिल खोलकर बोली, तो उससे इतना ही कह देना—कच के हृदय पर हमेशा कर्तव्य का ही स्वामित्व है, किन्तु उसका एक छोटा-सा कोना केवल देवयानी का ही था वह सदा उसका ही रहेगा!"

इतनी देर तक कच से हुई इस आखिरी मुलाकात और उनके इन उद्‌गारों का मुझे कैसे विस्मरण हो गया, पता नहीं। शायद मैं दुख से अंधी हो गई थी। अंधेरे में टटोल रही थी। प्रकाश की कोई किरण मुझे दिखाई नहीं दे रही थी। अब वह दिखाई दी। कच ने ही उसे दिखाया था। मैं दौड़कर द्वार के पास गई। तभी बेला आ पहुँचने की सूचना देने वाले घण्टे बजे। मैं भीतर से कुंडी खोलने ही वाली थी

कि माँ ने बाहर से दरवाज़ा धकेला। मैंने हँसते-हँसते माँ के गले में बाँहें डालते हुए कहा, "माँ, पिता ज़ी से कहिए, मेरी तैयारी करें!"

"तैयारी? किस बात की तैयारी?"

"हस्तिनापुर जाने की तैयारी! देवयानी के साथ उसकी दासी बनकर जाने के लिए शर्मिष्ठा तैयार है!"

पत्थर के बुत के समान माँ निश्चल, अवाक खड़ी रही! फिर एकदम फफक-फफक रोते हुए उसने मेरे कन्धे पर अपना माथा रख दिया। अनजाने मैं माँ का माथा सहलाने लगी। मैं अपनी माँ की माँ बन गई थी।

हस्तिनापुर के राजप्रासाद में कदम रखते ही मुझे अजीब-सी बेचैनी लगने लगी। किन्तु मैंने तुरन्त अपने-आपको संभाला। दासी की हैसियत से ही मैं सारे व्यवहार करने लगी।

देवयानी राजमाता का दर्शन करने गई, तो मैं भी उसके पीछे-पीछे वहाँ गई। मेरा प्रणाम स्वीकारते हुए राजमाता ने कहा, "आओ बेटी इधर आओ।"

मैं थोड़ी आगे गई और सिर झुकाकर खड़ी रही। मेरा चिबुक उठाकर मेरी ओर देखते हुए राजमाता ने देवयानी से कहा, "बहू, तुम्हारी यह सहेली तुम्हारे जैसी ही सुंदर है!"

देवयानी तपाक से बोली, "यह मेरी सहेली नहीं है।"

"तो?"

"यह मेरी दासी हे!"

"जब महाराज का दूत यह सन्देश लेकर आया कि नववधू के साथ राजकन्या शर्मिष्ठा आ रही है, तो मैंने सोचा शर्मिष्ठा तुम्हारी गौनहार बनकर आती होगी! यह भीतर आई तुम्हारे साथ, तो मुझे लगा कि यही शर्मिष्ठा है..."

देवयानी ने बड़े घमण्ड से कहा, "माँजी, यह राजकन्या शर्मिष्ठा ही है। किन्तु मैं इसे गौनहार बनाकर साथ नहीं लाई हूँ न ही यह अब राजकन्या है। यह एक दासी है...मेरी दासी!"

"मतलब?"

"मतलब आप महाराज से पूछिए तब पता चल जाएगा कि मेरे पिता कितने बड़े ऋषि हैं..."

"तुम्हारे ससुरजी महाराज नहुष भी बहुत बड़े वीर पुरुष थे। किन्तु उनके इस महल में एक क्षत्रिय-कन्या दासी बनकर रहे यह मुझे अच्छा नहीं लगता!"

"यह सवाल आपका नहीं मेरा है!" कहकर देवयानी महल से चली गई।

इस प्रकार मेरे कारण सास और बहू में अनजाने पहली झड़प हुई। मुझे इसका बहुत खेद रहा। किन्तु शीघ्र ही मेरे ध्यान में आ गया कि कोई कारण हो या न हो, ऐसी कहा-सुनी अब होती ही रहेगी!

देवयानी बचपन से ही बहुत लाड़-प्यार में पली थी। माँ के मार्ग-दर्शन में लड़की की जो आदतें पड़ जाती हैं कामकाज का जो तौर-तरीका सिखाया जाता है वह दुर्भाग्य से उसे नहीं मिल पाया था। अब तो वह बड़ी धूमधाम के साथ हस्तिनापुर की महारानी बनकर हस्तिनापुर राज्य की स्वामिनी बनकर आई थी। नम्रता ओर प्यार से राजमाता को अपने बस मे कर लेने की उसे क्या ज़रूरत थी? शायद राजमाता का स्वभाव भी कुछ-कुछ देवयानी का-सा ही था। आकाश में दो बिजलियाँ एक दूसरी से टकरा जाती हैं न उसी प्रकार से भाग्य ने इन दोनों को मिलाया था।

महाराज और राजमाता में क्या अनबन हो गई थी, मैं कभी जान न सकी। किन्तु उन दोनों को परस्पर खुलकर बातें करते मैंने न कभी देखा, न सुना। पुत्र से भी जहाँ इतना ही मेलजोल हो वहाँ बहू से भला क्या बनती?

राजमाता को क्षत्रिय जाति का बड़ा अभिमान था! ब्राह्मण-कन्या होने के नाते देवयानी को भी अपनी जाति का पूरा घमण्ड था। दोनों में बातचीत का विषय कुछ भी हो ले-देकर जाति का उल्लेख आ ही जाता था। फिर सास अप्सरा पर मोहित किसी ऋषि की कहानी सुनाती और कह देती, "ये सारे विद्वान ब्राह्मण एक-से ही होते हैं तपस्या करते है मुए! स्त्री देखी और लगे पिघलने!" सास के 'तपस्या करते हैं, मुए' शब्द बहू को तिलमिला देते। वह समझती सासजी ने यह उलाहना मेरे पिता को ही दिया है! फिर शुक्राचार्य द्वारा संजीवनी के लिए की गई घोर तपस्या का वर्णन शुरू हो जाता! उसमें वृषपर्वा महाराज और सभी दानवों की खिल्ली उड़ाई जाती! अन्त मे एक क्षत्रिय राजकन्या नाक रगड़ती हुई एक ब्राह्मण कन्या की दासी बनकर किस तरह आई इस आख्यान पर बातचीत समाप्त हो जाती। देवयानी की ये बातें मेरे मन में चुभती, गड़तीं कलेजा चीरतीं जलाती चली जाती थीं। किन्तु मैं कुछ ऐसे अन्दाज़ से वहाँ खड़ी रहती जैसे बहरी हूँ। दिन-रात मैं एक ही मंत्र जपती थी—मैं दासी हूँ। दासी के हाथ होते हैं, पाँव होते हैं किन्तु मुँह नहीं होता! और मन? वह तो होता ही नहीं!

सास-बहू की ऐसी झड़पों से कभी-कभी बिल्कुल ही अनपेक्षित ढंग से मुझे लाभ हो जाता था! ममता-दुलार से पीठ सहलाती माँ के हाथ की कभी-कभी मुझे यूं ही याद आती थी। फिर मन बेचैन हो उठता था। कुढ़ने लगता था। किन्तु इन दोनों में कुछ झड़प हुई नहीं कि राजमाता ने किसी बहाने से मुझे अपने पास बुलाया और शायद देवयानी को खिसियाने के लिए या मैं क्षत्रिय कन्या थी इसलिए मेरी पीठ पर हाथ फेरना शुरू किया। उनके उस स्पर्श से मेरे मन की बेचैनी कम हो जाती। यह जानकर कि परदेस में इस अनाथ लड़की से प्यार और ममता करने वाला इस राजमहल में भी आखिर कोई तो है, मन को धीरज बंध आता। हो सकता है, वह प्रेम का मात्र आभास था। किन्तु जिसे जीने की अभिलाषा है उसे इस दुनिया में कभी-कभी आभास भी बड़ा सहारा दे देता है।

राजमाता के मन में मेरे प्रति यह जो माया-ममता थी, एक दिन कुछ निराले ही ढंग से प्रकट हो गई। कोई बड़ा सामुद्रिक शास्त्र जानने वाला पंडित नगर में

आया था। देवयानी ने उसे राजमहल में बुलवा लिया। उसने अपनी हथेली उसे दिखाई। ज्योतिषी ने कहा कि वर्ष के अन्दर-अन्दर उसके पुत्र होगा। सुनकर हम सभी को बहुत आनंद हुआ।

मैं पास ही खड़ी थी। हाथ पकड़कर मुझे नीचे बिठाते हुए राजमाता ने पंडितजी से मेरा हाथ देखने को भी कहा। मैं काफी मना कर रही थी। अनुभव भी कर रही थी कि देवयानी आँखें फाड़-फाड़कर मेरी ओर देख रही है किन्तु राजमाता के आगे मेरी एक न चली!

काफी देर तक मेरा हाथ देखने के बाद पंडित ने कहा, "बड़ी अभागिन है यह लड़की!"

देवयानी ने कहा, "पंडितजी, यह दासी है दासी! कोई राजकन्या नहीं!"

पंडितजी चौंके। उन्होंने देवयानी की तरफ देखा। फिर मेरी हथेली का ध्यान से निरीक्षण करते हुए बोले, "इसके भाग्य में बहुत कष्ट लिखे हैं किन्तु इसका लड़का..."

देवयानी ठहाका मारकर हँसते हुए बोली, "अजी यह जीवन-भर मेरी दासी रहने वाली है। इससे विवाह कौन करेगा? और इसके लड़का होगा भी कैसे?"

शायद यह समझकर कि उसके ज्ञान की खिल्ली उड़ाई जा रही है पंडितजी बहुत बिगड़े। देवयानी की ओर मुड़कर बोले, "महारानी जी क्षमा करें। मैं अपनी विद्या अच्छी तरह जानता हूँ। बाकी बातों से मुझे क्या लेना-देना है? इस हथेली पर मैं जो भी देख रहा हूँ वही बता रहा हूँ। इसके साथ विवाह कौन करेगा यह मैं भला कैसे बता सकता हूँ? किन्तु इसका पुत्र सिंहासन पर बैठेगा..."

देवयानी ने गंभीरता से कहा, "सिंहासन यानी सिंह की खाल होगी! व्याघ्रासन होता है न? वैसा ही! ज़रा ध्यान से देखिए इसका हाथ!"

उसने यह ताना ऐसा मारा कि मेरा मन लहूलुहान हो गया। मैंने उस ज्योतिषी के हाथ में से अपना हाथ खींच लिया और इससे पहले कि आँखों से आंसू बह निकलते कक्ष से बाहर निकल गई!

उस रात को मेरा तकिया भीगकर तर हो गया, लेकिन मेरे आँसू थामे नहीं थमे! कौन ऐसी लड़की है जो पति-सुख और पुत्र-मुख देखने के सपने नहीं देखा करती? बीस वर्ष के लगभग उम्र वाली कौन ऐसी लड़की है जो उन मधुर स्वप्नों के चिन्तन में खो नहीं जाती? कभी ना कभी वे सपने सच्चाई बनकर जीवन में आएंगे इस कल्पना में कौन है जो रात-रात-भर अपने बिस्तर पर तड़पती नहीं रहती?

मैं भी उसी प्रकार की एक लड़की थी। किन्तु इन सब सपनों को अपने हाथों कुचल-मसलकर मैं हस्तिनापुर आई थी। देवयानी की दासी बनी थी। जीवन-भर उसकी दासता मैंने स्वीकार कर ली थी। उसका मुझ पर पूरा अधिकार था। हो सकता है, शायद वह मुझे किसी से भी विवाह नहीं करने देगी। जहाँ विवाह की ही कोई आशा नहीं वहाँ पुत्र की...सिंहासन पर बैठ सकने वाले पुत्र की... आशा मेरी जैसी दासी को क्यों करनी चाहिए? अपनी सारी आकांक्षाओं, आशाओं को तिलांजलि देकर मैं आई थी। किन्तु आज उस ज्योतिषी ने...

हथेली पर रेखाएं कहीं देखकर क्या वास्तव में मनुष्य का भविष्य जाना जा सकता है? क्या वह सच भी होता है? यदि होता होगा, तो उसके द्वारा बताए गए उस भविष्य का अर्थ क्या है? भगवान ने मेरे भाग्य में क्या लिख रखा है?

वह ज्योतिषी कहीं पागल-वागल तो नहीं था? या देवयानी का हाथ देखने के बाद उसी का भविष्य उसके दिमाग में था, जो उसने मेरा कहकर बता दिया?

जो भी हो वह भविष्य सुनकर मेरे मन की अवस्था ऐसी हो गई जैसे काले पाषाणों से आवृत्त किसी समाधि के भीतर से कोई नाजुक लाल रंग की कोंपल निकल आई हो! माता-पिता से विदा लेते समय भी जिस शर्मिष्ठा ने आँसू नहीं बहाए थे वही शर्मिष्ठा हस्तिनापुर के राजप्रासाद के भयानक सन्नाटे में इस तरह आठ-आठ आँसू रोती रहती थी।

पिताजी की याद आते ही मेरा मन सजग हो गया। उनसे विदा लेते समय का हर क्षण मन में ज्यों का त्यों जाग उठा।

जिस राजमहल में मैं बचपन से पली थी उससे हमेशा के लिए बिछुड़ने के लिए ही मैं निकली थी। किसी राजा की रानी बनकर नहीं एक रानी की दासी बनकर! माँ रोना रोक नहीं पा रही थीं! उसने मेरा प्रणाम भी ठीक तरह से स्वीकार नहीं किया। मुझे एक बार कसकर अपनी छाती से चिपटाकर वह तुरन्त मुँह फेर कर पागल की तरह वहाँ से भाग गई थी। पिताजी मेरु मंदार के समान अविचल खड़े थे। पलक भी न झपकाते हुए मैं उनके पास गई। झुककर प्रणाम किया और कहा, ''आज्ञा पिताजी!'' उनके आशीष की प्रतीक्षा में थोड़ी देर मैं वैसी ही झुकी रही। किन्तु उन्होंने कुछ भी न बोलते हुए मुझे हाथ पकड़कर ऊपर उठा लिया और इससे पहले कि वे क्या कर रहे हैं मैं समझ पाती, मेरे चरणों पर अपना माथा रख दिया।

मैं पशोपेश में पड़ गई, तुरन्त पीछे हट गई, जैसे-तैसे उन्हें खड़ा किया। उठते-उठते उन्होंने कहा, ''बेटी, मेरा प्रणाम स्वीकार कर मैं किस नरक का वास करूँ? तुम मेरी बेटी नहीं, माँ हो, माता, अपने इन सभी अभागे बच्चों को तुम ही आशीर्वाद दो!''

मैंने गद्गद होकर कहा, ''पिताजी, मैं आपका पुत्र होती और मुझे युद्ध के लिए विदा करने का प्रसंग आता तो आप क्या सोचते?''

''मुझे तुम पर बहुत गर्व होता!''

''तो अब इस अवसर पर भी मन में उसी गर्व की भावना लाएं। आपकी शमा जीवन का एक अत्यंत मुश्किल युद्ध जीतने के लिए जा रही है। हिम्मत हारकर वह मैदान छोड़कर भागने वाली नहीं। आपके कुल को किसी प्रकार का कलंक लगे, ऐसा कोई काम वह नहीं करेगी। पिताजी, शमा युद्ध करने जा रही है, उसे आशीर्वाद दीजिए!''

यह स्मृति मन में जागी तब जाकर कहीं मन की खोई शांति वापस आई। आँखें अपने-आप सूखने लगीं।

मेरे साथ आई दासियाँ मुझे राजकन्या ही मानती थीं। राजमहल की दासियों की भी वही धारणा थी। इसीलिए उनमें से कोई भी मेरे साथ घुलमिल कर नहीं रहती थी। देवयानी का कोई काम न होता तो मैं खाली रहती। फिर हर पल मुझे खाने दौड़ता। ये सूनी घड़ियाँ अपने पैने नाखूनों से मेरे उन सभी घावों को खरोंच-खरोंचकर हरा कर देतीं, जिनके बारे में मैं अपने-आपको यही समझाती रहती थी कि ये तो कोई घाव है ही नहीं। आखिर मन को उलझाए रखने का एक उत्तम तरीका मेरे ध्यान में आया। चित्रकला का शौक मुझे पहले से ही था। अब फुरसत का हर पल मैं चित्र बनाने में बिताने लगी।

शौक कोई भी हो दुख की गुणकारी दवा होता है। मैं यह तो नहीं जानती कि मेरे चित्र कहाँ तक अच्छे बनते थे! किन्तु उन्हें बनाते समय मेरा मन अवश्य ही रीझता था। केवल खरगोश के बच्चे के ही मैंने अनेक चित्र बना डाले। घुंघची की तरह लाल-लाल आँखों से टुकुर-टुकुर देखने वाले नन्हें-से कान खड़े कर आहट लेने वाले मनुष्य को देखते ही डरकर भाग जाने वाले, लबर-लबर कोमल घास खाने वाले, अपने भाई-बहनों से झूठमूठ झगड़ने वाले, इधर-उधर यों ही कूद-फांद मचाने वाले—उसका प्रत्येक रूप बड़ा मोहक लगता, मन पर अंकित हो जाता। मैं तूलिका से उसे सजीव करने का प्रयास करती थी।

खरगोश के बच्चे की तो बात ही क्या? हिरन, मोर, हंस, बल्कि सभी पशु पक्षी सौन्दर्य के निधान हैं। दाना चुगने आने वाली चिड़ियां, फुर्र से उड़ जाने वाली चिड़ियां, घोंसले के लिए कहीं से तिनके ओर कपास बटोर कर लाने वाली चिड़िया—कौए और चिड़िया केवल नन्हें बच्चों के ही साथी नहीं, वे बड़ों के भी मित्र हो सकते हैं, चित्र बनाते समय मैं यही अनुभव करने लगी।

प्रकृति में कितने फूल हैं! उन फूलों में कितने रंग हैं, गंध है! विविध प्रकार के वृक्ष, नाना तरह की लताएं! हर दिन नया सवेरा नयी सांझ! निराला सूर्योदय! निराला सूर्यास्त! वंसत की चाँदनी वर्षा की नदी शरद के शस्यश्यामल खेत, शिशिर के निष्पर्ण वृक्ष...जिधर देखो उधर चित्र के लिए विषय भरे पड़े हैं!

जब मैं इस नयी अनुभूति से जीवन के बारे में सोचने लगती, तब कहीं उसके रहस्यों पर थोड़ी रोशनी पड़ती। विविधता ही इस जीवन की देह है। परस्पर विरोधी बातें ही उसकी आत्मा हैं। जीवन का रस उसका आनंद उसका सम्मोहन उसकी आत्मा...इसी विविधता में है, विरोध में है।

इस नये विचार से मेरे को शांति मिलने लगी। देवयानी कई बार मुझ पर तानाकशी करती, किन्तु अब उसकी बातें पहले की तरह मेरे मन में चुभती नहीं थीं।

महाराज ययाति से मेरा संपर्क कभी-कभार ही होता था। मैं समझ गई थी। कि देवयानी पहले दिन से ही बहुत सावधानी बरत रही है कि ययाति महाराज से मेरा कोई संबंध रहने ही न पावे। किन्तु कभी कक्ष में आते-जाते महाराज सहज मुझे देख लेते थे। कह नहीं सकती कि वास्तव में उनकी आँखों में मेरे प्रति सहानुभूति

थी या मेरे दुर्बल मन को ही वैसा आभास होता था। हो सकता है वह शायद प्यासे को दिखाई देने वाली मृगमरीचिका हो। किन्तु उनके मेरी ओर केवल देखने मात्र से मुझे काफी अच्छा लगता था।

एक बात तो किसी के भी ध्यान में आ जाती कि शर्मिष्ठा को दासी के नाते कोई भी काम बताना वे यथासम्भव टाल दिया करते थे। कभी कोई चीज़ मैं उन्हें देने जाती और देवयानी पास न होती तो वे तुरन्त धीरे से कहते, "अरी, तुमने क्यों क्ष्ट किया? किसी दासी से कह दिया होता!"

मैं हँसकर उत्तर देती, "मैं भी तो दासी ही हूँ!"

वे भी हँसकर ही कहते, "तुम देवयानी की दासी होगी, मेरी नहीं।"

उनके स्वभाव की इस मिठास के कारण राजमाता के समान उनका भी मुझे बड़ा सहारा होता था। किन्तु मन में विचार आने पर भी कि महाराज के सारे काम मैं स्वयं करूँ कि ऐसे वातावरण का निर्माण करूँ कि वे हमेशा प्रसन्न और खुश रहें, मैंने कभी उनसे दिल खोलकर बातें तक नहीं कीं!" देवयानी के स्वभाव से मैं अच्छी तरह परिचित थी। तिनके से ताड़ तक पहुँचने वाली थी वह!

किन्तु मेरी ओर से इतनी सावधानी बरती जाने पर भी एक दिन वह बात हो ही गई। महाराज को तांबूल बहुत पसंद था, वह देवयानी उन्हें बनाकर दिया करती थी। एक दिन उसने हमेशा की तरह उन्हें पान बनाकर दिया। शायद उन्हें उस पान से सन्तोष नहीं हुआ। उन्होंने उससे कहा, "मैंने तांबूल खाया है, ऐसा मेरे मुंह से दिखता भी है?"

देवयानी पलंग पर लेटी थी। मैं उसे पंखा झल रही थी। महाराज के लिए तांबूल बनाने का आदेश उसने मुझे दिया। मैंने तांबूल बनाकर दे दिया। महाराज को वह बहुत पसंद आया। खाने के बाद वे दर्पण के सामने जा खड़े हुए और उन्होंने देवयानी को पुकारा। वह उठना नहीं चाहती थी किन्तु महाराज लगातार पुकारे जा रहे थे। आखिर तनिक नाराज़ होकर ही वह उनके पास गई और पूछने लगी "जी, क्या चाहिए अब आपको?"

"मेरा मुंह तो देखो ज़रा!"

"ऐसा भी क्या मज़ाक! मुझे ऐसी बचकानी हरकत बिल्कुल पसंद नहीं!"

"यह कोई मज़ाक नहीं! बाहर से मुँह देखने के लिए कहने की अब क्या आवश्यकता है? उस दिन तुम कुएं से ऊपर आई, तभी देख लिया था वह तुमने मैं कह रहा हूँ, ज़रा भीतर से देखो उसे!"

उन्होंने बिल्कुल छोटे बच्चे के समान अपना मुँह देवयानी के सामने खोलकर दिखाया। वह एकदम लाल हो ही गया था। तांबूल का रंग गहरा चढ़ा था।

महाराज ने देवयानी से कहा, "मैं छोटा था न? तब इस पान के बारे में हम सभी लड़के-लड़कियों में एक धारणा फैली थी। जानती हो तुम!"

"मेरे पिता एक महान तपस्वी हैं। जब देखो तब पान चबाते नहीं बैठते थे। वह। इसीलिए मुझे क्या पता ऐसी बातों का?"

"वह धारणा थी कि तांबूल बनाने वाले का प्रेम जितना होता है उतना ही उसका रंग खाने वाले पर ज़्यादा चढ़ता है...।"

"अच्छा, तो यह बात है? इसका मतलब यह कि मुझसे ज़्यादा शर्मिष्ठा आप से प्रेम करती है? है न? तो साफ-साफ क्यों नहीं कह देते? उसके लिए बचपन की पहेली की आड़ क्यों ले रहे हैं आप? वह आप से इतना प्रेम करती थी, तो उसी से विवाह किया होता? आप की माताजी को भी वह अधिक पसंद आती। क्षत्रिय राजकन्या जो है वह!"

पहले तो महाराज को देवयानी से ऐसा मज़ाक करना नहीं चाहिए था। किन्तु उसको भी अर्थ का अनर्थ करते हुए इस तरह आपे से बाहर नहीं होना चाहिए था। उस दिन उसने सारा राजमहल सिर पर उठा लिया। सभी दास-दासियों तक बात पहुँच गई। शर्म के मारे मेरा बहुत ही बुरा हाल था!

उसके बाद मैंने कभी भी महाराज को तांबूल बनाकर नहीं दिया! किन्तु देवयानी कहीं आसपास न दिखती तो वे पूछ ही लेते, "पान मिलेगा?" बना-बनाया पान मेरे पास भला कहाँ से होता? मजबूर होकर मुझे 'नहीं है' कहना पड़ता। दस-पांच बार मैंने यों नहीं है कह दिया फिर स्वयं मुझे ही कहने में शर्म आने लगी। मैं एक बढ़िया-सा तांबूल बनाकर हमेशा अपने पास रखने लगी। महाराज को अकेला देखकर मैं चुपके से वह उन्हें देने लगी। फिर महाराज किसी समय देवयानी को संबोधित करते हुए, किन्तु मेरे ध्यान में आ जाए इस अंदाज़ से कहते, "तुम्हारा कल वाला पान बहुत ही रंगा था, हं!"

स्मृतियाँ कैसी होती हैं? स्वच्छंद उड़ने वाली तितलियों की तरह? आँख-मिचौली खेलने वाली लड़कियों की तरह? धीरे-धीरे आपस में मिलकर चित्र की सुंदरता बढ़ाने वाले रंगों की तरह? वर्षा ऋतु में आकाश में स्वच्छंदता से कौंधने वाली बिजली की तरह? क्या पता!

सबसे पहले जिसे कह देना चाहिए था, ऐसी एक स्मृति अब भी मेरे मन में सुरक्षित पड़ी है!

हस्तिनापुर में विवाह का उत्सव बड़ी धूमधाम और शान के साथ सम्पन्न हो गया था। महाराज और देवयानी पर चाँदनी बरसाती पति-पत्नी का मिलन कराने वाली सुहागरात आई। पूरे उत्सव में मैं बहुत ही शांत और संयत थी। अपने-आप बार-बार जता-समझाकर कि देवयानी के सुख से मुझे क्षण-भर के लिए भी दुखी नहीं होना है, स्वप्न में भी उसके साथ अपनी तुलना नहीं करनी है, उसके ऐश्वर्य से मन-ही-मन भी डाह नहीं रखनी है, मैं उस कठिन परीक्षा का सामना कर रही थी। जिस भाग्य ने देवयानी को सिंहासन पर बिठाया था और उसी ने मुझे सिंहासन से नीचे उतारा था! भाग्य के सामने संसार में किसी का कोई बस नहीं चलता। फिर क्यों न शर्मिष्ठा भी उसके सामने बिना झिझक नतमस्तक हो जाए?

किन्तु मनुष्य का सच्चा बैरी भाग्य नहीं, स्वयं मनुष्य ही है। मुझे इस तरह शांत और संयत देखकर ही देवयानी बौखला उठी। शायद वह चाहती थी कि इस आनंदोत्सव को देखकर मैं आँसू बहाऊँ, उसका ऐश्वर्य देखकर ठंडी आहें भरूँ, उसका सुख देखकर बेचैन हो उठूँ! किन्तु उस रात जब तक वह महाराज के महल में जाने को निकली, तब तक तो मैंने उसे यह आनंद प्राप्त नहीं होने दिया। मुझे लगा कि मैंने बहुत बड़ी विजय पा ली है। किन्तु उसके पास जो ब्रह्मास्त्र था, उसकी मुझे कतई कल्पना न थी। महल जाते-जाते उसने मुझे आज्ञा दी, "शर्मिष्ठे, महाराज को तुम्हारे बनाए पान बहुत पसंद हैं। उसी तरह के बीस पान लगाकर सुवर्ण की थाली में रखो और वह थाली लिए हमारे महल के द्वार पर बाहर ही खड़ी रहो। मैं पुकारूँ तभी द्वार पर आना। वर्ना दरवाज़े से काफी दूर ही खड़ी रहना। बड़ों की बातें छुपकर सुनने और शरारत से उन्हें बाहर फैलाने की दासियों को बुरी आदत होती है। इसीलिए तुम्हें चेतावनी दे रही हूँ। महाराज और मैं संभव है काफी देर तक—शायद आधी रात तक—बातें करते रहें। उन्हें बीच-बीच में तांबूल अवश्य दिए जाएंगे। महाराज जब गाढ़ी नींद सो जाएंगे, मैं तुम्हें जाने की अनुमति दे दूँगी। तुम्हारे अलावा अन्य कोई दासी आज हमारे कक्ष पर न रहे!"

पानदान को कक्ष के भीतर रख लेना देवयानी के लिए क्या आसान न था? किन्तु...।

देवयानी महाराज के शयन मंदिर में गई। मैंने जल्दी-जल्दी पान लगाए। महल के द्वार से दूर पानदान लेकर खड़ी हो गई। थोड़ी देर बाद महाराज आए। झट से पानदान से एक तांबूल उठाकर मैंने उनके सामने किया। उन्होंने उसे नहीं लिया। शायद मेरी ओर उनका ध्यान नहीं था। उन्होंने यही सोचा होगा कि कोई दासी यहाँ खड़ी है। यह स्वाभाविक भी था। तिलोत्तमा को भी जिससे ईर्ष्या हो. ऐसी एक लावण्यवती महल में उनकी प्रतीक्षा कर रही थी। इस समय यही उचित था कि उसके अलावा उन्हें कोई भी, कुछ भी दिखाई न दे, सुनाई न दे!

महल का द्वार बंद हो गया। मैं दूर जाकर खड़ी हो गई। देवयानी ने स्वयं इसका प्रबंध कर दिया था कि आज मेरे अलावा अन्य कोई दासी इधर फटकने तक न पावे। फलस्वरूप हाथ में तांबूल का थाल लिए मैं अकेली ही वहाँ भूत जैसी खड़ी थी। मन का संयम टूट चुका था। वह बेकाबू हो दौड़ने लगा था। यही सोच-सोचकर कि उस दिन मैं देवयानी से न लड़ पड़ी होती, तो आज का यह शर्मनाक प्रसंग ही न आ पाता, मैं दुःख कर रही थी। किन्तु मुझे कतई कोई पछतावा नहीं हो रहा था। मन में प्रेम के बारे कौतूहल जागा था, अनजाने मुझमें प्रणय पूर्ति की अतृप्त कामना लहराने लगी थी।

एक-एक पल युग समान बीत रहा था। किन्तु मैं फिर भी वहाँ खड़ी थी—भीषण बाढ़ में भी खड़े रहने की कोशिश करने वाले छोटे-से दुर्बल वृक्ष की तरह!

तभी एक दम क्रोध-भरे कुछ शब्द अस्पष्ट-से सुनाई दिए! वह आवाज़ देवयानी की थी।

मधुर मिलन की पहली रात पर तो अनुराग का साम्राज्य होता है। फिर ये क्रोध-भरे शब्द...!

शायद महाराज भी बोल रहे थे, किन्तु उनकी एक भी बात ठीक से सुनाई नहीं देती थी। सुनने की ज़बरदस्त जिज्ञासा जाग उठी। मैं आगे बढ़ी। वहाँ मुझे देखने वाला कोई न था। किन्तु बहुत कष्ट से मैंने फिर कदम पीछे हटा लिए।

मैंने काव्य में पढ़ा था कि प्रेमियों के मिलन में ब्रह्मानंद की तल्लीनता होती है। रीती गगरी भरी जाते समय आवाज़ करती है, पूरी भरी जाने पर निःशब्द हो जाती है। प्रेमियों के हृदय भी वैसी ही होते हैं। प्रीति से भर जाने पर वहाँ शब्दों के लिए कोई स्थान नहीं होता...।

किन्तु महल के भीतर से तो क्रोध-भरी बातें सुनाई पड़ रही थीं। अधिकतर बात देवयानी ही किए जा रही थी। उसकी तुलना में महाराज की आवाज़ में काफी नरमाहट थी!

तभी तड़ाक-से दरवाज़ा खोलकर देवयानी बाहर आ गई और पैर पटकती जल्दी-जल्दी अपने महल की ओर जाने लगी। मैं पानदान उसके सामने करती हुई आगे बढ़ी। उसने मेरी ओर गुस्से से देखा। मेरे हाथ का पानदान उछालकर फेंक दिया और चार-पांच तांबूलों को पैरों तले रौंदती हुई वह चलती बनी।

ययाति

पहली रात का एकांत मिलन। इतनी उन्मादक, इतनी काव्यमय, इतनी रहस्यपूर्ण रात पति-पत्नी के जीवन में पहले कभी आई नहीं होती है! दो नदियों का आलिंगन—धरती और आकाश का चुंबन—नहीं! मिलनोत्सुक मनों का वर्णन करना महाकवियों के भी बस की बात नहीं!

सांझ हो गई। दीपोत्सव देखने के लिए नागरिकों के झुंड राजमार्ग पर चलने लगे। यह सारा दृश्य देखता मैं राजमहल की छत पर खड़ा था।

मैंने ऊपर आकाश की ओर देखा। एक-एक तारा टिमटिमाता हुआ बहुत ही आहिस्ता-आहिस्ता निकल रहा था, पर्णों के झुरमुट से धीरे से झांकने वाली कली की तरह!

मुझे लगा शायद काफी देर से मैं वहाँ खड़ा हूँ। किन्तु अभी अंधेरा पूरा फैला नहीं था। पता नहीं शायद आकाश रजनी को चषक में तमिस्रा को ऐसे घोल रहा था, जैसे प्याले में बूंद-बूंद मदिरा ढाली जा रही हो! उसकी यह सुस्ती मुझे बुरी तरह अखर रही थी।

देवयानी मेरे कितने पास थी! किन्तु जितनी पास उतनी ही दूर भी! उस कुएं से ऊपर आई उसकी भीगी-भीगी मूर्ति से लेकर आज प्रातः हवन के समय आभूषणों और अलंकारों से सजकर मेरे पास बैठी उसकी शर्मीली मूर्ति तक—उसके कितने ही रूप मेरे मन में चक्कर काट रहे थे। उन सबके सौंदर्य का जी-भर कर प्राशन करने के बाद भी मेरी आँखें अतृप्त ही रही थीं। उन सब रूपों के परे की देवयानी को मैं चाहता था।

एक-एक क्षण मुझे युग समान लगने लगा। अभी और एक पहर काटना था! और वह भी इस तरह तड़पते हुए! मैंने माधव को बुला भेजा। रथ में बैठकर नगर में घूमने के लिए हम निकले। राजमार्ग पर सैंकड़ों छोटी-बड़ी स्त्रियाँ चल रही थीं। कोई किशोरी थी, कोई मुग्धा, कोई प्रमदा तो कोई पुरंध्री! उनमें से कइयों पर विधाता ने मुक्तहस्त से अपनी कला का सिंचन किया था। किन्तु एक का भी सौंदर्य मेरे मन में समाया नहीं! मन तो देवयानी के सौंदर्य से परिपूर्ण हो गया था। दूसरे किसी के रूप को वहाँ स्थान कैसे मिलता?

माधव के सहवास में चार-छः घड़ियाँ मज़े में गुज़ारकर मैं राजमहल वापस

आ गया। फलाहार करने बैठा। किन्तु खाने को जी नहीं कर रहा था। मन लगातार देवयानी की ही सोच में डूबा था। उसका नाजुक तार पल-पल तनता जा रहा था।

मैं महल में गया। दरवाज़ा बंद किया। मुड़कर देखा। पलंग पर बैठी देवयानी कुछ उठकर मेरी ओर भावभीनी नज़र से देख रही थी। उसका रोम-रोम लज्जा में लीन रंभा के समान झिलमिला रहा था। अधीरता से मैं आगे बढ़ा और पलंग पर जाकर बैठ गया। वह खड़ी ही थी। मैंने हँसते हुए कहा, ''कुएं से निकालने के लिए किसी का हाथ पकड़ना पड़ता है, उसे पलंग पर बिठाने के लिए नहीं!''

सोचा था, वह हँसेगी, कुछ मज़ेदार उत्तर देगी। किन्तु वह वहीं स्तब्ध खड़ी रही। उसके माथे पर कुछ शिकन दिखाई दे रही थी। नाक की चंपाकली तनिक खिली-सी लग रही थी। समझ नहीं पाया कि यह गुस्सा असली है या नकली।

उसे प्रसन्न करने के लिए मैंने कहा, ''मेरे पिताजी ने एक बार इंद्र का पराभव किया था। आज मैं फिर उसका पराभव करने जा रहा हूँ।''

मैं आशा कर रहा था कि वह लपककर सामने आएगी और कहेगी, ''ऐसे समय भी कोई युद्ध की बात करता है!'' शायद कुछ ऐसा भी कहेगी कि 'उस अभियान में मैं आपकी सारथी बनूंगी।'

किन्तु वह टस-से-मस न हुई! कुछ समय पहले भावभीनी लग रही उसकी नज़र; अब भावशून्य लगने लगी! मैं जानता था कि माँ से उसकी ज़रा भी नहीं बनती। पर मैंने पहले दिन से ही तय कर रखा था कि सास-बहू के मामले में कतई कोई ध्यान नहीं दूँगा। लगा, शायद इस समय उसका रूठना भी माँ से हुई किसी खटपट से संबंध रखता होगा।

''मैं इंद्र पर विजय पाने वाला हूँ तुम्हारी सहायता से, देवयानी!—उससे यह पूछकर कि तुम्हारे स्वर्ग में ऐसी एक भी अप्सरा है?...'' कुछ ऐसा ही मैं कहने जा रहा था, किन्तु उसने मुझे बोलने का अवसर ही नहीं दिया।

रूठी रमणी अधिक सुंदर दिखने लगती है। उसकी ओर देखते-देखते मैं होश खो बैठा। पलंग पर झुककर मैंने उसे अपनी ओर खींच लिया। दोनों हाथों से उसका मुख ऊपर को उठाया। उसका चुंबन लेने के लिए तनिक झुक गया।

मेरे हाथ झटककर बौखलाई हुई नागिन-सी वह मुझसे एकदम दूर जाकर खड़ी हो गई। उसकी इस अजीब हरकत का अर्थ मेरी समझ में नहीं आया। शर्मिष्ठा को दासी बनाकर लाते समय उसका ज़िद्दी और क्रोधी स्वभाव भली भांति प्रकट हो चुका था। मैंने उसे अपनी आँखों से देखा था। किन्तु मुझसे—प्रत्यक्ष अपने पति से—इस समय वह इस तरह से पेश आएगी...

अपने-आप को संयत रखकर मैंने कहा, ''देवयानी, तुमसे किसी ने कुछ कहा-सुना...''

''मुझे किसी ने कुछ कहा-वहा नहीं है!''

''अगर किसी ने तुम्हारा अपमान किया है...''

''हाँ, किया है!''

"किसने?"

"आप ने!"

"मैंने?"

"जी, आप ने!"

"कब?"

"अभी!"

"मैं इसका अर्थ..."

"इसमें क्या खाक अर्थ है, सारा अनर्थ ही है! आज...यहाँ...इस मंगल अवसर पर...मेरे जीवन के अत्यंत आनंद के समय...मदिरा पीकर आने में आपको... आपके मुंह से आ रही यह बदबू..."

मदिरा? क्या मैं मदिरा पीकर आया था? नहीं! अभी माधव के साथ उसके घर गया था। किसी ने उसे माध्वी...बहुत बढ़िया माध्वी...उपहार में भेजी थी। मेरे स्वागत में उसने उसे मेरे सामने रखा था। बहुत ही उत्कृष्ट था वह पेय...! इसीलिए यूं ही मज़ाक में थोड़ी ली थी मैंने।

मैंने कहा, "देवयानी, मैंने मदिरा नहीं पी है! थोड़ी-सी माध्वी..."

"मदिरा के सारे नाम कण्ठस्थ हैं मुझे। आप उन्हें गिनाने की चेष्टा न करें! कभी राक्षसों के राज्य में भी उसका बड़ा बोलबाला था। इस मदिरा के कारण ही पिताजी को संजीवनी से हाथ धोना पड़ा, तब जाकर कहीं उन्होंने मदिरा पीना छोड़ दिया। ब्राह्मण मदिरा प्राशन करे तो उसके गले में पिघला सीसा उड़ेल देने का नियम बना दिया उन्होंने तब से!"

"मेरा अहोभाग्य कि मैं ब्राह्मण नहीं हूँ!" उलाहना-भरे स्वर में मैंने कहा। इस आनंद के समय किसी मामूली बहाने से रंग में भंग करने वाली देवयानी पर मुझे क्रोध हो आया था।

उसने कहा, "आप ब्राह्मण नहीं हैं, लेकिन मैं तो हूँ। मैं अपने पिता की बेटी हूँ, तपस्वी शुक्राचार्य की कन्या हूँ! मैं दूर से भी मदिरा की महक बर्दाश्त नहीं कर सकती!"

"तुम जैसे अपने पिता की पुत्री हो, वैसे ही मेरी पत्नी भी हो! मैं क्षत्रिय हूँ और क्षत्रिय के लिए मदिरा वर्जित नहीं है!"

"किन्तु पिताजी ने मदिरा छोड़ दी है। वह तो मदिरा का बैरी ही था।"

"वह? कौन वह?" मेरे मन पर क्रोध का भूत सवार था ही, अब उस पर संशय का पिशाच भी चढ़ गया। मैंने जोश-खरोश से पूछा, "वह कौन?"

देवयानी स्तब्ध हो गई। अब तक वह मुझ पर हावी थी, मुझे ताने मार रही थी, भला-बुरा कह रही थी! अब सबका बदला लेने का अच्छा अवसर हाथ आया जान कर मैंने उबलकर पूछा, "बताती क्यों नहीं, वह कौन था? अब क्यों बोलती बंद हो गई?"

होंठ चबाती हुई वह बोली, "उसका नाम लेने के लिए मैं किसी से डरती नहीं! कच को भी मदिरा पसंद नहीं थी!"

सूक्ष्म मत्सर की भावना दिल को छू गई । मैंने कड़कते हुए कहा, ''यह हस्तिनापुर का राजप्रासाद है! यह न तो शुक्राचार्य का आश्रम है, न ही कच की पर्णकुटी! समझीं? जिसे मदिरा पसंद न हो वह चाहे तो उसे स्पर्श भी न करे! किन्तु किसी की पसंदगी-नापसंदगी मुझ पर क्यों थोपी जा रही है? मैं क्या किसी का सेवक हूँ? मैं राजा हूँ! हस्तिनापुर का राजा ययाति हूँ मैं! यहाँ का स्वामी हूँ मैं! यहाँ कच का कोई काम नहीं और शुक्राचार्य को भी यहाँ के मामलों में हस्तक्षेप करने का कोई अधिकार नहीं! तुम मेरी धर्मपत्नी हो। मेरे सुख की ओर ध्यान देना तुम्हारा...''

''आप शौक से अपने सुख की तरफ ध्यान देते हुए बैठिए...'' कहते हुए उसने अग्निबाण-सा जलता कटाक्ष मेरी और फेंका। क्षण-भर विलक्षण क्रोध से मेरी ओर देखती रही और बाद में किसी पिशाचग्रस्त स्त्री की तरह ज़ोर से दरवाज़ा खोल-कर वह चली गई।

मैं धड़ाम-से अपनी शय्या पर गिर पड़ा। पिताजी को दिया गया वह भयंकर अभिशाप! बिल से फुफकारते निकले क्रुद्ध नाग की तरह मेरे स्मृतिकोष से वह बाहर निकला, ''नहुष के ये पुत्र कभी सुखी नहीं होंगे!''

हमारी प्रीति की सफलता की वह पहली रात थी! इस पहली रात में ही उस अभिशाप का अनुभव इतने विपरीत ढंग से करने को मिलेगा, इसकी कल्पना तक मैं नहीं कर सकता था। मेरी अवस्था तो ऐसी हो गई थी जैसी मूसलाधार वर्षा से बचने के लिए कोई पथिक वृक्ष के नीचे जा खड़ा हो, और उसी वृक्ष पर गिरती गाज की चकाचौंध से उसकी आँखें अंधिया जाएं! अतृप्त तन और संतप्त मन के पाटों के बीच रात-भर मेरा मन पिसता रहा!

क्या-क्या आशाएं लेकर मैं महल में आया था! मुझे देवयानी की चाह थी। पूरी की पूरी देवयानी को मैं चाहता था। देवयानी का केवल शरीर नहीं, उसका मन भी चाहता था। इसीलिए शरीर से और मन से भी मेरी बनी देवयानी की मुझे चाह थी। अलका की मृत्यु ने हम माता-पुत्र के बीच आकाश जितनी ऊँची दीवार खड़ी कर दी थी! मुकुलिका के कारण मेरा शरीर कुछ क्षण सुख पा गया था। किन्तु उस सुख में कितनी पशुता थी यह आगे चलकर अलका के सहवास में अच्छी तरह जान सका था। उस प्रकार के क्षुद्र और क्षणिक सुख की अपेक्षा अधिक उच्च और उत्कट प्रीत का आस्वाद लेने के लिए मैं अत्यंत आतुर हो गया था! किन्तु...

अलका की मृत्यु के बाद शीघ्र ही राज्यारोहण समारोह हुआ। माँ ने मुझे कोटि-कोटि आशीर्वाद दिए। राजवस्त्रों में और राजवैभव में सजकर बैठे ययाति को उसने जी भरकर देखा और उस पर बलि-बलि वारी गई। किन्तु उसी समय अलका की माँ कलिका आँखें पोंछती खड़ी थी। उसे अलका की याद आ गई थी। उसको देखते ही मेरा कलेजा धंस-सा गया। एक ही स्थान पर एक महत्त्वाकांक्षी हत्यारिणी माँ राजमाता के ऐश्वर्य में फूली न समा रही थी और एक बहुत ही भली निरीह माँ

अपनी इकलौती बेटी के लिए कोने में आँसू बहा रही थी! किसी ने उसे यह तक मालूम नहीं होने दिया था कि उसकी बेटी कहाँ मरी, कैसे मरी! राजप्रासाद—राजप्रासाद ही क्यों, सत्ता और संपत्ति का प्रत्येक केंद्र एक प्रचण्ड अजगर जैसा होता है। वह भीषणतम राज़ को अत्यंत सहजता से निगल जाता है। जिस राजमहल ने पिताजी को मिले अभिशाप के राज़ को राज़ ही रहने दिया था, यति के रूप में वह अभिशाप प्रत्यक्ष में कैसे आ गया है इस बात को भी जिसने सहजता से छिपा रखा था, उस राजमहल के लिए एक दासी की मृत्यु को छिपाना कौन बड़ी बात थी? कलिका की यह धारणा पक्की करा दी गई थी कि उसकी बेटी महामारी में मर गई। आज किसी ने यों ही कह दिया था कि राज्यारोहण समारोह के इस अवसर पर अलका को यहाँ होना चाहिए था। उन शब्दों के कारण उस बेचारी के दिल का घाव फिर से हरा हो गया था। यह नहीं कि उसे मालूम न था कि ऐसे मंगल अवसर पर राजमहल में कोई आँसू नहीं बहाया करता, किन्तु हज़ार कोशिशें करने पर भी वह अपने आँसुओं को रोक नहीं पा रहा थी!

माँ ने उसे रोती देखा तो बहुत बुरी तरह डांट पिलाई! उसने कहा, ''अभी इसी समय यहाँ से अपनी बहन के घर चली जा! निकल! यहाँ रोकर अपशकुन न कर!'' यह सुनकर तो मेरे रोंगटे खड़े हो गए!

मुझे माँ पर बड़ा क्रोध हो आया! उसी समय मैंने निश्चय किया, जैसे भी हो, अलका की मृत्यु का बदला लेना ही होगा।

वह बदला लेने के लिए ही मैंने माँ से बात करना छोड़ दिया। मदिरा और मृगया में अपने-आप को डुबोए रखने लगा। एक-से-एक सुंदर राजकन्याओं के चित्र माँ ने मुझे दिखाने के लिए प्रस्तुत किए तो उनमें से हरेक में किसी-न-किसी प्रकार का दोष दिखाकर मैंने अस्वीकार कर दिया। इस तरह के प्रतिशोध से मेरे मन को थोड़ा समाधान अवश्य मिला, किन्तु मेरी अंतरात्मा पहले जैसी ही भूखी-प्यासी रही।

इसी अवस्था में एक बार मृगया की धुन में मैं हिमालय की तलहटी में पहुँच गया। शिकार का पीछा करते-करते राक्षसों के राज्य में प्रवेश कर गया और देवयानी को धर्मपत्नी बनाकर हस्तिनापुर लौट आया था!

उस दिन एक घड़ी में—घड़ी भी कहाँ एक पल में ही—मैंने देवयानी को स्वीकार कर लिया। कितनी अद्भुत, कितनी विलक्षण घटना थी वह! किन्तु मानना पड़ेगा कि उस क्षण तो मुझे यह घटना बहुत ही काव्यमय लगी थी!

कुएं से बाहर आने वाली देवयानी मुझे समुद्रमंथन से निकली लक्ष्मी की तरह लगने लगी थी।

किन्तु क्या मैं केवल उसका सौंदर्य देखकर ही उस पर मोहित हो गया? नहीं! मुझे लगा, माँ को बहू के रूप में एक क्षत्रिय राजकन्या की खोज है। मैं ब्राह्मण ऋषिकन्या से विवाह कर लूँ तो यह बात जीवन-भर माँ को चुभती रहेगी। एक निरीह लड़की की हत्या करने की सज़ा भाग्य किस तरह देता है, उसकी समझ में आ जाएगा।

इसीलिए मैंने देवयानी को स्वीकार किया था—माँ से अच्छा खासा बदला लेने के लिए!

किन्तु किसी भी तरह ही आनाकानी न करते हुए देवयानी को मैंने केवल इन्हीं दो विचारों से स्वीकार किया हो, ऐसा भी नहीं था और भी एक आशा मेरे मन में जाग गई थी। यह मालूम होते ही यह सुंदर कन्या शुक्राचार्य की पुत्री है वह मुझे अधिक ही कमनीय लगने लगी। मेरे मन में विचार आया कि एक महान ऋषि के अभिशाप का साया मेरे वंश पर पड़ा है। उससे उबरने के लिए उतने ही महान ऋषि के आशीर्वाद की मुझे आवश्यकता है। शुक्राचार्य ने संजीवनी विद्या प्राप्त करने योग्य तपस्या की थी। यदि उन्हें ज्ञात हो जाए कि अगस्त्य ऋषि का अभिशाप उनकी कन्या और दामाद की गृहस्थी में विष घोल रहा है। तो क्या वे चुप बैठेंगे? घोर तपस्या करके वे उस शाप से हमें मुक्ति दिला देंगे। इस दुनिया के अत्यंत ऐश्वर्य संपन्न राजा का दामाद बन कर भी मैं सुखी न हो पाऊँगा—किन्तु शुक्राचार्य ठान लें तो—कौन ससुर है जो अपने दामाद का कल्याण नहीं चाहता? दामाद का सुख वही कन्या का सुख। किस पिता को अपनी कन्या के सुख-दुख की चिन्ता नहीं होती?

आगे-पीछे की कोई बात न सोचकर, किसी की सलाह न लेकर देवयानी ने जिस उत्साह से मेरी पत्नी बनना स्वीकार किया, उतनी ही तत्परता से मैंने उसे धर्मपत्नी बनाना स्वीकार कर उसका पाणिग्रहण कर लिया।

किन्तु प्रत्यक्ष में शुक्राचार्य को मैंने बिलकुल ही निराले रूप में जाना! अपनी कन्या के प्रति उन्हें बहुत ही ममता थी, फिर भी इतना बड़ा राजा दामाद के रूप में मिलने की कोई खुशी उन्होंने प्रकट नहीं की। एक शब्द से भी वैसा भाव उन्होंने व्यक्त नहीं किया। मानो चूंकि वे एक बड़े तपस्वी हैं उनकी कन्या का मुझ पर अधिकार ही था। मेरे सुख-दुख की बातें करना तो रहा राजा के नाते भी उन्होंने मेरा कोई क्षेम-कुशल तक नहीं पूछा। सारा समय वे अपनी कन्या को मनाते रहे और उसके बिछोह की कल्पना-कर करके आहें भरते रहे! सुना कि वे फिर कोई घोर तपस्या करने जा रहे हैं! उनके उस संकल्प का विस्तारपूर्वक वर्णन भी मैंने सुना है। किन्तु शुक्राचार्य को जैसे यह ध्यान में ही न था कि ययाति भी आखिर एक मनुष्य है। उसने किसी भी तरह की कोई झिझक दिखाए बिना ही उनकी कन्या को स्वीकार कर लिया है उसके सुख-दुख के साथ एकरस होना और अपने बारे में उसके मन में आत्मीयता जगाना नितांत आवश्यक है!

शर्मिष्ठा ने देवयानी की दासी बनना क्षण-भर में ही स्वीकार कर लिया। क्रोधवश शुक्राचार्य राज्य छोड़कर बाहर न चले जाएं, अपने कारण अपनी जाति को अधिक संकटों का सामना न करना पड़े, यही सोचकर उसने देवयानी की क्रोधाग्नि में सहर्ष आत्माहुति दे दी! यह उसके मन की महानता थी। एक तपस्वी होने के नाते, एक प्रौढ़ और अनुभवी व्यक्ति के नाते, कम से कम महाराज वृषपर्वा का गुरु और मित्र होने के नाते तो शुक्राचार्य को चाहिए था कि वे शर्मिष्ठा को दासी नहीं बनने देते?

किन्तु वे रहे महान ऋषि! सामान्य लोगों के, सामान्य दुःखों को भला वे कैसे

देख पातें? वे तो बस अपनी ही तपस्या, बड़प्पन और ज़िद्दी बेटी को समझाने की धुन में मगन थे! वैसे तो मैं राक्षसों के राज्य में बहुत ही थोड़े समय ठहरा था। किन्तु उस अल्पकाल में भी एक बात मेरे ध्यान में आ गई—इन पिता-पुत्री की एक अलग ही आत्मकेंद्रित दुनिया है! देवयानी की दृष्टि में शुक्राचार्य से महान कोई ऋषि त्रिभुवन में है ही नहीं! शुक्राचार्य की दृष्टि में देवयानी जैसी सुंदर और गुणवती लड़की कहीं ढूँढे भी नहीं मिलेगी!

लड़की को ससुराल विदा करते समय हर पिता की आँखों में आंसू आ जाते है, वैसे ही वे शुक्राचार्य की आँखों में भी आ गए थे। किन्तु तुरन्त मुझे एक ओर बुलाकर उन्होंने कहा, ''राज़न देवयानी मेरी इकलौती बेटी है। कभी न भूलना कि उसका सुख ही मेरा सुख है। उसे हमेशा प्रसन्न रखना। मैं फिर से घोर तपस्या कर संजीवनी जैसी अलौकिक सिद्धि प्राप्त करने वाला हूँ। दिन-रात याद रखना कि मेरा आशीर्वाद इस संसार में एक महान शक्ति है। किन्तु मैं जितना महान हूँ उतना ही क्रोधी ब्राह्मण भी हूँ। विचारवान पुरुष ज़हरीले महासर्पों की अपेक्षा अत्यंत नुकीले शस्त्रों की अपेक्षा या लपलपाती ज्वालाओं से चहुं ओर फैलती जाने वाली प्रज्वलित अग्नि की अपेक्षा तपस्वी ब्राह्मणों से अधिक डरा करते हैं, सर्प एक को दंश करता है, शस्त्र शायद अनेकों को मौत के घाट उतार देते हैं अग्नि सारा गांव जलाकर ढेर कर सकती है, किन्तु तपस्वी ब्राह्मण का क्रोध समूचे राष्ट्र का संहार कर सकता है। तुमने अभी देखा ही है, वृषपर्वा को किस तरह मेरे चरणों पर लोटना पड़ा। कैसे शर्मिष्ठा नाक रगड़ती हुई देवयानी की दासी बनी। इसीलिए ऐसा कुछ भी कभी मत करना जिससे देवयानी को दुःख पहुँचे। कभी न भूलना कि उसका दुःख मेरा भी दुःख है!''

मैंने सोचा था कि मेरे समान वे देवयानी को भी उपदेश की चार बातें सुनाएंगे। मैंने सुन रखा था कि ऐसे अवसर पर राजमहल जाने वाली नववधू को घर के बड़े-बुजुर्ग यह समझाते हैं कि बड़ों की सेवा कैसे करनी चाहिए, पति को सदा सुख मिले ऐसा व्यवहार कैसे करना चाहिए और वहाँ पत्नी का धर्म क्यों माना गया है, कोई सौतें हों भी, तो उनसे बिना किसी मत्सर के मिल-जुलकर कैसे रहना चाहिए आदि-आदि। किन्तु शुक्राचार्य को अपनी कन्या को ऐसा कोई उपदेश देने की सूझी तक नहीं, बड़े तपस्वी जो थे! आखिर बड़ों की सारी बातें निराली ही होती हैं ऐसा मानकर मैंने सबसे विदा ली थी।

आधी रात कभी की बीत चुकी थी! दूसरे पहर के घंटे अभी-अभी मैंने सुने थे। इन्हीं सब पुरानी यादों में प्रति क्षण करवटें बदलता हुआ मैं बेचैन था।

मनुष्य भी कितना लालची होता है!

कभी लगता देवयानी ने आज जो कुहराम मचाया उससे सारा राजमहल असमंजस में पड़ गया होगा। दास-दासियाँ आपस में कानाफूसी करती रही होंगी! शायद सुहागरात की बेला में इतनी उन्मत्तता से पति को छोड़कर शयन-मंदिर से चली जाने वाली युवती उन्होंने कभी देखी नहीं होगी! ऐश्वर्य जितना बड़ा हो उतने

ही शिष्टाचार के बंधन अधिक कठोर होते हैं! किन्तु आज राजमहल में वह सब हो गया जो किसी गरीब की झोंपड़ी में भी नहीं होना चाहिए—कहीं भी नहीं होना चाहिए! ऐसा क्यों हुआ, किसी को मालूम न था। कौन बताता? किसे बताता? और कैसे बताता? कौन देवयानी को समझाता?

और कुछ ही समय बाद सर्वत्र सन्नाटा हो जाएगा, फिर अब तक अपने महल में तड़पती रही देवयानी दबे पाँव मेरे महल में वापस आएगी, द्वार बंद कर वह पलंग पर आ बैठेगी, मेरे पाँव दबाने लगेगी, मैं एकदम उसका हाथ पकड़ लूँगा और कहूँगा, 'पगली कहीं की! अजी विधाता ने ये सुन्दर हाथ क्या पाँव दबाने के लिए बनाए हैं?' फिर वह मेरी तरफ भीगी पलकें उठाकर देखेगी और मेरी गोद में अपना सिर छुपाती हुई नन्ही बच्ची की तरह कहेगी, 'भूल मुझसे हुई है, गुस्से के आवेश में अनाप-शनाप बक गई मैं। मुझे क्षमा किया जाए! करेंगे न क्षमा?'

फिर उसका माथा सहलाते हुए मैं कहूँगा, 'मैं तुम्हें क्षमा करूँ? यानी तुम और मैं क्या भिन्न हैं? नहीं! अरी पगली, तुम और मैं भिन्न नहीं। संगम में लीन हो चुकी नदियों के प्रवाह क्या फिर से अलग-अलग बहते हुए किसी ने देखे हैं? तुम्हें क्षमा करना यानी अपने-आपको क्षमा करना है। तुम मुझसे क्षमा माँगो और मैं तुम्हें क्षमा करूँ, इसका अर्थ तो यही होगा कि मैंने अपने-आपसे क्षमा माँगी और अपने-आप को क्षमा कर भी दिया!' यह सुनकर वह धीरे से मुस्करा देगी और स्वयं होकर...

काश! भगवान ने हवाई किले बाँधने की शक्ति मनुष्य को न दी होती!

देवयानी अब आएगी, बस आती ही होगी। वह आ जाए तो मैं भी बीत गई सो बात गई, मानकर सारा मामला भुला दूँगा। उससे कहूँगा, 'तुम भिन्न प्रकार के संस्कारों में पली हो। यह बात पहले ही मेरे ध्यान में आनी चाहिए थी, लेकिन न आई। आज की गलती के लिए मुझे माफ कर देना। अब से आगे फिर कभी मदिरा पीकर आया ययाति शयन-मंदिर में तुम न देखोगी। इस पर भी तुम्हें सन्तोष न होता हो, तो तुम्हारी सौगंध उठाकर इसी क्षण से मैं मदिरा पीना छोड़ देता हूँ। फिर कभी किसी भी प्रकार की मदिरा को होंठों का स्पर्श नहीं होने दूँगा। वह मेरे गले में बांहें डालकर कहेगी, 'मेरे समान आप भी भिन्न संस्कारों में पले हैं। यह बात मेरे भी ध्यान में आ जानी चाहिए थी। आप क्षत्रिय हैं, वीर हैं, राजा हैं। आपको राजकाज चलाना होता है, युद्ध करने पड़ते हैं। मदिरा से प्राप्त होने वाले उन्माद की आपको आवश्यकता भी है। आपके इस मामूली सुख में बाधा डालना मेरे लिए उचित नहीं है किन्तु मैं भी क्या करूँ? मदिरा की महक मुझे कतई भाती नहीं! मेरी आप से इतनी ही प्रार्थना है कि हमारे एकान्त मिलन के समय आप नशे में न हों!'

तीसरे पहर के घंटे भी बजे! मैं तड़पता ही रहा! यों ही कान लगाकर देवयानी के आने की आहट लेता रहा! किन्तु मेरे महल की ओर कोई भी फटका तक नहीं। आता भी कौन? देवयानी के इस आततायी आचरण से माँ को भी काफी क्रोध आया होगा। किन्तु वह इतनी व्यवहार-चतुर अवश्य है कि बहू को उपदेश की बातें सुनाने जाकर अपना अपमान करा लेने की अपेक्षा चुप रहना ही भला समझे! शर्मिष्ठा तो

देवयानी की अपने साथ लाई आखिर एक दासी ही है! सहेली के नाते देवयानी से कुछ कहने का उसे अब अधिकार ही कहाँ है? और उससे रहा न गया और वह देवयानी से कुछ कहने के लिए चली भी गई, तो वह शेरनी क्या उसे कच्चा खाए बिना छोड़ेगी? अन्य दास-दासियाँ और सेवक तो बेचारे ऐसे है कि आँख होकर भी अन्धे, कान होकर बहरे और जुबान होकर गूंगे हैं। वे सब लोग अपने-अपने स्थान पर बहुत ही दबी आवाज़ में क़ानाफूसी करते, बेचैन अवसाद अनुभव करते, सो गए होंगे!

संत्रस्त मन से मैं पलंग से उठ गया। अतृप्त तन और अपमानित मन की चुभन बड़ी विचित्र हुआ करती है—बिलकुल सांप के विष जैसी! बाहर से देखने में बहुत ही सूक्ष्म किन्तु भीतर अत्यंत तीखा प्रभाव करने वाली!

महल की खिड़की से बाहर के अंधकार को देखते-देखते मुझे मुकुलिका का स्मरण हो आया। अलका की याद आ गई। मुकुलिका ने मुझे जो कुछ दिया था, अलका से मुझे जो कुछ मिला था, उससे भी अधिक उदात्त, अधिक उत्कट प्रेम पाने के लिए मैंने देवयानी का पाणिग्रहण किया था, किन्तु उस सेज से, जिसे मैंने फूलों की सेज मानकर सुख से सोने के लिए चुना था, सांप के सरसराते बच्चे निकल पड़े थे।

मेरे भीतर का मनुष्य जाग उठा। मेरे भीतर का पुरुष जाग उठा। मेरे भीतर का राजा जाग उठा! मैं अपने-आप को ही रटाता रहा, मुझे जिस किसी सुख की चाह है, उसे मैं इस धरती पर कहीं भी, किसी भी समय प्राप्त कर सकता हूँ। मैं असाधारण मनुष्य हूँ, पराक्रमी पुरुष हूँ, वैभवशाली राजा हूँ, चाहूँ तो अन्तःपुर में रोज़ एक-से-एक नई अप्सरा ला सकता हूँ!

दूसरे दिन प्रातः जब मैं उठा तब भी मेरा गुस्सा उतरा नहीं था! मन एक प्रकार की लज्जा अनुभव कर रहा था। सोचने लगा, चलो कहीं दूर मृगया के लिए निकल पड़ूँ। तभी शर्मिष्ठा जल्दी-जल्दी महल में आई और हाथ जोड़कर कहने लगी, "रात से महारानी की तबीयत अचानक खराब हो गई है। राजवैद्य अभी-अभी देखकर गए हैं। चिन्ता की कोई बात नहीं किन्तु महाराज उनसे कुशल और हाल पूछने जाते हैं तो किसी औषधि की अपेक्षा आप के दर्शन से ही उन्हें अधिक आराम पड़ जाएगा!"

कहते-कहते शर्मिष्ठा की मुद्रा पर मोहक मुस्कान थिरक गई, मानो साफ आकाश में सुवर्ण रेखा खींचती हुई कोई बिजली चमकी हो! कुछ धुंधली-सी याद आने लगी—कल रात महल के बाहर थाल हाथ में लिए कोई एक दासी खड़ी थी! वह कौन थी? कहीं शर्मिष्ठा ही तो न थी? मैंने याद करने की कोशिश की। ठीक से स्मरण नहीं आ रहा था। मैंने शर्मिष्ठा से पूछा, "तु...तुम...कल रात महल के बाहर खड़ी थीं?"

उसने सिर हिलाकर 'हाँ' कहा और नीचे देखने लगी!

रात शर्मिष्ठा मुझे कैसे दिखाई नहीं दी? ना-ना कहते-कहते कहीं मैं माधव के घर कुछ अधिक माध्वी तो नहीं पी गया था?

मुझे सोच में डूबा देखकर शर्मिष्ठा ने कहा, "महाराज, बचपन से मैं महारानी

की सहेली रही हूँ। उनका स्वभाव कुछ क्रोधी है। उनकी तुनक-मिजाज़ी से महाराज को अपना दिल छोटा नहीं करना चाहिए।''

कुछ रुककर उसने फिर से कहा, ''मैं जानती हूँ कि दासियों को काव्य की बातें नहीं करनी चाहिए। किन्तु—सभी कवि यही कहते हैं कि कलह के बिना प्रेम में मिठास नहीं आती! '' यह अन्तिम वाक्य उसने कुछ डरते-सहमते ही कहा और फिर नीचे देखने लगी। उसे देखकर मेरा मन अनजाने द्रवित हो गया। शर्मिष्ठा के पास भी क्या दिल है। जिस देवयानी ने इसे अपने रंगमहल पर कल रात दासी बनाकर खड़ा किया था, इसकी सारी कोमल भावनाओं को कुचल-मसल दिया था, उसी देवयानी के सुख के लिए यह मध्यस्थता कर रही है!

क्या जीवन में भी कृष्ण अष्टमी का चन्द्रोदय होता है! मेरा अंधकार से घिरा मन धीरे-धीरे प्रकाशमान होने लगा। उसमें प्रफुल्ल चाँदनी फैल गई।

परिहास करते हुए मैंने कहा, ''इतना प्रेम करना तुम्हें किसने सिखाया, शर्मिष्ठे?''

मेहंदी लगे बायें हाथ के नाखूनों की तरफ ऐसे ही देखते हुए उसने मुझसे ही प्रतिप्रश्न किया, ''हर बात के लिए क्या गुरु का होना ज़रूरी है?''

''इस संसार में सिवा गुरु के मुख से, विद्या किसे प्राप्त हुई है? प्रेम करना तो इस संसार की सर्वश्रेष्ठ विद्या है—संजीवनी से भी बड़ी!''

''आप जानना ही चाहते हैं, तो अपने गुरु का नाम बताए देती हूँ।'' वह कुछ रुकी और बाद में बोली, ''कचदेव!''

''कच?'' मैंने आश्चर्य से कहा!

कच तो एक विरक्त तपस्वी था! 'प्रेम' शब्द का उच्चारण भी सुन ले तो तीन बार स्नान करने वाला! क्या उसने शर्मिष्ठा को प्रेम करना सिखाया?

यानी? क्या यह कच से प्रेम करती थी? अरे रे!

शर्मिष्ठा ने जल्दी मचाते हुए कहा, ''चलिएगा न महारानी के महल में?''

छोटा बालक अपनी माँ की उंगली पकड़कर उसके पीछे-पीछे हँसते-खेलते जाता है। उसी तरह मैं शर्मिष्ठा के पीछे-पीछे देवयानी के महल में गया। शर्मिष्ठा से बातें करके मेरा प्रक्षुब्ध मन शांत हो गया था। उसमें क्रोध के स्थान पर क्षमा जाग गई थी।

क्या देवयानी सचमुच अस्वस्थ थी? पता नहीं! किन्तु उसका मुर्झाया चेहरा धूसर बादलों से झांकने वाले चँाद-सा उदास लगा मुझे। मैं उसके पास जा बैठा। उसका हाथ अपने हाथ में लिया। जो बात हम अपने मुँह से कह नहीं सकते थे, जो बात अपनी आँखों से भी हम व्यक्त कर नहीं पर रहे थे, वह बात सारी की सारी हमारे हाथों ने एक दूसरे से कह दीं। हाथों का यह संभाषण कुछ देर चला और देवयानी की पलकें भीग गईं! कमल-दल पर गिरी ओस की बूंदों जैसे उसके आँसू मुझ से देखे नहीं गए। जी कर रहा था कि बढ़कर आवेग से उसकी पलकें चूमकर भीतर के आँसू वहीं सोख लूँ। किन्तु...किन्तु कक्ष में शर्मिष्ठा जो थी!

मैंने मुड़कर देखा। शर्मिष्ठा कहीं पर भी दिखाई नहीं दी! कदमों की आहट

तक न आने देते हुए वह बाहर चली गई थी! ज़रा-सी भी आवाज़ न करते हुए उसने कक्ष का द्वार भी बंद कर दिया था।

देवयानी के आंसू चूम लेने के लिए मैं आगे झुका। उसने तुरन्त अपने दोनों हाथों में मेरे हाथ रोक लिए और बहुत ही लड़िया कर कहा, "अब नहीं लेंगे न?" नींद से अधजगा व्यक्ति बोलता है, वैसा उसका स्वर अलसाया-सा था।

मैं समझ गया वह मदिरा के बारे में कह रही है। मेरे अहंकार को ठेस लगी। जी में आया कि तपाक से कोई टका-सा तीखा उत्तर दे दूँ। किन्तु देवयानी बीमार थी, मेरी देवयानी बीमार थी! मुझे ऐसा कुछ भी नहीं करना चाहिए जिससे उसे दुःख पहुंचे। यह भी बात उसी क्षण मन में आ गई। मन में कोई घोड़ा बेकाबू-बेलगाम चौकड़ियाँ भरता दौड़ रहा था। उसकी लगाम खींचकर उसे काबू में लाने का प्रयास एक सारथी कर रहा था।

अपनी फूल से भी कोमल हथेलियों को मेरी हथेलियों पर सहलाते हुए देवयानी ने कहा, "नहीं लेंगे न? मेरे लिए..."

उसके उन अन्तिम शब्दों की हरकत से मेरा मन पिघल गया। मैंने तुरन्त कहा, "नहीं! अब से आगे शयन-मंदिर में मेरे मुँह से मदिरा की महक तुम्हें फिर कभी नहीं आएगी!"

वह हँसी और बोली, "मुझे वचन दीजिए!"

मेरा अहंकार फिर आहत हो गया । मैं इसके लिए इतना करने को तैयार हो गया और इसका मुझ पर विश्वास ही नहीं है! तो क्यों ऐसे व्यक्ति के लिए अपने सुख का त्याग किया जाए, जिस का मुझ पर विश्वास ही न हो?...

घोड़ा फिर बेकाबू दौड़ने लगा था। उसे बड़ी कठिनाई से मैंने संयत किया।

ऊपरी हँसी हँसते हुए मैंने कहा, "इन मुलायम हाथों का स्पर्श-लाभ निरंतर होता रहे इस हेतु एक ही क्यों, सौ वचन दे सकता हूँ मैं!"

"अं हं। इतनी आसान बात नहीं है वह! मेरे पिताजी के चरणों की सौगंध खाकर आप को मुझे वचन देना होगा!"

मुझे उसके पिता पर बड़ा क्रोध आया। देवयानी अब मेरी पत्नी हो चुकी थी। उसके मन में पिता की अपेक्षा मेरे प्रति अधिक प्रेम, अधिक आत्मीयता का होना आवश्यक था। किन्तु...उसके मन पर अभी तक उसके पिता का ही साम्राज्य था।

अब की बार मन को संयत करने में मुझे बहुत कष्ट हुआ। किन्तु जैसे-तैसे मैंने उस पर काबू पर ही लिया। मैंने उसे वचन दे दिया।

देवयानी हँसने लगी। वह हँसी मात्र एक प्रेयसी की हँसी नहीं थी। वह एक मानिनी की भी हँसी थी। अपने सौन्दर्य के बल पर पुरुष को भी चरणों में झुका सकने के अहंकार में मदहोश रमणी की हँसी थी वह!

प्रीति के राज्य में हुए इस प्रथम युद्ध में मैं पूरी तरह हार गया था।

मद्यपान के बारे में देवयानी को दिए वचन को मैंने पूरी तरह निभाया। हमारा दांपत्य-जीवन सुचारू रूप से शुरू हो गया।

आज भी वे दिन याद आते हैं! दिन क्या थे? उन्हें दिन तो महज़ इसलिए कहना चाहिए, क्योंकि बीच में सूरज उगता था और चार पहर मेरा और देवयानी का वियोग कर फिर डूब जाता था। अन्यथा रात यदि आठ पहर की हो सकती, तो ययाति कमल के भीतर बंदी बन बैठे भंवरे की घुटन से भी अधिक मतवाले सुखसागर में डूबता-उतराता रहता!

तड़के ही उद्यान में पक्षी चहचहाने लगते तो मुझे उन पर बड़ा क्रोध आता। लगता सारे के सारे एक दम अरसिक हैं! उनका कलरव सुनते ही देवयानी अपने महल में जाने के लिए जल्दी मचाने लगती। मैं उससे कहता, "ठहरो भी! ये पंछी भी पागल होते हैं। दूधिया चाँदनी देखकर इन्हें सवेरा होने का भ्रम हो जाया करता है। अभी काफी रात बाकी है, आराम से सो जाओ!"

किन्तु वह नहीं मानती। जल्दी-जल्दी जाने को निकलती। तो मैं कह देता, 'लगता है अब तो मुझ पर बड़ा बाँका प्रसंग बीतने जा रहा है!"

वह पूछती, "कौन-सा?"

"तुम्हारे बिना चार-पांच पहर काटने का!"

वह ऐसी चेष्टा से मेरी ओर गरदन मोड़ती कि मेरा मन बाग-बाग हो जाता! बहुत देर तक तन-मन पुलकित हो जाता।

मेरा कहा न मानकर वह जाने को निकलती तब मैं कहता, "तुम ही बताओ, तुम्हारा इतना लम्बा विरह भला मैं कैसे सह लूँ? उर्वशी गायब हो गई थी, तो मेरे परदादा पुरुरवा जंगल-जंगल पागल की तरह घूम-घूमकर पशु-पक्षियों से ही पूछते थे, मेरी प्रिया कहाँ है? लता-वेलियों को उर्वशी समझकर वे आलिंगन में लेते फिरे थे! आज यदि राजप्रसाद में मैं भी कुछ वैसा ही कर बैठूं तो..."

वह बीच ही में कहती, "हटिए भी! आप तो कमाल करते हैं!"

मैं कहता, "नहीं! इतने समय का विरह मैं बर्दाश्त नहीं कर सकता। यह समय आखिर मैं किस तरह काटूं? तुम अपनी कुछ निशानी मुझे दे दो। उसी की ओर देखता..."

मैं काफी चाहता था कि इस बात पर वह तुरन्त लपककर आगे बढ़ती और स्वयं ही कसमसा कर मेरा चुंबन ले लेती, होंठों या गालों पर उसके दांतों की निशानी उठ आए इतना दीर्घ, उत्कट चुंबन ले लेती। किन्तु मेरी यह चाह उसने कभी पूरी नहीं की! फिर मैं ही उसके चुंबन लेने लगता। एक-दो-तीन-चार किसी भी तरह दिल भरता ही नहीं था, मन तृप्त होता ही नहीं था।

वह धीरे से मेरे हाथों से अपना चेहरा छुड़ा लेती और कुछ चिढ़कर कहती, "अब बस भी कीजिए न! वर्ना अजीर्ण हो जाएगा!"

मैं उत्तर देता, "अं हं एक और..."

वह बनावटी हँसी हँसकर कहती, "अं हं! सारे फूल समाप्त हो गए!"

"झूठ! एक दम झूठ!"

"वह कैसे?"

''अरी सारे संसार में यही तो एक ऐसी अद्‌भुत लता है जो चाहे जितने भी फूल तोड़ ले, तब भी सदाबहार सजी रहती है! इसके फूल समाप्त होते ही नहीं!''

''किन्तु आप कहते तो हैं एक और, किन्तु सौ-सौ...''

''महर्षि के आश्रम में पली लड़की हो तुम, प्रेम का यह गणित समझ पाना तुम्हारे बस की बात नहीं। इस गणित में एक का अर्थ एक हज़ार, एक लाख, एक करोड़ भी हो सकता है। प्रसंग के अनुसार बदलता रहता है यह अर्थ!''

वह थोड़ा-सा हँसने का अभिनय करती और वैसी ही चली जाती। मैं अतृप्त नज़र से उसकी सुडौल पृष्ठाकृति को देखता रहता।

अन्य स्मृतियों के रंग समय के साथ फीके पड़ जाते हैं किन्तु प्रीति की यादों के रंग हमेशा चमकदार बने रहते हैं। मैं नहीं जानता, ऐसा क्यों होता है, किन्तु होता है अवश्य!

विवाह के बाद के कुछ महीनों की अनेक रातें मेरे मन पर अप्सराओं की सुडौल आकृतियों की तरह अंकित हो गई हैं! चाँदनी की पायल खनकाती मेरे रंग महल में आई वे रातें अनगिनत मधुघट अपने साथ लाईं। मैं उन सबको एक सांस में पी गया और फिर भी प्यासा ही रहा! वे रातें मानों सुन्दर ताल-तलैयाएं थीं और उनमें जल-क्रीड़ाओं के सतरंगी कमल खिले थे...

लेकिन अब वे सारी बातें बताने की आवश्यकता भी क्या रही!

किन्तु इसका मतलब यह नहीं कि शरीर-सुख और संभोग की बातें खुलकर करना शिष्टतासम्मत नहीं है, इसलिए मैं उन्हें टाल रहा हूँ। ब्रह्मानन्द प्राप्त कराने वाले आत्मविश्वास की बातों की यदि खुलकर चर्चा की जा सकती है, तो स्त्री-पुरुषों को उतना ही आनंद प्राप्त कराने वाली प्रीति के बारे में उतना ही खुलकर बोलने की मनाही किसलिए? लजाने या छिपाने लायक उसमें क्या है?

उन मधुर प्रणय-स्मृतियों की सारी सुगंध हवा में उड़ गई है, उनकी सभी पंखुड़ियाँ झर गई हैं, केवल काँटे शेष रह गए हैं! इसलिए मैं...

देवयानी की और अपनी एक रमणीय, स्वतंत्र और अद्‌भुत दुनिया बसाने की कुछ समय तक मैंने भरसक कोशिश की। मैं एक ऐसी दुनिया बसाना चाह रहा था जिसमें न तो ययाति राजा है, न देवयानी रानी, न मैं शापित नहुष का पुत्र हूँ, न देवयानी महर्षि शुक्राचार्य की कन्या! एक ऐसी दुनिया जिसमें उसके और मेरे बीच न केवल शरीर के बंधन न रहेंगे, बल्कि मन की सारी शृंखलाएं भी टूटकर गिर जाएंगी। जिस दुनिया में मृत्यु यदि 'ययाति' कहकर आवाज़ दे तो देवयानी उसका उत्तर देगी, और यमराज यदि देवयानी को पुकारें तो ययाति 'जी' कहकर उनके सम्मुख खड़ा हो जाएगा। जिस दुनिया में ययाति यदि नरक जाने के लिए निकल पड़ा, तो देवयानी भी स्वर्ग से मुख मोड़ उसे सहर्ष स्वीकार कर लेगी और देवयानी कितनी भी बुरी रही तब भी उसे अच्छा बनाने के लिए ययाति अपने प्राणों की बाज़ी लगा देगा, ऐसी दुनिया बसाना मैं चाहता था! किन्तु...

एक बार ठीक आधी रात में अपने बाहुपाश में बंधी देवयानी से मैंने एक पागलपन का सवाल किया, "तुम किसकी हो?"

वह बिना बोले चुपचाप मेरी ओर भावपूर्ण दृष्टि से न भी देखती और केवल मेरे विशाल वक्ष में अपना मुँह छिपा लेती, तो मुझे मेरा मनचाहा उत्तर मिल गया होता और उतने मात्र से मेरे अन्तःकरण का कलश लबालब भर गया होता...

किन्तु देवयानी ने, मानो यह मानकर कि मैंने उससे वेदान्त का कोई गहन सवाल पूछ लिया है, उत्तर दिया, "मैं पिताजी की हूँ, आप की हूँ, कल मेरे गर्भ से जो बालक जन्म लेगा उसकी भी हूँ! आज मैं महारानी हूँ, कल मैं राजमाता बन जाऊँगी। अतः कैसे बता दूँ कि मैं किसकी हूँ? हम पर अनेक लोगों का अधिकार होता है!"

हरेक रंग का वस्त्र उसे फबता था। किसी भी रंग का वस्त्र परिधान करने पर उसका रूप ऐसे निखरता, जैसे आकाश किसी भी रंग की मेघमाला से सुशोभित ही दिखाई देता है। वह हीरों और मोतियों के आभूषण पहनती तो उसके सौन्दर्य के कारण उन आभूषणों की ही शोभा अधिक बढ़ जाती। केश-रचना भी वह कितनी रमणीय और विविध प्रकार से करती! कभी-कभी तो चार-चार घड़ी उसका सौदर्य प्रसाधन जारी रहता! मैं भी चाहता था कि वह अवश्य ही ऐसा साज-शृंगार करे। किन्तु ऐसी सजी-संवरी देवयानी—दिन में भी हमेशा मेरे ही आसपास रहे यही मेरी तमन्ना रहती!

इस तमन्ना में, इस चाह में, वासना कितनी होती थी, कह नहीं सकता। किन्तु उसमें सादी, सरल, निर्मल भावना कुछ मात्रा में तो आवश्यक ही होती थी। कम-से-कम मुझे तो हमेशा लगता कि चिलचिलाती धूप में जो स्थान ठंडी हवा का है वही स्थान रूखे व्यवहार में खोए, ऊबे पुरुष के जीवन में प्रसन्नवदन स्त्री का है! उसकी खिलती मुस्कान और मामूली-सी हलचल ही नहीं बल्कि उसका केवल सामीप्य भी पुरुष को उत्साहित करता है। किन्तु देवयानी की समझ में यह बात कभी नहीं आई। पता नहीं, शायद उसकी राय में यह सब पुरुषों की कामुकता का ही प्रदर्शन-मात्र है!

वह लावण्यवती थी, सौन्दर्य की पुजारिन थी, शृंगार-साधना में कुशल थी। किन्तु इसमें से कुछ भी मेरे लिए नहीं था। वह तो एक अप्सरा थी जो साज-सिंगार से सजाए गए महल में अपने ही इर्द-गिर्द चक्कर काटती घूम रही थी, हर दर्पण के सामने खड़ी होकर अपने ही प्रतिबिम्ब का निरीक्षण कर सन्तुष्ट हो रही थी! देवयानी के पास जो कुछ भी था, वह सारा का सारा उसके अपने लिए था केवल अपने लिए!

एक बार शर्मिष्ठा की बातचीत से मालूम हुआ कि देवयानी नृत्यकला में अत्यंत निपुण है। उसका नृत्य देखने के लिए मैं उत्सुक हो उठा। किन्तु यह कहकर कि दरबार में क्या नर्तिकाओं की कमी है? उसने मेरी बात अस्वीकार कर दी! ऋषि-कन्या थी तब तो बड़े शौक से वह नृत्य किया करती थी। अब वह महारानी हो गई थी। पति की इच्छा के लिए वह नाचती तो उसकी प्रतिष्ठा में कितना बड़ा कलंक लग जाता!

वह स्वयं के बारे में काफी बोलती थी। उसके मुँह से शुक्राचार्य के बड़प्पन की बातें सुन-सनुकर तो कान पक जाते थे। किन्तु उसने एक बार भी मुझ से नहीं पूछा कि महाराज नहुष ने इंद्र का पराभव कैसे किया था। उसने औरों से सुना था कि नगरोत्सव में मदहोश और बेकाबू घोड़े पर सवारी कसने में मैंने बड़ी वीरता दिखाई थी, किशोरावस्था में ही अश्वमेध का घोड़ा घुमाकर दिग्विजय किया था आदि। किन्तु इन घटनाओं के बारें में उसने न कभी मुझ से कोई बात पूछी, न ही कुछ सुनने की उत्सुकता दिखाई!

उल्टे संशयी स्वभाव के कारण मुझे ही बड़ी परेशानी का सामना करना पड़ता। शर्मिष्ठा का बनाया हुआ पान उसके पान की अपेक्षा ज़्यादा रंग गया इसलिए यों ही मज़ाक करने के लिए मैंने लड़कपन के भाव से कह दिया था कि जिसका प्रेम अधिक होता है उसका बनाया पान भी अधिक रंगता है!' इस एक वाक्य से वह कितनी चिढ़ उठी, कितनी बड़बड़ाती रही! उस दिन से उसने प्रयासपूर्वक शर्मिष्ठा को मुझ से दूर रखना आरम्भ किया!

अलका ने अपनी स्मृति के लिए जो सुनहरा बाल दिया था वह मैंने एक सुवर्ण-मंजूषा में सुरक्षित रख रखा था। एक दिन वह पेटी देवयानी के हाथ लग गई। उसे खोलकर उसके अन्दर क्या है, यह देखने की ज़िद उसने कर ली। आखिर मैंने उसे वह संदूकी खोलकर दिखा दी। वह सुनहरा बाल हाथ में लेकर उसने मुझ से पूछा, ''आप की यह प्रेयसी आज कल कहाँ पर है?''

मैंने कहा, ''वह मेरी प्रेयसी नहीं, बचपन की सहेली थी!''

उसने संशयी भाव से पूछा, ''इन दिनों कहाँ है वह?''

मैंने ऊपर आकाश की ओर देखा।

उसने हँसते-हँसते कहा, ''फिर यह बाल किसलिए संभालकर रखा है?''

''उसकी याद के लिए!''

उसने व्यंग्य-भरे स्वर में पूछा, ''कल मैं मर गई तो मेरी मामूली याद भी आप नहीं रखने वाले हैं! बहुत प्यार था शायद इससे? तभी इतना संभालकर रखा है यह बाल...!''

वह तो उस बाल को फेंक ही देना चाहती थी। मैं ही जानता हूँ, उससे वह बाल वापस लेकर उस सुवर्ण मंजूषा में रखने के लिए मुझे कितना कष्ट उठाना पड़ा!

एक दिन मुझे लगा कि शायद वह नींद में ही कुछ बोल रही है। पता नहीं वह किससे बातें कर रही थी!

क्या वह स्वप्न में मुझसे ही बातें कर रही होगी? तो क्या देवयानी मुझे इतनी उत्कटता से प्रेम करती है कि मैं उसे स्वप्न में दिखाई दूँ? मेरा रोम-रोम आनंद से नाच उठा। कानों में प्राण समेटकर मैं सुनने लगा।

वह नींद में कह रही थी, ''अं हं...'' शायद चुंबन की माँग को ठुकराने वाला यह उसका इन्कार ही था! निश्चय मैं ही उसके स्वप्न में आया होऊँगा।

उसने आगे कहा, "कितने सुंदर हैं ये फूल! किन्तु..." कुछ रुककर उसने आगे कहा, "नहीं भई मैं नहीं इन्हें..."

कुछ क्षण फिर स्तब्धता छा गई। वह अभी भी नींद में ही थी। मानो नींद में कोई नाटक खेला जा रहा था और वह अपने संवाद बोले जा रही थी। उसने कहा, "अं हं! मेरे बालों में आप-अपने हाथों से इन्हें..."

फिर कुछ स्तब्धता। उसने कहा, "नहीं? आप नहीं डालेंगे? तो मैं इन्हें कुचल-मसल डालूँगी!"

उसके चेहरे पर उभरी मुस्कान गायब हो गई। उसका बोलना एकदम बंद हो गया। मेरी समझ में नहीं आ रहा था, नींद में यह सब वह किससे कह रही थी। निश्चय ही अपनी सहेली से नहीं। वह तू या तुम नहीं कह रही थी, 'आप' कह रही थी। 'डालेंगे' कह रही थी!

यह देखने के लिए कि उसे दूसरे दिन रात वाला स्वप्न याद आता है या नहीं मैंने कहा,"आज कुछ धार्मिक विधि सम्पन्न करनी है! स्नान करने के बाद तुम..."

"धार्मिक विधि? आज तो कोई तीज-त्यौहार नहीं है!"

"यह एक नया उत्सव है।"

"नाम तो मालूम हो उसका?"

"उसका नाम है—नाम है गौरी-पूजन!"

"वह तो रोज़ ही होता है!"

"अं हं यह गौरी अलग ही है। सूर्य, वरुण, मारुत आदि के समान नहीं है वह! वह स्वर्ग में निवास नहीं करती।"

"फिर कहाँ?"

"वह तो घर-घर में होती है। उसी के कारण हर घर स्वर्ग बन सकता है पत्नी-पूजा इस उत्सव का मुख्य भाग है।"

उसने हँसते-हँसते पूछा, "इस पूजा की विधि क्या होती है? ऐसा तो कुछ उसमें नहीं है कि देवता को भक्त से ही डर लगे?'

"नहीं! नहीं! विधि बहुत सरल और आसान है । पति अपनी पत्नी के बालों में सुंदर खुशबूदार फूल गूंथे!"

"बस, इतना ही?"

"अं हं। और उन फूलों को जी भरकर सूंघे! प्रसाद ग्रहण किए बिना कोई पूजा कहीं पर भी पूरी होती है?'

"देखिए मैं हूँ हस्तिनापुर की महारानी। आप हैं महाराज! हमारी ये बचकानी हरकतें दास-दासियाँ देख लें, तो हमारी कोई प्रतिष्ठा रहेगी?"

प्रतिष्ठा! ज़हरीले तीर जैसा यह शब्द पहले कानों में और बाद में कलेजे में घुसा। माँ ने भी इसी शब्द का प्रयोग किया था!—अलका को ज़ालिम ज़हर देने के बाद! राजमहल की प्रतिष्ठा! राजवंश की प्रतिष्ठा! मनुष्य को ज़मीन में ज़िन्दा गाड़कर उस स्थान पर उसकी सुंदर समाधि खड़ी करने वाली यह प्रतिष्ठा!

क्या देवयानी माँ का ही अगली पीढ़ी वाला संस्करण है? ज़माना बदल जाता है, पीढ़ियाँ उलट जाती हैं, किन्तु आदमी? क्या वे कभी नहीं बदलते?

बार-बार लग रहा है जो कुछ बताना था मैं ठीक तरह से बता नहीं पा रहा हूँ! क्या मानव अपना दिल पूरी तरह से खोलकर बता ही नहीं सकता? इस दिल में कितने द्वार होते हैं? लज्जा, संकोच, लिहाज़, प्रतिष्ठा—सभी को ताक पर रखकर अपने और देवयानी के सहजीवन के प्रथम वर्ष का वर्णन करना चाहता हूँ...किन्तु

नहीं! वह मुश्किल है! बहुत-बहुत कठिन है। किन्तु एक बात निश्चित है कि अपनी अपूर्णता मुझे चुभ रही थी, तंग कर रही थी। मैं पूर्णता का प्यासा था। वह प्यास शरीर की थी और मन की भी!

देवयानी ने मुझे थोड़ा-बहुत शरीर-सुख दिया। उस ऋण को मैं अस्वीकार नहीं करता। किन्तु उस समय भी उत्कटता का उफान उसमें नहीं था। अनेक बार वह सोने का बहाना बनाकर पलंग पर पड़ी रहती। महल में कदम रखने के बाद यह बात मेरे ध्यान में आती। मैं दबे पाँव, चुपके से उसके पास जाता और उसका चुंबन ले लेता। किन्तु उस चुंबन से मैं ही जैसे ठिठुर जाता। उसकी तरफ से कतई कोई प्रतिक्रिया व्यक्त न होती। ऐसे समय बरबस ही मुझे अश्वमेध के पर्यटन में पाषाणमूर्ति रति का मेरे द्वारा लिया गया वह चुंबन याद आता। ऐसे चुंबन से मेरे बदन में कोई बिजली नहीं दौड़ती। मेरा अकेलापन, अधूरापन और आधापन वैसा ही तड़पता रह जाता—सूर्यप्रकाश में घूमने वाले अंधे के समान! बार-बार मन में आता कि हम दोनों शरीर से नज़दीक हैं, किन्तु मन से नहीं।

मैंने मुकुलिका से सीखा था कि किसी भी भय अथवा दुःख से मुक्त अनुभव करने का एक सहज सुलभ मार्ग प्रीति ही है। उसकी प्रीति जंगल की, कांटोंभरी, और कुछ अपरिचित पंगडण्डी जैसी थी। क्या पता! उस पर मुझे डंसने के लिए विषैले सांप भी लोट रहे होंगे। किन्तु देवयानी की प्रीति ऐसी नहीं थी। उसका लुका-छिपी से या पाप की कल्पना से रत्ती-भर भी संबंध नहीं था, वह पवित्र मंगल और धर्मसम्मत प्रीति थी। वह एक सुंदर राजमार्ग था जिसे विविध रंगोलियों से सजाया गया था और जिस पर जवाकुसुमों का पांवड़ा बिछाया गया था!

किन्तु इस राजमार्ग पर भी मैं अकेला ही भटक रहा था।

मैं फूलों की खूशबू-सी प्रीति चाहता था, आँखों से न दिखाई देने वाली किन्तु चारों ओर मंद मधुरता का सिंचन करने वाली! वैसी प्रीति देवयानी से मुझे कभी मिली ही नहीं!

समुद्र में तैरने का आनंद जी भर कर लेना हो तो किनारा छोड़कर गहरे पानी में काफी दूर भीतर जाना पड़ता है। कभी बारी-बारी से लहरों का आलिंगन मिलता है तो कभी उनके थपेड़े भी खाने पड़ते हैं! पल-पल प्रतिक्षण नमकीन चुंबनों की मिठास चखनी पड़ती है, नीले पानी पर तैरते रहकर दूर दिखाई देने वाले नीले क्षितिज

को अपनी बाँहों में भरने की चेष्टा करनी पड़ती है, मौत के मुँह में हँसते-हँसते सागर के अमर गीता का साथ देना पड़ता है! प्रीत की रीत भी ऐसी ही है। उसके राज्य में अपने-आप को भुलाना पड़ता है, मदहोशी से अपने-आप को झोंक देना पड़ता है। कण-कण में खिले फूलों को कुचल-मसलकर उनकी खुशबू का त्याग प्रेमी को करना पड़ता है।

देवयानी ने इस बात को कभी जाना नहीं, समझा नहीं, समझ लेने का प्रयास भी नहीं किया। उल्टे उसने—शायद अनजाने ही—मेरे उत्कट सुख की सदा उपेक्षा ही की! मेरे मन में हमेशा चुभने वाली अकेलेपन की एकाकी पन की चुभन उसके सहवास में भी बनी रही।

कम से कम मन से क्या वह मुझ से एकरूप हो पाई? नहीं!

वह तो हमेशा उस प्राणी जैसा आचरण करती, जो धीरे से अपने कवच से उतना ही सिर बाहर निकालता है जितनी आवश्यकता हो। वह कवच केवल शारीरिक नहीं, बल्कि मानसिक भी था। उसे जब भी किसी चीज़ की आवश्यकता होती या उस पर कोई सनक सवार हो जाती, वह उतने मात्र के लिए कवच से बाहर आती किन्तु चाहती थी वह प्राप्त होते ही तुरन्त वापस कवच में घुस जाए—प्राप्त सिद्धि के बल पर अन्तर्धान हो जाने वाले किसी हठयोगी की तरह! उसके मानसिक कवच में केवल एक ही व्यक्ति के लिए स्थान था—वह व्यक्ति था उसका पिता शुक्राचार्य! काश! वहाँ मेरे लिए भी स्थान बना देती! यदि ऐसा होता तो इस ययाति का सारा जीवन एक दम निराला ही हो गया होता!

ये 'यदि' और 'तो' केवल आकाश-पुष्प हैं। देवयानी जैसी सुंदर पत्नी पाकर भी मैं मन से भूखा ही रहा यह सत्य है—त्रिकाल सत्य!

प्रीति की भूख—भूख ही तो है!—दोपहर की भूख की तरह, आधी रात की नींद की तरह, ग्रीष्म में लगने वाली प्यास की तरह बड़ी विचित्र होती है यह भूख! जितनी सूक्ष्म उतनी ही प्रखर!

प्रेम में शरीर की जो भूख होती है उसका वर्णन तो आसानी से किया जा सकता है। यौवन में कदम रखते ही हर कोई उसे अनुभव करने लगता है। किन्तु प्रेम में जो एक मानसिक क्षुधा होती है उसका हाल ही निराला होता है। मैं भी उसका स्वरूप स्पष्ट नहीं कर पा रहा हूँ। पलंग पर देवयानी पास ही सोई रहती थी और फिर भी कई बार अपना एकाकीपन मुझ से सहा नहीं जाता था।

लगता कि शायद मैं किसी निर्जन द्वीप पर आया हूँ। इस द्वीप की रेत पर मानव के पदचिह्न कभी उठे नहीं! पशु, पक्षी, वृक्ष, लता, यहाँ कुछ भी नहीं! एकदम सुनसान, वीरान, विशालकाय चट्टानों से भरा द्वीप! इन चट्टानों पर उत्तुंग लहरों के कोड़े जमाते जा रहे प्रक्षुब्ध सागर से घिरा हुआ द्वीप! यहाँ साथ देने को है केवल श्मशान में गाने वाले भूतों के समान तरह-तरह की अजीब आवाज़ें करती बह रही काट खाने वाली तेज़ हवा! सूरज के प्रकाश में इस द्वीप की वीरान तन्हाई असहनीय बन जाती। रात के अंधेरे में उसकी भयानकता दूनी हो जाती !

ऐसी भीषण तन्हाई में मुझे जीवन बिताना था। वहाँ मुझे आठों पहर सहचरी की आवश्यकता थी। ऐसी सहचरी की, जिसे मैं अपने दिल की बात कहकर अपना दुख हल्का कर पाता, जिसके साथ हास-परिहास कर सकता, जिसकी जांघ पर यदि मैं सिर रखकर सोता तो उसको बिच्छू के काट खाने पर भी वह मेरी नींद को निर्विघ्न बनाए रखने के लिए टस से मस न होती । मैं एक ऐसी सहचरी चाहता था, जिसे मैं अपने सारे सुनहरे सपने बता पाता और उनका वर्णन करते-करते अपनी सारी गलतियों को स्वीकार कर सकता। मैं ऐसी सहचरी की खोज में था, जो मुझ में यह आत्मविश्वास जगाती कि इस निर्जन द्वीप पर भले ही खाने-पीने को कुछ भी न मिले हम एक-दूसरे का अधरामृत पीकर जी लेंगे! मृत्यु मुझे ले जाने के लिए आ जाए तो जो हँसते-हँसते यमराज से कह सके कि मेरे प्रियतम के साथ मुझे भी ले चलो।

देवयानी मेरी इस भूख को कभी मिटा न सकी।

एक बार मैंने देवयानी से ऐसे ही कहा, ‘‘मेरी एक इच्छा है, किन्तु शायद वह इस जन्म में पूरी होने से रही!’’

उसने हँसते-हँसते कहा, ‘‘संसार में ऐसी कौन-सी बात है जो हस्तिनापुर के महाराज को उनके चाहने पर भी प्राप्त न हो सकेगी?’’

मैंने उत्तर दिया, ‘‘गरीबी!’’

‘‘यानी? क्या दरिद्र होने की इच्छा है आप की?’’

‘‘हां! कभी-कभी मेरे मन में आता है कोई तगड़ा शत्रु हमारे राज्य पर आक्रमण करे। उस युद्ध में मेरा पराभव हो जाए। फिर वेश बदलकर तुम और मैं लुकते-छिपते जंगल में कहीं निकल जाएं, वहाँ पहाड़ी गुफाओं में जाकर रहें। मैं शिकार मारकर लाऊँ, तुम माँस को भूनकर उसका स्वादिष्ट भोजन बनाकर मुझे खिलाओ। मैं पेड़ पर चढ़कर फल तोड़कर नीचे डालूँ और तुम पेड़ के नीचे खड़ी होकर उन्हें चुनकर इकट्ठा कर लो। पास से सांप सरसराता निकल जाए तो तुम डरकर मुझ से चिपक जाओ और मैं सोचूँ कि उस आलिंगन में भय की अपेक्षा प्यार ही अधिक है। रात में अपनी गुफा में हम एक-दूसरे पर प्रदीर्घ चुंबनों की बरसात कर रहे हों और तभी कहीं से एकाध जुगनू हमारे मुख के पास जगमगा जाए और यह देखकर कि वनदेवी ने अपने इस नन्हें से दीपक की रोशनी में हमारा राज़ जान लिया है तुम शरमा जाओ...’’

शायद मैं और भी काफी समय तक इसी तरह कुछ बोलता रहता, किन्तु देवयानी ने उकताहट से कहा, ‘‘लगता है, आप नहुष महाराज के घर गलती से पैदा हो गए! आप को तो किसी कवि के घर...’’

किन्तु मैं नहुष महाराज का पुत्र था, हस्तिनापुर का राजा था, इसीलिए तो उसने मुझसे विवाह किया था! उसको राजवैभव से प्रेम था, महारानी के पद से प्रेम था, ययाति से नहीं! ययाति तो उसकी इच्छा पूर्ति का मात्र एक साधन था!

यह अनुभूति मुझे बार-बार बेचैन बना देती। फिर भी देवयानी को प्रसन्न रखने के लिए जो भी करना संभव था मैंने किया। वह माँ का अपमान करती, शर्मिष्ठा का जीना हराम कर देती, दिन-रात अपनी ही सनक के अनुसार मनमाना आचरण

करती, किन्तु मैंने कभी इसका विरोध नहीं किया। यह मेरी सज्जनता नहीं, कोरी दुर्बलता थी! झगड़ा मुझे पसंद नहीं था, दुःख मैं चाहता नहीं था। मैंने निश्चय किया था, यथासंभव अधिकतम सुख में लीन रहूँगा। दिन में देवयानी के सारे दोष मेरे ध्यान में आते, किन्तु सांझ ढलने पर रात होते ही मैं उसके मिलन के लिए आतुर हो उठता। हमेशा महसूस करता कि यह दो मनों का मिलन नहीं है। किन्तु जो सुख मिल रहा था, उसे छोड़ने के लिए भी मन तैयार नहीं था। जाने-अनजाने उसने मुझे अपने सौन्दर्य-पाश में उलझा रखा था। किन्तु अपना एक भी दुःख दिल खोलकर मैं उसे बता न सका।

हमारे विवाह के थोड़े दिनों बाद ही वृद्ध अमात्य का देहावसान हो गया। उनके बड़े लड़के को अमात्य बना दिया गया। किन्तु उसकी कार्यक्षमता में मुझे विश्वास नहीं था।

कभी-कभी समाचार आने लगे थे कि उत्तरी सीमा पर दस्यु लोग उपद्रव मचाने लगे हैं। कभी टाल देता, कभी इन समाचारों से व्यग्र हो उठता। किन्तु देवयानी ने एक बार भी मुझसे इस व्यग्रता का कारण जानना नहीं चाहा! मैंने भी उसे बताया नहीं! किसी के मन में अपनत्व जगाने के लिए पहले उसके दिल को जीतना होता है। किन्तु देवयानी यह बात जानती ही नहीं थी!

जो निरंतर अपने ही बारे में सोचा करते हैं आठों पहर आत्मपूजा में ही लीन रहते हैं दिन-रात अपनी ही दृष्टि से दुनिया को देखा करते हैं, यही नहीं, बल्कि अपने से परे किसी दुनिया का अस्तित्व मानने से भी इन्कार करते हैं, उनकी समझ में यह बात शायद कभी आती ही नहीं है! यह तो एक ऐसी हकीकत है जैसे बहरा व्यक्ति संगीत का आनंद नहीं ले सकता और अंधा प्रकृति की सुन्दरता पर मोहित नहीं हो सकता। आत्मपूजन में लगे व्यक्ति भी मन से अंधे और अन्तःकरण से बहरे हो जाते हैं।

देवयानी हर चीज़ के बारे में पहले से ही कोई धारणा बना लेती थी, कोई राय कायम कर लेती थी। इस राय को बदलने के लिए वह कभी तैयार नहीं होती। और किसी भी बात की तह में उतना ही जाती जितना कि उसकी इस पहले से ही बनी-बनाई धारणा या राय के लिए पोषक होता।

हमारे विवाह के बाद पहले नगरोत्सव की बात है। वह उत्सव बहुत ही धूमधाम से मनाया गया! कदम-कदम पर नई महारानी पर प्रशंसा के फूलों की बरसात होती रही। हर रात नाना प्रकार के मनोरंजन के कार्यक्रमों का आयोजन रहता। हम दोनों उन्हें देखने के लिए उपस्थित रहते।

पहले ही दिन मेरे परदादा पुरुरवा के जीवन पर आधारित नाटक खेला गया। मूल कथावस्तु शृंगार और करुणा से परिपूर्ण थी! इसीलिए दर्शक नाटक में खो से गए। पुरुरवा का अभिनय करने वाला अभिनेता जितना रौबदार था, उतना ही संगीत-निपुण और अभिनय का माहिर था। फलस्वरूप नाटक के प्रत्येक प्रसंग के साथ दर्शक एकरस होते गए।

किन्हीं शर्तों पर उर्वशी ने पुरुरवा के साथ रहना स्वीकार किया होता है। अनजाने में ही पुरुरवा उन शर्तों को भंग कर बैठता है। उर्वशी उसे छोड़कर चली जाती है। उसके वियोग में राजा पागल हो जाता है। उसकी खोज में जंगल-जंगल घूमता हुआ अन्त में वह एक जलाशय के पास आता है। वहाँ उसे अपनी प्रियतमा दिखाई देती है। राजा अपने साथ लौट चलने के लिए उसकी काफी मिन्नतें करता है। किन्तु उर्वशी की कठोरता भंग नहीं होती। निराश होकर राजा आत्महत्या के लिए प्रवृत्त हो जाता है और कहता है, "हे उर्वशी! तेरे साथ क्रीड़ा कर चुके तेरे पति का शरीर इस कगार से नीचे गिर जाय! या कहीं पर पड़ा रहने पर जंगल के हिंस्र भेड़िये उसे फाड़-फाड़कर खा जाएं!" उर्वशी उत्तर देती है, "हे पुरुरवा आप प्राण-त्याग न करें। इस कगार से व्यर्थ ही न कूदें। अपने शरीर को अमंगल भेड़ियों का भक्ष्य न बनाएं। राजन, एक बात हमेशा ध्यान में रखिए, स्त्रियों के साथ हमेशा स्नेह बना रहना असंभव है, क्योंकि उनका दिल भी भेड़ियों के दिल के समान ही होता है।" इतना कहकर उर्वशी अदृश्य हो जाती है। राजा उस स्थान को जहाँ वह खड़ी थी अपनी बाँहों में समेटने की कोशिश में मूर्च्छित होकर गिर पड़ता है।

इस अंतिम दृश्य को देखकर सारे दर्शक व्याकुल हो गए और अफसोस करने लगे। महिला दर्शकों को भी उर्वशी का वह अन्तिम वाक्य बहुत कठोर प्रतीत हुआ। कुछ ने उसे सुनकर अपना माथा झुका लिया। उस वाक्य पर ताली पीटने वाली अकेली देवयानी ही थी। उसकी तालियों की आवाज़ सुनकर दर्शक अपनी करुण तंद्रा से जागे और घूरकर एकटक महारानी की ओर देखने लगे। देवयानी हँसते हुए विजयी मुद्रा से मेरी ओर देख रही थी। उस क्षण एक विचित्र कल्पना मन को डस गई कि इस पीढ़ी की उर्वशी वह है और पुरुरवा मैं हूँ! उस दंश की जलन नहीं! उस दंश की याद भी न आए सो ही अच्छा!

दूसरे दिन के कार्यक्रम में ऋग्वेद में वर्णित अगस्त्य-लोपामुद्रा के संभाषण पर आधारित एक प्रहसन रखा गया था। अगस्त्य ब्राह्मण थे और लोपामुद्रा क्षत्रिय राजकन्या थी। देवयानी को मैंने कुएं से बाहर निकाला था तब उसने इसी लोपामुद्रा का उल्लेख किया था। इसलिए मैंने मज़ाक में उससे कहा, "क्या ही अच्छा होता कि प्रहसन में अगस्त्य का अभिनय मैं और लोपामुद्रा का तुम करतीं!"

प्रहसन शुरू हुआ।

विवाहित होते हुए भी अगस्त्य ने दीर्घकाल तक ब्रह्मचर्य का पालन किया था। किन्तु अब उसे लोपामुद्रा से शरीर-सुख की चाह थी। वह उससे संभोग-सुख पाने के लिए मचल रहा था। वह उससे कह रहा था, "प्रतिदिन उषा नया सवेरा लेकर दुनिया में आती है, किन्तु वही हर सवेरा तुम्हें और मुझे बुढ़ापे के नज़दीक खींच-कर ले जाता है। बुढ़ापे में मनुष्य की सभी इंद्रियों शिथिल हो जाती हैं। उसके शरीर का सौन्दर्य कुम्हला जाता है। प्रिये लोपामुद्रा, इस कटु सत्य के परिवेश में अब हम दोनों का एक दूसरे से अलग रहना बेकार नहीं लगता तुम्हें? इस तरह के अलगाव में कौन-सी बुद्धिमानी है? उसमें क्या सुख धरा है?" अगस्त्य की इन बातों पर लोपामुद्रा शंका उपस्थित करती है। उसकी शंका का समाधान करने के लिए अगस्त्य कहता

है, "पति-पत्नी के संयोग-सुख में अनुचित कुछ भी नहीं। यह सुख इतना निषिद्ध होता, तो आदि-शक्ति ने स्त्री और पुरुष को अलग-अलग क्यों बनाया होता?"

इस पर भी लोपामुद्रा उसे आलिंगन नहीं करतीं। फिर अगस्त्य उसे बताता है कि कैसा उसका शरीर काममय हो गया है और कैसे उसकी अवस्था उस महानद जैसी हो गई है, जो उसकी धारा को रोकने के लिए बनाए गए सभी बाँधों को तोड़-ताड़कर, बाहर निकल आता है। अन्त में लोपामुद्रा उसके कंधे पर सिर रखकर इतना ही कहती है, "पुरुष कहकर बताते हैं, स्त्रियाँ कहकर नहीं बतातीं किन्तु दोनों को एक ही सुख का आकर्षण रहता है!"

इस प्रहसन का दर्शकों ने बड़ी रसिकता से—कुछ रंगीनी से भी—स्वागत किया। किन्तु देवयानी प्रहसन पर रुष्ट हो गई, विशेषकर उसके अन्तिम दृश्य से! उसने मुझसे कहा, "यह लोपामुद्रा भी महामूर्खा है! उसको चाहिए था कि इस दढ़ियल को वैसा ही टका-सा कोई उत्तर दे देती, जैसा कल उर्वशी ने पुरुरवा जी को दिया था!"

तीसरे दिन के कार्यक्रम में देवयानी को अवश्य बहुत आनंद आया। एक राजा शत्रु का भेद पाने के लिए नर्तकी का स्वांग रचकर जाता है और भेद पाने में सफल होकर लौट आता है। नर्तकी का अभिनय एक कुशल नर्तकी ने ही किया था किन्तु उसे देखते-देखते देवयानी ने मुझसे कहा, "इस राजा को नर्तकी का यह स्वांग कितना माकूल लगता है! कब से मैं यही सोच रही हूँ कि आप के लिए किस का स्वांग इतना ही माकूल रहेगा!" कुछ देर सोचने के बाद उसने कहा, "आप ऋषि का स्वांग लें तो वह खूब माकूल रहेगा। जटा और दाढ़ी लगाकर गले में रुदाक्ष की माला, पैरों में खड़ाऊँ, हाथ में कमण्डलु और बगल में मृगाजिन दे दिया, तो आपका स्वांग देखकर मैं भी धोखा खा जाऊँगी!"

इतना कहकर वह ज़ोर से कहकहा लगा बैठी।

रंगमंच पर नर्तकी का अन्तिम नृत्य चल रहा था। वह बेहद दर्शनीय था। किन्तु उसमें हँसने लायक क्या बात है एक भी दर्शक की समझ में नहीं आ रहा था!

मैंने उसे चुप रहने का इशारा किया। उसने अपनी हँसी रोक ली। उसके द्वारा किए गए अपने मज़ाक का मज़ाक में ही उत्तर देने के लिए मैंने कहा, "बचपन में ही वचन दे रखा है मैंने माँ को!"

"किस बात का?"

"यही कि मैं कभी संन्यासी नहीं बनूंगा!"

"अच्छा, देखती हूँ आप कैसे नहीं बनते!"

"क्या मतलब है तुम्हारा?"

मेरी ओर देखकर वह फिर से ज़ोर-ज़ोर से कहकहे लगाने लगी।

दूत लगातार समाचार लेकर आने लगे कि उत्तरी सीमा पर दस्युओं का उपद्रव बढ़ता जा रहा है। बीच के समय में पिताजी के पराक्रम के कारण—विशेषतः उनके हाथों

इंद्र का पराभव हो जाने के कारण—इस तरह की सभी वनवासी कबायली जातियों के लोग हमारे राज्य पर किसी भी तरह से आक्रमण नहीं कर रहे थे। फिर से एक बार पिताजी की तरह अपना आतंक और धाक जमाए बिना ये उपद्रव शायद रुकते नहीं। यही सोचकर मैंने स्वयं सेना लेकर सीमा पर जाने का निश्चय कर लिया।

मेरे प्रयाण का मुहूर्त तय हो गया। दिन बीतने के साथ वह समीप आने लगा। मैंने सोचा था कि मेरे वियोग की कल्पना से देवयानी व्याकुल हो जाएगी, किन्तु प्रयाण के एक दिन पहले, रात में भी वह शांत थी। मेरे यह कहने पर कि 'तुम्हें यहाँ छोड़कर अकेला जाने को कतई जी नहीं कर रहा है' उसने हँसकर मसखरी करते हुए कहा, "आप अश्वमेध के घोड़े के साथ वाकई गए तो थे न या महज़ किसी पास वाले देहात में जा बैठे थे और घोड़ा वापस आ गया तो दिग्विजयी वीर कहलाने के लिए उसके साथ हो लिए और राजधानी आ गए?"

उसकी यह बात मेरे दिल को बहुत बुरी लगी। हँसी-मज़ाक करने का भी कोई समय होता है या नहीं? देवयानी ने कोई युद्ध शायद देखा नहीं था! उसकी भीषणता की भी शायद उसे कोई कल्पना नहीं थी! युद्ध की विभीषिका से भी लगता था वह अपरिचित ही थी, किन्तु यह जानकर कि मैं उससे दूर जा रहा हूँ, शायद युद्ध में मैं घायल भी हो सकता हूँ, उसकी आँखों में आँसू आने चाहिए थे! अपने लिए किसी की आँखों में आँसू भर आए देखने में एक अपूर्व आनंद होता है। केवल आनंद ही नहीं, धीरज बंधाने की बड़ी शक्ति भी हुआ करती है उन आँसुओं में! किन्तु देवयानी ने मेरे लिए ऐसे आंसू नहीं बहाए—कभी नहीं बहाए!

अरुणोदय होते ही मैंने माँ के चरण छूकर आशीर्वाद माँगा। अब देवयानी हाथों में कुमकुम थाल लिए मेरे भाल पर टीका लगाकर मेरी आरती उतारे और मुझ से विदा कहे, बस इतना ही कार्यक्रम शेष रहा था। शर्मिष्ठा कुमकुम थाल लिए आ पहुँची। थाल देवयानी के हाथों में देने के लिए वह आगे बढ़ी। तभी एक दासी जल्दी-जल्दी भीतर आई और उसने देवयानी से कहा, "बाहर एक दूत आया है।"

"दूत? किसका दूत?"

"महाराज वृषपर्वा का! महर्षि शुक्राचार्य का पत्र लेकर..."

"पिताजी का पत्र? यानी? उनका स्वास्थ्य तो ठीक है न?"

देवयानी बाहर जाने लगी।

पुरोहित 'महारानी जी मुहूर्त...' बुदबुदाते रहे। पता नहीं देवयानी ने सुना या नहीं। वह जल्दी-जल्दी महल से बाहर चली गई।

मुहूर्त टला जा रहा था। इसलिए पुरोहित भुनभुनाने लगे। आखिर माँ ने शर्मिष्ठा से मेरी आरती उतारने के लिए कहा। उसने मुझे कुमकुम तिलक किया।

शर्मिष्ठा का वह पहला स्पर्श—क्या मनुष्य का स्वभाव उसके स्पर्श से भी प्रकट हो जाता है? देवयानी शर्मिष्ठा से निःसंदेह सुंदर थी—किन्तु उसके स्पर्श से मुझे हमेशा किसी पाषाणमूर्ति का स्मरण हो आता था। शर्मिष्ठा के इस स्पर्श से मुझे एकदम किसी पुष्पलता की याद आ गई!

आरती उतार कर मेरे मस्तक पर अक्षत डालते समय उसने सुनाई दे, न दे इतने क्षीण और कोमल स्वर में कहा, "संभलकर रहिएगा!"

उन तीन शब्दों से मेरा संतप्त मन शांत हो गया। मैंने शर्मिष्ठा की ओर देखा। उसकी आँखों में आँसू भर आए थे। देवयानी मुझे जो नहीं दे सकी, वह शर्मिष्ठा मुझे दे रही थी!

देवयानी किसी नन्हे बालक के समान नाचती हुई पिता का पत्र लेकर भीतर आई। मुहूर्त टल जाने की बात को लेकर पुरोहित की भुनभुनाहट अब भी जारी थी। लेकिन उसकी ओर किसी का ध्यान नहीं था।

मेरे माथे पर कुमकुम तिलक लगा देखकर देवयानी ने कहा, "अरे! मैं वैसी ही चली गई थी। है न? बिना आरती उतारे!" तुरंत वह माँ की ओर मुड़ी और बोली, "माताजी, महाराज निश्चय ही विजय पाकर आएंगे। ठीक इसी समय पिताजी का आशीर्वाद मिला है उन्हें!"

उसने वह पत्र पढ़ने के लिए मेरे हाथों में दे दिया। मैं पढ़ने लगा।

"तुम्हारा कुशल-क्षेम जानकर प्रसन्नता हुई। अब मैं तपस्या करने के लिए वास्तव में मुक्त हो गया हूँ। कई बार मन में विचार आया कि धेवते का मुख अवलोकन करने के बाद ही तपस्या करने के लिए बैठूं! किन्तु...।

"तुम्हारे जाने के बाद आश्रम जैसे खाने को दौड़ता है। यहाँ मन लगाकर मेरी सेवा में लगे रहने वाले शिष्य हैं। वृषपर्वा तो मुझे अपनी आँखों का तारा मानता है। वैसे देखा जाए तो सभी दृष्टियों से सुखी दिखाई देता हूँ। मुझे किसी बात ही कमी नहीं है।

"किन्तु फिर भी मन के किसी गहरे कोने में लगातार लगता रहता है कि ज़रूर कोई कमी हो गई हैं। पता नहीं, ससुराल जाने वाली हर लड़की के पिता की ऐसी ही अवस्था होती है या नहीं! शायद मेरी इस बेचैनी का कारण यह भी हो सकता है कि तुम मेरी इकलौती बेटी हो! किन्तु तुम्हें प्यारे लगने वाले कुंजों की लताओं को फूलों से लदी देखकर मन में आता है, काश आज मेरी देवयानी यहाँ होती! कितनी तत्परता से उसने ये सारे फूल तोड़कर मेरी पूजा के थाल में रख दिए होते! तुमने खास मेरे लिए जो मृगाजिन बनवाया मैं उसी पर बैठता हूँ तो मुझे काफी अच्छा लगता है। तुम्हारी पायल यहीं—आश्रम के कोने में—पड़ी है। कोई शिष्य झाड़ू लगाने आता है तो उन्हें इधर से उधर रख देता है, तब वह छमछमाती है। तब मुझे लगता है शायद यह पायल मुझ से पूछ रही है, 'हमारी स्वामिनी कब आएगी?'

"ऐसी मनःस्थिति में व्यर्थ समय खोने के बजाय सोचा है तपस्या करने बैठ ही जाऊँ। संजीवनी विद्या की रक्षा मुझ से ठीक ढंग से नहीं हो पाई। भगवान शंकर जी इसलिए मुझ पर नाराज़ भी हुए होंगे। शायद अब पहले से अधिक कठोर तपस्या करनी पड़े! किन्तु विश्वास करो, बेटी! तुम्हारा पिता किसी अपूर्व विद्या को प्राप्त किए बिना तपस्या-पूर्ति का समापन नहीं करेगा।

"शायद तुम चाहोगी कि तुम्हारा पिता व्यर्थ में यह देहदण्ड न उठाए। किन्तु देवयानी, यह शक्ति का संसार है, ऐसी अपूर्व शक्ति मैंने प्राप्त की थी। मेरे दुर्भाग्य से–दुर्भाग्य काहे का अपनी मदिराभक्ति के कारण–मैं उसे खो बैठा! किन्तु इस तरह की कोई अलौकिक शक्ति प्राप्त करके समस्त संसार पर स्वामित्व प्रस्थापित करते हुए सम्मान के साथ जीना एक बात है और किसी प्रकार की कोई शक्ति पास न होने के कारण गंगा गए गंगादास, यमुना गए यमुनादास बनकर दुर्बलता का, क्षुद्रता का जीवन बिताते रहना दूसरी बात है! पहला जीना सच्चा जीना है। दूसरा जीना जीते जी आई मौत के समान है!

"मृत्यु के बाद आदिशक्ति मुझे आकाश में स्थान देने का निश्चय करती है तो मैं उससे कहूँगा, 'अन्य सभी नक्षत्रों से अधिक तेजस्वी बनाकर, यदि आप मुझे यहाँ रखना चाहो, तभी मैं आनंद के साथ इस गगन मंडल में रहूँगा। यदि नहीं तो एक मामूली टिमटिमाता तारा बनकर यहाँ रहने की मेरी इच्छा नहीं। उससे तो मैं धरती पर सर्वश्रेष्ठ पाषाण बनना पसंद करूँगा।'

"अब तुम्हारे ध्यान में आ जाएगा, क्यों मैं तपस्या के लिए इतनी जल्दी मचा रहा हूँ। यह पत्र पाते ही तुम चल दो, तो गुफा में प्रवेश करने से पहले तुम्हारी और मेरी भेंट हो सकती है। पहले वर्ष हर तीन महीनों बाद और दूसरे वर्ष छह महीनों बाद मैं एक दिन गुफा से बाहर लोगों को दर्शन देने के लिए आया करूँगा। उसके बाद तपस्या पूरी होने तक मैं एकान्त में रहूँगा और मौन रखूँगा। फिर जनता को दर्शन देने के लिए मैं बाहर आऊँ या न आऊँ यह तो स्वयं भगवान शंकर जी की इच्छा पर निर्भर रहेगा।

"तुमसे मिलने की आतुरता से प्रतीक्षा कर रहा हूँ। तुम्हारे पतिदेव को राज-काज से अवकाश मिल सकता हो, तो उन्हें भी अपने साथ लेते आना। उन्हें अनेक उत्तम आशीर्वाद।"

पत्र पढ़कर पूरा करते ही मैंने ऊपर देखा। शर्मिष्ठा अतीव उत्सुकता से मेरी ओर देख रही थी! शायद इस आशा से कि शुक्राचार्य ने अपने पत्र में उसके बारे में भी कुछ लिखा हो, कम से कम आशीर्वाद ही लिख दिया हो तो मैं तुरन्त ही वैसा उसे बता दूँगा। किन्तु मैंने कुछ बताया नहीं, तो वह एकदम निराश हो गई। उसकी भावपूर्ण और करुणा से भरी आँखें मानो मुझ से पूछ रही थीं, 'मुझे मालूम है मैं एक दासी हूँ। किन्तु मैं भी तो किसी की बेटी हूँ। मुझे भी दिन-रात अपने माता-पिता का कुशलक्षेम मालूम करने की चिन्ता लगी रहती है। इतने दिन हो गए, पिताजी ने एक बार भी मेरा हाल-हवाल तक नहीं पूछा है! देवयानी हर पंद्रह दिनों बाद अपने पिता को पत्र भिजवाती है। उन पत्रों के साथ मेरा पत्र भी भिजवाया जा सकता था। किन्तु मैं पिताजी को लिखूँ भी क्या! यही कि दासी बनी तुम्हारी बेटी बहुत सुख से है? या..."

ऐसा ही कुछ सोचकर मैंने एक लम्बी आह भरी। मेरी आह सुनकर देवयानी ने कहा, "महाराज, इतना बुरा न मान लें! मैं पिताजी का केवल दर्शन कर तुरंत

लौट आऊँगी। वहाँ मैं कोई अधिक दिन नहीं ठहरूँगी! स्त्रियाँ मायके जाएं, तब भी उनके सारे प्राण ससुराल में ही उलझे रहते हैं!''

राजप्रासाद से कूच करने का मुहूर्त टल जाने के कारण पुरोहित हाथ मल रहे थे। किन्तु उनकी ओर कोई ध्यान न देते हुए देवयानी ने मुझ से कहा, ''सोचती हूँ, बड़े-बड़े ऋषि-मुनियों को आज ही निमंत्रण भिजवा दूँ।''

''वह किस बात का?'' मैंने आश्चर्य से पूछा।

''पिताजी से मिलकर मेरे लौट आने के बाद उनकी अभीष्ट-सिद्धि के लिए एक यज्ञ कराने की सोच रही हूँ। तब तक महाराज भी लौट आएंगे।''

मैंने हँसकर कहा, ''भई, मैं जा रहा हूँ दस्युओं के उपद्रव को समाप्त करने। उनका स्वागत स्वीकार करने के लिए नहीं! शायद महीने-भर में लौट भी आ सकता हूँ, शायद...''

''वह कुछ नहीं चलेगा जी! आप बीच में यहाँ आएंगे और यज्ञ देखकर फिर ज़रूरत हो तो जाएंगे।''

उसकी बात का डटकर विरोध करने की मैं सोच ही रहा था कि माँ उसकी सहायता करने आ पहुँची। शायद बुढ़ापा आ जाने के कारण या देवयानी द्वारा उसके सारे अधिकार छिन जाने के कारण, माँ आए दिन पारमार्थिकता की ओर अधिक झुकती जा रही थी। इस आशा से कि चलो यज्ञ के लिए ही सही, बड़े-बड़े ऋषि-मुनियों का आगमन होगा, उनके दर्शन का लाभ मिलेगा, उनके प्रवचन सुनकर मन को कुछ शांति मिलेगी, उसने देवयानी की बात का समर्थन किया। मैंने चुपचाप देवयानी के उस संकल्प को स्वीकृति दे दी। उसने मुझ से कहा, ''यज्ञ की सारी सिद्धता कर लेने के बाद ही मैं जाऊँगी। कम से कम पचास प्रमुख ऋषि पधारेंगे ऐसा प्रबंध कर देती हूँ। कचदेव को भी बुला लिया जाए...''

कच? मैं चकरा गया। कच की इतनी आवभगत देवयानी क्यों किए जा रही है? उस पहली रात में तो इसने बड़ी अकड़ के साथ मुझे सुनाया था कि कच को मदिरा से बड़ी घृणा है। जब-तब यह अपने पिता के बड़प्पन का सहारा लेती है उनकी तपस्या की शान बघारती है सो तो समझ में आ सकता है! किन्तु कच का इसके मन पर इतना प्रभाव क्यों है? संजीवनी प्राप्त करने के लिए वह शुक्राचार्य के आश्रम में कई दिनों तक रहा था। उन दिनों इन दोनों में किसी प्रकार के संबंध रहे होंगे? इनके दिल में प्रण की भावना जागी थी या दोनों की भावना का रूप कुछ भिन्न ही था?

एक बार देवयानी नींद में फूलों के बारे में कुछ बड़बड़ाई थी। उन शब्दों का अर्थ उस समय मेरी समझ में नहीं आया था! अब पल-भर में वह स्पष्ट हो गया। संभवतः स्वप्न में वह कच से ही बातें कर रही थी! जब वह आश्रम में था तब इसके लिए फूल चुनकर लाता होगा, उन फूलों को वह स्वयं अपने हाथों इसके बालों में गूंथे, यही इसकी इच्छा...।

यह खुल्लमखुल्ला प्रणयिनी की इच्छा है, मामूली सहेली की कदापि नहीं!

नहीं! कच को इस यज्ञ के लिए यहाँ बुलाने की कोई आवश्यकता नहीं।

मैंने शर्मिष्ठा को देखा। कच का उल्लेख आते ही उसकी मुरझाई मुद्रा पर बहार खिल गई थी। इसने भी एक बार मुझ से कहा था कि कच ने उसे प्रेम करना सिखाया था। उसका क्या अर्थ था? जो भी हो! कच यहाँ आता है, शर्मिष्ठा से उसकी मेल-मुलाकात हो जाती है तो एक बंदिनी का जीवन जीने वाली इस अभागिनी युवती को थोड़ा तो सुख मिल ही जाएगा।

मैंने देवयानी से कहा, ''अमात्य के परामर्श से तुम सभी प्रमुख ऋषियों को निमंत्रण भिजवा देना। हाँ, ध्यान रहे उनमें अंगिरस ऋषि का नाम अवश्य हो।''

इस तरह अंगिरस की अचानक याद आने के कारण या उत्तर सीमा पर से हिमालय के सुंदर शिखर दिखाई देने लगे थे इस कारण—उन शिखरों में शंकरजी के त्रिशुल के आकार का वह शिखर इतना सुंदर था कि बार-बार देखते रहने पर भी जी नहीं भरता था—इस अभियान में बार-बार मुझे यति की याद आने लगी। पिछले वर्ष मैं उसे लगभग भुला बैठा था। राक्षस-राज्य में जाकर शुक्राचार्य की कन्या का पाणिग्रहण करके मैं लौट तो आया। किन्तु इस बात की मामूली पूछताछ करने का कि यति भी क्या वाकई में इष्ट-सिद्धि प्राप्त करने के लिए उनके पास गया था, यदि गया था तो फिर आगे क्या हुआ, भान मुझे नहीं रहा। अनजाने मनुष्य किस तरह अपने ही चारों ओर चक्कर काटता रहता है। कई गांवों को अपनी चपेट में ले लेने वाली दूर की बाढ़ की अपेक्षा उसे अपनी आँखों के आँसुओं का महत्त्व अधिक प्रतीत होता है! ऐसा न होता तो दिन-रात देवयानी और मेरे सहजीवन की त्रुटियों का कोयला घिसने वाले मेरे मन को यति की याद कभी तो आनी चाहिए थी! आज दस्युओं के उपद्रव के बहाने इन गिरि-कंदराओं में वह याद आ गई थी। क्षण-भर तो मन में विचार आया भी कि ऐसा ही सीधे हिमालय की तलहटी में पहुँच जाऊँ और यति को खोज निकालूँ। यह जानकर कि महाराज ययाति स्वयं सेना लेकर आए हैं सारे कबायली दस्यु जंगलों में भाग गए। परिणामतः मुझे युद्ध करना ही न पड़ा!

अब वैसे देखा जाए तो यति की खोज करने के लिए मैं काफी फुरसत में था। किन्तु हर दिन देवयानी की याद मुझे बहुत सताती। यह बात नहीं कि मैं यह नहीं जानता था कि देवयानी से मेरा प्रेम केवल शारीरिक ही है! फिर भी उसका आकर्षण दुश्वार हो रहा था। इस बात का नया और पूरा प्रबंध करके कि सीमा पर फिर दस्युओं का कोई उपद्रव न हो पाए, मैं राजधानी लौट गया।

शुक्राचार्य के गुफा-प्रवेश समारोह में उपस्थित रहकर देवयानी मेरे से पहले ही राजधानी लौट आई थी। राजधानी में यज्ञ की तैयारियाँ विशाल पैमाने पर हो रही थीं। सब कुछ उसके मन के मुताबिक हो रहा था। फिर भी उसने प्रसन्न मन से मेरा स्वागत नहीं किया।

उसके क्रोध का कारण रात में मालूम हुआ। पहला कारण तो यह था कि अंगिरस ने पत्र भेजकर लिखा था, "इस यज्ञ में भाग लेने के लिए मैं नहीं आ सकूँगा, जब तक यह पूरा विश्वास नहीं कराया जाता कि शुक्राचार्य की नई तपस्या का हेतु सात्त्विक है और उससे प्राप्त होने वाली सिद्धि का विनियोग केवल विश्व-कल्याण के लिए ही किया जाएगा उनकी अभीष्ट-सिद्धि के लिए किए जाने वाले यज्ञ में मैं सहभागी नहीं हो सकता।"

उस पत्र को मेरे सामने नचाते हुए देवयानी ने कहा, "कोई बूढ़ा खूसट होगा यह अंगिरस! मेरे पिताजी के बड़प्पन से जलता है मुआ!"

जब मैंने जान बूझकर उसे बताया कि अंगिरस कच के गुरु हैं तो क्षण-भर तो वह अवाक् रह गई।

फिर कच के बारे में वह शिकायत करने लगी। पत्र-वाहक दूत कच से मिल ही नहीं पाया था। मालूम हुआ कि वह तीर्थ-यात्रा पर कहीं निकल गया है! "उसकी प्रतीक्षा किए बिना निमंत्रण-पत्र को उसकी कुटिया में छोड़कर ही दूत लौट आया! हस्तिनापुर के सभी लोग शायद इसी तरह दिमाग से खाली होते है!"

यह सोचकर कि कच न आया तो शर्मिष्ठा को बहुत ही निराश होना पड़ेगा, मैंने कहा, "कच आ जाए, तो बहुत अच्छा रहेगा! मेरा भी वह बचपन का मित्र है!"

उसने बड़े अभिमान से कहा, "लेकिन वह आएगा तो मेरे लिए ही आएगा। पिताजी के पैरों पर गिर-गिर कर तीन बार मैंने ही उसे जीवित कराया है!"

मन शर्मिष्ठा के बारे में कभी से सोच रहा था। आने के बाद से मैंने उसे कहीं भी देखा नहीं था इसीलिए मैंने सहज भाव से देवयानी से उसके बारे में पूछा। उसनें बताया, "उसे अशोक वन में भेज दिया है।"

"भला क्यों?"

"इसीलिए कि अब वहाँ काफी ऋषि-मुनि पधारेंगे, उनकी देखभाल भी तो करनी होगी न?"

उसकी बात मुझे जँच गई। किन्तु मुझे चुप होता देखते ही वह बोली, "इसके बाद भी मैं उसे वहीं रखूँगी!"

"वहाँ? नहीं! लोगों की चहलपहल से भरे-पूरे राजमहल में पली लड़की है वह! उस एकान्त स्थान में उसे अच्छा नहीं लगेगा।!"

"उसे अच्छा नहीं लगेगा या आप को उसके बिना यहाँ अच्छा नहीं लगेगा?"

"क्या बक रही हो?"

"जो सच है वही तो कह रही हूँ! भला बताइए, आप जब युद्ध के लिए जा रहे थे तब आपका कुमकुम-तिलक कर आपकी आरती उतारने का उसे क्या अधिकार था?"

"शुक्राचार्य का पत्र आया है यह सुनते ही तुम दौड़कर बाहर चली गई थीं..."

"यानी आपका मतलब यह है कि मैं अपने पिताजी के प्रति ममता न दिखाऊँ? वह पत्र लेकर मैं हिमालय में भाग जाने वाली तो नहीं थी!"

''ओफ...स्वयं माँ ने उससे वैसा करने को कहा था...।''

''क्यों नहीं? सासजी क्यों नहीं बतातीं उसे? क्षत्रिय-कन्या जो है वह। उन्हें तो वह मुझ से ज़्यादा करीब की लगती है न? एकदम एक ही रक्त की जो है! शायद उसे आपकी पटरानी बनाने का इरादा होगा माताजी का!''

मैंने हँसकर कहा, ''माँ भले ही वैसा इरादा रखती होंगी, किन्तु तुम उसे पूरा थोड़े ही होने दोगी?''

''अं:! उसमें कौन बड़ी मुश्किल है? विष देकर रास्ते से मुझे हटा देना सासजी के बायें हाथ का खेल है!''

''ऐसी ऊटपटांग बातें नहीं किया करते!''

''आप हैं पुरुष! आपको तो इसका भी पता नहीं होता कि पाँव तले क्या जल रहा है! किन्तु हम नारियाँ खाली धुएं से भी बात को सूंघ लेती हैं! अजी, आप मुझ से पूछिए! आपके इसी राजमहल में आपकी माता ने एक दासी को विष देकर मार डाला है! सारा मामला मैं जानती हूँ!''

बातचीत का रुख अत्यंत अप्रिय विषय की ओर मुड़ता देखकर मैं चुप हो गया।

वास्तव में चाहिए तो यह था कि ऐसे कटु संभाषण के कारण मेरी रात की नींद हराम हो जाती। किन्तु हुआ ठीक इसके विपरीत! उस रात जैसी सुंदर सपनों की बारात से सजी रात शायद ही कभी मेरे जीवन मे आई होगी!

देवयानी ने अपनी एक गोपनीय बात मुझे बता दी थी। बहुत ही मीठा राज़ था वह! नारी के जीवन का अद्‌भुत राज़! वह गर्भवती हो चुकी थी!

सुनकर मैं पुलकित हो गया। देवयानी के बच्चा होने वाला था! देवयानी माँ बनने वाली थी। मैं पिता बनने जा रहा था। पुत्र होगा या कन्या? पुत्र हुआ तो उसका रूप किसके समान होगा? कहते है कि मातृमुखी पुत्र बड़े सुखी होते हैं! देवयानी के कुछ भी हो— लड़का या लड़की! लेकिन हम दोनों को अब प्रतिदिन प्रार्थना करनी होगी कि वह मातृमुखी ही हो!

यह ठीक है कि हमारे मन एकरूप नहीं हुए हैं किन्तु इस संतान के होते ही हम दोनों की प्रेम की गांठ और भी मज़बूत हो जाएगी। पोते को देखकर माँ हर्ष से फूली न समाएंगी। आजकल बहुत उदास रहती है वह! नहीं! मुझे उसके साथ इस तरह मौन व्रत धारण नहीं करना चाहिए था! अब उसके हाथों में उसका पोता देते हुए मैं उससे कहूँगा—भला क्या कहूँगा? हाँ कुछ इसी तरह का मजाक करूँगा कि...।

मैं पिता बनने वाला हूँ। तात बनने वाला हूँ। 'त...त' कहकर कोई मुझे पुकारने वाला है। देवयानी माँ बनने वाली है! एक नन्हा-सा जीव उसे 'म...मा' कहकर पुकारने वाला है!

उस रात क्षण-क्षण, प्रतिपल मेरी नींद की बेल पर नित्य नूतन मधुर सपनों के फूल खिलते रहे। सपनों की उन लहरों पर मैं हंस के समान आनंद विभोर होकर तैरता रहा।

सपनों का देवता कौन है? कितने दुःख की बात है कि सपनों को हकीकत बनाने की शक्ति उसके पास नहीं होती!

यज्ञ यथाविधि सम्पन्न हो गया। अगस्त्य, अंगिरस आदि कुछ प्रमुख ऋषियों की अनुपस्थिति ही एकमात्र कमी रही। बाकी सारा समारोह उत्तम रीति से पूरा हो गया। देवयानी बार-बार सोचती रही कि कच आज आएंगे, कल आएंगे। किन्तु वे नहीं आए न ही उनकी ओर से कोई संदेशा आया।

यज्ञ के लिए आए महाजनों को विदा करने के लिए राजसभा बुलाई गई। वह समारोह देखने के लिए माँ भी जान बूझ कर आ गई। वह सिंहासन के पीछे पर्दे की ओट में बैठी।

शस्यश्यामला धरती के समान गर्भवती स्त्री के शरीर पर एक निराली ही कांति छा जाती है। यह बात मेरे ध्यान में तब आई जब मैंने देखा कि सभा में देवयानी के आ पहुँचते ही सभी नागारिक महिलाओं की सराहना-भरी आँखें उसी पर टिकी हैं। मैंने अपने-आप को बड़ा धन्य समझा!

देवयानी को साथ लिए सभी ऋषि-मुनियों का अभिवादन करते समय और फिर उसके साथ सिंहासन पर विराजमान होते समय मेरे मन में आनंद का सागर ठाठें मार रहा था।

देवयानी ने आज शर्मिष्ठा को अशोक वन से खास तौर पर बुलवा लिया था। पहले तो मुझे लगा कि यह निमंत्रण उसे इसलिए भेजा गया है ताकि वह भी इस समारोह को देख सके। किन्तु दरबार में देवयानी का उद्देश्य मेरे ध्यान में आया। शर्मिष्ठा को अपने पास खड़ी कर उससे वह पंखा झलवाना चाहती थी।

हमें आशीर्वाद देने के लिए ऋषि-मुनियों ने अक्षत हाथ में लेकर मंत्र-पाठ आरम्भ किया। तभी अमात्य ने मेरे कान में कहा, "बाहर कचदेव पधारे हैं!" देवयानी ने भी बात सुन ली ओर कहा, "अमात्य, आप उन्हें सम्मानपूर्वक भीतर ले आइए और ऋषिगणों में उचित स्थान पर बैठाइए।"

"शायद वे भीतर आना नहीं चाहते हैं!"

देवयानी ने क्रोध से पूछा, "क्यों? क्या उस अंगिरस की हवा उन्हें भी लग गई है? राजधानी में आकर वे हमारा अपमान करना चाहते हैं? यदि ऐसा है तो..."

"वैसी कोई बात नहीं है देवी। उनके साथ एक और तपस्वी हैं। वह उन्मन अवस्था में हैं। इसीलिए कचदेव बाहर ही..."

देवयानी ने कहा, "वह मैं कुछ भी सुनना नहीं चाहती। उस जोगड़े के साथ उन्हें भीतर ले आओ! और देखो, मैं उनकी गुरु-भगिनी लगती हूँ। उनके यहाँ आने पर उन्हें प्रणाम किए बिना सिंहासन पर बैठी रहना मेरे लिए उचित नहीं होगा। महारानी सिंहासन से उठकर ऋषिगणों के बीच जाकर उनका अभिवादन करें यह भी अच्छा नहीं लगेगा। इसीलिए आप उन्हें लेकर सीधे सिंहासन के पास आइए। मैं उन्हें प्रणाम

करूँगी, उनका आशीर्वाद ग्रहण करूँगी, फिर आप उन्हें ऋषिगणों के बीच उचित स्थान पर बैठा दीजिए।''

लोग समझ नहीं पा रहे थे कि अमात्य और महारानी में इतनी देर तक क्या बातें हो रही हैं न केवल सामान्य पौरजनों में बल्कि ऋषिगणों में भी इसके बारे में कुलबुलाहट शुरू हो गई।

अमात्य जल्दी-जल्दी बाहर गए। थोड़ी ही देर बाद कच और दूसरा कोई तपस्वी भीतर आए। सारी सभा की आँखें उन पर टिकी थीं। 'पधारिए कचदेव, स्वागत कचदेव' ऋषि-गण स्पष्ट-अस्पष्ट कहते सुनाई दिए। दर्शक स्त्री-पुरुष कच की ओर उंगली दिखाकर आपस में कानाफूसी करने लगे। वह लोमहर्षक कहानी कि कैसे अतीव साहस से कच ने संजीवनी-विद्या प्राप्त की और कैसे दानवों का पासा उन्हीं पर पलटा दिया, बच्चा-बच्चा जानता था। इसीलिए कच के दर्शन से सबको अतीव आनंद और आश्चर्य हो रहा था। सबके मन पुलकित हो गए थे।

कच के तनिक आगे आते ही मैंने उसके साथ आए उस वैरागी की ओर देखा। अपनी आँखों पर मुझे विश्वास नहीं हो रहा था! मैं समझ नहीं पा रहा था कि मैं सपना देख रहा हूँ या मुझे भ्रम हो गया है।

वह यति था। वह उन्मन अवस्था में है यह बात कच ने अमात्य को बता दी थी। उसकी यह उन्मनावस्था किस प्रकार की है? आत्मज्ञान प्राप्त होने के कारण वह शरीर की सुधबुध खो बैठा है या तरह-तरह की सिद्धियों का पीछा करने के कारण उसका सिर फिर गया है?

कच और यति को साथ लिए अमात्य सिंहासन के सामने आकर खड़े हो गए। देवयानी कच का वंदन करने के लिए खड़ी हो गई। उसके खड़ी हो जाने पर बैठे रहना मेरे लिए अच्छा नहीं दिखता। अतः मैं हँसते-हँसते खड़ा हो गया। फिर कच मेरा भी तो मित्र था।

देवयानी कच को प्रणाम करने ही वाली थी कि कच का ध्यान उसे पंखा झलती शर्मिष्ठा की ओर गया। वह चकित था! एकदम बोल पड़ा, ''राजकन्ये, तुम? और यहाँ?''

प्रणाम के लिए तनिक झुकी देवयानी ने एकदम गर्दन उठाई और कच से कहा, ''कचदेव, अब यह राजकन्या नहीं है!''

''मतलब?''

''दासी है यह! मेरी दासी है यह!''

''दासी? तुम्हारी दासी?''

उत्तर में देवयानी केवल मुस्काई।

अब तक यति केवल इधर-उधर टुकुर-टुकुर देख रहा था। मानो राजसभा एक पलना थी और यति उसमें रखा दुधमुँहा शिशु! अब यकायक वह बोलने लगा। शर्मिष्ठा की ओर उंगली दिखाकर उसने देवयानी से पूछा, ''ऐ तुम्हारी यह दासी मुझे दोगी?''

एक जोगड़ा उसे 'ऐ' कहकर संबोधित करे इस पर देवयानी कोई और समय होता तो गुस्सा कर बैठती! किन्तु उसे शायद इस बात का मज़ा आया कि एक पागल बैरागी भरी राजसभा मे शर्मिष्ठा को माँग रहा है।

उसने यति से पूछा, ''इसका आप क्या कीजिएगा स्वामी जी? क्या इसे आप अपनी पत्नी बनाएँगे?''

कच यति को आँखें दिखाकर डाँट रहा था। किन्तु उसका सारा ध्यान शर्मिष्ठा पर टिका था। मैं समझ नहीं पा रहा था कि इस सारे मामले का अंत क्या होगा! मैं बुत बना बैठा रहा।

हम दो भाई किस अवस्था में एक-दूसरे से मिल रहे थे! यति की वह अवस्था देखकर मुझे फिर वह शाप याद आया—''इस नहुष के पुत्र कभी सुखी नहीं होंगे!''

अट्टहास करते हुए यति ने कहा, ''पत्नी? नहीं! मैं इसे पुरुष बनाऊँगा!'

सारी सभा हँसी से गूँज उठी, फिर तुरंत शांत हो गई और सर्वत्र भय का वातावरण छा गया।

पर्दे के पीछे से माँ क्रोध से चिल्ला उठी, 'अमात्य, उस पागल को बाहर ले जाने का प्रबंध करो। वह इस तरह फिर अनाप-शनाप बकने लगे तो उसे कोड़े लगवाओ!''

अमात्य ने इशारा किया। सेवक यति को पकड़ने के लिए आगे बढ़े।

मैं समझ नहीं पा रहा था राजसभा में आखिर यह सब क्या हो रहा है। मेरा मन तो उसी अभिशाप के विवर्त में डूबा जा रहा था। यति की यह विडम्बना मुझसे देखी नहीं जा रही थी। मैं एकदम उठ खड़ा हुआ और ज़ोर से चिल्लाया, ''खबरदार जो किसी ने इसे छुआ! इस सिंहासन पर इसका ही अधिकार है!''

देवयानी फैली-फैली आँखों से मेरी ओर देखने लगी। शायद उसके मन में सन्देह पैदा हो गया था कि कहीं मैं पागल तो नहीं हो गया हूँ! मैंने तुरंत शांत-संयत स्वर में सबको सुनाई दे इस ढंग से कहा, ''यह मेरा बड़ा भाई है! इसका नाम है यति!''

''यति?'' पर्दे के पीछे से आर्त चीत्कार करती हुई माँ शिष्टाचार के सभी बंधन तोड़कर दौड़कर सामने आ गई। उसने यति की ओर क्षण-भर देखा। उसका वह भयानक रूप उससे देखा नहीं जा रहा था उसने आँखें मूंद लीं। ''यति? मेरा यति?'' कहती हुई बाँहें फैलाकर वह धड़ाम से नीचे गिर गई!

देवयानी

कहीं यह कच मेरा पूर्व-जन्म का बैरी तो नहीं? सारा समारोह कितनी अच्छी तरह से सम्पन्न हो गया था—नज़र लगने लायक! किन्तु अन्तिम क्षण यह दरबार में आ धमका! मानो आकाश से टपका हो! देखते ही देखते सारे किए-कराए पर पानी फिर गया! रंग में भंग हो गया।

मुझे शाप देकर कच चला गया था। इस यज्ञ के बहाने मैंने उसे जानकर इसलिए निमन्त्रण भिजवाया था कि यहाँ आकर वह अनुभव करे कि उसके अभिशाप से मेरा कुछ भी नहीं बिगड़ा है। उल्टे मैं इतने ऐश्वर्य में डूब रही हूँ कि कुबेर की आँखें भी चौंधिया जाएँ। वह अपनी आँखों से देख ले कि वही देवयानी जो उसकी कुटिया बुहारते रहने को तैयार थी। आज महारानी बनकर सिंहासन पर विराजमान है। यह सब देखकर वह मन ही मन लज्जित होकर मुझ से क्षमा-याचना करे।

मेरा ख्याल था कि महारानी बनी अपनी प्रेयसी को देखना उसे भाएगा नहीं और शायद इसीलए वह आएगा ही नहीं। किन्तु मैं जानती थी कि कभी उसने देवयानी से अत्यंत प्रगाढ़ प्रेम किया था। मनुष्य प्रेम को ठुकरा तो सकता है किन्तु क्या वह उसे भुला भी सकता है?

मेरा मन कह रहा था कच आएगा, अवश्य आएगा। किन्तु यज्ञ आरम्भ होने पर भी वह आया नहीं, समाप्त होने पर भी वह नहीं आया। मेरे भीतर की महारानी हरषाई। किन्तु मेरे अन्दर जो देवयानी थी उसे दुःख हुआ।

ऐन राजसभा के समय अमात्य ने उसके आने का समाचार दिया। मेरा आनंद मन में समा नहीं रहा था। लगा शर्मिष्ठा ने मेरे वस्त्र पहन लिए थे तब से भाग्य मेरे लिए कितना अनुकूल रहा है। लक्ष्मी को भी लजाने वाला साज-सिंगार कर आज मैं सिंहासन पर विराजमान हूँ। हज़ारों आँखें मुझ पर टिकी हैं। राजकन्या शर्मिष्ठा दासी बनकर मुझे पंखा झल रही है। बड़े-बड़े जाने-माने ऋषिगण मंत्रोच्चारण सहित हमें आशीर्वाद दे रहे हैं। यह सारा माहौल अब कच को देखने को मिलेगा। देवयानी के प्रेम को ठुकराकर उसने कितनी बड़ी भूल की है उसके ध्यान मे अब आ जाएगा।

कच ने प्रेम की सफलता का सन्तोष मुझे नहीं मिलने दिया। न सही। अब तो मैं इसलिए खुश हो रही थी कि कम-से-कम प्रतिशोध की सफलता का सन्तोष तो मुझे मिल ही जाएगा। किन्तु—बिलकुल आखिरी क्षण—मेरा शस्त्र मुझ ही पर उलट

गया! प्रतिशोध का सन्तोष मिला अवश्य। किन्तु किसे? देवयानी को नहीं कच को!

सासजी, महाराज, सबके सब उस समय एकदम पागल जैसा आचरण कर गए! महाराज को ठीक उसी समय बंधु-प्रेम का उबाल उठा। थोड़ी देर चुप बैठे रहते तो उनका क्या जाता था? ले जाते सेवक उस पागल को बाहर! लगाते चार कोड़े उसकी पीठ पर! कोड़ों की वेदना पीठ से निकलकर उसके मस्तिष्क में पहुँचती तो उसे कम-से-कम थोड़ा तो भान हो ही जाता कि वह कहाँ है और क्या कर रहा है!

सासजी हमेशा घुन्नी रहती हैं। गहरे कुएं जैसा है उनका मन! बाहर से किसी को कभी पता नहीं चलेगा कि भीतर क्या चल रहा है! लेकिन उन्होंने भी सारे रीति-रिवाज ताक पर रख दिए। यह भी भुला दिया कि वे राजमाता हैं। एकदम पर्दे के बाहर दौड़ आईं, यति! मेरा यति! कहकर पागल जैसी चिल्लाने लगीं और हज़ारों लोगों के सामने बेहोश होकर धरती पर गिर गईं। छिः छि! राजमाता के लिए क्या यह शोभनीय था?

उनके बेहोश होते ही सारे दरबार में गड़बड़ी मच गई! महाराज ने भी निरा पागलपन दिखाया। उन्होंने घोषणा कर दी, ''यह मेरा बड़ा भाई है और सिंहासन पर इसी का अधिकार है! फिर क्या था, ऋषियों का आशीर्वाद आदि सब कुछ धरा का धरा रह गया! छिः! छिः! इस कच ने आकर पिताजी की तपस्या के लिए बड़ा अपशुकन कर डाला।

वह यति तो आखिर पागल ही है! किन्तु महाराज तो थोड़ा अक्ल से काम लेते। उनके अलावा किसी को मालूम नहीं था कि वह उनका भाई है, उसे साथ लाने वाले कच को भी क्या पता था कि वह कौन है!

किसी गांव में लोग पत्थर मारकर यति का पीछा कर रहे थे। इधर आते समय कच ने मार्ग में इसे देख लिया। उसे दया आ गई। इसलिए उसे भी अपने साथ ले आया। कच तो क्या सासजी ने भी उसे नहीं पहचाना था। काश, महाराज थोड़ी देर चुप्पी साधे बैठे रहते! रंग में भंग तो न होता!

या कहीं ऐसा तो नहीं कि इस सारे वंश को ही पागलपन का अभिशाप मिला है? वह यति भी क्या अजीब है! और महाराज का आचरण भी—अब यह पागल यदि यहीं रह जाता है तो क्या-क्या अनर्थ होगा। मेरी तो समझ में नहीं आ रहा था, हो सकता है कि सासजी इस बात पर तुल जाएं कि राज-काज उसी के नाम से चले! पुत्र-प्रेम का उबाल जो उठा है उनके मन में! और लगे हाथ बहू की नाक भी अच्छी तरह से काटी जा सकती है! जिधर देखो उधर महारानी के नाते शान बघारती फिरती हूँ, उन पर भी आए दिन ज़्यादा रौब जमाती हूँ, यह बात उन्हें कतई नहीं भाती। मैं रही ऋषिकन्या! ब्राह्मण की बेटी! अनचाही का नमक भी अलोना जो होता है! महारानी के नाते मुझे प्राप्त सम्मान को समाप्त करने के लिए यति को राजा बनाने की भी कोशिश किए बिना वे नहीं रहतीं। बड़ा लड़का ही जो है वह! स्वयं महाराज ने भी भरी सभा में कह दिया, ''उसका इस सिंहासन पर अधिकार है!''

धत्! निरा पागलपन कर बैठे महाराज दरबार में। यह सारा वंश ही...

इस खानदान को केवल पागलपन का ही शाप नहीं है! कामुकता भी सवार है सब पर! नारी-मोह भी आनुवंशिक ही लगता है! कहते हैं मेरे ससुरजी ने इंद्र का भी पराभव किया था! किया होगा! किन्तु इंद्राणी के सौंदर्य पर वे बुरी तरह से मोहित हो गए थे और—सासजी ने यह सारा मामला मुझ से छिपाया है! किन्तु राजमहल की दासियों को कोई कम न समझे! एक बूढ़ी दासी ने पहले ही दिन यह बात मुझे बता दी थी!

तो ऐसे नहुष महाराज की यह सन्तान! जटाजूट बढ़ाकर कफनी डाले घूमने वाला वह यति शार्मिष्ठा को देखकर इतने लोगों के सामने—'यह औरत मुझे दे दो' कह बैठा! आगे भी उसने कुछ वाहियात-सी बकवास की। किन्तु उसकी इस माँग से लोग तो जान ही गए कि इसका पागलपन किस प्रकार का है!

इसमें उसका भी भला क्या दोष है? वह बचपन में ही घर से भागकर जंगल चला गया एक पागल है। किन्तु इतने पराक्रमी ययाति महाराज! अश्वमेध के समय दिग्विजय करके आए हैं। अब राजा के नाते प्रत्यक्ष में सिंहासन पर विराजमान हुए हैं! किन्तु जंगल के किसी कुएं से बाहर आई सुंदर युवती को देखते ही वे तो पिघल ही गए न! स्त्री पुरुष को कितनी जल्दी पहचान लेती है! पुरुष की आँखों में उसके सारे गुण, सारे दोष उसे साफ दिखाई देते हैं! मैं कुएं से ऊपर आई तब कितनी भूखी ओर ललचाई नज़र से घूर रहे थे महाराज मुझे!

पुरुष की आँखों से ही स्त्री फौरन जान लेती है कि वह कामुक है या नहीं! उसकी लुभावनी नज़र से वह तुरंत अंदाज़ कर लेती है कि यह शिकार आसानी से अपने जाल में फंसने वाला है। कुएं से ऊपर आने के बाद, ''मुझे डर लग रहा है, मेरा हाथ पकड़कर मुझे किनारे पर ले लीजिए कहती हुई मैं वैसी ही भीगी-भीगी खड़ी रही, सो क्या यूं ही?

उनकी जगह कच होता तो? तो एक तो 'मेरा हाथ थामिए' कहने की मेरी हिम्मत ही न होती। और जैसे-तैसे हो भी जाती, तो वह तपाक से कह देता—''तुम कुएं में गिरी थीं। तुम्हें बाहर निकालना मेरा धर्म था! उस धर्म का पालन मैंने किया है। अब चाहो तो तुम स्वयं किनारे पर आ जाओ या वापस कुएं में कूद जाओ। मुझे इससे कुछ भी लेना-देना नहीं है!''

कच की ऐसी बातों से ही तो मेरे मन में उसके प्रति आकर्षण पैदा हुआ था। आश्रम में आते ही बराबर यदि वह मुझ पर डोरे डालने के लिए मेरे आस-पास नाचना शुरू कर देता, मेरे स्पर्श की लालसा जताता, मेरे सौंदर्य की ओर अतृप्त दृष्टि से देखता रहता तो...तो मैं उसकी ओर कभी झांकती तक नहीं! किन्तु उसकी नज़र में मैंने लालसा नहीं पाई! मैंने उसके क्रियाकलाप में कभी कामुकता का आभास तक नहीं देखा! स्त्रियाँ ऐसे ही पुरुषों हो पसंद करती हैं! जो पुरुष उनका पीछा किया करते हैं, उन्हें पीछे छोड़कर वे मुख मोड़ लेती हैं! किन्तु जो पुरुष उनसे मुँह

फेर लेते है, उन्हीं का पीछा वे करती रहती हैं! कितनी विचित्र बात है यह! किन्तु होता तो यही है।

जान जोखिम में डालकर कच जंगलों में घूमकर मेरे प्रिय पुष्प तोड़कर ले आता था। उन फूलों ने कई बार मुझे बताया था कि कच को मुझ से कितना प्रेम है। आधी रात में भी बताया था...एकदम मेरे कानों में! किन्तु कच ने स्वयं बोल-कर कभी वैसा नहीं जताया।

एक बार बगीचे में मेरे पैर में काँटा चुभ गया। उससे मज़ाक करने के लिए मैंने उससे कहा, "मुझे साँप ने काट खाया है!" उस समय उसकी आँखों में आँसू आ गए थे और उन आँसुओं ने मुझे उसका दिल खोलकर बता दिया था।

सोने से पहले बगीचे के कोने में स्थित लता-कुंज में जाकर वह आदि-शक्ति की प्रार्थना किया करता था। एक बार उसकी वह प्रार्थना मैंने कुछ अस्पष्ट-सी सुन ली। 'देवयानी को सुखी रखना' ये शब्द उसमें थे। मैंने सुन लिया तो मेरा रोम-रोम पुलकित हो उठा। उन शब्दों ने भी बार-बार मुझे बताया कि कच को मुझ से कितना प्यार है। आगे चलकर कई दिन तक वे शब्द मेरे कानों में गूँजते रहे थे, किसी मधुर गीत के सुरों की तरह!

मैं ऐसा प्रेम चाहती थी। किन्तु किसी सुंदर युवती को देखते ही उस पर मोहित होने वाला भी क्या कोई प्रेमी होता है? वह तो निरी लंपटता है! कोई भी स्त्री ऐसे प्रेम पर अपने-आप को न्यौछावर कर उसे स्वीकार नहीं करेगी!

लेकिन मैं नहीं चाहती थी कि प्रेम भंग की माला फेरती दुखी प्रणयिनी बन-कर जीवन बिता दूँ! कच ने मेरे अन्तःकरण पर गहरा घाव किया। मैं उस घाव की वेदनाओं को भुलाना चाहती थी! इसीलिए मेरे भीतर की प्रणयिनी को मैंने मन के तहखाने में हमेशा के लिए बंदिनी बनाकर रख दिया था! स्वामिनी बन कर उसी की मस्ती में सारा जीवन बिताने का निश्चय मैंने किया था। संयोग की बात तो यह थी कि इस प्रकार से मेरा निश्चय करना शर्मिष्ठा द्वारा मुझे कुएं में धकेल दिया जाना और महाराज ययाति का अचानक उसी कुएं पर आ जाना सब एक साथ ही हो गया! कुएं के किनार पर खड़ा पुरुष हस्तिनापुर का राजा ययाति है, यह मालूम होते ही...

उसी क्षण मैंने निश्चय कर लिया कि उसकी रानी—केवल रानी नहीं, महारानी बनूँगी।

भग्न प्रीति की वेदनाओं को भुलाने के लिए मुझे ऐश्वर्य की मस्ती की आवश्यकता थी, सत्ता का उन्माद चाहिए था, हमेशा मेरे इशारों पर नाचने वाला एक पति चाहिए था! लंपट पति ही पत्नी की मुट्ठी में रहता है!

यह सारा मैंने प्राप्त कर लिया—एक क्षण में! किन्तु कच के साथ आए उस जोगड़े ने...

यह मेरा देवर... बड़ा देवर...यानी जेठ...हस्तिनापुर के सिंहासन का सच्चा उत्तराधिकारी है? यानी...

यह पागल यहाँ रहे या कहीं चला जाए! मैं महारानी हूँ और अंत तक महारानी ही रहूँगी। उस बावरे को शायद शर्मिष्ठा पसंद आएगी। यह देखकर कि वही राज्य का सच्चा उत्तराधिकारी है, यह राजकन्या उसके साथ विवाह करने के लिए भी तैयार हो जाएगी! ना, कौन कहे?

इस यति के बच्चे का बोलबाला न हो इसी हेतु मैंने ज़िद की कि उसे राज महल में न रखा जाए। सासजी का वह लाडला बेटा बहुत दिनों कॉफी वर्षों बाद घर लौटकर आया था... वे खूब चाहती थीं कि उसे लेकर यहीं रहें। किन्तु मैं जब सिर धुनकर मायके जाने के लिए तैयार हो गई और तपस्या के लिए बैठे पिताजी के सामने सीधे जाकर खड़ी होने की धमकी दी तब जाकर कहीं महाराज माँ की इच्छा के विरुद्ध निर्णय करने को तैयार हुए।

वे सब लोग अशोक वन में चले गए, अच्छा ही हुआ। वर्ना पता नहीं वह पागल यहाँ क्या गुल खिलाता? अगर वह आते-जाते दासियों के चुंबन ही लेने लगता—बूढ़ी दासियों को भी न छोड़ता—तो?

यह मालूम करते रहने के लिए कि अशोक वन में वह क्या-क्या ऊधम मचाता है मैंने उस बूढ़ी दासी को जानकर ही अन्य दासियों के साथ वहाँ भेजा है—सासजी की सेवा के बहाने! वह आकर कितने मज़ेदार किस्से सुनाती है उसके। अभी तक उसने माँ को पहचाना नहीं है! सासजी बार-बार उसके पास जाकर आँखों में आँसू लिए कहती हैं, "यति एक बार मुझे माँ कहकर पुकार बेटे!" वह उत्तर देता है "तुम माँ हो, है न? तो फिर तुम दुष्ट हो, नीच हो, दुनिया की सारी माताएं, स्त्रियाँ लड़कियाँ नीच हैं! मैं उन सबको नष्ट करना चाहता हूँ! तुम बाप बन जाओ फिर मैं तुम्हें पुकारूँगा!"

तीर्थयात्रा करते-करते ईश्वर क्या ही प्रसन्न हुआ है कच पर! क्या ही वस्तु हाथ लगी है उसके! और कच भी ऐसा कि उसको लेकर सीधे यहीं आ पहुँचा!

लगता है, इस यति का पैर ही अच्छा नहीं है। उस विदाई-समारोह के लिए हम रथ में बैठकर दरबार गए तो सब ओर स्वच्छ सुनहरी धूप थी। आकाश के किसी कोने में भी नाम के वास्ते भी कोई बादल न था। यह वर्षा ऋतु न होकर वंसत ही है ऐसा लगता था। किन्तु दरबार में इस यति महाराज के कदम रखने की देर थी कि भीतर बाहर सब तरफ बड़ी गड़बड़ी मच गई।

उस दिन हम लोग लौटे तो सारा आकाश काले स्याह बादलों से भर गया था । वह किसी भीषण सुरंग-सा लग रहा था। शीघ्र ही बिजलियाँ भी कड़कने लगीं। बिजलियाँ क्या थीं, उस सुरंग की नागिनें ही थीं! नहीं! नागिनें नहीं वे चुड़ैल थीं डाकिनें थीं। बाल खुले छोड़कर मुँह से अशुभ शब्दों का उच्चारण करती हुई इस छोर से उस ओर तक वे ऊधम मचाती जा रही थीं।

उसके बाद मूसलाधार वर्षा शुरू हुई—चार दिन तक उसकी झड़ी लगी रही! यमुना मैया में भीषण बाढ़ आ गई। नगर का सारा कारोबार अस्तव्यस्त हो गया। अमात्य चिन्ता में पड़ गए कि कहीं इसी तरह पानी बरसता रहा तो यमुना के किनारे पर बसे गांवों में अनर्थ हो जाएगा। मैंने उनसे कहा, "उस दिन आपके वह यति महाराज आए हैं न? वे इस वर्षा को अपने साथ लाए हैं। जब तक वे यहाँ से चले नहीं जाते, बारिश रुकने वाली नहीं!"

चौथे दिन आधी रात की बात है! वर्षा हो ही रही थी। पहले एकाध बड़ी बौछार आ जाती। धीरे-धीरे वह कम हो जाती। उसके रुकते ही पेड़ों की ऊपर वाली शाखाओं से नीचे वाले पत्तों पर पानी की बूदें टप-टप आवाज़ करती गिरने लगतीं। थोड़ी देर में फिर ज़ोरदार बौछार शुरू हो जाती।

महाराज को नींद लगी थी, किन्तु मैं जाग ही रही थी। अपने होने वाले बच्चे के रंगरूप के बारे में मेरा मातृ-हृदय तरह-तरह की कल्पनाएं कर रहा था। उन कल्पनाओं के साथ खेल रहा था। क्या वह ऐसा होगा न, कि उसे देखते ही लोगों को मेरी याद आ जाए? उसका नाक-नक्शा किसके समान होगा? उसके बाल कैसे होंगे? उसका मुँह बिल्कुल संकरा-सा होगा न ? इतना-सा? 'तत' कहकर महाराज को पुकारने से पहले वह भागा-भागा आकर 'ममा' कहकर मुझ से लिपट जाएगा न?

पता नहीं कितनी देर मैं इन्हीं कल्पनाओं के साथ खेलती रही! अचानक घोड़ों की टापों की आवाज़ें सुनाई दीं। मैंने चौंककर आँखें खोली। कहीं मैंने कोई सपना तो नहीं देखा था? किन्तु वह आवाज़—मैं समझ न पाई कि कहाँ पर क्या हो गया है।

महल का द्वार खोलकर मैं जल्दी-जल्दी बाहर आ गई। मेरी सुनी हुई वह टापों की आवाज़ सच थी। सासजी ने एक सेवक को भेजा था!

वह जल्दी-जल्दी मुझसे पूछने लगा, "ऋषि महाराज क्या राजमहल आए हैं?"

कहीं दूर एकान्त में जाकर ध्यान लगाकर बैठने की कच की आदत मैं जानती थी। आधी रात हो जाने के बाद भी शायद वह अशोक वन में लौटा नहीं होगा! सासजी इसीलिए चिन्ता में पड़ गई होंगी। वह शायद इधर आया हो इस कल्पना से ही उन्होंने पूछताछ करने के लिए शायद इस सेवक को भेजा था!

मैंने उत्तर दिया, "नहीं तो, कचदेव इधर नहीं आए!'

हकलाता हुआ वह कहने लगा, "कचदेव तो वहीं हैं किन्तु वे दूसरे ऋषि-महाराज—वे यति महाराज!"

"उन्हें क्या हो गया?"

"जाने वे कहाँ भाग गए?"

"कब?"

"डेढ़ पहर रात होते तक तो वे अशोक वन में ही थे। फिर सब लोग सो गए। बीच ही में राजमाता जाग गई। उन्होंने उठकर देखा तो यति महाराज गायब थे!"

मैंने महाराज को जगाया। वे तुरंत घोड़ा लेकर अशोक वन गए। दूसरे दिन प्रातः वे लौटे। उन्होंने सर्वत्र यति की खोज की थी। अनेक सैनिक और सेवक सारी रात बाढ़ से उफनी यमुना के किनारे गश्त लगाते रहे थे। किन्तु किसी ने भी उसे नहीं देखा!

दूसरे दिन नगर में हर किसी के मुँह पर यह बात थी कि किसी ने यति को बाढ़-भरी यमुना के पानी पर से चलते हुए उस पार जाते देखा था।

यति के भाग जाने का असली भेद मेरी उस बूढ़ी दासी से दूसरे दिन मुझे मालूम हुआ तो हँसते-हँसते मेरे पेट में बल पड़ गए। उसने सुनाया कि अशोक वन में वह निरंतर शर्मिष्ठा के पीछे पड़ा रहता था! शायद उस पगले को शर्मिष्ठा से प्यार हो गया था। इस तरह पहली ही नज़र में किसी से प्यार होते हुए किसी ने शायद ही कभी देखा होगा! चार दिन तक वह दर्शन-सुख लेता रहा। किन्तु भला खाली देखते रहने से किसी प्रेमी को सन्तोष हुआ है? फिर ये महाशय स्पर्शभक्ति की ओर मुड़े। आधी रात को जब सब लोग सो गए। वह दबे पाँव शर्मिष्ठा की शय्या के पास गया। उसका स्पर्श होते ही वह जागकर चिल्लायी या कोई और भी जागकर उसे देख रहा है इस भय से चीख उठी यह नहीं मालूम! लेकिन वह चीखी अवश्य! उसकी चीख सुनते ही इन बाबा जी के छक्के छूट गए! खिड़की से बाहर कूदकर वे चम्पत हो गए। किसी को पता न चला कि यति अंधेरे में कहीं छिपकर बैठा है, या खोजने वालों को झांसा देकर वह कैसे सटक गया या मूसलाधार वर्षा में आगे वह किस तरफ निकल गया या यमुना के पानी पर से चलता गया या कि बाढ़ में डूबकर बह गया।

मैंने मन ही मन में कहा, 'चलो अच्छा ही हुआ, बिना सोंठ के खाँसी गई!'

सासजी से कुशल पूछने मैं अशोक वन गई। मैंने उनमें राजमहल वापस चलने के लिए काफी आग्रह किया किन्तु वे इस बात से मुझ से नाराज़ थीं कि मैंने ही यति को राजमहल में नहीं रहने दिया था। उनका वह गुस्सा अभी गया नहीं था। हाँ इतना अवश्य हुआ कि उन्होंने अपना गुस्सा प्रकट नहीं किया। "मुझे यहीं अच्छा लगता है।" कहकर वे अशोक वन में ही रहीं।

अशोक वन में मेरी कच से भेंट हुई। थोड़ी बातचीत भी हुई। किन्तु वह बिलकुल मामूली और सतही थी। कच कभी राजमहल की ओर फटका तक नहीं। किन्तु उसकी वहाँ की सारी बातें मुझे रोज़ मालूम हो जातीं। आज सोनचम्पे के पेड़ पर चढ़कर किसी अपरिचित नन्ही बालिका को लिए सोनचम्पा के फूल तोड़ लाया तो कल दिन-भर किसी बीमार बछड़े की सेवा में ही लगा रहा। महाराज प्रतिदिन सायंकाल माताजी को सान्त्वना देने के लिए अशोक वन हो आते थे। लौटने पर बिना चूके मुझसे कहते, "बातें करने के लिए कच जैसा पुराना साथी मिल गया, इसलिए मुझे बहुत अच्छा लग रहा है उसकी बातें सुनते रहने में समय किस तरह गुज़र जाता है, पता ही नहीं चलता।" सबके साथ बातें करने के लिए बिलकुल क्षुद्र और मामूली-से काम करने के लिए कच के पास समय था, केवल देवयानी के पास जाने के लिए...

अशोक वन में मैंने उससे पूछा था, "राजमहल कब आ रहे हो?" उसका रूखा-सा उत्तर था, "देखो, कब मौका मिलता है!" उसका अहंकार कायम था। अभी...अब भी उसने देवयानी को पहचाना नहीं था!

मेरा मन रोज़ मुझसे कहता जो भी हो कच स्वयं ही मुझसे मिलने आएगा। प्रतिदिन प्रातः हँसती उषा मेरे कानों में गुनगुनाती–आज कच आएगा। अचानक आकर तुम्हें चकित कर देने का इरादा है उसका!' फिर मैं अत्यंत हर्ष से उसके स्वागत की तैयारियाँ करने लगती। दूर से सिंहासन के समान लगने वाला सुंदर आसन सुवर्णपात्र में आकर्षक ढंग से रचे रसीले फल, उसके प्रिय फूलों की नन्ही-नन्ही मालाएं, मयूर-पंखों के बने बड़े-बड़े पंखे–सारी सामग्री मैं अपने महल में तैयार रखती। आखिर कच है एक मनमौजी ऋषि! कब अचानक आकर सामने खड़ा हो जाए कौन जानता है?

फूलों की वे सुकुमार मालाएं कुम्हला जातीं, फल बासी हो जाते, लेकिन वह नहीं आता! पश्चिम की ओर की खिड़की से सूरज की किरणें भीतर झांककर देखतीं और सारी स्वागत-सामग्री ज्यों की ज्यों पड़ी देखकर उदास अकुलाहट से धीरे-धीरे अदृश्य हो जातीं।

यति को गायब हुए एक-एक कर सात दिन बीत गए। महाराज प्रतिदिन सायं अशोक वन जाते। उनसे बातें करने के लिए कच के पास समय होता, ये सारी बातें मुझे मालूम होतीं। किन्तु मुझ से मिलने के लिए उसको फुरसत नहीं मिलती थी। मन ही मन इस बात पर मैं उससे बहुत नाराज़ हो गई थी! वह हस्तिनापुर कैसे आया? यज्ञ का निमन्त्रण पाकर ही न। वह निमंत्रण मैंने भेजा था। महाराज को तो शायद उसे बुलाने की याद भी न आती! मुझे याद आई इसीलिए यह यहाँ आ सका। किन्तु राजमहल आकर उसने मुझ से मिलने के मामूली शिष्टाचार का भी पालन नहीं किया! शायद वह चाहता है कि देवयानी नाक मुटठी में पकड़कर बार-बार उसे बुलवाने के लिए जाए! किन्तु बच्चू...

किन्तु अवश्य ही मुझे बार-बार लगता–कम से कम एक बार वह मेरे पास आए, खुलकर मुझ से बातें करे, मेरा कुशल-क्षेम पूछे, एक-दूसरे के साथ हम दोनों ने जो सुख के दिन बिताए थे उनकी स्मृतियाँ जगाए, सुनकर मैं व्याकुल हो जाऊँ, मेरी आँखों में आँसू भर आएं, उन आँसुओं में महारानी बनी देवयानी बह जाए...

नहीं, नहीं! कच मुझे शाप देकर चला गया, तब कितने ही दिनों तक मेरे आँसू नहीं थमे थे! उसके बाद मैं अवश्य सतर्क हो गई, समझदारी से मैंने काम लिया और पक्का निश्चय कर लिया कि फिर कभी आँखों में आँसू नहीं आने दूंगी! ससुराल आते समय मैंने पिताजी को प्रणाम कर विदा माँगी। तब पिताजी ने आशीर्वाद देने के लिए मेरे सिर पर हाथ रखा था। कितना काँप रहा था वह! काफी भारी मन से मैंने सिर उठाकर देखा। तभी पिताजी की आँखों से एक आँसू मेरे माथे पर आ गिरा। भीतर से मैं भी काफी गद्गद हो गई थी। किन्तु मैंने आँखों में आँसू नहीं आने दिए! देवयानी अब कभी–फिर से नहीं रोएगी।

किन्तु अब मुझे अवश्य ही लग रहा था कि हस्तिनापुर आने के बाद कच मेरे पास आए, दोनों की गपशप में पुरानी यादें निकल आएं, उन मधुर, मीठी स्मृतियों में लीन होकर मैं रो पड़ूँ और उन आँसुओं के कारण अपना मन कुछ हल्का कर लूँ।

क्या रो लेने में भी कोई आनंद होताा है? नहीं! आँसू दुर्बलता की निशानी हैं!

और फिर महारानी देवयानी किसलिए रोएं? वह भी बीती बातों को याद करके? नहीं! ऐसा कदापि नहीं हो सकता! क्यों एक महारानी एक ऋषि से मिलने के लिए इतनी मिन्नतें करे? नहीं! वह ऐसा किसी हालत में नहीं करेगी!

मुझे लगभग विश्वास हो चला कि कच मुझ से मिले बिना ही हस्तिनापुर से चला जाएगा। आठवें दिन मैंने उसके स्वागत की तैयारी नहीं की। किन्तु अकस्मात् उसी दिन वह राजमहल में आया। उसकी आवभगत करने में मुझे कितनी भागदौड़ करनी पड़ी!

सेवकों ने लपककर उसके लिये बनाया गया वह सुंदर आसन जल्दी-जल्दी मेरे महल में लाकर रखा। किन्तु उससे पहले ही वह अपना मृगाजिन फैलाकर उसपर बैठ भी गया।

मैंने उससे उस ऊँचे आसन पर बैठने का अनुरोध किया। किन्तु उसने हँसते-हँसते ही मना कर दिया। उसे यह जो दिखाना था कि देवयानी के ऐश्वर्य का मेरी दृष्टि में कुछ भी मूल्य नहीं!

मुझे क्रोध आ गया! किन्तु ऊपर से मुस्कराकर मैंने कहा,"कचदेव, आपको इस आसन पर अवश्य बैठना चाहिए!"

"क्यों?"

"इसलिए, क्योंकि मेहमान को घर जैसा होना पड़ता है!"

"किन्तु मैं कोई मेहमान तो नहीं हूँ।"

"यह आप कैसे कह सकते हैं? यज्ञ के लिए आमन्त्रित एक महान अतिथि हैं आप।"

"अपने ही घर में कोई अतिथि कैसे हो सकता है?"

"इसे आप अपना घर मानते हैं?"

"निश्चय ही, यह मेरा ही घर है! बहन के घर में भी क्या भाई कभी पराया होता है? देवयानी, तुम्हारे घर में मैं अतिथि नहीं। यहाँ मुझे किसी प्रकार का संकोच नहीं होता। अपने घर में हम कहीं भी, कैसे भी बैठ जाते हैं न? वैसा ही मैं यहाँ..." बोलते-बोलते वह रुक गया। केवल हँस दिया।

उसकी बात उसी पर उलटाने के लिए मैंने कहा, "किन्तु क्या भाई को बहन का हठ पूरा नहीं करना चाहिए? मेरे लिए..."

उस आसन की ओर देखता हुआ वह बोला, "इस सुंदर आसन पर में बैठ गया तो निश्चय ही मेरे बदन में कोई काँटे नहीं चुभेंगे, किन्तु मैंने एक छोटा-सा नियम बना रखा है। व्यर्थ ही क्यों उसे तोड़ा जाए?"

"आपका नियम तो मालूम हो!"

"वैसे तो वह बिलकुल मामूली-सा है! देखो बात यह है कि मृगछाला पर शरीर पसारते ही यदि नींद आ जाती है, तो पलंग पर परों की सेज सजाने से क्या फायदा? आखिर रोज कंद-मूल-फल खाकर ही जीना है तो एकाध दिन के लिए जिह्वा को मिष्ठान्न की लत क्यों लगाई जाए? देवयानी, मनुष्य की जीभ बहुत बुरी होती है, भला! मैं उसे बुरी केवल इसलिए नहीं मानता, कि वह दूसरे को दुःख पहुँचाने वाली बातें निरंतर कहती रहती है, बल्कि इसलिए कि एक दिन बस किसी चटपटे पदार्थ का स्वाद ले लेती है, तो उसे रोज़ खाने की लत उसे लग जाती है। फिर इस लत को चाहे जीभ, आँखों या कानों को लगी हो—पूरी करने के लिए मनुष्य कुछ भी करने लगता है! पाप करने के लिए भी प्रवृत हो जाता है। तुम्हारे इस सुंदर आसन पर मैं इस समय सहर्ष विराजमान हो सकता हूँ, किन्तु कल जंगल में तपस्या करते समय यदि बार-बार मुझे इसी की याद आने लगी..."

उसे उलाहना देने के लिए मैंने कहा, "तो इसका मतलब यह हुआ कि महारानी के नाते मेरा भी इन भारी वस्त्र-आभूषणों का परिधान करना उचित नहीं है?"

उसने मुस्काराकर कहा, 'नहीं, नहीं! तुम्हारी बात अलग है। तुम गृहिणी हो। गृहस्थी ही तुम्हारा धर्म है। मैं योगी हूं संन्यास मेरा धर्म है। गृहस्थी में उपभोग को सम्मान प्राप्त है। संन्यास में उपभोग अक्षम्य है!"

मृगछाला पर ही बैठे रहने की अपनी ज़िद उसने इस तरह पूरी कर ली। फिर थोड़ा फलाहार कर उसके पास ही चौकी पर सुवर्ण की थाली में रखी पुष्प-मालाओं को उसने बड़े प्यार से देखा! देखते-देखते बोला, "तो इसका मतलब अब तक तुम्हें मेरी रुचि-अरुचिओं की याद है! यह देखकर कि महारानी-पद की भारी जिम्मेदारी सम्भालते हुए भी तुम्हें इन छोटी-छोटी बातों का भी ख्याल..."

"आप को भुला न पाई थी, इसलिए तो इतने सम्मान से आप को यज्ञ के लिए आमन्त्रित किया मैंने!"

"मैं तुम्हें शाप देकर चला गया था। फिर भी तुमने मुझे भुलाया नहीं और इतने सम्मान से यज्ञ के लिए आमंत्रित किया! मेरा अहोभाग्य है जो मुझे इतनी उदारमना बहन मिली! क्रोध में आकर मैंने तुम्हें अभिशाप दिया। घोर अपराध हो गया मुझसे! अब सचमुच मुझे उस पर बड़ा पछतावा हो रहा है। मेरा वह कृत्य एक ऋषिकुमार को शोभा देने वाला कतई न था! एक भाई के लिए तो वह सर्वथा अशोभनीय ही था! उस अपराध के लिए मैं तुम से हार्दिक क्षमा माँगता हूँ।

कहते-कहते उसने हाथ जोड़ दिए। उसकी मुद्रा कितनी शांत, कितनी गंभीर थी! मुझे यह कुछ अटपटा-सा लगने लगा कि वह मुझ से क्षमा-याचना करे, मेरे महल में आकर मेरे सामने हाथ जोड़े! मैं बड़े असमंजस में पड़ गई, क्या करूँ, क्या न करूँ! आश्रम में रहते उसने ऐसा किया होता, तो मैं दौड़कर उसके पास पहुँच जाती और उसके जोड़े हुए हाथों को अपने हाथों से अलग कर कहती—भला क्या कहती?

किन्तु मैं ययाति महाराज की पत्नी थी। कच एक पराया पुरुष था। मैं हस्तिनापुर

की महारानी थी। कच एक सामान्य संन्यासी था। मैं कुछ...कुछ भी नहीं कर सकती थी। उसने प्रश्न किया, "कर दिया न मुझे क्षमा?"

झुकी गर्दन से ही मैंने 'हाँ' कह दिया। किन्तु तुरंत मन में विचार आया कि कहीं यह सारा इसका नाटक तो नहीं? देवयानी से इसे इतना लगाव था, उससे यह क्षमा माँगना चाहता था, तो इतने दिन हो गए, वह इधर फटका भी क्यों नहीं?

मैंने हँसकर पूछा, "कचदेव, आप को हस्तिनापुर आए इतने दिन हो गए, फिर आप इधर महल में नहीं आए! तो मैंने सोचा, भाई ने बहन को कहीं भुला तो नहीं दिया?"

"धनी भाई गरीब बहन को शायद भुला भी सकता है, किन्तु गरीब भाई रईस बहन को कैसे भुला सकता है?"

"अच्छा, यह बात है! तो क्या राजमहल का रास्ता नहीं मिला उसे?"

"वह किसी दूसरे ही रास्ते की खोज में था!"

"कहाँ जाने वाला?"

"राजमहल की स्वामिनी के हृदय तक जाने वाला!"

इन शब्दों का अर्थ मेरी समझ में नहीं आया। किन्तु मेरा मन उस नन्हें पखेरू के समान मूक आक्रोश करने लगा, जो अन्धेरा हो जाने पर भी अपने घोंसले की राह भूलकर क्रंदन करता फड़फड़ाता रहता है।

कच कुछ चुप रहा। मेरे मन में शंका उठी कि कहीं महाराज ने उसे मेरे बारे में कुछ पूछ तो नहीं डाला? कुछ बता तो नहीं दिया? उनका पक्षधर होकर यह मुझे उपदेश करने तो नहीं आया?

उसने अत्यंत शांत भाव से कहा, "मैं तुम से एक चीज़ माँगने आया हूँ!"

मैं हकलाने लगी। अटकते-अटकते पूछा, "क्या माँग है?"

"यही कि शर्मिष्ठा को तुम अपनी दासता से मुक्त कर दो!"

मैंने क्रोध से पूछा, "और मुक्त करके उसे क्या बना दूँ? महारानी? अपना स्थान उसे दे दूँ? या सौत बनाकर अपनी छाती पर मूँग दलवाऊँ उससे? और स्वयं उसकी दासी हो जाऊँ?"

वह फिर भी शांत था। उसने कहा, "क्रोधवश तुम ने ज़िद की होगी कि उसे तुम्हारी चेरी बनना ही पड़ेगा। उसके लिए मैं तुम्हें कोई दोष नहीं दूँगा। दुनिया में कौन है जिसे क्रोध नहीं आता? किन्तु विकार के साथ बह जाना बड़प्पन नहीं है। विचार की सहायता से विकार पर विजय पाना ही सच्चा मनुष्य-धर्म है।"

मुझे अब भी चुप ही देखकर उसने आगे कहा, 'देवयानी, क्षण-भर के लिए केवल कल्पना करके देखो। शर्मिष्ठा के स्थान पर तुम होतीं, उसकी दासी बनकर सारा जीवन बिताने की नौबत तुम पर आती..."

तिरस्कार-भरे स्वर में मैंने कहा, "मैं? और दासी होती? मैं दासी बनूँगी? इस शर्मिष्ठा की?"

उसी शांत भाव से उसने कहा, "भाग्य की गति अत्यंत विचित्र और निर्मम होती है, देवयानी! देखते ही देखते आकाश की उल्का को वह धरती का पाषाण बना के छोड़ता है! कोई भरोसा नहीं, वह कब किसे दासी बना देगी और कब किसी दासी को रानी..."

मैंने हेठी-भरे स्वर में कहा, "मैं इन सारी बातों को अच्छी तरह से समझ रही हूँ, कचदेव!"

"तुम्हें दुःख पहुँचाने वाली कोई बात मेरे मुँह से निकल गई हो, तो मुझे क्षमा करना। इस दुनिया में किसी का दुःख जान लेने का एक ही मार्ग होता है कि हम अपने-आप को उसके स्थान पर रखकर सोचें। विगत बारह-तेरह दिनों से मैं शर्मिष्ठा के दुःख को इसी प्रकार से समझ लेने की कोशिश करता रहा। आज तक कच ने देवयानी से कुछ भी माँगा नहीं है! सोचा था कि शायद अपने भाई को वह इतनी भिक्षा..."

मैं जानती थी कि कच से बहस में जीतना असंभव है। मैं गूंगी, बहरी, अंधी होकर बैठी रही। बोलते-बोते कच रुका और मेरी तरफ पागल-सा टुकुर-टुकुर देखने लगा। उसकी नज़र से नजर मिलाना—नहीं! वह बहुत ही टेढ़ी खीर था! उसकी नज़र में कठोरता नहीं थी, करुणा भी नहीं थी। कुछ भी नहीं था। किन्तु सारी मंत्र विद्याओं और जादू-टोनों का सार उसकी नज़र में उतर आया। बचपन में जंगल के भयंकर अजगरों के किस्से मैंने सुन रखे थे। वह अजगर अपनी नज़र से पथिक को बाँध रखता था। कहते हैं कि उस अजगर ने देखा नहीं कि पथिक की अपने स्थान से हिलने तक की शक्ति समाप्त हो जाती थी! कच की नज़र बिल्कुल वैसी ही थी।

उससे झगड़ने के लिए मैं अपनी सारी शक्ति और साहस बटोरने लगी।

यति को राजसभा में अपने साथ लाकर सारे समारोह के रंग में भंग इसी ने किया! ओफ...पिताजी की तपस्या के लिए इसने कितना बड़ा अपना अपशकुन कर दिया! उसके बारे में यह एक शब्द भी बोलने की तैयार नहीं! आँखों को चौंधिया देने वाला मेरा सारा राजभवन इसने देखा, किन्तु मेरी सराहना का एक शब्द भी इसके मुँह से न निकला! और ऊपर से यह, शर्मिष्ठा को दासता से मुक्त करने का उपदेश देने के लिए आज यहाँ आया है। इसके सम्मोहन का शिकार देवयानी कदापि नहीं बनेगी। मेरा दिल तो इसने बेझिझक तोड़ दिया। नहीं, कच देवयानी का कुछ भी नहीं लगता, देवयानी उसे कोई भिक्षा नहीं देगी!

उसकी तरफ देखे बिना ही मैं महल से बाहर जाने के लिए उठी।

कच भी मेरे साथ ही उठ खड़ा हो गया। उसने शांत-संयत भाव से कहा, "महारानी, मैं कल भृगु पर्वत जा रहा हूँ। वहाँ एकान्त में तपस्या और चिंतन में समय बिताने का मैंने निश्चय किया है! अब भी बहुत-बहुत अधूरा हूँ मैं। यह अधूरापन यह अपूर्णता कुछ घट जाए—एक कण से भी कम हो जाए, दुनिया का दुःख करने का रास्ता मिल जाए..."

उसका बोलना पूरा होने से पहले ही मैंने उसे नमस्कार किया। आशीर्वाद देते हुए उसने कहा, ''फिर हमारी भेंट कब होगी, किस अवस्था में होगी, आदि-शक्ति ही जाने! मेरी इच्छा है कि वह आदिशक्ति महारानी को सुबुद्धि दे...और देवयानी, तुम्हें हमेशा सुखी रखे!''

दूसरे दिन प्रातःही सासजी का सन्देशा आया। कच के साथ भृगु पर्वत पर जाने का उन्होंने भी निश्चय कर लिया था। सन्देश सुनकर महाराज हक्का-बक्का रह गए। उन्होंने माँ जी को काफी मनाया कि पोते का मुख अवलोकन करने के बाद ही जाएं। विवाह के बाद मैंने उन्हें सासजी के साथ दिल खोलकर बातें करते या कभी उनकी मिन्नतें करते नहीं देखा था। किन्तु यह ध्यान में आते ही कि माँ जी वानप्रस्थ लेने जा रही हैं, महाराज की अवस्था किसी नन्हें बालक-सी हो गई। मैंने सोचा था कि महाराज के आँसू देखकर शायद सासजी पसीजेंगी। लोग भी कहीं यह न कहने लग जाएं कि बहू से ऊबकर सास चल दी, मैंने भी उनसे रुक जाने का काफी आग्रह किया। किन्तु सबको वे एक उत्तर देतीं, ''बीमार को खाने-पीने को एकदम अरुचि हो जाती है न, वैसा ही मेरा मन घर-गृहस्थी से अब उचट गया है! बीमार को आग्रह करके खिलाने में क्या धरा है? ऐसे खाने से तो उसको नुकसान ही पहुँचेगा!''

वे अशोक वन से ही सीधी चली गईं। जाने से पूर्व उन्होंने मुझे एक ओर बुला कर कहा, ''बेटी, मेरा मन किसी चीज़ में अटका नहीं है। किन्तु ययु की बरबस ही चिन्ता रहती है। उसका मन नन्हें बालक के मन जैसा है! जितना सरल उतना ही ज़िद्दी! किन्तु छोड़ो यह सब। इस पके बालों वाली बूढ़ी से गृहस्थी का एक अनुभव सुनो और उसे हमेशा याद रखो। पते की बात है कि एक युवती के लिए अपने पति की केवल पत्नी बनना काफी नहीं है। उसे तो उसकी सखी, उसकी बहन, उसकी कन्या—यही क्यों, मौका आने पर उसकी माँ भी बनना पड़ता है!''

उनकी यह बात बड़ी ही भेद-भरी लगी मुझे। किन्तु उनके प्रस्थान का समय हो चुका था और...

और उस बूढ़ी दासी ने महाराज और सासजी की जो बातचीत चोरी-चोरी सुन ली थी और आकर मुझे बता दी थी, उससे तो मुझे विश्वास हो गया था कि उनका यह सारा उपदेश मात्र एक ढकोसला है, नाटक है।

उस दासी ने माँ-बेटे के बीच हुआ संभाषण ज्यों का त्यों मुझे बता दिया—महाराज से संभलकर रहने को कहकर सासजी ने कहा था, ''मेरे जब पोता हो जाए, तो समाचार देना! यह भी लिखना कि उसका नाम क्या रखा है। उसका नाम यदि तुम अपने पिताजी के नाम पर रखो, तो मुझे बहुत अच्छा लगेगा। और सुनो, मेरे साथ ज़रा बगीचे में आ सकते हो?''

''महाराज ने पूछा. ''वह किसलिए?''

''एक पौधा दिखाना जाती हूँ तुम्हें!''

"क्या वह कोई औषधि का पौधा है?"

"हाँ।"

"तो राजवैद्य को दिखा दो न, मैं क्या करूँगा जानकर?"

"वह राजवैद्य को दिखाने लायक नहीं है!"

"मतलब?"

"वह औषधि स्वयं को ही लेनी या देनी पड़ती है।"

"किस रोग की दवा है वह?"

"उस रोग का कोई निश्चित नाम नहीं होता! किन्तु मनुष्य को कभी-कभी जीवन से भी उकताहट हो जाती है—अपने या किसी दूसरे के! ययु, मैं नहीं चाहती कि तुम्हारे सामने कभी यह नौबत आए। किन्तु...बेटे, तुम्हें शर्मिष्ठा जैसी पत्नी मिल जाती न तो मैं बिलकुल निश्चिन्त होकर वन में चली जाती!"

जैसी सासजी, वैसा ही कच! दोनों एक ही माला के गुरिया। ढोंगी, नाटकीय और कपटी! जाते समय वह महाराज के लिए शर्मिष्ठा को एक पत्र देकर गया। उसने वह पत्र राजमहल भेज दिया। पत्र पढ़कर महाराज काफी देर तक सोच में डूबे रहे थे। मेरी समझ में नहीं आया कि आखिर कच ने महाराज को कौन-सा राज़ लिख भेजा है! कहीं उसने मेरे बारे में महाराज के मन को कलुषित करने का प्रयास तो नहीं किया है? या शर्मिष्ठा को दासता से मुक्त करने का महाराज से ही अनुरोध किया है?

किन्तु बच्चूजी, शर्मिष्ठा देवयानी की दासी है, महाराज की नहीं! उस पर सत्ता देवयानी की चलेगी!

अन्त में साहस करके मैंने महाराज से पूछ ही लिया, "उस पत्र में क्या कोई विशेष बात लिखी है?"

पत्र मेरे हाथ में देते हुए महाराज ने कहा, "वैसी कोई विशेष बात नहीं है; किन्तु बार-बार मेरे मन में आता है कि काश, ईश्वर ने मुझे कच जैसे तपस्वी का जन्म दिया होता!"

उनके कंधे पर माथा रखकर मैंने कहा, "ईश्वर समझदार है! और उसे देवयानी की भी चिन्ता है!"

उन्होंने हँसकर पूछा, "यह तुम कैसे कह सकती हो?"

"आप ऋषि होते तो मुझे ऋषि-पत्नी बनना पड़ता और फिर मेरी वह दुर्दशा होती, वह दुर्दशा होती...कि..."

मेरे बालों को सहलाते हुए उन्होंने पूछा, "देवयानी, ययाति की पत्नी होकर क्या तुम वास्तव में सुखी हो?"

मैं शरमा गई और गर्दन हिलाकर ही 'हाँ' कहा।

"पूरी सुखी हो?"

फिर मैंने गर्दन हिलाकर ही 'हाँ' कहा और धीरे से सिर उठाकर देखा। क्षण-भर

में ही उनकी मुद्रा अत्यंत प्रफुल्लित हो गई थी। सासजी ने ठीक ही कहा था कि नन्हे बालके के मन जैसा मन है उनका!

कच का पत्र मैं पढ़ने लगी—

"हम बहुत दिनों के बाद मिले। हस्तिनापुर के महाराज से बातें करते समय मुझे यही आभास रहा कि मैं अंगिरसजी के आश्रम में युवराज ययाति से ही बातें कर रहा हूँ। अतः बहुत खुशी हुई।

"प्रिय अथवा अपरिचित व्यक्ति से होने वाली भेंट और उसके साथ दिल खोलकर की जाने वाली बातें केवल व्यावहारिक नहीं हुआ करतीं। उनमें आत्मिक सहानुभूति का हिस्सा भी काफी बड़ा होता है। ऐसे अवसर पर, घड़ी-भर के लिए ही सही, बद्ध आत्मा को मुक्तता का आनन्द मिलता है। इसी आनन्द की शाश्वत प्राप्ति के लिए ही ऋषि-मुनिगण तपस्या किया करते हैं। आप के सहवास में मुझे उस आनन्द की आंशिक प्राप्ति हो गई। आनन्द के उन क्षणों की स्मृतियों को मैं हमेशा संजोए रखूँगा।

"आप दोनों से प्रार्थना है कि एक बात के लिए मुझे क्षमा करें। यहाँ आते तक यति को मैं जानता तक नहीं था। तीर्थयात्रा के लिए भ्रमण करते समय संयोग से वह मुझे मिला। लोग उसकी बड़ी बुरी गत किए जा रहे थे। एक गुमनाम और बुद्धि-भ्रष्ट संन्यासी के नाते उस पर मुझे दया आ गई। उसकी दुर्गति मुझसे देखी नहीं गई। मैंने निश्चय कर लिया कि उसका निर्वाह मैं कर लूँगा। मैं अनुभव करने लगा कि धीरे-धीरे उसके मन में मेरे प्रति विश्वास की भावना जाग रही है। ऐसी अवस्था में उसे दरबार में मुझे नहीं लाना चाहिए था। किन्तु अमात्य ने महारानी का तक़ाज़े का सन्देश बताया। मैंने सोचा, भीतर काफी ऋषि-मुनि पधारे हैं, उनमें यति का मन रम जाएगा और वह उनमें जाकर चुपचाप बैठा रहेगा।

"किन्तु जो कुछ हुआ वह एकदम भिन्न ही था! बहुत ही अजीब! मेरे कारण आपके समारोह के रंग में भंग हो गया। शायद स्त्री-पुरुषों के देखने के कारण अथवा पारिवारिक जीवन की प्रतिक्रिया के कारण, यति की उन्मनता यहाँ आकर बढ़ ही गई। उसके अचानक गायब हो जाने के कारण राजमाता को अत्यंत दुःख हुआ!"

"अनजाने आप सबको मेरे कारण बहुत परेशानी हुई। मैं सुनता आया हूँ कि स्नेह क्षमाशील हुआ करता है। इसलिए मैं आप दोनों से क्षमा माँग रहा हूँ।

"यति की कहानी आप से ही मुझे सबसे पहले मालूम हुई। उसकी आज की दशा बहुत ही अनुकम्पनीय है। बचपन में ही वह ईश्वर की खोज के लिए घर छोड़कर निकल पड़ा और आज जवानी में अपने भीतर के मनुष्य को ही खो बैठा है। मैंने काफी सोचा कि आखिर यति पर यह मुसीबत क्यों आई होगी? शायद उसकी उन्मन अवस्था की जड़ में उसकी अत्यंत एकांगी और दोषपूर्ण विचारधारा है! हमारा जीवन शरीर और आत्मा, स्त्री और पुरुष आदि कितने ही द्वंद्वों पर खड़ा होता है। मानव के इन बुनियादी अधिष्ठानों के विरुद्ध यति विद्रोह कर उठा है। ऐसा विद्रोह सफल हो भी, तो कैसे? अपने पैरों को काटकर कौन इस दुनिया में चल सका है? अपनी आँखों को फोड़कर कौन देख पाया है?

"संसार अनगिनत द्वंद्वों से भरा पड़ा है। यह सच है कि एक संन्यासी निर्द्वन्द्व अवस्था में ही ब्रह्मानंद का अनुभव करता है। इसी अनुभव के लिए उसके सारे परिश्रम होते हैं। अनेक यम-नियमों का पालन भी यह इसी अनुभव की प्राप्ति के लिए करता है। फिर भी, यह सब करते हुए भी जीवन के द्वंद्वों को स्वीकार करना ही पड़ता है। आत्मा के अस्तित्व का साक्षात्कार दुनिया तभी पाती है जब वह आत्मा शरीर धारण कर लेती है! स्त्री नौ मास तक गर्भ धारण न करें, तो मनुष्य पैदा भी कैसे हो सकेगा? इतनी सरल और आसान बातें हैं ये सारी। सामान्य आदमी इन्हें मानकर ही चलता है। वह अपने-आप को सहज रूप में प्रकृति का ही हिस्सा मान लेता है। इसलिए वह उसका स्वामित्व भी स्वीकार कर लेता है।

"किन्तु यति ने केवल प्रकृति के स्वामित्व को, बल्कि उसके अस्तिव को भी मानने से इन्कार कर दिया है। यह उसकी बड़ी भारी भूल है! मनुष्य केवल प्रकृति की उपज नहीं है यह तो सच है। उसका आधा भाग–यानी उसका शरीर–प्रकृति के कितने ही नियमों से नियंत्रित रहता है। उस शरीर के द्वारा ही उसकी आत्मा का भी विकास संभव होता है। इस तरह विकसित मनुष्य प्रकृति से काफी बड़ा होता है। वह प्रकृति पर अधिकार कर सकता है किन्तु ऐसा वह प्रकृति से मुख मोड़कर या प्रकृति को ठुकराकर नहीं, उसके अस्तित्व को स्वीकार करके ही कर पाता है! जीवन को केवल आत्मा या केवल शरीर मानना दोनों एकदम आत्यंतिक सिरे वाली कल्पनाएं हैं, सर्वथा गलत विचार हैं। इस तरह की एकांगी कल्पनाओं के कारण ही मनुष्य विकृत हो जाते हैं, अपना सर्वनाश कर लिया करते हैं।

"मनुष्य प्रकृति और परमात्मा के बीच की सर्वश्रेष्ठ कड़ी है। परमात्मा द्वंद्वातीत है और प्रकृति को द्वंद्व की कोई कल्पना तक नहीं होती है। उसकी कल्पना केवल मनुष्य ही कर सकता है! वही नदी जो प्यास से तड़पते मनुष्य की तृषा को शांत करती है, गहरे पानी में उतरने पर उसकी जान भी ले लेती है!

"जीवन के इन द्वंद्वों का ज्ञान केवल मनुष्य के मन में ही जागता है। विकास की हर अवस्था के साथ यह ज्ञान सूक्ष्म और व्यापक होता जाता है। जीने की अदम्य इच्छा और उसके लिए हर प्राणी द्वारा जारी कोशिश मनुष्य को मिली प्रकृति की विरासत है। किन्तु मनुष्य निपट पशु बनकर जीना नहीं चाहता। वह एक इन्सान की तरह भली प्रकार जीना चाहता है। अतएव, वह स्वाभाविक ढंग से अच्छे-बुरे का विचार करने लगता है। किन्तु प्रकृति धर्म और अधर्म का भेद नहीं करती। वह केवल मनुष्य ही कर सकता है। किसी माँ की इकलौती संतान डूबने लग जाए, तो नदी उस पर ज़रा भी दुःख नहीं करेगी। किन्तु उसके किनारे पर बैठा मनुष्य–केवल जीने की इच्छा की अपेक्षा जिसकी अन्य भावनाएं भी विकसित हो गई हैं, ऐसा मनुष्य–अपने प्राणों को खतरे में डालकर भी उस बच्चे को बचा लेने की कोशिश अवश्य करेगा।

"नहीं! इतना सारा लिखने के बाद भी वह बात स्पष्ट नहीं हो पाई है, जो मैं आपको बताना चाहता था। कितना अधूरा और अपूर्ण है मेरा चिंतन! सत्य की

खोज में निकला मैं एक यात्री हूँ। किन्तु शायद अभी मुझे काफी लम्बी राह चलनी होगी!

"आप से बातचीत करते समय मैंने आत्मा शब्द का प्रयोग काफी बार किया। आपने इस पर कई बार मुझ से हँसकर पूछा कि 'यह आत्मा आखिर रहती कहाँ है?' उस समय मैं आपकी शंका का समाधान नहीं कर पाया। किन्तु मेरा आपसे अनुरोध है कि आप हमारे आद्य ऋषियों द्वारा चित्रित यह रूपकात्मक स्वरूप हमेशा स्मरण रखें। रूपक इस प्रकार है–

" 'मानव जीवन में आत्मा रथी, शरीर रथ, बुद्धि सारथी और मन लगाम है। विविध इंद्रियाँ घोड़े हैं। उपभोग के सभी विषय उसके रास्ते हैं और इंद्रियाँ और मन से युक्त आत्मा उसका भोक्ता है।'

"रथ ही न रहा, तो धनुर्धर कहाँ बैठेगा? जल्दी से समरभूमि में कैसे पहुँचेगा? वह शत्रु से कैसे लड़ पाएगा? इसलिए शरीर रूपी इस रथ का महत्त्व कभी कम नहीं मानना चाहिए। यति ने वही अक्षम्य भूल की है!

"इंद्रियाँ जब इस शरीर रूपी रथ के घोड़े हैं तो उनके बिना रथ क्षण-भर के लिए भी चल नहीं सकेगा। इसी प्रकार रथ को केवल घोड़े जोत दिए तो वे स्वच्छन्दता से इधर-उधर भागकर भगदड़ मचा देंगे और पता नहीं कब यह रथ किसी गहरी खाई में गिरकर चकनाचूर हो जाएगा। इसीलिए इंद्रिय-रूपी घोड़ों के लिए मन की लगाम का बंधन हमेशा आवश्यक है। किन्तु यह भी परम आवश्यक है कि यह लगाम भी हमेशा सारथी के हाथों में रहे, वर्ना तो लगाम का होना न होना बराबर ही हो जाएगा। इसीलिए मन पर बुद्धि का नियंत्रण चाहिए। बुद्धि और मन दोनों मिलकर ही इस रथ को संयम के साथ सुचारु ढंग से चला सकेंगे।

"इस तरह चलाए जाने पर रथ तो सुचारु ढंग से चलेगा किन्तु उसमें रथी ही न रहा तो आखिर रथ कहाँ जाएगा? उसकी दिशा क्या होगी? गंतव्य क्या होगा? कार्य क्या होगा? सभी मानवों में बसने वाला, और आप-हममें 'मैं' के रूप में हमेशा जागृत रहने वाला न केवल मन और बुद्धि से बल्कि जन्म और मृत्यु से भी परे देख सकने वाला जो ईश्वरीय अंश होता है, वह आत्मा ही इस शरीर रूपी रथ का रथी है।

"मैं काफी लम्बा पत्र लिख गया। मुझे जैसे योगी-धर्म का पालन करने वाले को तो ऐसी बातों में बड़ा रस है, किन्तु मैं भूल गया कि अन्य लोगों के लिए यह सब शायद बकवास ही है! वैसे भी, आप जैसों के लिए इस सारी दार्शनिक माथा-पच्ची की आवश्यकता भी क्या है? राजधर्म और पतिधर्म का पालन करते समय आपको और गृहिणीधर्म तथा पत्नी-धर्म का पालन करते समय महारानी को जो बातें सहज ज्ञात हो चुकी होंगी, उन्हीं को मैंने शायद कुछ जटिल बनाकर इस पत्र में प्रस्तुत किया है। है न?

"झूठे विनय का बहाना बनाकर नहीं लिखता, किन्तु वास्तव में कई बार मुझे लगता है कि योगी-धर्म की अपेक्षा गृहस्थी का धर्म निभाना बहुत कठिन है। हर मनुष्य की आत्मा शरीर के पिंजड़े में बंदी बनी पड़ी होती है। इस बंदिनी आत्मा

की निरंतर यही चेष्टा रहती है कि इस अभिन्न बंधन को वह पूरी तरह से भुला दे, शरीर में रहकर भी उससे अधिक तरल और विशाल बन जाए, शरीर-सुख की अपेक्षा कहीं श्रेष्ठ कोटि का आनंद लेते हुए मुक्ति को अनुभव करे। मुक्ति के लिये आत्मा की यह चेष्टा दुनिया में अनंत रूप लेकर व्यक्त होती है। योगी-धर्म भी इसी चेष्टा का एक उग्र रूप है।

"इसके विपरीत स्त्री-पुरुष की प्रीति भी इसी मुक्ति की चेष्टा का दूसरा रमणीय रूप है। किन्तु यह प्रीति केवल शारीरिक आसक्ति नहीं हुआ करती। उस आसक्ति से केवल शरीरों का मिलन होता है! सच्ची प्रीति में मनों का भी मिलन हो जाया करता है! कुछ समय बाद वह आत्माओं का मिलन भी हो सकता है। आत्म-मिलन का यह रमणीय मार्ग ईश्वर-प्राप्ति के उग्र मार्ग के समान ही कठिन होता है। गृहस्थी इस तरह से एक श्रेष्ठ और पवित्र यज्ञ है। सहस्त्र अश्वमेध का पुण्य उसमें समाया हुआ है। किन्तु इस गार्हस्थ्य-यज्ञ की सफलता के लिए पति-पत्नी दोनों को उसमें सबसे पहली आहुति अपने अहंकार की देनी होती है।

"देवयानी शीघ्र ही माँ बन जाएगी। कहते हैं, माँ का हृदय संसार के सभी दर्शनों का आगर हुआ करता है। सभी काव्य ओर दर्शन मातृ-हृदय में अपने- आप प्रस्फुरित होते हैं। आप देवयानी से अवश्य कह दीजिए कि कच उसके पुत्र को प्यार करने के लिए किसी दिन अवश्य आएगा। मुझे उसके निमंत्रण की आवश्यकता नहीं। आखिर उसका भाई ही तो हूँ। शुक्राचार्य के आश्रम में उसके सहवास में बिताए सुख के दिन आज भी मुझे याद आते हैं! उसकी माँ बचपन में ही चल बसी। मुझे भी अपनी माँ की कोई स्मृति नहीं है! हम दोनों इस मामले में सम-दुखी थे। शायद इसीलिए हममें इतनी जल्दी स्नेह बढ़ता गया। पता नहीं, शायद सुख की अपेक्षा दुःख में ही आदमी एक दूसरे के अधिक निकट आ जाते हैं!

"देखा न आपने? फिर चालू हो गई मेरी तोता-रटंत! इसीलिए अब यहीं पर समाप्त करता हूँ।

"आदिशक्ति आप पर और महारानी पर अपनी कृपा हमेशा बनाए रखे!"

इस पत्र को पढ़ते-पढ़ते मैं बिल्कुल ऊब गई। लगा, यह कच भी उस यति के समान पागल होकर एक दिन मेरे सामने आकर खड़ा हो जाएगा।

नहीं री माँ! कच कितना ही कठोर क्यों न हो, उसके बारे में यह अमंगल कल्पना मुझे किसी तरह बिल्कुल ही बर्दाश्त नहीं होती!

किन्तु उसका इस तरह का पत्र पढ़ लेने के बाद आखिर मेरे जैसी के मन में दूसरा विचार आता भी क्या?

आत्मा, आत्मा, आत्मा! स्त्री-पुरुष प्रीति में भी उसे आत्मा ही दिखाई देती है! स्वयं विवाह कर लेता तो पता चलता महाशय को, कि इस प्रेम में आत्मा कितनी होती है! आदमखोर शेर ओर स्त्री के सौन्दर्य पर मोहित होने वाला पुरुष—दोनों एक-से ही होते हैं! ऐसा पुरुष लावण्य चाहता है, तारुण्य चाहता है, शरीर का सुख चाहता

है, बस उसे केवल मदहोश करने वाले उन्माद की ही चाह होती है! वीणा-वादक को भी शायद अपनी वीणा के प्रति दया आती होगी, किन्तु सौन्दर्यलोलुप पुरुष को...

महाराज ने वह पत्र मुझ से माँग लिया। शायद वे उसे फिर से पढ़ना चाहते थे! मैंने हँसते-हँसते पूछा, "क्या यह पत्र मुझ से भी अधिक सुंदर है?"

मेरी ओर गौर से देखते हुए उन्होंने कहा, "विधाता तो इस समय चिन्ता में पड़े हैं कि तुमसे अधिक सुंदर कोई चीज़ वे अब बना ही नहीं पा रहे हैं!"

"बस, इस तरह मुँह-देखी बात कर दी और हो गए विदा!" शरमाकर मैंने कहा। मेरा चिबुक उठाकर मेरी आँखों की गहराई नापते हुए उन्होंने कहा, "सच कहता हूँ, देवयानी, तुम अब तो पहले से अधिक सुंदर दिखने लगी हो!"

"किन्तु इसका कारण जानते हैं क्या आप?"

"नहीं तो!"

उनकी गोद में मुँह छिपाते हुए मैंने कहा, "पुरुष तो बस बुद्धू के बुद्धू ही रहते हैं! अजी महाराज, अब मैं माँ जो बनने वाली हूँ!"

तब जाकर कहीं सारी बात उनके ध्यान में आई। मेरे लाख मना करने पर भी उन्होंने मेरा चेहरा ऊपर उठाया। बड़ी देर तक मेरी ओर एकटक देखते रहे! फिर बोले, "यह तुम स्त्रियों पर भगवान की कितनी बड़ी कृपा है! प्रकृति का सबसे बड़ा और अत्यंत मधुर राज वह तुम लोगों के कानों में आकर धीरे से कह देती है।" कुछ रुककर उन्होंने कहा, "अब तो तुम्हारी दोहदें[1] शुरू हो जाएंगी न?"

"हो जाएंगी क्यों, अजी शुरू हो भी गई हैं।"

"फिर तुमने मुझे यह भी नहीं बताया?"

"आप इसी भागदौड़ में व्यस्त थे ओर फिर मेरी दोहदें हैं बड़ी कठिन!"

"यह भी कोई बात हुई? तुम अपनी जो भी इच्छा हो कहके तो देखो! तुम्हारे मुँह से बात निकलने-भर की देर है कि इधर वह पूरी हो गई समझो!"

"कहती हूँ, सुनिए! मेरी पहली इच्छा है कि आपके मित्र का यह जो पत्र है न, उसे फिर से आप कभी न पढ़ें!"

"लेकिन क्यों?"

"पागल हो जाएगा कोई ऐसा पत्र बार-बार पढ़कर! मैं तो उसका अर्थ भी ठीक तरह से समझ नहीं पाई हूँ!"

"किन्तु..."

"किन्तु-परन्तु कुछ नहीं चलेगा। आप ने अपनी बचपन की किसी सहेली का वह सुनहरा बाल एक सन्दूक में सुरक्षित रखा है न? चाहो तो उसी सन्दूक में—अपने मित्र का यह पत्र भी रख दीजिए। बुढ़ापे में हम दोनों इस पत्र का जितना चाहें पारायण कर लिया करेंगे! किन्तु आज! कदापि नहीं। आज जबकि शीघ्र ही माँ बनने की खुशी में मेरा तन-मन क्षण-क्षण खिलता-निखरता जा रहा है दुनिया के सारे सुख

---

1. गर्भवती की इच्छाएं

हाथ जोड़कर हमारे सामने नतमस्तक खड़े हैं, आत्मा के बारे में यह वाहियात बकवास...''

उन्होंने हँसते-हँसते कहा, ''अच्छा-अच्छा जैसी तुम्हारी मर्जी!''

उसके बाद का महीना-डेढ़-महीना सुख से बीता। दोहदों का कष्ट मुझे कभी नहीं हुआ। मैं जो भी इच्छा प्रकट करती, अविलंब पूरी कर दी जाती थी। महाराज की खुशी का तो ठिकाना ही न था। मेरी हर बात को वे एकदम मान लिया करते थे।

इच्छा हुई कि नगरोत्सव में खेले गए नाटकों को फिर एक बार देख लूँ। महाराज ने तुरंत प्रबंध करवा दिया। उन नाटकों को देखते समय हम दोनों के बीच हुए पिछले संभाषणों की याद हो आई। उस समय मैंने उनसे कहा था, ''आप ऋषि के वेश में काफी अच्छे जंचेंगे!'' उस दिन कच का पत्र लेने के बाद उन्होंने ही स्वयं कहा था, ''काश, मैं भी कच के जैसा तपस्वी हो गया होता!''

मैं बार-बार कल्पना करने लगी कि आखिर महाराज ऋषि के वेश में कैसे लगेंगे।

क्या ही मज़ेदार कल्पना थी! किन्तु वह चरितार्थ हो भी, तो कैसे? अंत में मुझे एक तरकीब सूझी। मैंने उनसे कहा, ''जी बहुत कर रहा है कि किसी ऋषि के साथ यमुना किनारे में सैर कर आऊँ!''

उन्होंनें हँसकर कहा, ''चाँदनी में यमुना किनारे तो किसी भी समय जाया जा सकता है, किन्तु किसी ऋषि के साथ जाने की तुम्हारी इच्छा बड़ी अजीब-सी लगती है!''

''एक महर्षि के आश्रम में पली लड़की जो हूँ! महारानी बन गई तो क्या हुआ? वे संस्कार अभी मिटे थोड़े ही न हैं?''

''किन्तु इसके लिए तुम्हारे परिचय का ऋषि कहाँ से लाया जा सकता है? तुम्हारे पिता तपस्या के लिए बैठे है। कच यहाँ होता तो...''

''अजी, मैं कौन उन ऋषि-महाराज से वेदान्त की चर्चा करने जा रही हूँ? यह तो बस मेरा एक पागलपन का हठ ही समझ लीजिए! आप स्वयं ऋषि बन कर मेरे साथ चलें तो मुझे कोई आपत्ति नहीं होगी!''

''धत्! तुम भी कमाल करती हो!''

''आप मुझे हृदय से चाहते ही नहीं! मुझसे सच्चा प्रेम ही नहीं करते!'' मैं बुदबुदाई और रूठकर बैठ गई। फिर दो-एक दिन महाराज से मैंने बात करना भी छोड़ दिया। प्रयत्नपूर्वक उनसे दूर-दूर ही रहने लगी।

मैं इससे पहले भी अनेक बार अनुभव कर चुकी थी कि मेरे रुष्ट होने पर महाराज हमेशा हथियार डाल दिया करते हैं। इस समय भी उस ब्रह्मास्त्र ने अपना काम बराबर किया। काफी आनाकानी और झिझक के बाद महाराज आखिर ऋषि बनने को तैयार हो गए। नगरोत्सव में काम करने वाले एक कुशल अभिनेता की

सहायता से उन पर ऋषि का स्वांग रचाने का सारा प्रबंध मैंने किया। एक चाँदनी रात भी तय कर ली और उस दिन सायं हम रंगशाला में गए। बाहर आए तो वह एक तेजस्वी ऋषि के रूप में हाथ में दण्ड-कमण्डलु लिए मेरे साथ चल रहे थे!

मैंने सारथी से रथ यमुना किनारे ले चलने को कहा। मैंने उस सारथी को पहले से ही अपने इस षड्यंत्र में शामिल कर लिया था, वर्ना वह बार-बार मुड़ कर देखता कि महारानी किसी ऋषि के साथ इतनी घनिष्ठता से व्यवहार कर रही हैं और देखकर शायद भौंचक्का रह जाता।

यमुना के घाटों पर जी भरकर चाँदनी का आनन्द लेने के बाद मैंने महाराज से कहा, ''आज मैंने एक भारी विजय प्राप्त की है!''

''कैसी विजय?''

''याद है आप को?—नगरोत्सव के एक नाटक के समय मैंने आप से कहा था कि ऋषि का वेश आप पर फबेगा! आप ने उत्तर दिया था कि मैं किसी हालत में ऋषि बनने वाला नहीं हूँ! किन्तु आज—कहिए? किसने शर्त जीत ली?''

और इस पर कितनी ही देर हम दोनों दिल खोलकर हँसते रहे।

यमुना के तट से लौटते समय एक और भी मज़ेदार कल्पना मेरे मन में आई। वहाँ से अशोक वन कोई दूर न था। मैंने सोचा इस वेश में शर्मिष्ठा महाराज को कतई नहीं पहचान पाएगी। तो क्या हर्ज है उससे थोड़ा मज़ाक किया जाए?

महाराज न-न कर रहे थे, किन्तु फिर भी मैंने सारथी से रथ अशोक वन ले चलने को कह ही दिया।

रथ के रुकते ही दो सेवक दौड़कर बाहर आए यह देखने के लिए कि इतनी रात बीते कौन आया है। मैंने उनसे कहा, ''आज राजमहल में ये महात्मा पधारे हैं। आप हमारे अतिथि हैं। मैं इन्हें यहाँ इसलिए लाई हूँ ताकि शर्मिष्ठा भी इनका पवित्र दर्शन कर सके। चार घड़ी बाद मैं इन्हें लेने के लिए फिर आ जाऊँगी। इन्हें ठीक से भीतर ले जाओ और शर्मिष्ठा को इनका दर्शन करने दो।''

महाराज न तो 'हाँ' कर सकते थे न 'ना' कर सकते थे! कहीं बेमौके भेद खुल जाता तो सारा मामला चौपट होने का भय जो था! मन ही मन झल्लाते वे चुपचाप भीतर चले गए।

मुझे शर्मिष्ठा पर बार-बार हँसी आ रही थी। आज वह बड़े भक्ति-भाव से इन ऋषि महाराज की आवभगत करेगी। आगे चलकर कभी उसे इस घटना की याद दिलाऊँगी और सारा नाटक भी उसे बता दूँगी! फिर वह कितनी शरमाएगी, शरम के मारे मर-सी जाएगी!

दो-चार घड़ी बाद फिर से यमुना किनारे चाँदनी में सैर कर मैं महाराज को लेकर वापस नगर में आ गई।

महल लौटते समय महाराज ने मुझ से कहा, ''चार घड़ी ऋषि का वेश क्या बनाया, इसे निभाते-निभाते भगवान याद आ गए! ओफ! आज कल्पना कर सका

मैं कि समुद्र-मंथन के समय मोहिनी का रूप लेकर देव-दानवों को अमृत परोसने वाले भगवान विष्णु पर क्या गुज़री होगी!''

इतना कहकर वे चुप हो गए। किन्तु उनकी मुद्रा पर अपूर्व उल्लास उमड़ रहा था। मेरी समझ में नहीं आया कि उन्हें इतना हर्ष किस बात पर हो रहा है! उनके उल्लसित चेहरे की ओर देखते समय मुझे ऊषा के रंग में रंग जाने वाली प्राची के समान ही संध्या की विविध रंगीन छटाओं में नहाने वाली प्रतीची की याद हो आई।

मैंने पूछा, ''शर्मिष्ठा को हमारे ऋषि महाराज ने आखिर कोई आशीर्वाद भी दिया?''

''क्यों नहीं देता? ऋषि की भूमिका जो निभानी थी! अच्छा-खासा हार्दिक आशीर्वाद दे आया।''

''आखिर वह रही एक तुच्छ दासी। उसे आप ने ऐसा भला क्या आशीर्वाद दिया होगा?''

''वही, जो हर कुआंरी को दिया जाता है—अनुरूपवरप्राप्तिरस्तु!''

महाराज द्वारा शर्मिष्ठा को दिए गए इस आशीर्वाद पर मैं इतनी हँसी इतनी हँसी! क्या खूब! क्या कहने हैं! अब इनके आशीर्वाद से उसे अनुरूप पति मिलने वाला है। यानी अशोक वन के ही किसी सेवक के साथ उसका विवाह होने वाला है!

पिताजी को गुफा में प्रवेश किए तीन महीने होने को आए थे। उनके दर्शन करने का दिन पास आ रहा था। मैं वहाँ जाने की जल्दी करने लगी। महाराज का कहना था कि अब इतनी लम्बी यात्रा मुझ से नहीं हो सकेगी। किन्तु मैं तो पिताजी को देखने के लिए बड़ी उतावली हो रही थी। बार-बार मन में आता था, कहीं इस पुरश्चरण का उनके स्वास्थ्य पर कोई विपरीत परिणाम तो नहीं हुआ होगा? एक बार उन्हें अपनी आँखों से देखे बिना मुझे चैन मिलना असंभव था!

मैं पिताजी का दर्शन करने पहुँच गई। उन्हें स्वस्थ पाकर मुझे बहुत हर्ष हुआ, किन्तु इस प्रवास का मुझे इतना क्लेश हुआ कि वहाँ जाकर मैं बीमार हो गई। आशा के विपरीत महाराज से मुझे काफी अधिक समय दूर रहना पड़ा।

स्वच्छंदता से छलांगें भरते जाने वाले हिरन की तरह समय गुज़र गया।

यथासमय मैं माँ बनी। मेरे पुत्र हुआ। न केवल नगर में, बल्कि समूचे राज्य में सर्वत्र आनन्द छा गया।

पुत्र के नामकरण का प्रश्न उपस्थित हुआ। महाराज ने प्रथम तो अपने पिता के नाम पर नामकरण करने का सुझाव दिया। फिर अपने परदादा का नाम सुझाया। किन्तु मुझे इस तरह किसी का उधार लिया नाम पसंद नहीं था। मैंने अपनी पसंद का नाम खोज लिया—'यदु।'

नामकरण समारोह के लिए शर्मिष्ठा राजमहल आई। उसका सारा रंग-ढंग बदल गया था। शरीर पर अपूर्व कांति छा गई थी। मुद्रा पर काफी तेज चढ़ा था। मैंने सपने में भी न सोचा था कि उसे यह दासता इतनी भा जाएगी। मेरा तो अनुमान था कि अशोक वन के वीराने में घुट-घुटकर आखिर हारकर वह मेरे चरणों में आ गिरेगी और गिड़गिड़कर प्रार्थना करेगी कि कृपा कर मुझे इस दासता से मुक्त करो! किन्तु प्रत्यक्ष में मैंने जो कुछ देखा वह एकदम विपरीत था। वह नितांत सुखी, सन्तुष्ट और प्रसन्न दिखाई दे रही थी।

उसकी मुद्रा से तो मुझे ऐसा ही लगा। किन्तु उसकी चलने-फिरने की हरकत से मुझे कुछ और ही सन्देह हो गया! मैंने अपनी उस बूढ़ी दासी से उस पर थोड़ी देर कड़ी नज़र रखने के लिए कहा। आधी घड़ी बाद ही वह बूढ़ी दासी आई और मेरे कान में कुछ फुसफुसाई। मन में तर्क-वितर्क की ज़बरदस्त उधेड़बुन होने लगी। एक राजकन्या होकर भी इसने व्यभिचार किया होगा? किसी मामूली सेवक के साथ?

जो भी हो! ज़ाहिर था, उसने व्यभिचार किया था! पाप भी भला कहीं छिप सकता है?

वह अब फिर से मेरे चुंगल में फँस गई थी। अगतिक होकर मेरे पाँव पर नाक रगड़ने के सिवा उसके लिए अब कोई चारा नहीं था। उसका अपराध था ही इतना भीषण!

अन्य दासियों को महल से बाहर भेजकर मैंने शर्मिष्ठा को भीतर बुलवा लिया। वह आई और सिर झुकाकर खड़ी रही। मुझे फिर भी चुप ही देखकर उसने पूछा, ''कहिए, क्या आज्ञा है?''

''केवल ऊपर देखो!''

उसने नज़र उठाई।

''मेरा एक सवाल है! उसका सही-सही उत्तर देना। अपने माता-पिता के चरणों की सौगंध खाकर उत्तर देना।''

वह मौन ही खड़ी रही।

काफी कठोर स्वर में मैंने पूछा, ''क्या तू गर्भवती है?''

उसके होंठ कुछ हिले। किन्तु मुँह से शब्द निकला नहीं। अंत में उसने गर्दन हिलाकर 'हाँ' कहा।

''यह व्यभिचार...''

''मैं व्यभिचारिणी नहीं हूँ, एक बड़े ऋषि के आशीर्वाद से...''

''ऋषि के आशीर्वाद से? कौन है ये ऋषि? किसने यह कृपा की है तुझ पर? क्या कच ने?''

वह फिर भी कुछ बोली नहीं। हँसी नहीं! डरी भी नहीं। बस पत्थर का बुत बनी केवल खड़ी रही!

शर्मिष्ठा

देवयानी के 'क्या तू गर्भवती है?' प्रश्न से मैं कितनी सकपका गई थी! नहीं! मैं केवल सकपकाई नहीं, बल्कि घबरा गई, हड़बड़ा गई, असमंजस में पड़ गई थी। मन में एक ही समय लज्जा और डर दोनों भावनाएं जागी थीं। सारा शरीर थरथर काँप उठा था! सीना तानकर अभिमान से हाँ कहने की प्रबल इच्छा मन में जाग गई थी! हाँ—एक ही अक्षर का छोटा-सा शब्द! किन्तु वह भीतर ही अटककर रह गया। कहीं मन ही में भटककर रह गया।

हम दोनों बचपन की सहेलियाँ थीं! कितना असीम आनंद होता है जब ऐसी सहेलियाँ बड़ी होने पर मिलें और एक-दूसरी से हँसते-हँसते पूछें, 'क्यों री कोई आने वाला है न?' फिर दूसरी शरमाकर अपने जीवन का वह मधुर राज़ पहली को धीरे से बताए! किन्तु निर्मम नियति ने मेरे भाग्य में ऐसा मधुर प्रसंग नहीं लिखा था।

देवयानी को हर्ष हुआ तो था किन्तु वह शर्मिष्ठा के पकड़ी जाने की था! अब सर्वत्र शर्मिष्ठा की बेइज़्ज़ती होगी, इसका था! शर्मिष्ठा द्वारा चोरी-चोरी किया गया प्रेम अब सारी दुनिया के सामने आएगा वह आनंद इसी कल्पना का था! उसके मन में लडडू फूट रहे थे, क्योंकि अब मैं शायद उसके चंगुल में फँस गई थी! शेरनी को नया भक्ष्य मिलने के कारण उसकी बाछें खिल गई थीं! अब हर बार वह 'व्यभिचारिणी' कहकर मुझे अपमानित करने वाली थी।

उसके मुँह से व्यभिचार शब्द सुनते ही मेरा खून खौल गया, उबल पड़ा। चाहती तो एक ही शब्द कहकर उसका मुँह बंद कर सकती थी। उस शब्द से सारे राजमहल में कुहराम मच जाता! अपने गर्भ में पल रहे शिशु के पिता का नाम मैं उसे बता देती तो उसका मुँह चुहिया जैसा इतना-सा होकर रह जाता।

वह नाम बता देने से क्षण-भर के लिए प्रतिशोध का सन्तोष मुझे अवश्य मिल जाता, किन्तु उस शब्द के कारण यदु के नामकरण के सारे समारोह के रंग में भंग हो जाता! देखते-ही-देखते सारे राजमहल पर उदासी छा जाती। देवयानी तो कोस-कोस कर महाराज का जीना हराम कर देती। उन दोनों में हमेशा के लिए अनबन हो जाती। और भी, पता नहीं, क्या-क्या न हो जाता?

अपने क्षणिक सन्तोष के लिए क्या मैं ऐसा कुछ कर सकती जिससे मेरे प्रिय

व्यक्ति को दुख पहुँचता? कदापि नहीं! फिर तो वह प्रेम है ही नहीं। जो मुक्त हस्त से अपना सर्वस्व दे देता है, वही सच्चा प्रेम है!

कह नहीं सकती, "मैं व्यभिचारिणी नहीं। एक ऋषि के आशीर्वाद से..." ये शब्द अचानक कैसे मुझे सूझ पड़े! किन्तु उन शब्दों ने मुझे काफी धीरज दिया। उन्होंने मेरी लाज रख ली। वे शब्द झूठ भी थे और सच भी!

"मैंने सोचा था, चूंकि सूर्य जैसा देवता या बड़े-बड़े ऋषियों के आशीर्वाद से अविवाहिताओं के भी संतान होने की कई कथाएं सबने सुनी हैं, मेरा वह उत्तर सुनकर देवयानी को हाथ मलते रह जाना पड़ेगा। किन्तु स्वभाव की भी कहीं दवा होती है? तुरन्त ही कड़ककर उसने कितने कटु शब्द कह दिए, "किसने यह कृपा की है तुझ पर? क्या कच ने?" यह वही देवयानी है जिसने कभी कच को हृदय से प्रेम किया था। किन्तु कितना आश्चर्य कि उसी कच पर इतना अमंगल सन्देह करते यह ज़रा भी न अघाई, न थोड़ी भी हिचकिचाई।

"किसने की यह कृपा तुझ पर?" कितने संदिग्ध, किन्तु कितने चुभीले, कितने ज़हरीले थे ये शब्द! कच की पवित्र मूर्ति पर इस तरह कीचड़ उछालते।

शुभ्र कमलों से जिस देवता का पूजन किया जाना चाहिए, उस पर कहीं कोई तालाब का कीचड़ निकालकर पोतता है? किन्तु सौन्दर्य की रानी देवयानी ने ठीक वही किया था!

मैंने तो बस "एक ऋषि के आशीर्वाद से" इतना ही कहा था। देवयानी को मुझ से क्रूर मज़ाक ही करना था, तो उस पागल यति का ही नाम ले लेती! फिर मुझे इतना दुख भी न हुआ होता।

वैसे भी उस दिन भरे दरबार में देवयानी ने मेरी क्या कम बेइज़्ज़ती की थी? वह बावरा यति मेरी ओर देखता हुआ उससे पूछ बैठा, "ऐ, तुम्हारी यह दासी मुझे दोगी?" वास्तव में यह पहिचानकर कि वह सिरफिरा है देवयानी को चाहिए था कि चुप बैठती। किन्तु मेरे जले पर नमक छिड़काने के लिए उसने उससे ही पूछा, "इसका क्या कीजिएगा स्वामीजी? क्या इसे अपनी पत्नी बनाएंगे?" वह तो अच्छा ही रहा कि वह यति सचमुच पागल था और महाराज का भागा हुआ भाई था, वर्ना मेरी खैर नहीं थी। उसके स्थान पर कोई लफंगा वैरागी होता तो उसने देवयानी के प्रश्न पर तुरंत हाँ भर दी होती और यह चुड़ैल भी बेझिझक मुझे उसकी झोली में डाल देती! दरबार में देवयानी का वह बेहयाई से भरा प्रश्न सुनकर कुछ क्षण के लिए तो मेरा खून जैसे जम गया। ठीक-से साँस लेते भी नहीं बन रहा था मुझसे!

किन्तु इसमें शक नहीं कि यति वास्तव में पागल था। मुझे कभी पता नहीं चला कि उसके पागलपन की वजह क्या थी! किन्तु बार-बार एक विचार मन को सताए जा रहा था कि आखिर घरबार छोड़कर जंगल में तपस्या करने के लिए गए मनुष्य की इस तरह दुर्दशा क्यों होनी चाहिए? उसके साथ कच भी अशोक वन रहने के लिए आया था! दोनों जप-तप करने वाले योगी थे। किन्तु दोनों में आकाश-पाताल का अन्तर था! कच कितना स्नेहशील, कितना विवेकी और कितना

संभ्रांत था! और वह यति—कभी कभी तो मेरी ओर वह इतनी आँखें गड़ाकर देखता रहता—उसकी नज़र में अभिलाषा नहीं थी! किन्तु उससे भी भयंकर कुछ था। उसकी उस नज़र की, वेषभूषा की, बर्ताव और बातचीत के ढंग की, इतना ही नहीं उसकी किसी भी बात की मैंने किसी से शिकायत नहीं की, ताकि राजमाता को व्यर्थ ही में अधिक दुख न पहुँचे! किन्तु फिर भी होना था, सो होकर ही रहा!

एक रात मैं गाढ़ी नींद सो रही थी। किसी के बर्फीले स्पर्श से मैं एकदम चौंककर जाग गई। मेरे गले पर किसी का हाथ था। हाथ केवल रखा हुआ नहीं था। कोई दोनों हाथों से मेरा गला दबा रहा था! मेरा दम घुट रहा था मैं बहुत डर गई थी!

थरथर काँपते हुए मैंने आँख खोलकर देखा यति मेरे पास बैठा था। मेरा गला दबाते समय उसकी आँखें अजीब तेज से चमक रही थीं, कोटर में बैठे उल्लू की तरह! वह अपने से ही हँस रहा था। कितनी डरावनी हँसी थी उसकी! मैं जी-जान से एकदम चीख उठी। वह तपाक से उठा, दौड़ता हुआ खिड़की की तरफ गया और बाहर कूदकर भाग गया! भगवान जाने कहाँ चला गया।

तो मेरे गर्भ में पल रहा शिशु उस पगले का है ऐसा भी देवयानी कह देती तो भी शायद मैं उसकी बात को बर्दाश्त कर लेती। उसमें अपमान था भी तो मुझ अकेली का था। किन्तु उसने कच का नाम लेकर जो अधम उद्‌गार निकाले...

क्या कल किया हुआ प्रेम मनुष्य आज भुला देता है? हाँ भुलाता ही होगा। इसीलिए तो देवयानी कच के बारे में इतने अजीब और विषैले उद्‌गार निकाल सकी!

देवयानी ने भले ही कल किए गए प्रेम को आज भुला दिया होगा, किन्तु शर्मिष्ठा ऐसी भुलक्कड़ नहीं है। कल किए गए प्रेम को वह आज किसी भी हालत में नहीं भुलाएगी, बल्कि आने वाले कल भी—बिलकुल सृष्टि के अन्त तक भी—उस प्रेम के साथ कभी प्रतारणा नहीं करेगी!

कच को यदि उसके बारे में देवयानी के ये कुत्सित उद्‌गार मालूम हो जाएं तो वह क्या सोचेगा? नहीं! वह कुछ भी न बोलेगा। केवल हँस देगा। वह देवयानी के स्वभाव को अच्छी तरह पहिचानता है।

अशोक वन से राजमाता को साथ लेकर जाते समय वह मुझ से विदा माँगने आया तो मैंने उससे पूछा, "कचदेव फिर आप से भेंट कब होगी?"

उसने हँसकर कहा, "क्या मालूम? भाग्य बड़ा मनचला होता है। शायद वह कल ही मुझे फिर यहाँ ले आएगा! शायद दस-बीस वर्ष मैं इस ओर आऊँगा भी नहीं!"

उसका यह अंतिम वाक्य सुनकर मेरा मन बहुत उदास हो गया। अब दस-बीस वर्ष कच का दर्शन भी नहीं होगा! कोई कह दे कि दस-बीस वर्ष सूर्य का दर्शन नहीं होगा, तो कैसा लगेगा?

कच अशोक वन में कितने थोड़े दिन रहा! किन्तु उतनी अवधि में उसने मेरे मन को कितना धीरज बंधाया! मुझे कितना सहारा दिया! मानो शर्मिष्ठा की आत्मा का पुनर्जन्म ही उसने कर दिया।

इसीलिए मैंने पूछा, "दस-बीस वर्ष आप कहाँ रहेंगे?"

"हिमालय में! तपस्या करने।"

"किस लिए तपस्या करने जा रहे हैं आप?"

"किसी कारण की क्या आवश्यकता है? मेरी तपस्या के फलस्वरूप देवयानी का स्वभाव बदल पाना संभव होता न, तो मैं उस बात के लिए भी तपस्या...एकदम कठोर तपस्या करने बैठ जाऊँगा!"

देवयानी से मैंने कभी—स्वप्न में भी—ईर्ष्या नहीं की थी। वह हस्तिनापुर की महारानी बन गई तब भी नहीं! किन्तु उसके बारे में कच के ये विचार जान कर मुझे लगा, देवयानी कितनी भाग्यशालिनी है! उसे इस दुनिया में किस बात की कमी हो सकती है, जिसके लिए कच जैसा तपस्वी अपनी आज तक की सारी तपस्या पर सहर्ष पानी फेरने के लिए तैयार हो? ऐसे उत्कट और निरपेक्ष प्रेम के बराबर मूल्यवान इस संसार में दूसरा क्या हो सकता है?

कच ने यह हँसते-हँसते कहा। किन्तु...किन्तु उसकी उस हँसी से ही मुझे उसके दिल की व्यथा भी मालूम हो गई। देवयानी के स्वभाव से—उसके उद्दण्ड आचरण से—वह दुखी था। फिर भी देवयानी के प्रति उसकी आत्मीयता रत्ती-भर भी कम नहीं हुई थी।

प्रीति के इस मूक दुख से बढ़कर दूसरा दुख इस संसार में नहीं है। किन्तु इस मूक व्यथा की वेदनाओं को कोई दूसरा कम करना चाहे भी, तो कैसे?

यह देखकर कि मैं कुछ भी बोल नहीं रही हूँ, कच ने कहा, "शुक्राचार्य ने फिर उग्र तपस्या आरम्भ की है। संजीवनी के समान ही कोई विचित्र विद्या अब वे प्राप्त करेंगे। तब फिर देव-दानवों में युद्ध छिड़ जाएगा! यह संसार देव, दानव, दस्यु मानव, सबका है। किन्तु इस संसार में हमेशा इनमें कोई-न-कोई कलह चलते रहते देखकर मुझे नींद नहीं आती। लगता है पीढ़ी-दर-पीढ़ी, क्या यह सिलसिला इसी तरह चलता रहेगा? क्या भगवान उमाशंकर की यही इच्छा है कि इस विश्व में युद्ध, कलह, दुख, संघर्ष का ही साम्राज्य रहे? मेरे मन में तो प्रबल इच्छा है कि कठोर तपस्या कर उन्हें प्रसन्न कर लूँ और उनके चरणों में एक ही ज़िद कर बैठूँ कि 'भगवन् मुझे कोई वरदान मत देना, बस एक वह मंत्र दे देना जिससे इस विश्व में शांति का साम्राज्य फैला सकूँ!' इसीलिए मैंने तुमसे अभी कहा कि शायद दस-बीस वर्ष हमारी भेंट नहीं होगी!"

उस दिन कच और राजमाता को लेकर रथ भृगु पर्वत की ओर चला गया। अशोक वन एकदम सूना-सूना-सा लगने लगा! मेरे मन में तो बस दिन रात ये ही भूत नाचते थे कि मैं एक अभागिन दासी हूँ, मानसिक यंत्रणा देने के लिए ही देवयानी ने जानबूझकर मुझे अशोक वन में रखा है। यहाँ के एकान्त विजनवास में कुढ़ते-घुटते एक दिन मेरा अन्त हो जाएगा, देवयानी इस बात के लिए सतर्कता बरतेगी कि

ऐसा कोई भी सुख जिससे नारी-जीवन खिल जाये मेरे जीवन में भूले से भी न झांकने पाए, अपने पूरे यौवन में ही जब मैं बूढ़ी दिखने लगूँ तभी देवयानी को प्रतिशोध का पूरा सन्तोष मिलेगा...किन्तु कच ने मेरे मन के इन भूतों को कितने थोड़े समय और कितने चंद शब्दों में ही बिल्कुल एकदम निकाल बाहर किया और दूर-दूर भगा दिया था।

भरी सभा में देवयानी ने क्या ही अकड़कर कच से कहा था कि शर्मिष्ठा मेरी दासी है! विष बुझे तीर के समान वे शब्द मेरे कलेजे में गहरे घुस गए थे! किन्तु वे शब्द अभी हवा में विलीन हुए भी न थे कि कच ने मेरी ओर करुणाभरी, स्नेहपूर्ण दृष्टि से देखा। उसकी उस नज़र ने मानो मेरे घायल मन पर अमृतवर्षा की। उन शब्दों के कारण हो रही तीव्र जलन एकदम शांत कर दी!

अशोक वन आते ही कितनी तत्परता से वह मेरा कुशल-क्षेम पूछने के लिए अतिथि-शाला के बिल्कुल पीछे की ओर स्थित मेरे महल में आया। उसे देखते ही मैं उठकर खड़ी हो गई। वह मुझ से बार-बार बैठ जाने का आग्रह करने लगा। अंत में मैंने कहा, ''कचदेव, आपके सामने बैठी रहने के लिए अब शर्मिष्ठा राजकन्या थोड़े ही है? वह तो अब दासी है!''

मुझ पर अपनी स्निग्ध दृष्टि गड़ाकर उसने हँसकर कहा, ''शर्मिष्ठे, क्या कस्तूरी मृग को कभी पता भी होता है कि उसके अंतरंग में सुगंधित कस्तूरी है? तुम्हारा हाल भी वैसा हो गया है। यह ठीक है कि तुम्हारे शरीर को आज दासी के काम करने पड़ रहे हैं। किन्तु तुम्हारी आत्मा किसी की भी दासी नहीं! वह पूर्णरूपेण मुक्त है। इस संसार में ईश्वर का दर्शन वही कर पाता है जिसकी आत्मा मुक्त होती है। बड़े-बड़े ज्ञानी ऋषि-मुनियों को बरसों तपस्या करने पर भी जो मोक्ष नहीं मिलता...''

लाज से लाल होकर सिर झुकाकर मैंने कहा, ''कचदेव, मैं देवयानी की एक अप्रिय दासी हूँ। मेरी समझ में आप की आत्मा वात्मा की बातें कैसे आ सकती हैं!''

''पहले तुम आसन पर बैठो तो सही! बैठने का संबंध शरीर से है आत्मा से नहीं। अतः उतना करने में तो तुम्हें कोई कठिनाई नहीं होनी चाहिए!''

'आप के सामने मैं नीचे बैठ गई ओर किसी ने जाकर देवयानी से चुगली खाई तो मुझे उसकी और डांट खानी पड़ेगी। मैं दासी हूँ इसे...'

''तुम दासी नहीं हो!''

''तो फिर मैं कौन हूँ? कभी मैं राजकन्या थी। किन्तु आज? आज न तो मैं किसी की कन्या हूँ, न किसी की पत्नी न किसी की माता! इस संसार में मैं कुछ भी नहीं हूँ!''

''ऐसा कौन कहता है?''

''मैं!''

''तुमने अभी अपने आपको नहीं पहिचाना। तुम बहन भी तो हो।''

''बहन? किसकी बहन?''

''मेरी! कच की दो बहिनें है। एक देवयानी और दूसरी शर्मिष्ठा।''

कितने मामूली शब्द थे वे! किन्तु उन्होंने मन में कितनी चेतना जगा दी। मैं कच को बहन हूँ। इतना बड़ा विरक्त, त्यागी, तपस्वी और पवित्र भाई मुझे मिला है! तो क्या केवल इसलिए कि मेरे शरीर पर दासता आरोपित है, मैं रोती, कुढ़ती, घुटती, मरती रहूँ? नहीं—मैं कदापि कुढ़ती नहीं बैठूंगी!

कच आगे कहने लगा, "तुम मेरी केवल बहन नहीं हो, मेरी गुरु भी हो। मेरी मान्यता थी कि संजीवनी प्राप्त करते समय मैंने अपनी जाति के लिए बड़ा त्याग किया है। किन्तु तुमने मुझसे भी कहीं श्रेष्ठ कोटि का त्याग किया है। तुम्हारे इस शिष्य की तुम से प्रार्थना है कि तुम अपनी दासता के दुख को व्यर्थ यों घोंटती न रहो! दुनिया की नज़रों में शायद तुम दासी होगी, किन्तु मेरी दृष्टि में तुम महारानी हो । दासी तो वास्तव में देवयानी है! वह ऐश्वर्य, प्रतिष्ठा और अहंकार की दासी हो बैठी है! अपनी आत्मा को स्वार्थ, वासना और भोगों का शिकार बनाने वाला ही इस संसार में हमेशा दासता में सड़ता रहता है! स्वार्थ पर, अपने सारे सुखों पर अंगारे रखकर तुम यहाँ आ गई हो। मनुष्य का नाता सीधे भगवान से जोड़ने वाला अत्यंत कठिन त्याग का मार्ग तुमने अपनाया है। तुम ही वास्तव में स्वामिनी हो, दासी कदापि नहीं! शर्मिष्ठे, मैं जानता हूँ कि बड़ा भाई छोटी बहन का अभिवादन करने लगे तो वह उसे अच्छा नहीं लगेगा; किन्तु उम्र में तुम मुझ से छोटी होती हुई भी तपस्या में मुझ से बहुत-बहुत बड़ी हो। इसलिए..."

लगा, कि बोलते-बोलते वह मेरा अभिवादन करने के लिए अपने हाथ जोड़ने जा रहा है...

तभी मैं कहाँ हूँ, और क्या कर रही हूँ, इसका कुछ भी होश न रखकर मैं लपक-कर आगे बढ़ी और उसके दोनों हाथ अपने हाथों में ले लिए। दूसरे ही क्षण मन में आया कि शायद ऐसा करना उसे छेड़छाड़ लगेगी, वह नाराज़ हो जाएगा और मेरे हाथों को झटका देगा। आश्रम में रहते वह देवयानी के स्पर्श को कितनी दक्षता से टालता रहता था, इसकी याद आते ही मैं शरमाई, असमंजस में पड़ गई। उसके हाथों से अपने हाथ छुड़ाने लगी मैं! शायद यह सब उसके ध्यान में आ गया था। मेरे हाथों को थामे रखकर हँसते हुए उसने कहा, "सभी स्पर्श एक-से नहीं हुआ करते बहन! आज मेरी माँ होती और उसे लगता कि मैं हिमालय में न जाऊँ, तो क्या अपनी ममता का अधिकार जताने वह मुझे इसी तरह नहीं थाम लेती!"

क्षण-भर बाद उसने मेरे हाथ छोड़ दिए और पुकारा, "दीदी!"

मैं उसकी ओर पागल की तरह मुंह बाये खड़ी देखती रही। उसने दुबारा मुझे दीदी कहकर पुकारा। कच मुझे दीदी कह रहा था। मैं कच की बहन हो गई थी तो अब दुःख करने का मेरे लिए क्या कारण था?

कच कह रहा था, "दीदी, पत्नी बनने से पहले ही तुम माँ बन गईं। समूचे दानव-कुल की माँ बन गईं। वह आत्मशक्ति जिसके बल पर तुमने इतना बड़ा त्याग किया है, तुम्हारे भीतर हमेशा बढ़ती रहे यही मेरा आशीर्वाद है।"

उसके एक-एक शब्द को कोई मेरे मन पर अंकित करता जा रहा था।

जब तक कच अशोक वन में था, उसके साधारण, सरल शब्दों से निर्माण होने वाला सात्त्विक उन्माद मन पर छाया रहता था! किन्तु उसके चले जाते ही सारा उन्माद एकदम गायब हो गया। मन की अवस्था तो ऐसी हो गई, जैसे चौथ का चाँद डूब जाने के बाद उदास आकाश की हो जाती है। कच के आने से पहले अशोक वन के निष्क्रिय और नीरस जीवन-क्रम से मैं ऊब गई थी। अब तो इसी की चिन्ता रहती कि आने वाला हर पल आखिर कैसे बीतेगा।

राजमहल में मैं चित्र बनाया करती थी। अब फिर से उसी शौक में मन को रमाने का प्रयास करने लगी। पहले कुछ दिनों तक तो मैं पेड़-पौधों और विभिन्न वस्तुओं के चित्र बनाती रही; किन्तु कुछ दिनों बाद प्रकृति की विविधता से मन को प्रेरणा मिलनी बंद-सी हो गई। आखिर बाहर के सौन्दर्य के प्रतिबिम्ब मन के दर्पण में ही तो दिखाई देते हैं न? मेरे मन का दर्पण तो उसी दिन चूर-चूर हो गया, जिस दिन मैं दासी बनी! फिर कितने ही दिनों तक उस टूटे हुए दर्पण के टुकड़ों को संजोकर उसमें दिखाई देने वाले टेढ़े-मेढ़े बिम्बों-प्रतिबिम्बों को ही मैं देखती रही थी। किन्तु अब उन टुकड़ों को ठीक तरह से जोड़ना भी असम्भव-सा हो चला था। मेरा दिल एक श्मशान-सा हो गया था। इस श्मशाम की लताएं और फूल भी अधजले और धुएं से काले होकर भूतों जैसे दिखाई दे रहे थे!

फुरसत का समय मुझे शेर की तरह खाने को दौड़ता। फिर जिन बातों और स्मृतियों को मैंने जानकर मन के कबाड़खाने में फेंक रखा था, वे वहाँ से चुपके से बाहर निकलकर मेरे मानस-मंदिर में पलंग पर आकर बैठ जातीं। युद्ध के लिए रवाना होते समय मैंने महाराज को कुमकुम तिलक किया था। उस समय उनका वह छूटता-सा स्पर्श! कच के हाथों का भी स्पर्श मुझे हुआ था। किन्तु इन दोनों स्पर्शों में कितना अन्तर था! कच से स्पर्श का स्मरण होते ही अरण्य में स्थित किसी ऋषि के सुंदर, शांत और पवित्र आश्रम की याद हो आती। किन्तु महाराज के स्पर्श की स्मृति से उद्यान का कोई उन्मादक लता-कुँज आँखों के सामने आ जाता।

महाराज का वह स्पर्श मन के कबाड़खाने से अकेला बाहर नहीं आता! फिर तो महाराज और देवयानी के मधु-मिलन की वह रात भी याद आती। महल के बाहर तांबूलों का थाल लिए खड़ी शर्मिष्ठा दिखाई देती। झगड़ा करके महल से जाने वाली देवयानी के स्थान पर मैं होती तो ऐसी शर्मनाक घटना कभी न हुई होती। मैं तो महाराज को क्षण-भर के लिए भी दुःख न पहुँचने देती । मुझे मदिरा पसंद न भी होती, तब भी उनके लिए उसकी महक मैं बर्दाश्त कर लेती...

नहीं; वह रात मुझे हर रात को याद आने लगी। मेरा मन बहुत बेचैन हो उठता। फिर दो पहर रात बीत जाने पर भी मुझे नींद न आती। सागर से मिलने के लिए उत्सुक नदी की आतुरता मेरे रोम-रोम में थिरकने लगती। मन हवा से बातें करने लगता। शरीर का प्रत्येक कण प्यासा होकर 'प्रेम!' प्रेम! कहकर आक्रोश करने लगता।

इसी तरह एक रात जब नींद आ ही नहीं रही थी, मैं चित्र बनाने बैठी। पुरुरवा और उर्वशी का वह नाटक याद आया। सोचा कि उसी प्रसंग का चित्र बनाया जाए। पुरुरवा की मैं कल्पना करने लगी। क्षण-भर में मेरी आँखों के सामने महाराज की मूर्ति खड़ी हो गई। वाह! पुरुरवा तो बहुत ही बढ़िया मिल गया—सोचकर मैं मन ही मन हरषाई। फिर उर्वशी कैसी हो, मैं इसका विचार करने लगी। एकदम देवयानी की मूर्ति आँखों के सामने आ गई। अप्सरा का चित्र बनाने के लिए अप्सरा के समान लावण्यवती मिलने का आनंद मुझे हुआ। किन्तु दूसरे ही क्षण आभास हुआ कि देवयानी भी जैसे महाराज को उस नाटक की उर्वशी के समान ही कोस कर जता रही हो, ''राजा, एक बात ध्यान में रखो, स्त्रियों के साथ निरंतर स्नेह बना रहना असम्भव है, क्योंकि उनका दिल भेड़िये के दिल के समान होता है!''

वैसा चित्र बनाने की मेरी हिम्मत नहीं हो रही थी। किन्तु पुरुरवा के रूप में खड़ी महाराज की मूर्ति किसी भी तरह आँखों से हटती नहीं थी। अंत में मैंने अकेले महाराज का ही चित्र बनाने का निश्चय किया!

उस चित्र को बनाने में कुछ दिन तो बड़े आनंद से कटे। आखिर चित्र पूरा हो गया। उसे दीवार से सटाकर रखकर मैंने दूर खड़ी होकर उसी ठीक तरह से देखा। चित्रकला में मैं कोई निपुण तो थी नहीं। फिर भी चित्र में बनी महाराज की आकृति कितनी सजीव और साकार लगती थी।

चित्र पूरा होने की वह पहली रात थी। मैंने उसे दीवार से सटाकर एक कोने में रख दिया था। नींद नहीं आ रही थी इसलिए मैं उसकी ओर ऐसे ही एकटक देखने लगी। थोड़ी देर बाद मुझे आभास हुआ कि महाराज मुझ से कुछ बोल रहे हैं! वे मुझ से मज़ाक कर रहे थे—''ईश्वर ने तुम्हें इतने सुंदर बाल दिए हैं किन्तु तुम तो किसी वियोगिनी की तरह एक ही वेणी बाँधे रहती हो! यह भाई, हमें बिल्कुल पसंद नहीं। सिंह के लिए जैसे अयाल, वैसे स्त्री के लिए केश-भूषा!''

यह भी कोई मज़ाक की बात है! मैं शरमा गई। नीचे देखने लगी। काफी देर बाद उस मज़ाक का वैसा ही कोई उत्तर देने के लिए मैंने गर्दन उठाई और मुँह खोला। किन्तु...

किन्तु मैं उत्तर देती किसे? महाराज उस महल में थे ही कहाँ? और वे भी भला इस अशोक वन में क्यों आने लगे? मेरे सामने मेरे द्वारा बनाया गया महाराज का वह चित्र ही खड़ा था।

बचपन में मेरे लम्बे, घने और काले-काले बालों पर माँ को कितना नाज़ था। काम कितने ही क्यों न हों, उन्हें छोड़कर वह स्वयं मेरी चोटी बाँध दिया करती थीं। हर रोज़ नये ढंग से! दासियों से शमा की चोटी बंधवाना उसे कतई पसंद नहीं था। बचपन में किसी मंगल दिन सिर से नहाकर मैं बाल सुखाने खड़ी रहती। घुटनों तक बलखाते अपने बालों को देखकर मुझे बड़ा मज़ा आता। मन में विचार आता कि

मोर अपने पंख फैला कर नाचता है, उसकी तरह मैं भी अपने इन बालों को फुला-फैलाकर नाचूँ तो कितना मज़ा आएगा? किन्तु देवयानी नृत्य में निपुण थी। लाख कोशिशें करने पर भी मुझे नृत्य करना ठीक से आता ही नहीं था। और बालों को कैसे फुलाया-फैलाया जाए, इसका जादू तो कभी किसी ने मुझे सिखाया ही नहीं।

चोटी बाँधते समय माँ हमेशा कहा करती, ''शमा, कितनी भाग्यशलिनी हो तुम! घुटनों तक पहुँचने वाले बाल तो लाखों में एकाध लड़की को ही नसीब होते हैं! कहते हैं कि ऐसी लड़की को अचानक भाग्य लाभ होता है!''

कैसी पागलपन की धारणा थी यह माँ की? आखिर मेरा भाग्य जागा। किन्तु जिस संदूक से हीरे-मोती निकलने थे, उसी में से कंकड़-पत्थर लेकर वह बाहर आया! अशोक वन में देवयानी की अप्रिय दासी बनकर मैं रोती-कुढ़ती सड़ रही थी! केश-भूषा करने का मन नहीं करता इसीलिए, किसी बैरागिन जैसी रहती थी मैं!

साज-सिंगार कर बन-ठनकर रहने की इच्छा किस युवती को नहीं होती? किन्तु स्त्री का सारा साज-सिंगार क्या केवल उसके लिए ही होता है?

रात को करवट बदलते समय सहज ही मेरा हाथ अपनी वेणी की ओर जाता! फिर किशोर अवस्था में पढ़ा वह मधुर काव्य याद आ जाताः

उस काव्य की नायिका भी मेरे जैसी रात में जागती रहती है। नायक गहरी नींद सो गया होता है। सामने वाली खिड़की से चाँद दिखाई देने लगता है। नायिका अपने सोए हुए पति की ओर देखती है। उसका मुख-चंद्रमा उसे आकाश के उस चंद्रमा से अधिक सुंदर लगता है। वह चाहती है कि उस बाहर वाले चंद्रमा की अपने प्रीतम के मुख-चंद्रमा को नज़र न लगे। इसलिए प्रीतम के मुख को वह ढँक लेना चाहती है। किन्तु उसे मालूम है कि पति को मुख पर अत्यंत झीना और महीनतम वस्त्र भी ढँकना पसंद नहीं। इस प्रकार कोई वस्त्र उसके मुँह पर डालते ही उसकी नींद टूट जाती है। इसीलिए वह अपने अत्यंत नाज़ुक आँचल से भी उसका मुख ढँकना नहीं चाहती। तो अब क्या किया जाए? आकाश के ईर्ष्यालु चंद्रमा की नज़र से कैसे अपने प्रीतम की रक्षा की जाए? अचानक उसे एक कल्पना सूझती है। उस रात उसने बहुत ही सुंदर केश-भूषा की होती है। उसकी सराहना करने के बाद ही उसका पति अब सो गया होता है। अब उस साज-सिंगार का उसके लिए कोई उपयोग नहीं है। वह फुर्ती के साथ केश-भूषा बिखरा देती है और बालों को खुला छोड़ देती है। उसके लम्बे-घने बाल खुलकर मुक्त हो जाते हैं! उन खुले बालों से झुककर वह अपने पति की ओर गौर से देखने लगती है। स्वाभाविक ढंग से उसके बाल चंद्रमा और पति के मुख के बीच आ जाते हैं। पति के मुख को वह दूर से ही ढँक देते है। उसे आकाश के चंद्रमा की नज़र लगने की संभावना समाप्त हो जाती है!

इस काव्य को पढ़ लेने के बाद सोलह-सत्रह वर्ष की शर्मिष्ठा कई दिनों तक मन-ही-मन कह रही थी 'मेरे बाल भी उसी तरह लम्बे और घने हैं। कल मेरा विवाह हो जाने के बाद चंद्रमा यदि मेरे प्रीतम के मुख-चंद्रमा से ईर्ष्या करने लगा, तो मैं भी उसकी रक्षा इसी तरह करूँगी!'

मन-ही-मन ऐसा कहते समय उसे कितनी गुदगुदी होती थी! किन्तु अब—अब उस काव्य की याद उसके कलेजे को नोंच-नोंचकर खाए जा रही थी!

कहाँ है उसका प्रीतम? कहाँ है उसका पति? कहाँ है उसका यह मुख-चंद्रमा? अब क्या रखा है सुंदर केश-भूषा करने में! किसके लिए करना है अब साज-सिंगार? देवघर में देवता की मूर्ति ही न हो, तो जंगलों में घूम-घूमकर फूल किसकी पूजा के लिए तोड़कर लाए जाएं?

कच की सारी बातों को मैं बार-बार याद करके देखती तो घड़ी-भर के लिए मन को बड़ी शांति मिलती। दिन जैसे-तैसे बीत जाता, किन्तु रात...!

रात की भीषण नीरवता में महाराज का वह चित्र मेरा साथ देने लगता। मैं उसके सामने बैठ जाती। पुष्पमाला चढ़ाकर उसकी पूजा किया करती। फिर ध्यान लगाकर बैठती। आँखें मूंदकर महाराज के और मेरे बीच होते संभाषण को सुनती बैठी रहती। आँखें खोलती तो महल की दीवारें कहतीं, "बड़ी चालाक हो शर्मिष्ठा! अपने प्रीतम से घण्टों बातें करती रहती हो! लेकिन उसकी बातचीत का एक शब्द भी हमें सुनाई नहीं देता!"

एक दिन की बात है। मैंने चित्र पर फूलमाला चढ़ा दी। ध्यान-धारण के लिए आँखें मूंद लीं। किन्तु महाराज आज मुझ से बोल ही नहीं रहे थे। सोचा, शायद मुझ से वे नाराज़ हो गए हैं! मैंने आँखें खोलीं और उनके होंठों पर अपने होंठ रखते हुए पूछा,"अब तो नहीं रूठिएगा न?" पाँच-दस क्षण बाद मेरे ध्यान में आया कि वे महाराज नहीं, महाराज का केवल चित्र था!

उस चुंबन पर मुझे अपने-आप से शर्म लगने लगी। कच को यदि यह बात मालूम हो जाती है तो वह क्या कहेगा? उसकी बहन, उसकी प्यारी दीदी शर्मिष्ठा अपने मन को इतना भी काबू में नहीं रख सकती?

बहुत देर तक मैं तड़पती पड़ी रही! अंधेरे में कहीं प्रकाश की किरण खोजती रही! मन के दरवाज़े और खिड़कियाँ बंद कर लेना बहुत मुश्किल ज़रूर होता है, किन्तु असम्भव नहीं होता। आज तक प्रयत्नपूर्वक मैं वही तो करती आई थी। किन्तु किसी झरोखे से, खपरैल की छत के किन्हीं कवेलुओं के बीच से और बन्द किए दरवाज़े की किसी संध से चुपके से भीतर आने वाली चाँदनी की किरण को कैसे रोका जा सकता है? मेरे द्वारा उस चित्र का लिया गया चुंबन चाँदनी की ऐसी ही किरण थी!

सोचते-सोचते मैं अनुभव करने लगी कि कच के कदमों पर कदम रखकर उसकी राह पर चलना कितना मुश्किल है। वह पवित्र है, स्नेहशील है, प्रामाणिक भी है। किन्तु वह पुरुष है! उसकी पवित्रता, उसका स्नेह उसकी प्रामाणिकता शर्मिष्ठा के लिए पूजनीय हैं। किन्तु...

किन्तु शर्मिष्ठा एक स्त्री है। स्त्री के शरीर और पुरुष के शरीर में स्त्री और पुरुष के मन में, स्त्री और पुरुष के जीवन में, कितना अन्तर होता है! पुरुष अमूर्त के पीछे सहज दौड़ता है। इसीलिए उसे कीर्ति, आत्मा, पराक्रम, परमेश्वर आदि बातों

में तुरन्त आकर्षण लगने लगता है! किन्तु स्त्री इन बातों पर आसानी से मोहित नहीं होती। उसे प्रीति, पति, संतान, सेवा, घर, गृहस्थी आदि मूर्त बातों का अधिक आकर्षण होता है। वह संयम बरतती है त्याग भी करती है किन्तु वह सब मूर्त बातों के लिए! उसे अमूर्त के प्रति उतना लगाव नहीं होता जितना पुरुष को। अपना सर्वस्व देकर पूजने के लिए अपने आँसुओं का अभिषेक करने के लिए स्त्री को एक मूर्ति की आवश्यकता हुआ करती है। पुरुष स्वभावतः आकाश का पुजारी है! स्त्री को धरती की पूजा अधिक प्यारी है!

बड़ी देर तक यही विचार-चक्र मन में घूमता रहा! मैं नहीं जानती उसके घुमाव को कोई दिशा थी या वह यूं ही स्वच्छंदता से दिशाहीन घूम रहा था! लेकिन यह सच है कि इन विचारों ने मेरे मन को कुछ शान्ति अवश्य दी।

दिन निकलते थे, ढलते थे। रातें आती थीं, जाती थीं। चाँदनी रातें, पूनम मेरे लिए सब बराबर और नीरस था! नहीं जानती थी, मेरी इस ऊबी-उकताई ज़िन्दगी का अन्त आखिर क्या होने जा रहा है! कभी-कभी मन में ख्याल आता कि कहीं देवयानी मेरे साथ वही खिलवाड़ तो नहीं कर रही है, जो बिल्ली मारने से पहले एक चूहे के साथ करती है? क्या वह मन-ही-मन यही चाहती होगी कि मैं जीवन से ऊबकर आत्महत्या कर लूँ?

इस विचारमात्र से मेरा रोम-रोम सिहर उठता। लगता, आगे चलकर कभी आत्महत्या ही करना है तो क्यों न आज ही कर लूँ? यमुना मैया अच्छी-खासी नज़दीक ही तो है! महज यूं ही टहलते-टहलते उसके किनारे चली जाऊँ और...

एक चाँदनी रात में इसी काले-कलूटे विचार में डूबी चुपचाप बैठी थी। बाहर से रथ के पहियों की और बाद में रथ आकर रुकने की अस्पष्ट-सी आहट सुनाई दी। इतनी रात बीते मेरी जैसी दासी के यहाँ रथ में बैठकर कौन आ सकता है? मैं तो पूरी तरह से जानती थी कि शर्मिष्ठा मर गई या ज़िन्दा है इसकी पूछताछ करने के लिए भी देवयानी इस ओर फटकेगी नहीं। होगा कोई अतिथि! या कोई ऋषि या मुनि! भेज दिया होगा देवयानी ने ही उसे इधर। मुझे उससे क्या लेना-देना है? कोई आया होगा तो सेवक उसका सारा प्रबंध अतिथि-शाला में कर देंगे।

ऐसे सोच ही रही थी कि एक सेवक किसी ऋषि को लेकर मेरे महल में आया। मेरे इस पिछवाड़े वाले महल में कच आकर मुझ से बातें करतें बैठा रहता था। किन्तु उसकी बात ही निराली थी! इस परायें अपरिचित ऋषि को इस तरह मेरे महल में ले आना सेवक के लिए उचित नहीं था।

मैंने डपटकर सेवक से कहा, "तेरा दिमाग खराब तो नहीं हो गया? यह अतिथि-शाला तो नहीं है! फिर इन ऋषि-महाराज को यहाँ क्यों ले आया तू?"

"आप ही के पास इन्हें ले जाने के लिए कहा था मुझे।" उसने कहा।

"किसने कहा था?"

"महारानी जी ने!"

"महारानी जी ने? कहाँ हैं वे?"

''वे तो रथ में बैठकर अभी-अभी चली गई हैं। चार घड़ी बाद वे इन ऋषि महाराज को राजमहल ले जाने के लिए फिर आने वाली हैं। आपको भी इनका दर्शन कराने के लिए ही...''

मैंने ऋषि महाराज की ओर देखा। लगा कि शायद उन्हें पहले भी कहीं देखा है। फिर मुझे अपने पर ही हँसी आ गई। भला मैं इन्हें पहले कहाँ देख सकती थी? किन्तु यह सच है कि वैसा आभास मुझे हुआ अवश्य!

ऋषिवर्य का शरीर बड़ा ही रौबदार था किसी राजा के जैसा! गले में पड़ी रुद्राक्ष की मालाएं रत्नमालाओं की तरह उनके शरीर पर शोभा देती थीं। किन्तु फिर भी महाशय बड़े ही सहमे-सहमे-से और लजीले लग रहे थे। वे मुझे दर्शन देने आए थे। किन्तु मेरी समझ में नहीं आ रहा था। मेरे मन में सन्देह खड़ा हो गया कि कहीं देवयानी ने मेरा भद्दा मज़ाक उड़ाने के लिए उस यति के समान ही किसी नारीद्वेषी तपस्वी को तो मेरे पास नहीं भिजवा दिया है? मैंने मन-ही-मन तय कर लिया कि इस बाबाजी के साथ बहुत ही सावधानी से पेश आऊँगी।

मैंने उन्हें बैठने के लिए महल के बीचोंबीच आसन प्रदान किया। किन्तु वे उस आसन पर बैठने को तैयार नहीं थे। भर्राए स्वर में बोले, ''हम हैं जोगी! हमेशा गुफाओं में रहने वाले! मैं वहाँ उस कोने में बैठूँगा!''

महंत जी 'मैं छप्पर पर बैठूँगा' कह देते तो भी मैं क्या कर सकती थी! उससे तो कोने में बैठना काफी अच्छा है ऐसा मैंने सोचा और आसन उठाकर उस कोने में रख दिया। महाशय तुरन्त उस पर जम गए। उनके बैठते ही मुझे काफी अटपटा-सा लगने लगा। उसी कोने में महाराज का वह चित्र रखा था । अभी-अभी मैंने उस पर फूलमाला चढ़ाई थी! बाबाजी ने उसे देखा और जाकर देवयानी से कुछ उल्टा-सीधा कह दिया तो...?

हे भगवान! वे तो उसी चित्र को देख रहे हैं, एकदम घूरकर! मैं पसीने से तर-बतर हो गई। किन्तु उन्होंने चित्र के बारे में कुछ नहीं कहा! कुछ देर ध्यानस्थ बैठकर वे बोलने लगे। उनकी आवाज़ कितनी भर्रायी और बड़ी अजीब-सी थी। किन्तु मुद्रा अब पहले से अधिक प्रसन्न दिखाई देने लगी थी।

मैंने प्रणाम किया। तब उन्होंने कहा, ''बालिके, क्या चाहती हो?''

''कुछ भी तो नहीं!''

''तुम झूठ बोल रही हो!''

मैं चुप रही।

उन्होंने हँसकर कहा, ''तुझे किसी से प्यार हो गया है। वह व्यक्ति तेरे बिल्कुल पास है। किन्तु तुझे निरंतर लगता है कि वह तुम से दूर है तेरे लिए दुर्लभ है!''

हाँ-ना कहने की हिम्मत ही नहीं हुई मेरी! किन्तु बार-बार मन में आने लगा कि इन्हें मेरे मन की बात कैसे मालूम हो गई? क्या वाकई ये कोई त्रिकालज्ञ ऋषि हैं?

''तो बताओ, जिससे तुझे प्यार हो गया है, उसके लिए तू क्या कर सकती है?''

एकदम मेरे मुँह से निकल गया, ''मैं अपने प्राण तक दे सकती हूँ!'' फिर

अनजाने अपनी जीभ चबा गई । किन्तु तीर हाथ से छूट जाने के बाद पछताने से क्या लाभ था?

ऋषि महाराज केवल हँस दिए। फिर थोड़ी देर ध्यानस्थ होकर बैठे रहे। मैं पागल की तरह उनकी ओर देखती खड़ी रही!

थोड़ी देर बाद आँखें खोलकर उन्होंने कहा, "लगता है, अब भी तुझे मेरा विश्वास नहीं हो रहा है। अच्छा अपने महल का द्वार बंद कर लो, फिर मैं तुझे दिखाता हूँ, मेरे मंत्र में कितना सामर्थ्य है।"

महल का द्वार बंद कर लूँ? और उस यति के समान यह भी कहीं मेरा गला घोंटने लग गया तो?

मुझे असमंजस में पड़ी देखकर ऋषि महाराज स्वयं उठे। यह सोचकर कि शायद वे गुस्सा होकर चले जा रहे हैं, मैं डर गई। किन्तु वे बाहर नहीं गए। पास आकर मेरे माथे पर हाथ रखकर बोले, "जा, द्वार बंद कर ले। तेरे जीवन का सुनहरा क्षण अब आ गया है। जा..."

उनके उस स्पर्श में कोई बात थी जो धीरज बंधाती थी, आश्वस्त कर रही थी, शांति दे रही थी।

द्वार बंद कर मैं लौट आई।

कोने में रखे महाराज के चित्र की ओर उंगली दिखाते हुए उन्होंने पूछा, "क्या इस ययाति से तुम्हें प्यार हो गया है?"

मैं फिर सिर लटकाए चुप रही। उन्होंने फिर कहा, "अब भी तुम्हें मुझ पर विश्वास नहीं हो रहा है! अन्तर्ज्ञान से हमें तीनों लोकों की सारी बातें मालूम हो जाती हैं। ठहरो, अभी प्रत्यक्ष में तुम्हें यकीन दिलाने वाली बात बताता हूँ! क्या इस महल से किसी सुरंग में जाने का रास्ता है?"

"नहीं!"

वे हँसे। फिर पलंग के पास वाली दीवार के पास गए। वहाँ एक सूक्ष्म 'कल' थी। उन्होंने उसे दबाया। खट् से दीवार के बीचोंबीच का कोई दो-एक गज़ ऊँचा भाग अलग हो गया। साफ दिखाई दे रहा था कि वह सुरंग में जाने का मार्ग था। किन्तु अशोक वन में रहने वाले एक व्यक्ति को भी वह मालूम नहीं था। फिर इन ऋषि महाराज को इसका पता कैसे चला?

उन्होंने फिर वह 'कल' दबा दी और दीवार झट् से पूर्ववत हो गई।

ऋषि महाराज ने मुझ से पूछा, "तू कहाँ सोती है?"

"यहीं।"

"अकेली?"

"कभी-कभी अकेली । कभी कोई दासी मेरा साथ देने के लिए सोती है यहाँ।"

"आज से एक नियम बना लो। यहाँ अकेली ही सोना—महल का दरवाज़ा बंद करके! मुझे मालूम हो गया है कि तुझे ययाति से प्यार हो गया है। मैं प्रयत्न करूँगा कि तुम्हारा प्रेम सफल हो जाए। उसके लिए आवश्यकता हुई तो अपनी सारी तपस्या

की बाज़ी भी लगा दूँगा। सच्चे प्रेम को ऋषि-मुनियों का हमेशा आशीर्वाद ही प्राप्त होता है। ध्यान में रखो, किसी-न-किसी दिन ययाति स्वयं तेरे पास आएगा। इसी सुरंग से वह आएगा। वह तुम्हें आवाज़ देगा। तेरे माता-पिता तुझे किस नाम से पुकारते थे...''

''शमा...''

''हाँ, वह भी 'शमा' कहकर ही तुम्हें आवाज़ देगा। उसकी पुकार सुनकर डर मत जाना, घबराना भी नहीं। इस 'कल' को दबाकर यह द्वार खोल देना। सावधान रहकर ऐसा प्रबंध करो कि महल के बाहर हमेशा तुम्हें जिन पर अटूट विश्वास है वे ही दासियां सोएं। तुम्हारे प्रेम का मार्ग काँटों भरा है। किन्तु मत भूलना कि उन काँटों के नीचे खुशबूदार फूल हैं!''

समझ में नहीं आ रहा था, मैं उन्हें सुन रही हूँ! कहीं देवयानी ने ही किसी अभिनेता को ऋषि के वेश में यहाँ मेरी परीक्षा लेने के लिए तो नहीं भेजा है? इस शंका के साथ भय की एक विलक्षण सिहरन मेरे सिर से पैरों तक दौड़ गई।

नहीं! इस महल में भी कोई सुरंग है इसका किसी अभिनेता को भला क्या पता हो सकता है?

मैं उस ऋषि की ओर एकटक देखने लगी। उसने तुरंत ही दूसरी ओर देखना आरंभ किया। महल का द्वार खोलने के लिए वह जाने लगा। उसकी चाल जानी-पहचानी लगी। तुरन्त याद आया पुरुरवा और उर्वशी पर खेला गया वह नाटक! उस नाटक में पुरुरवा की भूमिका करने वाला अभिनेता भी बड़ा रौबदार था। कहीं उसी को तो देवयानी ने मेरा मज़ाक उड़ाकर मुझे जाल में फँसाने के लिए नहीं भेजा?

मुझे लगने लगा कि उस कोने में रखे महाराज के चित्र ने आज मुझ से पूरा बैर भँजा लिया है। इसीलिए उन ऋषि महाराज से यह कहने के लिए कि 'मैंने आप को धोखा दिया है, आप को योंही कह दिया कि ययाति महाराज से मुझे प्रेम हो गया है! वह सब झूठ है!' मैं आगे भी बढ़ी।

किन्तु तभी उन्होंने महल का दरवाज़ा खोल दिया। मेरी बात मन में ही रह गई। देखते-देखते अशोक वन की सभी दास-दासियाँ ऋषिवर्य की चरणधूलि माथे से लगाने के लिए मेरे महल में जमा हो गईं। मुनि महाराज प्रत्येक को मुँह भरकर आशीर्वाद देते गए। तभी देवयानी का रथ बाहर आकर खड़ा हो गया। वह रथ से उतरी नहीं! किन्तु मुझे उसकी अगवानी के लिए बाहर जाना ज़रूरी था। उसकी दासी जो थी मैं!

ठीक बचपन की भांति मुझे ''शमा जीजी'' कहकर संबोधित करते हुए देवयानी ने मुझ से पूछा, ''कहो शमा-जीजी, कैसे लगे हमारे ऋषि महाराज?''

ओफ...कितने दिनों...नहीं, कितने वर्षों बाद देवयानी ने मुझे शमा जीजी कहा था! कृतज्ञता से मैंने कहा, ''बड़े अच्छे हैं। महारानी जी अनुमति दें, तो मैं जीवन-भर इनकी सेवा करूँगी!''

देवयानी केवल हँस दी। उसकी हँसी में ही सारथी द्वारा घोड़े को मारे गए चाबुक की आवाज़ भी मिल गई।

वह सारी रात—वही नहीं, उसके बाद की प्रत्येक रात मैंने उत्कण्ठा, भय, कौतूहल, चिन्ता के मिश्रित साये में काटी। कभी लगता, उस सुरंग से देवयानी ही आएगी! आवाज़ की नकल करते हुए वही 'शमा' 'शमा' कहकर पुकारेंगी। 'कल' दबाकर मैंने द्वार खोला कि उपहास की हँसी हँसकर अनाप-शनाप बककर मेरा जीना हराम कर देगी।

दिन बीतते जाते। मुझे लगता कि वह ऋषि, उनका वह आशीर्वाद सारा एक स्वप्न था। स्वप्न में क्या, जो जी चाहे वही दिखता है।

किन्तु फिर भी मैं नियमपूर्वक रात में महल का द्वार बंद कर लेती। महल के बाहर घर से अपने साथ लाई दो भरोसे की दासियों को ही सुलाती। महल के अन्दर अकेली सोती और आधी रात तक जागती रहकर उस दीवार से किसी के पुकारने की आवाज़ की आहट लेती रहती। इस नियम को मैंने कभी टूटने नहीं दिया। उम्मीद पर दुनिया कायम है। उम्मीदें कितनी भी निराधार क्यों न हों! मनुष्य सपनों पर जीता है। सपने कितने भी असंभव क्यों न हों!...

जब मालूम हुआ कि देवयानी दो-चार दिन में ही अपने पिता का दर्शन करने जाने वाली है मैं डर गई। कहीं दासी के नाते मुझे भी अपने साथ चलने को उसने कह दिया तो? मुझे भी बहुत इच्छा हो रही थी कि माँ और पिताजी से एक बार मिल आऊँ। किन्तु मैं देवयानी के साथ चली गई और इधर उस साधु-महात्मा के आशीर्वाद के अनुसार महाराज आ गए तो?...

किन्तु देवयानी मुझे अपने साथ नहीं ले गई। वह प्रवास के लिए निकली, वह दिन मुझ से काटे नहीं कटा। बार-बार माँ की और पिताजी की याद सताती रही। मैं बहुत बेचैन रही। किन्तु रात होते ही वह बेचैनी समाप्त हो गई। उस का स्थान उत्कण्ठा ने ले लिया। महल का दरवाज़ा भीतर से बंद कर कोने में रखे महाराज के चित्र की ओर देखती हुई मैं पलंग पर लेट गई। आँख कब झपक गई पता ही न चला। कुछ अधूरी-सी जाग गई 'शमा' 'शमा' की पुकार सुनकर! क्षण-भर लगा कि शायद स्वप्न में ही मैं वह पुकार सुन रही हूँ। मैंने तुरंत आँखें खोली। पलंग के सामने वाली दीवार में से वह पुकार आ रही थी। मेरे पांव काँपने लगे। जैसे-तैसे मैं दीवार के पास गई और उस 'कल' को दबा दिया। बीच का हिस्सा एकदम दूर हो गया। सुरंग की सीढ़ियों पर महाराज खड़े थे। मुझे अपनी आँखों पर विश्वास नहीं हो रहा था! मेरे आनंद की सीमा नहीं रही थी! लगा जैसे मुझे मूर्च्छा-सी आ रहा है। यह देखते ही कि मैं गिर रही हूँ, महाराज आगे बढ़े और उन्होंने मुझे अपनी बाँहों में भर लिया।

पल की भी देर किए बिना नदी सागर में जा मिली!

मैंने आँखें खोलकर देखा।

कहाँ थी मैं? इन्द्रलोक के नंदनवन में? मंदाकिनी में बहती आई हरसिंगार

की सेज पर? मलयगिरि से चलने वाली शीतल सुगंधित पवन के झकोरों पर? या विश्व के अज्ञात सौंदर्य की खोज में निकले किसी महाकवि की नौका में?

नहीं! कुछ भी समझ में नहीं आ रहा था! महाराज का दृढ़ आलिंगन भी महसूस नहीं हो रहा था।

काफी देर बाद मेरे ध्यान में आया कि नटखट चाँद महल की खिड़की से झांककर मेरी ओर देख रहा है और मन-ही-मन मुस्करा रहा है। मैं शरमा गई। महाराज ने मेरी चिबुक उठाकर कहा, "विवाह के समय वधू यदि पुरोहित से ही शरमाने लगी तो काम कैसे चलेगा?" मैंने कहा, "चंद्रमा को लेकर बड़े-बड़े कवियों ने सुंदर कल्पनाएं की हैं। किन्तु अब तक किसी ने उसे पुरोहित नहीं बनाया था!" महाराज ने कहा, "युग-युग से हमारे जैसे गांधर्व-विवाह इसीको साक्षी रखकर सम्पन्न होते रहे हैं! प्रेमियों का सच्चा पुरोहित तो यही है!"

महाराज के कंधे पर सिर रखकर मैं उस चाँद की ओर एकटक देखने लगी। उसकी चाँदनी मेरे रोम-रोम में छनने लगी। नहीं! वह चाँदनी नहीं थी, सोई धरती को दिखा रहे सफल प्रीति के सपनों की वह सुगंध थी!

उस सुगंध में देखते ही मैं घुल-मिल गई! अब शर्मिष्ठा राजकन्या नहीं थी! दासी भी न थी! वह महाराज वृषपर्वा की कन्या भी नहीं थी! वह तपस्वी कच की बहन नहीं थी। वह थी केवल एक प्रणयिनी!

उस रात के बाद की अनेक रातें, उन अनेक रातों की अनगिनत घड़ियाँ और उन घड़ियों के असंख्य पल उन पलों में से प्रत्येक पल मानो सुख के फव्वारे बन गए!

वह सुख—वह आनन्द—नहीं! कोई कितना भी वर्णन करे तब भी उस ब्रह्मानंद का सही-सही वर्णन कैसे किया जा सकता है?

सीपियों में पानी भरकर क्या कोई बता सकता है समुद्र क्या है? फूलों का चित्र बनाकर क्या उन्हें कोई सुगंध दे सकता है? प्रीति की अनुभूति भी ऐसी ही होती है।

मोक्ष-प्राप्ति शब्द मैं बचपन से सुनती आई थी। किन्तु उसका वास्तविक अर्थ क्या है मेरी समझ में कभी नहीं आया था। मूक गीतों से रंगी उन रातों ने वह मुझे समझा दिया।

स्त्री का मन शब्दों के बाल की खाल उतारने नहीं बैठता। वह तो उन शब्दों में अंकित भावना को ही देखा करता है। माता पार्वती ने भीषण गर्मी, वर्षा, ठण्ड की परवाह न करते हुए उग्र तपस्या की थी। किन्तु क्या वह तपस्या मोक्ष-प्राप्ति के लिए थी? नहीं! वह तो इसलिए की थी ताकि उन्हें भगवान शंकर की सेवा का मौका मिले! जगन्माता ने अपने आचरण द्वारा यह पाठ ही सिखाया है कि स्त्री को किस तरह का प्रेम करना चाहिए। उन्हीं के पदचिह्नों पर चल कर...

जी हां, उन्हींके पदचिह्नों पर चलकर मैंने प्रेम किया। ययाति महाराज से प्रेम किया मैंने! यह मालूम होते हुए भी कि वे देवयानी के पति है मैंने उनसे प्रेम किया।

महल के बाहर सोने वाली मेरी दो विश्वासपात्र दासियों के अतिरिक्त मेरे प्रेम की किसी को खबर तक नहीं थी वह एक मधुर रहस्य था! प्रेमियों की चिरंतन सखी बनी रजनी का रहस्य था वह! मेरे महल की दीवारों का रहस्य था। आठों पहर अन्धेरे में ही एकाकी जीवन बिता रही उस सुरंग का वह रहस्य था!

बीती रात के आनंद की मादकता आँखों से उतरने से पहले ही आने वाली रात के सपनों का नशा उन पर चढ़ने लगता! किन्तु उस उन्माद में भी कोई झकझोरकर मुझे जगाकर कहता, "सावधान शर्मिष्ठे, सावधान! होश की दवा करो ओर सोचो कि तुम कहाँ चली जा रही हो? क्या किए जा रही हो? यह एक भयंकर पाप है। पाप का विषवृक्ष दुनिया-भर में फैल जाता है। उसके पत्ते मोहक होते है उसके फूल मदहोश करने वाले होते हैं किन्तु उसके फल—उसके प्रत्येक फल में तक्षक छिपा होता है वह किसे कब डस लेगा कोई नहीं जानता—शायद वह तुम्हें—शायद महाराज की ही डस ले..."

महाराज के स्पर्श से मेरे रोम-रोम में प्रणय के रोमाँच खिल जाते। किन्तु पाप की इस कल्पना से मेरे रोंगटे भी खड़े हो जाते।

मैं बार-बार अपने-आप से कहती, प्रेम का अर्थ है दान—सर्वस्व का दान! वह पाप कैसे हो सकता है? मैं देवयानी की आँख का काँटा हो गई हूँ! उसके मन में मेरे प्रति बैर की यह भावना न होती तो मैं स्वयं ही महाराज पर अपना मन आ जाने की बात सहर्ष उससे कह देती! दामन फैलाकर मैं उससे कहती—"लड़की ससुराल जाने को निकलती है तब हर राज-कन्या की माँ उसे उपदेश देती है कि 'सौत को अपनी बैरन मत मानना। उसे अपनी सखी मानकर उससे प्यार करना। तुम और मैं तो बचपन से सखियाँ रही हैं। आओ हम दोनों मिलकर महाराज को सुखी करें। तुम ही उनकी पटरानी बनी रहना। उनके साथ सिंहासन पर बैठकर शान दिखाने की मुझे कोई इच्छा नहीं। महारानी पद के गौरव और सम्मान की मुझे कोई चाह नहीं। राज-काज निपटाकर जब महाराज महल में लौट आएंगे तब उनकी चरण-सेवा करने को मिल जाए, उनकी थकान को थोड़ा दूर करने का अवसर मिल जाए तो मैं अपने-आपको धन्य समझूँगी। तुम उषा बनो, प्रभा हो जाओ, संध्या बन जाओ, मैं तुम से डाह नहीं करूँगी। सूर्यमुखी बनकर मैं अपने देवता का दूर से ही पूजन कर लूँगी। वह जिधर मुड़ गए उधर ही अपनी गर्दन भी मोड़ लूँगी और उन्हें आँखों में भर लिया करूँगी।

पाप की कल्पना से बेचैन बने मन को मैं इसी तरह बुझाने का प्रयास करती! किन्तु कभी-कभी मन को खाने वाली यह चुभन किसी तरह कम नहीं हो पाती। तब मैं माता पार्वती का स्मरण करती। आँखों के सामने उनकी मूरत लाकर हाथ जोड़कर उनसे कहती, "माता! जैसा तुमने भगवान शंकर से किया वैसा ही प्रेम मुझे महाराज से करने की शक्ति दो। पिता द्वारा पति का अपमान होते ही तुमने यज्ञ-कुण्ड में कूदकर आत्माहुति दे दी। तुम्हारी उस अग्नि-परीक्षा को मैं कभी नहीं भुलाऊँगी, माँ! मैं हमेशा स्मरण रखूंगी कि प्रियतम के लिए जो कोई भी दिव्य कार्य करने को

तैयार हो जाती है वही सच्ची प्रेमिका होती है। फिर तो मैं पापी नहीं कहलाऊँगी न?''

बीच-बीच में यह चुभन मुझे बेचैन कर डालती। किन्तु जब उसकी फाँस नहीं चुभती, मैं सुख के शिखर पर चढ़ी होती। अपने नन्हे-नन्हे रंगीन डैने फैलाकर सुबह से शाम तक फूल-फूल पर नाचने वाली तितली की तरह मेरी अवस्था रहती। महाराज के लिए मैं तांबूल बनाकर रखती, सुगंधित फूलों के गजरे गूंथ रखती, महाराज को भाने वाली केश-भूषा और साज-सिंगार करती रहती, उनके मन को रिझाने के लिए नई-नई कल्पनाएं खोज लेती...इन्हीं बातों में दिन पता नहीं कब ढल जाता। फिर जल्दी-जल्दी रात हो जाती। मुझे लगता, किसी अभिसारिका की भांति वह जल्दी-जल्दी अपने नियत स्थान पर जा रही है। किन्तु चार घड़ी रात बीत जाने पर वही रात किसी बिरहन की तरह बहुत ही मंद गति से चल रही प्रतीत होती। बीतने वाले हर पल के साथ मेरी अधीरता बढ़ती जाती। ऐन मौके पर कोई कठिनाई आ जाने पर शायद महाराज का आना नहीं होगा, ऐसी आशंका मन में जाग जाती और तब मेरा मन बहुत ही अकुलाने लगता।

प्रणय के बारे में अनेक काव्य मैंने पढ़े थे। इस बात की, कि वास्तव में प्रेम होता क्या है कोई कल्पना न होते हुए भी मैंने प्रणय-गीत रच डाले थे। किन्तु लगता कि उस प्रेम-काव्य को पढ़ने या प्रणय-गीतों को रचने में आने वाला आनंद प्रीत के सच्चे ब्रह्मानन्द की स्पष्ट छाया मात्र था। दर्पण में दिखाई देने वाले चंद्र के प्रतिबिंब को ही सच्चा चंद्रमा मानकर उसके साथ खेलते रहने वाले बालक की कल्पना के समान ही वह मुग्ध किशोरी की कल्पना का एक खेल था।

सच्ची प्रीति कैसी होती है इसे समझने के लिए प्रेमी ही बनना पड़ेगा, प्रणयिनी के गांव ही जाना पड़ेगा। चंद्रमा की शीतलता और सूर्य की प्रखरता, अमृत की संजीवनी शक्ति और हलाहल का प्राणलेवा सामर्थ्य का संगम...नहीं! प्रीति का वर्णन करना इतना आसान नहीं।

एक दिन महाराज अमात्य के साथ राजकाज की बातें करते आधी रात तक बैठे थे। इसीलिए वे जल्दी आ न सके। आधी रात बीत गई। मेरी अवस्था तो बिल्कुल पागल जैसी हो गई। मन में तरह-तरह के भले-बुरे विचार आने लगे। कहीं महाराज की तबीयत तो खराब नहीं हो गई होगी? यदि वे बीमार हो गए हैं तो क्या मुझे उनकी सेवा करने नहीं जाना चाहिए? किन्तु वे मुझे खबर भेजते भी तो कैसे? मैं भी खुल्लमखुल्ला राजमहल जाऊँ, तो कैसे? शर्मिष्ठा का महाराज के दिल में स्थान है किन्तु वह उनके आसपास भी नहीं पहुँच सकती! भाग्य ने मुझे प्रेम भी कितनी कंजूसी से दिया था। प्रतिपल मैं अनुभव कर रही थी कि मेरी अवस्था तो ठीक उस स्त्री जैसी है जिसे कुबेर ने पृथ्वी के मूल्य का कोई अलंकार तो दे दिया था किन्तु उसे एकान्त में और अंधेरे में ही पहनने की आज्ञा भी दे दी थी।

उस रात मुझ से रहा न गया। मन तो ऐसे भागे जा रहा था, मानो हवा से बातें कर रहा हो। मैंने दीवार में लगी वह 'कल' दबा दी। ढिठाई के साथ सुरंग

की सीढ़ियाँ उतर गई। किन्तु उससे आगे पैर पड़ता ही न था। मैं अंधेरे से डरी नहीं थी। सुरंग में शायद कोई सर्प मेरे पैरों से लिपटकर मुझे डस लेगा इस आशंका से भी मैं विचलित नहीं हुई थी। मुझे एक निराला ही डर लग रहा था। मैं इस सुरंग से होती हुई राजमहल पहुँच गई, तो क्या हमारे प्रेम का राज़ खुल नहीं जाएगा? फिर इस क्षण तक मेरा साथ देने वाला भाग्य क्या यकायक मेरा शत्रु नहीं बन जाएगा? देवयानी ने ऋषि का वेश बनाकर महाराज को अशोक वन में मेरे महल में भेज दिया तब तक भाग्य मेरा शत्रु था। किन्तु मुझ से छल करने वाली देवयानी को भाग्य ने हाथों हाथ छल लिया था! उस क्षण से भाग्य ने मेरा साथ दिया है। किन्तु क्या भरोसा कि इसी क्षण से वह मुझ से रूठ नहीं जाएगा? इस गुप्त मार्ग से मैं महल में जाऊँ और ठीक उसी समय देवयानी मायके से लौट आई हो तो? देवयानी पर मेरा यह भेद खुल गया तो क्या अनर्थ न हो जाएगा? मैं तो उसकी कल्पना भी नहीं कर सकती थी। नहीं! यह राज़ उसे मालूम नहीं होना चाहिए—कभी मालूम नही होना चाहिए!

मैं चुपचाप सुरंग से अपने महल लौट आई। लगातार मन में यही आ रहा था कि मैं कितनी अभागिन हूँ! भगवान ने मुझे खुल्लमखुल्ला प्रेम करने का भी अधिकार नहीं दिया है! हस्तिनापुर की किसी दरिद्री दासी को भी जो अधिकार भगवान ने दिया है वह राजकन्या शर्मिष्ठा को न मिले, यह कैसी विधि-विडंबना है!

महाराज आए तब मेरा तकिया आँसुओं से तर हो चुका था।

उस रात महाराज को गहरी नींद लग गई तब भी मैं जाग ही रही थी। उनके बाहुपाश में मैं मदहोश हो गई थी। किन्तु क्षण-भर के लिए ही वह मदहोशी बनी रही। बाद में मन में छिपे सारे भूत जागकर उपद्रव मचाने लगे। प्रीत के साए में विश्राम कर रहा मन मौत की ओर दौड़ पड़ा। मन में विचार आया, क्या ही अच्छा हो कि इधर हम दोनों इस तरह एक-दूसरे के आलिंगन में बंधे हैं और उधर उसी समय प्रचण्ड भूचाल आ जाए। उसमें यह अशोक-वन, यह मंदिर, सब कुछ धराशायी हो जाए! फिर सैकड़ों वर्ष बाद कोई गवेषक यहाँ उत्खनन करेगा। उसे एक-दूसरे के आलिंगन में बंधकर चिर निद्रा में लीन इस जोड़े का अस्थिपंजर मिलेगा! इस पर कोई कवि कल्पना करेगा कि यह अस्थिपंजर नहीं प्राचीन काल में किसी शिल्पकार द्वारा पाषाण पर अंकित रति और मदन की मूर्तियाँ हैं! कोई इतिहास-शोधक तर्क प्रस्तुत करेगा कि यह हस्तिनापुर के महाराज और महारानी ही होंगे। किन्तु किसी के ध्यान में यह कदापि नहीं आएगा कि यह तो क्रूर नियति के हाथों अनजाने किसी ऐसी प्रेंयसी का छीना हुआ सुवर्ण क्षण है जो अपने प्रीतम से खुल्लमखुल्ला प्रेम नहीं जता सकती थी!

दूसरे ही क्षण इस कल्पना-चित्र पर मुझे ही क्रोध आ गया। मैं कितनी दुर्बल थी—कितनी स्वार्थी! अपने सुख का विचार करते-करते मैं महाराज की माँ...

उस कल्पना मात्र से ही मैं सिहर उठी। शायद गहरी नींद में भी महाराज को मेरी सिहरन महसूस हो गई। अपने बाहुपाश को और भी कसते हुए वे बुदबुदाए,

"डरपोक कहीं की!" तुरन्त नींद में ही उन्होंने अपने होंठ मेरे होंठों पर रख दिए। चंद्रमा के उदित होते ही जैसे अंधकार भाग जाता है वैसे ही प्रणय में मेरे मन का भय भाग गया।

किन्तु दूसरे दिन सूर्योदय के साथ वह भय फिर लौट आया। अब तो उसका रूप और भी कराल-विकराल हो गया था। सवेरे उठते ही मुझे मतली-सी आने लगी। मेरी दोनों भरोसे की दासियाँ जानकार थीं। मेरा माथा दबाते हुए ही उन्होंने एक दूसरी की ओर अर्थ-भरी नज़र से देखा। उनके न कहने पर भी मैं जान गई—मैं माँ बनने वाली थी! मन में आनंद, भय, लज्जा, चिंता, उत्कण्ठा, कुतूहल, आदि सारी भावनाएं एकसाथ आपस में घुलमिल गईं!

महाराज के साथ मेरा सबके समक्ष विवाह हो गया होता तो आज का यह प्रसंग कितने आनंद का होता! सारे नगर में हाथी पर लादकर चीनी बांटी जाती। किन्तु आज तो यह मधुर समाचार अपने महल की चिऊंटी से भी मैं कह नहीं सकती थी!

नई दुल्हन बनकर ससुराल गई अपनी बेटी के गर्भवती होने का समाचार सुन कर किस माँ को हर्ष नहीं होता? मेरा यह रहस्य ज्ञात होने पर मेरी माँ को भी इसी तरह हर्ष होता! मायके में पाँव रखते ही शरमाकर मैं उसकी गोद में मुँह छिपा लेती। फिर मेरा माथा सहलाते हुए माँ ने कहा होता, "शमा, बचपन की वह घटना याद है न तुम्हें भी, एक दिन सायं बगीचे में माली काम कर रहा था। उसकी देखा-देखी तुम्हें भी एक फूल-पौधा लगाने की सूझी! मिट्टी में नाचती-फांदती और कीचड़ में हाथ सानकर तुमने वह पौधा लगाया। सोने से पहले दासियों को साथ लिए तुम दसेक बार तो उस पौधे को देखने गई। आधी रात तुम एकदम नींद से जागी और मेरे गाल पर गाल रगड़ते हुए पूछा, "माँ, मेरे पौधे पर अब फूल आ गया होगा? मैंने हँसकर कहा, पगली कहीं की! भला इतनी जल्दी कहीं फूल आता है पहले तो उस पर कली आएगी! तब जाकर खिलकर उसका फूल होगा! तुम रूठ गईं। उसी समय चलकर यह देखने की ज़िद कर बैठी कि उस पौधे पर कली आ गई या नहीं। मैंने कुछ दासियों को साथ देकर तुम्हें बगीचे में भेजा। वहाँ से तुम रोती हुई लौटीं! तुम्हारे पौधे पर अब तक कली नहीं आई थी इसका तुम्हें बहुत दुख हुआ था। उस रात कम से कम सौ एक बार तो तुमने मुझ से पूछ ही लिया, 'माँ, मेरे पौधे पर कली आएगी? कैसे आती है कली? आखिर उकताकर मैंने उत्तर दिया, 'तुम्हारी शादी हो जाने के बाद पता चलेगा तुझे कि कली कैसे आ जाती है!' इस पर तो तुमने दूसरी ही ज़िद कर ली—मेरी शादी कर दो—पहले मेरी शादी कर दो ताकि मुझे पता चले कि मेरे पौधे पर कली कैसे आती है!"

यौवन में पदार्पण करने पर मीठी गुदगुदी पैदा करने वाली यह याद अब मेरे कलेजे को काटने लगी। तब किसी ने स्वप्न में भी सोचा होगा कि बचपन में माँ से "पहले मेरी शादी कर दो" की ज़िद करने वाली शर्मिष्ठा का लौकिक दृष्टि से कभी विवाह ही नहीं होगा? कभी-कभी सत्य स्वप्नों से भी भयंकर होता है!

महारानी बनने के सपने देखने वाली शर्मिष्ठा को अंत में दासी बनकर रहना पड़ा! किन्तु प्रकृति मनुष्य के समान दुष्ट नहीं होती! इसलिए वह दासी अब माँ बनने वाली थी। किन्तु प्रकृति का यह वत्सल वरदान भी उसे क्रूर अभिशाप-सा लगने लगा थी।

मुझे जितना आनंद हुआ, उतनी ही मैं असमंजस में भी पड़ गई। एक अनाम भय से मेरा कलेजा धड़कने लगा! यह भेद देवयानी पर खुल गया तो– वह क्या न करेगी? जब मेरे माता-पिता को भी यह बात मालूम हो जाएगी, तो वे क्या कहेंगे? क्या सोचेंगे? क्या कुलटा कहकर वे मेरा तिरस्कार न करेंगे? मैं उन्हें कैसे समझा सकूँगी कि मैंने पाप नहीं किया है?

मेरी दोनों दासियाँ भी पेशोपेश में पड़ गईं। तपस्या करने बैठे शुक्राचार्य के दर्शन कर देवयानी अभी वापस नहीं आई थी। किन्तु उसके आ जाने पर–

विचार कर-करके मन सुन्न पड़ गया। मुझे एकदम कच की याद हो आई। काश, इस समय वह यहाँ होता! उसने अवश्य ही मुझे धीरज बंधाया होता। अपनी बहन द्वारा पाप किए जाने का उसे विश्वास होता तो निश्चय ही उस पाप को काटने के लिए उसने अपनी सारी तपस्या की बाज़ी लगा दी होती। किन्तु...इस संसार में मैं अकेली–एकदम अकेली, अनाथ...

नहीं, मैं अनाथ नहीं हूँ। हस्तिनापुर के सम्राट की प्रेयसी अनाथ कैसे हो सकती है? ययाति महाराज की प्रिय पत्नी अनाथ कैसे हो सकती है? मुझे अपने डरपोक मन पर स्वयं ही हँसी आ गई।

प्रतिदिन प्रातः मैं मन ही मन निश्चय करती कि महाराज से यह मधुर रहस्य आज कह ही दूँगी। हर रात वह निश्चय जुबान पर आ तो जाता, किन्तु किसी तरह होंठों से बाहर न आ पाता। हर रात मेरी अवस्था उस कवि की जैसी हो जाती, जिसका मन सुंदर-सुंदर कल्पनाओं से खिल जाता है किन्तु उन कल्पनाओं को व्यक्त करने लायक शब्द उसे नहीं मिलते।

अंत में हिम्मत करके मैंने हँसते-हँसते महाराज से कहा, "अब इससे आगे हमारा प्रेम बहुत दिन तक गुप्त रहने वाला नहीं है भला!"

"यानी? क्या हम पर किसी ने नज़र रखी है? किसने? किसने? बताओ न! देवयानी की किसी चुगलखोर दासी ने ही किया होगा यह काम!"

"नहीं! यह किसी दासी-वासी का काम नहीं किन्तु इस महल में क्या हम दो ही हैं?"

मुझे कसकर सीने से लगाते हुए महाराज ने कहा, "दो? नहीं! कौन दो? कहाँ हैं वे यहाँ? ययाति और शर्मिष्ठा क्या भिन्न है?"

उन शब्दों ने मुझे कितना धीरज बंधाया! फिर भी महाराज को अपना भेद किस तरह बताया जाए, यह समस्या ज्यों-की-त्यों कायम थी! मैंने शरमाकर कुछ हकलाते हुए कहा, "ल...लेकिन...?"

"चलो जी, मान लेते हैं कि महल में हम दो ही हैं!"

"दो नहीं, तीन!"

"तीन? हाँ, हाँ, तीन भी सच ही है! ईश्वर जल में, थल में, लकड़ी, पाषाण सबमें होता है! वह सर्वव्यापी है! तो वह यहाँ भी होगा ही। उसे मिलाकर हम तीन हो गए यह..."

"अं हं! उसे मिलाकर तो हम चार हैं यहाँ!"

"चार? वह कैसे?"

"मैं...मैं...मैं...शीघ्र ही माँ..."

मैं उस वाक्य को पूरा न कर सकी। जैसे खेलकर थका बालक माँ की गोद में घुस जाता है वैसे ही मैंने महाराज की गोद में अपना सिर छिपा लिया।

मेरा चिबुक उठाकर मेरी ओर एकटक देखते हुए महाराज ने कहा, "कितनी सुंदर दिख रही हो, शमा! तुम्हारा यह बिखरा-बिखरा केश-शृंगार सावधानी से बनाई साज-सज्जा से अधिक मोहक लगता है। स्वैरता में ही सौन्दर्य का विलास प्रकट हो...

मैं धीरज चाहती थी, अपने सौन्दर्य की प्रशंसा नहीं। बुझे मन से मैंने कहा, "आजीवन तो मैं कोई इतनी सुंदर रहने वाली नहीं!"

"क्यों नहीं?"

"शीघ्र ही मैं माँ हो जाऊँगी, फिर..."

महाराज की सभी शृंगारिक अठखेलियां, न जाने कहाँ ऐसी गायब हो गईं जैसे वक्र चंद्रमा किसी प्रचण्ड काले बादल की ओट में गायब हो जाता है। उनकी मुद्रा पर चिन्ता छा गई। उन्होंने मुझे फिर कसकर आलिंगन में लिया। किन्तु उस आलिंगन में आतुर प्रीतम की उत्सुकता के बजाय अंधेरे में डरकर माँ से चिपक जाने वाले बालक की आर्तता थी!

उनके इस मौन और स्पर्श से अनुभव होने वाली कातरता का अर्थ मेरी समझ में नहीं आया! अंत में उन्होंने धीरे-धीरे असंगत ढंग से जो बातें बताई उनसे उन्हें लग रहे भय का कारण ज्ञात हुआ। उनके पिता का जीवन एक ऋषि के शाप के कारण खाक में मिल गया था। देवयानी को यदि हमारा यह रहस्य मालूम हो गया तो वह तपस्या में लीन शुक्राचार्य की गुफा के सामने जाकर आक्रोश करने लगेगी। वह महाक्रोधी ऋषि तपस्या-भंग होने के कारण चिढ़कर बाहर आएगा। बेटी के प्रति अंधी ममता के कारण उसकी हर बात को वह सच मान लेगा और फलस्वरूप महाराज को कोई भयंकर अभिशाप दे बैठेगा!

देवयानी का स्वभाव बड़ा ही ईर्ष्यालु और आततायी था। शुक्राचार्य महाक्रोधी और झट से आपा खो बैठने वाले व्यक्ति थे। दोनों के स्वभावों को मैं अच्छी तरह जानती थी। महाराज को लग रहा भय ठीक ही था।

महाराज शुक्राचार्य के कोप का शिकार बन गए तो? तो शर्मिष्ठा का माथा शरम से हमेशा के लिए झुक जाएगा। आने वाली पीढ़ियों की प्रेमिकाएं उस पर हँसेगी! अपनी आबरू बचाने के लिए अपने सुख के लिए इसने अपने प्रीतम की बलि दे दी कहकर भावी कवि उसको तिरस्कार की दृष्टि से देखेंगे।

सच्चा प्रेम निःस्वार्थ होता है। महाराज से मैंने प्रेम अवश्य किया, किन्तु क्या केवल सुख की लालसा के कारण? मैं माता पार्वती के पदचिह्नों पर चल रही हूँ यह विचार प्रेम करते समय मन में आते ही सारी बेचैनी समाप्त हो गई। अब भी उस जन्ममाता द्वारा बताए मार्ग को ही अपनाने का मैंने निश्चय किया। ऐसा आचरण रखूँगी जिससे देवयानी को महाराज पर कभी सन्देह न हो! जो भी स्थिति आ जाए, उसका सामना अकेली करूँगी!

मैं अपने मन को बार-बार चेतावनी दे रही थी—''कभी न भूलो कि माता पार्वती का मार्ग यज्ञ की बलिवेदी तक जाता है। यह भी न भूलो कि पिता के यज्ञ में आत्माहुति देकर ही पार्वती सती बन गई थी।''

•

दूसरे या तीसरे दिन देवयानी लौट आई। मेरी थाल में रोज़ रात को तांबूल सूखने लगे। बात समझ में तो आती थी कि महाराज इसीलिए रात-भर महल में ही रहते होंगे, ताकि देवयानी को किसी तरह का सन्देह न हो। किन्तु उनके दर्शन और स्पर्शसुख से वंचित मेरा मन तड़पता रहता! बीच ही में आँखें झपकतीं। बाहर दूर कहीं से कोई आवाज़ आती, अर्धनिद्रित अवस्था में ही मुझे लगता, कहीं यह उस दरवाज़े की आवाज़ तो नहीं? सुरंग से महाराज ही—हाँ, अब देवयानी जो लौट आई है। अतः उनका मेरे यहाँ आगमन कब होगा, क्या कहा जा सकता है? वे कभी बेवक्त भी...

किन्तु वह सारा आभास मात्र होता। फिर मन और भी उदास हो जाता। मुँह अंधेरे लगने वाली नींद में भी, पता नहीं कैसे, अनुभव होता कि मेरी गर्दन के नीचे एक प्यार-भरा हाथ नहीं है! उद्यान के पंछियों की चहचाहट के बजाय इसी अनुभूति से मैं जाग जाती! और फिर तकिए में मुँह छिपाकर, अपना प्यारा खिलौना न मिलने के कारण रोने वाली किसी नन्ही बालिका के समान, फफक-फफक कर रोती रहती!

रातें यों ही बीतने लगीं—सूनी सूनी-सी...करुणा-भरी! आँखें तो प्यासी थीं ही, होंठ भी प्यासे-प्यासे-से हो गए। अंत में एक दिन मुझ से रहा न गया। मैं उठी और महाराज के उस चित्र पर इतने चुंबन बरसाए कि कुछ न पूछो। किसी ने कहा है न—प्रेम पागल होता है।

समय किसी अतिचपल और नटखट घोड़े के समान भागा जा रहा था। देवयानी को नौवाँ महीना लग गया था। इसीलिए वह कभी अशोक वन नहीं आई। एक बार उसने जानकर मुझे महल में बुला भेजा। मैं गई। यह देखकर कि कि उसे मुझ पर कोई सन्देह नहीं हुआ, मुझे बहुत-बहुत अच्छा लगा।

और उसी दिन महाराज के विरह का मेरा दुख समाप्त हो गया।

महल की खिड़की में शाम की सुंदरता देखने मैं खड़ी थी। एकदम एक ऊँचे वृक्ष के पीछे आकाश में हँसता हुआ आधा चन्द्रमा दिखाई दिया। उसे देखते-देखते मैं भी आकाश के जितनी बड़ी हो गई। अपने पास भी तो ऐसा चन्द्रमा है—नन्हा-सा,

प्यारा-प्यारा-सा—आज किसी को भी न दिखाई देने वाला एक मधुर चंद्रमा, इस भावना से मेरे तन-मन में बहार आ गई। मैं अपने गर्भ के बालक के साथ बातें करने लगी। महाराज के सहवास का क्या भरोसा, कभी किसी रात मिला, न मिला! किन्तु यह नन्ही-सी जान तो आठों पहर मेरा साथ दे रही थी। उसका मधुर मूक-संगीत दूसरा कोई भी नहीं सुन सकता था। किन्तु वह मधुर संगीत एक समा बाँध देता जिसमें मैं अपने सारे दुःख भूल जाने लगी। महाराज के विरह का दुःख उनके स्पर्श के प्यासे शरीर का दुःख कल को मेरे और मेरे बच्चे का स्वागत देवयानी किस तरह करेगी इस भय के कारण होने वाला दुःख—सब दुखों की चुभन से उस नन्ही-सी अज्ञात जान के सहवास में भौथरा हो गया, जिसका नाक-नक्शा मैं जानती नहीं थी और जिसकी आवाज़ को पहचानती नहीं थी। कच जैसे तपस्वियों को ईश्वर का साक्षात्कार क्या इसी तरह होता होगा? अन्यथा उनका मन इस तरह हमेशा शांत और प्रसन्न कैसे रह सकते?

माँ बनने में कितना आनंद है। पत्ते कितने ही सुंदर हों, लता की फूलों के बिना शोभा नहीं!

पर्णभाव लता का वैभव है, किन्तु फूल उसके सौंदर्य और सुख का सार है। फूल के रूप में वह एक निराली ही दुनिया का निर्माण करती है। निर्माण के इस आनंद का सानी दुनिया का कोई आनंद नहीं होता। तभी तो शुक्राचार्य को संजीवनी विद्या पर इतना नाज़ था।

एकान्त में अपने गर्भस्थ शिशु से बातें करते रहने में मुझे बड़ा आनंद आता! मैं उससे पूछती, ''अब तक कहाँ थे तुम?'' वह क्या जवाब देता! फिर मैं ही कहती, ''तुम्हें तुम्हारी यह माँ पसंद आएगी न? तुम्हारी माँ दासी है—किन्तु... किन्तु वह अपने देश के लिए दासी बनी है। तुम पराक्रमी होगे न? अपनी माँ को सुख दोगे न? मेरे पिता इतने बड़े राजा है। किन्तु वे मुझे सुखी नहीं बना पाए। तुम्हारे पिता हस्तिनापुर के सम्राट हैं! किन्तु वे भी मुझे सुखी रख नहीं पा रहे हैं। अब तो मुझे तुमसे ही सारी आशाएं है मेरे बेटे, मेरे चाँद, मेरे राजा! तुम्हारे बिना इस संसार में मेरा कोई नहीं है रे!''

इस तरह मैं बड़ी देर तक बातें करती रहती। कभी आभास होता कि बालक पेट के भीतर से हुंकारें भर रहा है। किन्तु इस तरह बोलती रहने से मन का सारा दुःख हल्का हो जाता और मन धुलकर बिल्कुल साफ हो जाता, वैसे ही जैसे वर्षा के बाद आकाश स्वच्छ हो जाता है।

मेरी दोहदें शुरू हो गईं। मायके होती, तो माँ मेरी हर इच्छा को शौक और धूमधाम से पूरी करती! किन्तु...मेरी दोहदें भी सबसे अनोखी थीं।

मुझे लगता, घने जंगलों में खूब सैर करूँ, खूंख्वार जंगली जानवरों का शिकार करूँ, रात में वृक्षों की ऊँची-ऊँची टहनियों पर चढ़ जाऊँ और ऊपर की नील-लता पर खिले फूलों की तोड़कर अपनी वेणी में गूंथ लूँ, कोई सिंह दिखाई दे तो उसका अयाल पकड़कर उसका मुँह खोल लूँ और उसके सारे दाँत गिन लूं!

ऐसी कितनी ही बातें मन में आने लगीं। मुझे अपने पर ही आश्चर्य होने लगा। फिर मेरे ध्यान में आया कि ये मेरी इच्छाएं नहीं, मेरी वासनाएं नहीं। मैं अब स्वतंत्र कहाँ रह गई थी? यह तो मेरा गर्भस्थ शिशु खिलाड़ी बनकर मुझे खिला रहा था!

एक दिन तो मुझ पर एक अजीब-सी सनक सवार हो गई। लगा, बुढ़िया का वेश बनाकर—एकदम जर्जर बुढ़िया का वेश बनाकर महाराज के सामने खड़ी हो जाऊँ। वे जब पहचान नही पाएंगे तब वेश उतारकर उनसे कहूँ आपने ऋषि का वेश बनाकर मुझे धोखा दिया। आप समझते हैं वेश बनाना क्या आप ही को आता है? कैसे बुद्धू बनाया है जनाब को, देखा न?"

देवयानी के लड़का हुआ। उसके नामकरण समारोह में मैं गई। लेकिन जाने से पहले दर्पण के सामने प्रसाधन सिंगार करने लगी, तो मेरे पाँव काँपने लगे। मेरी काया बदल गई थी। अब तक मेरे रहस्य को सँभालकर रखने वाली प्रकृति के लिए भी मेरी रक्षा करना अब संभव नहीं रहा था।

मैंने अपने मन को जैसे-तैसे समझाया कि आज तो देवयानी अपने ही आनंद में मस्त होगी, मेरी ओर गौर से देखने की उसे फुरसत भी नहीं मिलेगी और डरते-डरते ही मैं राजमहल के समारोह में गई। मैं बराबर कोशिश करती रही कि किसी तरह उसकी आँखों से ओझल ही रहूँ। किन्तु उस ने अपना यदु दिखाने के लिए मुझे पास बुला लिया। बच्चा दिखाते समय वह एकदम मेरी ओर घूरकर देखने लगी। उसने मुझे सिर से पाँव तक गौर से देखा! फिर बोली, "शर्मिष्ठा, लगता है अशोक वन की जलवायु तेरी सेहत के लिए काफी अच्छी रही है!"

मैंने केवल "हुं" कह दिया। तुरन्त ही उपालंभ से उसने कहा, "वहाँ तुम्हें एकाकी नहीं लगता?"

"शुरू-शुरू में तो लगा था। किन्तु बचपन से ही साथ रही दो दासियाँ मेरे साथ आई हैं। उनसे बातें करने और बचपन की यादों में काफी समय कट जाता है!"

"अच्छा? और कौन आता-जाता है वहाँ?"

"वहाँ और कौन आने लगा है? कभी-कभी कोई ऋषि आ जाते हैं। उनकी सेवा में समय कैसे कट जाता है पता भी नहीं चलता!"

उसके पास से हटकर मैं दूर निकल आई तो ऐसे लगा किसी शेरनी की गुफा से जान बचाकर निकल आई हूँ!

राजमहल की परिचित दासियों से मैं बातें करने लगी। लेकिन मैं जहाँ भी जाती, देवयानी की वह बूढ़ी दासी हमेशा वहीं पहुँच जाती। पहले तो यह बात मेरे ध्यान में नहीं आई। किन्तु बाद में मैं घबरा गई। वह बुढ़िया लगातार मेरी ओर बड़ा घूर-घूरकर देखती रही। मेरा चलना, खड़ा होना, झुकना—सब वह बहुत गौर से देखती रही। काफी देर बाद वह चली गई तो मेरी जान में जान आई। मैंने तय किया कि अब मैं बिना थोड़ी भी देर किए देवयानी से विदा लेकर अशोक वन लौट

जाऊँ। तभी उसीने मुझे बुलवा लिया। मैं डरते-डरते उसके महल में गई। अन्य दासियों को बाहर भेजकर उसने दरवाज़ा भीतर से बंद कर लिया और बहुत ही डंपट-भरी आवाज़ में मुझ से पूछा, "तू गर्भवती हो गई है?"

मैंने गर्दन हिलाकर 'हाँ' कहा।

"यह व्यभिचार..."

"मैं व्यभिचारिणी नहीं हूँ। एक बड़े ऋषि के आशीर्वाद से..."

"ऋषि के आशीर्वाद से? कौन है यह ऋषि? उसका नाम, गोत्र, कुल– बोलती क्यों नहीं? तेरी बोलती क्यों बंद हो गई? किसने की यह कृपा तुझ पर? क्या कच ने?"

सारी रात मैं तड़पती रही। मेरा प्रेम कोई पाप नहीं था। और वह पाप हो भी तो कच से उसका क्या संबंध? कच तो बहुत ही पवित्र है। मुझे अपने पर ही बार-बार क्रोध आ रहा था। देवयानी यह ज़हर उगल रही थी, तब मैं क्यों चुप रही? क्यों नहीं मैंने तपाक से उसे उत्तर दे दिया कि व्यर्थ ही कच का नाम मत लो, इसमें उसका कोई संबंध नहीं है?'

वैसे उत्तर मैं दे देती तो उसने मुझ से कुरेद-कुरेद अनाप-शनाप सवाल किए होते और फिर–

कच से मन ही मन क्षमा माँगने के अलावा मैं कर भी क्या सकती थी! उसकी स्नेहशील मूर्ति मेरी आँखों के सामने आ गई । उस मूर्ति के सामने मैं घुटनों के बल बैठ गई। हाथ जोड़कर उससे कहा, "मेरे भैया, क्षमा करना, अपनी इस दुर्बल बहन को क्षमा करना!"

जीवन का क्या यही नियम है कि दुःख के सात सागर पार किए बिना आनंद के सदाबहार फूल आते ही नहीं?

प्रसव-पीड़ा ने मुझे मौत के द्वार पर खड़ा कर दिया। जन्म और मृत्यु का वह विचित्र मेल देखकर मेरी तो मति कुंठित हो गई। महाराज के बाहुपाश में जो शरीर क्षण-भर, प्रति पल खिलता, फूलता था, वही अब असीम पीड़ा से प्रतिक्षण कराह रहा था, दर्दीले बल खा रहा था! पीड़ा असह्य हो जाती तो मैं आँखें मूँद लेती। किन्तु तब लगता, कि शायद अब फिर कभी ये आँखें खुलेंगी ही नहीं, सदा के लिए बन्द हो जाएंगी। यह बेरहम किन्तु सुंदर दुनिया अब मुझे फिर से दिखाई नहीं देगी। मेरा शिशु–वह दिखने में कैसा होगा? लड़का होगा या लड़की? भगवान, मुझे उठा लेना ही चाहते हों, तो कम-से-कम बच्चे को देख लेने के बाद उठा लें, उसे एक बार–बस एक बार तो छाती से लगा लेने दो, उसके बाद उठा लेना!

मुझे कुछ ऐसा लगा मानो जंगल में फैला झुटपुटा एकदम गायब हो गया और चारों ओर अंधेरा छा गया। आगे क्या हुआ मुझे कोई भान नहीं। मेरी आँखें खुलीं तो लगा जैसे मैं युगों सोकर जागी हूँ। मेरी दोनों दासियाँ मेरे कानों में कुछ फुसफुसा रही थीं किन्तु वे क्या कह रही हैं मेरी समझ में नहीं आ रहा था। किन्तु पांच-दस

क्षणों बाद ही उनके शब्दों से तीनों लोक भर देने वाला संगीत सुनाई दिया। मैं सुन रही थी—कानों में प्राण समेट कर सुन रही थी। मेरी दासियाँ कह रही थीं—"लड़का हुआ है! लड़का—लड़का—गोरा-चिट्टा, एकदम स्वस्थ—लड़का—लड़का!"

मेरे बच्चे की बरही पर केवल तीन व्यक्ति उपस्थित थे। मैं और मेरी दोनों दासियां। देवयानी दूर से ही सब सुन रही थी। किन्तु ऐसे दिखा रही थी जैसे शर्मिष्ठा के लड़का हुआ यह उसे मालूम ही नहीं हो! उसने मुझ से खुल्लमखुल्ला बैर नहीं छेड़ा था। किन्तु मुझ पर कड़ी निगरानी रखने का पूरा प्रबंध कर रखा था। अशोक वन में क्या हो रहा है उसको एक-एक बात का पता रहता था।

मेरा बेटा—एक सम्राट का पुत्र था। किन्तु अभागे ने शर्मिष्ठा की कोख से जन्म लिया था। सज्जित और सुशोभित किए पालने में झुलाकर उसका नामकरण समारोह कौन करता? मेरे मन में उसका नाम पुरुरवा रखने का विचार आया। किन्तु मुझे भय था कि इस नाम के कारण देवयानी के मन में वही सन्देह पैदा हो जाएगा जो नहीं होना चाहिए। वह अवश्य ही महाराज के महापराक्रमी परदादा का नाम था। इसीलिए मैं उसका मोह संवरण नहीं कर सकी। मैंने उसका नाम पुरु रखा! नामकरण समारोह हुआ बाहर के उद्यान के एक कोने में। मेरे हाथों का पलना, उस पालने पर लटकाया चाँद का खिलौना, आसपास की वृक्ष-लताओं की मालाएं...यही था मेरे बेटे की बरही का सारा साज!

पुरु ने मेरे समूचे जीवन को आनंद-सागर में नहला दिया। उसको कितना भी चूम लूँ, मन तृप्त होता ही नहीं था। जन्म से ही उसके झंडूलें काफी घने और सुंदर थे। उनमें उंगलियाँ फेरने पर मुझे ऐसे लगता मानो मैं नंदनवन में बिछे फूलों के पांवड़ों पर चल रही हूँ। भूख लगने पर पुरु जब मेरे आँचल से उलझने लगता तो मुझे स्वर्गीय आनंद आता था। मेरा दूध पीते-पीते वह बीच ही में रुक जाता। कभी 'फू...' करके होंठों से दूध की बूंदें उड़ाता। वे बूंदें उड़कर उसी के गालों पर गिरतीं। तब उसके गालों को चूम-चूमकर मैं उसकी नाक में दम कर देती। उसकी नन्ही मुट्ठियों में कुबेर की सम्पत्ति थी। मेरी ओर एकटक टुकुर-टुकुर देखने वाली उसकी आँखों में दो चाँद थे। मुझे देखते ही उसके होंठों पर खेलने वाली मुस्कान में बसंत-बहार का सारा वैभव हँसता था।

पुरु दिन-प्रतिदिन बड़ा होने लगा। वह पेट के बल पलटने लगा। घुटनों के बल चलने लगा, बैठने लगा, तोते-कौओं से, फूलों-तितलियों से, पंख-पखेरुओं से, चाँदनी से उसकी मैत्री हो गई।

सुना कि बीच में शुक्राचार्य का तपस्या की गुफा से बाहर आकर दर्शन देने का समय एक बार आया था! किन्तु उस समय यदु बीमार था। इसलिए देवयानी नहीं गई। मैं भली-भांति जानती थी कि उसके हस्तिनापुर के बाहर गए बिना मेरी महाराज से भेंट नहीं हो सकेगी। किन्तु विरह की वेदना मुझे अनुभव नहीं हो रही थी। पुरु की बाल-लीलाओं में मैं अपने सारे दुःख भुला बैठी थी। मैं केवल वर्तमान में जी रही थी। भूत और भविष्य की मुझे कोई चिन्ता नहीं थी।

क्या सुख के दिन हिरन के पाँव लेकर भागते हैं?

पुरु की पहली वर्षगांठ का दिन पास आया। उसी समय शुक्राचार्य का गुफा से बाहर आकर दर्शन देने का एक और दिन भी आ गया। देवयानी उन्हें धेवता दिखाने के लिए चली गई। उस दिन मेरा मन नई-नवेली दुल्हन के समान अधीर हो उठा। लगा, आज दिन बहुत ही धीरे-धीरे रेंगता जा रहा है। शाम को बड़े उत्साह के साथ सजाकर रखी हुई मेरी वेशभूषा पुरु ने पूरी तरह बिखरा दी। पहली बार—बिल्कुल पहली ही बार, मैंने आँखें तरेरकर उसे देखा। फिर भी उसके न मानने पर उसे एक चपत भी लगा दी। किन्तु तुरंत ही मेरा मन मुझे खाने लगा। मैंने उसे अपने आँसुओं से नहला दिया। ऐसा रोना भी कितना सुख देता है!

आधी रात बीत जाने पर भी सुरंग का दरवाज़ा न बजा, न खुला ही। मैं निराश हो गई। सोचा, महाराज ने शायद मुझे भुला दिया। आँसुओं से मेरा तकिया तर हो गया।

आधी रात के बाद दो घड़ियाँ और भी बीत गईं। उस गुप्त दरवाज़े से आवाज़ आई। धीरे-धीरे वह खिसकने भी लगा। मेरे प्राण आँखों में आ गए। अगले क्षण ही मैं महाराज के बाहुपाश में समा गई—बादल में छिपने वाली बिजली की तरह!

काफी लम्बे विरह के बाद का वह मिलन—उस मिलन में कितना आनंद था! हमें बहुत-बहुत बातें करनी थीं। किन्तु कोशिश करने पर भी एक के भी शब्द मुँह से नहीं फूट रहा था। फिर भी हम काफी कुछ बोले जा रहे थे, आँखों से नहीं! आँसुओं से, स्पर्श से!

गहरी नींद में सो रहे पुरु की ओर महाराज बड़ी देर तक एकटक देखते रहे। फिर मेरे दोनों हाथ अपने हाथ में लेकर बोले, "शमा, मुझे क्षमा कर दो। आज तेरे-मेरे लाड़ले पुरु के लिए मैं कुछ भी नहीं कर पा रहा हूँ। किन्तु कल...कल।" मैंने उन्हें आगे बोलने नहीं दिया।

देवयानी मुझ पर बड़ी निगरानी रखने का प्रबंध कर गई थी। उसकी चाल में न फँसने का हम दोनों ने निश्चय किया। यदि महाराज से रोज़ भेंट हो सकती, तो मैं क्या चाहती नहीं? किन्तु मैंने ही मोह संवरण किया। चार-आठ दिनों बाद मिलने वाले उनके सहवास पर ही मैं सन्तोष करने लगी।

एक दिन रात में वे आए तब पुरु जाग रहा था। मेरी एक दासी ने उसे बगीचे में जाकर लताओं के फूल स्वयं अपने नन्हे-नन्हें हाथों से तोड़ने का शौक लगा दिया था। उस शाम को वह दासी उसे खेलने के लिए बगीचे में ले गई थी। एक-एककर आकाश में तारे निकलने लगे। देखते-ही-देखते सारा आकाश तारों से झिलमिलाने लगा। नक्षत्रों का वह अम्बार देखकर पुरु हर्ष से पागल हो गया। लताओं के फूल तोड़ने का चस्का उसे लगा था। शायद उसे लगा कि आकाश में लगे ये फूल भी उसी तरह से तोड़े जा सकते हैं! वह दासियों से उसे ऊँचा उठाने के इशारे करने लगा। किन्तु कोई उसे कितना भी ऊँचा उठाता, तब भी आकाश के वे नक्षत्र भला उस बालक के हाथ कैसे आते? पुरु उन्हें पाने का हठ कर बैठा। रो-रोकर उसकी आँखें

लाल हो गईं। उसे खिलाते समय एक-एक कौर हाथों में लेकर मैंने तोता, कौआ, चिड़िया, बिल्ली आदि उसके सारे मित्रों को याद किया। किन्तु उसने अन्न के एक कण को भी स्पर्श नहीं किया। आधी रात तक मैं उसे कन्धे पर लिए थपकियाँ दे-देकर सुलाती रही। वह भी पूरी ज़िद पर आ गया था। हठ से जागता ही रहा था।

महाराज ने उसे पहली ही बार जागा हुआ देखा था। उसे लेने के लिए उन्होंने अपने दोनों हाथ फैलाए। पुरु ने उनकी ओर एकटक क्षण-भर देखा। उनकी तरफ लपकने जैसा कुछ झपटा भी। किन्तु फिर, पता नहीं क्या सोचकर, सिर हिलाकर 'ना-ना' कहते हुए उसने महाराज से मुख मोड़ लिया! माँ के कन्धे पर आराम से पड़ी उसकी नन्ही-सी मूर्ति की पृष्ठाकृति की ओर महाराज देखने लगे।

तभी पुरु अपने नन्हे हाथों से मेरा मुँह पकड़कर घुमाने लगा। वह मुझे कोई चीज़ दिखाना चाह रहा था शायद! वह क्या दिखाना चाहता है पहले ठीक से मेरे ध्यान में नहीं आया। किन्तु जब ध्यान में आ गया तब तो देखा—कोने में मेरे द्वारा बनाया हुआ महाराज का वह चित्र रखा था। पुरु बार-बार उस चित्र की ओर और बाद में महाराज की ओर उंगली दिखा रहा था। वह अपनी मूक बोली से मुझे बता रहा था कि यह चित्र महाराज का ही है।

"चतुर कहीं का!" कहते हुए महाराज ने कितनी वत्सलता से उसे चूम लिया। उन्होंने उसे जहाँ चूमा था, उसी स्थान पर तुरंत ही उसे चूमते समय मुझे कितनी गुदगुदी हुई थी। उस एक चुंबन के दो रसों में मुझे सरोबार कर दिया—शृंगार में और वात्सल्य में।

देवयानी के लौट आने पर यह सुख समाप्त हो गया। किन्तु पुरु अब एक-एक अक्षर बोलने लगा था। उसके मुँह से एक-एक अक्षर निकलने लगा। तो मुझे भी अनुभव होने लगा कि समुद्रमंथन से अमृत बाहर निकलता देखकर देव-दानवों को कितना आनंद हुआ होगा। रोज़ शाम को मैं उसे लेकर महाराज के चित्र के सामने बैठने लगी। मैंने उसे उस चित्र को प्रणाम करना और 'त-त', 'त-त' बोलना सिखाया। कभी वह ज़िद करके कुछ दूसरा ही अक्षर कह देता। किन्तु मेरा अच्छा मुन्ना कहकर उसे सीने से लगाकर सहलाने और लगातार उसको चूम लेने से वह जान जाता कि उसकी माँ क्या चाहती है। मन में अनेक बार प्रबल इच्छा हो आती कि उसे बहुत जल्दी 'तत' 'तत' कहना आ जाए। किसी रात महाराज को वह इसी तरह पुकारे और उसका इस तरह पुकारना मैं अपनी आँखों देख लूँ। फिर लगता—काश, भगवान ने मनुष्य के मन को कल्पना के पंख न दिए होते!

मैं पुरु के जीवन में इतनी खो जाती कि अपने अन्तर्मन में उठने वाली सभी टीसों की मुझे दिन-भर याद भी न रहती। किन्तु कभी-कभी किसी दिन बहुत ही अजीब बात होती!

ऐसे ही एक दिन की बात है! वर्षा ऋतु समाप्त होने को थी। फिर भी सुबह से ही आकाश में काले बादल उमड़ आए थे। मन योंही उदास था। एक दासी ने पुरु के कुल्ली करने के चुलबुलेपन का वर्णन करते-करते मेरी बचपन की शरारतों

के किस्से सुनाने शुरू किए। अपना सुखी और चिन्तामुक्त शैशव मेरी आँखों के सामने खड़ा हो गया। उस भाग्यशाली शैशव के बाद प्राप्त यह अत्यंत दुर्भाग्यपूर्ण दासता।

मन का एक-एक घाव हरा हो गया, बहने लगा!

इस तरह मन जब भी बेचैन हो जाता मैं कच को और उसके धीरज बंधाने वाले शब्दों को याद करती। फिर मन शान्त न हुआ, तो स्नान करके कच द्वारा देवयानी को दिया हुआ उस लाल वस्त्र का परिधान ग्रहण कर लेती जो उस दिन जलक्रीड़ा के समय मैंने गलती से पहन लिया था।

उस दिन भी मैंने वैसा ही किया।

किन्तु अचानक शाम के समय देवयानी ने मुझे बुला भेजा। अपने बच्चे को लेकर तुरन्त आओ—उसका ज़रूरी सन्देशा आया था। मैं हड़बड़ा गई। वस्त्र बदलने की भी सुधि मुझे नहीं रही!

कहीं देवयानी को हमारे प्रेम-रहस्य का पता तो नहीं चल गया? किसी रात महाराज मुझ से मिलने आए होंगे। निगरानी रखने के लिए रखी गई किसी दासी ने देखा होगा कि महाराज अपने महल में नहीं हैं! उसने ही जाकर देवयानी से चुगली खाई होगी! अपनी बला से! उसमें डरने की क्या बात है? राज-काज के लिए महाराज महल से कहीं और गए होंगे! वे अपने महल में नहीं थे, इसका मतलब यही तो नहीं हो सकता कि वे अशोक वन ही आए होंगे।

डरते-डरते ही मैं राजप्रासाद में गई। देवयानी ने मेरा वह लाल वस्त्र देखा, किन्तु उसके माथे पर कोई शिकन नहीं आई। मैंने राहत की साँस ली।

उसने जानकर ही मुझे पुरु को साथ लेकर बुलाया था! सामुद्रिक शास्त्र में निपुण वही पहले वाला पंडित फिर राजधानी में आया हुआ था। पिछली बार राजमाता ने उसे बुला भेजा था। तब मेरी हथेली देखकर उसने कहा था, "यह लड़की बहुत ही अभागिन है! किन्तु इसका पुत्र सिंहासन पर बैठेगा!"

आज उन्हीं पंडितजी की परीक्षा लेने के लिए देवयानी ने एक अलग ही तरकीब निकाली थी। उसने यदु और पुरु दोनों को इतनी एक-सी पोशाक पहनने को दी कि दोनों सगे भाई प्रतीत हों। फिर ढेर सारे खिलौने देकर उसने दोनों को अपने महल में ही खेलने को बिठा दिया। दोनों बच्चे जब खेल में मस्त हो गए, उसने उन्हीं ज्योतिषी को बुला भेजा। उन्होंने दोनों बच्चों की दाईं हथेलियाँ बार-बार देखीं। बाईं भी देखीं। अन्त में यदु की ओर देखते हुए उन्होंने कहा, "लगता है यह लड़का बहुत अभागा है!"

देवयानी होंठ चबाते हुए बड़ी मुश्किल से अपना गुस्सा पी गई। फिर पुरु की ओर उंगली दिखाकर उसने पूछा, "और यह?"

काफी देर तक पुरु की हथेली फिर से देखते हुए उन्होंने कहा, "यह चक्रवर्ती राजा बनेगा!"

देवयानी पर जैसे गाज गिरी। पंडितजी की फजीहत करने के लिए उसने कहा, "पंडितजी महाराज, ये दोनों सगे भाई हैं! दोनों राजकुमार हैं, उनके जीवन में इतना अंतर कैसे हो सकता है?"

ज्योतिषी ने शांत भाव से उत्तर दिया, ''भाग्य एक बहुत अद्भुत शक्ति होती है महारानी! जिस आकाश में शुक्र का तारा जगमगाता रहता है उसी आकाश से उल्का धरती पर गिरकर पत्थर हो जाती है!''

देवयानी ज्योतिषी महाराज को जैसे-तैसे विदा करने की जल्दी मचा ही रही थी कि स्वयं महाराज अचानक महल में पधारे। उनके साथ उनका मित्र माधव भी था। महाराज को देखते ही 'त-त', 'त-त' कहता हुआ पुरु उनके पास जाने के लिए मचलने लगा। एक बार तो उसने महाराज की तरफ लपकने की कोशिश भी की। मेरे तो होश-हवास उड़ गए। देवयानी ने बीच में ही अत्यंत क्रोध से मुझ से पूछा भी–''क्यों री! यह क्या कह रहा है?'' मैं कुछ बोली नहीं। सौभाग्य से पुरु के उस एकाक्षरी मंत्र का अर्थ किसी के ध्यान में नहीं आया।

ज्योतिषी के चले जाते ही महाराज से एक शब्द भी न बोलते हुए देवयानी ने मुझ से कहा, ''मुझे कुछ काम है तुझ से। चलो महाराज के महल में हम आराम से बातें करेंगी। नगर में कुछ कुशल नर्तक कलाकार पधारे हैं वे अपना नृत्य हम लोगों के सामने पेश करना चाहते हैं। चलो चलें, पुरु को भी साथ ले लो।''

महाराज के महल से कदम बाहर रखते ही देवयानी ने अपने हाथों दरवाज़ा बंद कर लिया। मैं सकपकाई। पलंग पर बैठकर उसने कड़कते हुए स्वर में मुझ से पूछा, ''शर्मिष्ठा, भूल तो नहीं गई न कि तुम मेरी दासी हो?''

मैंने नम्रता से गर्दन हिलाकर हाँ कहा।

''दासियों की बहुतेरी गलतियों को मैं क्षमा कर देती हूँ–आगे भी करूँगी। किन्तु किसी भी दासी के व्यभिचार को...''

''मैं व्यभिचारिणी नहीं हूँ!''

विकराल अट्टहास करते हुए उसने कहा, ''यह भी खूब! बिना पति के स्त्री, के बच्चा हो जाए, और तब भी उसे कोई व्यभिचारिणी न कहे?''

''एक ऋषि की-कृपा से मेरे पुरु हुआ है!''

''उस ऋषि का नाम?''

''दुनिया को उसके नाम से क्या लेना-देना है?''

''ऐसे किसी की कृपा से किसी के पुत्र पैदा होने की गपोड़-कथाओं पर कोई भरोसा नहीं करता। इसीलिए दुनिया नाम जानना चाहती है!''

''शुक्राचार्य संजीवनी मंत्र से मृतकों को फिर से जीवित करते थे, यह भी क्या उसी प्रकार की गपोड़-कथा है?''

यह सुनते ही क्रोध से होंठ चबाती हुई देवयानी बोली, ''मगरूर लड़की! तेरा दिमाग कहीं घास चरने तो नहीं गया? जानती नहीं, छोटे मुँह बड़ी बात करने से कभी बात गले में ऐसी अटक जाती है कि आँखें पथराकर बाहर निकल आती हैं। कहाँ तीनों लोक पर अपनी धाक जमाने वाले मेरे पिताजी और कहाँ तुझ जैसी दासी के चरण चूमने वाला कोई जोगड़ा बैरागी! बता, क्या है तेरे उस चोट्टे प्रेमी का नाम?''

"मैं नहीं बताऊँगी।"

"मैं महारानी हूँ। मेरी अवज्ञा की तो जो भी दण्ड दूँगी, तुझे भोगना पड़ेगा। कल ही मैं दरबार लगा रही हूँ! उसमें तुम्हें व्यभिचार के अभियोग में खड़ा करूँगी। तुम्हें अपनी पवित्रता सबके सामने सिद्ध करनी होगी। लोगों को तेरी बात न जँची तो—अच्छा किया यह लाल वस्त्र तुमने पहन लिया। सूली पर चढ़ने वाले को लाल वस्त्र ही पहनना होता है!"

मुझे दिन में तारे दिखाई देने लगे। मन-ही-मन निश्चय किया कि अब देवयानी के मुँह से और एक भी शब्द सुनने के लिए यहाँ न रुकते हुए सीधे निकल जाऊँ। आगे जो भी होना है हो ले! पुरु को सीने से कसकर लिपटाकर मैं दरवाज़े की ओर भागी।

"कहाँ चली जा रही हो?" देवयानी के इस प्रश्न से मेरे कदम रुक गए। उसके शब्द में किसी अघोरी ताँत्रिक की अद्भुत शक्ति थी!

बार-बार जी में आता रहा कि ज़ोर से 'महाराज! महाराज!' कहकर चिल्ला पड़ूँ। किन्तु मुँह से शब्द नहीं फूटा! तुरन्त ख्याल में आया कि महाराज मेरी सहायता के लिए दौड़ आए तो यह सारा मामला बहुत ही संगीन हो जाएगा। बहुत ही भयानकता से भभक उठेगा! वह राज़ जो आज तक इतनी सावधानी से मैंने छिपा रखा है पल-भर में उसका भण्डा फूट जाएगा। महाराज देवयानी के अंधे और असीम क्रोध का शिकार बन जाएंगे। शुक्राचार्य उन्हें कोई अजीब-सा अभिशाप दे बैठेंगे।

ऐसे महाकोपी ऋषियों के अभिशाप के कारण पत्थर या पशु बन गए स्त्री-पुरुषों की कितनी ही कथाएं मैंने बचपन से सुनी थीं। वे ही भयानक दृश्य मेरी आँखों के सामने तैरने लगे।

सारा दुःख और सारा भय पीकर मैं किसी खम्भे जैसी जड़ बनकर खड़ी रही।

देवयानी ने मुझे अपने पीछे-पीछे आने का इशारा किया। यंत्रवत मैं उसके पीछे-पीछे चलने लगी। वह महल के पूरब की ओर वाली दीवार के पास गई। दीवार हू-ब-हू अन्य दीवारों के समान ही दिखाई दे रही थी। किन्त उसमें शायद कहीं पर एक गुप्त 'कल' थी—जैसी अशोक वन में थी, वैसी ही! देवयानी द्वारा 'कल' दबाए जाते ही एक द्वार खुल गया। उसने कहा, "चल! इसके भीतर आगे-आगे चलती जा!"

किसी मंत्रबद्ध की भांति मैं उस सुरंग की सीढ़ियाँ उतरने लगी। मेरे पीछे-पीछे वह भी उतरती आ रही थी।

मैं समझ नहीं पा रही थी कि इस सुरंग के रास्ते वह मुझे कहाँ ले जाना चाहती है और मेरा क्या करने जा रही है। किन्तु सुरंग कोई बहुत लम्बी नहीं थी। उसके दूसरे सिरे पर एक तहखाना था।

देवयानी मेरी ओर मुड़कर बोली, "अन्दर जा। अच्छा एकान्त है इस तहखाने में। चाहो तो अपने उस चोट्टे प्रीतम को भी यहाँ बुला लो जी-भरकर मौज उड़ाने के लिए! किन्तु एक बात ध्यान में रखना। अपने प्रीतम का नाम बताना है या नहीं, इसका निर्णय आज रात ही तुम्हें करना होगा। तेरा प्रीतम ऋषि है न? तो मंत्रसामर्थ्य

से वह यहाँ आ सकता है। वह नहीं आया तो उसके इस छोकरे से सलाह ले लो! मैं सुबह आऊँगी। तुमने अपने प्रीतम का नाम तब बता दिया तो ठीक ही है वरना सारे नगर में डूयोंढी पिटवा दूँगी शाम को दरबार लगवाऊँगी, उसमें तुम्हारे व्यभिचार की जाँच होगी और...''

बोलते-बोलते वह रुकी। फिर केवल हँस दी। उसकी उस हँसी में हलाहल का सारा निचोड़ समाया हुआ था। तुरन्त ही मृदुता से कहने लगी, ''यहाँ जब कोई तपस्या के लिए बैठता है न तब हम लोग उसकी सेवा के लिए किसी-न-किसी को यहाँ रखते आए हैं। उसी तरह एक प्रहरी को यहाँ रखने की सोच रही थी मैं! किन्तु वह तेरे सौन्दर्य पर मोहित हो जाएगा और कल प्रातः प्रीतम के रूप में उसीका नाम लेने के लिए तुझे आसानी हो जाएगी! इसीलिए आज यहाँ किसी को भी न रखने का निश्चय किया है मैंने। किन्तु भूलना नहीं कि अब केवल चार पहर का समय ही बाकी है। सच-सच बता तेरे इस बच्चे की हथेली पर चक्रवर्ती राजा की रेखाएं कैसे आ सकीं?''

मैंने शान्ति से उत्तर दिया, ''ऋषि के आशीर्वाद से!''

''तो उसी ऋषि के आशीर्वाद से रात में ही तू इस तहखाने से गायब भी हो जाएगी!''

''ज़रूर हो जाऊँगी! उसमें असंभव क्या है? यति वहीं अशोक वन से रात में अचानक गायब हो गया? जानती हो न? कहते हैं बाढ़-भरी यमुना के पानी पर से चलता हुआ तो वह पार निकल गया! उसी तरह मैं भी इस तहखाने से...''

इस ईर्ष्या से कि प्राण जाएं, तो भी देवयानी के सामने घुटने नहीं टेकूँगी, मैं जो मन में आया, बोलती। किन्तु जब वह तहखाने का द्वार बंद करके जाने लगी, तो मेरा सारा आवेश समाप्त हो गया। लगा दौड़कर लपक जाऊँ उस द्वार को पीछे खींच लूँ, देवयानी के पैर पकड़ लूँ और उससे कहूँ, ''तुम मुझे चाहो जितनी यातनाएं दो, प्राण ले लो, किन्तु मेरा बच्चा—उसे कोई कष्ट मत देना! इस तहखाने में इस अंधेरे में...''

लग रहा था, जैसे उस अंधेरे में युगों से बैठी हूँ। अंधेरे से डरकर पुरु रोने लगा। मैंने उसे अपने आंचल में छिपा लिया। इस विश्वास से कि माँ अपने पास ही है मेरा छौना निश्चिन्तता से मेरी गोद में थोड़ी देर बाद सो गया। पुरु के पास माँ थी। उसे उसका सहारा था। किन्तु मुझे...

हर पल जैसे मुझे खाने को दौड़ रहा था। तहखाने में अंधेरा धीरे-धीरे कुछ छँटता-सा लगा। फिर आभास हुआ कि अंधेरे में कोई है। क्या वह मात्र आभास था? कोई भूत था? नहीं! कुछ भी समझ में नहीं आ रहा था।

शायद वह एक युवती थी! कौन होगी वह? इसी तहखाने में घोटी गई मेरे जैसी ही कोई प्रणयिनी? वह कौन थी? क्या खोज रही थी?

मन में विचार आया कि कहीं सोच-सोचकर पागल बना देने के लिए ही तो देवयानी ने मुझे यहाँ लाकर नहीं रखा है?

उस छोटे-से कमरे की चारों दीवारें एक से एक भयंकर कहानियाँ बताने लगीं। कामुक राजा का प्यार, सौत की डाह, घराने की प्रतिष्ठा के लिए की गई हत्या, निरीह युवतियों को पिलाए गए ज़हर के प्याले...

मन में आया कि इस यम-यातना से छुटकारा पाने के लिए दीवार पर पटक-पटक कर अपना सिर फोड़ लूँ। आत्महत्या के विचार से प्रेरित होकर मैं उठने लगी। किन्तु उठ नहीं पाई। मेरी गोद में पुरु जो सोया था! उसकी नींट टूट जाती...

भगवान ने भी मुझे इस संसार के साथ कितने नाज़ुक किन्तु कितने मज़बूत धागों से बाँध रखा था।

कमरे में एकदम कहीं से प्रकाश चमका। मैंने चौंककर ऊपर देखा। कोने में ऊपर एक रोशनदान था, शायद बाहर ऊपर बिजलियाँ कड़क रही थीं और उन्हीं का चौंधिया देने वाला प्रकाश उस रोशनदान से...

उस प्रकाश ने मुझे काफी धीरज दिया। मैं कच को याद करने लगी। इस प्राणसंकट में उसकी याद दिलाने वाला वह चहेता वस्त्र मेरे शरीर पर था। लगने लगा शायद मैं बड़ी भाग्यवती हूँ। मेरा मन शान्त हो गया। पुरु को सीने से चिपकाए मैं ज़मीन पर ही लेट गई। धीरे-धीरे मेरी आँख लग गई।

सहसा दरवाज़े की आवाज़ से नींद खुली। पहले तो लगा, यह सब सपना है। किन्तु वह सपना नहीं था। किसीने तहखाने का दरवाज़ा खोला था। आशा और भय की कैंची से मन की एक-एक धज्जी अलग होने लगी। क्या कोई मुझे रिहा करने आया है या...देवयानी स्वयं विष का प्याला लिए फिर लौट आई है?

तभी बिजली की चौंध से तहखाना जगमगा उठा। उस प्रकाश में भीतर आए व्यक्ति को मैंने अच्छी तरह पहचान लिया। वे महाराज थे। पास आकर उन्होंने मेरे कंधे पर हाथ रखा। वे मुझ से कुछ भी बोले नहीं। दरवाज़े की तरफ चलने लगे। पुरु को लेकर मैं उनके पीछे-पीछे चलने लगी।

हम लोग झट से ऊपर महल में आ गए। महल के दक्षिण की दीवार में कोई 'कल' थी, जिसे महाराज ने दबाया। महाराज आगे बढ़े। पीछे-पीछे मैं चलने लगी इस दौड़-धूप में पुरु जाग गया था और 'त-त', 'त-त' कहकर महाराज को पुकारने लगा था। उसके मुँह पर हाथ रखकर मैं उसे चुप करा रही थी।

सुरंग से ज़ल्दी-जल्दी डग भरते हुए हम लोग अशोक वन आ गए। सुरंग से महल में आने का द्वार महाराज ने खोल दिया। उन्होंने मुझसे कहा, ''अब पल-भर के लिए भी यहाँ न रहना। अपनी दासियों से भी मत मिलना। बाहर एक रथ तैयार होगा। उसमें बैठ जाना। मेरा मित्र माधव उस रथ में बैठाकर तुम्हें...जाओ, जाओ, जल्दी करो!''

कहते-कहते उनकी आँखें भर आईं। भीगी पलकों से ही उन्होंने मेरा चुंबन ले लिया। उनके आँसू मेरे गालों पर बह आए। उन्होंने प्यार से पुरु का माथा थपथपाया और एकदम सुरंग का द्वार बंद कर लिया।

मेरी दासियाँ हड़बड़ा गई थीं। मुझे खोज रही थीं। किन्तु उनसे मिले बिना

ही मैं सीधी बाहर चली गई। महाराज के कहे अनुसार वहाँ एक रथ खड़ा था। मैं रथ में जा बैठी। रथ दौड़ने लगा।

सारथी घोड़ों पर लगातार चाबुक जमाता जा रहा था। घोड़े विद्युत् की गति से दौड़ने लगे थे। आकाश में बादलों की पीठ पर बिजलियों के कोड़े कड़क रहे थे। बादल हिनहिना रहे थे।

हम नगर के बाहर पहुँचे ही थे कि मूसलाधार वर्षा होने लगी। देखते-ही-देखते प्रकृति ने रौद्र रूप धारण कर लिया। कल प्रातः शर्मिष्ठा को तहखाने से गायब पाकर देवयानी भी इसी तरह तांडव करने लगेगी। मन की अत्यंत विकल अवस्था में भी यह विचार उसे छू ही गया।

रथ दौड़ा जा रहा था। आखिर मार्ग के एक ओर स्थित एक जीर्ण मंदिर के पास वह रुका।

"महारानी..." मेरे कानों में शब्द सुनाई दिए। आवाज़ परिचित-सी लगी किन्तु उस संबोधन का अर्थ समझ में नहीं आ रहा था! मैं चुप रही। फिर से वही पुकार आई। सारथी के पास बैठकर पूरा भीग चुका माधव ही मुझे संबोधित कर रहा था, "महारानी..."

उस संबोधन से मेरा अंग पुलकित हो उठा। क्षण-भर तो मैंने आँखें मूंदकर उस संबोधन का आनंद जी-भर कर लूट लिया।

माधव कह रहा था, "महारानी जी यहीं पर उतर जाएं!"

"क्या महाराज की यही आज्ञा है?"

"जी हाँ, किसी को किसी बात का सन्देह न हो, इस हेतु मैं तुरन्त रथ लेकर राजधानी लौट जा रहा हूँ। महारानी जी फिर से कभी हस्तिनापुर न आएं, उसमें खतरा है ऐसा..." कहते-कहते वह रुक गया।

पुरु को लेकर मैं रथ से उतर गई महारानी पर पर्जन्य का अभिषेक हो रहा था। भावी चक्रवर्ती राजा पर बिजलियाँ चंवर डुला रही थीं।

मैंने माधव से कहा, "महाराज से मेरा एक संदेशा कह दोगे?"

"जी, कहिए?"

"कहना, शर्मिष्ठा अपने मन में हमेशा महाराज के चरणों की पूजा करती रहेगी, मृत्यु के द्वार पर पहुँच जाने पर भी! उनकी आज्ञा हमेशा उसके सिर आँखों पर रहेगी। और..."

"और क्या?"

"और कहना, मेरा पुरु जहाँ भी रहे, उनका वरदहस्त हमेशा उसके मस्तक पर बना रहे! महाराज के आशीर्वाद से—"

आगे मुझ से बोला नहीं गया। भीगकर वर्षा से तर हुए पुरु को सीने से कस कर चिपकाते हुए मैंने कहा, "चलिए मुन्ने राजा! चलिए! प्रकृति का नव निर्माण करने वाला पर्जन्य तुम्हारे साथ है। आकाश को आलोकित करने वाली बिजली आपकी माँ के हाथ का दीपक है। चलिए, इस पर्जन्य से भी अधिक शीतल होने के लिए चलिए, इस बिजली से भी अधिक तेजस्वी बनने के लिए चलिए!"

ययाति

देवयानी का प्रथम नृत्य समाप्त हुआ।

सम्मान और सराहना, दर्शकों की तालियों की गड़गड़ाहट हुई। वह रुकी ही थी कि बादल भी गरजने लगे। मैं देवयानी को साथ लेकर नृत्यशाला में आया तभी आकाश में बादल छाए थे—काले स्याह! शायद देवयानी के मन में भी उतने ही काले विचार उमड़-घुमड़ रहे थे! मैंने उससे पूछा, ''अपना नृत्य देखने के लिए तुमने शर्मिष्ठा को रोक क्यों न लिया?'' उसने हँसते हुए उत्तर दिया, ''काफी आग्रह किया मैंने उससे, किन्तु उसका जी अच्छा नहीं था! इसलिए शाम को ही वह अशोक वन वापस चली गई!''

किन्तु मन में जागा सन्देह मुझे चुप बैठने नहीं दे रहा था। देवयानी की आँखें किसी आसुरी आनंद से चमक रही थीं—घने काले बादलों में दमकने वाली दामिनी की तरह!

मैंने धीरे से माधव के कान में कहा। वह रथ लेकर अशोक वन हो आया। शर्मिष्ठा की विश्वासपात्र दासियों से उसने पूछताछ की। वह अभी तक वापस नहीं आई थी। तभी मैं जान गया कि दाल में कुछ काला अवश्य है और हो न हो, देवयानी कपट से शर्मिष्ठा को समाप्त करना चाह रही है। सोचने लगा आखिर देवयानी ने उसे कहाँ छिपा रखा होगा? तभी मुझे राजमहल की उस सुरंग का ख्याल आया—वही सुरंग जिसमें माँ ने अलका को विष देकर समाप्त किया था! शायद हर महारानी के लिए परम्परा से उसे सुरंग के तहखाने का महत्त्व रहा है! शर्मिष्ठा को वहाँ से किस तरह मुक्त किया जाए?

देवयानी का वंसत-नृत्य आरम्भ होने जा रहा था। राजधानी में आए हुए कुछ बड़े-बड़े कलाकारों ने उसकी नृत्य-निपुणता के बारे में काफी कीर्ति सुनी थी। वे लोग राक्षस राज्य में गए थे। तब स्वयं महाराज वृषपर्व ने कहा था, ''आज गुरु-कन्या देवयानी यहाँ होती, तो आप के किसी नर्तक-नर्तकी की उसके सामने नृत्य पेश करने की हिम्मत भी न होती।'' स्वाभाविक था कि सब लोग देवयानी की नृत्यकला को स्वयं देखने को उत्सुक थे। यह कहकर कि अब तो अभ्यास नहीं रहा, पहले तो उसने काफी आनाकानी की, किन्तु अन्त में उसका अहंकार जाग उठा। अब तो स्पष्ट था कि तीन पहर रात बीतते तक देवयानी नृत्यशाला में ही व्यस्त रहने वाली थी।

सामने चल रही वंसत-नृत्य में देवयानी कितनी सुंदर, क्या ही कोमल और एकदम निष्पाप लग रही थी! किन्तु इसी समय उसके अन्तरंग में कितनी क्रूर स्त्री भीषण कल्पना का प्राणहारी तांडव कर रही होगी! मानव भी देव और दानव का क्या ही अजीब संकर है!

वसंत के प्रथम स्पर्श से पल्लवित होने वाली, फिर फूलने वाली, उसके बाद अपनी ही सुगंध की मस्ती में मदहोश होकर वंसत की बयार के साथ थिरकने वाली लतिका की भूमिका देवयानी ने अपने नृत्य द्वारा खूब अच्छी तरह से प्रकट की। उसकी पायल की छमूछम् कोयल के कूजन के समान लग रही थी। अन्त में वह लता पास के ही वृक्ष से लिपटकर उसके कंधे पर अपना माथा रख देती है और प्रणय के ब्रह्मानंद में शांतभाव से सो जाती है यह बात उसने कितनी नज़ाकत के साथ अपने नृत्य में प्रकट की!

क्या मनुष्य के भीतर का कलाकार उससे सर्वथा भिन्न होता है? वसंत नृत्य द्वारा प्रणय-भावना की विविध छटाओं को अभिव्यक्त करने में देवयानी कितनी मदहोश हो गई थी! वह देवयानी या महारानी नहीं रही थी। भीतर और बाहर से वह एकदम प्रणयिनी बन गई थी। किन्तु उसका यह कोमल और मधुर रूप मैंने तो कभी देखा नहीं था। हम दोनों के एकान्त में सुख के परमोच्च क्षण में भी लगता था कि वह किसी और ही विचार में खोई है। शायद ही कभी उसके आलिंगन में शर्मिष्ठा की उत्कटता मैंने अनुभव की हो! चुंबन के समय भी लगता कि शायद वह मुझ से कुछ छिपा रही है।

एक कलाकार के नाते वह प्रणयिनी हो सकती थी, किन्तु पत्नी की भूमिका में प्रणयिनी वह कभी न बन सकी। भला ऐसा क्यों होता है? क्या नियति ने मानव को शाप दे रखा है कि वह इस तरह कभी एकरूप रह नहीं सकता? मन इस तरह बंटा न हो, तो मानव शायद कभी दुःखी नहीं रहेगा। क्या यही सोचकर विधाता ने उसके ललाट पर यह अभिशाप लिख दिया है?

वसंत-नृत्य के बाद वह 'उमाचरित' नृत्य प्रस्तुत करने वाली थी। उसमें दक्ष यज्ञ की सती से लेकर, क्रोध में निकल गए शंकर को मनाने के लिए भीलनी के रूप में उन्हें लुभाने वाली पार्वती तक नारी के व्यक्तित्व का प्रदर्शन कराया जाने वाला था। उन व्यक्तित्वों को वह अपने नृत्य द्वारा अभिव्यक्त करने वाली थी।

मैं भीतर गया। वसंत-नृत्य की मैंने भूरि-भूरि सराहना की। सुनकर देवयानी किसी निरीह बालिका के समान हंस पड़ी! इस समय वह कला के विश्व में थी, कलाकार की मस्ती में थी!

मैं धीरे से नृत्यशाला से बाहर आ गया। माधव को मैंने पहले ही बाहर भेज दिया था। वह रथ लेकर तैयार था। मुझे राजमहल छोड़कर वह अशोक वन की ओर चला गया। मैंने देवयानी की उस बूढ़ी दासी को अच्छा-खासा इनाम दिया। फिर उसने सब कुछ बता दिया। मेरा अनुमान सही था। शर्मिष्ठा उसी तहखाने में थी। अकेली शर्मिष्ठा नहीं—साथ में पुरु भी था! मेरे रोंगटे खड़े हो गए।

उस दासी ने कहा कि देवयानी उसे महल पर कड़ी निगरानी रखने के लिए कहकर गई थी। जाते समय राजप्रासाद के द्वारपालों को भी उसने कुछ आदेश दिए थे।

सीढ़ियाँ उतरकर तहखाने में जाते समय दिल बेहद धड़क रहा था। यह वही स्थान था, जहाँ माँ ने अलका को विष देकर मार डाला था। उसी स्थान पर आज देवयानी शर्मिष्ठा के प्राण लेने का प्रयत्न कर रही है! अलका—वह प्यारी, सुनहरे बालों वाली निष्पाप लड़की! मेरे कारण...और अब?

सोचने के लिए समय न था। भागने वाला प्रत्येक पल जीवन और मृत्यु की सीमा-रेखा पर से दौड़ रहा था। शर्मिष्ठा को उस तहखाने से निकालकर जल्दी-जल्दी उस सुरंग के रास्ते से मैंने अशोक वन पहुँचाया। सुरंग की सबसे ऊपर वाली सीढ़ी पर खड़े होकर शर्मिष्ठा को विदा देते समय दिल के टुकड़े-टुकड़े हो गए! लगा समय से हाथ जोड़कर विनती करूं, 'थोड़ा-सा रुक जाओ। इतनी जल्दी मत करो। अरे इस अभागन का इस निरीह बच्चे का कुछ तो ख्याल करो!'

किन्तु समय कब किसके लिए रुका है! मैं व्याकुल हो उठा कि शर्मिष्ठा को पास खींचकर कसकर अपने बाहुपाश में लपेट लूँ, भींच लूँ। उसे ऐसा आलिंगन दूँ जिसे हम दोनों भुलाए न भूल सकें। मृत्यु के क्षण भी जिसकी स्मृति हमें आनंद-विभोर और पुलकित कर दे ऐसा उसका चुंबन ले लूँ!

और वह अबोध शिशु! बच्चे, पिछले जन्म में तुमने ऐसा क्या पाप किया था जो एक सम्राट का पुत्र होकर भी किसी अपराधी के पुत्र का निराधार जीवन तुम्हारे हिस्से में आ गया है? अरे, आज ही तो ज्योतिषी ने बताया था कि तुम्हारी हथेली पर चक्रवर्ती-पद की रेखाएं हैं। और उसके बाद अभी दो पहर भी नहीं बीते कि तुम्हें किसी बेसहारा भिखारी के लड़के की भांति नगर छोड़कर जाना पड़ रहा है।

जी बहुत कर रहा था कि एक बार पुरु को पास लेकर उससे प्यार कर लूं किन्तु एक बार उसे पास ले लेता, तो फिर उसे दूर करना कैसे सम्भव होता? दिल पर पत्थर रखकर मैंने शर्मिष्ठा को विदा दी। मुँह से नहीं—होंठों से, आँखों से, आँसुओं से!

नृत्यशाला लौटते समय एक सुंदर रत्नमाला मैं अपने साथ ले आया। जब मैं आया तब देवयानी भीलनी का नृत्य कर रही थी। सारे दर्शक मगन हो गए थे। भीलनी अपने चितवन के तीर चला-चलाकर शंकर को प्रतिक्षण घायल कर रही थी, मोहक अंग-विक्षेप से शंकर के मन को उन्मादित कर रही थी। वह ज़रा भी लाग-लपेट करता, तो बहुत ही लुभावनी अदा से मटककर उससे दूर हो जाती थी। प्रीतम के साथ इस तरह अठखेलियाँ करते हुए उसके मन को रिझाना देवयानी को खूब आता था, किन्तु केवल कला की अभिव्यक्ति में! केवल एक कलाकार के रूप में! मेरे साथ ऐसी अठखेलियाँ उसने कभी की नहीं। क्यों? ऐसा क्यों होना चाहिए? देवयानी को विश्राम देने के लिए, उसका नृत्य समाप्त होने पर बीच में कुछ अन्य नृत्य रखे गए थे। अन्त में देवयानी का वर्षा-नृत्य आरम्भ हुआ। वसंत-नृत्य में मुग्ध प्रणय

की अभिव्यक्ति थी। इस नृत्य में उन्मत्त प्रणय प्रकट करना था। किन्तु देवयानी का यह नृत्य भी बड़ा सुन्दर रहा। फिर वही पहेली मेरे सामने खड़ी हो गई। देवयानी के इस सारे उन्माद को एकान्त में क्या हो जाता है? मेरे बाहुपाश में तो वह ऐसी हो जाती है जैसे कलकल बहता पानी जम गया हो—एकदम भाव-शून्य, जड़, अचेतन! ऐसा क्यों होता है?

नृत्य रंग पर आ गया था किन्तु मैं उसमें रंग न सका। मेरा सारा ध्यान माधव की ओर लगा था। वह अब तक वापस क्यों नहीं आया? क्या किसी ने उसके रथ को रोक लिया होगा? नहीं! यह सम्भव नहीं! उसके पास राजमुद्रा है। फिर क्यों उसे लौटने में इतनी देर हो रही है? शायद रथ से उतरते समय शर्मिष्ठा रोने लगी होगी! भावुक मन का माधव उसे सान्त्वना देते बैठा होगा! शायद वह उसे वापस भी ले आएगा! यदि सचमुच उसने ऐसा किया तो—तो देवयानी जैसी चंडिका के चंगुल से उसे मुक्त करने के लिए इस सारे किए-कराए पर पानी फिर जाएगा!

एक सेवक ने चुपके से आकर राजमुद्रा मेरे हाथ में थमा दी। स्पष्ट हो गया कि नगर से काफी दूर—उस जीर्ण देवालय के पास—शर्मिष्ठा को छोड़कर माधव लौट आया था। मेरा मन कुछ शांत हुआ।

वर्षा-नृत्य समाप्त हुआ। सभी कलाकार-दर्शकों ने सम्मान में तालियों की गड़गड़हाट की। देवयानी सबका अभिमानपूर्वक अभिवादन कर रही थी। तभी मैं उठा और उसके गले में वह रत्नमाला डालकर दर्शकों को संबोधित करते हुए मैंने कहा, ''यह पति द्वारा पत्नी की सराहना नहीं, बल्कि एक साधारण रसिक द्वारा एक असाधारण कलाकार के सम्मान में अर्पण किया एक छोटा-सा नज़राना है!''

सारी नृत्यशाला हँसी और तालियों से गूंज उठी। काफी समय तक हर्षोल्लास हिलोरें लेता रहा!

दूसरे दिन देवयानी काफी देर से सोकर उठी। वह बहुत ही थक गई थी। रात के नृत्य से उसका सारा बदन टूट रहा था।

सारे प्रसाधनों से सज-संवरकर वह मेरे महल में आई। फिर खिड़की से बाहर झांकते हुए उसने कहा, ''बहुत ही सुन्दर प्रभात है! देखिएगा न!'' मैं खिड़की के पास गया। उसने हँसते-हँसते कहा, ''रात को महाराज ने मुझे वह रत्नमाला पहना दी, तब मुझे बहुत आनंद हुआ, इतना कि कैसे कहूँ! किन्तु सच बताऊँ?''

''हुं!''

''उस रत्नमाला से मुझे सन्तोष नहीं हुआ!''

''तुम हस्तिनापुर की महारानी हो। तुम्हें तो कुबेर का अलंकार भी प्राप्त हो सकता है!''

''मुझे वैसा कुछ भी नहीं चाहिए!'' फिर उद्यान में खिले फूलों की ओर एकटक देखते हुए उसने कहा, ''स्त्री का मन पुरुष जान ही नहीं पाते!''

"तो वही बता दे अपने मन में क्या है! तब तो जान जाएगा न पुरुष?"

बहुत ही लुभावनी हँसी हँसते हुए उसने कहा,"एक इच्छा है!"

"बता दो!"

"उद्यान में कितने सुंदर-सुंदर फूल हैं। महाराज उनमें से अपनी पसंद के फूल स्वयं तोड़कर लाएं! बहुत! ढेर सारे! मैं उन फूलों का गजरा बनाऊँगी, हार बनाऊँगी। महाराज गजरा अपने हाथों से मेरी वेणी में बाँध दें, हार मैं महाराज को पहना दूँगी–इच्छा वैसे है तो बचकानी-सी किन्तु..."

मैं जान गया क्यों वह मुझे महल से बाहर भिजवा रही है मन ही मन हँसता हुआ मैं नीचे उद्यान में गया। बहुत-से फूल तोड़ लिए। काफी समय हो गया लेकिन देवयानी उद्यान में आई नहीं। धूप चढ़ने लगी थी। मैं महल वापस आ गया। देवयानी वहाँ नहीं थी। उस बूढ़ी दासी को अपने महल में ले जाकर किवाड़ बंद करके वह भीतर बैठी थी। अन्य दासियाँ कहने को तो अपना अपना काम कर रही थीं। किन्तु साफ दिखाई दे रहा था कि सबका ध्यान देवयानी के महल के बंद दरवाज़े पर ही था। सभी दासियों की आँखों में कुछ उसी तरह का भाव था जैसे आंधी-वर्षा से डरी चिड़ियाँ सिमटकर दुबकती हुई किसी सहारे की खोज में होती हैं।

तीसरे पहर देवयानी मेरे महल में आई। उसका चेहरा बिल्कुल उतरा हुआ था। एकदम टका-सा सवाल उसने किया "कल रात बीच ही में महाराज नृत्यशाला से उठकर महल आए थे?"

"हां!"

"किसलिए?"

"तुम्हारा वसंत-नृत्य देखने के बाद तुम्हें रत्नमाला देने की कल्पना मेरे मन में आई!"

मेरे चेहरे पर उठने वाले भावों को सूक्ष्मता से परखते हुए उसने कहा, "क्या महाराज को पता है कि शर्मिष्ठा गायब हो गई है?"

"शर्मिष्ठा गायब हो गई? कैसे?"

"अशोक वन से भाग गई वह!"

"कहाँ गई?"

"भाग जाने वाला यह थोड़े ही बताकर जाता है कि वह कहाँ ज़ा रहा है!"

देवयानी का पाँसा उसी पर पलटा था। नहीं! मैंने पलटाया था। विजय का उन्माद मदिरा से भी विलक्षण होता है। संध्या तक मैं उसी के नशे में था। कहीं गया नहीं–माधव के यहाँ भी नहीं! कुछ भी किया नहीं। किन्तु–उसे पराभूत करने का आनंद कितना क्षणजीवी था चार पहर बाद ही मुझे मालूम हो गया।

दिन ढल गया। रात आ गई। आज की रात कल जैसी तूफानी नहीं थी। उसने अपनी चंडिका की भूमिका छोड़ दी थी, पूरी तरह से बदल दी थी। किसी मुग्ध प्रणयिनी की तरह शरमाती लजाती हुई वह आकाश के रंगमहल में प्रवेश कर रही थी। रंग-मंदिरा में आते-आते यह सुंदर रजनी एक-एक रत्न-दीप जलाते आ रही थी।

प्रत्येक तारा मेरे मन में शर्मिष्ठा की एक-एक स्मृति जगाता था। देखते ही देखते मन में उसकी अनेक मधुर और उन्मादक स्मृतियाँ जाग गईं। कुछ सुखदाई थीं, कुछ दुखदाई। कुछ समय बाद उनके काँटे ही अधिक चुभने लगे। आधी रात बीत जाने पर भी मैं अपनी मुलायम सेज पर करवटें बदलता तड़पता रहा था। ये स्मृतियां किसी भी तरह मेरा पीछा नहीं छोड़ रही थीं। शहद का छत्ता उतारने वाले को दंश मार-मारकर मधु-मक्खियां जिस तरह उसका जीना हराम कर देती हैं, इन स्मृतियों ने वैसी ही हालत मेरी भी कर डाली थी।

कल रात शर्मिष्ठा को मुक्त करते समय मैं इस भ्रम में था कि मैं कोई बहुत बड़ा काम कर रहा हूँ। अब वह भ्रम मिट गया। कल की रात बार-बार डसकर मुझ से पूछ रही थी, "इस समय कहाँ है वह शर्मिष्ठा जिसे अपनी बाँहों में भरते समय तुम स्वर्गीय आनंद अनुभव कर रहे थे? आज तुम महल में अपने पलंग पर आराम से लेटे हो! और वह? देख ओ निर्दयी, ज़रा सोचकर देख! देख ले बेरहम ज़रा आँखें खोलकर देख ले। वीराने में किसी मचान पर धरती पर ही सोई है वह बिचारी अभागन! तेरे दिल के समान कठोर किसी पत्थर को सिरहाना बनाकर वह अभागन प्रणयिनी विश्राम करने का प्रयास कर रही है और उस सिरहाने को वह आँसुओं से नहला रही है वह महज़ यह सोचकर अपने मन को समझा रही है कि मेरी हो न? मेरी हो न?' कहते हुए मुझे सीने से कसकर लगा रखने वाले प्रीतम का मन भी मुझे इस तरह आंधी-वर्षा में अकेली छोड़ती समय ज़रा भी नहीं पसीजा जो भला सिरहाने का यह पत्थर मेरे आँसुओं से कहाँ गलेगा? जिनके अनगिनत जलते हुए चुंबनों से भी तेरी प्यास बुझती नहीं थी उसके उन्हीं नाजुक होंठों पर कोमल कपोलों से अब तेज़ हवाएं उन्हें काट खाती खिलवाड़ कर रही हैं देख अरे बेदर्दी अच्छी तरह आँखें मलकर देख ले। पुरु को ठण्ड न लग जाए इसलिए उस शीत से बचाने के लिए कैसे वह अपनी सारी की सारी गरमाहट उसे देने के लिए छटपटा रही है। और यहाँ महल में परों की सेज पर तुझे शय्या सूझी है यही है तेरा शर्मिष्ठा से प्रेम? यही है तेरा पुरु के प्रति वात्सल्य? तेरी जगह कच होता तो—तो कल रात की आंधी-वर्षा में वह स्वयं रथ हाँकता हुआ शर्मिष्ठा को लेकर हिमालय में हँसते-हँसते निकल जाता..."

'तेरी जगह कच होता तो!'

क्या ही विचित्र कल्पना थी यह! कच और ययाति! कितनी अजीब तुलना थी वह! किन्तु इस तुलना के कारण मेरे मन में कच की अनेक स्मृतियाँ जाग उठी। अंगिरस ऋषि के आश्रम में हुई हमारी वह पहली भेंट। मैं उस सुंदर पंछी पर तीर चलाने वाला था। कच ने मुझे वैसा करने से रोक दिया था! मैंने कहा था, "उस पंछी का रंग मेरे मन को बहुत ही भाया है!" उसने तुरंत उत्तर दिया था, "बड़े रसिक मालूम देते हो। किन्तु भूलना नहीं कि जिसने तुम्हें यह रसिकता दी है उसीने उस पंछी को जान भी दी है!"

मेरा पुरु! वह भी तो उसी तरह एक निरीह नन्हा, सुहाना पंछी था, किन्तु कल रात मैंने उसको...

आश्रम की वह नन्ही-सी लड़की! कच पर बड़ी श्रद्धा थी उसे! एक अध-खिली कली तोड़कर वह कच को देने चली थी! किन्तु कच ने उसे कली तोड़ने के लिए मना किया। उसका हाथ अपने हाथों में लेकर उसने कहा था, "बेटी, तुम्हारी यह भेंट मुझे मिल चुकी, किन्तु इसे लता पर ही रहने दो। यहीं उसे खिलने दो। मैं प्रतिदिन यहाँ आऊँगा, उससे बातें किया करूँगा, फिर तो बात बनी न?"

मेरी शमा! क्या वह भी इसी तरह एक अधखिली, खुशबदार, सुहावनी कली नहीं थी? कल रात मैंने उस—

मैं बहुत बेचैन हो गया। शायद थोड़ा मद्य लेने से अच्छा लगे, यह सोचकर वह भी ले लिया। उससे शरीर को कुछ आराम महसूस हुआ। मन तनिक शांत हुआ। धीरे-धीरे मेरी आँख लग गई।

लेकिन मैंने इतना विलक्षण सपना देखा कि मुझे लगा, अच्छा होता यूं आँख न लग पाती! उस सपने को देखते-देखते ही मैं चौंककर पलंग पर ऐसे उछला, जैसे अंधेरे में सांप डसने की कल्पना से कोई तड़ाक से उठ बैठता है।

मैंने 'देखते-देखते' शब्द कह तो दिए, किन्तु उस स्वप्न में देखने लायक वाकई कुछ भी न था! स्वप्न में मुझे केवल दो आवाज़ें सुनाई पड़ती थीं। पहली मेरी अपनी आवाज़ थी, जिसे मैंने फौरन पहचान लिया। किन्तु दूसरी आवाज़ किसकी थी, अंत तक मैं पहचान नहीं पाया। कभी लगता, अंगिरस ऋषि के आश्रम में रहने वाले कच की वह आवाज़ है, कभी लगता जंगल में मिले यति की है। फिर मन में आता कि नहीं! वह दूसरी आवाज़ भी मेरी अपनी ही है, किन्तु पहली की अपेक्षा बिल्कुल निराली, और बहुत कठोर!

यह दूसरा ययाति पहले वाले ययाति से पूछ रहा था, "क्या शर्मिष्ठा से तुम प्रेम करते थे? सचमुच प्रेम करते थे?"

पहले वाला ययाति बड़े अभिमान से उत्तर देता था, "इसमें भी क्या कोई सन्देह हो सकता है? मैं उससे प्रेम न करता होता, तो कल रात तहखाने से उसकी रिहाई कराने के लिए वह साहस मैं कदापि न करता।"

"तुम उसीके साथ जंगल में चले गए होते तो तुम्हारी यह बात कोई मायने रखती! तुम्हारे लिए शर्मिष्ठा ने क्या नहीं किया? बोलो! उसने अपना सर्वस्व तुम्हें अर्पण किया। तुम्हारे चरणों की धूल को फूल मानकर माथे से लगा लिया। और तुम? उसके लिए राजपाट का त्याग करना तुम्हारा कर्त्तव्य था। घड़ी-दो घड़ी मदहोशी लाने वाले शरीर सुख को ही प्रेम नहीं कहा करते। प्रेम तो उस उत्कटता का नाम है, जो प्रिय व्यक्ति पर अपने प्राण तक हँसते-हँसते न्यौछावर कर देती है। उठो। अब भी समय है। उठो और इसी वक्त राजप्रासाद से बाहर निकलकर उसकी खोज करने लगो। उसे ढूंढ़कर ही दम लो। उसे यहाँ ले आओ। देवयानी के सामने उसे

खड़ी करो और कहो देवयानी से, मनुष्य की अंतरात्मा जिस प्रेम की भूखी होती है वह प्रेम मुझे इसने ही दिया। मेरी प्रिय रानी के नाते वह इस राजमहल में रहेगी!"

"असंभव! सर्वथा असंभव है यह! मुझमें इतना धैर्य कहाँ जो देवयानी से यह कह दूँ? उसका डाह-भरा स्वभाव, उसका वह महाक्रोधी पिता! नहीं! यह असम्भव है!"

"तूफान और मूसलाधार वर्षा में, अपने भविष्य की रत्ती-भर भी चिंता न करते हुए जो साहस शर्मिष्ठा कर सकी, वह तुम..."

"चुप भी करो!"

"डरपोक! स्वार्थी! लंपट!

शब्द क्या थे? घनों के आघात ही थे वे! वह आघात मेरे लिए असह्य हो गया और छपपटाता हुआ मैं उठ बैठा।

वह सारी रात मैं तड़पता रहा। बार-बार जी में आता कि जी-भर मदिरा ले लूँ। मन के वृश्चिक-दंश की ये सारी वेदनाएं भला दूँ। इस दुख पर दवाएं दो हो होती है—मदिरा और मदिराक्षी! किन्तु...

प्रातः देवयानी को पता चल गया कि रात मैंने मदिरा पी थी तो? वह पहले ही आगबबूला है। उस आग में घी पड़ गया तो?

बहुत कष्ट से मैंने अपने मन को रोका!

प्रातः देवयानी एक अशुभ समाचार लेकर ही आई! माधव का स्वास्थ्य कल रात अचानक ही खराब हो गया था। उसे तेज ज्वर था।

यह खबर देकर वह रुकी और मेरी ओर घूरकर देखने लगी। फिर खिलकर हँसते हुए उसने कहा, "जानते हैं आप, आपके इस मित्र को इतना तेज़ ज्वर क्यों हो आया है?"

"नहीं तो! परसों रात मेरे साथ वह तुम्हारा नृत्य देखने आया था। बीच में ही उठकर चला गया। बाहर बहुत तेज़ तूफान चल रहा था। मेरी समझ में न आया वह कहाँ चला गया है। इसलिए मैं स्वयं उठकर उसे ढूँढ़ने गया किन्तु वह कहीं पर भी दिखाई नहीं दिया!"

"महाराज को वह दिखाई देता भी कैसे? महाशय गए थे किसी स्वर्ग पर चढ़ने! रात बड़ी देर के बाद घर लौटे। कहते हैं—पूरे भीग कर तर हो गए थे! पता नहीं, मदिरा पीकर वर्षा में कहाँ पड़ा था वह!"

राजवैद्य को तुरन्त माधव के यहाँ भिजवाने का प्रबंध मैंने कर दिया। दो घड़ी बाद मैं स्वयं भी उसके यहाँ जाने को निकला। किन्तु रथ में बैठते समय मन एकदम उदास हो गया था। जीवन क्या केवल सुख-दुख की आँख-मिचौली का नाम है?

माधव का घर पास आया। रथ की चाल मंद हो गई। मैं युवराज था, तब भी ऐसा ही बेचैन मनःस्थिति में माधव के साथ एक बार यहाँ आया था। वह प्रसंग याद हो आया। माधव की नन्ही-सी भतीजी तारका ने उस दिन मेरे मन को बड़ा दिलासा दिया था! उसके वे प्यारे-प्यारे तोतले बोल मेरे कानों में फिर गूंजने लगे।

ये युवलाज क्या होता है? पलनाम कलने के लिए ये क्या भगवान है? युवलाज आप अपना एक घोला मुझे देंगे?' ओ युवलाज आप बनोगे दूला मेली गुदिया का?'

रथ रुका। दरवाज़े में एक लड़की खड़ी थी। जी हाँ वह तारका ही थी! लेकिन अब कितनी बड़ी दिखाई देने लगी थी। अब तो वह मूंदी कली नहीं रह गई थी, बल्कि एक खिलती कली के समान दिखाई देने लगी थी।

मुझे देखते ही वह शरमा गई। नीचे देखने लगी। बचपन की नटखता से विमुक्त दौड़ते-दौड़ते अब वह यौवन की दहलीज़ पर रुकी थी। क्षण-भर के लिए उसने पलकें उठाकर देखा। उसकी मोहक आँखें! मुझे शुक्र के दो तारों को पास-पास देखने का आनंद मिला!

वह फुर्ती से मुड़ी और भीतर गई। माधव के कमरे में पैर रखने पर मेरे ध्यान में आ गया, क्यों तारका ने इतनी जल्दी की थी। मेरे लिए उसने एक सुंदर आसन लाकर रखा था।

माधव जल बिन मछली की तरह तड़प रहा था। उसकी नाड़ी हाथ में थामे राजवैद्य बैठे थे। उन्होंने मेरी ओर निराशा से देखा। मैं हक्का-बक्का रह गया।

तभी एक युवती कोई लेह लेकर भीतर आई। मैं उसका चेहरा देख न सका। वैद्यजी की सहायता से वह माधव को लेह चटाने लगी। मैंने उसे पीठ की ओर से देखा, झुकी हुई देखा, उकड़ूं बैठी देखा। उसके सभी अंग-विक्षेपों को दिखा। मुझे लगने लगा; हो न हो, यह स्त्री मेरी जानी-पहचानी है। माधव के घर में तो इतनी तरुण स्त्री कोई न थी। माधव की माँ बूढ़ी हो चुकी थी। तारका की माँ कभी की स्वर्ग सिधार चुकी थी।

माधव को सन्निपात हो गया था। बीच में ही कराहते हुए वह कहने लगा, 'महारानी, महारानी...'

वह स्त्री धीरे से बताने लगी, "महाराज आए है, महारानी नहीं!"

उस स्त्री ने माधव के माथे पर रखी औषधि की पट्टी बदली और वह घर में जाने के लिए मुड़ी। अब उसकी मुद्रा मुझे साफ-साफ दिखाई दी। वह मुकुलिका थी।

मुकुलिका! माँ ने उसे नगर से निकाल दिया था। किन्तु उसने जो कुछ भी किया था, उसमें क्या उसका अकेली का दोष था? एक विचित्र करुणा की टीस मेरे मन में उठी। सामने मृत्युशय्या पर पड़ा माधव—मेरे लिए परसों यह मूसलाधार वर्षा की परवाह न करते हुए भीगते चला था। आज बेहोशी में यहाँ पड़े-पड़े तड़प रहा है वैसे ही यह मुकुलिका—

मैंने सहानुभूति-भर स्वर में पूछा, "कैसी हो मुकुलिके? अच्छी तो हो न?"

आगे आकर मुझे प्रणाम करते हुए उसने कहा, "महाराज की कृपा से दासी ठीक से है।"

चेहरे पर शर्मीली मुस्कान लिए वह कोने में खड़ी रही। उसकी ओर देखते-देखते मुझे लगा, यौवन भी कितना नाज़ुक फूल है। मुकुलिका मेरी सेवा के लिए अशोक वन में थी तब...

उस रात की याद ताज़ा हो गई। पिता जी की मृत्यु की कल्पना से मैं बहुत ही परेशान और बेचैन था। जैसे तप्त मरुभूमि से चलते आया कोई पथिक पेड़ की छाँव खोजता रहता है उसी तरह मैं अपनी मानसिक वेदनाओं से छुटकारा पाने की कोशिश कर रहा था। मुकुलिका ने ही मुझे उस मुक्ति का मार्ग दिखाया था। उसके और मेरी अधरों का मिलन होते ही मेरे मन में तब तक समाया हुआ मृत्यु का वह अजीब भय एकदम गायब हो गया था।

एक बीमार की शय्या के पास बैठते पुरानी कामुक स्मृतियों में रंग जाने वाले अपने मन पर मुझे शरम आने लगी। राजवैद्य को आठों पहर माधव के पास बैठने का आदेश देकर मैं कमरे से बाहर आ गया। मुकुलिका भी मेरे पीछे-पीछे आ गई। शर्मीली मुस्कान से उसने कहा, ''महारानी जी को अब तक मैंने देखा ही नहीं है!''

''माधव अच्छा हो जाए, तब राजमहल आ जाना, दर्शन हो जाएंगे!''

''क्या युवराज चलने लगे? बोलने लगे? महाराज को वे कैसे पुकारते हैं?''

मैंने उसे कोई उत्तर नहीं दिया। किन्तु मेरे कानों में 'त-त' शब्द गूँजने लगा। परसों शाम मैं देवयानी के महल में गया, तब शर्मिष्ठा की गोद में बैठा पुरु मुझे इसी शब्द से पुकार रहा था! जैसे कलकल करता झरना पहाड़ी से नीचे लपकता है वैसे वह शर्मिष्ठा की गोद से अठखेली करता हुआ मेरी ओर लपकना चाहता था। देवयानी को कहीं सन्देह न हो जाए इसलिए उसकी पुकार पर मैंने कोई ध्यान ही नहीं दिया था। अपनी इस उपेक्षा से उस नन्ही-सी जान को कितना दुःख हुआ होगा! शार्मिष्ठा को अन्तिम विदा देते समय भी मैंने उसे अपनी गोद में नहीं लिया था न ही उसे आजीवन याद रह सके ऐसे चुम्बनों की बरसात उस पर की थी। उसके मस्तक को अपने आंसुओं से नहलाया नहीं। पिता भी क्या इतना निर्मम हो सकता है?

अब इस समय पुरु कहाँ होगा? शर्मिष्ठा क्या कर रही होगी? बचपन में अपनी गुड़िया की शादी में भी मोतियों के अक्षत फेंकने वाली शर्मिष्ठा आज अपने बच्चे के लिए किसके द्वार पर आँसू बहाते हुए रोटी के दो टुकड़ों के लिए मोहताज होगी?

मुझे चुप देखकर मुकुलिका कुछ असमंजस में पड़ गई। उसने मुलायम स्वर में कहा, ''मुझ से क्या कोई भूल हो गई, महाराज?''

अपने मन की विकलता को छिपाने के लिए मैंने कहा, ''नहीं! नहीं! तुमसे नहीं, मुझ से ही भूल हुई है! तुम इतने दिनों बाद मिली। माधव जैसे मेरे परम मित्र की सुश्रुषा करते हुए मैंने तुम्हें देखा। फिर भी कहो 'कैसी हो'? इतना ही कहकर मैं रह गया! अच्छा यह तो बताओ तुम माधव के यहाँ कैसे आ गई?''

वह कहने लगी, ''एक महात्मा की सेवा कर रही हूँ मैं। तीर्थयात्रा करते-करते वे यहाँ आए हुए हैं। नृत्यशाला के पास वाले मठ में हम लोग रहते हैं। माधव को ज्वर आते ही उसकी माँ बहुत घबरा गई। बिचारी ने अनेक संकट झेले हैं। अब तो उसका मन जैसे टूट-सा गया है। सुना, कि इन दिनों माधव को किसी लड़की से प्यार हो गया है। उनका विवाह भी शीघ्र ही होने जा रहा था। परसों रात ही

माधव आपको सब बताने वाला था! किन्तु बिल्कुल ही अचानक यह अजीब बीमारी घर में आ गई। ज्वर चढ़कर दो पहर भी नहीं बीते कि माधव को सन्निपात भी हो गया। बुढ़िया का तो रहा-सहा धीरज भी टूट गया। वह मठ में गुरुमहाराज का प्रवचन सुनने के लिए आया करती थी। उसने गुरु महाराज की गुहार की। उन्होंने मंतर चलाकर कोई भभूत उसे दी। यह जानकर कि माधव के घर में सिवा तारका के और कोई नहीं है उन्होंने मुझे यहाँ भेज दिया!"

"तुम्हारे इन गुरु महाराज के हमें एक बार अवश्य दर्शन करने होंगे! उनके प्रवचनों से मन को शांति मिलती हो, तो मुझे भी उसकी आवश्यकता है।"

मुकुलिका ने इस पर कुछ कहा नहीं। केवल हँस दी।

उससे विदा लेते समय मैंने कहा, "मुकुलिके, माधव मेरा दूसरा प्राण है। ऐसा मित्र संसार में ढूंढ़े नहीं मिलेगा। एकदम जी-जानकर लगाकर उसकी सेवा करना। मैं तुम्हारे इस उपकार को भुलाऊँगा नहीं!"

फिर से शर्मीली मुस्कान के साथ उसने कहा, "चलिए भी महाराज यह भी भला कोई कहने की बात हुई?"

उस रात भी मुझे नींद नहीं आई। मन पहले तो मुकुलिका के बारे में ही काफी देर तक सोचता रहा। राजमाता वानप्रस्थ होकर चली गई, इसीलिए शायद उसे हस्तिनापुर कदम रखने की हिम्मत हुई थी। किन्तु मैं इस बात पर हैरान नहीं था कि उसने फिर से नगर में पाँव धरने की हिम्मत दिखाई थी। मैं हैरान तो था यह देखकर कि पिछली अशोक वन वाली मुकुलिका और आज की मुकुलिका में बहुत अन्तर था। वह एकदम बदल गई। वह मुकुलिका लंपट थी और यह मुकुलिका सेवाशील! जिन साधु महाराज की टोली में यह रहती है उनके दर्शन अवश्य ही करने होंगे! कौन कहे, शायद वह कोई त्रिकालज्ञ महात्मा हों! शर्मिष्ठा और पुरु का पता उनसे मालूम हो सका तो...

मन में यह विचार आया ही था कि लगने लगा कोई मुझे जलते अंगारों पर से घसीटते हुए ले जा रहा है। शर्मिष्ठा कहाँ होगी? पुरु क्या कर रहा होगा? 'त-त-' करता हुआ वह अबोध बालक बड़बड़ाने लगा तो शर्मिष्ठा पर क्या बीतती होगी? क्या वह अपने माता-पिता के पास लौट जाएगी। कहाँ जाएगी? या अन्त में निराश होकर हारकर पुरु को सीने से लगाए किसी पर्वत की चोटी से नीचे गहरी खाई में कूद जाएगी?

खाई में गिरे शर्मिष्ठा और पुरु के खून से लथपथ शरीर मेरी आँखों के सामने दिखाई देने लगे। गिद्ध उन पर झपट रहे थे। मैंने कसकर आँखें मूंद लीं। फिर भी बंद आँखों को भी वह दृश्य दिखाई दे ही रहा था। उन क्षत-विक्षत देहों से आरक्त अग्नि-ज्वालाएं लपलपाती ऊपर उठ ही रही थीं। और भीषण तांडव नृत्य किए जा रही थीं।– कहाँ है वह कपटी प्रीतम? कहाँ है वह कामुक पति? कहाँ है वह गैर-ज़िम्मेदार पिता?

वे अग्नि-ज्वालाएं दिन-भर मेरा पीछा करती रहीं। रात में भी उन्होंने मुझे छोड़ा

नहीं। आधी रात बीत गई फिर भी मुझे नींद नहीं आ पाई थी। आखिर मैंने कल से भी कुछ अधिक मदिरा ले ली। ताकि अब तो नींद आ जाए और भी लेने को जी कर रहा था, ताकि कोई स्वप्न दिखाई न दे! बार-बार मन में इच्छा जागती थी कि इतनी और पी लूँ इतनी और पी लूँ कि सुधबुध खोकर ढेर हो जाऊँ। किन्तु देवयानी को दिया हुआ वचन याद आ गया। उसका शीघ्रकोपी स्वभाव आँखों के सामने खड़ा हो गया। बड़ी ही मुश्किल से मैंने मन को काबू में रखा।

किन्तु एक तरफ तो मैंने मन को इस तरह काबू में किया दूसरी तरफ स्वच्छन्दता से भटकने लगा। पता नहीं मदिरा से उत्तेजित शरीर को स्त्री-सुख की प्यास शायद अधिक ही सताती थी! स्त्री के कोमल स्पर्श के लिए मैं बुरी तरह तड़पने लगा। एक बार सोचा उठकर सीधा देवयानी के महल में पहुँच जाऊँ। किन्तु तुरंत ध्यान में आया, मुंह से मदिरा की महक आती देखते ही वह एकदम आगबबूला हो जाएगी। एक तरफ इस कल्पना से कि शर्मिष्ठा कहाँ होगी, मन व्यथित हो रहा था और दूसरी तरफ उसके सहवास में बिताए उन्मादक प्रणय-क्षणों का चिन्तन भी कर रहा था। इसी उधेड़बुन में मैंने वह सारी रात काट दी।

माधव के स्वास्थ्य का हाल पूछने मैं हर रोज़ उस के यहाँ जाता था और रोज़ ही उदास मन से लौटकर राजमहल आ जाता था! मैं बड़ी उम्मीद लगाए बैठा था कि आज नहीं तो कल मेरा मित्र होश में आ जाएगा, मुझे पहचान लेगा, उसका हाथ अपने हाथों में लेकर मैं उसे अपने अन्तरतम की सारी अकुलाहट और छटपटाहट बता दूँगा, न उठ सकने वाले हाथों से वह मेरी आँखों में आए आँसू पोंछने का प्रयत्न करेगा। किन्तु...

राजवैद्य प्रयत्नों की पराकाष्ठा कर रहे थे। माधव की माँ दिन-रात उसके पास जागती बैठी रहती थी ताकि कालसर्प को उसे दंश करने से रोक सके। मुकुलिका पल का भी विश्राम लिए बिना उसकी सेवा में लगी रहती थी। मुग्ध तारका माधव के पैर दबाती हुई बैठी रहती और किसी डरी-सहमी हिरनी की तरह आने-जाने वाले प्रत्येक के चेहरे देखती रहती थी।

पांचवें दिन प्रतीत हुआ कि माधव शायद होश में आ रहा है। वह बहुत कराह रहा था। तारका ने यूं ही उसे 'काका', 'काका कहकर' आवाज़ दी। हम सबको लगा कि माधव ने उसका उत्तर दिया। उसकी हुंकारी सुनकर तारका की आँखों में आनंद के आँसू आ गए और वह हर्ष से भागती हुई "दादी, दादी" कहती भीतर चली गई। राजवैद्य की मुद्रा पर भी सन्तोष की छटा उभर आई। मुकुलिका भी बाग-बाग हो गई। मुझे भी बहुत आनंद हुआ। मैं माधव के सिरहाने जा बैठा और बोला, 'माधव, माधव पहचाना मुझे?"

कराहते हुए वह बुदबुदाया, 'महारानी यह महाराज की आज्ञा है!"

आज ही—बिल्कुल पहली बार आज ही—यह पूरा वाक्य वह बोल गया था। किन्तु उसे सुनते समय ऐसा लगा जैसे कोई मेरे कलेजे को आरे से चीरता जा रहा है। उस भीषण रात में पुरु को लेकर रथ से उतरते समय शायद शर्मिष्ठा ने इससे

पूछा होगा, "मुझे उतरना ही होगा?" माधव को उसे ऐसी आंधी-तूफान वाली रात में असहाय छोड़ देना घोर निर्दयता प्रतीत हुई होगी। किन्तु उसे वैसा करना अनिवार्य भी था। इसीलिए शायद इसने शर्मिष्ठा से विवशता से कहा होगा "यह महाराज की आज्ञा है!"

माधव की भावुकता को मैं अच्छी तरह जानता था। उस आंधी-तूफान को उसका शरीर बर्दाशत नहीं कर सका। उसी तरह मेरे द्वारा शर्मिष्ठा को इस तरह त्याग दिए जाने की भी उसका मन बर्दाश्त नहीं कर सका।

और एक मैं ययाति था जिसे शर्मिष्ठा जैसी निरीह प्रेममूर्ति का—ऐसी शर्मिष्ठा का, जिसने मेरे कन्धे पर माथा रखने में ब्रह्मानंद अनुभव किया, मेरे बाहुपाश में अपने-आपको मृत्यु से भी सुरक्षित माना,...त्याग करते समय कुछ भी नहीं लगा!

उस रात स्वप्न में वे ही दो आवाज़ें मुझे फिर सुनाई दीं। दोनों ज़ोर-ज़ोर से लड़ रही थी। मैं फिर चौंककर जाग गया और सिराहाने के पास रखा मदिरा का चषक उठा लिया। वह हाला का प्याला नहीं था। एक सागर था। मेरे मन में धधके बड़वानल को उस सागर में ही डुबो देना संभव था।

आठ दिन हो गए किन्तु माधव का बुखार कम होने के कोई आसार दिखाई नहीं दे रहे थे। किन्तु नवें दिन अकस्मात् वह चल बसेगा, किसी ने नहीं सोचा था—राजवैद्य ने भी नहीं।

उस दिन उसे एकदम पसीना छूटा। आज बुखार उतरने की आशा हो गई थी। वह होश में भी आया। उसने मुझ से पूछा, "वह कहाँ है?" मुझे लगा वह शर्मिष्ठा के बारे में ही पूछ रहा है। मैं चुप रहा। किन्तु उसकी माँ उसके प्रश्न के रुख को बराबर समझ नहीं पाई। उसने माधव की मंगेतर को बुला भेजा। मैंने उसे अब तक कभी देखा नहीं था। सत्रह-अठारह वर्ष की वह नवयुवती बहुत ही विनम्रता से माधव के बिस्तर के पास आकर खड़ी रही। उस हालत में भी उसके सौन्दर्य ने मुझे आकर्षित कर लिया। सोचा, माधव बहुत ही भाग्यशाली है। माधव ने अपनी मंगेतर से कहा, "आओ, यहाँ मेरे पास बैठ जाओ। शरमाओ नहीं!" फिर राजवैद्य की ओर मुड़कर उसने कहा, "वैद्यराज मैं इस बीमारी से अच्छा तो हो जाऊँगा न?"

राजवैद्य ने कहा, "कुछ दिन ज़रूर लग सकते हैं किन्तु आप निश्चय ही अच्छे हो जाएंगे!"

फिर मेरी ओर मुड़कर माधव ने कहा, "महाराज, मैं अभी मरना नहीं चाहता। मैं मर गया तो तारका को कौन संभालेगा? मैं ऐसा ही तड़ाक-फड़ाक चल बसा तो उसका मतलब होगा, मैंने इस माधवी को धोखा दिया। इसने और मैंने मिलकर काफी स्वप्न संजोए हैं। महाराज, यह बहुत ही प्यारी और निष्पाप लड़की है! आपकी भाभी है! हमारा विवाह होने के बाद आप जब हमारे यहाँ भोजन करने आएंगे न, तब क्या-क्या पकवान बनाने हैं इसका भी निर्णय इसने अभी कर रखा है। लता-कुंजो में बैठकर आँखें ही आँखों से हम दोनों ने घण्टों बातचीत की है। नदी किनारे हाथ में लिए केवल स्पर्श द्वारा संभाषण करते हमने कई घड़ियाँ बिताई हैं। हमने चार

आँखों से जो-जो सपने देखे हैं उन्हें सच्चाई में उतारने तक मुझे जीना चाहिए। महाराज! मैं जीवित रहूँगा न? महाराज मुझे वचन दीजिए! चाहे जो करना पड़े, तुम्हें जीवित रखूँगा ऐसा वचन दीजिए!"

उसकी बातों में कहीं कोई असंगति नहीं थी। किन्तु मुझे लगा, यह सब वह सन्निपात में बड़बड़ा रहा है। उसके सन्तोष के लिए मैंने उसका हाथ अपने हाथ में लेकर उसे वचन दिया, "चाहे जो करना पड़े तुम्हें जीवित रखूँगा।" उसी समय राजवैद्य ने मेरी तरफ बहुत ही विचित्र और विषण्ण दृष्टि से देखा। तुरंत उन्होंने अपने बटुए से कोई मात्रा निकाली और मुकुलिका से उसे घिसकर लाने को कहा।

इतने दिन बेहोशी में असंगत बोलने वाला माधव अब एकएम धड़ाधड़ बोल रहा था। वह माधवी से कह रहा था, "याद है न, हमारे यदि पहली लड़की हुई तो उसका नाम मेरी पसंद का रखा जाएगा और लड़का हुआ तो उसका नाम तुम्हारी पसंद का। यही हमने तय किया है याद है न? मंजूर है न? देखो भला! वरना बाद में झगड़ा करने लगेगी!"

वह बेचारी क्या बोलती! एकान्त के तरल स्वप्नों का वह संगीत उस मृत्यु-शय्या की पृष्ठभूमि पर घुग्घु की फूत्कार-सा प्रतीत हो रहा था।

मुकुलिका मात्रा घिसकर ले आईं। वह राजवैद्य माधव को चटाने लगे। किन्तु उसने उनका हाथ एकदम झटक दिया। राजवैद्य ने इशारे से उसकी मंगेतर से कहा कि वह चटा दे। उसने अपना हाथ उसके मुंह के पास किया। तभी माधव ने उसका हाथ कसकर पकड़ लिया और बोला, "यह देखो, हमारा विवाह सम्पन्न हो गया है न?" फिर दो तीन घड़ी वह इसी तरह बड़बड़ाता रहा और एकदम स्तब्ध हो गया। अब उसे पसीने के सोते छूटने लगे। हाथ-पांव ठण्डे पड़ने लगे। साँस उखड़ने लगी! राजवैद्य लगातार कोशिश किए जा रहे थे। किन्तु सब कोशिशें बेकार हो गईं! उसके प्राण-पखेरू कब उड़ गए, किसी को पता भी न चला!

दोपहर में माधवी का हाथ हाथ में लेकर उससे "यह देखो हमारा विवाह सम्पन्न हो गया" कहने वाले माधव का शव शाम को चिता पर पड़ा था। उसकी अचेतन देह मुझ से देखी नहीं जाती थी। कहाँ गायब हो गई उसकी वह मुक्त हँसी? उसका हमेशा मुझे दिलासा देने वाला वह स्पर्श—मैं यहाँ उसके इतने करीब खड़ा हूँ, फिर भी माधव अपना हाथ क्यों नहीं हिला रहा है? हमेशा की तरह अपने मीठे स्वर में "महाराज" कहकर मुझे क्यों नहीं पुकार रहा है? मुझ से जी-जान से प्रेम करने वाले मेरे इस अभिन्न मित्र के हृदय की सारी सद्भावनाएं आज ही यकायक कहाँ खो गई हैं? मेरा माधव कहाँ चला गया है?

ये सवाल किसी बच्चे की भांति मुझे सता रहे थे।

चिता जल उठी। माधव का शरीर धीरे-धीरे अग्नि की भेंट होने लगा। मैं देख रहा था—पहले आँसू पोंछता हुआ, बाद में पत्थर-सा स्तब्ध होकर।

"जैसे भी हो, मैं तुम्हें जीवित रखूँगा", मैंने माधव को वचन दिया था। मैं हस्तिनापुर का सम्राट था किन्तु अपना वचन निभा न पाया था।

जीवन और मृत्यु! कितना क्रूर खेल है यह! क्या केवल यह खेल खेलने के लिए ही मनुष्य इस संसार में आता है? वह किसलिए जीता है? क्यों मरता है? माधव जैसा युवक बिल्कुल असमय इस संसार को छोड़कर क्यों चला जाता है? मन के सपनों की कलियों को अधखिली छोड़कर माधव कहाँ चला गया? वह माधवी को छोड़कर जाना नहीं चाहता था, फिर भी उसे जाना पड़ा। सवाल है—क्यों? उसने ऐसा क्या अपराध किया था जो भाग्य ने उसे यह दण्ड दिया?

चिता पूरी तरह भभक उठी थी। उसकी लपलपाती लपटें अपना काम किए जा रही थीं। माधव! मेरा माधव! सामने जलती ज्वालाओं में राख का ढेर जलता दिखाई देने लगा था। क्या यही है मेरा मित्र! वह कहाँ गया? अब वह कोई सपने नहीं देख सकेगा। माधवी के भी नहीं!

मृत्यु! जीवन का कितना भयंकर रहस्य है! समुद्र के किनारे कोई नन्हा-सा बालक रेत का किला बनाता है। ज्वार की एक बड़ी लहर ,उमड़कर आती है और वह किला ऐसा गायब हो जाता है कि कोई निशानी तक पीछे नहीं छोड़ता। मानव-जीवन क्या रेत के किले से भिन्न है? मानव के रूप में हम जिसको सम्मान देते हैं परमात्मा की इहलोक की प्रतिमा मानकर जिसके कर्तृत्व की हम पूजा करते हैं, वह आखिर कौन है? क्या है? विश्व के विशाल वृक्ष का मात्र एक नन्हा-सा पत्ता!

ऐसा पत्ता, जो हवा के झोंके के साथ कब टूटकर गिर जाएगा कोई नहीं जानता! और—और मैं—मैं ययाति—मैं हस्तिनापुर का सम्राट—मैं भी कौन हूँ? एक क्षुद्र मानव—एक नन्हा-सा पत्ता—जो कब टूटकर गिर जाएगा, कोई नहीं जानता!

माधव से अंतिम विदा लेकर मैं लौट गया। वह रात! नहीं! वह रात क्या थी, प्रतिक्षण फुफकार कर आक्रमण करने वाली काली नागिन ही थी।

मन बार-बार मृत्यु के बारे में सोच रहा था। विचारों के उस भीषण विवर्त से बाहर निकलना मेरे लिए असंभव-सा हो रहा था। मैं बहुत चाह रहा था कि ऐसे समय देवयानी आए, मेरे पास बैठे, माधव की मृत्यु पर शोक प्रकट करे, उसकी गोद में सिर रखकर मैं माधव के गुणों का बखान करूं और दोनों के आँसुओं का संगम हो जाने पर फिर उसकी बाहों में सो जाऊँ—ऐसे, जैसा कोई डरा हुआ बालक अपनी माँ की गोद में निश्चिंत होकर निद्रा के अधीन हो जाता है। किन्तु देवयानी ने बस इतना ही कहा, "माधव चल बसा, बहुत बुरा हुआ।" इससे आगे वह न तो एक शब्द बोली न ही उसने मेरे प्रति कोई समवेदना प्रकट की। मैंने जब कह दिया कि खाने को जी नहीं करता, तब उसने आग्रह से यह भी नहीं कहा कि "चलो, दो कौर तो खा लो।" मैं जब अपने महल में जाकर पड़ा तड़पता रहा तो वह उधर फटकी तक नहीं।

बहुत देर तक मैं बाहर के अंधेरे की ओर शून्य मन से देखता रहा।

उस अंधेरे में अचानक मुझे राजमार्ग पर एक रथ दिखाई देने लगा। मैं जहां

खड़ा था उसी ओर वह रथ तेज़ी से चला आ रहा था। किन्तु उसके पहियों से जरा-सी भी आहट नहीं आ रही थी। हाँ, उस अंधेरे में भी रथ के काले घोड़े मुझे साफ-साफ दिखाई दे रहे थे। मैं घूर-घूरकर देख रहा था। अपनी आँखों पर विश्वास नहीं कर पा रहा था। उद्यान के सभी फूल-पौधों को कुचलता हुआ वह रथ सीधे आगे आया–जिस खिड़की के पास मैं खड़ा था उसी के आगे वह रुका। सारथी ने धीरे से पूछा, ''चलिएगा महाराज?''

मैंने कहा, ''महारानी सोई है। छोटा यदु भी सोया है। उनसे विदा लिए बिना...''

अपने आगे के शब्द मुझे ही सुनाई नहीं दिए। देखते ही देखते उस सारथी का हाथ लम्बा, लम्बा होता हुआ खिड़की तक आ पहुँचा। उसने मुझे इतनी आसानी से उठा लिया, जैसे बगीचे के किसी पौधे का फूल तोड़ लिया हो। उसने मुझे अपने रथ में रख दिया।

रथ चलने लगा। हस्तिनापुर का एक-एक चिरपरिचित स्थान पीछे छूटने लगा। यह देवालय, यह नृत्यशाला, यह माधव का घर, यह रहा वह विशाल क्रीड़ांगण जहाँ बचपन में नगरोत्सव में उस उन्मत्त घोड़े पर मैंने सवारी कसने का पराक्रम किया था--

रथ दौड़ रहा था, हवा से बातें करता हुआ! यह...यह अशोक वन भी पीछे छूट गया। अब मुझ से रहा न गया। मैंने सारथी से पूछा, ''कहाँ लिए जा रहे हो?''

उत्तर मिला–''मैं नहीं जानता!''

''हम लोग वापस कब लौटेंगे?''

''मैं नहीं जानता!''

मैंने चिढ़कर पूछा,''तो तुम क्या जानते हो?''

''केवल दो नाम!''

''किसके?''

''एक महाराज का...!''

''और दूसरा?''

''मेरा अपना...!''

''क्या है तुम्हारा नाम?''

''मृत्यु...!''

कितना भयंकर आभास था वह! मैंने उस खिड़की के सींकचों को दोनों हाथों से मज़बूती से पकड़ लिया। फिर भी मुझे लगने लगा कि भय से थरथर काँपता हुआ मेरा शरीर शायद नीचे गिर जाएगा।

बड़ी मुश्किल से मैं पलंग पर जा बैठा। फिर भी सीने में धकधक हो ही रही थी। पांव थरथर काँप ही रहे थे। लाख कोशिशें करने पर भी मन स्थिर हो नहीं पा रहा था।

बार-बार मैंने मदिरा पी। छककर पी ली। दो-तीन घड़ी बाद मुझे कुछ अच्छा लगने लगा। धीरे-धीरे नशा छाने लगा। आँखें भारी होकर झपकने लगीं। किन्तु उसी अवस्था में मैंने एक भयंकर सपना देखा। स्वप्न में मेरे सामने एक चिता जल रही थी। उस चिता में मेरा एक-एक अंग जलकर राख होता जा रहा था।

देखते-ही-देखते मेरी आँखें, कान, होंठ, हाथ-पांव सब राख हो गए! अब मेरे लिए उनका कोई उपयोग नहीं था। आँखों से वह सौम्य-सुंदर प्रभा जो किसी मुग्ध युवती-सी आई थी, अब दिखाई देने वाली नहीं थी। उग्र और उन्मादक मदिरा के समान ही मेरे होठों को अब अमृत-भरे संजीवक होठों का स्पर्श नहीं होगा।

महकते हुए सोन-चम्पा के फूलों और पूरे पके अनानास की भीनी-भीनी खूशबू के समान ही प्रगाढ़ आलिंगन में एकजीवी बनी प्रेयसी के केश-शृंगार की मंद सुगंध भी अब फिर कभी मैं नहीं ले पाऊँगा।

इस दृश्य को देखते-देखते मेरा नशा एकदम उतर गया है। मैं पलंग पर उठ बैठा। मेरी छाती ज़ोरों से धड़कने लगी। मानो मृत्यु का भय मेरे हृदय पर चोट पर चोट मारता जा रहा था और उसके आघातों की प्रतिध्वनि मेरे कानों में पड़ रही थी!

मेरा मन पीछा करने वाले शिकारी से जान बचा कर भाग खड़े होने वाले हिरन के समान दिशाहीन भटकने लगा। मदिरा के सिवा उसे स्थिर करने का अन्य कोई सहारा नहीं दिख रहा था।

बरसों से इतनी मदिरा मैंने कभी नहीं पी थी। धीरे-धीरे उसका नशा मुझ पर सवार होता गया। वह उन्माद दूसरे उन्माद को भी जगाता गया। मुकुलिका, अलका, शर्मिष्ठा, देवयानी की कमनीय आकृतियाँ मेरी वासना को उद्दीप्त करने लगीं, आँखों के सामने नाचने लगीं

अलका नीचे झुककर अपनी वेणी में गूंथे गजरे की सुगंध जैसे मुझे सुंघा रही थी। उस सुगंध को सूंघते-सूंघते मैं मदहोश हो गया। वह दूर जाने लगी। तुरंत ही मैंने वह गजरा उसकी वेणी से खींचकर उतार लिया। मैं दोनों हाथों से उसके सभी फूलों को मसल-मसलकर नाक के पास ले गया। काँपती आवाज़ में अलका ने पूछा—"ऐसा भी क्या युवराज?" मैंने उत्तर दिया, "अभी मेरा जी भरा नहीं। और, मुझे और सुगंध चाहिए!"

अलका को अपनी बाँहों में भरकर उसके अधरों की, आँखों की, बालों की, गालों की सारी-सारी सुगंध का आस्वाद लेने के लिए मैंने अपनी बाँहें फैलाई। किन्तु—मैंने आँखें खोलकर देखा—बार-बार देखा। अपने महल में मैं अकेला ही था। और अलका? वह कहाँ है? तहखाने में? नहीं! या कहीं और छिपी बैठी है? खरगोश के बिल में या शेर की गुफा में? "अलका, अलका" मैंने ज़ोर से आवाज़ दी।

मेरी इस पुकार का किसी ने उत्तर दिया। किन्तु वह अलका नहीं थी, मुकुलिका थी। वह कहाँ थी? दूर! नहीं! मेरी बाँहों में थी! मैं उसका चुंबन ले रहा था। वह मुझे चुंबन दे रही थी। मैं आकाश का एक-एक नक्षत्र गिनता था और उसका चुंबन ले रहा था! नक्षत्र गिनकर समाप्त हो जाते पर चुंबन लेना नहीं रुकता। किन्तु—किन्तु मेरे होंठों को यह एकदम ठण्डा-ठण्डा-सा क्या लग रहा है? मुकुलिका कहाँ है? वह तो माधव के घर उसकी सेवा कर रही है। किन्तु माधव घर पर कहाँ है? वह—वह मृत्यु का हाथ पकड़कर—मेरे होंठों को होने वाला यह ठण्डा स्पर्श कहीं मृत्यु का तो नहीं?

मैंने फिर आँखें खोलकर देखा। अपने महल में मैं अकेला ही था। शायद मृत्यु

अदृश्य रूप में मेरे चारों ओर मंडराती होगी! क्या जीवन की यह मेरी अन्तिम रात है? कौन जाने? इस अन्तिम रात का आनंद मुझे लूटने दो, जी-भर कर उसका उपभोग कर लेने दो। जीवन का खाली होता जा रहा यह प्याला एक बार, एक ही बार, स्त्री-सुख की फेनिल मदिरा से भर लेने दो। आखिरी प्याला—यह आखिरी प्याला!

"शर्मिष्ठा...शर्मिष्ठा...शमा, शमा...!"

मैं उठा। मेरे पैर लड़खड़ा रहे थे। शरीर का सन्तुलन संभाले न संभलता था। फिर भी मैं उठा और महल का द्वार झटके से खोलकर बाहर चलने लगा।

देवयानी के महल के द्वार पर उसकी दासी ऊँघ रही थी। मेरी आहट पाते ही वह हड़बड़कार उठ खड़ी हुई।

दौड़ती हुई वह भीतर चली गई। मैं उसके वापस आने की प्रतीक्षा करना चाहता था। महारानी का सन्देशा आने के बाद ही भीतर जाना उचित था—मन यह जानता था किन्तु तन का धीरज टूट रहा था।

क्या हर वासना शेर जैसी होती है? उसे एक बार जिस उपभोग का चसका लग जाए, उसी के पीछे वह पागल की तरह भागती है! शायद वासना के केवल जीभ ही होती है! भगवान ने उसे कान, आँखें, मन, हृदय कुछ नहीं दिया है। उसे अन्य किसी बात की पहचान होती ही नहीं है। वह पहचानती है केवल अपने सन्तोष को!

बहुत मदिरा पी चुकने के कारण मैं कदम-कदम पर डगमगाता जा रहा था। फिर भी मैं देवयानी के महल में पहुँच गया। वहाँ क्या हुआ, अब ठीक से याद नहीं आ रहा। मानो मैं किसी घने कुहरे में चला जा रहा था।

याद केवल एक ही बात है। उस समय मुझे देवयानी की चाह थी। पल की भी देर किए बिना उसे मैं अपनी बाँहों में चाहता था! और चाहता था कि वह अपना सारा सौन्दर्य मेरी सेवा में प्रस्तुत कर दे! किन्तु तत्काल उसके ध्यान में आ गया कि मैंने मदिरा ली है। वह आगबबूला हो गई, चिढ़ गई, कुपित हो गई। मैं भी झल्लाया, चिल्लाया। बात से बात बढ़ती गई। बतंगड़ बन गई। बीच में गलती से मेरे मुँह से शर्मिष्ठा का भी नाम निकल गया। फिर तो जैसे आग में घी गिरा। वह शुक्राचार्य के क्रोध और उनके भयंकर अभिशाप की बातें करने लगी। अन्त में उसने मुझसे एक सौगंध उठवाई। शुक्राचार्य के नाम पर मुझे सौगंध उठाने के लिए बाध्य किया कि :

"मैं इससे आगे तुम्हें कभी स्पर्श नहीं करूँगा!"

मैं पराभूत और अतृप्त अवस्था में उसके महल से बाहर आया। अब इस राजप्रासाद में जहाँ मुझे अपनी पत्नी को स्पर्श तक करने का अधिकार नहीं रहा था, एक क्षण के लिए भी रहने में फिर कोई मतलब नहीं था! मैंने अपने मन में निश्चय किया, इस राजप्रासाद में फिर कभी कदम नहीं धरूँगा। अब से हमेशा के लिए अशोक वन में ही रहूँगा। इस देवयानी का मुँह भी फिर कभी नहीं देखूँगा। मैं अशोक वन में शर्मिष्ठा की याद में दिन काटूँगा।

अशोक वन जाने के लिए मैं रथ में बैठा। बारी-बारी से देवयानी और शर्मिष्ठा की आकृतियाँ मेरी आँखों के सामने नाच रही थीं। मैं दोनों को चाहता था। किन्तु एक ने मुझे झटका दिया था। और दूसरी? दूसरी को मैंने अपने से दूर धकेल दिया था।

रथ अशोक वन के मार्ग पर चला ही था कि ये दोनों आकृतियाँ एक हो गईं। उनमें से एक अलग ही लावण्यवती युवती उत्पन्न हुई। वह रमणी प्रति पल नये-नये उन्मादक रूप धारण कर रही थी। अन्त में वह अलका बन गई फिर मुकुलिका बन गई।

मुकुलिका! उसके वे गुरु महाराज! नृत्यशाला के पास वाले मठ में ही वे लोग ठहरे थे। यह बात मुझे याद आई। सोचा, अशोक वन जाकर रात-भर तड़पते रहने के बजाय क्यों न उस गुरु महाराज से मिलूं? देखें वे मन की शांति का कोई उपाय बताते हैं या नहीं! सारथी से मैंने रथ उस मठ में ले चलने को कहा।

असमय मुझे मठ के द्वार आया देखकर मुकुलिका क्षण भर के लिए कुछ चौंकी, किन्तु दूसरे ही क्षण शर्मीली मुस्कान के साथ वह मुझे अपने गुरु महाराज के पास ले गई।

गुरु महाराज मुझे बड़े राजयोगी लगे। मुझे लगा, शायद मैंने उन्हें पहले भी कहीं देखा। किन्तु ऐसा मुझे केवल क्षण-भर ही लगा। याद मुझे कुछ भी नहीं आ रहा था।

मैंने अपना दुःख गुरु महाराज को बता दिया। मैंने मदिरा पीकर उस पवित्र स्थान में आने के लिए क्षमा करने की प्रार्थना भी उनसे की। इस पर हँसकर उन्होंने कहा, ''महाराज! मन की शांति का आधा उपाय तो आपने कर ही लिया है!''

मैं समझा नहीं। शंका-भरे स्वर में पूछा, ''मतलब?''

''महाराज! यह मृत्युलोक है। यहाँ का मानव-जीवन अत्यंत दुखों से भरा है। इन दुखों को भुलाने की केवल दो ही दिव्य औषधियाँ इस मृत्युलोक में हैं!''

मैंने उत्सुकता से पूछा, ''वे कौन-सी?''

''मदिरा और मदिराक्षी!''

मैं चकित हो गया। किन्तु मन कड़ा करके पूछा, ''मद्यपान तो महा पाप...''

गुरु महाराज ने कहा, ''पाप और पुण्य तो धूर्त पंडितों और मूर्ख मनुष्यों द्वारा घड़ी गई कल्पनाएं हैं। इस दुनिया में केवल सुख या दुख ही सत्य है, बाकी सब माया है। पाप और पुण्य मन के मात्र आभास हैं कल्पना के खेल हैं। मैं अपने भक्तों को तीर्थ के रूप में हमेशा मदिरा ही बाँटा करता हूँ!''

समझ नहीं पा रहा था कि कहीं मैं स्वप्न तो नहीं देख रहा।

गुरु महाराज ने कहा, ''महाराज, आपको मन की शांति चाहिए न? उसे देने वाली अनेक देवियाँ मेरे वश में हैं। उनमें से किसी की भी आप आराधना कीजिए।''

वे उठे और चलने लगे। मैं मंत्रबद्ध मनुष्य के समान चुपचाप उनके पीछे-पीछे जाने लगा। चल तो मैं हमेशा की तरह धरती पर ही रहा था किन्तु क्षण-क्षण, प्रतिपल लगता था, मैं किसी पर्वत की चोटी पर से नीचे गहरी खाई में लुढ़कता जा रहा हूँ। इस खाई का कोई अन्त नहीं है। प्रकृति के प्रारम्भ से आज तक सूर्य की एक भी किरण इस खाई में कभी आई ही नहीं है!

शर्मिष्ठा

मैं फिर हस्तिनापुर जा रही थी! अठारह बरस बाद! जिस पथ से आई थी उसी पथ से! और उतनी ही भयग्रस्त मनःस्थिति में!

इस मार्ग पर बड़े-बड़े वृक्ष आज भी वैसे ही खड़े हैं। मंदिरों के कलश भी पहले जैसे ही सूरज की सुनहरी किरणों में चमक रहे हैं। गांव और देहात रात की गोद में पहले जैसे ही शाँति के साथ सो रहे हैं। इन अठारह वर्षों में कुछ तो बदला नहीं है! किन्तु शर्मिष्ठा अवश्य...

क्या मैं ही वह अठारह वर्ष पूर्व वाली शर्मिष्ठा हूँ? नहीं! यह शर्मिष्ठा एकदम भिन्न है। वह शर्मिष्ठा माँ थी, तो पत्नी भी थी, प्रणयिनी भी थी। आज की शर्मिष्ठा केवल माँ के रूप में शेष है। इस एक प्रश्न के अलावा कि मेरा पुरु कुशल से तो होगा न? उसे दूसरा कुछ भी सूझ नहीं रहा।

शुक्राचार्य की घोर तपस्या के कारण चिन्ताग्रस्त कच यति, अंगिरस आदि ऋषि-मुनियों को जिस बात का भय है उसका भय मेरे मन को स्पर्श तक नहीं कर पा रहा है। मुझे बस एक ही भय है—पुरु कहाँ होगा? विजयी यदु के साथ क्या वह हस्तिनापुर जाएगा? गया तो क्या देवयानी उसे पहचान लेगी? उसकी शक्ल-सूरत महाराज से काफी मिलती है! देवयानी ने उसे पहचान लिया तो...

मेरे साथ संरक्षक तो है किन्तु उनके अलावा यह अलका भी तो है। इस सुनहरी केश वाली लड़की को पुरु से प्रेम हो गया है। उसे वह कभी कह कर नहीं जताती! किन्तु खिलते फूलों को कोई कितना ही छिपाकर रखे सुगंध से तो उनका पता चले ही जाता है न! इस लड़की ने मेरे साथ आने की ज़िद की। पुरु को मनाने के लिए इसका उपयोग हो सकता है ऐसा मुझे भी लगा। इसलिए इसे भी साथ ले आई हूँ किन्तु कातर बेला में यह ढीठ लड़की आँखें पोंछने लगती है, तो मेरा भी दिल भर आता है। आधी रात बीतते तक फिर आँख नहीं लग पाती। पिछले अठारह वर्ष की सारी यादें सजीव होकर मन के रंगमंच पर एक-एक कर आने लगती हैं। बिल्कुल उस भयंकर आधी रात से लगाकर...

उस आधी रात में माधव चला गया। मैं गहरे अंधेरे में, मूसलाधार वर्षा में अकेली

रह गई। अकेली? नहीं! मेरा पुरु जो था मेरे पास! भीगकर तर हो गया मेरा पुरु—कल यदि वह बीमार पड़ गया तो?

उन उद्दण्ड पंच महाभूतों पर मुझे बड़ा क्रोध आ गया। इतना भी उनके ध्यान में नहीं आ रहा था कि एक माँ अपने सुकुमार बच्चे को लेकर इस निर्जन प्रदेश में अकेली खड़ी है! चाहिए तो था कि वे मुझे धीरज बंधाते मेरा हौसला बढ़ाते। किन्तु उल्टे वे मुझे डराए जा रहे थे। यह काट खाती तेज़ हवा, यह काला स्याह आकाश, ये कड़कती बिजलियां—ये भला मुझ पर कहाँ तरस खाने वाले थे! जहाँ मानव पाषाण बन जाता है वहाँ पाषाणों से मानवता की आशा करना बेकार ही है! देवयानी तो मेरे प्राण लेने पर तुली थी। महाराज हिम्मत न दिखाते तो उसी तहखाने में शर्मिष्ठा का अभागा जीवन समाप्त हो गया होता! किन्तु...

क्या जीवन का दस्तूर यही है कि एक सीमा से परे जाकर मनुष्य प्रेम भी नहीं कर सकता? यह सच है कि महाराज ने मेरे प्राणों की रक्षा की! किन्तु अपनी लाड़ली शर्मिष्ठा को, इस तरह अनाथ और असहाय बनाकर आंधी-पानी में अकेली उनसे कैसे छोड़ा गया? काश, वे कह सकते कि शर्मिष्ठे मुझे यह राजपाट नहीं चाहिए, ऐश्वर्य नहीं चाहिए, मुझे केवल तुम्हारी चाह है। चलो मैं भी तुम्हारे साथ आता हूँ। आओ हम दूर कहीं हिमालय की तलहटी में जाकर सुख से रहेंगे! ऐसा होता तो मुझे कितना आनंद होता, कितना धीरज बंध आता!

मैं उन्हें अपने साथ हरगिज़ न आने देती! किन्तु इन मधुर शब्दों का पाथेय उन्होंने मुझे दिया होता, तो उमड़ते-घुमड़ते बादलों की गड़गड़ाहट और बिजलियों की कड़कड़ाती चकाचौंध में भी प्रीति का वह संजीवनी-मंत्र मेरे कानों में हमेशा गूंजता रहता! किन्तु शर्मिष्ठा इतनी भाग्यशलिनी कहाँ थी?

कह नहीं सकती, उस रात मैं कितना चल गई, कैसे इतना चल पाई, पुरु को लिए इतना चलना मेरे लिए कैसे सम्भव हो पाया। पिशाच की तरह चीखती हवा से बिना डरे, डायन की भांति झपटती, बिजलियों की तनिक भी परवाह न करते हुए, अंधिया देने वाले अंधेरे से हार न मानते हुए, कैसे मैं सारी रात भर चलती रही! पता नहीं, शायद विपदाओं में मनुष्य की सारी शक्तियाँ जागकर शत्रु का मुकाबला करने लगती हैं! किन्तु राजकन्या के नाते लाड़-प्यार में पली हमेशा पालकी में बैठकर ही घूमती-फिरती रही और फूलों के पांवड़ों पर ही चलती आई शर्मिष्ठा घने जंगलों में, कांटों भरी राहों पर कितने ही पहर बीतते चलती ही रही, राह काटती ही रही। हस्तिनापुर को पीछे छोड़कर मृत्यु की गुफा से दूर और दूर भागती ही रही! उस समय वह महाराज वृषपर्वा की कन्या नहीं थी। ययाति महाराज की प्रेयसी नहीं थी। इस संसार से उसका बस एक ही नाता शेष था। वह एक बच्चे की माँ थी। उस नन्ही-सी ठिठुरती जान के सीने से चिपके होने के कारण उसके अंग-अंग में चैतन्य दौड़ रहा था। उस बालक के लिए वह ज़िन्दा रहने जा रही थी। उसे पाल-पोसकर बड़ा करने वाली थी। आँखें भर कर उसका पराक्रम देखने वाली थी और उसके बाद ही मृत्यु की अगवानी करने वाली थी।

दूसरे दिन प्रातः एक छोटे-से गांव में किसी मंदिर में तनिक विश्राम के लिए मैं रुकी। मेरे सामने मुंह बाए प्रश्न खड़ा था कि आगे जाऊँ, तो कहाँ? क्या पिताजी के पास चली जाऊँ? धेवते को देखकर वे बहुत खुश होंगे, किन्तु यह मालूम करने पर कि शर्मिष्ठा देवयानी की सौत हो गई है और देवयानी उसके प्राण लेने पर तुली है, उनकी सारी खुशियाँ गायब हो जाएंगी! तपस्या में रत शक्राचार्य कल मुझे कोई अभिशाप देकर समूचे राक्षस वंश का संहार कर डालेंगे, यह भय उन्हें सताने लगेगा। पिताजी के पास जाकर उन्हें ऐसे संकट में डालने से तो...

मैं सोचने लगी। सचमुच इतनी चहलपहल वाले इस संसार में भी आखिर मानव कितना अकेला है! इतनी विशाल दुनिया मेरे चारों ओर फैली हुई थी, किन्तु उसमें इस नन्ही-सी जान के अलावा किसी पर मेरा कोई बस नहीं था!

सवरे-सवेरे ही मंदिर में एक दयालु स्त्री आई। उसने मुझसे पूछताछ की। आग्रह-पूर्वक वह मुझे अपने घर ले गई। उसकी ममता देखकर मेरे आँसू आ गए। पता नहीं, इस दुनिया में भगवान किस रूप में और कब मिल जाएँ! मुझे देखकर उसे ऐसे लगा जैसे छोटी बहन मायके आ गई हो।

चार दिन आनंद से कट गए। उस काल-रात्रि में उठाने पड़े क्लेशों के कारण मुझे भय था कि कहीं पुरु बीमार न पड़ जाए। किन्तु वह भय टल गया। यह गांव हस्तिनापुर से बहुत दूर नहीं था। इसीलिए मैं सोच में पड़ी थी कि यहाँ रहूँ या न रहूँ। किन्तु उस स्त्री से भी मन इतना हिल गया था कि समझ में नहीं आ रहा था, कैसे उसका स्नेह-बंधन तोड़ दूँ!

पांचवें दिन रात में मुझे गहरी नींद लग गई थी। मेरी गोद में पुरु एक कली के समान सिमटकर सो गया था। मीठे-मीठे सपनों की लहरों पर मैं तैरती जा रही थी। उन सपनों में पुरु महाराज को 'तात, तात' कहकर पुकार रहा था। अपनी नन्ही-नन्ही बाँहें फैलाकर उनकी ओर लपक रहा था। अन्त में उसने अपनी दोनों बाँहें उनके गले में डाल ही दीं।

उसी क्षण मैं चौंककर जाग गई। मेरे गले में किसी के हाथ? नहीं! किन्तु एक अज़ीब थरथराता, खुरदरा स्पर्श मैंने महसूस किया। और तभी आँखों के सामने इस घर के स्वामी की कामुक नज़र कौंध गई। इस पापी स्पर्श ने मुझे उस नज़र का सारा अर्थ समझा दिया। 'दीदी' कहकर मैं ज़ोर से चीखी! जल्दी-जल्दी बाहर जाता पद-चाप सुनाई दिया! दीया जलाकर दीदी दौड़कर मेरे कमरे में आई। मेरी पीठ पर हाथ फेरते हुए उसने पूछा, "क्या हुआ बहन?" मैं घबड़ाकर बिस्तर पर उठ बैठी थी। मैंने कहा, "शायद बदन पर से कोई चीज़ सरसराती चली गई।" उसने फुर्ती से अपने पति को पुकारा। नींद टूटने का अभिनय करता हुआ वह कमरे में आया। दोनों ने हाथ में दीया लेकर कमरे का कोना-कोना छान मारा। किन्तु मनुष्य के रूप में जी रहा सर्प भला ऐसे कैसे मिलता? मुझे अपनी इस पूर्वजन्म की बहन पर तरस आ गया। भाग्य भी कितना झक्की होता है! उसने इस फूल को जन्म से ही उस काँटे के साथ बाँध दिया था!

मैंने मन में नयी गाँठ बाँध ली। आज तक मैं राजमहल में रही थी। वहाँ मेरा सौन्दर्य सुरक्षित था। अब उसी के कारण बाहर की दुनिया में मुझ पर अनेक संकट आ सकते थे। केवल पुरु को ही बचाने से काम नहीं चलने वाला था। अपने आपको भी बचाना आवश्यक हो गया था।

दूसरे दिन सवेरे ही मैंने बहुत-से झूठे बहाने बनाकर बड़ी ही मुश्किल से अपनी उस बहन से विदा ली। उसके घर से जाते समय मैंने कितनी ही बार पीछे मुड़-मुड़कर देखा। इस कल्पना से कि पता नहीं फिर से उसकी भेंट होगी भी या नहीं, मेरी आँखें पनिया गईं! क्या संयोग और वियोग के अद्‌भुत रसायन का ही नाम जीवन है?

गाँव के बाद गाँव पीछे छोड़ती हुई मैं चली जा रहा थी। टेढ़ी-मेढ़ी राहों को जानबूझकर चुनती थी। बड़े-बड़े गाँवों से कन्नी काटती जा रही थी। बार-बार मैं मन को समझा रही थी कि हस्तिनापुर से जितना हो सके उतनी ही दूर निकल जाना है। किसी भी गाँव में एक दिन से अधिक ठहरना नहीं है, मन की असली बात किसी से नहीं कहना है अपना असली अता-पता किसी को नहीं बताना है। कोई बहुत ही ज़िद से पूछने लगे, तो मैं बस इतना ही कहती थी कि पति मुझे और इस नन्हे बच्चे को छोड़कर हिमालय चला गया है उसी को खोज में निकली हूँ। सुन-कर किसी को आँखें भर आती थीं, कोई मेरी बात पर काना-फूसी करते हुए मेरी हँसी उड़ाते थे।

मुझे भय था कि प्रवास के कष्ट से पुरु ऊब जाएगा, किन्तु वैसा कतई नहीं हुआ। उसे तो हर नया गाँव नये खिलौने-सा लगता। प्रतिदिन नये घर, नये पखेरू नये फूल नये बच्चे, नये मंदिर, नये लोग देखकर वह उनकी नवीनता में ही रम जाता।

धीरे-धीरे मैं हस्तिनापुर से काफी दूर निकल गई। चलते-चलते थक गई थी। इसलिए तय किया कि एक गाँव में कुछ दिन रुक जाऊँ। एक रईस विधवा ने अपने घर में मुझे प्रश्रय दिया। उस बुढ़िया ने कुरेद-कुरेदकर मुझसे पूछा, "बेटी, तुम कौन हो? कहाँ की रहने वाली हो?" मैंने वही पहले से तय किया हुआ उत्तर दे दिया। इस पर उसने अत्यंत ममता से कहा, "चाँद-सी पत्नी को छोड़कर तेरे पति ने संन्यास ले लिया। किसी-किसी के भाग्य में भी क्या-क्या अजीब बातें होती हैं!"

दिन-भर वह बार-बार मुझे घूर-घूरकर देखती थी। मैं समझ नहीं पा रही थी कि यह मेरे सौन्दर्य की सराहना है या दाल में कुछ काला है। मन बेचैन था। रात में बिस्तर पर लेटी। बड़ी देर तक नींद ही नहीं आई। नींद की आराधना करते-करते मैं महाराज के सहवास में बिताए—उनकी बाँहों में अनुभव किए—सुख के क्षणों को याद करने लगी। उन क्षणों की स्मृतियों को मैंने तरतीब से ऐसे संजो रखा था जैसे फूलों की खुशबू का निचोड़ निकालकर इत्र की तरह किसी बंद कुप्पी में रखा जाता है। किन्तु उन मधुर स्मृतियों के कारण दिल का दुःख और भी बढ़ गया। अन्त में नींद को ही मुझ पर कुछ दया आ गई।

उस बेचैन नींद से दीये की रोशनी के कारण मैं जाग पड़ी। कोई दीया बिल्कुल मेरे चेहरे के पास ले आया था। दीया तुरन्त हटा लिया गया। मैंने अध-मुंदी आँखों

से देखा। वह बुढ़िया एक तरुण से कानाफूसी करती हुई कुछ बुदबुदा रही थी। आँखें मूंदकर मैं सुनने लगी। 'हस्तिनापुर', 'मुनादी', 'बड़ा इनाम' आदि कुछ इक्के-दुक्के शब्द विष की बूंदों के समान मेरे कानों में पड़े! मेरी तो सिट्टी-पिट्टी गुम हो गई।

बोलते-बोलते उन दोनों की आवाज़ कुछ तेज़ हो गई। वह तरुण कह रहा था, "नहीं! यह शर्मिष्ठा हो ही नहीं सकती। इसके चेहरे पर राजकन्या जैसा थोड़ा भी तेज है? तुम्हें उस इनाम का लालच हो गया है इसीलिए..."

वे दोनों आपस में झगड़ते हुए बाहर चले गए। मेरा कलेजा मुँह को आ गया। मेरी कोख में शांति से सोया पुरु मेरे आँसुओं के कारण जाग गया। दो घड़ी बाद घर में सर्वत्र सन्नाटा छा गया। मैं उठी और ऐन आधी रात में उठकर उस घर से चल पड़ी।

पीछा करने वाले बहेलिये के डर से जैसे हिरनी भागती है उसी तरह मैं लुकती-छिपती, बड़े गाँवों से बचती-बचाती, केवल रात में ही किसी मंदिर या सराय का सहारा लेती चली जा रही थी। किसी दिन जी बहुत ही ऊब जाता। लगता किसी दिन अनायास ही पकड़े जाने के भय से हमेशा बनी रहने वाली यह आँखमिचौली खेलते रहने से क्या लाभ है? आज नहीं तो कल, इसी अवस्था में मौत आनी है तो इतना कष्ट झेलने में भी क्या धरा है? इससे तो अच्छा है कि इन्हीं कदमों हस्तिनापुर लौट जाऊँ, देवयानी के सामने सीना तानकर खड़ी हो जाऊँ और कह दूँ 'तू मेरा सिर ही काटना चाहती है न? ले काट ले! किन्तु तुरन्त कोख में सोए पुरु के चेहरे पर खेल रही मुस्कान पर मेरी नज़र जाती और मैं मन-ही-मन कहती, "कोई परवाह नहीं, यदि देवयानी मेरा सिर उतार देती है। किन्तु इस मेरे लाड़ले का बाल भी बाँका नहीं होना चाहिए!"

इस पुरु के लिए मुझे जीना होगा। कितने भी कष्ट झेलने पड़ें, तब भी इसके बड़ा होने तक मुझे जीना ही पड़ेगा। तब तक हलाहल के सागर पीने होंगे! विपदाओं के मेरु-मंदार पर्वत लाँघने होंगे!

चार दिन बाद मैं एक देहात के मंदिर के पास आ गई। शाम हो गई थी। इसलिए सोचा कि रात-भर के लिए उस मंदिर के पास वाली धर्मशाला में रहूँ। पास के ही कुएं पर पुरु के हाथ-पाँव धोकर मैंने उसे मंदिर के सभा-मण्डल में खेलने के लिए छोड़ दिया। वह कूदकता-फुदकता इधर-उधर देख रहा था। आने-जाने वाले स्त्री-पुरुष मंदिर का घंटा बजाते थे। घण्टे की आवाज़ सुनकर पुरु अपने नन्हे-नन्हे हाथों से तालियाँ बजाता था। बार-बार बज उठने वाले उस घण्टे को देखकर उस पर भी उसको बजाने की सनक सवार हो गई। वह मुझे उस घण्टे की ओर खींचने लगा। मैं एक खम्भे की ओट में विश्राम कर रही थी। पहले तो मैंने कुछ आनाकानी कर दी। टालमटोल करके भी देखा। किन्तु बालहठ के सामने माँ की एक नहीं चलती! उद्धत और ऊटपटाँग ढंग से मैंने उसे घण्टे के पास ले जाकर ऊँचा उठाया। किलकारियाँ

भरते हुए उसने अपना हाथ घण्टे की ओर बढ़ाया ही था कि मंदिर के पास ही मुझे मुनादी सुनाई दी। मुनादी पीटने वाला चिल्लाकर कह रहा था :

"भाइयो सुनो! मुनादी सुनो! हस्तिनापुर की महारानी देवयानी देवी के राजमहल से एक सुंदर दासी भाग गई है। उसका नाम शर्मिष्ठा है। इस शर्मिष्ठा के पास एक छोटा-सा बच्चा है। यह दासी व्यभिचारिणी है। उसे उसके बच्चे के समेत जो कोई हस्तिनापुर में महारानी के सामने लाकर खड़ा कर देगा। उसे बड़ा इनाम दिया जाएगा...।"

मुनादी के पहले के शब्द सुनते ही मेरे पाँव काँपने लगे। पुरु को मैंने ऊँचा उठाया हुआ था। किन्तु मुझे लगने लगा कि शायद वह मेरे हाथों से छूटकर नीचे गिर जाएगा। मैं और भी डर गई और धम्म से नीचे बैठ गई।

बच्चे की दुनिया कितनी सुखी हुआ करती है! उसके अज्ञान में कितना आनंद होता है! इस मुनादी के एक शब्द का भी अर्थ पुरु की समझ में नहीं आया था। इसलिए घण्टा बजाने की धुन में ही वह मस्त था। घण्टा बजाने को नहीं मिला, इसीलिए वह हाथ-पाँव पटकने लगा। गला फाड़कर रोने लगा। मेरे कानों में तो वही मुनादी गूंज रही थी। छाती ज़ोर-जोर से धकधक कर रही थी। पुरु को रोता देखकर एक अधेड़ आदमी मेरे पास आया और बोला, "बच्चा रो रहा है! उसे चुप क्यों नहीं कराती? देखती क्यों नहीं, आखिर वह चाहता क्या है?" फिर तुरंत ही वह मेरी ओर घूरकर देखने लगा।

घने झंखाड़ से अपने शिकार की ओर देखने वाले शेर की-सी लगी मुझे उसकी नज़र! मैंने रोते हुए पुरु को उठा लिया और धर्मशाला में आ गई। अंधेरा बढ़ते ही मैंने धर्मशाला से प्रस्थान किया।

उस मुनादी ने मुझे अजीब पशोपेश में डाल दिया था। मैं समझ गई कि भीड़-भड़क्के वाले बाज़ार, मंदिर, धर्मशाला जैसे स्थानों में इससे आगे ठहरना मेरे लिए खतरे से खाली नहीं। पता नहीं इनाम के लालच में केवल सन्देह से भी कोई कब मुझे पकड़वा देगा! अब तो यह नितांत ज़रूरी हो गया था कि कोई ऐसा भेष बना लूँ, जिससे लोगों को यह बता सकूँ कि मुनादी वाली दासी मैं नहीं हूँ! कैसा रहे यदि मैं पुरु को किसी ऐसी स्त्री के पास रख दूँ जिसके अपना कोई बच्चा नहीं हो? किन्तु इस कल्पना मात्र ने मेरे दिल के टुकड़े-टुकड़े कर दिए। पुरु को अपने से दूर कर दूँ? नहीं! यह कदापि संभव नहीं! नेह के बिना दीपक कैसे जलता रहेगा? पुरु की आँखें मेरे लिए चाँद-सूरज थीं। उसका कोमल स्पर्श मेरे लिए संरक्षक सुदर्शन चक्र था। उसका चुंबन तो मेरा ऐसा धन था जिसके सामने कुबेर का भण्डार भी फीका रह जाता! नींद में ही वह मुस्कराता तो मुझे आधी रात में अरुणोदय का आनंद मिलता। अब तो मुझे उसी के लिए जीना था!

पुरु को लिए मैं उस अंधेरे में ही चल पड़ी। एक बात मन पर गहरी अंकित कर ली। अब किसी गाँव में किसी के भी घर मुकाम नहीं करना है। गाँव के बाहर कहीं पर भी कभी जीर्ण देवालय में कभी किसी की कुटिया में मौका लगा तो खुले मैदान में भी धरती का बिछौना बनाकर सोना है! प्राण जाएं तब भी इस नियम को निभाते ही रहना है।

इसके बाद चार-पाँच दिन तो आराम से गुज़रे। मुनादी की याद कुछ धुंधली पड़ गई। कच की स्मृति से धीरज बंधने लगा। कच द्वारा दिया हुआ वह वस्त्र अब तक मैंने अपनी गठरी में ही रखा था। आज पहली बार मैंने उसे पहन लिया।

उस दिन एक गाँव के बाहर निर्जन देवालय में मैंने पड़ाव डाला था। देवालय की परली ओर घना जंगल था। क्षण-भर तो कुछ डर लगा था। सोचा, इस जंगल का शेर आकर इस देवालय में ही सोया होगा तो—फिर मन में विचार आया कि दुष्ट आदमियों की अपेक्षा तो जंगल के आदमखोर जानवर ही अच्छे हैं। देवालय में भगवान की मूरत के सामने अक्षयदीप जल रहा था मैं पुरु को थपकियाँ देकर गोद में सुला रही थी। तभी कोई वैरागी मंदिर में आया। वह सीधे भगवान की मूर्ति की ओर गया। शायद मेरी गोद में लेटे पुरु का ध्यान उसकी ओर था। वह एकदम उठ बैठा। वह 'त-त-त-त' कहकर ज़ोर-ज़ोर से पुकारने लगा। मूर्ति के सामने झुका वह वैरागी खड़ा हो गया। उसकी पृष्ठाकृति देखकर मुझे आश्चर्य हुआ। पीछे से वह ठीक महाराज की तरह दिखाई दे रहा था। तब मेरे ध्यान में आया कि उस दिन महाराज ऋषि का वेश बनाकर अशोक वन में मेरे पास आए थे। कहीं उसी वेश में अब वे मुझे खोजने तो नहीं निकले हैं? कहीं नियति की योजना ऐसी ही तो नहीं कि हम दोनों का पुनर्मिलन इस जीर्ण देवालय में इस बीहड़ जंगल में हो?

वह वैरागी मुड़ा और तेज़ी से डग भरता हुआ मेरे सामने से निकल गया। मैंने उसका चेहरा गौर से देखा। नहीं! महाराज की मुद्रा से उसका कोई साम्य नहीं था।

लेकिन पुरु अवश्य ही 'त-त-त' कहकर रोने लगा। अशोक वन में जब वह रोने लगता तो मैं उसे महाराज का चित्र दिखाकर चुप करती थी। फिर वह शाँत हो जाता था किन्तु यहाँ...यहाँ महाराज की मूर्ति मेरे हृदय पर अंकित तो थी, किन्तु पुरु को कैसे बहलाती?

यह सोचकर कि शायद ठण्डी हवा में पुरु जल्दी सो जाएगा, मैं उसे लेकर देवालय के बाहर आ गई। चारों ओर चाँदनी फैली थी। सारी सृष्टि ऐसे लग रही थी जैसे सहस्र पंखुड़ियों वाला कोई श्वेतकमल पूरा खिल गया हो। सामने फैला घना जंगल चाँदनी में नहा रहा था—नहाते शिशु-सा प्यारा-प्यारा लग रहा था। और डरावनी लगने वाली झुरमुट झाड़ियां इस समय बगीचे के फूल-पौधों की-सी नाज़ुक प्रतीत हो रही थीं। चाँदनी की लोरी सुनते-सुनते संसार धरती की गोद में शांति के साथ सो गया था।

पथ भूला एक नन्हा-सा पंछी कलरव करता मेरे सामने से निकल गया। वो देखो 'चूं-चूं' कहकर मैंने उस पंछी की ओर उंगली उठाई। पुरु देखने लगा और खुशी

से तालियाँ बजाने लगा। मैं कुछ और आगे बढ़ी। किन्तु वह पंछी गायब हो गया। फिर भी पुरु उस पंछी के लिए ज़िद कर बैठा। इशारे से वह मुझे आगे चलने को कहने लगा। सामने का वन किसी ऋषि के प्रशान्त आश्रम-सा प्रतीत हो रहा था। एक पगडण्डी पर चलते-चलते मैं आगे बढ़ने लगी। पगडण्डी की एक ओर कोई जंगली लता खिली थी। नाखून के आकार के नन्हे-नन्हे नीले फूल उस पर लगे थे। उन फूलों के गुच्छे बहुत ही सुंदर थे। दो गुच्छे तोड़कर मैंने पुरु को दिए। उन्हें नचाते हुए वह खिलखिकर हँसने लगा।

अब तो उस चाँदनी ने मुझे ही मोहकर पागल बना दिया। वृक्षों के नीचे उसने क्या ही सुंदर रंगोलियों बनाई थीं। पेड़ों के शिखरों पर मानो वह गुलाबजल छिड़क रही थी। हस्तिनापुर से चलने के बाद मैंने किसी गाने की कोई पंक्ति तक नहीं गुनगुनाई थी। किन्तु यहाँ तो आनंद मन में भरकर बह निकला था और उस अवस्था में अनायास ही मन में गीत जागा, जैसे कोई कली कब खिल जाती है पता ही नहीं चलता। मैं भूल गई कि कहाँ हूँ किस संकट में हूँ कहाँ चली जा रही हूँ! एक धुन में खोकर मैं बढ़ती जा रही थी। कवियों ने कहा है कि चंद्र मदन का मित्र होता है। आज मैंने भी उस कवि-वचन को अनुभव किया। इस चाँदनी में भी वही मदहोशी थी जो प्रीति में हुआ करती है।

वह पगडण्डी सीधी थी। देखते ही देखते मैं उसे पार कर गई, पीछे छोड़ गई। लगता था उस ओर का जंगल एकदम समाप्त हो गया है। मैं भौंचक्की रह गई। सामने एक विशालकाय चट्टान किसी प्रचण्ड कछुए के समान सामने खड़ी थी। उसके नीचे बहुत ही गहरी खाई थी।

मैंने इधर-उधर देखा। दाईं ओर भी इसी तरह की एक चट्टान आगे को निकली हुई-सी दिखाई दी। खांई में झाँककर देखने वाली इस चट्टान से मैं डर गई। किन्तु दूसरे ही क्षण मन उसी की ओर खिंचता गया। लगा कि उस चट्टान के एकदम सिरे पर जाकर खड़ी हो जाऊँ और फैली खाई में झाँककर देख लूँ! बचपन में भी तो इसी तरह के खेल खेला करते थे न?

मन सोच रहा था आज की चाँदनी सचमुच बड़ी अद्भुत है। यह सारा सुंदर दृश्य ही अपूर्व है। फिर कभी वह दिखाई देने वाली नहीं है। जी भर कर इसे पी जाऊं। यह चट्टान आगे को निकलकर सीधी खाई में झुकी है। तो क्या हुआ? इसमें डरने की क्या बात है? मृत्यु से चारों ओर से घिरा जीवन जीने में ही क्या मनुष्य आनंद नहीं मानता? तो जीवन के रुपहले क्षणों का रस चखते समय क्यों अन्य बातों का विचार किया जाए?

मैं ढिठाई के साथ पुरु को लिए आगे बढ़ी। धीरे-धीरे उस चट्टान के संकरे सिरे की ओर जाने लगी। तभी किसी की कर्कश आवाज़ आई, 'ठहरो, ठहरो!' मैं चौंकी। सो तो अच्छा हुआ कि मैं उस चट्टान के सिरे से काफी दूर थी! दूसरे ही क्षण 'ठहरो, ठहरो!' शब्दों की प्रतिध्वनि मेरे कानों में पड़ी। मैं तुरन्त पीछे हट गई। किन्तु तभी धक्-से रह गई! समझ में नहीं आ रहा था कि चाँदनी के इस व्यामोह

के कारण अब मुझ पर क्या बीतने वाली है। एक बार लगा कि उसी पगडण्डी से ज़ोर से भाग निकलूं, जिससे होती हुई यहाँ तक मैं आ गई थी। किन्तु 'ठहरो, ठहरो' कहने वाली वह आवाज़ एक पुरुष की थी। मेरा पीछा करके मुझे पकड़ लेना उस आदमी के लिए क्या मुश्किल था! और पता नहीं उसके साथ उसके कई साथी भी होंगे? कहीं इधर-उधर होकर जंगल में ही छिपी बैठूं तो...

कोई पुरुष मेरी तरफ बढ़ता आ रहा दिखाई देने लगा। प्रतिपल वह आकृति मेरे पास-पास आने लगी। शायद वह कोई वैरागी था! ओफ! अभी-अभी देवालय में एक वैरागी को देखा था। अब यह दूसरा वैरागी। इस कल्पना से कि शायद पास में ही कहीं किसी ऋषि का आश्रम होगा, मेरा हौसला कुछ बढ़ा। तभी वह कृश आकृति मेरे बिल्कुल पास आ गई। साफ चाँदनी में मैंने उस तपस्वी की मुद्रा साफ-साफ देख ली। मेरा मन आशा के शिखर पर से भय की गहरी खाई में जा गिरा। वह तपस्वी यति था!

यति मेरी ओर टुकुर-टुकुर देख रहा था। उसकी उस नज़र के कारण मेरे पंचप्राण किसी बालक की मुट्ठी में पकड़ी गई तितली के समान तड़फड़ा रहे थे, दरबार में उसकी वह अनाप-शनाप बकवास, अशोक वन में उसके द्वारा किया गया भयंकर बर्ताव, वह नारी-द्वेष—सब कुछ याद आ गया और यह सोचकर कि अब अपनी बिल्कुल खैर नहीं, मैं पसीने से तरबतर हो गई।

यति मेरी ओर घूरकर देख रहा था। मेरे कंधे पर सिर रखकर सोते हुए पुरु को भी वह घूर रहा था। मैंने हिम्मत कर उसकी नज़र से नज़र मिलाई। पहले किसी पागल-सी लगने वाली उसकी नज़र अब की बार स्नेहमयी प्रतीत हुई मुझे! किसी कुएं से काई हटा देने पर भीतर दिखाई देने वाले स्वच्छ पानी की तरह लगी वह!

वह भी सोच में पड़ा दिखाई दिया। कुछ क्षण रुकने के बाद उसने पूछा, "यहाँ पर कैसे आ गई हो, शर्मिष्ठे?" उसके स्वर में अपनत्व था, करुणा भी थी। मुझे एकदम बड़ी सिसकी आ गई! सूझ नहीं रहा था कि उससे क्या कहा जाए, कैसे कहा जाए!

मुझे सिसकती देखकर वह भी असमंजस में पड़ गया। किन्तु मैंने अपने-आप को तुरंत संयत कर लिया। हँसने की कोशिश करते हुए मैंने कहा, "मैं जानबूझ कर हस्तिनापुर छोड़कर चली हूँ।"

"जानबूझकर इतनी दूर?"

"जी हाँ!"

"क्यों? किसलिए?"

कंधे पर सो गए पुरु की ओर देखकर मैंने कहा, "काका को उनका भतीजा दिखाने के लिए। सोचा, आप तो इसे देखने के लिए हस्तिनापुर आने से रहे। तो क्यों न मैं आपको यह कुल-दीपक दिखाने के लिए ले आऊँ?"

मेरे इन उदगारों के कारण हम दोनों के मन का तनाव एकदम कम हो गया।

यति ने पास आकर पूछा,"यह मेरा भतीजा है? यानी ययाति का बेटा?"

मैंने झुके सिर से जवाब दिया—"हाँ।" यति पुरु के पास आ गया। उसने यह देखने की कोशिश की कि वह जाग रहा है या सो गया है। फिर हँसते हुए कहा, "काका यह देख रहा था कि भतीजे की एक चुम्मी मिल सकती है या नहीं। किन्तु महाशय गहरी नींद सोए हैं। सोने दो उसे। मेरे जीवन की यह पहली चुम्मी है। किसी अच्छे मुहूर्त पर ही उसे लेना होगा।"

मैं अवाक् होकर देखती रही। उसकी बातों पर सोचती रही। यह यति है या कच ही यति का रूप धारण कर आया है? वह विक्षिप्त, विकृत यति कहाँ गया? उसके स्थान पर यह समझदार, स्नेहशील और मन-भावन यति कहाँ से आ गया? यह चमत्कार कैसे हो गया? वीरान मरुभूमि में सुन्दर सरोवर का निर्माण कैसे हो गया?

यति के पीछे-पीछे चलकर मैं वन के उस आश्रम में पहुँच गई। वह अंगिरस ऋषि के एक शिष्य का आश्रम था। कहते हैं, उनके शिष्य इसी तरह वन-वन आश्रम बनाकर रह रहे थे!

क्या जीवन संयोगों की स्वामिनी है? इस क्षण में तो मुझे वैसे ही लगने लगा। देवयानी को कच द्वारा दिया गया वह वस्त्र केवल दासी की गलती से मैं पहन बैठी थी। किन्तु आम तौर पर जो चिनगारी यों ही बुझ जाती, उसने देखते ही देखते में कितना भीषण दावानल सुलगा दिया था! एक राज-कन्या को उसने दासी बनाकर छोड़ा! फिर इस दासी के जीवन में केवल महारानी की किसी सनक के कारण महाराज आ गए और उसे इतना प्यार देकर गए कि जीवन-भर पर्याप्त हो! इस अभागिनी दासी पर फिर विस्थापित होने की नौबत आ गई। जग में उसे बेसहारापन महसूस होने लगा। ऐसे समय उसे सहारा मिल गया, और वह भी किसका? तो एक ऐसे तपस्वी का जिसे सारी दुनिया ने पागल करार दिया था।

फलाहार करने के बाद पुरु को पर्णकुटी में अच्छी तरह सुलाकर मैं बाहर आँगन में आ गई। यति भी मेरे साथ ही बाहर आया और मेरे सामने एक छोटी शिला पर बैठ गया। हमारी बातें शुरू हुई। खाई में आगे बढ़ आई उस दूसरी चट्टान पर से उसने मुझे देखा था। मैं वह लाल वस्त्र पहिने थी इसीलिए चाँदनी में उसका ध्यान तुरन्त मेरी ओर गया था। रात के इस प्रहर में एक स्त्री को उस चट्टान के सिरे पर खड़ी देखकर उसने सोचा कि हो-न-हो वह अवश्य ही नीचे खाई में कूदने वाली है। इसीलिए वह ज़ोर से चिल्लाया था।

मैंने उसे अपनी सारी आपबीती साफ-साफ सुना दी। जब मैं यह बताने लगी कि कैसे कच ने मुझे अपनी बहन मानकर धीरज बंधाया और दासता से मुझे मुक्त कराने के लिए कैसे उसने देवयानी को बार-बार मनाया, मेरा दिल भर आया। इस विचार से कि इतना उत्कट, इतना निरपेक्ष और पवित्र प्रेम करने वाला व्यक्ति जीवन में परम सौभाग्य से ही प्राप्त होता है मेरी आँखों में आनंद के आँसू आ गए। कहते-कहते मैं रुकी और आँखें पोंछने लगी।

शायद मेरी बातें सुनकर यति को भी इच्छा हुई कि वह भी अपने मन की सारी बातें साफ-साफ कह दे। वह अपनी कहानी बताने लगा। एकदम शाँत भाव से! इतनी निर्लिप्तता से कि मानो वह किसी दूसरे व्यक्ति की कहानी सुना रहा हो! वह अशोक वन से चला गया तब उसकी अवस्था लगभग पागल जैसी थी। उसी हालत में वह बस्ती-बस्ती भटकता फिरा। किन्तु अंगिरस ऋषि के शिष्यों के आश्रम स्थान-स्थान पर थे। कच ने प्रत्येक आश्रम को यति के बारे में पूरी जानकारी भेज दी थी। यह सन्देश भी दे रखा था कि किसी को वह मिल गया तो उसे भृगु पर्वत पर भिजवा दें। उन्मन भटकते यति को पाते ही अंगिरस के शिष्यों ने उसे पुचकारकर कच के पास भेज दिया। कच ने सगे भाई की तरह उसकी सेवा की।

जीवन के बारे में गलत धारणा कर लेने के कारण यति घर-गृहस्थी और उसके दुःखों से बचपन से ही मन में एक डर लिए बैठा था। इस नहुष के पुत्र कभी सुखी नहीं होंगे'—यह अभिशाप सुनते ही उसके मन का सन्तुलन खो गया। सुखी होने के उपायों की खोज में वह घर से भाग निकला। जब से उसे यह मालूम हो गया कि नहुष महाराज को यह अभिशाप इंद्राणी के प्रति उनके मोह के कारण ही मिला, तब से मीठे फलों से लेकर स्त्री की प्रीति तक किसी भी चीज़ का आस्वाद लेने से उसे घृणा हो गई। ऐसी हर चीज़ से वह द्वेष करने लगा। यही कल्पना करता चला आया कि ऐसे द्वेष से ही उसे विशुद्ध आत्मसुख की प्राप्ति होगी। निकला तो था वह ईश्वर को खोजने किन्तु अनजाने में जंतर-मंतर जादू-टोना, और अद्भुत सिद्धियाँ प्राप्त करने के चक्कर में फंस गया। शुक्राचार्य द्वारा प्राप्त संजीवनी विद्या का समाचार पाकर उसे लगने लगा कि आत्मक्लेश और उसके द्वारा प्राप्त होने वाली सिद्धियों का उसका मार्ग बिल्कुल सही है। उसका न तो कोई मित्र था, न कोई शिष्य। निरपेक्ष प्रेम करने वाला कोई व्यक्ति उसके जीवन में आया ही नहीं था। बवंडर में फंसा वृक्ष का कोई पत्ता हवा के झोंकों पर सवार होकर आकाश में घूमता बल खाता चला जाता है! किन्तु उस पत्ते की यही धारणा होती है कि मैं ऊँचा उठता जा रहा हूँ, बस स्वर्ग अब दो उंगल ही तो रह गया है यति का जीवन उसी पत्ते के समान चल रहा था।

'बवंडर', 'पत्ता', आदि सब मैंने यति के मुँह से ही सुना । वह बहुत बोल रहा था, बोलता ही जा रहा था। हिमालय की बर्फ पिघलने पर गंगा मैया में बाढ़ आती है न? वही हाल यति का हो गया था। उसकी वे सारी बातें अब मुझे ठीक तरह से याद नहीं हैं। अब लगता है कि उसका प्रत्येक शब्द अपने मन में संजोकर अंकित कर रखना चाहिए था। उसका प्रत्येक शब्द गहरे अनुभव से युक्त और अत्यंत अनमोल था किन्तु आज तो उसकी उन बातों की केवल स्मृति ही मेरे मन में शेष है—बयार पर बहती आई किसी दिव्य सुगंध-सी स्मृति आकाश में चमचमाती सुनहरी बिजली सी! किन्तु वह स्मृति भी कितनी स्फूर्ति देने वाली है!

भृगु पर्वत पर राजमाता थी। उसकी ममता के साए में यति कुछ संभला। कच आठों पहर उसके मन को स्थिर करने के प्रयास में लगा था। वे दोनों हमेशा

किसी-न-किसी विषय पर चर्चा करते रहते थे। घण्टों बहस किया करते थे। इन्हीं सब बातों से आखिर यति को जीवन का सुवर्ण-मध्य मिल गया। उसने कच के साथ की हुई चर्चाओं की अनेक दार्शनिक बातें उस चाँदनी रात में मुझे बताईं। आज उसमें से बहुत ही थोड़ी बातें मुझे याद हैं—और वे भी टूटे सिलसिले में।

यति कह रहा था—शरीर और आत्मा एक दूसरे के शत्रु नहीं, वे एक रथ के दो पहिये हैं। इनमें से एक पहिया भी टूटकर गिर जाए तो दूसरे पर सारा भार आकर उसका सन्तुलन नष्ट कर जाता है! आत्मा की उन्नति के लिए देह को कष्ट देना, या देह के सुख के लिए आत्मा को बेहोशी में रखना, दोनों गलत हैं। परमात्मा द्वारा निर्मित प्रकृति के विविध सौन्दर्य भला अपवित्र या अस्पृश्य कैसे हो सकते हैं? स्त्री और पुरुष का नाता शरीर और आत्मा के नाते के समान ही है। एक दूसरे से द्वेष करके नहीं बल्कि एक दूसरे से उत्कट प्रेम—इतना उत्कट प्रेम कि उसमें स्वयं के अस्तित्व तक का विस्मरण करके ही स्त्री और पुरुष गृहस्थी में स्वर्गसुख प्राप्त कर लेते हैं इसीलिए गृहस्थी को हमारे यहाँ यज्ञ की पवित्रता दी गई है। आम आदमी के लिए वही धर्म है। शुक्राचार्य, कच, यति आदि के समान तपस्वी लोग इस विश्व के कल्याण की चिन्ता करें; इंद्र, वृषपर्वा, ययाति आदि बड़े-बड़े राजा लोग अपनी प्रजा को सुखी रखने के प्रयास में लगे रहें; और घर-गृहस्थी करने वाले आम लोग अपनी पत्नी, बाल-बच्चों, मित्रों और संबंधियों की उन्नति करते रहें। सब इस बात की निरन्तर सावधानी बरतें कि अपना सुख इस दुनिया के किसी अन्य व्यक्ति के दुःख का कारण न बनने पावे। व्यक्ति-धर्म, गृहस्थ-धर्म, राज-धर्म, यति-धर्म सबकी योग्यता एक-सी है। इनमें से किसी धर्म को यह अधिकार नहीं कि जीवन से घृणा करे या बुनियादी मर्यादाओं का उल्लंघन करे। स्वधर्म से प्रतारणा करना पाप है। किन्तु इसके लिए आवश्यक है कि प्रत्येक व्यक्ति यह निश्चित कर ले कि उसका धर्म क्या है। उस धर्म का पालन करते समय भी यति से लेकर पति तक सबको ध्यान में रखना चाहिए कि प्रेम ही सब धर्मों का राजा है।

यह सब सुनते समय कच की महानता मेरे मन पर और भी गहरी अंकित होने लगी। देवयानी कितनी अभागिन है! उसे तो इस श्रेष्ठ पुरुष का, जिसके स्वभाव में स्वर्ग और पृथ्वी का मिलन हो गया था, प्रेम मिला था, किन्तु उसे भी अंत में उसने शाप दे दिया। आँगन में लगा कल्पतरु उसने अपने हाथों काट डाला।

मेरे सामने प्रश्न था कि पुरु को लेकर आगे कहाँ जाऊँ। यति ने उस प्रश्न को हल कर दिया। उसने कहा, ''हिमालय की तलहटी में कई वनवासी मेरे परिचित हैं। वे बहुत पराक्रमी और सत्यनिष्ठ हैं। जिसे एक बार अपना कह दिया उसके लिए वे अपनी जान तक दे देते हैं। उनमें मैं अनेक वर्ष रहा हूँ। मेरे मंत्र-तंत्र पर उन्हें अपार श्रद्धा थी। इसीलिए मेरे प्रति उनकी बड़ी भक्ति भी है। वे तुम्हारी और पुरु की जी-जान से रक्षा करेंगे।''

मेरे मन में तो बार-बार विचार आ रहा था कि हिमालय की तलहटी में पर्ण-कुटिया बाँधकर हम तीनों उसमें रहे, आज तक शरीर-क्लेश उठाते रहे बड़े देवर

की सेवा करने का अवसर मुझे मिले। आखिर अपने मन की यह बात हिम्मत करके मैंने यति से कह दी। उस पर हँसकर यति ने कहा, ''भाभी, यह सम्भव नहीं! कच एक बहुत ही उग्र तपस्या करने जा रहा है। ऐसे समय मैं...''

मैंने बीच ही में पूछ लिया, ''कच देव उग्र तपस्या करने वाले हैं? सो किसलिए?''

''शुक्राचार्य ने भी उधर उसी प्रकार की तपस्या आरम्भ की है, इसलिए।''

मैंने हँसते-हँसते पूछा, ''क्या शास्त्र यह कहता है कि गुरु जो भी करें, शिष्य को भी वैसे ही करना चाहिए?''

यति ने गंभीरता से कहा, ''कच वास्तव में एक आदर्श पुरुष है। उसके स्वभाव में मत्सर नहीं, कीर्ति की लालसा नहीं, देवगुरु बनने की हवस नहीं। किन्तु उधर शुक्राचार्य की महत्त्वाकांक्षा है कि संजीवनी विद्या को खो देने के कारण अब उससे भी अधिक प्रभावी विद्या प्राप्त करके दानवों को पुनः देवताओं से अधिक शक्तिशाली बनाए।''

मैं महाराज वृषपर्वा की कन्या रही। इस कल्पना मात्र से कि शुक्राचार्य की तपस्या के फलस्वरूप दानवों की शक्ति बढ़ेगी, मुझे वास्तव में आनंदित होना चाहिए था। किन्तु ऐसा नहीं हुआ। मैंने डरते-डरते पूछा, ''शुक्राचार्य अब ऐसी कौन-सी विलक्षण विद्या प्राप्त करने जा रहे हैं?''

''संजीवनी तो ऐसी विद्या थी जिसके बल पर मृतकों को ज़िन्दा किया जा सकता था। अब शुक्राचार्य ने ज़िन्दा मनुष्य को केवल मंत्र-बल से मार डालने की विद्या प्राप्त करने का निश्चय किया है।''

''क्या कचदेव भी इसी विद्या के लिए तपस्या करने जा रहे हैं?''

''इसी बात का तो कच को बहुत दुःख है। वह बहुत चाहता है कि तपस्वियों को विनाशक विद्या के पीछे नहीं पड़ना चाहिए। किन्तु शुक्राचार्य की विध्वंसक शक्ति पर काबू उतनी ही विध्वंसक शक्ति से ही पाया जा सकता है, अन्यथा नहीं। इसीलिए कच उसी के लिए उग्र तपस्या करने जा रहा है। उसकी यह तपस्या न जाने कितने वर्ष तक चलेगी! किन्तु यह नितान्त आवश्यक है कि वह जब तपस्या के लिए बैठ जाए, तो उसके सभी गुरु-बंधु और मुझ जैसे उसके मित्र भी विश्व-शांति के लिए यथाशक्ति तपस्या करें। यही सच्चा यति-धर्म है। मैं अब उसी का पालन करने जा रहा हूँ।''

इस पर मैं कह भी क्या सकती थी? किन्तु एक बात मेरे ध्यान में आ गई मैं एक स्त्री थी, माँ थी। मेरा मन अपने पुरु तथा घर-गृहस्थी में ही उलझा रहता था। कच और यति पुरुष थे। घर ही स्त्री की दुनिया होती है किन्तु कच जैसे पुरुष के लिए तो दुनिया ही घर हुआ करती है।

दूसरे दिन प्रातः मैं यति के साथ जाने को निकली। कुछ दिनों बाद हम हिमालय की तलहटी में पहुँच गए। पुरु तो हिमालय को देखते ही आनंद से उछलने लगा। मुझे नए स्थान में किसी बात की कमी महसूस न हो, यति ने ऐसा प्रबन्ध कर दिया। वह वापस लौटने को प्रस्तुत हुआ तो मैंने पुरु को उसके चरणों पर रखा और प्रणाम

करते हुए, ''ससुर जी, आप से फिर भेंट कब होगी?'' उसने हँसते हुए कहा, ''कब? यह तो त्रिकालदर्शी कालपुरुष ही जानता है!''

यति के इस वचन से मेरा कलेजा काँप उठा। मैंने तुरंत उससे कहा, ''इस अभागिन की इस इकलौती आशा को आशीर्वाद दीजिए।'' उसने पुरु को उठा लिया। उसके कुंतलों को सहलाया। फिर मेरी ओर मुड़कर बोला, ''भाभी, तुम कोई चिन्ता मत करना। तुम्हारा पुरु आज भले ही वनवासी हो, कल वही हस्तिनापुर के सिंहासन पर बैठेगा।''

शुक्ल पक्ष के चंद्रमा के भाँति पुरु धीरे-धीरे बड़ा होने लगा। बड़ा शैतान था वह। उसे संभालते-संभालते नाक में दम आ जाता। किन्तु उस अरण्य में मेरी सेवा में अनेक लोग थे। यति की कृपा से मैं किसी वनरानी के समान ही रहती थी। मेरे चारों ओर ऐसे लोग थे, जो पुरु के कोमल पाँवों में छोटी-सी कंकरिया तक गड़ने नहीं देते।

पुरु धीरे-धीरे बातें भी करने लगा। उसके मीठे-मीठे बोल सुनकर मैं तो फूले न समाती थी। पुरु नन्हा-सा धनुष-बाण लेकर निशाना साधने लगा। उसका नन्हा-सा तीर ठीक निशाने पर जा लगता तो मेरे आनंद की कोई सीमा नहीं रहती । पुरु और बड़ा हो गया। एकाध कोस की दूरी पर स्थित एक विद्वान ऋषि के आश्रम में उसका वेदाध्ययन शुरू हो गया।

मेरे साथ ही मेरा मुन्ना बढ़ने लगा था। बड़ा हो रहा था। उसके स्वतंत्र अस्तित्व को मैं अनुभव करने लगी थी और फिर भी वह मेरा ही था—बिल्कुल मुझ अकेली का ही था। इस तरह एक-एक कर कई वर्ष बीत गए। पुरु दस-ग्यारह वर्ष का हो गया। अब मुझे उसके पराक्रम पर गर्व किन्तु उसके साहसी स्वभाव से भय अनुभव होने लगा।

माँ का मन भी कितना पागल होता है! एक तरफ तो उसे लगता है कि अपना मुन्ना जल्दी बड़ा हो जाए, बहुत-बहुत नाम कमाए, बड़े-बड़े पराक्रम कर दिखाए, विजयी वीर के नाते दुनिया-भर में प्रख्यात हो जाए। किन्तु साथ ही दूसरी ओर उसे यह भी लगता रहता है कि मुन्ना हमेशा मुन्ना ही रहे, अपनी छाया में हमेशा सुरक्षित रहे, मृत्यु भी उसका बाल बाँका न कर सके! शिकार खेलने गए पुरु को लौट आने में देरी हो जाती तो मेरे प्राण सूखने लगते। मन कितनी ही अमंगल कल्पनाओं से शंकित हो उठता। दुनिया-भर की देवी-देवताओं की मैं मनौतियाँ करने लगती। पर्णकुटिया के द्वार में आँखों में प्राण लिए उसकी प्रतीक्षा करते खड़ी रहती। पुरु आता दिखाई दिया तो फिर शांत हो जाता। उसके बड़े शिकार को देखकर मुझे बड़ा आश्चर्य होता। लगता, कहीं सपने में तो नहीं हूँ? एकदम पुरु की नन्ही नन्ही मुट्ठियाँ धनुष-बाण चलाकर इतना बड़ा शिकार मार लाई हैं! शैशव में दीवार पर पड़ी अपनी ही छाया से डरने वाला पुरु! आज वह घने बीहड़ वनों में जाकर बहुत आसानी से जंगली जानवरों का सामना कर रहा था!

नदी अपने उद्गम-स्थान के पास बहुत ही छोटी होती है। उसकी धार बिल्कुल मामूली उंगली जैसी पतली होती है। वह पहाड़ों से नीचे आती है। मैदान में आती है। उसका पाट चौड़ा हो जाता है। मोड़ और घुमाव लेते हुए वह बहती जाती है। दूसरी नदियाँ उससे आ मिलती हैं। वह बहुत बड़ी बन जाती है। पुरु भी इसी तरह बड़ा हो गया। इस वनवास में भी उसने कई मित्र जोड़ लिए। कोई ऋषिकुमार थे, कोई वनवासियों के बच्चे थे। यहाँ के उत्सवों, विनोद, सुख-दुःख, आदि जीवन की सभी गतिविधियों में और व्यवहारों में उसका खिलता मन भली भाँति रम गया।

अब मुझे एक अजीब ख्याल अनुभव होने लगा। कभी लगता, पुरु मेरे बिल्कुल पास है। उतना ही जितना नौ मास गर्भ में पास था। दूसरे ही क्षण लगता, नहीं! यह तो मात्र एक आभास है। वह मुझ से दूर-दूर जा रहा है। आकाश में गाते-गाते ऊँची उड़ान भरते जाने वाले पंछी का नीड़ के साथ जितना संपर्क रहता है, उतना ही संबंध अब उसका और मेरा रहा है। उसकी दुनिया अब भिन्न होती जा रही है। जब उसकी यह दुनिया पूरी तरह विकसित हो जाएगी, तो उसमें उसकी इस अभागिन माँ के लिए कोई स्थान रहेगा न? या...

इस विचार के साथ ही मन अनजाने में ही उदास हो जाता। फिर पुरु बड़ी ममता से पूछता, "माँ, तुम्हें क्या हो रहा है? क्यों इतनी उदास हो?" मुझ से उसके इस प्रश्न का कोई उत्तर देते नहीं बनता। क्या प्रकृति का यही नियम है कि मनुष्य अपने अन्तरमन में अकेला ही रहे? बार-बार मन में आता, मैं अपने माता-पिता से वंचित हो गई, पति से बिछुड़ गई, उसी तरह क्या पुत्र को भी खो बैठने का दुर्भाग्य मेरे माथे पर लिखा है? अपने भविष्य से मैं डरने लगती।

इस तरह के उदास विचार मन में घुमड़ने लगते तो मैं पर्णकुटिया के बाहर आकर हिमालय के बर्फीले शिखरों को देखने, और उनसे घण्टों बातें करने बैठती। उन उत्तुंग गगनचुंबी शिखरों में मुझे धीरज बंधाने की असीम शक्ति थी। इसी परिसर में पार्वती ने बड़ी तपस्या की थी। यह पुण्यभूमि है। मेरा यह वनवास भी तो एक तपस्या ही है, यह तपस्या कभी व्यर्थ नहीं जाएगी। भगवान शंकर की कृपा से अंत में सब कुछ ठीक हो जाएगा। ऐसी श्रद्धा हिमालय के पवित्र दर्शन कर मेरे मन में जाग जाती।

हिमालय ही क्यों, जंगल की प्रत्येक वस्तु मुझे धीरज बंधाती थी। जीवन का अन्तिम सत्य क्या है मुझे समझाती थी। लताओं पर कलियाँ आतीं। उनके फूल बन जाते। वे फूल रंगों और सुगंधों की फुहार खुलकर लुटाते। फिर एक दिन कुम्हला जाते। किन्तु मुझे लगा मुरझाते-मुरझाते भी वे हँस रहे है। अपना यौवन भी इनकी तरह ही इस जंगल में ही मुरझाने वाला है, इस भय से जब मेरा मन व्याकुल हो जाता तो ये फूल हँसकर मुझ से कहते, "पागल हो तुम शर्मिष्ठे! यह तो सृष्टि का नियम ही है कि आज खिलने वाला कल मुरझाएगा। लताओं पर इतने फूल खिलते हैं; वे लताओं पर ही मुरझा भी जाते हैं। किन्तु हमने कब इस बात पर दुःख किया है? सुखी होने का सबसे आसान मार्ग तो यही है कि जो भी जीवन अपने हिस्से

में आया है उसे आनंद के साथ बिताएं, उस जीवन में रस और सुगंध को खोजें, और उसे खुलकर आनंद के साथ सबको लुटा दें।''

कलकल बहती जाने वाली नदी भी मेरे उदास मन को इस तरह समझाकर ठिकाने पर ले आती। वर्षा में उसका उन्मत्त रूप देखकर और उसके द्वारा ढाए जाने वाले कहर सुनकर मुझे लगता कि यौवन केवल वरदान नहीं, एक अभिशाप भी है। जवानी के जोश में मानव कितना उद्दण्ड बन जाएगा, सुख के पीछे पड़कर कंटीले झाड़-झंखाड़ों या खाइयों में जा गिरेगा, दौड़ते समय कितनी मंगल और कोमल वस्तुओं को पैरों तले रौंद डालेगा, कोई भरोसा नहीं!

इसी वनवास में मैं यह भी जान पाई कि ऋषि-मुनि वन में जाकर तपस्या क्यों किया करते है। निसर्ग और मानव का नाता अनादि अनंत है। ये दोनों मानो जुड़वाँ भाई हैं। इसीलिए निसर्ग के सान्निध्य में जीवन अपनी सारी सच्चाइयाँ लेकर हमारे सामने प्रकट हो जाता है। मानव यह समझने लगता है कि जीवन की असली शक्ति क्या है और उसकी सही-सही मर्यादाएं क्या हैं। मानव निसर्ग से दूर हो जाता है तो उसका जीवन एकांगी होने लगता है। उस कृत्रिम और एकांगी जीवन में उसकी कल्पनाएं, भावनाएं, वासनाएं सब अवास्तविक और विकृत बन जाती हैं। वो तो मेरा सौभाग्य था जो अभागिन होते हुए भी मैं यहाँ आई और जीवन की जड़ में जो सत्य हुआ करता है उसका दर्शन कर सकी।

किन्तु मन हमेशा इस तरह विचारशील नहीं रह पाता था। मैं एक विरहिणी थी। मैं अपने-आप से पूछती कि पति का प्रदीर्घ वियोग भोगने वाली पत्नी आखिर किसके लिए साज-सिंगार करे। किन्तु कोई दिन ऐसा आता कि मुझे थोड़ा बनाव-शृंगार करने की इच्छा हो ही जाती। आसपास खिलते रंग-बिरंगे वनफूल मुझसे कहते, ''अरी बावरी, हम तो तेरे लिए ही खिले हैं। तेरे साज-सिगार के लिए ही तो जन्मे हैं। हमसे इस तरह दूर-दूर क्यों भाग रही हो?'' फिर मेरे भीतर की स्त्री जाग उठती। नाना रंगों और गंधों के फूल मैं तोड़ लाती। रुचि-रुझान से शृंगार करती। फिर महाराज की याद मुझे बहुत सताने लगती। इसी तरह बन-ठनकर ही तो मैं अशोक वन में उनकी प्रतीक्षा करती बैठा करती थी। वे सभी उन्मादक स्मृतियाँ दिल को नोचने लग जातीं। दिन-भर कुछ भी सूझता नहीं। रात में तृणशय्या पर लेटते ही मन की तड़पन और तन की अगन और भी बढ़ जाती। लगता, यति को अनेक सिद्धियाँ प्राप्त हैं। मुझे चाहिए था कि मैं भी उन्हें जान लेती। महाराज का एक ही शब्द 'शमा' कहती हुई उनकी बस एक ही पुकार इस पर्णकुटिया में मैं प्रतिदिन सुन सकती तो उसके सामने स्वर्गसुख को भी मैं तुच्छ मानती। उनका एक ही स्पर्श—नज़ाकत से पल-भर के लिए मेरे बालों को सहलाता हुआ उनका हाथ—बस उतना स्पर्श भी मुझे मिल जाए तो...

मैं बड़ी कोशिश करती कि मन का यह प्राण-लेवा खेल बंद हो जाए। कच और यति के वैराग्य को याद करके देखती। किन्तु दावंरी तोड़कर भाग खड़े होने वाले पशु की तरह मन मतवाला हो जाता। किसी तरह भी मेरे काबू में नहीं रह

पाता। वायुगति से कूदता-फाँदता वह हस्तिनापुर पहुँच जाता, अशोक वन में घुस जाता, महाराज की प्रतीक्षा में सुरंग के द्वार में खड़ा रहता, नहीं, मनुष्य अपने शरीर को हमेशा के लिए नहीं भूल सकता।

बड़े कष्ट से काबू में की गई ऐसी कोमल इच्छाएं कभी अचानक एक विस्फोट की तरह फूट पड़तीं। पुरु सात-आठ साल का हो गया था, तब की बात है। पास ही में वनवासी लोगों का कोई उत्सव था। हम दोनों उसे देखने के लिए गए थे। उस उत्सव में एक नाटक था। मैं वह देख रही थी। पुरु भी ऋषिकुमारों में जा बैठा। मेरे पास बैठी एक प्रौढ़ा की गोद में चार-पाँच वर्ष की एक बच्ची थी। उसकी आँखें बहुत ही सुंदर थीं। किन्तु उसकी आँखों की अपेक्षा उसके बालों ने मेरे मन में बड़ा कुतूहल खड़ा किया। उसके बालों में बीच-बीच में बहुत ही मोहक सुनहरी छटा चमक रही थी। सुनहरे बाल काफी घने थे। वे ऐसे लग रहे थे जैसे बिजलियों को महीन तारों में कातकर काले बादलों में पिरो दिया है। लड़की न केवल प्यारी-प्यारी थी, बल्कि ढीठ भी थी। मैंने हाथ आगे बढ़ाए तो बिना झिझक के उठकर वह मेरी गोद में आकर बैठ गई। मेरी ओर एकटक देखने लगी। उसका चिबुक उठाकर मैंने उससे पूछा, "बेटी, क्या नाम है तुम्हारा?"

"अलका।"

कितना प्यारा नाम था! उस प्रौढ़ा से परिचय बनाए रखने को कहकर मैं उत्सव से उठकर पर्णकुटिया में आ गई। किन्तु लाख कोशिशें करने पर भी नींद नहीं आ रही थी। बार-बार वह प्यारी लड़की आँखों के सामने आ जाती। महाराज के सहवास की और उस सहवास में मिलने वाले सुख की याद बुरी तरह सताने लगती। लगता पुरु के भी ऐसी एक प्यारी-प्यारी बहन होनी चाहिए थी! मन की यह बौरायी अवस्था काफी दिनों तक बनी रही, पाँव में चुभी काँटे की फाँस की चुभन की तरह!

इस शान्त जीवन में भी ऐसी कितनी ही टीसें मेरे मन को बेचैन किया करतीं। बीच में एक बार यति आकर मेरी पूछताछ कर गया। उसने राजमाता के देहान्त का समाचार दिया। सुनकर मुझे बहुत दुःख हुआ। उन्होंने मेरे साथ बहुत अच्छा व्यवहार किया था। रिश्ते में तो वे मेरी सासजी थीं। होना तो यह चाहिए था कि मैं उनकी कुछ सेवा कर पाती! किन्तु वैसा न हो सका। मुझे इसका बहुत दुःख हुआ।

एक बार हस्तिनापुर से आए एक तपस्वी से भेंट हो गई। उससे मालूम हुआ कि महाराज ने राज-काज का काम देखना बंद-सा कर दिया है और यदु के छोटा होने के कारण देवयानी ही सारा कारोबार देख रही है। समझ में नहीं आया कि आखिर ऐसा क्यों हुआ? क्या देवयानी और महाराज में कोई झगड़ा हो गया? हो भी गया हो तो उसके कारण क्या कोई अपना कर्तव्य भी छोड़ देता है? इस झगड़े का महाराज पर क्या परिणाम हुआ होगा? कुछ लोग ऐसे होते है कि उन्हें हमेशा प्रेम की आर्द्रता की आवश्यकता हुआ करती है। वह आर्द्रता न मिली तो वे सूख जाते हैं। देवयानी और महाराज के बीच यदि स्थायी मनमुटाव हो गया, तो महाराज का हाल क्या होगा?

उस दिन मैं बहुत ही उदास हो गई। लगा, अपने प्राणों की कोई परवाह न कर सीधी हस्तिनापुर पहुँचकर महाराज से कहूँ, "चलिए, मेरी पर्णकुटिया में। वहाँ हम राजमहल बना लेंगे।" किन्तु पुरु अभी छोटा था। देवयानी द्वारा पिटवाई गई वह मुनादी, यद्यपि पुरानी हो गई थी, फिर भी वह मेरे मन पर किसी तप्त मुद्रा की तरह अंकित थी। मैं बहुत रोई। रात में सोते समय हमेशा की तरह प्रार्थना करते हुए कहा, "भगवान, उन्हें सुखी रखना।"

प्रार्थना करते समय मैं जो भी कहती, बचपन में पुरु भी चुपचाप दोहराया करता था। किन्तु अब वह बड़ा हो गया था। उस दिन पता नहीं उस पर क्या झक सवार हुई! उसने मुझसे पूछा, "माँ, उन्हें यानी किन्हें?"

मैंने हँसते हुए कहा, "उन्हें यानी उन्हें!"

उसने हठ कर लिया, "उसका नाम बताओ।"

"तू बड़ा हो जाएगा न, तब तुम्हें बता दूँगी"

"तो अब क्या मैं छोटा हूँ? बड़ा हो गया हूँ! मैं ठीक निशाने पर तीर मारता हूँ, मंत्र-पाठ कर लेता हूँ, तैर सकता हूँ, पेड़ों पर चढ़ जाता हूँ..."

"अं हं! तुम्हें इससे भी काफी बड़ा बनना है। बहुतेरी विद्याएं प्राप्त करनी हैं, युद्ध में बड़ी-बड़ी विजय प्राप्त करनी हैं।"

"वो तो मैं आज भी प्राप्त कर सकता हूँ। बोलो, किससे युद्ध करूँ?"

मैंने उसका चेहरा सहलाया और कहा, "बेटे, अभी नहीं करना है युद्ध। आगे चलकर! तुम सोलह वर्ष के हो जाओ। फिर मैं तुम्हें बता दूँगी, 'उन्हें' यानी किन्हें; उससे पहले नहीं!"

किन्तु इससे पहले कि पुरु सोलह वर्ष का हो जाता, निसर्ग ने बताना शुरू कर दिया कि मेरी प्रार्थना में आने वाले 'वे' कौन हैं! दस-बारह वर्ष तक तो पुरु मातृ-मुखी लगता था। किन्तु उसके बाद एक-दो वर्ष में उसकी ऊँचाई तेज़ी से बढ़ी, उसका शरीर भी हृष्ट-पुष्ट और सुडौल होने लगा और उसकी शक्ल-सूरत कुछ-कुछ महाराज से मिलने लगी! उसकी ओर देखकर मुझे महाराज की बहुत ही याद आने लगी। ऐसे में हस्तिनापुर से लौटा हुआ कोई तापसी जो कुछ कह देता, उसे सुनकर तो बहुत ही चिन्ता हो आती। एक-दो तो क्या बीसियों अमंगल और अशुभ समाचार सुनने को मिलते—महाराज का राज-काज से अब तनिक भी संबंध नहीं रहा। महीनों वे राजधानी से बाहर ही बिताते हैं। नगर में रहें, तो अशोक वन से बाहर कभी निकलते नहीं। उनकी विलासिता की अब कोई सीमा नहीं रही...यह मालूम न होने के कारण कि मैं वास्तव में कौन हूँ, कहने वाला ये बातें सहजता से कह जाता, किन्तु उसकी बातों से मेरे प्राण तड़पने लगते!

समझ में न आता कि क्या करूँ। पल की भी देर किए बिना जिस पर मैं अपने प्राण तक न्यौछावर कर सकती थी, उस प्रिय व्यक्ति को विनाश से बचाने के लिए आज मैं कुछ भी नहीं कर रही थी। अरे रे! मानव भी कितना दुर्बल है!

इस नये दुःख को भुलाने के लिए मैं फिर चित्र बनाने लगी। चित्र बनाने के वे साधन यहाँ कैसे मिलते, जो अशोक वन में उपलब्ध थे! किन्तु वनवासियों को भी कला उतनी ही पसंद होती है, जितनी कि नगरवासियों को। यहाँ क्या नहीं था? पत्तों और फूलों के नाना तरह के रंग थे। बालों और परों की तरह-तरह की तूलिकाएँ बनाई जा सकती थीं। उत्तुंग हिमालय, सुंदर वनश्री, आकाश के बदलते अद्भुत रंग आदि सब कुछ चित्र के विषय बनने के लिए हाथ जोड़कर तैयार थे। मैं चित्र बनाने में वैसी ही मग्न हो गई, जैसे कोई बालक नया खलौना मिलने पर आठों पहर उसके साथ खेलता रहता है।

एक दिन विचार आया कि पुरु का ही चित्र बना डालूँ। मैं उस चित्र की मन ही मन कल्पना करने लगी। किन्तु मेरी आँखों के सामने खड़ा होने वाला चित्र हू-ब-हू अशोक वन के महाराज के उस चित्र के समान था। स्वयं मुझे इस बात पर बड़ा आश्चर्य हुआ। फिर मेरे ध्यान में आया कि पुरु भी अब इस बढ़ती उम्र में महाराज के समान ही बनता जा रहा है!

पुरु सोलह वर्ष का हो गया। मैंने उसे रहस्य बता दिया कि वह मामूली लड़का नहीं, हस्तिनापुर का राजपुत्र है। यह मालूम हो जाने पर उसे यह नहीं भाया कि उसकी माँ इस तरह वन में रहकर जीवन गुज़ारे! मैंने उसे समझाया कि देवयानी के मत्सरी स्वभाव के कारण ही मैं हस्तिनापुर से चली आई हूँ। किन्तु इस पर उसको सन्तोष नहीं हुआ। वह कहने लगा, ''चलो हम दोनों हस्तिनापुर चलते हैं। महाराज से मिलते है। मैं महाराज से कहूँगा, ''मैं आपका पुत्र हूँ। आपके लिए कोई भी दिव्य कार्य कर सकता हूँ। किन्तु मेरी इस माँ को इतना कष्ट मत दीजिए!''

पंद्रह-सोलह वर्ष के बच्चों को समझाना बहुत कठिन होता है। जवानी के जोश की पहली उमंग जितनी उत्साही, उतनी ही अंधी भी होती है। व्यवहार के काँटे उसे दिखाई नहीं देते। किन्तु सपनों के फूलों की सुगंध अवश्य ही उसके चारों ओर छायी रहती है। मैंने उसे बार-बार समझाकर कहा कि महाराज शीघ्र ही हमें हस्तिनापुर बुलवा लेंगे। तब तक हमारा यहीं रहना उचित है। किन्तु उसे बात जँची नहीं। माँ की आज्ञा का उल्लंघन नहीं करना है। यही सोचकर वह हाथ मलता रह गया। मैंने उससे सौगंध उठवाई कि यह रहस्य कि वह महाराज का पुत्र है, मुझ से पूछे बिना वह किसी पर प्रकट नहीं करेगा। तब उसने उल्टे मुझसे ही पूछा, ''क्या महाराज पर भी प्रकट न करूँ?''

मैंने हँसते हुए कहा, ''अरे पगले, महाराज कहाँ यहाँ आने लगे?''

उसने कहा, ''यहाँ नहीं, किन्तु और कहीं पर उनसे भेंट हो जाती है, तब भी क्या चुप ही रहना है? पुत्र के नाते उनको प्रणाम कर उनसे आशीर्वाद भी नहीं लेना है?''

उसे सन्तोष हो, इस हेतु मैंने कहा, ''ऐसा मैंने कब कहा? तुम महाराज से निश्चय ही कह सकते हो कि मैं आपका पुत्र हूँ। तुम्हें कुछ भी याद नहीं होगा, किन्तु तुमसे बड़ी ममता थी उन्हें। किन्तु पुरु, एक बात अवश्य ध्यान में रखना

कि महाराज के अलावा किसी से भी यह नहीं कहना कि तुम कौन हो। तुम्हें मेरे सिर की सौगंध!"

इतने वर्षों तक मन में सुरक्षित रखा यह रहस्य मैंने पुरु को बता दिया। किन्तु उसने अपना नया रहस्य एक शब्द से भी मुझे नहीं बताया।

यही सच है कि बच्चे बड़े होने लगे तो माँ-बाप से दूर जाने लगते हैं। प्रीति और पराक्रम दोनों युवा मन की प्रबल प्रेरणाएं हुआ करती हैं। किशोर-किशोरियों को अपने बचपन की सुरक्षित दुनिया से भुलावा देकर वे काफी दूर ले जाया करती हैं। किन्तु माँ-बाप उनकी चिन्ता करते हुए उसी पुरानी दुनिया में चक्कर काटा करते हैं!

पुरु भी इस नियम का अपवाद कैसे बनता? अब वह शिकार खेलने के लिए बहुत दूर जाने लगा। हिमालय के शिखर पर चढ़ जाने के सपने देखने लगा। प्राप्त धनुर्विद्या से बढ़कर कोई विद्या कहाँ मिलती है, इसकी पूछताछ करने लगा। भय क्या चीज़ होती है, वह जानता ही नहीं था।

किन्तु जिस तरह भय एक द्वार से उसके मन से चला गया, उसी तरह दूसरे द्वार से प्रणय उसमें बसने आ गया। मुग्ध, अल्हड़, निरीह, लजीला, प्रणय—अरुणोदय से पहले प्राची के कोने में दिखाई देने वाली नाजुक गुलाबी छटा लेकर आया हुआ प्रणय!

किन्तु उसने अपना यह रहस्य मुझे कभी बताया नहीं। वह सुनहरे बालों वाली सुहावनी लड़की अलका! उसकी माँ मेरी घनिष्ठ सहेली बन गई थी। धीरे-धीरे बच्चों में भी मित्रता हो गई। किन्तु पुरु के सोलह वर्ष के होते ही उसके तथा अलका के व्यवहार में परिवर्तन होने लगा। दोनों ने पहले जैसे आपस में खुलकर लड़ना-भिड़ना बंद कर दिया। दोनों के आचरण में एक अनाम संकोच दिखाई देने लगा। अन्य लोगों को अपने कामों में लगा पाकर दोनों एक-दूसरे को एकटक देखते। फिर होंठों ही होंठों में मुस्कराते। तुरंत अलका गरदन झुकाकर पैर के अंगूठे से यों ही ज़मीन कुरेदने लगती। वह बहुत छोटी थी तब पुरु का कोई काम करने के लिए कहा जाने पर मुँह बनाकर कह देती थी, "मैं क्यों उसका काम करूँ? वह करता है क्या मेरा काम? किन्तु अब वह जब भी आती, उसका ध्यान मेरी अपेक्षा पुरु की ही सुख-सुविधाओं की ओर अधिक रहता।

धीरे-धीरे यह सारा मामला मेरे ध्यान में आने लगा। उसमें अनुचित कुछ भी नहीं था। किन्तु कभी मन में आता, प्रणय के इस अंकुर को बढ़ने देना क्या ठीक होगा? पुरु राजपुत्र है। ययाति महाराज का बेटा है। कल को भगवान की दया से सब ठीक हो गया तो किसी राजकन्या के साथ उसका विवाह हो जाएगा। फिर यह लुभावनी लड़की बिचारी मन ही मन घुलती-घुटती रहेगी निराश होकर! नहीं! असफल प्रीति की असहनीय पीड़ा होती है। इससे पहले कि वह पीड़ा अलका को नसीब हो, क्यों न प्रीति के इस अंकुर को अभी जड़ से उखाड़ दूँ? निराशा की अपेक्षा झूठी आशा बहुत ही बुरी होती है! सुना है कि इस अलका की मौसी पहले कभी हस्तिनापुर के राजमहल में दासी थी! ऐसे परिवार की यह लड़की और राजपरिवार

का पुरु—धरती का मिट्टी का दीवा आकाश का सितारा बनने की हवस करे, तो काम कैसे चलेगा?

तभी मेरा दूसरा मन कहने लगता, "तुम किसी ज़माने में राजकन्या थीं! किन्तु आगे चलकर दासी बनकर ही रही न? हो सकता है, अलका का वंश बड़ा न हो! किन्तु उसका प्रेम तो सच्चा है न? दासी का प्रेम और राजकन्या का प्रेम क्या भिन्न होता है?"

मेरे मन में उल्टे-सीधे विचारों की इस तरह उधेड़बुन होती रही। किन्तु पुरु या अलका से इस मामले में कुछ भी कहने की मेरी हिम्मत नहीं हुई। ऐसे मामलों में कुछ कहने का संकोच युवकों के ही समान बड़ों को भी हुआ करता है!

इसी तरह दो-तीन वर्ष गुज़र गए। पुरु उन्नीस का हो गया। एक दिन प्रक्षुब्ध मन शिकार अधूरा छोड़कर वह वापस आ गया। उसने सुना था कि उत्तर में दस्युओं ने भारी विद्रोह कर दिया है। वे हस्तिनापुर पर आक्रमण करने के लिए चल पड़े हैं। युवराज यदु काफी बड़ी सेना लेकर दस्युओं से लड़ने के लिए हस्तिनापुर से चल पड़ा है।

उस रात मेरी आँखों से नींद एकदम नदारद रही। बार-बार मन में प्रश्न उठ रहा था, सेना लेकर यदु युद्ध के लिए निकला है। फिर महाराज कहाँ हैं? राज्य पर आक्रमण् किए जाने पर भी क्या वे आराम से बैठे होंगे? नहीं! ऐसा कदापि संभव नहीं! क्या वे बीमार होंगे? या उस पत्थर-दिल देवयानी ने उन्हें किसी कारा में बंद रखा होगा? बीसियों शंका-कुशंकाएं मन को डंस रही थीं!

मेरे सामने पुरु भी उस रात लगातार करवटें बदल रहा था। दो-तीन बार मैंने उससे पूछा भी, "क्या बात है, पुरु? आज तुझे नींद क्यों नहीं आ रही है?"

"कुछ नहीं, माँ" कहकर वह चुप हो गया। बाद में कुछ भी नहीं बोला। मुझे हँसी आ गई। सोचा, शायद इसे अलका की याद सता रही होगी। कौन कहे, शायद आज इसने उसका पहला चुंबन लिया होगा।

रात को पुरु क्यों छटपटा रहा था, मुझे दूसरे दिन मालूम हुआ। प्रातः शिकार के लिए बाहर गया। किन्तु शाम ढलते तक भी वापस नहीं आया। रात हो गई, फिर भी नहीं आया। मेरे मन में अनेक शंकाएं उठने लगीं। उसके साथ ही शिकार खेलने गए उसके साथियों के बारे में मैंने पूछताछ की। उनमें से भी कोई नहीं लौटा था! इन सबको आखिर क्या हुआ होगा, किसी की समझ में नहीं आ रहा था। रात मुझे खाने को दौड़ रही थी। मुझे बिना बताए पुरु इस तरह कभी बाहर नहीं रहा था। समझ में नहीं आ रहा था। कहीं अठारह वर्ष तक सोया पड़ा मेरा दुर्भाग्य फिर से जाग तो नहीं गया! भय से मैं व्याकुल हो उठी! वह रात! भगवान न करे, किसी माँ के भाग्य में वैसी रात आए!

दूसरे दिन दोपहर तक मैं जल बिन मछली की तरह छटपटाती रही। फिर अलका आई। पुरु और उसके मित्र दस्युओं से लड़ने चले गए थे। यह सोचकर कि घर के जेठे-सयाने उन्हें अनुमति नहीं देंगे, शिकार के बहाने वे लोग घर से निकले थे।

रास्ते में अलका का गाँव पड़ता था। दूसरे दिन दोपहर मुझे एक पत्र पहुँचाने का काम अलका पर छोड़कर पुरु आगे निकल गया था। थरथर काँपते हाथों से अलका ने वह पत्र मेरे हाथ में दिया। मैंने उसे खोलकर पढ़ा। उसमें केवल इतना ही लिखा था...

"हस्तिनापुर के राज्य पर शत्रुओं ने आक्रमण कर दिया है। ऐसे समय मेरा धर्म क्या है, तुम्हें बताने की आवश्यकता नहीं। जीवन में पहली बार तुम्हारी आज्ञा भंग कर रहा हूँ! तुम्हें बिना बताए तुमसे दूर जा रहा हूँ। माँ, मुझे क्षमा करना। मेरी कोई चिन्ता मत करना। जान से जान लड़ाने वाले मित्र मेरे साथ हैं। तुम्हारा पुरु शीघ्र ही महापराक्रम कर और हस्तिनापुर के राज्य पर आक्रमण करने वालों को परास्त कर तुम से मिलने आएगा।"

पत्र पढ़ते-पढ़ते मेरी आँखों में आँसू आ गए। क्षत्रिय के बेटे को युद्धभूमि में जाने से भला कौन रोक सकता है? किन्तु मुझ जैसी माँ का मन? किसी भी तरह वह शान्त नहीं हो पा रहा था। आँखों की राह वह बह निकला।

अलका ने मेरे आँसू पोंछे। 'रोओ नहीं माँ जी, रोओ नहीं।' कहकर मुझसे लिपटकर वह मुझे समझाने लगी। मैंने अपने मन को कड़ा किया। आँसुओं को पोंछ डाला। उसकी ओर वात्सल्य से देखा। उसके सुनहरे बालों पर धूप की सौम्य किरण पड़ी थी। बहुत ही सुंदर दिखाई दे रहे थे उसके बाल! इस कल्पना से कि ऐसी लाखों में एक दिखाई देने वाली पुत्रवधू मुझे प्राप्त होने वाली है, पुरु की चिन्ता में डूबा मेरा मन क्षण-भर हरषाया।

अब अलका रोने लगी। सिसकते हुए कहने लगी, "माँ जी, वे सकुशल लौट आएंगे न?" उसके इस प्रश्न से मेरा मन भी अकुला गया। किन्तु ऊपर से वैसा न दिखाते हुए मैंने हँसकर अलका को गले लगाकर कहा, "पगली कहीं की! अरी युद्धभूमि में क्या कम लोग लड़ने जाते हैं? युद्ध तो हम क्षत्रियों का धर्म ही है!" अलका के आँसुओं में मेरे आँसू मिल गए, तब जाकर कहीं हम दोनों के मन स्थिर हुए!

हमने काफी देर बातचीत की। काफी सोच-विचार किया। युद्ध के समाचार इधर बिल्कुल एक सिरे पर स्थित इलाके में मालूम होने में काफी देर लगेगी, अतः हमने सोचा कि हस्तिनापुर से पाँच-दस कोस पर किसी देहात में जाकर रहा जाए। यानी आने-जाने वाले सैनिकों या दूतों से युद्ध के समाचार मालूम होते रहेंगे। यह भी हो सकता है कि वहाँ शायद पुरु या पुरु का कोई मित्र संयोग से मिल जाए। अलका की माँ ने बड़ी मुश्किल से उसे मेरे साथ जाने की अनुमति दे दी। किन्तु हमें विदा करते समय उसने हँसते हुए इतना अवश्य कहा,"आखिर लड़की पराया धन ही होती है। जिसका है उसके हवाले समय पर कर देना ही अच्छा!"

यति ने जिन खास लोगों को हमारा सारा प्रबन्ध सौंपा था, उनमें से दो वीर और प्रौढ़ पुरुष हमारे साथ आने के लिए तैयार हो गए, नाना तरह की कल्पनाएं करते-करते, कभी अपने आँसुओं को भीतर ही पी जाते, कभी किसी के ध्यान में

न आ पावे ऐसी फुर्ती से उन्हें पोंछ डालते, कभी पुरु के पराक्रम के सपने देखते तो कभी स्वप्न में ही उसे घायल हुआ देखकर चौंककर जाग पड़ते। इसी तरह हम सबका प्रवास जारी था।

मैं फिर से हस्तिनापुर जा रही थी। अठारह बरस बाद। आई थी उस राह से और उतनी ही भयग्रस्त मनःस्थिति में! इन अठारह वर्षों की सुमरनी के मणियों को मन ही मन फेरती हुई, बार-बार फेरती हुई, भविष्य के सपने देखती हुई मैं जा रही थी। कभी वे सपने सुनहरी दिखाई देते! कभी स्याह!

अठारह वर्ष पूर्व मैं इसी राह आई थी, तब देवयानी से नन्हे पुरु की रक्षा करने की एकमात्र चिन्ता में डूबी थी। आज वही पुरु अपनी माँ को चिन्ता के दह में डुबोकर समर-भूमि में चला गया है। मन पग-पग पर एक ही चिन्ता में सूखता जा रहा है कि वहाँ वह सुरक्षित तो होगा न? क्या चिन्ता परछाईं की सगी बहन है? भगवान ने उसे क्या एक ही सीख सिखाई है कि मनुष्य का साथ कभी न छोड़े?

अन्त में हम हस्तिनापुर से छह कोस की दूरी पर स्थित एक गांव में पहुँचे। वह बहुत ही अशुभ दिन था। हम दोनों पर वज्रपात करने वाला एक समाचार उसी दिन उस गाँव में आ पहुँचा था। एक मुठभेड़ में यदु और उसके साथ कुछ शूर सैनिकों को दस्युओं ने बंदी बना लिया था और उन्हें वे अपने साथ ले गए थे। दस्युओं में एक प्रथा थी कि शुत्र का सिर काटकर भाले की नोंक उसमें फंसाकर सारे नगर में जुलूस के साथ घुमाते।

वह छोटा-सा गांव भयग्रस्त होकर इस अशुभ समाचार की ही चर्चा कर रहा था। युवराज यदु का आगे क्या होगा यह चिन्ता दुखी कर रही थी।

किन्तु मेरा और अलका का दुःख उन सबके दुःख से अधिक गहरा और तीव्र था! यदु को रिहा करवाने के लिए पुरु गया होगा। उसके साथ वाले शूर सैनिकों में वह अवश्य ही रहा होगा। शायद यदु के साथ उसे बंदी बनाया गया होगा।

पुरु से मेरी भेंट किस अवस्था में होगी? उसका दर्शन किस अवस्था में होगा? विजयी वीर के नाते या शत्रु के भाले की नोंक पर...

वह कल्पना भी...

पूर्व-जन्म में मैंने ऐसा क्या पाप किया था जो भगवान मुझे इस तरह यंत्रणाएं दे रहा था?

देवयानी

अमावस की आधी रात का यह घना अंधेरा मानो मुझे निगलने पर तुला है। खिड़की से बाहर आकाश की ओर देखने पर लगता है कि ये तारे आँखें मिचकाकर मेरी हँसी उड़ा रहे हैं। राजप्रासाद में इतने सारे लोग हैं। किन्तु सब ऐसे अवाक् हो गए हैं जैसे ओलती पर वर्षा से बचने के लिए सिमटकर बैठे पँछी। मेरे मन की हालत तो ऐसी हो गई है जैसे चारों ओर लपलपाती आग की लपटें ऊँची उठती जा रही हैं और किधर से भी उस आग से बाहर बच निकलने की कोई गुंजाइश नहीं है। सायं दूत वह अशुभ समाचार लेकर आया! तब से...

यदु हार गया—! मेरा यदु हार गया! दस्यु उसे पकड़कर ले गए! नहीं! अब भी इस समाचार पर भरोसा नहीं होता! यह अनहोनी कैसे हो पाई? चिउटियाँ मेरु पर्वत को कैसे निगल गईं? महारानी देवयानी के पुत्र की हार? अखिल विश्व में सुविख्यात तपस्वी शुक्राचार्य के धेवते का पराभव? नहीं! ये शब्द भी झूठे प्रतीत होते है! भूतों जैसे लगते हैं!

यदु युद्ध के लिए जाने को निकला तब मैंने कितने उत्साह से उसकी आरती उतारी थी। कितने उल्लास से उसके कुमकुम-तिलक किया था! कितनी उत्कंठा से उसके विजय के समाचार की ओर कान लगाए बैठी थी! किन्तु मेरी अवस्था तो उस पपीहे जैसी हो गई है, जो पानी की बूँद की आशा से बादल की ओर देखता है किन्तु उस बादल से उस पर गाज आ गिरती है।

आज तक देवयानी का सिर शरम से कभी झुका नहीं था। उसने किसीसे हार नहीं मानी थी। किन्तु आज! अब मैं करूँ भी क्या? किसकी शरण गहूँ? पिताजी की प्रदीर्घ तपस्या अब समाप्त होने को है। इस अठारह वर्ष में मैं उनसे मिलने कभी गई नहीं। अपना कोई दुःख उन्हें सुनाया नहीं। अपना कोई दुखड़ा उनके सामने रोई नहीं। वे महाक्रोधी हैं। आव देखेंगे न ताव, तपस्या अधूरी छोड़ कर उठ जाएंगे। इसलिए मैं अपना सारा दुःख स्वयं ही पीती गई। संजीवनी जैसी अद्‌भुत शक्ति से कच को जीवित करने की मेरी ज़िद के कारण उन्हें हाथ धोना पड़ा। अब फिर से वैसी ही कोई दिव्य शक्ति उन्हें प्राप्त होने का समय आ गया है। ऐसी स्थिति में कैसे उनके पास जाकर कहूँ कि 'मेरे यदु को छुड़वाकर ले आइए?' किस मुँह से उनकी तपस्या को भंग करूँ?

नहीं! मैं ऐसा अविचार नहीं करूँगी। अपने पुत्र के लिए भी नहीं करूँगी। विगत अठारह वर्ष के अनेक दुःख मेरे मन में संचित हैं। ज्वालामुखी के लावा रस के समान वे भीतर ही भीतर छटापटा कर विस्फोट के रूप में बाहर आने के लिए मचल रहे हैं। उन सबसे मैं भीषण प्रतिशोध लेने वाली हूँ, जिन्होंने मुझे दुख पहुँचाया है। वह शर्मिष्ठा–उसका वह चक्रवर्ती का बच्चा–ये ययाति महाराज–सबसे मुझे प्रतिशोध लेना है! किन्तु अभी इस समय नहीं! पिताजी के तपस्या पूरी कर लौट आने के बाद! उन्हें अद्भुत सिद्धि प्राप्त हो जाने के बाद!

किन्तु उस सिद्धि के प्राप्त होने तक यदु का क्या होगा? उसे बंदी बनाकर ले गए दस्यु कहीं उसके प्राण तो नहीं ले लेंगे? मेरा यदु! वह कब सकुशल लौट आएगा? कब मैं उसे अपने आँसुओं से नहलाऊँगी? मुझे अपना यदु चाहिए! और कुछ भी नहीं चाहिए। यह राज्य नहीं चाहिए, पिताजी की वह सिद्धि नहीं चाहिए–

नहीं! ये देवयानी के विचार नहीं! ये एक असहाय माँ के विचार हैं! देवयानी केवल माँ नहीं। वह शुक्राचार्य की पुत्री है। हस्तिनापुर की महारानी है। उसे अपने मन को इस तरह दुर्बल नहीं बनने देना चाहिए...!

क्या माँ का मन महारानी के मन से भी अधिक बलशाली होता है? मुझे कुछ भी नहीं सूझ रहा! क्या करूँ? कैसे यदु को छुड़वा लाऊँ? एकदम मुझे महाराज की याद आ गई। किशोरावस्था में उनके द्वारा किए गए पराक्रम की कहानी मैंने सुनी थी। यह मालूम होने पर कि अपने पुत्र को शत्रु पकड़कर ले गए हैं, उनके जैसा पराक्रमी पिता क्या पल-भर भी चुप बैठेगा? यदु क्या केवल मेरा है? वह जितना मेरा है, उतना ही महाराज का भी है। क्या महाराज को अब तक यह खबर नहीं मिली होगी कि उसे पराभूत कर दस्यु पकड़कर ले गए हैं? ऐसा कैसे हो सकता है? अमात्य वह अमंगल समाचार लेकर मेरे पास आए। मैं चिन्ता में डूब गई। तभी अमात्य ने कहा था, मैं इसी क्षण अशोक वन जाकर महाराज को यह समाचार देता हूँ। यह मालूम होने पर कि सारे राज्य पर भयंकर संकट आया है, वे कदापि चैन से नहीं बैठेंगे। आज तक की बात निराली थी। अब उपस्थित हुआ प्रसंग एकदम निराला है। महारानी जी चिन्ता न करें, महाराज स्वयं युवराज को छुड़ाकर लाने के लिए युद्ध के लिए जाएंगे।''

यह कहकर अमात्य को गए भी अब डेढ़-दो पहर हो रहे हैं। फिर भी मैं कोई चिन्ता न करूँ? उधर मेरा पुत्र शत्रु की कैद में है। उसके प्राण संकट में हैं। हस्तिनापुर की शान में धब्बा लग चुका है। मैं चिन्ता न करूँ तो–! मैं माँ हूँ। मैं महारानी हूँ–कैसे मैं चुप बैठूँ?

बात क्या हुई होगी? महाराज अभी तक मेरे महल में कैसे नहीं आए? काश! इस समय वे तुरंत यहाँ आते, मुझे अपनी बाँहों में लेते, हम दोनों के आँसुओं का संगम हो जाता! मन पर आया यह पहाड़-सा बोझ कुछ तो हल्का हो जाता! उनके केवल इन शब्दों से कि–मैं अभी यदु को छुड़ा लाता हूँ, तुम हम दोनों की आरती उतारने की तैयारी करो मेरे मन में घिर आया सारा अंधेरा आलोकित हो जाता!

किन्तु महाराज कहाँ हैं? वे क्यों नहीं अब तक मेरे पास आ रहे? या कहीं ऐसा तो नहीं वे इतने मदहोश और बेहोश होकर पड़े हैं कि यदु की गिरफ्तारी के समाचार का अर्थ समझ नहीं पा रहे हैं? मदिरा और मदिराक्ष के चसके में वे इस बात को भी समझ नहीं पा रहे हैं कि पिता के नाते उनका भी कोई कर्तव्य है? छिः! मेरी अक्ल पर निश्चय ही पाला पड़ गया था जो हस्तिनापुर की महारानी बनने के मोह का मैं शिकार बन बैठी! वह मेरा विवाह नहीं, बलिदान था। विवाह-वेदी मेरे लिए बलिवेदी बन गई। उसी बलिवेदी की अग्नि-ज्वालाओं में पिछले अठारह वर्ष से मैं जल रही हूँ।

अठारह वर्ष! अठारह वर्ष पहले की वह तूफानी रात मेरी आँखों के सामने मूर्त हो उठी। उस दिन बड़े-बड़े कलाकार मेरे नृत्यों को देखते-देखते सुधबुध खो बैठे थे। वसंत-नृत्य, उमाचरित-नृत्य, वर्षानृत्य मेरे सभी नृत्यों ने उस रात बड़ा समां बाँध दिया था। किन्तु तालियों की गड़गड़ाहट से मेरी सराहना करने वाले उन दर्शक कलाकारों को एक बात का पता नहीं था। प्रत्येक नृत्य देवयानी के कलेजे के रक्त में रंगकर आ रहा था। उसके कलेजे में भारी घाव हो गया था। वह घाव मामूली नहीं था। प्रत्यक्ष उसके पति द्वारा अत्यंत निर्ममता से किया हुआ घाव था वह! उसने देवयानी को धोखा दिया था। दासी की हैसियत से उसके साथ आई एक चुड़ैल पर उसने अपने-आपको वार दिया था। इस दुख को भुलाने के लिए ही उस रात देवयानी जी-जान से नाच रही थी।

क्या कलाकार के दुःख से ही उसकी कला अधिक सजीव, अधिक सुंदर और अधिक रसीली बन जाती है? क्या प्रकृति का यही अलिखित नियम है कि कलाकार दुखी रहे? क्या पता!

उस रात बाहर आकाश घने बादलों से भर गया था। वंचना से व्यथित मेरे अन्तःकरण की तरह ही लग रहा था वह! मन में क्रोध का उफान बार-बार उठ रहा था—उन बादलों के कड़कने वाली बिजली की तरह! काट खाने वाली हवा की तज़ी से मेरे मन में महाराज के प्रति असीम घृणा भर रही थी। मैं अपनी अत्यंत प्रिय कला को भूली नहीं थी। किन्तु मैंने उन कलाकारों को अपना नृत्य कौशल दिखाना स्वीकार किया था। मैं नृत्य-शाला में गई। पहला नृत्य आरम्भ हुआ। और देखते-देखते मैं अपना सारा दुःख भूल गई।

शायद कला की दुनिया विकार, विचार, वासना आदि सभी क्षणिक बातों के परे होती है मैं अपने नृत्य से दंग हो गई। मस्त हो गई। दर्पण में अपना सौन्दर्य देखते समय मैं इसी तरह खोती थी। नृत्य का नशा मुझ पर सवार होता चला गया। मेरे रोम-रोम से कला की अभिव्यक्ति होने लगी। उस अभिव्यक्ति में मन बुद्धि, कलेजा, इन्द्रियाँ और अदाएं सभी एकरूप हो गए। नृत्यशाला में पहुँचने तक मेरे मन में एक ही रट जारी थी—शर्मिष्ठा ने सफेद झूठ कहा है...उसका महाराज के साथ निश्चय

ही चोरी-छिपे प्रेम संबंध है...पुरु की हथेली पर चक्रवर्ती-पद के चिह्न आ गए है... इन दोनों के व्यभिचार का वह सबसे बड़ा प्रमाण है...शर्मिष्ठा के बच्चे की हथेली पर से मैं चक्रवर्ती पद के चिह्न मिटाकर ही रहूँगी...उस हथेली को ही इस संसार में न रहने दूँगी...उसकी माँ को भी इस दुनिया से सदा के लिए समाप्त कर दूँगी। किन्तु वसंत नृत्य से लेकर वर्षा नृत्य तक एक बार भी मन में सुलगी इन बातों में से एक की भी याद मुझे नहीं आई। महाराज ने मुझे रत्नमाला पहना दी, तब भी मैं नृत्य के नशे में ही चूर थी। उसी नशे में उस रात मैं सो गई। इस बात को भी जैसे भूल ही गई कि शर्मिष्ठा को मैंने तहखाने में बंदिनी बनाकर रखा है।

दूसरे दिन प्रातः मैं जागी तब कला का नशा उतर चुका था । मैं फिर महारानी थी! एक ठगी गई पत्नी थी! अपने पुत्र के कल्याण की चिन्ता करने वाली एक वत्सल माँ थी। महाराज को उनके महल से जैसे-तैसे बाहर भेजकर मैं तहखाने में पहुँची। शर्मिष्ठा वहाँ नहीं थी! मेरे तलवों से आग सुलगकर सिर तक जा पहुँची। महाराज से लेकर उस बूढ़ी दासी तक सबने बेखबर होने का बहाना किया। किन्तु सत्य सात पातालों में गाड़ देने से भी कहीं छिपा है?

उस बूढ़ी दासी की पीठ पर कोड़े लगाना आरंभ हुआ तभी उसने झट से बता दिया कि नृत्यशाला से उठकर महाराज बीच ही में राजमहल आए थे। किन्तु महाराज शर्मिष्ठा को राजमहल से बाहर कैसे ला पाए होंगे? क्या महल के सारे पहरेदारों ने भी गद्दारी की होगी? नहीं! यह नहीं हो सकता। उनमें तो कितने ही लोग मेरे अपने विश्वास के थे। मैं अशोक वन गई। शर्मिष्ठा की दोनों दासियों ने पहले तो हमें क्या पता की रट लगाई। किन्तु जब मैंने उन्हें धमकी दी कि सिर मुंडवाकर गधे पर बैठाकर सारे नगर में घुमवा दूँगी, तो उन्होंने भी घबड़ाकर बता दिया कि शर्मिष्ठा रथ में बैठकर कहीं चली गई। उसके सारथी का नाम मुझे मालूम नहीं हुआ। किन्तु दो दिन में ही माधव के बहुत बीमार होने का समाचार मिला। महाराज उसे देखने रोज़ जाने लगे। लौकिक व्यवहार के खातिर मैं भी एक दिन हो आई। वहाँ उसकी मंगेतर माधवी भी थी। बेचारी बहुत ही हड़बड़ा गई थी। उसकी आँखें बार-बार पनियाती थी। उसको सान्त्वना देने के लिए मैंने उसकी पीठ सहलाई। वह फूट-फूटकर रोने लगी। उसके दुःख का आवेग कम होने पर हम दोनों में खुलकर बातें हुई। उसने बातों ही बातों में सहजता से बताया कि कैसे माधव अचानक इतना बीमार हो गया। उस नृत्य वाली रात में माधव आधी रात बीतने के चार-पांच घड़ी बाद घर लौटा तो सर से पांव तक पूरा भीगकर तर हो गया था और बुरी तरह ठिठुर रहा था। वह कहाँ गया था, क्यों गया था यह तो उसने अपनी माँ से भी नहीं कहा था।

मैं जानती थी माधव महाराज का कितना जान से प्यारा मित्र था। किसी को इसका अनुमान लगाना शायद संभव हो न हो कि उस दिन की मूसलधार वर्षा में माधव कहाँ गया था मैंने बात बराबर ताड़ ली। वह अवश्य ही महाराज के काम पर गया था। शर्मिष्ठा को नगर से बहुत दूर छोड़ आने के लिए गया था। वरना

इतनी मूसलाधार वर्षा में सिर से पाँव तक भीगकर तर होने की उसे क्या पड़ी थी। नगर में वह किसी के भी घर आश्रय ले सकता था।

इसी सूत्र को पकड़कर मैं शर्मिष्ठा का रहस्य खोदने लगी। जानकर माधव का हाल पूछने प्रतिदिन जाने लगी। माधव सन्निपात में बड़बड़ाने लगा। उसकी बातें काफी असंगत थीं। किन्तु दो-एक बार उसके मुँह से जो वाक्य निकल गए, उन्हें सुनकर तो महाराज द्वारा रचे गए षडयंत्र की बात बिल्कुल साफ हो गई। एक बार उसने कहा, ''सारथी, घोड़ों की तेज़ी से दौड़ाओ।'' दूसरी बार उसने कहा, ''महारानी यहीं पर उतर जाएं।'' पहले तो इन वाक्यों का अर्थ मेरी समझ में नहीं आया। आखिर इस षड्यंत्र का मुझ से क्या संबंध था? फिर मेरी समझ में सब कुछ आ गया। शायद वह शर्मिष्ठा को महारानी कह रहा था। उस एक शब्द ने सारी पहेली बुझा दी। महाराज ने मुझे ठगा था। अपनी धर्मपत्नी से उन्होंने प्रतारणा की थी। वे शर्मिष्ठा के कायल हो गए थे। शायद शर्मिष्ठा और पुरु को बाहर कहीं पर सुरक्षित रखकर आगे चलकर उन्हें वापस लाने का उनका इरादा था।

मैंने मन ही मन तय कर लिया, विषवृक्ष के अंकुर को जड़ सहित उखाड़ना होगा! शर्मिष्ठा और पुरु दोनों को अपने रास्ते से हमेशा के लिए हटाना होगा! तुरन्त मैंने सारे राज्य में एकदम देहात-देहात तक मुनादी करवा दी। उसे और उसके बच्चे को पकड़वा देने के लिए अच्छा-खासा इनाम देने की घोषण भी कर दी। आज या कल उन दोनों को लाकर कोई मेरे सामने खड़ा करेगा, इसकी बहुत दिनों तक प्रतीक्षा करती रही मैं। किन्तु वैसा कभी नहीं हुआ। वे दोनों कहाँ चले गए। मालूम नहीं हो सका। पता नहीं वे ज़िन्दा भी हैं या नहीं!

पहले कुछ दिन तो इस आशंका से कि महाराज शायद उसके साथ गुप्त रूप से कोई पत्राचार रखते होंगे, मैंने अशोक वन पर निगरानी रखी। बहुत ही बारीकी से देखती रही, कौन कहाँ जाता है कौन वहाँ आता है किन्तु पहले की एक दासी मुकुलिका, उसका कोई बैरागी स्वामी और विलास में डूबे महाराज की सुख-सुविधा के लिए आने-जाने वाले लोगों के अतिरिक्त दूसरा कोई वहाँ कभी आया नहीं। शर्मिष्ठा या पुरु तो वहाँ कभी नहीं आए।

कुछ समय पहले मेरे मन में विचार आया था कि यदु के पकड़े जाने का समाचार पाकर महाराज अभी तक मेरे पास क्यों नहीं आ रहे हैं?

माँ का प्रेम भी कितना पागल होता है। वे भला क्यों आने लगे मेरे महल में? विगत अठारह वर्ष में हम दोनों एक-दूसरे से कितने दूर-दूर चले गए है। मानो हम दोनों के बीच सात सागर का अन्तर पड़ गया है। दुनिया की नज़रों में वे मेरे पति है और मैं उनके पत्नी हूँ। परन्तु भीतर से हम दोनों एक-दूसरे के शत्रु हो गए है। शत्रु के समान ही निरंतर व्यवहार करते आ रहे हैं, उनसे राज-काज छीनकर सारी बागडोर मैंने अपने हाथों में ले ली। लगा, मैंने उनकी नाक काट ली है। किन्तु विलास में डूबकर और यह एकदम भुलाकर कि उनकी देवयानी नामक एक पत्नी भी है तथा यदु नामक एक पुत्र भी, उन्होंने मुझ से पूरा-पूरा प्रतिशोध ले लिया है!

कितना सच है कि शरीर से पास रहने वाले व्यक्ति मन से एक-दूसरे से कोसों दूर रहते हैं।

कई बार मन में आता है कि उस रात मैंने उन्हें प्यार देने से इन्कार किया, उनका अपमान किया, उनसे सौगंध उठवाई, इन्हीं सब बातों का यह विपरीत परिणाम तो नहीं?

किन्तु मैं करती भी क्या? माधव की मृत्यु और महाराज के कुटिल षड्यंत्र के सारे सूत्र मेरे हाथ लग गए थे। मेरा मन क्रोध के आवेग और द्वेष से सुलग उठा था। महाराज को कतई कल्पना न थी कि मैंने उनका वह सारा राज़ जान लिया है। एक रात वे मेरे महल में आए। कहते हैं मदिरा पीकर मदहोश बना पुरुष स्त्री लंपट बन जाता है। इससे पहले मैंने भी यह बात केवल सुनी थी। किन्तु उस रात हलाहल से भी दाहक वह अनुभव मैंने किया। उन्होंने मुझसे प्रेम-याचना की। उनकी हर हरकत पशु जैसी थी। उनके मुँह से आ रही मदिरा की दुर्गन्ध मुझे बिल्कुल सहन नहीं हो रही थी। वे दौड़कर मुझ पर झपटे। मुझसे छीना-झपटी करने लगे। मेरे मन में संचित क्रोध और द्वेष एकसाथ फट पड़े। मैंने पूछा, ''शर्मिष्ठा यहाँ नहीं है इसीलिए शायद आज मेरी याद हो आई आपको?'' वे होश में नहीं थे! वरना ऐसा उत्तर उन्होंने कभी न दिया होता! उन्होंने कहा, ''मुझे शर्मिष्ठा चाहिए! देवयानी भी चाहिए! और ऐसी ही जितनी भी सुंदर लड़कियाँ हों वे सब मुझे चाहिए! सैंकड़ों, हज़ारों लड़कियाँ चाहिए! स्वर्ग की सारी अप्सराएं मुझे चाहिए!'' उनके प्रत्येक शब्द के साथ मैं अपना-आपा खोने लगी। लगा, शायद खड़ा रहना असम्भव होगा और अब मैं गिर जाऊँगी। मैंने कड़कते हुए कहा, ''पहले दूर खड़े हो जाइए। मेरे पास मत आइए। और फिर जो मन में आए, बड़बड़ाते रहिए!''

विकट हास्य करते हुए उन्होंने कहा, ''मैं बड़बड़ा नहीं रहा। सत्य बात कह रहा हूँ! मैं नहुष राजा का पुत्र हूँ। पुरुरवा का पड़पोता हूँ। मुझे शर्मिष्ठा की चाह है! देवयानी की चाह है! दुनिया की प्रत्येक सुन्दरी की मुझे चाह है! हर रोज़ मुझे नई सुंदर स्त्री...!''

यह सब मुझसे सुना नहीं गया। वे किसी पागल की तरह बके जा रहे थे। मन में विचार आया कि उस दिन राजसभा में इनका वह बड़ा भाई आया था। वह स्त्री-द्वेष के कारण पागल हो गया था। ये स्त्री-प्रेम के कारण पागल तो नहीं होने जा रहे?

महाराज की बकवास जारी थी :

''मेरे पिता को इंद्राणी नहीं मिली। किन्तु मैं उसे प्राप्त करने वाला हूँ। दुनिया की हर सुंदर स्त्री को मैं पाकर ही रहूँगा। एक फूल तोड़ लूँगा, सूँघकर फेंक दूँगा! फिर एक नया फूल लूँगा, सूँघूगा, मसलकर फेंक दूँगा!''

दोनों हाथों से मैंने अपने कान बंद कर लिए। वे अट्टहास करते हुए मेरे पास आने लगे। अपनी सारी शक्तियाँ समेटकर मैं चिल्लाई ''दूर हटो! दूर हटो! जानते हो न, मैं कौन हूँ?''

उन्होंने उत्तर दिया, "जानता हूँ, तुम मेरी पत्नी हो।"

मैंने आवेश से कहा, "मैं महर्षि शुक्राचार्य की कन्या हूँ। विवाह के बाद आपने मुझ से एक सौगंध खाई थी। शायद आप ने उसे भुला दिया है इसीलिए याद दिलाती हूँ। मैंने आपको चेतावनी देकर जताया था कि मदिरा पीकर मेरे महल में कभी न आएं। आपने उसे स्वीकार कर लिया था। आज आप मदिरा में तर होकर उसके नशे में धुत होकर मेरे महल में आए हैं! आपने सौगंध तोड़ दी है। आपको मालूम है मेरे पिताजी कितने महान तपस्वी हैं। यह भी आप जानते हैं कि उन्हें मुझसे कितनी ममता है। परवाह नहीं उनकी तपस्या भंग हो जाए, किन्तु मैं अभी इसी समय उनके यहाँ जाती हूँ और आपके इस सारे दुराचरण का हाल उन्हें सुनाती हूँ। कोई भयंकर अभिशाप मिले बिना आपकी अक्ल ठिकाने नहीं आएगी।"

'अभिशाप' शब्द सुनते ही महाराज चौंके। शायद उस मदहोशी में भी इस शब्द का अर्थ उनकी समझ में अच्छी तरह आया था। वे पीछे हटे। मेरी ओर खोई-खोई नज़र से देखने लगे। मुझे उन पर दया आ गई। जैसे भी हो वे मेरे पति थे। मैं उनकी पत्नी थी। हम दोनों ने सोच-समझकर अपनी ज़ीवन-सरिताओं का संगम कराया था। माना कि वे बहुत ही उन्मत्तता से पेश आए, कर्तव्य को उन्होंने भुला दिया, मदिरा को स्पर्श न करने की अपनी कसम तोड़ दी! किन्तु फिर भी क्या वे मेरे अपने नहीं थे? अपनों के दोषों और भूलों को उनके अपने लोग ही क्षमा न करें तो फिर कौन करेगा? मैं पत्नी थी। उन्होंने पति-धर्म का पालन बराबर नहीं किया था। किन्तु क्या मुझे पत्नी-धर्म का पालन नहीं करना चाहिए?

प्रेम क्या बाज़ार में मिलने वाली वस्तु है? बाज़ार का तो दस्तूर ही होता है कि दाम देखकर वस्तु दी जाए! किन्तु गृहस्थी कोई बाज़ार तो नहीं। महाराज यदि गलती कर रहे हैं तो मुझे चाहिए कि उनकी गलती उन्हें दिखा दूँ, समझा दूँ। उनका सन्तुलन जा रहा होगा तो मुझे चाहिए कि उन्हें संभाल लूँ।

क्षण-भर, बिल्कुल क्षण-भर के लिए ही सही मैं इस विचार से विचलित हो गई थी। मन में आया सीधी बढ़कर उनसे कसकर लिपट जाऊँ, उन्हें पलंग पर ले जा बैठा दूँ, उनके कंधे पर माथा रखकर ख़ूब रो लूँ और उनसे कहूँ, "मेरे लिए आपकी इस देवयानी के लिए क्या आप अच्छा आचरण नहीं रखेंगे? केवल मेरे लिए ही. नहीं, अपने यदु के लिए भी। यदु आज बहुत छोटा है किन्तु कल वह भी बड़ा होगा! उस पर अच्छे संस्कार कौन डालेगा? उसे बुद्धिमानी की बातें कौन सिखाएगा? आपके समान वह भी महापराक्रमी बने इसकी चिन्ता कौन करेगा? किसके पदचिह्नों पर चलकर वह बड़ा बनेगा? तो मेरे लिए आपके-मेरे यदु के लिए..."

मेरे कदम उनकी ओर बढ़ने को मचलने लगे ही थे कि तभी महाराज ने मुझ से प्रश्न किया, "शर्मिष्ठा कहाँ है? मेरी शर्मिष्ठा कहाँ है? राक्षसनी! तुमने उसे जान से मार डाला! तुम-सी दुष्ट स्त्री सारे संसार में नहीं होगी! तू, तू..."

वे एक-एक कदम आगे बढ़ने लगे। मुझे भय लगा कि शायद वे मेरा गला घोंट देंगे, मेरे प्राण ले लेंगे। मेरा ज़ोर से चीखने को जी कर रहा था किन्तु मुँह

से एक शब्द नहीं निकल पा रहा था। तब तक महाराज मेरे बिल्कुल पास आ गए। साफ दिखाई देने लगा कि वे मेरा गला घोंटना चाहते हैं। पिशाच जैसी भयंकर हरकत से वे हाथ नचाने लगे। पूरी ताकत लगाकर मैं चिल्लाई, ''दूर हटिए! मत भूलिए मैं शुक्राचार्य की कन्या हूँ। उनके शाप से पत्थर बनकर रह जाएंगे या कोई जानवर बना दिए जाओगे। दूर हो जाइए! पीछे हट जाइए! मेरे महल से चले जाइए!''

थर-थर काँपते हुए महाराज दो-चार कदम पीछे हटे। बुदबुदाते हुए बोले, ''नहीं, मैं आगे नहीं बढ़ूँगा।''

महाराज की बकवास में शर्मिष्ठा का उल्लेख आने से मेरा मन एकदम भभक उठा था। मैंने उनसे कहा, ''पहले शपथ लीजिए कि आप अब से आगे मुझे स्पर्श तक नहीं करेंगे! शपथ लीजिए!'' उन्होंने कहा, ''लेता हूँ, लेता हूँ!'' उनकी ओर देखते-देखते मेरे मन में आया इनके इन्हीं हाथों ने शर्मिष्ठा को अपनी बाँहों में भरकर मुझे धोखा दिया, इन्हीं होंठों ने शर्मिष्ठा के चुंबन लेकर मेरा विश्वासघात किया! नहीं! इनके इस भ्रष्ट शरीर का स्पर्श भी मुझे अब नहीं चाहिए। मैंने डपटकर उनसे कहा, ''शपथ लीजिए, अब कभी आप मुझे स्पर्श नहीं करेंगे। मेरे पिताजी का नाम लेकर शपथ लीजिए।''

महाराज ने वैसी शपथ ली और वे मेरे महल से चले गए। हमारे बीच का पति-पत्नी का रिश्ता, जीवन का अत्यंत रम्य, रेशमी नाजुक धागा उस दिन टूट गया! एक-दूसरे से मुँह फेरकर पृथ्वी-परिक्रमा प्रारम्भ की।

उस रात जो अनहोनी हो गई उसमें मेरा भी क्या दोष था? शुक्राचार्य की कन्या, यदु की माँ और हस्तिनापुर की महारानी तीनों निरंतर मुझ से यही कहती आई हैं कि मैंने जो किया वही उचित था। इनमें से एक ने भी उस रात के मेरे कठोर निर्णय के बारे में कभी शिकायत नहीं की है।

फिर कभी-कभार यह कौन है जो कानों में बुदबुदाता है कि ''तुमने भूल की है! तुमने अपना धर्म नहीं निभाया है! अपने कर्तव्य से मुकर गई हो?'' इन वाक्यों को सुनकर अनेक बार मैं चौंककर नींद से जाग उठी हूँ। उल्टे-सीधे विचारों की उधेड़बुन में रात-रात तड़पती रहती हूँ।

विगत अठारह वर्षों से लगातार अपने इस अंकुश से मुझे कोंचते रहने वाली यह स्त्री कौन है? रात में बिल से बाहर निकलने वाली चुहिया खुले में पड़े सुंदर वस्त्र को कुतर-कुतर डालती है उसी तरह यह अज्ञात स्त्री नींद के असतर्क क्षणों में मेरे निश्चय को धीरे-धीरे कुतरकर उसके टुकड़े-टुकड़े करने लगती है। यह स्त्री अज्ञात है, अनाम है, अरूपा है! ठीक तरह से मैं यह भी नहीं जानती कि इसका-मेरा क्या नाता-रिश्ता है! प्रारम्भ में मुझे लगा कि वह ययाति महाराज की पत्नी है। उसकी भुनभुन बंद करने के लिए मैं उससे कहती, ''मक्कार और छली पति से, विवाह के पवित्र बंधन को पैरों तले रौंदने वाले पति से भी पत्नी प्रेम करे? क्यों? क्या

उसके मन नहीं होता? अन्तःकरण नहीं होता? कोई अभिमान नहीं होता? क्या उसे कोई अधिकार नहीं होता? उस रात मैंने जो निर्णय किया वही उचित था। यह जानते हुए भी कि मैं पति-सुख से वंचित हो जाऊँगी, मैंने उस रात वह निर्णय लिया। अब प्राण जाएं, तभी मैं उसे नहीं बदलूँगी।''

किन्तु उस पगली को मेरी इन बातों से कभी सन्तोष नहीं हुआ। इतने वर्ष बीत गए! आज भी वह उसी तरह भुनभुना रही है। आज भी किसी मायूस क्षण में वह चीखने लगती है :

''तू अपने धर्म से मुकर गई है, कर्तव्य से च्युत हो गई है। प्रेम कब किन्हीं बाहरी बातों पर निर्भर रहा है? प्रीति तो एक हृदय से उद्गम पाकर दूसरे हृदय में जा मिलने वाली महानदी है। रास्ते में कितनी ही ऊँची पहाड़ियाँ क्यों न आएं वह उनका चक्कर काटती हुई आगे को बढ़ती जाती है। जिस दिन कोई किसीको अपना लेता है उसी दिन उसके गुण दोषों का हिसाब मन से समाप्त हो जाता है। शेष रहती है केवल निरपेक्ष प्रीति—रुकती-बढ़ती ठोकरें खातीं लड़खड़ाती बार-बार गिरती-उठती किन्तु फिर भी भक्ति के शिखर की ओर बढ़ते ही जाने का प्रयत्न करने वाली प्रीति! भगवान की पूजा करते समय इसका हिसाब थोड़े ही किया जाता है कि उसने हमें क्या दिया और क्या नहीं दिया है? प्रीति मानव द्वारा मानव की पूजा का ही नाम है। तूने वह पूजा ठुकरा दी, स्त्री-धर्म पर तुमने कलंक लगाया। तू कभी सुखी नहीं होगी!''

आज ऐसा ही हुआ। यदु के बंदी बनाए जाने का अशुभ समाचार लेकर अमात्य आए। सुनकर मैं सन्न होकर बैठ गई। मेरी इसी दुखी अवस्था से लाभ उठाकर वह चुड़ैल फिर कानों में ज़ोर-ज़ोर से चिल्लाने लगी—''तूने स्त्री-धर्म का पालन नहीं किया, पत्नी-धर्म का निरादर किया, यह उसी पाप का फल है।''

नहीं! यह एकदम झूठ है! यदु का पराभव महाराज के पाप का फल है। अठारह वर्ष तक उनके द्वारा लगातार रचा गया पापों का पहाड़ आज मेरे निरीह बच्चे के मस्तक पर टूट पड़ा है!

महाराज के पापों के फल किस-किसको नहीं चखने पड़े? वह बेचारा माधव! उनका परम मित्र! शर्मिष्ठा को नगर से बाहर छोड़ आने के लिए क्या गया, अपने प्राणों से हाथ धो बैठा। उसकी वह मंगेतर माधवी! मानो रात की प्रतिमा। क्या सुंदर आँखें थीं उसकी! किन्तु सुना कि एक दिन उस लड़की का शव यमुना में मिला।

माधव के घर उसकी वृद्धा माँ और भतीजी तारका दो ही जीव रह गए। देखते ही देखते तारका बड़ा हो गई। दादी को पोती के विवाह की चिन्ता सताने लगी। बुढ़िया अपनी चिन्ता जताने के लिए एक दिन टांगें घसीटती महल में आई। मेरी जिह्वा पर शब्द आ गए—''आप जाकर अपने महाराज से क्यों नहीं कहतीं, तारका के लिए कोई अच्छा-सा लड़का खोजें!'' किन्तु काल-पुरुष ने बेचारी बुढ़िया का ऐसा कचूमर निकाल दिया था जैसे कुम्हार गीली मिट्टी को रौंद डालता है। मुझे उस पर दया आ गई। जिह्वा पर आए वे शब्द मैंने वहीं रोक दिए और माधव की माँ से

कहा, ‘‘ठीक है, आप चिन्ता न करें। तारका के लिए अच्छा-सा घर अवश्य ढूँढ़ देंगे।’’ बुढ़िया विदा लेकर चली गई। फिर कुछ दिनों बात पता चला कि तारका पागल हो गई है। मुझे इस बात पर विश्वास नहीं हो रहा था। मैं माधव के घर गई। तारका फूलों की माला पिरोती बैठी थी। क्या ही निखार आया था उसके यौवन में! किन्तु उसकी आँखों में भीषण शून्यता थी। काफी देर तक उसने मुझे घूरकर देखा किन्तु पहचाना बिल्कुल नहीं। अन्त में मैंने ही कहा, ‘‘तारका, मुझे दोगी यह माला?’’ वह उठी और उस अधूरी माला को मेरे सामने बढ़ाते हुए बोली, ‘‘लीजिए न, यह माला लीजिए न!’’ तुरन्त अपना हाथ पीछे खींचकर कहने लगी, ‘‘पहले एक शपथ लीजिए। इन फूलों को न मसलने की शपथ लीजिए। फिर दूँगी मैं यह माला आपको।’’

तभी उसकी दादी बाहर आ गई। उसने तारका से कहा, ‘‘अरी बेटी, इन्हें पहिचाना नहीं तुमने! ये हमारी महारानी है। नमस्कार करो भला इन्हें!’’ उसने दादी से पूछा, ‘‘कहाँ की महारानी?’’ बुढ़िया ने कहा, ‘‘अरी बावरी! वे ययाति महाराज हैं ने हमारे? आप उनकी महारानी हैं!’’ तारका सिर झुकाकर कुछ बुदबुदाई। फिर हाथ की माला की ओर देखती हुई चिल्लाई, ‘‘ओ माँ! कितना बड़ा सांप है यह! सांप सांप!’’ उसने उस माला को दूर फेंक दिया। उसकी ओर उंगली दिखाते हुए बोली, ‘‘दादी! वह देखो सांप! उसे मारने के लिए एक अच्छी-सी लाठी लाओ। चुपचाप और धीरे से जाना, वरना वह तुम्हें ही काट खाएगा! कुछ समय पहले उसने मुझे डस लिया था! यहां—यहां—यहां!’’

वैसे पूछा जाए तो तारका का महाराज से क्या संबंध था? वह उनके परम मित्र की भतीजी थी। किन्तु वह भी दुर्भाग्य का शिकार होने से नहीं बची।

मेरा लाड़ला यदु! ऐसे शापित पिता का पुत्र था वह! चील महारानी के रत्नहार को झपटकर उठा ले गई। सच ही तो है पुत्र का भाग्य माता-पिता के भाग्य से जुड़ा होता है।

यदु सदगुण-सम्पन्न और पराक्रमी बने इस हेतु मैंने दिन-रात उसे महाराज के स्वेच्छाचारी जीवन से प्रयत्नपूर्वक दूर रखा। इसके बावजूद वह होकर ही रहा जो नहीं होना चाहिए था। इस दुनिया में क्या देवी-देवता भी भाग्य का लेखा टाल सके हैं?

अठारह वर्ष पूर्व उस रात मैंने महाराज से वह सौगंध उठवाई। महारानी होते हुए भी किसी संन्यासिनी-सा जीवन बिताया। रात-रात तड़पती रही। प्रिय-जनों के सहवास में सब दुखों को भुलाना चाहने वाले मन को मैंने वैसा ही जलते रखा।

किसी दिन मन के ये सारे बाँध टूट जाते और भीतर से उमड़-घुमड़कर बाहर आने वाली भीषण बाढ़ में मैं बह जाती। रथ में बैठती। रथ अशोक वन की ओर ले चलने का आदेश देती। किन्तु रथ को अशोक वन तक ले जाने पर भी मैं कभी उसके भीतर नहीं गई।

किन्तु महाराज ने अपनी शपथ को अवश्य निभाया—एकदम विपरीत ढंग से! छह-छह मास तक वे नगर से बाहर रहने लगे। आठों पहर रंगरेलियों में डूबे रहने

का सिलसिला उन्होंने शुरू किया। प्रारम्भ में यह सब सुनते ही मेरे मन को बिच डसने जैसी वेदनाएं होतीं। स्त्री-पुरुषों के प्रेम-संबंध के प्रति घृणा हो आती। लगत काश, भगवान ने यह आकर्षण निर्माण ही न किया होता।

कभी-कभार दिल के कोने का कोई नाजुक तार झंकार उठता। उसकी झंकारत लहरों पर शब्द का साज़ चढ़ जाता—"पगली! छोड़ दे यह सारा अभिमान। अभ दौड़ जा। महाराज जहाँ भी हों वहीं चली जा। वे मदिरा पीकर नशे में चूर होंगे कोई बात नहीं। किसी अपरिचित सुंदरी की बाँहों में पड़े होंगे, कोई चिन्ता नहीं तू वहाँ दौड़ जा। उनके चरणों को अपने आंसुओं से धोकर उनसे विनती कर य आप क्या किए जा रहे हैं? राजराजेश्वर किधर फिसलते जा रहे हैं आप? आकाः की उल्का अपने उच्च स्थान से डिगते ही पाषाण होकर गिर जाती है। प्रियतम आ मेरे हैं। आपका कलंक मेरा भी कलंक है। आपका अधःपतन मेरा भी अपना अधःपतन है। मैं आपकी पत्नी हूँ पति के बिना पत्नी की लाज कौन रखेगा? मुझे मदिरा की महक तक बरदाश्त नहीं होती। किन्तु चलो, आपके सुख को ही मैं अपना सुख मान लेती हूँ। आप चाहें तो मुझ पर मदिरा की कुल्ली डाल दीजिए। मैं चूं तक नहीं करूँगी। फिर तो बात बनेगी न? आप देवयानी को अपने सुख के लिए ऐसे कुचल-मसल डालिए जैसे किसी फूल को मसलकर रख देते है। किन्तु कृपा करके धर्म की इस अमर्यादा को रोकिए। अपने पति-धर्म का पालन कीजिए। पुत्र-धर्म को याद कीजिए राजधर्म को मत भुलाइएगा।"

महाराज के चरण पकड़कर इसी तरह उनसे काफी बातें करने को जी चाहत तो था, किन्तु केवल पल-दो पल ही। दूसरे ही क्षण मुझे कच का स्मरण हो आता उसे मुझ से कितना उत्कट प्रेम था! केवल कर्तव्य के लिए उसने उस प्रेम का त्याग किया। संजीवनी विद्या लेकर वह देवलोक वापस गया, तब कितनी ही अप्सराएं उस पर अपने-आपको वार देने के लिए तैयार रही होंगी। किन्तु वह लुभाया नहीं, भरमाय नहीं, बौराया नहीं! अपने व्रत से डिगा भी नहीं।

कच के वैराग्य की याद आते ही महाराज की विलासप्रियता से घृणा होने लगती बीती बिसारकर उनकी शरण गहने की कल्पना पर लज्जा आ जाती। सारा अभिमान उफनकर आ जाता और कहता, पत्थर पर फूल किसलिए चढ़ाए जाएं? क्या फूलों की सुगंध से पाषाण कभी महक सकता है? पुरुष प्रेम करे तो कच जैसा। स्त्री पूज करे तो ऐसे ही पुरुष की!

काश, कच से मेरा विवाह हो गया होता। तो निश्चय ही मैं सुखी रहती। उसकी पर्णकुटिया में मुझे वह आनंद मिलता जो इस राजप्रासाद में एक भी दिन मुझे नही मिला।

किन्तु...क्या सचमुच मैं सुखी हो जाती? मैं उससे प्रेम करती थी। किन्तु मन के इस अंध-आकर्षण से ही क्या कोई सुखी हो जाता है? मेरे मन में उसके प्रति जो प्रेम था वह निरपेक्ष कहाँ था? नहीं! वह तो निपट आत्मपूजा का ही एक प्रकार

था। मैं उससे सचमुच प्रेम करती होती तो उसे शाप देते समय मेरी जीभ हकलाती। उन विषैले शब्दों के स्पर्शमात्र से मेरे होंठ काले-नीले पड़ जाते।

तो प्रेम आखिर होता क्या है! कितनी बड़ी पहेली है यह? विगत अठारह वर्ष से महाराज ने यहाँ जो घिनौना हुड़दंग मचा रखा है क्या वही प्रेम है? महाराज ने शर्मिष्ठा से किया वह क्या प्रेम ही था। अपनी पत्नी को धोखा देकर किसी दूसरे स्त्री के साथ...

शर्मिष्ठा! उसके याद आते ही तन-बदन में आग-सी लग जाती है। पता नहीं किस अशुभ मुहूर्त में उसे दासी बनाने की झक मुझ पर सवार हुई! उसके कारण महाराज मुझ से दूर हो गए। इधर मैं उनके मामूली स्पर्श से भी वंचित हो गई और उधर वे अधःपतन की गहरी खाई में जा गिरे। आज युवराज यदु का पराभव हो गया। शत्रु उसे बंदी बनाकर ले गए। इतना गज़ब हो गया है, किन्तु महाराज को कहाँ है किसी भी बात का दुःख?

महाराज को चाहिए था कि समाचार सुनते ही दौड़कर यहाँ आते। वे यदु को छुड़वाने के लिए निकल पड़ते तो उनकी आरती उतारते समय मेरी आँखों में आंसू आ जाते। उन आंसुओं को अपनी उंगली से हौले से पोंछते हुए वे कहते "पगली कहीं की! देखना, पंद्रह दिन के अन्दर यदु को तुम्हारे सामने लाकर खड़ा कर दूँगा।"

"पगली कहीं कीं" कितने मधुर हैं ये शब्द। इन्हीं शब्दों को सुनने के लिए स्त्री जन्म ले और इन्हीं को सुनते-सुनते दुनिया से विदा हो जाए। जी करता था कि कोई स्नेह से मुझे पास खींच ले मीठे-मीठे शब्दों से धीरज बंधाए, प्यार से मेरा मस्तक सहलाए और उस भावभीने स्पर्शमात्र से मन के सभी दावानल क्षण-भर में बुझकर शान्त हो जाए। नहीं। यह सुख अब नसीब में कहाँ है? क्या एकाकीपन का यह दुःख अब मेरा इसी तरह निरंतर पीछा करने वाला है? अन्त तक क्या मैं इसी तरह भूखी-प्यासी रहने वाली हूँ? अतृप्त!

बधिर मन से मैं बाहर का अंधेरा देखते खड़ी थी। अठारह वर्ष की अनेक स्मृतियों की धुंधली आकृतियां अंधेरे में विचरने वाले भूतों की तरह मेरे मन में ऊधम मचाने लगीं। मेरा धीरज टूट गया। लगा, सीधे रथ में बैठकर अभी अशोक वन जाऊं, महाराज के गले में बाँहें डालूं और कहूँ...

जैसे अंधेरे में तारों की ओर देखते चले रहे आदमी को सर्पदंश हो जाए मुझे भी कुछ ऐसा ही लगा! यदु की याद आ गई। अमात्य अभी तक वापस नहीं लौटे थे। इसका मतलब यही था कि यदु को छुड़वा लाने के लिए महाराज कुछ भी करना नहीं चाह रहे थे।

दासी ने अमात्य के आने की सूचना दी। वे महल में आए। सिर झुकाकर चुपचाप खड़े रहे। मैंने तीखे स्वर में पूछा, "इतनी देर क्यों लगाई अमात्य?"

"महाराज से भेंट ही नहीं हो पा रही थी।"

"यह मालूम हो जाने पर भी कि यदु को शत्रुओं ने कैद कर लिया है?"

"जी।"

"क्यों?"

"वह तो सेवक न बताए न महारानी जी सुनें।"

"समझ गई! यही न कि महाराज विलास में मगन थे?"

अमात्य बोले नहीं।

मैंने प्रश्न किया, "अन्त में महाराज से आप की भेंट हुई भी, या नहीं?"

"हुई।"

"क्या कहा उन्होंने?"

"मेरी बात सुनकर वे केवल हँसे।"

"हँसे?" सुनकर मैं आगबबूला हो गई! किन्तु मन पर जैसे-तैसे काबू रखकर मैंने यह प्रश्न किया।

अमात्य सिर झुकाए बोलने लगे, "महारानी का सन्देश मैंने उनसे कहा। इस पर वे फिर हँसे। फिर बोले–"महारानी से कहना, इतने वर्ष बाद याद करने के लिए हम आपके बहुत ऋणी हैं।"

मैंने अपना नीचे का होंठ खून निकलने तक चबाया। फिर भी मन स्थिर नहीं हो पाया। अमात्य मेरे सामने बुत बने खड़े थे। मैंने क्रोध से उनसे फिर प्रश्न किया आगे?" वे अचकचाते हुए बोले, "आगे महाराज ने जो कहा..."

मेरे तलवों की आग सिर तक पहुँची। मैंने कहा, "महाराज ने जो कुछ कहा उसका एक-एक अक्षर मुझे साफ-साफ मालूम होना ही चाहिए।"

काफी आनाकानी और झिझक से काँपते स्वर में अमात्य ने महाराज के वे उन्मत्ततापूर्ण शब्द मुझे सुनाए, "शत्रु महारानी को भी कैद कर ले जाता है तो ले जाए उनकी बला से। मुझे कोई आपत्ति नहीं। महारानी से अब मेरा कोई संबंध नहीं है।"

ज़हरीले तीर की तरह वे शब्द मेरे कलेजे में घुस गए!

मैं उनकी कोई नहीं हूँ? शत्रु मुझे भी कैद कर ले जाते हैं तो उन्हें कोई आपत्ति नहीं? होगी भी क्यों? अनायास उनकी राह का काँटा जो दूर हो जाएगा! अच्छा जी! मैं भी देख लूँगी।

विवाह के दिन से ही हममें ठन चुके युद्ध का अन्तिम कांड शीघ्र ही आरंभ होगा। पिताजी की तपस्या समाप्त तो होने दो! फिर एक क्षण में इन्हें पता चल जाएगा, मैं उनकी कोई लगती हूँ या नहीं। विवाह के समय ही शर्मिष्ठा के साथ पेश आते समय सावधानी बरतने के लिए पिताजी ने इन्हें जताया था। किन्तु यह रही आवारा जानवर की जात! नाक में नकेल डाल दिए जाने पर भी जाते-जाते पास के खेत में मुँह मारे बिना कभी नहीं रह सकती।

मैं और अमात्य यदु को रिहा कराने के तौर-तरीकों पर विचार करने लगे। तभी एक दासी भागी-भागी भीतर आई। उसकी मुद्रा पर आनंद समा नहीं रहा था। वह जल्दी-जल्दी बोली, "बाहर एक दूत आया है। वह घोड़ा दौड़ाते आया। देवी, जैसे ही वह घोड़े पर से कूदा, घोड़ा खून उगलता हुआ प्रांगण में दम तोड़ गया।"

उस दासी पर मुझे इतना क्रोध आ गया! उस दूत को तुरन्त भीतर ले आने के बजाय...

मैं फुर्ती से महल के बाहर आ गई। वहाँ वह दूत खड़ा था। नम्रतापूर्वक अभिवादन करते हुए उसने कहा, ''देवी, मैं एक बड़ी खुशखबरी ले आया हूँ। युवराज शत्रु की कैद से रिहा हो गए।''

मेरे आनंद की सीमा न रही। यदु के साहस और पराक्रम के प्रति मैंने अत्यंत गर्व अनुभव किया। मैंने अधीरता से प्रश्न किया, ''युवराज कैसे मुक्त हो गए? कैसे निकल भागे? क्या पहरेदार को मारकर?''

''नहीं देवी! जान जोखिम में डालकर उन्हें छुड़वाया है!''

''किसने? सेनापति ने?''

''सेनापति ने नहीं। युवराज की ही उम्र का एक युवक वीर है उसने?''

''उसका नाम क्या है?''

''उस वीर युवक का नाम तो मुझे मालूम नहीं। वह हमारा सैनिक भी नहीं है। यह खुशखबरी आपको देने के लिए सेनापति ने मुझे तुरंत रवाना किया। उस वीर युवक को साथ लेकर महारानी के दर्शन के लिए युवराज राजधानी आ रहे हैं। और यही समाचार देने के लिए सेनापति ने मुझे भजा है। पंद्रह दिन में वे हस्तिनापुर पहुँच जाएंगे।''

मैं सोच ही रही थी कि उस दूत को इस खुशखबरी के लिए कौन-सा अलंकार पुरस्कार में दूँ, तभी एक और दासी दौड़ी आई और कहने लगी कि बाहर एक और दूत आया है मैं घबरा गई। कलेजा धक्धक् करने लगा। कहीं ऐसा तो नहीं कि यदु के मुझ से मिलने के लिए निकलने के बाद रास्ते में घात लगाकर बैठे शत्रु ने उसे फिर से बंदी लिया? वे पांच-दस पल युगों समान बीते।

वह दूसरा दूत भीतर आया। उसे देखते ही मैंने पहचान लिया। वह महाराज वृषपर्वा का दूत था। वह बहुत ही आनंददायक समाचार ले आया था। पिताजी की तपस्या पूरी हो गई थी, सफल हो गई थी। भगवान शंकर ने उन्हें संजीवनी जैसी ही एक अद्‌भुत विद्या वरदान के रूप में दी थी। राक्षस राज्य में महोत्सव आरम्भ हो गया था। उस महोत्सव में मुझे ले जाने के लिए पिताजी स्वयं इधर आने को निकले थे। महाराज वृषपर्वा ने कहला भेजा था कि पंद्रह दिन में वे यहाँ पहुँच जाएँगे।

आनंद की तरंगों पर तैरने लगी देवयानी दुखी देवयानी को सान्त्वना देने लगी। उसके आँसू पोंछते हुए उसने कहा, ''आज तेरी तपस्या भी सफल हो गई। अठारह वर्ष तुमने भी बहुत कष्ट उठाए हैं। अब तुम्हारे जीवन की ग्रीष्म ऋतु समाप्त हो गई समझो! शर्मिष्ठा के बारे में तुम थोड़ा-सा शुक्राचार्य को बता-भर दो।'' और देखती जाओ, क्या-क्या गुल खिलता है। तेरे पिता जी तुरंत ही यदु को सिंहासन पर बैठा देंगे। वे महाराज को ऐसा दण्ड देंगे कि...''

खुली आँखों में एक स्वप्न देखने लगी। यदु का हस्तिनापुर के सम्राट के रूप में राज्याभिषेक हो रहा है। समूचे आर्यावर्त की नदियों से लाया हुआ पवित्र जल उसके मस्तक पर सींचा जा रहा है। फिर भी कच से लेकर सभी ऋषि-मुनियों को इस अभिषेक में किसी बात की कमी महसूस हो रही है। अन्त में यदु मुझे प्रणाम करता है। मेरी आँखों से आनंद के आँसू बह निकले हैं। पिताजी हँसकर कहते हैं, "अब यदु का अभिषेक पूरा हो गया।"

तभी महाराज मेरे सामने घुटने टेककर बड़ी दयनीयता से कहते हैं, "तुम्हारे पिता के शाप के कारण मेरा सारा शरीर जल रहा है। अपने आँसुओं से इसे भी शान्त कर दो। मैं तुम्हारा शतशः अपराधी हूँ। मुझे क्षमा करो!"

ययाति

मैं—मैं कौन हूँ? कहाँ हूँ? स्वर्ग में हूँ या नरक में?

मैं ययाति ही हूँ न? नहुष महाराज का पुत्र, हस्तिनापुर का सम्राट, देवयानी का पति...

देवयानी? कहाँ की देवयानी? देवयानी मेरी कोई नहीं—कोई नहीं!

कोई नहीं कैसे? है। वह मेरी पूर्व जन्म की बैरिन है! उसने—उसने मुझे इस नरक में धकेला है!

किन्तु मैं क्या नरक में हूँ? नहीं, मैं भी क्या पागलपन की बातें कर रहा हूँ! यह नरक नहीं, यह स्वर्ग है। कई वर्ष हो गए, मैं इस स्वर्ग-सुख का उपभोग कर रहा हूँ।

कितने वर्ष हो गए? अठारह? नहीं, अठारह सौ वर्ष हो गए, मैं इस स्वर्ग में हूँ। अप्सराओं का अधरामृत निरंतर पी रहा हूँ। कल्पवृक्ष के नीचे मेरा पलंग लगाया गया है। हरसिंगार के फूलों की सेज पर मैं दिन-रात लोट रहा हूँ। नक्षत्रों को भी लजा देने वाली चितवनों से मैं प्रतिपल घायल हो रहा हूँ। अब—अब मैं इंद्राणी को अपनी बाँहों में भरकर...

इंद्राणी—इंद्राणी के कारण ही तो नहुष महाराज को वह भयंकर अभिशाप मिला! कौन है जो मेरे कानों में बुदबुदा रहा है?—"नहुष के पुत्र कभी सुखी नहीं होंगे!"

किन्तु मैं नहुष महाराज का पुत्र हूँ। मैं सुखी हूँ, मेरा भाई यति— वह जंगलों में भाग गया। अन्त में पागल हो गया। किन्तु मैं तो सुखों के सागर की तरंगों पर तैर रहा हूँ। अपने सभी दुखों को मैंने इस समुद्र में डुबो दिया है।

किन्तु...किन्तु...शर्मिष्ठा की स्मृति का एक दुःख अवश्य है...शर्मिष्ठा इस समय कहाँ है? नहीं, यह दुःख लाख कोशिशें करने पर भी हाला-प्याला में डुबोया नहीं जा रहा है! मृगया के रक्त से उसे पोंछा नहीं जा सकता। शरीर-सुख देने वाली कोई भी सेज-सहेली अपनी बाँहों में लेकर इस दुख को कुचल-मसल नहीं सकती।

नहीं—ययाति सुखी नहीं है। वह दुखी है!

मैं दुखी हूँ? नहीं, यही समझ में नहीं आता कि मैं सुखी हूँ या दुखी। सुख क्या होता है? दुख क्या चीज़ है? शायद दुनिया में इससे जटिल कोई प्रश्न नहीं

है! मैं ययाति ही हूँ या कोई और बन गया हूँ? कहाँ चला जा रहा हूँ मैं? क्यों? किसके लिए?

मैं कहाँ हूँ? सूरज और चाँद-तारों की रोशनी—प्रीति, वात्सल्य और मानवता का प्रकाश—सारे प्रकाश कहाँ गायब हो गए? सबका एकसाथ अस्त कैसे हो गया? इस भीषण अंधेरे में मैं कहाँ चला जा रहा हूँ?

अंधेरा—कहाँ है अन्धेरा? अरे, मैं कहीं पागल तो नहीं हो गया?

मेरे सामने यह हाला-प्याला रखा है। माधव की मृत्यु के बाद यही मेरा अभिन्न मित्र रहा है! इकलौता! यह एक ऐसा मित्र है जो दिन हो या रात कभी मेरा साथ नहीं छोड़ता! यही मेरा प्राणों से भी प्यारा मित्र है जो कलेजे मे चुभी तमाम फांसों को हौले से निकाल देता है।

मेरे सामने यह हाला-प्याला रखा है। मुझे ब्रह्मानंद में डुबोकर कृतार्थ बना यह खाली प्याला—इस प्याले से यह क्या...

कहीं मैं पागल तो नहीं हो गया? इस खाली प्याले से यह कैसी आवाज़ सुनाई दे रही है मुझे? इस प्याले से यह कौन बाहर निकला आ रहा है? यह तो कोई एक आकृति नहीं। एक-दो-तीन...

सत्रह-अठारह! अठारह विवस्त्र डायनें उस प्याले से...

कितना भीषण नृत्य कर रही हैं ये डायनें! ये डायनें किसके ऊपर नाच रही हैं? अरे ये तो नाज़ुक कोमल सुंदर युवतियों की लाशों पर नाच रही हैं। प्रणय की पहली आहट पाकर चकरायी वह प्यारी बालिका है। वह दूसरी प्रीति का पहला चरण-चिह्न में अंकित होते ही शरमाई मुग्धा है। वह उधर प्रीति के पवित्र स्पर्श से पुलकित ढीठ रमणी है। उस ओर सुनहरे स्वप्नों में बनाए गृहस्थी के मंदिर में पूजा का थाल लिए जा रही वह प्रसन्न प्रमदा है—इन सबकी लाशों पर ये बदसूरत डायनें उन्मत्त होकर नाच रही हैं!

नाचते-नाचते वे गाने लगती हैं। उनके स्वर खिसियाई नागिनों के फुफकार जैसे हैं...

हे भगवान! उनके हर स्वर के साथ आकाश का एक-एक अक्षय दीप बुझ रहा है। देखते ही देखते सारा आकाश कजरा गया है स्याह पड़ गया है! आकाश के सभी दीपों को इन डायनों ने अपने गीतों के स्वरों से बुझा दिया है!

ये डाकिनियाँ यह कौन-सा प्रलय-गीत गा रही हैं?

यह गीत नहीं, अधंकार का स्तोत्र है। उसके द्वारा ये डायनें ऐसे घनघोर अधंकार को बुला रही हैं जिसमें मनुष्य स्वयं को पहिचानना भूल जाता है जिसमें कदम रखते ही प्रकाश की किरण काली स्याह पड़ जाती हैं, सभी सीमारेखाएं डूब जाती हैं।

गाते-गाते इन डायनों में से एक आगे आकर विकट अट्टहास करते हुए मुझसे कहती है पहिचाना मुझे? निपट बुद्धू के बुद्धू ही रहे तुम! अब भी नहीं पहिचाना हम बहनों को? अरे हमीं ने प्राणप्रण से तुम्हें सुख देने की चेष्टा की! —बेवफा, हमारे सहवास में जी-भर कर सुख लूटने के बाद भी तू हमें नहीं पहिचान पा रहा है?"

दूसरी ऊँची, उन्मत्त डायन मेरे बिल्कुल करीब आकर ठहाका मारती है—नरमाँस पकाने वाले कापालिक की तरह!

उसे अपने साथ लाग-लपट करते देखकर मैं डरकर आँखें मूँद लेता हूँ। मेरे गले में अपना अधीर हाथ डालकर वह कहती है, "चल मेरे साथ खेलने के लिए चल। हम द्युत खेलेंगे। इस जुए में मैं हार गई तो मैं हर रात तुम्हें नई कोमल और एकदम कोमल युवती लाकर दूँगी। लेकिन तुम हार गए तो तुम्हें मेरे साथ अधंकार के सागर में चलना होगा। वहाँ हम लोग तिमंगल के पेट में छिपकर बैठ जाएंगे। फिर तो भगवान को भी हमारा पता नहीं चलेगा। उस सुंदर एकांत में हम जी-भरकर प्रणय-क्रीड़ा करेंगे। मैं तुम्हारी पटरानी बनूँगी। तुम..." कहते-कहते वह रुक जाती है। मैं डरते-डरते आँखें खोलता हूँ। मेरे गले में पड़ा हुआ अपना हाथ निकालकर वह अपनी मुट्ठी बंद कर लेती है फिर तुरंत खोल देती है। उस खुली मुट्ठी में मुझे कौड़ियां दिखाई देती हैं।

कौड़ियां? नहीं, ये तो मोहक आँखें हैं ये—ये उस माधवी की आँखें! वे—वे उस तारका की! ...

ये कौड़ियाँ नहीं है। ये युवतियों की आँखें हैं। इन्हीं आँखों के मैंने लाख-लाख चुंबन लिए हैं। नाज़ुक पलकों की पतवार लिए प्रीति की खोज में निकली ये छोटी-छोटी नौकाएं हैं! इन्हीं नौकाओं में बैठकर कितनी ही बार मैंने स्वर्ग का किनारा देखा है।

वह डायन हँसकर पूछती है "चल, इन कौड़ियों से द्यूत खेलेंगे।" सुनकर मैं सिर से पाँव तक सिहर उठता हूँ। सारी शक्ति समेटकर उस डायन को मुश्किल से दूर ढकेलकर उससे पिण्ड छुड़ाता हूँ।

क्या यह सारा मात्र आभास था? पिछले अठारह वर्षों में ऐसे आभास इससे पहले मुझे कभी नहीं हुए थे। फिर आज ही क्यों हो रहे हैं? वह आभास था या सत्य?

मेरे सामने केवल खाली प्याला पड़ा है। खाली प्याला—शून्य मन—रिक्त हृदय!—रीता दिल!

इस सूनेपन का भान दिल को लगातार जलाते रहता है। मन रिक्तता की खोह में फड़फड़ाकर ऐसे भटकता है जैसे दावानल में फँसा पंछी चीं-चीं करता बाहर निकलने को छटपटाता हुआ उड़ता रहता है। कहीं भी उसे सहारा नहीं मिलता। हारकर मैं मदिरा के सागर में गहरा डूब जाता हूँ। उस सागर की हर लहर से मैं कहता हूँ "मुझे और गहरे...और भी गहरे ले चल। बिल्कुल विस्मृति के महासागर की तह में पहुँचा दे। वहाँ मुझे आराम से सोने दे। अनंत काल तक मुझे सुख से वहीं पड़ा रहने दे।"

उस दिन मैं इसी तरह बहुत ही गाढ़ी नींद सोया था। किन्तु वहाँ भी अचानक मुझे जाग आ गई। दूर-दूर कहीं सवेरा हो रहा था। पक्षियों की हल्की चहचाहट सुनने की मैंने काफी चेष्टा की किन्तु कुछ भी ठीक से सुनाई नहीं दिया! कुछ समझ में नहीं आया। कुछ दिखाई नहीं दिया!

काफी देर बाद मुझे सुनाई दिया, "हो गया महाराज।"

"क्या हो गया?"

"संध्या समय।"

कौन बोल रहा था? क्या कोई देवदूत था? क्या कहा उसने? संध्या समय हो गया? संध्या हो गई? मेरे जीवन की संध्या हो गई?

ऐसे कैसे हो सकता है? यह देवदूत राह भूल गया होगा! "अरे पागल, यह हस्तिनापुर का अशोक वन है। मैं सम्राट ययाति हूँ किसी वृद्ध राजा को देने के वास्ते लाया सन्देश गलती से तुम मेरे पास ले आए हो। जाओ, वापस चले जाओ। मेरे जीवन की संध्या इतनी जल्दी कैसे हो सकती है। मेरा यौवन अभी अतृप्त है। मेरी आँखें, कान, होंठ, हाथ–शरीर का प्रत्येक कण आज भी सुख का भूखा-प्यासा है, वह अधीर होकर प्रत्येक रात की राह देखता रहता है जाओ देवदूत लौट जाओ। ठीक से याद करो उस वृद्ध, शिथिल गात्र वाले और मृत्युशय्या पर पड़े राजा का नाम। अपना यह संदेश उसे जाकर सुनाओ, जाओ।"

"संध्या समय हो गया। प्रसाधन का समय हो गया महाराज।"

मुझे अपने पर ही हँसी आई। अरे यह तो मुकुलिका थी। उसे ही देवदूत समझकर मैं घबरा गया था–कितना डर गया था।

"बहुत ही सुंदर संध्या है। प्रसाधन की सिद्धता करूँ न?"

मैंने हँसते-हँसते पूछा, "फूल मिला?"

"जी महाराज।"

"ताज़ा है?"

"जी, एकदम ताज़ा। भगवान पर भी क्या कोई बासी फूल चढ़ाता है? यह तो अभी हाल ही खिली कली है महाराज।"

उस कली की अस्फुट सुगंधित लहरों पर मेरा मन चेतना के किनारे से अचेतन के किनारे तक झट से पहुँच गया और लौट भी आया। मैंने मुकुलिका से कहा, "प्याले में मदिरा डाल दे और प्रसाधन की सिद्धता कर।" मैं खिड़की के पास गया। आज की संध्या वाकई बहुत ही सुंदर थी।

सोचा, सारे कवि संकेतों के दास हुआ करते हैं। ऐसी मोहक शाम पर उनकी कल्पनाओं की उड़ानें घिसी-पिटी ही होती है। पश्चिम में छाया यह गहरा गुलाबी रंग, क्या वास्तव में संध्या रंग है? नहीं, सूरज अपने होंठों से लगाया हुआ मदिरा का प्याला बढ़ाकर संध्या के मुख के पास ले आया है। वह सकुचाई। "न, ना" कहते उसने बीच ही में अपना हाथ आगे बढ़ाया। उसका धक्का लगकर प्याला नीचे गिया। उस प्याले की इधर-उधर बह निकली मदिरा ही है यह।

वह गहरा लाल संध्या-रंग! मृगया के आनंद का साक्षात व्यक्त रूप है। काली भीलनी के हाथ से तड़क भाग निकला दिवस रूपी शिकार अब उसकी पकड़ में आ गया है। उसका तीर उसके कलेजे में गहरा आ घुसा है। दिवस के उर से वह निकला रक्त ही पश्चिम पर छा गया है।

ये तेज़ी के साथ बदलते जाने वाले संध्या-रंग—केशरी, अंजीरी, नारंगी! ये कीमती साड़ियों के रंग हैं। शायद स्वर्ग के द्वार में अपने प्रियतम की अधीरता से प्रतीक्षा कर रही कोई अप्सरा असमंजस में पड़ गई है कि कौन-सी वेशभूषा धारण करूँ, जो प्रियतम के मन को भा जाए। यह सोचकर कि शायद यह साड़ी उसे पसंद आएगी वह उसे पहनने लगती है। किन्तु पहन चुकते ही उसे लगता है, नहीं यह कोई बहुत अच्छी नहीं है। इसलिए वह उसे उतारकर दूसरी उससे अधिक कीमती साड़ी से परिधान करने लगती है। किन्तु किसी साड़ी से उसने मन को संतोष नहीं मिलता। वह लगातार साड़ियाँ बदलती ही जाती है।

लगा, सामने फैले उस अद्‌भुत सौन्दर्य को कहीं मेरी ही नज़र न लग जाए। मैं आँखें मूँदकर सोचने लगा।

दुनिया में केवल तीन ही बातें सत्य हैं—मृगया, मदिरा, मदिराक्षी। इन तीनों के सहवास में आदमी अपने सारे दुःख भूल जाता है।

इस दुनिया में अपना शिकार न हो, इस हेतु दूसरे को शिकार बनाते रहना पड़ता है। जीवन का यह अंतिम सत्य सिखाने के लिए मृगया के समान कोई और गुरु नहीं हो सकता। यह सत्य कठोर होता है, क्रूर भी प्रतीत होता है। किन्तु जीवन के महाकाव्य का वह सबसे अधिक महत्त्वपूर्ण श्लोक है। 'पवित्र', 'सुंदर', 'केवलनिरीह, दुर्बल सज्जनों द्वारा निर्माण किए गए शब्द हैं। पवित्र यज्ञ की वेदी बलि दिए जाने वाले पशु की चिता ही होती है! निष्पाप हिरन पारथी के मध्याह्न भोजन के लिए प्रकृति द्वारा बनाया गया पकवान है!

मदिरा के कारण आदमी के पर निकल आते हैं। उन परों की फड़फड़ाहट से उनके पैरों में बंधी शृंखलाएं चटपट टूट जाती हैं। मदिरा की मोहक और दाहक मदहोशी में नीति, कर्तव्य, पाप, पुण्य की सारी की सारी कल्पनाएं धुल जाती हैं!

सुंदर स्त्री वासना की क्षणिक तृप्ति कराने वाली सजीव गुड़िया मात्र है। सुंदरी रमणी के सहवास में मदिरा और मृगया की सुखसरिताओं का संगम हो जाया करता है।

मैंने आँखें खोलकर सामने देखा। सभी संध्या-रंग आकाश से गायब हो गए थे। सर्वत्र अधंकार का साम्राज्य फैल चुका था। उस अधंकार की ओर मैं आँखें फाड़कर देखने लगा। आभास हुआ कि अज्ञात के गर्त से उठकर एक अत्यंत विशाल कछुआ मेरी ओर हिरन की गति से आक्रमण करने चला जा रहा है। नहीं! वह कछुआ नहीं था! वह काल-पुरुष था! सर्व-भक्षक महाकाल! उसी ने उन संध्या-रंगों को स्वाहा कर डाला था!

मुझसे खिड़की के पास खड़ा नहीं रहा जा रहा था। बाहर देखते भी नहीं बन रहा था। मुड़कर मैं महल लौट आया। पलंग पर लेट गया। मुकुलिका ने प्रसाधन की सिद्धता पहले ही कर रखी थी। वह मेरे चारों ओर तितली के समान चहक रही थी। मैं उसकी सारी गतिविधियों को देख रहा था। इस अपेक्षा से कि मैं उससे कोई

मज़ाक करूँगा, वह सज-धज कर मेरे आसपास मटकती फिर रही थी। किन्तु मैं निर्विकार था। यकीन नहीं कर पा रहा था कि यह वही मुकुलिका है जिसके सहवास में स्त्री-पुरुष के आकर्षण का अद्‌भुत रहस्य मैंने पहली बार जाना था। इन बीस वर्षों में उसका सौन्दर्य कुम्हला गया था। यौवन ढल चुका था। वह मोटी और बेडौल दिखने लगी थी।

सोचा, अपने केवल स्पर्शमात्र से मुझे पुलकित करने वाली बीस वर्ष पहले की वह मुकुलिका...सुंदर मुकुलिका कहाँ गई? यह अब अधेड़ हो गई है। कल वह बूढ़ी हो जाएगी। मैं भी उसी तरह कल...

कल...आज...कल! नहीं, बीते कल और आने वाले कल के साथ मानव का क्या संबंध है? उसका तो एक ही ज़िक्र होता है—वर्तमान क्षण। अठारह वर्षों से मैं यही क्षण जीते आया हूँ। बिजली की गति से घूमनेवाले समय-चक्र को मदिरा के प्याले में डुबोकर मैंने स्थिर किया! रमणी की चितवनों में उलझाकर और बाँहों में बाँधकर मैंने उसे अचल बना दिया।

नहीं! अब मैं आगे-पीछे का कोई विचार नहीं करूँगा। इस अधेड़ मुकुलिका की ओर देखने से मन में उस काल-पुरुष की याद जाग जाती है। जो दबे पाँव आकर मनुष्य पर अपने पाश फेंकता है और उसे अज्ञात की खाई की ओर खींचकर ले जाता है। इस मुकुलिका को अब यहाँ से हटाना होगा, मेरा प्रसाधन करने के लिए दूसरी सुंदर और तरुण दासी...

मुकुलिका को हटा दूँ? क्या वह इतनी आसानी से हटाई जा सकेगी? नहीं! भाग्य ने ही मेरे सुख और उसके अस्तित्व का मेल करा दिया है!

अठारह वर्ष पूर्व की वह भीषण रात! यह सौगंध उठाकर कि 'अब से आगे तुम्हारे शरीर को कभी स्पर्श नहीं करूँगा।' मैं देवयानी के महल से चला आया। अतृप्त वासना की आग में मैं जल रहा था। अपमान के ज़हरीले शूल कलेजे में चुभ रहे थे। अनेक भले-बुरे विचार मन में कुहराम मचा रहे थे। प्रतिशोध, संन्यास, आत्मघात...

अन्त में मैं मुकुलिका के उस गुरु महाराज के मठ में गया। लगा, शायद पहले भी इस महाराज को मैंने कहीं देखा है। किन्तु उस क्षण कुछ भी ठीक से याद नहीं आ रहा था। आगे चलकर शीघ्र ही उसका रहस्य भी खुल गया। वह मंदार था। निरीह अलका की मृत्यु का कारण बना नीच मंदार। उसीने माँ से अलका की हत्या करवाई थी। अलका—सुनहरे बालों वाली मेरी वह प्यारी सहेली—मंदार को पहिचानते ही मेरे मन में अलका की मृत्यु का बदला लेने की इच्छा प्रबल होनी चाहिए थी। किन्तु उलटे मैं उसके ही इशारों पर नाचने लगा। अनजाने में उसके हाथ की कठपुतली बन गया।

मंदार बड़ा साधु बना फिरता था। उसने साधु का स्वांग तो बहुत ही अच्छी तरह से रचा था। उसकी वाणी में विलक्षण मोहिनी थी। परेशान मन को शांति देने की शक्ति उसके प्रवचनों में थी। उसने तरह-तरह के लोग इकट्ठा कर रखे थे।

कोई घर-गृहस्थी के ताप से जले हुए थे। कोई जीवन से ऊबे हुए थे। कोई दुनियादारी के हुनर देखकर डरकर भाग आए थे! दुनिया में दुःख के जितने भी प्रकार हो सकते है उतने ही मंदार के भक्तों के भी प्रकार थे! यह अनुभव करने पर कि बाहर आसानी से न मिलने वाले सभी सुख उसके स्वांग में शामिल हो जाने से पल्ले पड़ जाते हैं, अनेक लोग उसके भक्त बन गए थे! उस जमघट में केवल अधेड़ या बूढ़े ही नहीं थे, बल्कि तरुण-सुंदर युवतियों को भी भरमार थी। ऐसी सुंदर युवतियों का उपयोग मंदार बहुत ही कुशलता से कर लेता था। अठारह वर्ष पूर्व उस रात उसने इसी तरीके से मुझे अपने वश में कर लिया।

उस रात मैं एक ऐसा नशा चाहता था, जो शर्मिष्ठा की याद को भुला सके। मैं एक ऐसे उन्माद की खोज में था, जिसमें डूबकर देवयानी द्वारा किए अपमान को मैं भूल सकूँ। पाप, पुण्य, नीति अनीति आदि का विचार करने के लिए मुझे फुरसत नहीं थी। उस दुःख से छुटकारा पाने का मार्ग उस रात मंदार ने मुझे दिखाया। वह मेरा गुरु बन गया। पिछले वर्ष निरंतर सुख-विलास में डूबे रहने के लिए मुकुलिका और मंदार ने मेरी सब तरह से सहायता की है। उस दिन मंदार मेरे जीवन में न आता तो...

उस रात दुःख भुलाने का यह आसान तरीका मंदार ने मुझे न बताया होता तो...आत्मघात की चट्टान की ओर बह चले मेरे मन की नौका की पतवार उस रात उसने न संभाली होती तो...तो कल्पना भी नहीं की जा सकती, क्या नहीं हो जाता! शायद किसी खाई में छिन्न-भिन्न हो पड़े हस्तिनापुर के सम्राट के शरीर पर गिद्ध झपट-झपटकर उसके लोथड़े नोंचते होते! शायद शर्मिष्ठा का अधरामृत पीकर भी अतृप्त ही रहे उसके होंठों को किसी नदी की मछलियाँ कुरेदकर खाती होतीं!

उस रात मठ में मंदार को देखते ही मुझे यति की याद हो आई। जंगल की एक गुफा में इसी तरह अचानक ही उससे भेंट हुई थी। शरीर को कष्ट दे-देकर ही ईश्वर की प्राप्ति होती है। इस श्रद्धा से यति कोशिश करता रहा। अंत में उस श्रद्धा के कारण वह पागल हो गया। मंदार भी ईश्वर-भक्ति का नाटक कर रहा था। एक पहुँचे हुए साधु के रूप में विश्व के रंगमंच पर विचरता था। किन्तु इस रंगमंच के सबसे पीछे वाले पर्दे के पीछे वह किसी विलासी राजा के समान रहता था। सभी सुखों का जी-भरकर उपभोग करता था।

यति और मंदार! कितने परस्पर-विरोधी चित्र थे! मंदार का तत्त्वज्ञान यति के तत्त्वज्ञान से सर्वथा भिन्न था। सामान्य लोगों को वही जँचता था, अपना लगता था। मैं भी उसका शिकार इसी कारण हुआ! मंदार का मुख्य सूत्र था—जीवन आज खिलने वाला और कल मुरझा जाने वाला फूल है उस फूल की सुगंध को जितना लूट सकते हो लूट लो, किसी भी तरीके से लूट लो, इसमें कोई पाप नहीं है।

मंदार के मार्ग पर चलते समय बचपन के अनेक संस्कारों के कारण मेरा मन बहुत बेचैन हो जाता। अंगिरस ऋषि के आश्रम में कच के साथ हुए संभाषण से

लेकर उसके उस प्रदीर्घ पत्र तक अनेक स्मृतियाँ जाग जातीं और कठोर स्वर में मुझसे पूछतीं, "अरे पागल तू कहाँ चला जा रहा है?"

ऐसे समय मंदार तरह-तरह से मेरे मन को बुझाने की चेष्टा करता। कभी वह प्राचीन ऋषियों के वचन समर्थन में उद्धृत करता, कभी बड़े-बड़े स्त्री-पुरुषों के अनिर्बन्ध भोग-विलास की कहानियाँ सुनाता, कभी व्यावहारिक कहानियाँ उदाहरण दे कर जीवन की भंगुरता समझाता।

एक दिन मैं उसके साथ रथ में बैठकर नगर में घूम रहा था। राजमार्ग से हटकर रथ कुछ एक ओर हो लिया। उस राह के सिरे पर एक कुम्हार की दुकान थी। दुकान में तरह-तरह के आकार-प्रकार के अनेक बरतन रखे थे—आकर्षक, सुंदर! उनकी ओर अंगुलि-निर्देश करते हुए मंदार ने कहा, "महाराज, ये बरतन बहुत ही सुंदर और बढ़िया हैं, हैं न?"

मैंने कहा, "निश्चय ही। प्रत्येक व्यवसाय में अपनी एक कला तो होती ही है।"

मंदार ने हंसकर कहा, "विधाता के व्यवसाय में भी वह है। वह भी तो एक कुम्हार ही है।"

मैंने कुतूहल से पूछा, "वह कैसे?"

"वह भी इसी तरह माटी के बरतन बनाया करती है। आपके और मेरे जैसे! इस कुम्हार के बरतन टूट जाएं तो उनकी मिट्टी हो जाती है। मानव भी इसी तरह एक दिन मिट्टी में मिल जाता है इस कुम्हार के बरतनों में प्राण होते तो मैं उनको उपदेश देता, "भाइयो, जीवन-भर केवल पानी पीते मत बैठो, मदिरा पियो, अमृत पियो। जो भी पी सकते हो, आज ही पी लो। कल तुम्हारे जब टुकड़े-टुकड़े हो जाएंगे, किसी भी पेय की एक बूंद तक तुम्हें नसीब नहीं होगी।"

एक बार घूमते-घुमाते मंदार मुझे श्मशान ले गया। वहाँ चिता पर एक युवक का शव जल रहा था। क्षण-क्षण, प्रति पल उसके सुंदर देह की राख हो रही थी। मंदार ने उस तरुण की कहानी मुझे बताई। परमात्मा की प्राप्ति के लिए वह ब्रह्मचारी रहा था। इनके लिए उसने अपनी बचपन की सहेली का दिल तोड़ डाला था। वह जीवन-भर के लिए दुखी हो गई थी। मुकुलिका को मन की शांति के लिए उसे मंदार के पास लाया था। और आज वह तरुण अन्त में चिता के पलंग पर ज्वालाओं की चादर ओढ़े मृत्यु का आलिंगन कर शून्य में मिलता जा रहा था। आज तक उसने किसी भी शरीर-सुख का आस्वाद नहीं लिया था। अब किसी सुख का उपभोग करना उसके लिए असंभव हो गया था।

उस जलती चिता की ओर देखते-देखते मुझे आभास हुआ कि मैं ही चिता पर सोया हूँ। मेरा सुंदर, सुदृढ़ दायाँ हाथ! अब जल रहा है। फिर कभी वह हाथ मदिरा का प्याला अपने होंठों तक नहीं ले जा सकेगा। किन्तु मेरे होंठ भी कहाँ अपने स्थान पर हैं? वे भी जलकर राख होते जा रहे हैं। अब फिर कभी वे किसी सुंदर स्त्री का चुंबन नहीं ले सकेंगे। वे हैं तो अतृप्त, किन्तु...

मेरे कंधे पर हाथ रखकर मंदार ने कहा, "महाराज, जीवन के जमा-खर्च में

उधारी के लिए कोई स्थान नहीं होता। उस व्यक्ति को कल फूलों की सुगंध मिलेगी ही, इसका कोई भरोसा नहीं जो आज फूलों को सूंघ नहीं लेता। कल सुनहरा प्रातःकाल अवश्य आएगा! कल सुगंध देने वाले फूल भी ज़रूर खिलेंगे! किन्तु इन फूलों की महक लूटने वाले कल इस संसार में नहीं रहेगा!"

इसी तरह एक बार मंदार यों ही मुझे नगर के एक पंडित के यहाँ ले गया। उस पंडित को देखकर मैं अवाक् रह गया। पिताजी जब मृत्युशय्या पर थे, तब माधव मुझे इन्हींके घर तो लाया था। उस समय इन पंडितजी ने मेरे सामने ब्रह्म और माया की काफी तोतारटन्त की थी। आज ये महाशय बहुत ही बूढ़े हो चुके थे। उनकी स्मृति भी जवाब दे गई थी। ठीक से दिखाई नहीं देता था। ठीक से चला भी नहीं जाता था। किन्तु यौवन में इनसे ठुकराए सारे सुख इन पर उलटे थे और प्रतिशोध ले रहे थे। पिटारे का ढकना उठाते ही फन उठाकर बाहर आने वाले नाग की तरह उनके मन की तृप्त वासनाएं विकृत रूप से प्रकट हो रही थी। पंडितजी घर में कभी शांति से बैठते नहीं थे। वे राजमार्ग पर खड़े रहते और आने-जाने वाली युवतियों को घूर-घूरकर देखते रहते। लड़के-बच्चे भी उनका मज़ाक उड़ाते। किन्तु इन्हें उसकी कोई परवाह नहीं होती। उनके अपने बेटे उन्हें कमरे में बंद कर देते। किन्तु वहाँ भी वे कोयले से दीवार पर अश्लील और गन्दे चित्र बनाते बैठे रहते। उन चित्रों की स्त्रियाँ अर्धनग्न होतीं और पोतों के सामने ये पंडित महाशय उनके चुंबन लेते रहते।

इस पंडित के समान ही मंदार के मठ में आने वाले नाना तरह के तरुण और प्रौढ़ स्त्री-पुरुषों के जीवन को मैंने पास से देखा था। सबका सार एक ही था। धर्म, नीति, पुण्य, आत्मा आदि पवित्र शब्दों की मानव हर क्षण पूजा तो करता रहता है, किन्तु केवल दुनिया की आँखों में धूल झोंकने के लिए! मन के भीतर उसे केवल एक ही बात का घुन खाए जाता है। वह है सुख--शरीर के माध्यम से मिलने वाला हर प्रकार का सुख!

जीवन भंगुर है। कब किस की मौत आ जाए, कहा नहीं जा सकता। इसीलिए मिलने वाले हर क्षण को सुनहरा मानकर उसका सारा रस, गंध और आनंद बिल्कुल कठोरता से निचोड़कर मानव को चाहिए कि अपनी सुख की प्यास शांत कर ले। मंदार ने यह तत्त्व मुझे सिखाया!

इस नये जीवन-मार्ग पर मेरा प्रवास पवन-वेग से शुरू हो गया। देवयानी के कठोर और प्रेमशून्य आचरण से उसे बिजली की गति मिल गई। आठों पहर विलासिता में चूर रहना ही मेरा ध्येय रह गया।

ऋतु-चक्र के अठारह आवर्तन हो गए। वसंत-वर्षा, हेमंत छुआछवेली का खेल निरंतर खेल रही थीं। अठारह वर्ष तक ऋतु-चक्र घूमता रहा। रात और दिन निरन्तर आँख-मिचौली खेलते रहे। रात दिनों को ढूंढ़ निकालती। दिन रात को खोज लेता।

एक के बाद एक करते-करते वर्ष बीत रहे थे! किन्तु मेरे जीवन-क्रम में कभी खंड नहीं पड़ा, कोई परिवर्तन नहीं आया। भगवान की मूर्ति पर आज चढ़ाए फूल कल निर्माल्य जानकर फेंक दिए जाते हैं न उसी तरह मेरे सुख-विलास के लिए नित्य नई युवतियाँ आती और जाती थीं! मैंने इस बात की कभी कोई चिन्ता नहीं की कि वे कहाँ से आती हैं और बाद में कहाँ चली जाती हैं। मैं तो बस इतना ही चाहता था कि मेरा सुख का प्याला निरंतर लबालब भरा रहे। मंदार और मुकुलिका ने पिछले अठारह वर्ष तक उसे बराबर भरा हुआ रखा था, एकदम लबालब।

किन्तु...किन्तु...

इस सुख-विलासिता की दो रातें आज भी मुझे याद हैं। आज भी वे मन को नोंच खाती हैं। कालरात्रि के समान लगती हैं!

एक रात मुकुलिका मेरे लिए एक बहुत ही खूबसूरत युवती को लेकर महल में आई। उसने लाकर उसे मेरे पलंग पर बैठा दिया। मैं मदिरा के नशे में धुत था। उस समय मेरे ध्यान में बस इतना ही आ सका कि उस तरुणी की आँखें बहुत सुंदर हैं। और कुछ भी भान मुझे नहीं था। प्रातः जब तड़के ही मैं होश में आया तो मेरी बाँहों में पड़ी वह युवती पहली बार 'माधव माधव' कहकर बुदबुदाई। मैं समझ न सका। वह किसको पुकार रही है। लगा किसी-किसी को नींद में बोलने की आदत होती है। शायद यह भी अपने छोटे भाई को पुकार रही है। उसकी गर्दन के नीचें ऐंठा हुआ अपना हाथ मैं धीरे से हटाने लगा तभी वह मुझ से और भी सटकर लिपट गई और बुदबुदाई, "मैं तुम्हारी हूँ न? ना, ना, माधव, इस तरह मुझे छोड़कर ना जाना!"

मैं चौंक गया। उसकी और गौर से देखने लगा। अब मेरे होश ठिकाने आ गए थे। मैंने उसे पहिचान लिया। वह—वह माधवी थी! शायद अर्धचेतन अवस्था लाने वाली कोई दवा खिलाकर मुकुलिका उसे मेरे महल में ले आई थी! शायद मंदार ने मंत्रविद्या को के बल पर उस पर सम्मोहन डाला था! मेरे सुख के प्याले को हमेशा लबालब भरा हुआ रखने के लिए वे दोनों न जाने क्या क्या करते थे!

धीरे-धीरे माधवी होश में आने लगी। उसने मेरी ओर घूरकर देखा। शायद वह जान गई थी, वह कहाँ आ गई है। उसकी मुद्रा भयानक दिखने लगी। फिर एकदम 'महाराज!' कहकर चीखते हुए उसने मुझे दूर ढकेल दिया!

तड़ाक् से महल का दरवाज़ा खोलकर वह हवा की तरह तेज़ दौड़कर बाहर निकल गई। दूसरे दिन उसका शव यमुना पर तैरता मिला!

ऐसी ही एक रात में मुकुलिका ने मेरे सामने एक मुग्धा रमणी को लाकर खड़ा किया। मैं केवल इतना ही समझ पाया कि बिल्कुल अभी-अभी खिला यौवन मेरे सामने खड़ा है। वह युवती सिर उठाकर देख ही नहीं रही थी। और वह देख भी लेती तो भी इसमें सन्देह ही है कि अपनी बेहोशी में मैं उसे पहिचान पाता! किन्तु दूसरे दिन तड़के नींद खुलने पर मैंने उसकी ओर देखा। वह तारका थी! मैं उसकी ओर देख ही रहा था कि वह भी जाग गई। उसकी नज़र मेरी ओर जाते

ही उसको जैसे सांप सूंघ गया! उसका चेहरा काला स्याह पड़ता गया। दूसरे ही क्षण ज़ोर से 'सांप! सांप!' चीखती हुई वह महल के बाहर भाग गई। कुछ दिनों बाद सुना कि वह पागल हो गई है। जलते अंगारों को फूल समझकर वह उन्हें चुन लेने के लिए आग में घुस गई और जलकर मर गई, ऐसा कुछ वर्षों बाद किसी ने आकर मुझे कहा!

मेरे जिगरी दोस्त की मंगेतर! मेरे परम मित्र की लाडली भतीजी! दोनों की ज़िन्दगी मेरे कारण बर्बाद हो गई। मुझे अपना जेठ मानने वाली माधवी को अपने क्षणिक सुख के लिए मैंने ज़िन्दगी से उठा दिया! ज़िस तारका को गुड़िया से खेलते हुए मैंने देखा था, उसी के साथ दुनिया का सबसे निर्मम खेल मैं खेल गया! उसके वे प्यारे-प्यारे तोतले बोल—"आप सच कहते हैं! भला दूला कहाँ से लाया जाए? ओ युवलाज, आप बनेंगे मेली गुदिया का दूला?"

—हरहर! उसे मैंने जीते जी मौत का दुःख भोगने के लिए विवश किया! एक फूल हँसते-हँसते मैंने आग में फेंक दिया!

इन दोनों अवसरों के बाद कितने ही दिन तक मैं बेचैन रहा। इस बूझ से कि मंदार का सुख का मार्ग अधःपतन का मार्ग है, मैं बहुत व्यथित भी रहा। मन इस आशंका से आकुल हो उठा कि मानव के नाते सुख से जीने की चेष्टा में कहीं मैं राक्षस तो नहीं बन गया? किन्तु मेरी समझ में नहीं आ रहा था कि मंदार का बताया मार्ग छोड़कर जाऊँ भी, तो कहाँ? मैं आठों पहर सुख चाहता था। मेरी धारणा बन गई थी कि मदिरा के नशे में, मृगया के उन्माद में और रमणी के आलिंगन के ब्रह्मानंद में मैं पूरी तरह सुरक्षित हूँ। उससे बाहर आ गया तो मैं दुखी हो जाऊँगा, अकेला रह जाऊँगा, अरक्षित हो जाऊँगा। मृत्यु हमेशा चारों ओर मँडरा रही है इसकी कभी-कभी अनुभूति हो जाती तो मन बड़ा ही बेचैन हो जाता था। धीरे-धीरे उन दो रातों की चुभन भोंथरी हो गई।

ऋतु-चक्र घूमता रहा। काल चक्र चलता रहा। मेरे सुख-विलासिता का चक्र भी चलता ही रहा।

"दस घटिका रात हो गई महाराज" ये शब्द सुनते ही मैंने आँखें खोलकर देखा। अब मेरे ध्यान में आया। बाहर के अधंकार से डरकर मैं पलंग पर आ लेटा था। वहीं मेरी आँख लग गई थी। मनुष्य का अन्तर्मन उसका वैरी होता है। जाग्रत अवस्था में मनुष्य जिन बातों पर ज़री के मूल्यवान वस्त्र डालकर उन्हें ढक लेता है, उन्हीं बातों को नंगधड़ंग रूप में दिखाने में उसके अन्तर्मन को शायद बड़ा आनंद आता है। इधर मेरा शरीर निद्रा के अधीन हो गया था, और उधर मेरा अन्तर्मन अठारह वर्ष की स्मृतियों को याद कर रहा था। भीतर अब भी जो ज़ख्म हरे थे, उन पर जमी पपड़ियों को खरोंचकर उतार रहा था!

मैंने मुकुलिका की ओर हँसकर देखा। वह जल्दी-जल्दी आगे आई। देखते ही देखते उसने मेरा प्रसाधन पूरा कर दिया।

मैं दीवार में लगे दर्पण के सामने खड़ा हो गया। अपने पूर्ण प्रतिबिंब की ओर

देखकर आनंदित भी हो गया। किसी भी तरुणी का जी बलि-बलि जाने को मचले, ऐसा ही रूप था वह! काल-पुरुष का हल अनेक बार मेरे चेहरे पर चल चुका था। किन्तु उस हल की एक मामूली-सी निशानी—एक झुर्री भी—मेरे चेहरे पर नहीं थी! बल्कि मैं और भी अधिक तरुण दिखाई दे रहा था! उतना ही तरुण जितना कि अल्हड़ अलका का माथा अपनी ओर खींचकर उसका चुंबन लेने वाला ययाति!

मैं एकटक अपने प्रतिबिंब की ओर निहारने लगा। कुछ क्षण बीत गए। वह प्रतिबिंब धूसर दिखाई लेने लगा। उस धूसरता से एक-एक कर असंख्य तरुणियों की आकृतियां प्रकट होने लगीं। दांत-होंठ चबाती वे मेरी ओर देख रही थीं। कुछ बुदबुदा रही थीं।

चौंककर मैं दो कदम पीछे हटा। वह धूसरता अब गायब हो गई। मैं अपने प्रतिबिंब की ओर देखने लगा। दूसरे ही क्षण मेरे मस्तक पर वज्रपात हुआ। उन बिखरे हुए बालों में से एक सफेद बाल झांक रहा था। मुझे लगा, वह सफेद बाल नहीं, शाप देने वाले ऋषि का भभूत रमाया हाथ ही है!

ययाति के मस्तक पर बुढ़ापे ने अपना झण्डा गाड़ दिया था।

बुढ़ापा! जीवन-नाटक का अंतिम और नीरस अंक!

अब मैं बूढ़ा हो जाऊँगा! उपभोग करने की मेरी शक्ति समाप्त हो जाएगी! नहीं! अभी मैं तृप्त नहीं। सुख की दृष्टि से तो अब भी मैं भूखा हूँ, प्यासा ही हूँ! नहीं, अभी मैं बूढ़ा नहीं होऊँगा!

किन्तु वह सफेद बाल! हो सकता है, अभी देखी तरुणियों के समान वह भी एक आभास था! मैं बड़ी आशा से दर्पण में देखने लगा। वह सफेद बाल ज्यों का त्यों खड़ा था! आँखें तरेरकर मेरी ओर देख रहा था। वह नियति की निर्दयता का प्रतीक था!

मैंने पलकें मूंद लीं। मन को बार-बार जताने लग कि दर्पण में दिख रहा ययाति झूठा है, अल्हड़ अलका का चुंबन लेने वाला ययाति ही सच्चा है। वह सफेद बाल निर्मम भविष्य का अग्रदूत था। मैं उसका सन्देश सुनने को तैयार नहीं था। उससे बचकर मैं अतीत में भाग निकला!

भागता ही गया, भागता ही गया। भागते-भागते अलका के पास आकर रुका। उस सुहानी शाम को देखी अलका—उसके सुनहरे बाल—अब तक सैकड़ों युवतियों के सौन्दर्य को मैं लूट चुका था। किन्तु सुनहरे बालों वाली युवती...

दर्पण की ओर से मुँह फेरकर मैंने आँखें खोलीं। मैं मुकुलिका के पास गया। उससे पूछा, "तुम्हारी वह कली कहाँ है?"

"रंगमहल में।"

"उसके बाल सुनहरे हैं?"

शायद मुकुलिका को लगा, मदिरा के नशे में मैं कुछ भी बक रहा हूँ। वह केवल हँसी, जल्दी-जल्दी आगे बढ़ी। रंगमहल का द्वार उसने धीरे से खोल दिया।

पलंग पर बैठी तरुणी झट से खड़ी हो गई। मेरी ओर एक गहरा चितवन फेंककर वह नीचे देखने लगी।

मुकुलिका ने दरवाज़ा बंद कर लिया। मैं धीरे-धीरे आगे बढ़ा। वह तरुणी ऐसी लग रही थी मानो किसी शिल्पी द्वारा तराशी गई किसी अप्सरा की मूर्ति हो। वह तरुणी बुत बनी खड़ी थी। मैं मन के सामने दृश्य देखने की कोशिश कर रहा था कि मेरा स्पर्श पाते ही यह मूर्ति कैसे सजीव हो उठेगी। पास जाकर मैंने धीरे से उसके कंधे पर हाथ रखा। कुछ सिमटकर तिरछी चितवन से वह मेरी ओर देखने लगी। मैंने अपनी बाँहें फैला दीं...

तभी मुकुलिका का काँपता और भर्राया स्वर सुनाई दिया—"महाराज, महाराज!" अब इसी समय कौन-सी आफत आ पड़ी होगी, मैं समझ न सका! अशोक वन में कहीं आग तो नहीं लगी? मैंने प्रक्षुब्ध होकर पूछा, "क्या है?"

उसने दरवाज़े की ओट से कहा, "बाहर अमात्य पधारे हैं।"

"उनसे मिलने के लिए मेरे पास समय नहीं है!"

"उन्हें आए काफी देर हो गई है। महाराज। किन्तु—किन्तु वे किसी तरह मानते ही नहीं हैं! कह रहे हैं कि युवराज को शत्रुओं ने कैद कर लिया है।"

युवराज—कैद—अलका—सुनहरे बाल—सफेद बाल—बुढ़ापा—मृत्यु!

मेरे दिमाग में ये सभी शब्द मदोन्मत्त हाथी की तरह टकराते जा रहे थे। घोड़ों की टापों के समान उनकी आवाज़ कानों में भन्ना रही थी! मुझे और कुछ भी नहीं सूझ रहा था।

अमात्य काफी कुछ कहते रहे। काफी देर बड़बड़ाते रहे। किन्तु इस थोथी दरबारी बकबक को मैं एक क्षण भी सुनना नहीं चाहता था। मेरा मन तो रंगमहल में बैठी उस तरुणी के आस-पास चक्कर काट रहा था।

यदु के बंदी बनाए जाने के कारण देवयानी रो रही थी! किन्तु क्या इसी देवयानी को तब ज़रा भी दया आई थी, जब उसने ययाति को अपने महल से निकाल बाहर किया था? किसी आवारा कुत्ते के समान उसे राजमहल से भगा दिया था? तब उसकी आँखों से एक भी आँसू निकला था!

मुझे राज-धर्म और पितृ-धर्म की याद दिलाने के लिए देवयानी ने अमात्य को भेजा था। किन्तु उसने पत्नी-धर्म का कौन-सा पालन किया था? लगा, इसी कदम सीधे राजप्रासाद जाऊँ और देवयानी को दोनों कंधों से झकझोकर कहूँ, "बेहया, इन अठारह वर्षों में कभी तुझे पति की याद आई थी? कभी मन में आया था कि उसे क्षमा कर दे? वह बहता-बहकता जा रहा था तो उसे बहा ले जाने वाली धारा में कूदकर उसे बचा लेने की इच्छा कभी हुई थी तुझे? तू उस भीषण बाढ़ से डर गई! नहीं! प्रीति किसी से डरती नहीं। ऐसे समय शर्मिष्ठा कभी चुप न बैठती! सच तो यही है कि तुमने मुझ से सच्चा प्रेम कभी किया ही नहीं। तुम्हें ययाति चाहिए था ज़रूर, लेकिन केवल पत्नी के नाते एक सम्राट पर अधिकार जताने के लिए! अब क्यों रोती हो? भुगतो अपने किए का फल! तुम चाहती हो कि राज-धर्म का और

पितृ-धर्म का पालन होना चाहिए। लेकिन यह तुम्हें आज लगता है। किन्तु हमेशा याद रखो, किसी से धर्म पालन की अपेक्षा वही कर सकता है, जो स्वयं अपना धर्म-पालन करता हो। यह अधिकार केवल उसी को है। बोल, बेहया! बोल! विगत अठारह वर्षों में तेरा पत्नी-धर्म कहाँ घास चरने गया था?"

अमात्य बड़बड़ाए जा रहे थे। मुझे समझा-बुझाकर राजप्रासाद ले जाने की चेष्टा कर रहे थे। किन्तु रंगमहल में बैठी उस तरुणी की चितवन कमल के आसपास गुंजन करते भंवरे की तरह मेरे मन में गुंजन कर रही थी। मुझे अमात्य की बकबक और भी कर्कश और तापदायक प्रतीत हो रही थी।

यदु को छुड़ाकर लाऊँ! यानी युद्धभूमि पर जाऊँ! और शायद वहाँ मैं मारा गया तो? नहीं, अभी मेरा जीवन अधूरा है। मन अभी अतृप्त है। यौवन अभी असंतुष्ट है। सुनहरे बालों वाली लड़की—सुनहरे बाल—सफेद बाल—बुढ़ापा—मृत्यु, नहीं! मैं यदु को मुक्त कराने नहीं जाऊँगा!

अमात्य बोलते-बोलते थक गए। मेरा अपनी जीभ पर या विचारों पर काबू नहीं रहा था। किन्तु अमात्य को कुछ न कुछ उत्तर देना ज़रूरी था। मैंने उनसे कहा, "महारानी से कह दीजिए, इतने वर्ष बाद याद करने के लिए महाराज आपके ऋणी हैं।"

कूटनीतिज्ञ गोह के समान होते हैं। अपनी बात पर अड़े रहने में वे किसी से हार नहीं मानते। अमात्य फिर बकने लगे। अब मेरे अधीर मन में क्रोध सीमा लांघ गया। मैंने उत्तर दिया, "यदु को ही क्यों, महारानी को भी शत्रु कैदकर ले जाएं, तब भी मैं यहाँ से हिलने वाला नहीं हूँ।"

मेरे वापस रंगमहल जाते ही मेरी वह अनाम सेज-सहेली उठ खड़ी हुई। बेचारी मेरी प्रतीक्षा करते-करते शायद ऊब गई थी।

किन्तु मेरे मन में वह सफेद बाल चुभ रहा था! कहीं इस तरुणी की नज़र में वह आ गया तो? नहीं! ययाति पर छाने लगा बुढ़ापे का साया किसी-की नज़र में नहीं आना चाहिए। उसके प्रतिबिंब भी! ययाति चिर-तरुण है! हमेशा तरुण रहने वाला है वह!

मैं दर्पण के सामने खड़ा हो गया। बड़ी आशा थी मुझे कि उस सफेद बाल ने अब अपना मुँह काला कर लिया होगा! किन्तु वह दुष्ट मेरे मस्तक पर पैर जमाकर उद्दण्डता से हँसता खड़ा था।

उस सफेद बाल की याद को भुलाने के लिए मैं अलका के सुनहरे बालों की स्मृति से खेलने लगा। ढलते सूरज की छटाएं लेकर चमकने वाले उसके वे बाल मेरी आँखों के सामने मूर्त हो गए। आँखें भरकर मैं उन्हें देखने लगा।

चौंककर मैंने देखा, वह तरुणी उठकर धीरे से मेरे पास आ गई थी। उसने मेरे कंधे पर हाथ रखा था। शायद उसकी समझ में नहीं आ रहा था कि मैं उससे इतना दूर क्यों खड़ा हूँ! इतनी लाग-लपेट करने पर भी मुझे अविचलित देखकर उसने अपना माथा मेरे सीने पर टिका दिया और बाँहें मेरे गले में डाल दीं।

मैंने उसके बालों की ओर देखा। एकदम उसे दूर ढकेलते हुए मैं चिल्लाया, "चल, निकल जा यहाँ से! चली जा!"

उसकी समझ में न आया कि उससे क्या कसूर हो गया है। बौराई नज़र से वह मेरी ओर देखने लगी। मैंने क्रोध से चिल्लाकर मुकुलिका को आवाज़ दी। वह दौड़ी आई। असमंजस में मेरी ओर देखने लगी। फिर हिम्मत करके उसने पूछा, "क्या हो गया महाराज?"

"तुम्हारे इस फूल को बाहर फेंक दो!"

"क्यों? क्या बात हो गई? क्या इसने आपका अपमान किया?"

"मेरी पसंद मालूम नहीं तुझे?"

"है तो! महाराज को पसंद आने वाली ही तो है यह..."

उस तरुणी के पास जाकर उसने उसका चेहरा ऊपर उठाया। वह रो रही थी। मैं उसके पास गया और उसक माथा दोनों हाथों से झुकाते हुए बोला, "इसके बालों को देखो तो। इनमें सुनहरा बाल एक भी है? मुझे सुनहरे बालों की लड़की चाहिए।"

शायद मुकुलिका ने सोचा, मैं मदिरा के नशे में कुछ भी बोल रहा हूँ! किन्तु चेहरे पर वह भाव प्रकट न होने देते हुए उसने कहा, "गुरु महाराज से जाकर बता देती हूँ वैसा।"

"बता दो, या न बता दो मुझे उससे कुछ नहीं लेना-देना! सुनहरे बालों वाली लड़की कब मिलेगी यह...कल मिलेगी?"

"कल कैसे मिलेगी महाराज? महाराज की पसंद ज़रा अनोखी है, थोड़ा धीरज रखें तो..."

"धीरज-वीरज कुछ नहीं! इतने वर्ष हो गए! सुनहरे बालों की एक भी लड़की इस महल में कभी आई नहीं!"

मुकुलिका हाथ जोड़े बोली, "पंद्रह दिन की अवधि दीजिए महाराज। इन पंद्रह दिनों में गुरु महाराज कहीं से भी आपकी मनचाही चीज़..."

"ठीक है पंद्रह दिन की मुहलत देता हूँ मैं, किन्तु पंद्रह दिन के अदंर वैसी लड़की यहाँ न आई तो सोलहवें दिन तुझे और तेरे उस गुरु महाराज के बच्चे को गधे पर बैठाकर नगर में घुमवा दूँगा और फिर इस नगर से निकाल बाहर करूँगा। आज की तिथि क्या है?"

"अमावस्या!"

"ठीक है। पूर्णिमा तुम्हें दी मुहलत का अन्तिम दिन होगा। पूर्णिमा की रात तक मेरे महल में सुनहरे बालों वाली लड़की नहीं आई तो..."

मुकुलिका हाथ जोड़े सामने खड़ी थी। उस पर झल्लाते हुए मैंने कहा, "अब क्यों खड़ी हो यहाँ? वह मूर्ख अमात्य चार घड़ी सिर खाता रहा! अब तू...चल, भाग यहाँ से।"

दूसरे दिन प्रातः सूरज काफी चढ़ आने के बाद मैं जागा। जागते ही दर्पण के सामने जा खड़ा हुआं प्रतिबिंब को गौर से देखने लगा। मैं अवाक् रह गया ।

रात को दिखाई दिया वह सफेद बाल तो किसी भूत जैसा मेरे सिर पर नाच रहा ही था, किन्तु उसके साथ एक दूसरा सफेद बाल भी...

विमनस्क अवस्था मे फिर मैं पलंग पर जा लेटा। करवटें बदलता रहा। तड़पता रहा। अकुलाता रहा। किन्तु धुन-धुनकर दिमाग को खोखला बना देने वाले वे विचित्र विचार रोके नहीं रुकते थे। शर्मिष्ठा की याद बार-बार सताने लगी थी। बुढ़ापे का डर, मृत्यु का भय, जीवन की अतृप्तता, यह सारा का सारा दुःख बिना किसी लिहाज़ या झिझक के मैं उसको बता देता। अन्तस्तल में लगी यह अनाम आग शर्मिष्ठा के आँसुओं से मैं बुझा लेता। किन्तु मैं अकेला था। सारे संसार में एकाकी—एकदम एकाकी था।

मैं विचारने लगा, अठारह वर्ष सुख-विलासिता में बिताने के बाद भी मैं अतृप्त क्यों हूँ? हर दिन नई सुंदर सेज-सहेली पाकर भी क्यों लगता है कि संसार में मैं एकदम अकेला हूँ? हस्तिनापुर का सम्राट होने के बावजूद क्यों इस भय से मैं व्याकुल हुए जा रहा हूँ कि मैं असहाय हूँ, असुरक्षित हूँ?

जीवन आखिर क्या है? मनुष्य क्यो जन्म लेता है? वह मरता क्यों है? जीवन का लक्ष्य क्या है? उसका अर्थ क्या है? क्या जन्म और मृत्यु, जवानी और बुढ़ापा एक ही सिक्के की दो पहलू हैं? क्या दिन और रात के समान ये जोड़ियाँ भी स्वाभाविक हैं? फिर मानव बुढ़ापे और मृत्यु से इतना डरता क्यों है?

मानव किस बात पर जीता है? प्रेम के सहारे? किन्तु प्रेम भी क्या चीज़ है?

पिताजी मृत्युशय्या पर थे तब का वह प्रसंग! एक तरफ धनुष-बाण और दूसरी तरफ 'जयतु, जयतु नहुषः' अंकित उनकी वह सुवर्ण मुद्रा! नहीं, वे शब्द सत्य नहीं! जीवन की सुवर्ण मुद्रा की एक तरफ अंकित धनुष-बाण यमराज के हैं और दूसरी तरफ आहत मानव है! क्या पिताजी मुझ से ओर यति से प्रेम करते थे? फिर क्यों उन्होंने इंद्राणी की अभिलाषा रखी? क्यों नहीं उन्हें यह भय लगा कि अपने बच्चों के भाग्य में अभिशप्त जीवन आ सकता है? नहीं! प्रीति, वात्सल्य, ममता कुछ भी सच नहीं। ये सब दुनिया के कुछ नकली चेहरे हैं। मानव केवल अपने सुख के लिए जीता है। केवल अपने अहंकार की तृप्तता के लिए जीता है, ऐसा न होता और माँ का मुझ से वास्तव में प्रेम होता तो उसने अलका की इस तरह निर्मम हत्या क्या कभी की होती? क्या क्षण-भर ही सही वह यह न सोचती कि इससे ययाति को कितना दुःख पहुंचेगा?

प्रेम चाहे माँ-बाप का हो या पति-पत्नी का, सब ढकोसला ही होता है। केवल नाटक होता है! अपने अन्तरतम में मानव केवल अपने से प्यार करता है, अपने शरीर से, अपने सुखों से और अपने अहंकार से प्यार करता है। प्रेम का यह निपट स्वाथी रूप स्त्री-पुरुषों के गूढ़ नाज़ुक और अदभुत आकर्षण में भी बदलता नहीं! देवयानी से मुझे क्या मिला? घड़ी-दो घड़ी का शरीर-सुख प्रेम तो नहीं कहलाता? निरंकुश वासना की क्षणिक पूर्ति प्रेम तो नहीं बन जाती।

नहीं! प्रेम एक बात है, वासना दूसरी! स्त्री-पुरुषों के प्रेम में भी वासना की

आग होती अवश्य है, किन्तु वह यज्ञवेदी की आग होती है, जीवन-धर्म की सारी मर्यादाओं का पालन करने वाली आग होती है।

मैंने इस अग्नि की पवित्रता की रक्षा नहीं की। पिछले अठारह वर्ष में मेरा स्वर जीवन-जंगल में सुलगी दावाग्नि बन गया है। इस दावानल में कितने निष्पाप पखेरू जलकर खाक हो गए! पता नहीं, कितनी सुकोमल, सुगंधित लताओं की राख हो गई!

क्या यह पछतावा है? नहीं इन दो सफेद बालों के दर्शन के कारण मेरे मन में यह वैराग्य जागा है। किन्तु विगत अठारह वर्ष में जो भी हुआ उसमे क्या मेरे अकेले का ही दोष है? देवयानी ने केवल स्वयं से प्यार किया। मैंने भी केवल अपने से ही प्रेम किया। सुख की खोज में मैं दुनिया-भर भागता फिरा। हो सकता है इस तरह भागते समय मेरे पैरों तले कई कलियाँ रौंदी गई हों! किन्तु इसमें मैं कर ही क्या सकता था?

अठारह वर्ष मैं सुख का पीछा करता रहा। उसे पाने के लिए हर क्षण मैंने उपभोग में बिताया। फिर मैं अतृप्त क्यों हूँ? दुःखी क्यों हूँ? अनगिनत क्षणभंगुर सुखों के महासिंधु से शाश्वत सुख की एक बूँद भी क्यों नहीं निर्मित हो पाती।

सच, सुख आखिर होता क्या है?

सुख एक तितली है। वह एक फूल से दूसरे पर थिरकती फिरती है। फूल-फूल का मधु चखती रहती है। किन्तु तितली भी क्या कभी वैनतेय बन सकती है? स्वर्ग से अमृत कुंभ लाना हो तो वह काम तितली का नहीं गरुड़ का ही है। तितली और गरुड़! क्षणिक सुख और अविनाशी आनंद, दोनों अलग-अलग चीज़ें हैं! मैं सुख के पीछे भागता रहा किन्तु सुख पाकर भी आनंद को पा न सका।

कहाँ मिलता है यह आनंद? क्या उसका किसी शारीरिक सुख से कोई संबंध नहीं होता? भगवान की खोज करते-करते पागल हो गए यति के पल्ले आखिर कौन-सा आनंद पड़ा? मंदार द्वारा श्मशान में दिखाए गए उस तरुण ने आखिर कौन-सा आनंद प्राप्त किया?

नहीं! पिछले अठारह वर्षों में मैंने जिस तरह स्वेच्छाचारिता से जीवन बिताया, उसमें कोई गलती नहीं! मैंने अपने से प्यार किया है, केवल अपने ही सुखों की ओर ध्यान दिया है, इसमें मेरा क्या दोष है?

क्या मनुष्य केवल अपने से ही प्रेम करता है? अलका, माधव, कच, इन सबने मुझ से जो प्रेम किया, क्या वह स्वार्थ ही था? निरपेक्ष प्रेम नहीं था?

और शर्मिष्ठा—उसको मुझसे जो प्रेम था, वह? उसने ये अठारह वर्ष कैसे काटे होंगे? कहाँ बिताए होंगे? जंगलों में? किसी की दासी बनकर? वह क्या अब जीवित भी होगी? या...

माधव के हाथ भेजा उसका वह अन्तिम सन्देश—"शर्मिष्ठा हमेशा अपने मन में महाराज के चरणों की पूजा करती रहेगी।" उधर जंगल-झंखाड़ों में, कंद-मूल खाकर वह मेरे चरणों की पूजा मन में करती रही होगी। और इधर मैं? मैं उसकी पावन

स्मृति पर आठों पहर मदिरा की कुल्लियाँ छोड़ता रहा हूँ। उसके अधरामृत से पवित्र हुए होंठों को किन्हीं जूठे होंठों में डुबाता रहा हूँ!

ऐसा क्यों होना चाहिए? मैं शर्मिष्ठा जैसा प्रेम क्यों नहीं कर सकता? कच जैसा संयमी जीवन क्यों नहीं मेरा साध्य हो सकता?

किसी भी तरह की वासना क्या मानव का दोष ही होती है? नहीं! वासना तो मानव के जीवन का आधार है। फिर मुझसे कहाँ गलती हो गई? क्या मेरी वासना निरंकुश हो गई? मुझे इस बात का होश न रहा कि इस दुनिया में प्रत्येक का छोटे से छोटा सुख भी उसके स्वभाव, परिस्थिति और जीवन के अधूरे स्वरूप की मर्यादाओं में सीमित रहता है!

मेरे समान कंच के सामने भी सुख-विलास हाथ जोड़े खड़े थे। संजीवनी विद्या प्राप्त करने बाद वह स्वर्ग लोक में गया, तब देवी-देवताओं ने उसकी जय-जय की होगी। इंद्र ने उसे अपने आधे आसन पर बैठाया होगा। अप्सराओं ने अपनी सुंदर कोमल कायाएं उस पर न्यौछावर कर दी होंगी, किन्तु कच अविचलित ही रहा। जैसा था वैसा ही बना रहा। यह समार्थ्य उसमें कैसे आ गई?

कच जन्म से तो विरक्त नहीं था। उसने भी देवयानी से हार्दिक प्रेम किया था। उसने अपने सुख की अपेक्षा जाति के प्रति अपने कर्तव्य को श्रेष्ठ माना। उस कर्तव्य के लिए प्रेम का त्याग किया। उस त्याग के कारण उसका जीवन विफल, उदास या निष्क्रिय नहीं बना।

देवयानी के सहवास में मैंने गृहस्थी के सुख को अनुभव किया। शर्मिष्ठा के रूप में मुझे रम्य और उदात्त प्रीति का दर्शन करने को मिला। किन्तु फिर भी मैं अतृप्त रहा! अब भी अतृप्त ही हूँ! और युवतियों के मुलायम होंठों का अमृत जिसने अभी तक चखा तक नहीं वह कच तृप्त है! ऐसा क्यों? मुझ से कहाँ पर भूल हो गई?

इसी अशोक वन से कच ने मुझे वह पत्र लिखा था! मन कर रहा है कि उस पत्र को फिर एक बार पढ़ूँ। किन्तु वह तो रहा उधर राजप्रासाद में। इन अठारह वर्षों में उसकी इतनी तीव्रता से याद मुझे कभी हुई नहीं। वे दोनों वस्तुएं एक ही स्थान पर रखी हैं! अलका का सुनहरा बाल और कच का सुनहरा पत्र।

किन्तु पत्र भी क्या कभी सुनहरा होता है? अत्यधिक सोचते रहने के कारण कहीं मैं पागल तो नहीं हो गया हूँ? नहीं! सारी बातें मुझे साफ-साफ याद आ रही हैं! पूर्णिमा की रात तक मंदार ने सुनहरे बालों वाली युवती को इस महल में नहीं पहुँचाया तो...

सुनहरे बाल—कच का पत्र! क्या उस पत्र को पढ़कर मेरे मन को शांति मिलेगी? किन्तु देवयानी वह पत्र किसी के हाथ में नहीं देगी। कैसा रहे यदि मैं स्वयं उस पत्र को लाने के लिए राजप्रासाद जाऊँ? अं-हं! वह असंभव है। उस रात देवयानी द्वारा किए गए उस अपमान के बाद मैंने राजप्रासाद में कदम नहीं रखा है, न कभी रखने वाला ही हूँ प्राण जाएं तब भी नहीं!

किन्तु इस अशोक वन में भी क्या मैं सुखी हूँ? कोई भौंरा सुंदर खम्भे को भीतर से खोखला बना देता है, उसी तरह क्यों यह अनाम अतृप्तता मेरे मन को निरंतर बेचैन किए जा रही है? सफेद बाल के कारण निर्मित हुए मृत्यु के भय को सुनहरे बालों के उन्माद में डुबो देने की यह इच्छा क्यों मेरे मन में लगातार उफनकर आ रही है?

वासना क्या भूतों जैसी होती है? किशोरावस्था में अलका के प्रति मेरी इच्छा अतृप्त ही रह गई। इतने वर्षों तक मन के तहखाने में बंद करके रखी गई वह इच्छा आज इस तरह मुक्त हो गई?

क्यों नहीं इस वासना पर मैं विजय पा सका? मैं सामान्य आदमी होता तो क्या मन पर काबू रखना मेरे लिए अधिक आसान होता? प्रकृति का क्या यही नियम है कि मनुष्य जब तक अपने सुख की खोज छोड़ नहीं देता तब तक उसे अन्तिम सत्य का बोध ही न हो? देवयानी ने यदु को हमेशा मुझ से दूर रखा। इन अठारह वर्षों में मेरा वात्सल्य अतृप्त रहा, प्यासा रहा। यदु साथ रहता तो क्या मेरे मन में उत्पन्न रीतापन भर जाता? खैर, यदु न सही, पुरु ही मिल जाता तो? पुरु! कहाँ होगा वह? क्या कर रहा होगा? किसके समान दिखता होगा? मेरे जैसा या शर्मिष्ठा जैसा? कितना निर्दयी हूँ मैं! इन अठारह वर्षों में उसे बिल्कुल भुला बैठा हूँ!

अत्यधिक विलास के कारण क्या मन बधिर हो जाता हे? इस वधिरता के कारण क्या उसकी मानवता समाप्त हो जाती है?

वह यमुना में डूब मरने वाली माधवी—वह आग में जलकर खाक हुई पगली तारका—ये यहाँ कैसे आईं? यहाँ से तो ये भाग गई थीं न? नहीं, मैंने उसके साथ निर्मम व्यवहार नहीं किया। मैं सुख खोज रहा था—अंधेपन से खोज रहा था!

कच संयमी कैसे बन पाया? मैं क्यों नहीं वैसा बन सका?

मुझे कामुकता पिताजी से विरासत में मिली है! वही मेरे लिए एक अभिशाप हो गई! मेरी सहधर्मचारिणी मेरी बैरन बन गई!

किन्तु मैं जीवन के इस स्वर और बंधनहीन प्रवाह में क्यों इस तरह बहता ही गया? प्रवाह के विरुद्ध तैरने का प्रयास मैंने क्यों नहीं किया? वासना वर्षा में कूलों को तोड़कर बहती, भीषण बाढ़ से उफनी नदी है! भावना कूलों के बंधन में बहती शरद ऋतु की प्रशांत सरिता है, काश, इन दोनों का यह अन्तर अठारह वर्ष पूर्व मेरी समझ में आ गया होता।

देखने को तो मैं पलंग पर लेटा था मानो गहरी नींद सो रहा था। किन्तु बंद पलकों में, सिर में दनादन घन के आघात हो रहे थे। अनचाही बातें बार-बार स्मृतियों की खिड़कियों से मन के भीतर झांक रही थीं। कलेजे को नोंच रही थीं। अतीत की ओर मुड़कर देखने की मेरी हिम्मत नहीं पड़ रही थी। इन सभी दुःखों से छुटकारा पाने का एक ही मार्ग था—आत्महत्या!

मैं सिहर उठा। मन मुझ पर ही हँसने लगा। आत्महत्या करने के लिए आवश्यक धैर्य मुझ में होता, तो क्या अठारह वर्ष पूर्व ही मैंने आत्महत्या न कर ली होती?

मन की इस अजीब उदासी से बाहर निकलने का एक उपाय मेरा चिरपरिचित हो गया था। वह था विलासिता में बिताए सुखद क्षणों का स्मरण! वही सुमरनी मैं फेरने लगा।

मेरे सुख के प्याले को हमेशा लबालब भरा रखने वाली अनेक आकृतियाँ मेरी आँखों के सामने से निकलने लगीं। यह रही वह चिट्टी-छरहरी युवती! उसकी केश-सज्जा कितनी सुंदर थी। उसे सहलाते समय हमेशा मुझे लगता था यह केश सज्जा नहीं इसके मुख कमल पर मोहित भृंगों का दल है। मेरे स्पर्श से ये भौंरे अपनी समाधि से जाग जाएंगे। गुंजन करने लगेंगे...

यह रही वह सांवली किन्तु मोहक रमणी! शायद पिछले जन्म में वह अंगूर की लता थी! उसके केवल अधर-स्पर्श से सारा शरीर मधुर रोमांच से पुलकित हो उठता था–यही है वह शर्मीली श्यामला! उसका चेहरा उठाकर चुंबन लेने में मिलता रहा वह आनंद! मानो बादल घिर आए, आकाश के बीच ही में आधा चंद्रमा निकल आया हो!–और यह रही वह ढीठ, प्रसन्न प्रमदा! वह तो इस कला में इतनी चतुर थी कि मदन को भी प्रणय-क्रीड़ा के पाठ सिखा दे!

इसी तरह अनगिनत युवतियाँ आईं और गईं। सुंदर चितवनों का, मुलायम बाहुपाशों का और रेशमी केश-संभारों का सुख मैंने जीभर लूटा। किन्तु अब तक सुनहरे बालों की युवती...

"महाराज का जी आज क्या अच्छा नहीं है?" मुकुलिका मेरे सिरहाने खड़ी, धीरे से झुककर पूछ रही थी।

मैंने आँखें खोलीं। मेरी बेचैनी अनजाने में झल्लाहट-भरे स्वर में प्रकट हो गई। मैंने गुस्से से पूछा, "मुझे किसने जगाना था? मेरा प्रसाधन किसने करना था? कहाँ थीं तुम अब तक?"

उसने डरते-डरते कहा, "राजप्रासाद गई थी मैं।"

"इतने सवेरे ही?"

"जी हाँ। तड़के ही चली गई थी मैं।"

"किसलिए?"

"कल रात अमात्य बहुत नाराज़ होकर चले गए यहाँ से। पता नहीं उन्होंने जाकर महारानी से क्या-क्या, उल्टा-सीधा कह दिया होगा। मुझे इस बात से डर लग रहा था। हम रहे गरीब लोग! महाराज की कृपा की छाया में सुख से दो जून रोटी खाने वाले! महारानी जी नाराज़ हो गईं और उन्होंने यह छाया हमारे सिर पर से हटा दी तो–इसीलिए सोचा कि स्वयं जाकर देख जाऊँ क्या हो रहा है!"

"तो क्या देख आईं वहाँ?"

"राजप्रासाद में सर्वत्र आनंदोत्सव मनाया जा रहा है।"

"आनंदोत्सव? किस बात पर इतना आनंद हुआ है महारानी को? अभी तो मैं मरा नहीं हूँ! अच्छा! अब आया ख्याल में! यदु के शत्रु द्वारा बंदी बनाए जाने की खुशी में उत्सव मना रही होगी वह!"

मुकुलिका चौंककर मेरी ओर देखने लगी। फिर बोली, "युवराज कैद में नहीं हैं। वे मुक्त हो गए!"

यह क्या माजरा है? कल रात ही तो खबर आई थी कि यदु पकड़ा गया है और आज प्रातः उसकी मुक्ति का समाचार? बड़ी अनोखी बात है। आश्चर्य से मैंने पूछा, "युवराज रिहा हो गए? कैसे?"

"सुना है, किसी वीर पराक्रमी युवक ने अपनी जान जोख़िम में डालकर उन्हें छुड़वा लिया है! उस मित्र को साथ लिए युवराज हस्तिनापुर के लिए चल पड़े हैं अशुभ समाचार लाने वाले दूत ने स्वयं मुझ से कहा!"

वास्तव में शत्रु की कैद से यदु के मुक्त होने का समाचार सुनकर मेरा हृदय आनंद से उमड़ आना चाहिए था। किन्तु मेरे मुँह से केवल चार ही शब्द निकले, "मुक्त हो गया? अच्छा हुआ!" उन चार शब्दों के कारण मैं अपने-आपसे डर गया! क्या मेरी सारी भावनाएं औटा गई थीं। मेरा कलेजा जल गया था? पिछले अठारह वर्षों में ययाति जीवन को अधिकाधिक जी रहा था। कण-कण से भर रहा था? ययाति का कौन-सा हिस्सा तृप्त हो गया है? कौन–कौन बुदबुदाया कि...

ययाति का केवल शरीर ज़िन्दा है!

मुकुलिका जल्दी-जल्दी बताने लगी, "देवीजी के पिताजी भी शीघ्र ही इधर आ रहे हैं!"

"कौन, शुक्राचार्य? वे भला इधर कैसे आ सकते हैं वे तो बड़ी तपस्या करने बैठे हैं।"

"सुना हैं उनकी वह तपस्या समाप्त हो गई!"

शुक्राचार्य यहाँ आएंगे? तो क्या मैं हस्तिनापुर से कहीं बाहर चला जाऊँ? मुकुलिका कहे जा रही थी, "महारानी ने कचदेव को भी बुलावा भेजा है!"

कहते-कहते मुकुलिका मेरे बहुत पास आ गई और धीरे से मेरे कान में बुदबुदाने लगी, "महारानी ने युवराज का राज्याभिषेक करने का निश्चय किया है। इस हेतु कि नये सम्राट को शुक्राचार्य और कचदेव दोनों के आशीर्वाद प्राप्त हों..."

देवयानी फिर मुझ से प्रतिशोध लेना चाह रही थी! मैंने मन-ही-मन निश्चय किया, जो भी हो हस्तिनापुर छोड़कर नहीं जाऊँगा–सिंहासन का त्याग नहीं करूँगा। तभी ख्याल आया कि महारानी ने कितना भी आग्रह करके बुलाया, तब भी कच कैसे आ पाएगा? मैंने मुकुलिका से कहा शुक्राचार्य की भांति कच भी तो तपस्या करने बैठा था?"

"जी, किन्तु उनकी भी यह तपस्या सुना है समाप्त हो गई है।"

मैंने हँसकर कहा, "लगता है सभी की तपस्या समाप्त होने का समय आ गया है! ठीक है! इसका मतलब है! मेरी भी तपस्या अब समाप्त ही समझो!"

"यानी?"

"पहले मदिरा ढालो। फिर बताता हूँ मैं तुम्हें सब कुछ।"

"सवेरे ही?"

"दासी को अधिक बात नहीं करनी चाहिए। विष का प्याला माँगू , तब भी वह भरकर देना ही तेरा काम है। समझी?"

मुकुलिका दर्पण के पास रखी मदिरा की सुराही लाने गई। उसके पीछे-पीछे मेरी नज़र भी दर्पण पर गई। वे दो सफेद बाल आँखों के सामने नाचने लगे। तुरन्त ही उन सफेद बालों से जटाजूटधारी शुक्राचार्य प्रकट हुए । उनकी आँखें अंगारे बरसा रही थीं। मैं उनकी नज़र से नज़र नहीं मिला पा रहा था। उनसे बचकर दूर-दूर भाग जाने का मार्ग—उस काले स्याह समुद्र की तह में प्रचण्ड चट्टान की कगार में जाकर छिपना यही एक मात्र मार्ग मेरे सामने खुला था। मदिरा ही उस मार्ग पर चलते समय मेरी परम सहचरी थी!

मदिरा की चुसकी लेते हुए मैंने मुकुलिका से कहा, "वह सुनहरे बालों वाली लड़की महल में आ जाए, तब मुझे जगाना, तब तक मुझे सोने दो, बिल्कुल निढाल होकर सोने दो।"

वे पंद्रह दिन! मुझे ठीक से होश भी नहीं था कि कब दिन निकलता था और कब ढल जाता था। किन्तु हर रोज़ रात होते ही मेरा मन उस काले-काले सागर की तह से किसी मछली की तरह उठकर सतह पर आ जाता। आकाश में निकल आए चाँद की तरफ एकटक देखता रहता। हर रात एक-एक कला से बढ़ने वाले चंद्रमा को देखकर वह अपने से ही कहता, "आज चतुर्थी! आज सप्तमी! आज नवमी! आज द्वाद्वशी! पूर्णिमा से पहले सुनहरे बालों वाली वह अप्सरा..."

किन्तु इस प्रतीति के क्षण एक और अनुभूति भी होने लगती। वह हौले से कहती, "ययाति, पगले, कहाँ चले जा रहे हो तुम? यह रास्ता नरक में ले जाता है!" मैं मदिरा की चुसकियाँ लेते कहता, "स्वर्ग और नरक दोनों पास-पास ही होते हैं, है न।' ' वह बुदबुदाती, "हाँ उनकी सीमाएं एक-दूसरी से बिल्कुल सटी होती हैं।" फिर मैं हँसते-हँसते कहता, "तो फिर तुम्हें मेरे बारे में इतना डर क्यों लगता है? हो सकता है कि कल क्षण-भर में ही में नरक का मार्ग छोड़कर स्वर्ग की राह पकड़ लूँगा!" वह आँखों में पानी लिए कहती, "पगले, स्वर्ग और नरक की सीमा रेखा पर कदम-कदम पर द्वार होते हैं। मनुष्य के बचपन मैं वे सब खुले रहते हैं किन्तु आगे चलकर मनुष्य अपने हाथों उनमें से एक-एक द्वार बंद करता जाता है। एक बार बंद कर दिया द्वार फिर कभी नहीं खुलता! अरे अभागे! अब तेरे लिए केवल एक ही द्वार खुला रह गया है, उसे भी यों अपने हाथों बंद मत कर देना! मान जाओ, मेरी मान जाओ!"

यह चुभन मैं मदिरा के प्याले में डुबो देता। किंतु हर रात दिखाई देने वाला एक स्वप्न किसी भी चीज़ में डुबोया नहीं जाता था। उस स्वप्न में एक प्रचण्ड रथ दिखाई देता। रथ में छह घोड़े जुते होते। सभी घोड़े बहुत ही बढ़िया होते। किन्तु उनमें से एक घोड़ा तो सुंदरता की साक्षात मूर्ति लगता! स्वप्न में वह रथ दिखाई दिया कि कोई अज्ञात हाथ हर घोड़े का सिर धड़ से उतार देता ओर उसके स्थान पर मानव-मस्तक लगा देता। धीरे-धीरे वे सभी मस्तक मुझे साफ-साफ दिखाई देते।

प्रत्येक मस्तक मेरा अपना होता। उस रथ का सारथी? वहाँ भी ययाति ही बैठा दिखाई देता। उस सारथी के हाथों में थामी लगा़म—हर लगाम उस सारथी की धमनियों से बनी प्रतीत होतीं। उसके हाथ का चाबुक—पता नहीं शायद वह उसके मज्जा-तंतुओं का बना था! स्वप्न का वह सारथी घोड़ों को काबू में रखने का प्राणपण से प्रयास करता किन्तु ये कतई काबू में नहीं आते। स्वच्छन्दता से भागते, जिधर जी चाहा दौड़ाते, गड्ढों, खड्डों से होते हुए रथ भी चरमराकर उसका पुर्ज़ा-पुर्ज़ा ढीला करते जाते!

हर रात मैं यही स्वप्न देखता, किन्तु चौदहवीं की रात यह रथ बहुत ही विकट मार्ग पर चलने लगा। एक तरफ बहुत ही ऊंचे पर्वत! दूसरी तरफ अत्यंत गहरी खाई! रथ के छहों घोड़ों में से वह अत्यंत सुंदर दिखाई देने वाला घोड़ा एकदम बेकाबू हो गया। खाई की ओर दौड़ने लगा। लगाम टूट गई। चाबुक कड़कड़ाने लगा। देखते ही देखते रथ खाई में जा गिरा! खाई में से कानों के पर्दे फाड़ देने वाली एक आवाज़ सुनाई दी—इतनी भीषण जैसे आसमान टूट पड़ा हो। मैं 'शमा, शमा' चिल्लाता हुआ जाग पड़ा।

स्वप्न में शर्मिष्ठा को मैंने कैसे पुकार लिया? वह तो उस रथ में कहीं पर भी नहीं थी। यह स्वप्न मुझे बहुत ही अशुभसूचक लगा। कहीं ऐसा तो नहीं कि ठीक इसी समय किसी अज्ञात स्थान मे पुरु की गोद में शर्मिष्ठा ने इस क्रूर संसार से विदा ले ली होगी?

कुछ भी नहीं सूझ रहा था! नींद भी नहीं आ रही थी। रात-भर मैं मदिरा के नशे में धुत पलंग पर पड़ा रहा! किसी लाश-सा!

सूरज ढल रहा था। पूर्णिमा का चाँद निकल रहा था। इस चाँद के प्याले से मदिरा पीते-पीते आकाश आनंद विभोर होने लगा था। उसके हाथ का वह प्याला कुछ छलका था। प्याले की मदिरा चाँदनी के रूप में ढुलककर धरती पर बहती चली आ रही थी।

तीसरे पहर ही मुकुलिका ने मुझे वह आनंददायी समाचार बताया था। मंदार ने बड़े प्रयास से सुनहरे बालों वाली परी प्राप्त की थी। आज रात वह मेरी सेवा के लिए आने वाली थी।

मेरा धीरज टूटा जा रहा था। तीसरे पहर से ही मन केवल एक ही बात का विचार करने लगा था। उसके सुनहरे बालों को मसलते समय क्या अलका की प्राप्ति का आनंद मुझे मिलेगा?

मैंने मुकुलिका को बुलवाकर उससे पूछा, "तेरा वह सुनहरा फूल कहाँ है?"

"गुरु महाराज के मठ में।"

"पिछले पंद्रह दिनों से मैं लगातार पी रहा हूँ। मदिरा का नशा मुझ पर पूरा छाया हुआ है। किन्तु एक बात गिरह बाँध लो। तुमने और उस मंदार के बच्चे ने

मुझे धोखा देने का जाल रचा हो तब भी मैं उसमें आने वाला नहीं। उसके बाल यदि सुनहरे न हुए तो मैं तुम दोनों का सिर धड़ से अलग कर दूँगा। नहीं, तेरा तो सिर मुंडवाकर नगर में तुझे घुमाऊँगा और उस मंदार के बच्चे के बालों में आग लगवा दूँगा। जानती हो मैं कोन हूँ?—मैं हस्तिनापुर का सम्राट हूँ!''

कहते-कहते मैं रुका। मन हाथों से बाहर होता जा रहा था। किन्तु लंपट कुतूहल मुझे चुप भी बैठने नहीं दे रहा था। मैंने मुकुलिका से पूछा, ''कहाँ मिली यह सुनहरी परी तुम्हें?''

''यहीं।''

''उसके यहीं होने पर भी तुम लोगों ने आज तक उसे मेरी सेवा में हाज़िर क्यों नहीं किया? वह मंदार मक्कार है! तू परले सिरे की चालाक है!''

''क्षमा कीजिए, महाराज! किन्तु—किन्तु—वह हस्तिनापुर की नहीं है। आज ही इस नगर में आई है वह!''

''किसलिए?''

''अपने प्रीतम की खोज करने के लिए।''

''प्रीतम की खोज करने!'' मैंने परिहास करते हुए कहकहा लगा कर हँसना शुरू किया। मैं आगे बोलना चाहता था, किन्तु हँसी रोके नहीं रुक रही थी। अन्त में बड़े कष्ट से हँसी रोककर मैंने मुकुलिका से कहा, ''किसी ने उसे अभी तक यह नहीं बताया कि उसका प्रीतम यहाँ अशोक वन में है?''

''कल उसे भी ऐसा लगेगा, किन्तु आज...''

''आज उसका प्रीतम कौन है? तू?''

मुकुलिका ने हँसते-हँसते कहा, ''प्रीतम युद्धभूमि में गया कोई युवक है। किसी ने उसे बताया कि युवराज के साथ वह भी नगर में आने वाला है। वह पागल लड़की उससे मिलने के लिए बहुत ही बेताब हो रही है। अपने साथ की एक बुज़ुर्ग महिला को पीछे छोड़कर वह आज सुबह अकेले ही नगर में आई। अपने प्रीतम को खोजने लगी। यहाँ आने के बाद उसे मालूम हुआ कि युवराज-आज रात आने वाले हैं। बेचारी निराश हो गई। प्रीतम की खोज करते वह घूम रही थी, तभी मठ के एक शिष्य ने उसे देख लिया!''

''अभी इस समय वह क्या कर रही है?''

''बड़ी शैतान लड़की है वह! गुरु महाराज का भी उस पर बस नहीं चल रहा था! मठ की अंधेरी कोठरी में उसे बंदी बनाया, तो बहुत शोर मचाने लग गई। इसलिए इस समय उसे बेहोशी की दवा दी है। दस घड़ी रात बीतते समय उसे जाग आएगी धीरे-धीरे।''

''दस घड़ी रात! तो क्या मुझे इतनी देर प्रतीक्षा करनी पड़ेगी? क्यों? इतनी दवा तुमने उसे क्यों पिलाई?''

''वह बहुत ही ऊधम मचाए जा रही थी, महाराज! आज मठ में तो तरह-तरह के लोगों की बहुत ही भीड़ मच रही है। कोई शुक्राचार्य का दर्शन करने आए हैं।

कोई युवराज का नगर-प्रवेश देखने आए हैं। इन पराये लोगों में से किसी को कुछ पता चल गया तो? फिर अभी दूत सन्देशा लाया है कि शुक्राचार्य छह घड़ी रात बीते राजप्रासाद पहुँच रहे हैं। उसी समय युवराज भी पधार रहे हैं। अतः गुरु महाराज ने हिसाब लगाया कि ऐसी सूरत में महाराज को दस घड़ी रात तक तो उधर प्रासाद में ही रुकना पड़ जाएगाः इसलिए..."

"तुम मूर्ख हो और तुम्हारा वह गुरु महाराज महामूर्ख है। इस सुनहरी परी को छोड़कर उस जटाजूटधारी बूढ़े के गले लगने के लिए राजप्रासाद जाए, इतना यह ययाति अरसिक नहीं! युवराज के उस नगर-प्रवेश से भी मुझे कुछ लेना-देना नहीं है। यदु को सिंहासन पर बिठाने का षड़यंत्र राजप्रासाद में रचा जा रहा हो, तो हो अपनी बला से! चल तू अपने काम में लग जा! उस सुनहरी परी को पालकी में बिठाकर अभी इसी समय इस तरह यहाँ ले आ, कि किसी को कोई शक न हो।"

रंगमहल में अपने पलंग पर बेहोश पड़ी उस युवती की ओर देखकर मेरी समझ में नहीं आया कि मैं सपना देख रहा हूँ या सचमुच अपनी अलका को फिर से देख रहा हूँ! मंदार और मुकुलिका ने मुझे धोखा नहीं दिया था। उस युवती के बाल तो सुनहरे थे ही, मुझे बार-बार यही लग रहा था कि अलका ही पलंग पर सोई है। कितनी देर तक मैं उसे अपनी आँखों में समाता रहा! बीच के बीस वर्ष अन्तर्धान हो गए। मेरी अलका मुझे वापस मिल गई!

मैं उसके स्पर्श के लिए अधीर हो उठा। मंदार और मुकुलिका पर मुझे क्रोध आ गया। उनसे किसने कहा था कि इसे बेहोशी की इतनी सारी दवा पिला दें? विलास कोई लाश के साथ थोड़े ही किया जाता है?

पता नहीं बाहर कितनी रात हो गई थी! विगत पंद्रह दिन में अखण्ड रूप से मदिरापान करते रहने के कारण मेरा माथा भन्ना गया था, बोझिल हो गया था! हाथ में चषक भर भी लिया, तब भी उसे होंठों से लगाने की वासना ही नहीं रही थी! इस क्षण तो सब कुछ भुलाना चाहता था। मैं ययाति हूँ इस बात को भी भुलाना चाहता था। कौन जानता है कल का दिन कैसे निकलने वाला है? वे शुक्राचार्य व वह देवयानी...

आज–अभी–यह क्षण मेरा अपना था! वह स्वर्णिम क्षण था!

अब मुझ से रहा नहीं जा रहा था। मैं उस अचेत पड़ी युवती के सिरहाने जाकर खड़ा हो गया। उसके सुनहरी बालों को चूम लेने के लिए नीचे झुक गया। सफेद बाल–मृत्यु–सबका भय अब मन से एकदम गायब हो गया था। मैं फिर जवानी में कदम रख रहा था। आज अलका मेरी प्रेयसी बनने वाली थी। बरसों से मन में संजोकर रखा वह सुनहरा सपना आज सच होने जा रहा था।

किन्तु उसके सुनहरे बालों पर मैं अपने होंठ रखता इससे पहले ही मुकुलिका दरवाज़े की ओट से चीखी, "महाराज, बाहर आइए!"

मैंने गुस्से से ऊपर देखा और पूछा, "क्यों?"

"महारानी और शुक्राचार्य भीतर आ रहे है। शुक्राचार्य क्रोध से प्रत्येक से यह पूछते चले आ रहे हैं कि 'महाराज किधर हैं? कहाँ हैं?"

मेरे पांव काँपने लगे। जीभ सूख गई। बहुत अर्से से बीमार रहे मरीज़ की भांति बहुत कष्ट से एक-एक कदम रखते हुए मैं जैसे-तैसे बाहर के महल में आ गया।

मुझे देखते ही पलंग पर बैठी देवयानी ने घृणा से मुँह फेर लिया। शुक्राचार्य क्रोध से महल में इधर से उधर टहल रहे थे।

शुक्राचार्य का अभिवादन करने के लिए आगे बढ़ने का मैंने प्रयास किया, किन्तु कदम आगे बढ़ा ही नहीं! सारा महल चारों और घूमता दिखाई दिया! लगा कि शायद अब मैं गश खाकर गिर जाऊँगा। पास ही दीवार में लगे दर्पण को पकड़कर उसके सहारे जैसे-तैसे खड़ा रहा। बहुत मुश्किल से अपने-आपको संभाल पाया।

टहलते-टहलते शुक्राचार्य एकदम रुक गए। उन्होंने पांच-दस क्षण मेरी ओर घूरकर देखा। फिर गुस्से से बोले, "ययाति, मैं एक महर्षि के नाते तेरे यहाँ नहीं आया हूँ। तेरा ससुर हूँ इसीलिए ऐसे असमय तेरे महल में आया हूँ। तेरे पाप में अपने भी कदम मैंने डुबोए हैं। मुझे पहिचाना तुमने?"

मैंने डरते-डरते सिर हिलाकर 'हाँ' कहा।

उपालंभ से हँसते हुए शुक्राचार्य ने कहा, "मदिरा पीने के कारण तुम्हारा दिमाग शायद ठिकाने नहीं है। इसलिए तुम्हें फिर से बताता हूँ, मैं कौन हूँ, मैं शुक्राचार्य हूँ। वह शुक्राचार्य, जिसने संजीवनी विद्या प्राप्त कर समस्त देवलोक में त्राहि-त्राहि मचा दी। वही शुक्राचार्य जो राक्षसों का अजेय गुरु है। वही आज तेरे सामने खड़ा है! देवयानी का वही पिता तेरे सामने खड़ा है, जिसने आज संजीवनी के समान ही दूसरी अद्भुत विद्या प्राप्त कर ली है। इतने वर्ष बाद मैं यहाँ अपनी बेटी की गृहस्थी का सुखी जीवन देखने की इच्छा से आया, किन्तु मैं बहुत ही अभागा रहा। यहाँ आने पर अपनी कन्या को दुःख के सागर में गहरी डूबी देखने का दुर्भाग्य मेरे हिस्से में आया। अरे बंदर! मैंने पृथ्वी-मूल्य का रत्न तेरे हवाले किया और तूने उसे पत्थर जानकर दूर फेंक दिया?"

शुक्राचार्य का वह रुद्रावतार देखकर मेरे तो होश-हवास जाते रहे। क्या बोलूँ, क्या न बोलूँ, कुछ सूझा ही नहीं। आखिर सारा धीरज बटोकर मैंने कहा, "महाराज, मैं अपराधी हूँ। आपका शतशः अपराधी हूँ, किन्तु जो कुछ हुआ उसमें दुर्भाग्य से देवयानी का भी दोष है!"

मेरे मुंह से ये शब्द निकले ही थे कि पलंग पर मुँह फेरकर बैठी देवयानी खिसिया उठी और अधिक्षेप की दृष्टि से मेरी और देखती हुई बोली, "पिताजी, क्या अपनी आँखों यही देखने के लिए आप मुझे यहाँ ले आए कि कदम-कदम पर यहाँ मेरा किस तरह अपमान किया जाता है? मैं तो आपको पहले से ही बता रही थी कि कल सवेरे अशोक वन चलेंगे। आप यात्रा से थके-माँदे आए हैं। चलिए, राजप्रासाद वापस चलें। व्यसन की बुरी लत में डूबे लोग तो पिशाच से भी भयंकर होते हैं। रात में तो उनका मुँह भी नहीं देखना चाहिए।"

मेरा क्रोध बेकाबू हो गया। मुंह से निकल गया, "और अहंकार में डूबे लोगों का?"

देवयानी और भी अधिक गुस्सा हो गई। शुक्राचार्य के पास जाकर उनके कंधे पर हाथ रखकर उसने कहा, "पिताजी, उधर यदु बड़ी धूमधाम से नगर में प्रवेश करता होगा, और इधर आप मदिरा और मदिराक्षी में डूबे एक..."

शुक्राचार्य ने उसका हाथ झटक दिया। क्रोध से उन्होंने कहा, "देवयानी, तुम मेरा सर्वस्व हो, किन्तु मूर्ख हो। पागल हो। किस समय कैसा आचरण करना चाहिए, तुम्हें बिल्कुल मालूम नहीं। पहले इसी पागलपन से तुमने कच को जीवित करने का मुझसे आग्रह किया और मैं अपनी संजीवनी विद्या से हाथ धो बैठा। इतने वर्ष बाद मैं यहाँ आया। किन्तु मेरे आते ही तुमने पति की शिकायत शुरू कर दी! अब मैं तुम्हारी एक नहीं सुनूँगा। तेरे अठारह वर्ष के दुःखों का दो टूक फैसला अभी इसी क्षण होना चाहिए। दामाद जानकर ययाति को मैं कभी क्षमा नहीं करूँगा। इसे ऐसा दण्ड दूँगा जो इसे जीवन-भर याद..."

देवयानी फिर से उनके पास जाकर अत्यंत मधुरता से बोली, "यदु को सिंहासन पर विराजमान करते ही इनकी आँखें भली भांति खुल जाएंगी। अब घर-गृहस्थी के अन्य किसी सुख की मुझे कोई चाह नहीं रही है। एक बार यदु को सिंहासन पर बैठा हुआ आँखें भरकर देख लिया, तो मैं भी आप जहाँ तपस्या के लिए बैठेंगे वहाँ आकर आपकी सेवा करूँगी।"

उसका यह ढोंग-धतूरा देखकर मैं आगबबूला हो उठा। सिंहासन का मुझे कतई लोभ नहीं था! किन्तु मेरी अनुमति लिए बिना यदु को सिंहासन पर बैठाकर देवयानी मेरा अपमान करना चाह रही थी। यह मेरे लिए असहनीय था। मैंने कड़ककर कहा, "मैं राजा हूँ। मेरी अनुमति और सहमति के बिना यदु का अभिषेक कैसे हो सकता है?"

शुक्राचार्य ने शांत भाव से कहा, "राजा, तुम्हारा यह अधिकार मुझे भी मंजूर है। किन्तु मैं तुमसे एक मामूली प्रश्न करना चाहता हूँ। राजा की हैसियत से जिस तरह तुम्हें कुछ अधिकार हैं, उसी तरह पत्नी के नाते देवयानी को भी कुछ अधिकार हैं या नहीं? उसका पाणिग्रहण करते समय तुमने 'न अति चरामि' की शपथ ली थी न?"

"जी, महाराज।"

"तुमने उसका पालन किया?"

"महर्षि मुझे क्षमा करें, मुझ से उसका पालन नहीं हो पाया है।"

"क्यों?"

"वह मेरे यौवन का कसूर था! मैं मोह का शिकार हो गया।"

"यौवन का कसूर? तुम जवान थे और देवयानी क्या बूढ़ी हो गई थी? तुम मोह के शिकार हो गए! भगवान ने इस संसार में मोह क्या केवल तुम्हारे ही लिए बनाए हैं? मूर्ख, मोह का जाल तो तुमसे अधिक मुझ जैसे तपस्वियों के चारों ओर अधिक सूक्ष्मता और मज़बूती से फैला होता है। उसकी तपस्या भंग करने के लिए इंद्र भी अप्सरा को भेजता है। किन्तु इस शुक्राचार्य जैसा तपस्वी उन मोहों की ओर देखता तक नहीं है। क्षुद्र मोह के शिकार होने वाले लोग भी क्षुद्र ही होते हैं!"

"मुझे क्षमा कीजिए महाराज। मैं अपराधी हूँ। शतशः अपराधी हूँ।"

"क्षमा तो पहले अपराध के लिए की जाती है। लत लगा अपराधी मामूली दण्ड से सुधरता नहीं।"

बोलते-बोलते वे विचारमग्न हो गए। मेरी अवस्था तो ऐसी हो गई, जैसे फटने को आए ज्वालामुखी के मुख पर प्रचण्ड ज़ंजीरों में जकड़कर मुझे बांध दिया गया हो!

मेरी ओर घृणा और तिरस्कार से देखते हुए शुक्राचार्य ने कहा, "राजा देवयानी को ठुकराकर तुमने शर्मिष्ठा को अपनाया। यह सच है न?"

मेरी जिह्वा पर शब्द नाचते आ गए—"देवयानी से मुझे प्रेम नहीं था, वह शर्मिष्ठा से था," किन्तु कहने का साहस मैं कर न सका।

शुक्राचार्य का स्वर तेज़ होता गया। उनके शब्द बादलों की गड़गड़ाहट के समान प्रतीत होने लगे। वे क्रोध से मेरे पास आए और बोले, "क्या मैंने तुम्हें शुरू में नहीं जताया था कि शर्मिष्ठा से पेश आते समय सावधान रहना?"

मैंने सिर हिलाकर 'हाँ' कही।

"तुमने मेरी—देवयानी के पिता की—महर्षि शुक्राचार्य की आज्ञा भंग की है। इस आज्ञाभंग का प्रायश्चित तुम्हें करना ह्री होगा।"

"किन्तु...किन्तु...महाराज, जवानी के जोश में होश नहीं हुआ करता!"

"मैं केवल इतना ही चाहता हूँ कि तुम्हारे जोश की यह बेहोशी दूर हो जाए। इसीलिए मैं तुम्हारी आँखों में अच्छा-खासा अंजन डालना चाहता हूँ। ताकि शर्मिष्ठा जैसी दासी की तरफ फिर कभी तुम कामुकता से देख न सको। जवानी के जोश में होश नहीं होता! उसी जवानी ने तुझे मोह का शिकार बनाया है न? तो मैं तुम्हें यही शाप देता हूँ—तुम्हारी वह जवानी इसी क्षण नष्ट हो जाए! भगवान महेश्वर की कृपा से प्राप्त नई विद्या का स्मरण कर यह शुक्राचार्य केवल यही इच्छा करता है कि मेरे सामने खड़ा यह पापी ययाति इसी क्षण जर्जर बूढ़ा हो जाए।"

गाज गिरने जैसी वह शापवाणी मैंने सुनी। सारा संसार सुन्न पड़ गया। मन बधिर हो गया।

अन्त में हिम्मत करने मैंने पास के ही दर्पण में अपने प्रतिबिंब को देखा। जो कुछ मुझे दिखाई दिया उसके कारण मुझे प्राणांतक वेदनाएं होने लगीं। मेरा चेहरा झुर्रियों से भर गया। सिर पर सर्वत्र रूखे सफेद बाल फैले हुए थे। दर्पण के सामने एक गलित-गात्र बूढ़ा खड़ा था। मानो वह मृत्यु का अता-पता जानने के लिए पूछताछ कर रहा था।

किन्तु इस जरा-जर्जर शरीर के भीतर ययाति का मन पहले जैसा ही तरुण था। मुझे रंगमहल की उस सुनहरे बालों वाली सुंदरी की याद आ गई। अब तो दस घड़ी रात कभी की बीत गई होगी! वह युवती अब होश में आ गई होगी! अभी तो उसके उन सुनहरे बालों को मैंने ठीक से चूमा तक नहीं हैं अब—अब—उसका चुंबन शायद फिर कभी मुझे नहीं मिलेगा। मेरी सारी इच्छाएं अब अतृप्त ही रह जाएंगी!

मन के भीतर ही सूख जाएंगी! वह अलका जैसी दिखाई देने वाली सुंदर, मोहक तरुणी...

सोच-सोचकर मैं अधिक व्याकुल होने लगा। मैंने शुक्राचार्य की ओर देखा। वे मंच पर सिर लटकाकर बैठ गए थे। देवयानी उनके पांव पकड़कर गुमसुम आँसू बहा रही थी। बार-बार कह रही थी, "पिताजी, यह आपने क्या कर डाला? क्या कर बैठे आप पिताजी?"

मेरे मन में आशा का अंकुर जागा। मैं आगे बढ़ा। शुक्राचार्य को साष्टांग प्रणिपात किया। फिर हाथ जोड़कर बोला, "महाराज, मुझ पर दया कीजिए। मेरा मन अब भी जवान है। मेरी अनेक इच्छाएं अभी अतृप्त ही हैं। जी बहुत कर रहा है कि देवयानी के साथ सुख से घर-गृहस्थी चलाता रहूँ! किन्तु मुझ जैसे बूढ़े पति के साथ गृहस्थी चलाने में अब उसे क्या सुख मिलेगा? आप यदि मुझ मेरी जवानी लौटा दें तो..."

देवयानी ने बीच में ही अत्यंत करुण स्वर से कहा, "पिताजी, मुझ से इनकी ओर देखा नहीं जाता। इन्हें फिर से यौवन दे दीजिए। इनका पहला रूप इन्हें वापस दे दीजिए।"

शुक्राचार्य ने अपना सिर उठाया। मंद स्वर में वे बोले, "राजा, वीर का तीर और तपस्वी का शाप कभी खाली नहीं जाते! तुम्हें मेरा दिया हुआ शाप भोगना ही पड़ेगा। किन्तु तुम मेरी लाड़ली देवयानी के पति हो। देर-अबेर ही सही उसके साथ सुख से गृहस्थी चलाने की इच्छा तुममें जागी है। इसलिए मैं तुझे उःशाप देता हूँ। तुम्हारे ही परिवार का तुम्हारे ही रक्त का कोई तरुण तुम्हारा यह बुढ़ापा लेने के लिए सानंद तैयार हो गया तो तुम चाहोगे उसी क्षण यह बुढ़ापा उसे आ जांएगा। उसी समय तुम्हें तुम्हारा यौवन भी वापस मिल जाएगा। किन्तु एक बात गिरह बाँध लो, तुम्हें उधार मिला यह यौवन तुम्हारी मृत्यु के बाद ही उस युवक को वापस मिल सकेगा, अन्यथा नहीं! मेरा स्मरण कर तीन बार "मैं यह यौवन लौटा रहा हूँ" ऐसा तेरे द्वारा कहा जाते ही तू निष्प्राण होकर गिर जाएगा..."

देवयानी चीख उठी, "पिताजी यह भी कोई उःशाप है? यह तो आपके अभिशाप से भी भयंकर है।"

शुक्राचार्य अत्यन्त क्रोधित होकर तड़ाक से उठ खड़े हुए। देवयानी की ओर गुस्से से देखते हुए बोले, "यहाँ आते ही मैं तुम्हारी बिगड़ी बनाने के लिए इस महल में दौड़ा आया। यह भूल हुई मुझसे! बचपन से मैंने तुम्हें बहुत सिर चढ़ाया। किन्तु बदले में इस बूढ़े बाप को क्या मिला? अपमान! केवल अपमान! तेरे कारण मुझे अपमान और पराजय के सिवा कुछ भी नहीं मिला। मेरी समझ में नहीं आता, ऐसा क्यों होता है? अवश्य ही मेरी तपस्या में ही कोई दोष रहा होगा। उस दोष को खोज कर दूर करने के लिए मैं इसी क्षण फिर हिमालय लौट रहा हूँ। आज तक तेरे लिए जो भी संभव था, मैंने किया। अब तुम जानो और तुम्हारा यह पति जाने।

तुम जवान बनो, बूढ़े हो जाओ, गृहस्थी चलाओ, नहीं तो मर जाओ। मेरी बला से। मुझे तुम लोगों से कुछ भी लेना-देना नहीं है।'' कहते-कहते शुक्राचार्य बाहर निकल गए।

महल में हम दोनों ही रहे। एक बूढ़ा बुत—एक बुत बनी युवती! देवयानी मेरी ओर देखने की हिम्मत नहीं कर रही थी। उसे अपना मुँह दिखाते मुझे भी शरम लग रही थी। क्या ही अजीब और विपरीत प्रसंग था वह! हम दोनों पति-पत्नी थे। एक-दूसरे को सुखी बनाने के लिए ही एक हुए थे! किन्तु अठारह वर्षों में हम एक-दूसरे से कितने दूर हो गए थे! वह मेरे दुःख बाँट नहीं सकती थी। मैं उसके पास जाकर उसे सान्त्वना नहीं दे सकता था। हम दोनों एक ही महल में खड़े थे। किन्तु दोनों की दुनिया एकदम अलग-अलग थी।

रंगमहल से एक अस्फुट आवाज़ सुनाई दी। शायद वह सुनहरे बालों वाली युवती अब होश में आ गई थी। उसके वे सुनहरे बाल...

मैंने दर्पण में देखा। मेरी यह विरूप, बूढ़ी सूरत—शुक्राचार्य के उःशाप से मैं क्षण-भर में फिर से तरुण हो सकता था! किन्तु मेरे बुढ़ापे को कौन ग्रहण करेगा? मेरे ही रक्त का तरुण...

दासी के दरवाज़े में खड़े होकर कहे शब्द सुनाई दिए—''देवी जी, युवराज आपके दर्शन के लिए पधार रहे हैं।''

उन शब्दों के पीछे-पीछे दो तरुण महल में आते दिखाई दिए। मैंने झट से मुँह फेर लिया। मेरी इस विरूप, बूढ़ी सूरत को यदु ने देख लिया तो...

किन्तु—किन्तु यदु मेरा बेटा था, मेरे परिवार का था, मेरे रक्त का था। अपना यौवन मुझे देकर मेरा बुढ़ापा लेना उसके लिए संभव था।

मेरे कान रंगमहल से आने वाली आवाज़ की ओर लगे थे। कौन बुदबुदा रहा था वहाँ? क्या वह सुनहरी परी जागकर कोई गीत गुनगुना रही थी? प्रीतम की अधीरता से प्रतीक्षा करने वाली विरहिणी का गीत...

किन्तु अब मैं उसके सामने उसका प्रीतम बन कर कैसे खड़ा हो सकता हूँ?

यदु देवयानी से बातें कर रहा था। शब्द मुझे भी सुनाई दे रहे थे। नगर-प्रवेश के समय अपनी माँ को कहीं न पाकर वह बेचैन हो गया था। उसके अचानक अशोक वन जाने का समाचार मिलते ही वह इधर भागता आया था।

मेरे शरीर का रोम-रोम रंगमहल की उस सुंदरी का चिन्तन कर रहा था। इस क्षण तो मुझे यौवन की चाह थी। उस यौवन को उस सुंदरी के सहवास-सुख की कामना थी। एकदम मन में एक कल्पना कौंध गई। मैंने मुड़कर देखा।

मेरा चेहरा देखते ही वे दोनों तरुण चौंक उठे। मैंने शांत भाव से यदु को पास बुलाया। उसके सामने आने पर मैंने कहा, ''यदु मुझे पहिचाना? मैं हूँ तेरा पिता, ययाति। अपने बाप से तुम्हें प्रेम है न?''

''है महाराज।''

''मेरे लिए कोई भी त्याग करने को तुम तैयार हो?''

''वह तो धर्माज्ञा ही है महाराज—मातृदेवो भव, पितृदेवो भव!''

देवयानी बीच ही में चीत्कार उठी, ''यदु , यदु...''

देवयानी अठारह वर्ष मुझ से बदला लेती रही थी। अब उसका प्रतिशोध लेने का स्वर्णिम अवसर मुझे मिला था। मेरी हालत तो भूखे शेर जैसी हो गई थी। कामुकता, प्रतिशोध की लालसा, सारी-सारी वासनाएं मन के भीतर से उमड़ती आ रही थीं। अब शुक्राचार्य का डर नहीं रहा था। मेरी बुद्धि बस एक ही इच्छा के कारण वधिर-सी हो गई थी कि अब इसी क्षण यदु का यौवन मुझे मिल जाए और देवयानी के सामने रंगमहल जाकर मैं उस युवती को अपने गले से लगाता हुआ बाहर ले आऊँ।

मैंने यदु से कहा, ''अब से आगे राजा बने रहने की मेरी कोई इच्छा नहीं है। तुम्हें राज्याभिषेक कराने...''

''जैसे पिताजी की आज्ञा।''

''किन्तु यह अभिषेक तुम पर केवल मेरे पुत्र होने के नाते नहीं होगा। उसके लिए तुम्हें...''

देवयानी फिर बीच में चिल्लाई, ''महाराज, महाराज—आप राक्षस हो!''

उसकी ओर कोई ध्यान न देते हुए मैंने यदु से कहा, ''मेरे इस बुढ़ापे को देख रहे हो न?''

''जी।''

''यह मुझे एक अभिशाप में मिला है। राजपाट के बदले में इसे ले लेने वाले मेरे परिवार के, मेरे रक्त के तरुण की खोज है मुझे! मेरी मृत्यु होते ही उसे अपना यौवन वापस मिल सकता है। शुक्राचार्य ने वैसा उःशाप दे रखा है। चाहो तो अपनी माँ से इसकी सत्यता के विषय में पूछ सकते हो।''

मेरे प्रथम शब्द सुनते ही यदु चौंक गया। चार कदम पीछे हट गया। फिर जल्दी-जल्दी वह देवयानी के पास गया। उसने उसे कसकर सीने से लगा लिया। उसे सहलाती हुई देवयानी बोली, ''यदु, तुम्हारे पिता पागल हो गए हैं। तरुण होने का पागलपन उन पर सवार है। पागल लोग उनसे बातें करने पर और भी अधिक बौखलाते हैं। इसलिए चलो, हम राजप्रासाद वापस चलते हैं। इन्हें इसी दर्पण में अपने सफेद बालों को सहलाते बैठने दो!''

मुझे देवयानी पर बहुत क्रोध हो आया। किन्तु मैं लाचार था, विवश था। यदु ने मेरी ओर दयनीय दृष्टि से देखा। उसकी नज़र में इंकार साफ-साफ दिखाई दे रहा था! मेरी आशा समाप्त हो गई थी।

यदु के साथ आए उस तरुण की ओर देखकर देवयानी ने कहा, ''यदु , तुमने अभी तक अपने इस मित्र का परिचय नहीं करवाया। हमारे घर की यह बेबसी किसी पराये को मालूम नहीं होना चाहिए थी! किन्तु लगता है आज का दिन ही बड़ा अशुभ है। मेरे पिताजी नाराज़ होकर उल्टे वैसे वापस चले गए। मेरी यह मर्मकथा इस पराये तरुण के सामने...''

उस तरुण ने अत्यंत नम्रतापूर्वक देवयानी से कहा, "माँ, मैं कोई पराया नहीं हूँ।"

"तुमने यदु के प्राण बचाए हैं। बेटा, तुम्हें मैं पराया कैसे मान सकती हूँ? किन्तु अभी तुमने जो कुछ सुना वह तो ऐसा था कि घर की दीवारों तक को सुनाई नहीं देना चाहिए था!"

"माँ, युवराज जिस बात से डरते हैं, मैं वह करने को तैयार हूँ"

मेरी आशा फिर जाग उठी। मैं उस तरुण के पास गया और पूछा, "क्या तुम मेरा बुढ़ापा लेने की तैयार हो?"

"खुशी से।"

"किन्तु–किन्तु–तुम उसे ले नहीं सकते। इसे तो मेरे परिवार का, मेरे अपने रक्त का ही कोई तरुण ले सकेगा।"

"मेरे शरीर के कण-कण पर आप ही अधिकार है महाराज! मैं आप का बेटा हूँ।"

इन शब्दों को सुनते ही देवयानी थरथर कांपने लगी। उस युवक की ओर घूरकर देखते हुए बोली, "महाराज का एक ही बेटा है। राज्य पर उसी का अधिकार है!"

"मुझे राजपाट नहीं चाहिए माँ! मुझे पुत्र-धर्म का पालन-भर करना है। पिताजी की इच्छा पूरी करनी है। मैं महाराज का पुत्र हूँ। उनका बुढ़ापा ग्रहण करने के मेरे अधिकार को कोई अमान्य नहीं कर सकता।"

देवयानी उसकी ओर क्रोध से देखते हुए बोली, "तू–तू–तू–शर्मिष्ठा का लड़का है?"

उसने उत्तर दिया, "हाँ, मेरा नाम पुरु है।"

देवयानी से प्रतिशोध लेने का यह अवसर हाथ से जाने न देने का मैंने निश्चय किया। रंगमहल की शय्या पर हो रही चुलबुलाहट मेरे लंपट कानों को साफ सुनाई देने लगी। उद्दण्ड वासना से मेरा रोम-रोम सुलग उठा।

उस जलती देह का प्रत्येक कण कह रहा था, "स्मरण रहे, इतना बढ़िया प्रतिशोध फिर कभी नहीं ले सकोगे। तेरा यौवन तुझे वापस मिल रहा है। देवयानी के सभी दुष्ट संकल्प धूल में मिल रहे हैं। प्रतिशोध का यह मौका छोड़ना मत।"

मैंने पुरु की ओर देखा। वह अडिग खड़ा था। उसकी मुद्रा पर भय का कोई चिह्न नहीं था।

मेरे द्वारा नन्हा-सा देखा हुआ पुरु ,आज यौवन की देहली पर खड़ा सुडौल पुरुष हो गया था। भविष्य के बारे में ही सुख-स्वप्न उसकी तरुण आँखों के सामने तैरते होंगे। यह भी हो सकता है कि उसका मन किसी लड़की पर मोहित हुआ होगा। युंद्ध से लौट आने के बाद इस पराक्रमी प्रियतम से विवाह करने की आशा से शायद कोई युवती इसकी राह में आँखें बिछाए बैठी होगी। ऐसे पुरुष से मैं यौवन की याचना कर रहा था। अपना बुढ़ापा उसे देने चला था। नहीं, नहीं!" शैशव में जिसके कुन्तलों को मैंने वात्सल्य से सहलाया था, वही पुरु बूढ़ा होकर सिर पर सारे सफेद बाल लिए मेरे समाने खड़ा हुआ, तो क्या मुझ से देखा जाएगा?

मेरा मन डगमगाने लगा!

इन चंद घड़ियों में घटी विलक्षण घटनाओं के कारण देवयानी का माथा भभका था। आपे से बाहर होकर वह पुरु के पास गई और बोली, "तुम पुरु हो न? सच्चे पुरुष हो न? शर्मिष्ठा के बेटे हो न? फिर चुप क्यों हो? सुना है कि तुम्हारी माँ को इनसे बड़ा प्रेम था! उसी माँ के बेटे हो तुम! तुम्हारे मन में भी पितृ-प्रेम का ज्वार आया होगा! फिर देर किस बात की है? सोच में क्यों पड़े हो? दे दो, अपना यौवन इन्हें दे दो! ले लो, इनका बुढ़ापा तुम ले लो!"

मेरे मन की समस्त वासनाएं कानों में चिल्ला-चिल्लाकर कहने लगीं, "वह सुंदर युवती रंगमहल में तुम्हारी प्रतीक्षा कर रही है। पिछले पंद्रह दिनों से तुम उसी के लिए पागल बने बैठे थे! आज वह अमृत का प्याला तुम्हारे हाथ लगा है। क्या होंठों से लगाए बिना ही तुम उसे फेंक दोगे? यही करना था, तो फिर अठारह वर्ष पूर्व ही संन्यास क्यों नहीं ले लिया? सोचो, पागल सोचो। सौभाग्य से तुम्हें उःशाप मिल गया है। उसका उपभोग कर लो। दो-चार वर्ष पुरु तेरा बुढ़ापा ले भी लेता है, तो उसकी कौन-सी बड़ी हानि होने वाली है? उल्टे इसके बदले में उसे राजपाट मिलने वाला है। कुछ वर्ष तक जी भरकर उपयोग ले लो। वासनाओं की सारी भूख मिटा लो और तब जाकर पुरु को उसका यौवन लौटा दो।

देवयानी द्वारा चिढ़ाए जाने के कारण या पता नहीं क्यों, पुरु झट से आगे बढ़ा। मेरे चरणों पर अपना माथा रखकर बोला, "पिताजी, अपने कुल के लिए राजकन्या होते हुए भी दासी बनी माँ का मैं बेटा हूँ। मैं आपका बुढ़ापा लेने को तैयार हूँ।" मेरे मुँह से केवल दो ही शब्द निकले—"ठीक है!" तुरंत ही मेरे ध्यान में उन दो शब्दों का अर्थ आ गया और मैंने आँखें मूंद लीं। कुछ क्षण बाद पुरु को आशीर्वाद देने के लिए मैंने आँखें खोलीं। किन्तु उसे आशीर्वाद देने के लिए मेरा हाथ ऊपर उठ नहीं पा रहा था! मेरे सामने खड़ा हुआ पुरु एकदम जर्जर बूढ़ा हो गया था!

इस चमत्कार को देखकर देवयानी हक्का-बक्का रह गई! यदु को लेकर तुरंत अपने महल में चली गई।

पुरु दर्पण के सामने जा खड़ा हुआ। उसने अपने रूप को निहारा। क्षण-भर के लिए दोनों हाथों से अपना मुंह ढंक लिया। मेरी समझ नहीं आ रहा था कि कहीं उसे अपने त्याग पर अब पछतावा तो नहीं हो रहा! किन्तु तुरंत शांत भाव से वह मंच पर जा बैठा। यह देखकर मेरा मन कुछ शांत हुआ।

अभी कुछ ही क्षण पूर्व मुझ से अपने प्रतिबिब की ओर देखा नहीं जा रहा था। और अब पुरु की ओर देखा नहीं जा रहा था। नगर छोड़कर जाते समय शर्मिष्ठा ने सन्देशा दिया था, "महाराज का वरदहस्त हमेशा पुरु के माथे पर रहे!" किन्तु आज मैंने उसके मस्तक पर वज्रपात किया था! मन में विचार आया कि उसके पास जाकर उसे गले लगा लूँ उसको सान्त्वना दूँ! किन्तु यह विचार क्षण भर के लिए ही रहा! मुझ से वह साहस नहीं हो रहा था। पाप भी कितना डरपोक होता है!

चार घड़ी में इधर की दुनिया उधर हो गई थी। इतने थोड़े समय में क्या-क्या विचित्र नहीं घट गया। समझ में नहीं आ रहा था कि जाग रहा हूँ या कोई सपना देख रहा हूँ! मदिरा के कारण भी तरह-तरह के आभास होने लगते हैं! यह भी उसी प्रकार का कोई भयंकर आभास था? विचार के विवर्त में मेरी संवेदना डूबने लगी। मन में घुटन-सी होने लगी।

वृद्ध पुरु के रूप में कठोर सत्य मेरी ओर घूरकर देख रहा था। मैं आँखें फेर कर दूसरी और देखने लगा—दर्पण में मुझे अपना प्रतिबिंब दिखाई दिया। मैं पहले से भी अधिक तरुण दीखने लगा था। जब मैं इस उम्र का था तो मेरे मन में अलका के प्रति कितनी ज़बरदस्त आसक्ति पैदा हो गई थी! किन्तु वह अतृप्त ही रह गई थी। अलका—उसके सुनहरे बाल—यह चौबीस वर्ष की अनबुझी प्यास—प्रलयाग्नि के समान एक ही वासना मेरे मन में लपलपाने लगी। मैं सारे संसार को भूल गया! कदम रंगमहल की ओर मुड़ गए।

मैं भीतर आया। वह युवती मंच पर उठकर बैठ गई थी। इधर-उधर आश्चर्य से देख रही थी। किसी तरह समझ नहीं पा रही थी कि वह यहाँ कब और कैसे आ गई! उसने मेरी ओर देखा। वह हँसी। मुझे लगा मेरा यौवन चरितार्थ हो गया। मैं आगे बढ़ा। उसकी मुद्रा पर भय की छटा उभर आई! उठकर वह दूर कोने में जाकर खड़ी हो गई। उसके इस व्यवहार का अर्थ मेरी समझ में नहीं आया! समझ लेने के लिए मुझे फ़ुरसत भी नहीं थी। कब से मेरे मन की हालत आंधी-तूफान में लगातार उलट-पुलट होती रही नाव-सी हो गई थी। मैं सारी बातों को भुला देना चाहता था। उन्हें भुलाने का एक ही साधन मुझे मालूम था। उस युवती का हाथ थामने के लिए मैं आगे बढ़ा ही था कि बाहर के महल में किसी के सिसकने की आवाज़ सुनाई दी! मेरा हाथ जहाँ का तहाँ पंगु बनकर रह गया।

पहले लगा कि शायद पुरु बाहर सिसक रहा होगा! अपने अविचारपूर्वक किए त्याग पर अब उसे पछतावा हो रहा होगा! किन्तु आने वाली सिसकियाँ किसी स्त्री की थीं।

लगा, पुरु को बाहर के महल में छोड़कर भीतर आने में मुझ से बड़ी भुल हो गई। उसे तो पहले ही किसी दूसरे स्थान पर भेज देना चाहिए था! क्या इतनी जल्दी अशोक वन की दासियों को यहाँ जो कुछ हुआ सब मालूम पड़ गया होगा? वरना स्त्री की सिसकियाँ यहाँ सुनाई देने की सम्भावना कतई नहीं थी।

मैं ठीक तरह से तर्क कर नहीं पा रहा था। बाहर की सिसकियाँ रुकने का नाम नहीं ले रही थीं। सिसकियाँ अब फफकने लगीं। अपने परम सुख के क्षण में इस तरह रंग में भंग मुझे कतई पसंद नहीं था। मैं क्रोध से रंगमहल के बाहर आया।

मंच पर पुरु बुत बना बैठा था। उससे लिपटकर एक स्त्री रो रही थी, सिसक रही थी। उसका सारा शरीर हर सिसकी के साथ ज़ोर-ज़ोर से हिलता था, ऊपर-नीचे फड़कता था।

कोई दासी पुरु के साथ इतनी लागलपट करे, इस पर मुझे बड़ा क्रोध हो आया। मैं दो कदम आगे बढ़ा और पुरु से बोला, "पुरु अब तुम राजा हो गए हो! राजा को चाहिए कि अपनी प्रतिष्ठा और शान के खिलाफ कोई काम न करे। यह कौन दो कौड़ी की दासी तुम्हारे गले में..."

आगे के शब्द मेरे गले में अटक गए। मेरी आवाज़ सुनते ही उस स्त्री ने मुड़ कर मेरी ओर देखा। उसे देखते ही मुझे लगा कि धरती फटकर ययाति को अपने पेट में समा ले तो अच्छा!

वह शर्मिष्ठा थी! पुरु की हालत देखकर वह फूट-फूटकर रो रही थी। मुझ से उसकी ओर देखा नहीं जा रहा था! उसकी सिसकियाँ सुनी नहीं जा रही थीं। मैं सिर झुकाए खड़ा रहा।

अठारह वर्ष पूर्व अशोक वन की सुरंग की सीढ़ियों पर खड़े होकर शर्मिष्ठा को विदा करते समय मैंने कहा था, "अब तुम से भेंट कब और किस हालत में होगी, भगवान ही जाने!" वह भेंट आज होनी थी! इस हालत में होनी थी!

मेरी संवेदना बधिर होने लगी। मैंने आँखें मूँद लीं। जहाँ खड़ा था वहीं पर मैं पथरा गया।

शर्मिष्ठा–मेरी लाड़ली शमा! मन बेताब होकर तड़पने लगा कि उसे जाकर गले से लगा लूँ। उसके आँसू पोंछ डालूँ। उसका दुःख हल्का करूँ। किन्तु उसका दुःख हल्का किया जाए भी, तो कैसे? शावक के प्राण लेने वाला शिकारी हिरनी को समझाए तो कैसे? उसके मन को सन्तोष दे भी तो कैसे?

एकान्त में मैंने कितनी ही बार उससे कहा था, "शर्मिष्ठा और ययाति दो नहीं है!" किन्तु आज–आज मैं उसका बैरी बन गया था! उसने जीवन भर अन्तःकरण के फूलों से जिसकी पूजा की थी, उसी ने आज उसे अग्निकुण्ड में फेंक दिया था!

शर्मिष्ठा के आंसू मेरे चरणों पर टपक रहे थे। किन्तु उनकी एक-एक बूंद मेरे कलेजे को दबाती जा रही थी। इस बात पर कि उसकी जैसी देवी मुझ जैसे पिशाच के पैरों पड़ रही है, मुझे शरम लगने लगी। किन्तु उसे ऊपर उठाने के लिए भी उसके शरीर को स्पर्श करने की हिम्मत मुझमें नहीं रही थी!

उसने बीच ही में ऊपर देखा। उसकी आँखों में अनंत मृत्युओं की करुणा भर आई थी। थरथराते होंठों से उसने कहा, "महाराज, यह क्या हो गया?"

यह आकुल उद्‌गार निकला तो उसके मातृ-हृदय से था, किन्तु मुझे लगा मेरे विलासी अंध उन्मत्त और पापी जीवन-क्रम को लक्ष्य करके ही उसने पूछा है, "महाराज यह क्या हो गया?" वाकई क्या हो गया था यह?

हो गया था? नहीं, मैंने अपने हाथों कर लिया था! पुरु को बुढ़ापा देकर मैंने उसका यौवन जानबूझकर ही तो ले लिया था। पूरी तरह विचार करने के बाद! अपने लंपट मन की वासना की क्षणिक पूर्ति के लिए!

मैंने पितृधर्म को ठुकराया था। वात्सल्य को लथेड़ा था, मानवता को ठोकर मारी थी! अनिर्बंध वासना के हाथ का पलीता बन गया था मैं! अपने क्षणिक सुख

के लिए मैंने अपने पुत्र की बलि दे दी थी! अठारह वर्ष मैं एक राक्षसी वासना का मंदिर बाँधता रहा! आज उस मंदिर पर कितना भीषण कलश चढ़ा दिया था मैंने!

शर्मिष्ठा मेरी थी। उसने मुझको निस्सीम, निरपेक्ष प्रेम दिया था। उसके एक एक आँसू के लिए अपने प्राण न्यौछावर करना मेरा कर्तव्य था। केवल कर्तव्य नहीं था। इस तरह के समर्पण में सुख के सागर भरे होते हैं। मैं सोचने लगा। शर्मिष्ठा को सुखी करना है तो पुरु को उसका यौवन लौटाना होगा। क्षण का भी विलंब किए बिना लौटाना होगा! किन्तु—किन्तु—उसे फिर से यौवन प्राप्त कराने के लिए मेरी मृत्यु के अलावा अन्य कोई मार्ग नहीं था।

मृत्यु—बचपन से ही मुझे कदम-कदम पर डराते आया मेरा अदृश्य शत्रु! हर बार जिसके भय से मैं शरीर-सुख के अधीन होता रहा, वह अज्ञात अनाम मृत्यु! क्या इस अवसर पर उससे हँसते-हँसते लिपट जाऊँ? आगे-पीछे की कुछ भी न सोचते हुए आनंद से उसका आलिंगन कर लूँ?

मैंने शर्मिष्ठा की ओर देखा। कितनी आशा से वह मेरी ओर देख रही थी। अठारह वर्ष पूर्व वनवास और अज्ञातवास जाते समय उसने ज़रा-सा भी शिकवा नहीं किया था। देवयानी के क्रोध से मुझे बचाने के लिए ही उसने वह दिव्य त्याग किया था। है न?

शर्मिष्ठा का प्रेम—माधव का प्रेम—कच का प्रेम—

मुझे भी क्या वैसा ही प्रेम नहीं करना चाहिए?

आज तक सदा अदृश्य रहा अपने ही मन का एक कोना मुझे दिखाई देने लगा। उस कोने में एक मंद ज्योति जल रही थी। धीरे-धीरे वह बड़ी होने लगी। उसके प्रकाश में मुझे अपना मार्ग साफ दिखाई देने लगा? अपने लिए जीने की अपेक्षा दूसरों के लिए जीने में, मरने में कहीं अधिक आनंद है! कितना अद्‌भुत और उदात्त सत्य था यह! किन्तु मैं पहली बार आज ही उसे अनुभव कर रहा था!

शुक्राचार्य ने मेरा बाह्य रूप बदल डाला था, अब शर्मिष्ठा मेरे अन्तरंग में क्रांति ला रही थी। आज तक कभी न देखा ययाति आज मेरे सामने खड़ा हो गया। मृत्यु के कंधे पर हाथ रखकर वह कह रहा था, "इस संसार में केवल दो ही बातें सत्य हैं। प्रीति और मृत्यु! चलो, मित्र, चलो! इस अधंकार में तुम्हारा साथ मैं दूँगा। डरो मत, बिल्कुल डरो मत। मेरे हाथ में यह दीप है, देखा न? क्या कहा, "यह शुक्र का तारा है?' निपट बुद्धू हो तुम! अरे, यह तो शर्मिष्ठा की प्रीति है!"

अब जाकर शर्मिष्ठा को स्पर्श करने की हिम्मत मुझ में आई। मैंने उसके दोनों हाथ धीरे से अपने हाथ में लिए और उसे उठाया। उसका माथा सहलाते हुए मैंने कहा, "शमा, कुछ भी और किसी बात की भी चिन्ता मत करना। भगवान की दया से सब कुछ ठीक हो जाएगा!"

उसने करुण स्वर में पूछा, "पुरु पहले जैसा हो जाएगा?"

मैंने हँसते हुए कहा, "होगा—इसी क्षण होगा!"

पनियाई आँखों से उसने कहा, "नहीं महाराज! आप मुझे धोखा दे रहे हैं। पुरु अब पहले जैसा नहीं होगा! किसी ने उसे भयंकर शाप दे दिया है!"

"हां!"

"किसने? किसने दिया यह शाप मेरे लाड़ले को? क्या शुक्राचार्य ने? मेरे बच्चे ने यदु के प्राण बचा लिए, किन्तु देवयानी को उस पर ज़रा भी दया नहीं आई। क्या हो गया यह महाराज? यह क्या हो गया?"

उसके आँसू अपने हाथों से पोंछते हुए मैंने कहा, "शांत हो जाओ, शमा, शांत हो जाओ। तुम्हारा पुरु पहले जैसा हो जाएगा। उसे शाप शुक्राचार्य ने नहीं दिया। वह दिया है..."

"किसने–किस दुष्ट ने...?"

"उस दुष्ट व्यक्ति का नाम है ययाति!" वह चौंक उठी। आश्चर्य से मेरी ओर देखने लगी। "मैं–मैंने पितृ-धर्म को भुला दिया! मानवता को भुला दिया! अभिशाप के कारण मुझे प्राप्त हुआ बुढ़ापा मैंने पुरु को दे दिया। उसका यौवन मैंने ले लिया। यह लंपट, कामुक, अधम ययाति तुम्हारा अपराधी है। पुरु का अपराधी है!"

वह पागल की तरह मेरी ओर देखने लगी। मेरी बात का उसे विश्वास नहीं हो रहा था। अपने प्रति उसकी इस अपार श्रद्धा को देखकर मेरा दिल भर आया! मुझे रोना आ गया! वाकई, मानव कितना, अच्छा है! वह दूसरे पर कितना भरोसा करता है! विश्वास, श्रद्धा, निष्ठा, प्रीति, भक्ति, सेवा के बल पर ही वह जीता है! इन्हीं के बल पर मृत्यु का भी सामना हँसकर करता है! किन्तु इन सभी भावनाओं का संबंध मनुष्य के शरीर से नहीं, उसकी आत्मा से है।

पिछले अठारह वर्षों में मैं अपनी इसी आत्मा को खो बैठा था। अपनी श्रद्धा के बल पर शर्मिष्ठा ने अपनी आत्मा को सुरक्षित रखा था, उसे विकसित किया था। अपनी खोई हुई आत्मा को फिर से खोज लेने के लिए मेरे सामने केवल एक ही मार्ग था।–और वह था जिस शरीर के क्षणिक सुख के लिए मैं पिशाच बना था उस शरीर का हँसते-हँसते त्याग करना।–प्रीति जैसी ही उत्कटता मृत्यु का आलिंगन कर पुरु को उसका यौवन वापस दिलाना!

यह सुनते ही कि पुरु के लिए मुझे मृत्यु को स्वीकार करना पड़ेगा, शर्मिष्ठा असमंजस में पड़ गई, सिसकने लगी! अन्त में उसने कहा, "महाराज, मैं माँ हूँ, वैसे ही पत्नी भी हूँ! मुझे अपनी दोनों आँखें चाहिए, महाराज! दोनों आँखें!"

उससे आगे बोला नहीं जा रहा था। उसका अपने प्रति इतना प्रेम देखकर मैं गद्‌गद हो गया। किन्तु यह समय प्रेम का दान लेने का नहीं–बल्कि लिए हुए दान का पूरा-पूरा भुगतान करने का था!

मैंने शर्मिष्ठा से कहा, "रात बहुत हो चुकी है। कल सवेरे हम लोग ठीक तरह से सोच-विचार करेंगे। मैं तुम्हें वचन देता हूँ कि हर हालत में तुम्हारा पुरु पहले जैसा अवश्य हो जाएगा। जाओ, उसके पास बैठो। इतने त्यागी पुत्र को तुमने जन्म दिया!"

"तुम सच्ची वीरमाता हो! जाओ, उसकी पीठ सहलाओ!"

शर्मिष्ठा के पीठ फेरते ही मैंने शुक्राचार्य का स्मरण किया। मैं मन ही मन कहने लगा, "उधार लिया यह यौवन मैं वापस करना चाहता हूँ। वह जिससे लिया उसी को वापस प्राप्त हो, इस हेतु मैं मृत्यु को स्वीकार करने के लिए तैयार हूँ।" यह मैंने दो बार कहा। तीसरी बार कहते ही—शर्मिष्ठा की पृष्ठाकृति को देखते-देखते मैं उन शब्दों को मन ही मन कहने लगा। एकदम ऐसे लगा, सारा महल बच्चों के खिलौने की तरह चक्कर खाता हुआ तेज़ी के साथ गोल-गोल घूम रहा है। इसी आभास में सुनाई दिया—"कचदेव पधारे हैं।"

दूसरे ही क्षण मैं धड़ाम से नीचे गिर पड़ा!

कितने दिनों बाद मुझे होश आया, मालूम नहीं!

शायद शाम का समय था। कोई अत्यंत मधुर वाणी में कुछ कह रहा था। वह मंत्र-पाठ फिर रुक गया। एक आकृति धीरे-धीरे मेरे मंच के पास आई। उसने मेरे माथे पर भभूत लगा दी। मैंने गौर से देखा। वह कच था।

मैंने उसके साथ बोलने की चेष्टा की, किन्तु मेरे मुँह से शब्द नहीं निकल पा रहे थे। कच ने अपना अत्यंत स्नेहमय हाथ मेरे माथे पर रखा। इशारे से ही उसने कहा, "आराम से पड़े रहिए।" और उसने कुछ भी नहीं कहा। केवल हँस दिया। शायद उत्तर में मेरे होंठों पर भी मुस्कान खेल गई होगी! वह फिर हँसा। मुस्कान मानव की कितनी मधुर भाषा है।

मुझे फिर से जाग आई तब सवेरा हो चुका था। पूर्व की ओर की खिड़की से अरुणोदय दिखाई दे रहा था। मुझे लगा मैं विश्व-कल्याण की चिन्ता करने वाले ऋषियों द्वारा प्रज्वलित यज्ञकुण्ड ही देख रहा हूँ।

आँखें मूंदे मैं पड़ा रहा। किसीका श्लोक-पठन प्रारम्भ हो गया। मैंने आँखें खोलकर देखा। कच पूर्व दिशा के अग्नि नारायण को प्रणाम कर रहा था। उसकी प्रार्थना मैं भली भांति सुन पा रहा थाः

"हे सूर्य नारायण, तुम्हारा स्वागत है। वासना पर विजय पाने वाली आत्म-शक्ति के तुम प्रतीक हो। तुमने अंधकार पर विजय पाई है। तुम विश्वात्मा हो, वैसे ही मानव के भावविश्व की भी आत्मा हो। तुम्हारा सारथी अपाहिज है, फिर भी तुम अपने कर्तव्य में कभी नहीं चूकते। तुम्हारा प्रकाश गिरिगह्वरों की भांति हमारे मनगह्वरों को भी आलोकित करे। वहाँ भी खूंख्वार जानवर छिपे होते ही हैं! हे सहस्त्ररश्मि, तुम्हारा स्वागत है।"

सुबह-शाम कच इसी तरह श्लोक-पठन करता रहता और समय भी वह मेरे कमरे में आने पर कोई न कोई श्लोक कहते हुए टहलता रहता। पता नहीं वह इन श्लोकों को केवल आत्मरंजन के लिए कहता था या मुझ जैसे के कानों में डालने के लिए जानकर कहता था। जो भी हो मुझे उसका यह पठन बहुत भाने लगा।

मैं ऐसी अवस्था में रुग्णशय्या पर पड़ा था, जहाँ से उठने की या बोलने की मुझे मनाही कर दी गई थी। किन्तु ये श्लोक मुझे उस शय्या से उठाकर एक निराली ही दुनिया में ले जाते थे। उस दुनिया के फूलों में काँटे नहीं होते थे, किन्तु पाषाणों में सुगंध अवश्य आती थी! कच के इस पठन के कितने-ही श्लोक मेरे मन पर अंकित-से हो गए हैं!

"फूलों की सुगंध आँखों को दिखाई नहीं देती, किन्तु नाक उसे अनुभव करती है। आत्मा भी उस सुगंध जैसी ही होती है।"

"हर तरह का उन्माद मृत्यु ही होता है। हमेशा की मृत्यु की अपेक्षा यह मृत्यु बहुत ही भयंकर होती है, क्योंकि इसमें मनुष्य की आत्मा ही मृत हो जाती है।"

"हे शिखर की ओर उड़ान भरते जाने वाले गरुड़, तुम जानते हो न परली तरफ कितनी गहरी खाई है? अंधे होकर क्षणभंगुर सुख के पीछे पड़ने वाले मनुष्य को बता दे, वह खाई कितनी गहरी है और कैसी है। इतना अमृत उसे अवश्य लाकर दे।"

"बुद्धि भावना और शरीर के त्रिवेशी संगम का नाम है मानवी जीवन। संगम की पवित्रता उसकी एक-एक नदी में कैसे आ सकती है?"

"हे पारथी, सीना फटते तक दौड़ने वाले इस हिरन का दुःख तुम समझ लेना चाहती हो न? तो इन हिरन को शिकारी बनने दो। तुम्हारा धनुष-बाण उसके पास रहने दो। और तुम?—तुम हिरन बन जाओ।"

"वायु विश्व का प्राण है। उसकी मंद लहरें हमेशा सबके मन को भाती रही हैं। किन्तु वही जब झंझा का रूप धारण कर लेता है तो सारा जंगल उससे घृणा करने लगता है। प्रत्येक वासना की अवस्था भी ऐसी ही होती है।"

"घर-गृहस्थी वाले स्त्री-पुरुषो, आप भी महान तपस्वी हैं। गृहस्थी ही आप का यज्ञ है। प्रीति, वात्सल्य, करुणा आपके ऋत्विज है। निरपेक्ष प्रेम के बोल आपके मंत्र हैं। सेवा, त्याग, भक्ति, आपके गृहस्थ जीवन के यज्ञ ही आहुतियाँ हैं।"

"प्रेम करना सीखना चाहते हो न? तो नदी को गुरु करो। वृक्ष को गुरु करो। माता को गुरु कर लो।"

"उपभोग से वासना कभी तृप्त नहीं होती। उपभोग से वासना की भूख उसी तरह बढ़ती है जिस तरह आहुतियाँ पाकर अग्नि अधिक भभकती है!'—इस तरह कितने श्लोक गिनाऊं? रुग्णशय्या पर बिताए दिनों में वे ही मेरे अभिन्न मित्र थे।

धीरे-धीरे राजवैद्य ने मुझे थोड़ा बोलने की अनुमति दे दी। फिर मैं बिस्तर में ही उठकर बैठने लगा। इस बीच न केवल मेरा, बल्कि देवयानी का भी पुनर्जन्म हो गया। वह काफी संयमी और सेवाशील बनी दिखाई दे रही थी।

यह चमत्कार—कच द्वारा किए गए जादू का परिणाम था या उस भयंकर रात को आई क्रांति थी।

उस रात मेरे बेहोश होकर धड़ाम से नीचे गिरने के बाद क्या-क्या हुआ, इसकी

शृंखला मैं मन ही मन जोड़ने लगा। कच, देवयानी, शर्मिष्ठा, पुरु, यदु की बातों से मिलने वाले सूत्र से अपने मन में वह कहानी गूंथने लगा–

उस रात शुक्राचार्य का स्मरण कर पुरु को उसका यौवन लौटा देने की प्रार्थना मैंने दो बार की थी। तीसरी बार उसका उच्चारण मैं करने लगा किन्तु वह पूरी नहीं हुई। 'कचदेव पधार रहे हैं' इन शब्दों के कारण यह प्रार्थना अधूरी रह गई। शरीर द्वारा किए गए अपथ्य और मन पर आई खींचातानी के तनाव के कारण मैं उसी तरह गश खाकर गिर पड़ा था।

कच ने भी तपस्या करके शुक्राचार्य के जैसी ही विद्या प्राप्त की थी। यही नहीं इस बात का कि शुक्राचार्य जैसा महाकोपी ऋषि किसे बुढ़ापे का अभिशाप दे बैठेगा कोई भरोसा न होने के कारण वैसा कृत्रिम बुढ़ापा दूर करने की सिद्धि भी उसने प्राप्त कर ली थी। उस सिद्धि के बल पर उसने क्षण-भर में पुरु को उसका यौवन लौटा दिया था।

किन्तु तपस्वी, उनकी तपस्या और उन्हें प्राप्त होने वाली विद्याओं के बारे में बातें करते समय कच अत्यंत बेचैन हो जाया करता था। बीच ही में वह एकदम स्तब्ध रह जाता। विचार में डूब जाता और फिर कहने लगता–"महाराज मनुष्य पशु नहीं होता। पशुओं की संस्कृति और सभ्यता की कोई कल्पना नहीं होती। किन्तु संस्कृति ने मनुष्य को हमेशा बाह्यतः बदला है। उसका अन्तरंग आज भी वैसी ही अंधी जीवन-प्रेरणओं के पीछे भागते रहने वाले पशु के समान है। गुरु की निन्दा करना पाप है किन्तु सत्य छिपाना उससे भी बड़ा पाप है। इसलिए शुक्राचार्य के बारे में कुछ कहना चाहता हूँ। उनके जैसा महर्षि इतना वृद्ध हो जाने के बाद भी पद-पद पर क्रोध का शिकार हो जाता है, यह देखकर तो मनुष्य के भवितव्य के बारे में चिन्ता होने लगती है। अपने-आप पर विजय पाने की शक्ति खो बैठा मनुष्य घोर तपस्या द्वारा बड़ी-बड़ी सिद्धियाँ प्राप्त कर भी ले, तब भी उन सिद्धियों का प्रयोग सबकी भलाई के लिए ही होगा, इसका क्या भरोसा? इस बात की हामी कौन भर सकता है? शुक्राचार्य संजीवनी विद्या प्राप्त करते हैं उसके बल पर राक्षस देवताओं का पराभव करते हैं फिर देवता पक्ष का कच उस विद्या को प्राप्त करता है और इस तरह दोनों पक्षों के समशक्ति वाले होने पर युद्ध की स्थिति बराबर बनी रहती है–ऐसे जीवन में भी क्या धरा है? यह संसार क्या इसी तरह चलने वाला है? नहीं, मानव समाज को सुखी बनाना हो तो मानव को अपने मन पर विजय प्राप्त करनी होगी।"

कच इस तरह बोलने लगता। मैं सुनता रहता। उसकी लगन मुझे व्याकुल कर देती। उसके प्रत्येक शब्द की सत्यता मुझे जँचती, किन्तु मैं समझ नहीं पाता उसका समाधान किस तरह करूँ।

मेरी बीमारी में मैं और वह दोनों एक-दूसरे के बहुत करीब आ गए। तपस्या पूरी होते ही उसने मुझे याद किया। मेरे अधःपतन की बात सुनते ही वह इधर आने को चल पड़ा था। देवयानी का निमन्त्रण उसे राह में ही मिल गया था। उसमें यदु के राज्याभिषेक का समाचार पढ़कर वह अत्यंत बेचैन हुआ था। नगर में प्रवेश करते ही उसे मालूम हुआ कि मैं अशोक वन में हूँ। वह सीधे मेरे पास आ गया।

ओफ्! क्या ही बिल्कुल ठीक समय पर वह पहुँचा। उसके आगमन के कारण मेरी मृत्यु टल गई। पुरु को उसका यौवन वापस मिल गया और--और--एक महापाप से मुझे मुक्ति मिल गई?

वह सुनहरे बालों वाली लड़की--

क्या अन्तिम क्षण में तहखाने की उस अलका ने भगवान से प्रार्थना की होगी कि ययाति की सेवा करने की इच्छा अधूरी रह गई है? ऐसा न होता तो अलका ने अपनी मौसी के यहाँ फिर से जन्म क्यों लिया होता? होनी उसे मेरी पुत्रवधू के रूप में हस्तिनापुर क्यों ले आती?

कच के समान शर्मिष्ठा भी ठीक मौके पर आ पहुँची। युद्ध के लिए गए पुरु का कुशल-क्षेम मालूम हो इस हेतु वह हस्तिनापुर के पास ही एक देहात में आकर रह रही थी। पुरु से प्रेम करने वाली अलका भी उसके साथ थी। यह सोचकर कि यदु के साथ पुरु को भी शत्रुओं ने कैद कर लिया होगा। वह अन्यमनस्क हो गई थी। यदु के नगर-प्रवेश का समाचार सुनकर उसने और अलका ने तड़के उठ कर हस्तिनापुर आने का निश्चय किया था। किन्तु आधी रात जाग आने पर शर्मिष्ठा ने पाया कि अलका उसके पास नहीं है। उसका मन नाना शंका-कुशंकाओं से भर गया। उसने रात-भर उस देहात में अलका को खोजा। किन्तु वह कहाँ चली गई पता न चला। उसका दुख दूना हो गया। बहुत ही दुखी मन से शाम को वह जैसे-तैसे हस्तिनापुर आ पहुँची। यदु के नगर-प्रवेश के समय उसके साथ उसने पुरु को भी देख लिया। वह हर्ष से फूली न समाई। यदु को रिहा करने वाले वीर के नाते लोग पुरु की जयजयकार कर रहे थे। यदु की अपेक्षा पुरु पर ही जनता की पुष्प-वृष्टि अधिक हो रही थी। यह देखकर उसकी आँखें धन्य हो गईं किन्तु उसी क्षण यह सोचकर कि पुरु को किसी की नज़र न लग जाए वह अकुला उठी। एक बार उसे आँखों में जी भरकर समा लेने की इच्छा से वह अपने साथ वालों को पीछे छोड़कर भीड़ में घुस गई। किन्तु वह बहुत आगे नहीं जा पाई। तभी यदु और पुरु कहीं चले गए। सर्वत्र बड़ा कोलाहल मच गया। वह समझ नहीं पाई कि कहीं नगर पर शत्रु ने आक्रमण तो नहीं कर दिया? अन्त में एक बूढ़े ने उससे कहा कि दोनों अशोक वन में महारानी से मिलने गए हैं। वह डर गई। अठारह वर्ष पूर्व की वह मुनादी उसे याद आने लगी। पुरु ने यदु को अपना परिचय दे दिया हो तो? अपने पुत्र के प्राणों की रक्षा करने वाला वीर जानकर देवयानी उसे आशीर्वाद देगी या सौत का लड़का जानकर उससे बदला ले लेगी?

क्षण-भर में उसकी चारों ओर फैली पूर्णिमा की चाँदनी गायब हो गई। अठारह वर्ष पहले वाली मौत की रात फिर से उसके आसपास छा गई। उसकी समझ में नहीं आया कि पुरु की रक्षा के लिए कौन-सा उपाय करे। वह पागल जैसी अशोक वन की ओर दौड़ पड़ी।

शर्मिष्ठा और कच दोनों को भाग्य एकदम ठीक समय पर वहाँ ले आया। इसीलिए मेरा और अधःपतन होने से रह गया। मेरी आत्मा का पुनर्जन्म हो गया।

कितनी अदभुत बात हो गई थी यह। किन्तु—यति को देखकर मैंने अनुभव किया कि इस दुनिया में अदभुत से अदभुत कोई चीज़ है।

मैं बीमार हूँ, यह मालूम होते ही यति जानकर मुझ से मिलने आया। मैं उठ कर उसका अभिवादन करने जा रहा था। किन्तु उसने मुझे उठने नहीं दिया। स्वयं दौड़कर उसने मुझे कसकर गले लगा लिया। जंगल में उस दिन मिला कठोर और रूखा यति और आज का यह स्नेहमय यति—दोनों चित्रों में कितना परस्पर विरोध था। लगा हम दोनों भाइयों का यह मिलन देखने के लिए काश आज माँ होतीं!

यति मुझ से विदा लेकर जाने लगा तब मैंने परिहास करते हुए उससे कहा, "अब तुम यहाँ से जा नहीं सकते।"

"क्यों?"

"इसलिए कि तुम मेरे बड़े भाई हो। यह राज्य तुम्हारा है। अब तुम्हें सिंहासन पर विराजमान होना होगा।"

उसने विहँसकर कहा, "सिंहासन की अपेक्षा मृगाजिन पर बैठने का आनंद बहुत बड़ा होता है ययाति! एक बार अनुभव करके देखो!"

यति यह बात यों ही सहज भाव से कह गया, किन्तु उसका एक-एक शब्द मेरे मन में गहरा उतर गया। वहाँ अंकुरित हो गया देखते ही देखते उस कोंपल से एक बड़ा-सा वृक्ष बन गया।

जीवन में चरम आसक्ति के एकदम परले सिरे पर जाकर मैं लौटा था। अब विरक्ति को अनुभव करना क्रम-प्राप्त ही था। मैंने वानप्रस्थी होने का निश्चय किया। कच ने मेरे निश्चय से सहमति प्रकट की और शर्मिष्ठा मेरे साथ आने को तैयार हो गई, इसमें कोई आश्चर्य नहीं था। मुझे आश्चर्य का सबसे बड़ा धक्का देवयानी ने दिया! उसने भी मेरे साथ वन में आने का अपना पक्का इरादा प्रकट कर दिया।

रोगशय्या पर मैं प्रथम बार ही होश में आया तभी से मेरे ध्यान में आ चुका था कि देवयानी मन से बदल गई है। इस बात पर मुझे बार-बार आश्चर्य भी हो रहा था।

मैं होश में आने लगा था उसी रात की बात है। कुछ क्षणों के लिए मुझे अच्छी तरह से होश आया था। पहले तो क्षण-भर के लिए आभास हुआ जैसे मैं बेकाबू घोड़े द्वारा पटका जाने के कारण बुरी तरह से आहत हो गया हूँ और अलका मेरे सिंहासन बैठी है। किन्तु दूसरे ही क्षण मैंने पहिचान लिया कि वह देवयानी है। हाथ में पंखा लेकर वह मुझे हवा कर रही थी।

मैंने नीचे की ओर देखा। वहाँ शर्मिष्ठा मेरे पाँव दबाते बैठी थी।

उसी रात फिर कुछ क्षण मैं अच्छी तरह होश में आया। वे दोनों आपस में धीरे-धीरे बुदबुद्रा रही थीं। देवयानी शर्मिष्ठा से कह रही थी, "अब तुम पंखा झलो मैं पैर दबाती हूँ।"

शर्मिष्ठा ने पूछा, "ऐसा क्यों?"

देवयानी ने कहा, "पैर दबाते-दबाते तुम्हारे हाथ थक गए होंगे।"

शर्मिष्ठा ने हँसकर प्रतिप्रश्न किया, "पंखा झलते-झलते शायद हाथ नहीं थकते?"

देवयानी ने हँसकर उत्तर दिया, "मेरा एक हाथ थका होगा तो तुम्हारे दोनों हाथ थके होंगे और दर्द भी कर रहे होंगे। कल को लोगबाग कहेंगे, देखो इस देवयानी को। सौत के साथ कितना बुरा व्यवहार कर रही है! मैं तुमसे बड़ी हूँ। मेरी बात तुम्हें माननी ही पड़ेगी। उठो यह पंखा ले लो।" फिर दोनों हँसने लगीं। दोनों की मुक्त हँसी एक-दूसरे में ऐसी घुलमिल गई, जैसे दो नदियाँ मिली हों।

पड़े-पड़े काफी दिनों तक मैं सोचता रहा कि देवयानी में इतना परिवर्तन आखिर कैसे आ गया? बात साफ थी कि कच ने उसे उपदेश दिया होगा। किन्तु इस उपदेश से वह अपरिचित कहाँ थी? फिर कैसे वह इतनी बदल गई? क्या उस रात के भीषण अनुभव के कारण? या यह विश्वास हो जाने के कारण कि शुक्राचार्य की अपेक्षा कच ही अधिक ज्ञानी है?

आखिर कच से बातें करते समय एक दिन मैंने यह विषय छेड़ ही दिया। देवयानी के इस पुनर्जन्म का कारण हँसते-हँसते मैंने उससे पूछा। यह देखते ही कि इस परिवर्तन का सारा श्रेय उसे दे रहा हूँ कच ने कहा, "आप भूल कर रहे हैं, महाराज जिस बात के लिए इतने वर्ष से प्रयास करता रहा, वह बात उस रात हो गई। किन्तु मेरे कारण नहीं, पुरु के कारण।"

मैंने चकित होकर पूछा, "वह कैसे?"

"पुरु ने आपका बुढ़ापा ले लिया, तब आपने उसे अपना राज्य दे दिया था। किन्तु यौवन वापस मिलते ही पुरु दौड़कर देवयानी के पास गया और उसके चरणों पर मस्तक रखकर बोला, "माँ, यदु मेरा बड़ा भाई है। पिताजी ने मुझे राज्य दिया तो है, किन्तु मैं उसे लूँगा नहीं। यदु का अपमान कर मैं सिंहासन पर नहीं बैठूँगा। यदु को ही राजा बनने दो। उसकी आज्ञा मैं सिर-आँखों पर रखूँगा। तुम्हारे चरणों की सौगन्ध माँ! शर्मिष्ठा माता के चरणों की सौगंध उठाकर कहता हूँ, मैं तुम्हें चाहता हूँ। मां के रूप में मुझे तुम्हारी ही चाह है, भाई के रूप में यदु चाहिए। मुझे राज्य नहीं, माँ चाहिए, भाई चाहिए! जो देवयानी इससे पहले कभी और किसी भी बात पर नहीं पिघली, वही पुरु के इस त्याग और प्रेम से पिघलकर मोम हो गई। उसे गले से लगाकर आँसुओं से उसका माथा नहलाते हुए उसने कहा, "पुरु, आगे चलकर सिंहासन पर कौन बैठे, इसका निर्णय तो महाराज करेंगे—प्रजा करेगी। किन्तु तुम ने मुझे वह राज्य दिया है। जिस पर इस संसार के तमाम राज्य वारे जा सकते हैं। तुम जैसे त्यागी और पराक्रमी पुत्र ने मुझे माँ कहकर पुकारा है। पुरु इतना प्रेम करना तुझे किसने सिखाया? कोई बचपन में ही मुझे यह सिखा देता तो बहुत-बहुत अच्छा होता। अब मैं यह तुमसे सीखने वाली हूँ। पिता का बुढ़ापा तुमने हँसते-हँसते ले लिया। पुरु, मुझे और कुछ भी नहीं चाहिए। प्रेम करने की अपनी यह शक्ति मुझे दे दो।"

पुरु ने सिंहासन का अपना अधिकार छोड़ दिया था, किन्तु सारी प्रजा उसे ही अपना राजा बनाना चाहती थी। युद्ध के पराभव के कारण लोकमानस से उसकी प्रतिमा ढह गई थी। उत्तर में दस्युओं के विद्रोह को समाप्त करना आवश्यक था। उसके लिए पराक्रमी राजा का सिंहासन पर होना ज़रूरी था। देवयानी ने भी प्रजा की यह इच्छा सहर्ष स्वीकार कर ली।

पुरु के राज्याभिषेक के दिन ही हम लोग वानप्रस्थी हो गए। अभिषेक समारोह समाप्त होते ही कच ने हम तीनों से प्रश्न किया, "आप लोगों में से किसी की कोई इच्छा रह गई है?" देवयानी और शर्मिष्ठा दोनों ने तत्काल उत्तर दिया, "कुछ भी नहीं।" किन्तु मैं स्तब्ध रहा। तब कच बोला, "महाराज..."

मैंने कहा, "अब से कोई मुझे महाराज कहकर न पुकारे। केवल ययाति ही कहकर पुकारे। हम दोनों समवयस्क मित्र हैं। अंगिरस ऋषि के आश्रम में हुए उस यज्ञ के समय से हम मित्र बने हैं। आज फिर हम बाल-मित्र हो गए।"

कच ने हँसकर कहा, "ठीक है, ययाति, तुम्हारी कोई इच्छा रह गई है?"

"हाँ। मेरी दो इच्छाएं अभी अतृप्त ही हैं।"

"कौन-सी दो इच्छाएं?"

"माधव की माँ बूढ़ी हो गई है। चाहता हूँ उसे भी साथ ले लूँ। मेरी बहुत इच्छा है कि उसकी कुछ सेवा कर सकूँ। और—और—और यह कि हम तीनों अपनी कहानी बिना कुछ भी छिपाए, बिना झिझक दुनिया को सुनाएं!"

राजा का पद प्राप्त कर पुरु हम लोगों का आशीर्वाद लेने के लिए आया। मैंने उसे आशीर्वाद दिया—"तेरे नाम से ही वंश प्रसिद्ध हो। तेरे पराक्रम की तरह तेरा त्याग भी बढ़ता रहे!"

"और क्या महाराज?"

"अब मैं महाराज नहीं हूँ।"

"और क्या पिताजी?"

"अब मैं गृहस्थी वाला भी नहीं हूँ।"

"और क्या—"

"सुख में, दुःख में, हमेशा एक बात गांठ बाँध लो। काम और धर्म महान पुरुषार्थ हैं। बहुत ही प्रेरक पुरुषार्थ हैं। जीवन के लिए अतीव पोषक पुरुषार्थ हैं। किन्तु ये पुरुषार्थ.स्वच्छन्दता से भाग जाते हैं। ये पुरुषार्थ कब अंधे हो जाएंगे, कोई भरोसा नहीं! उनकी लगाम हमेशा धर्म के हाथ रहने दो...

न जातु कामः कामानामुपभोगेन शाम्यति
हविषा कृष्णवर्त्मेव भूय एवाभिवर्धते।"

❑❑❑